9급 공무원

운전직

사회 / 자동차구조원리 및 도로교통법규

전과목 한권합격

운전직 공무원 소개

※ 아래 내용은 2023년 시행 시험 기준이므로, 2024년 시험 응시자는 시행처의 최신 모집 공고를 확인하시기 바랍니다.

운전직 공무원이란?

운전직 공무원은 도 · 시 · 군 · 구청 또는 교육청 등 관공서에서 공문서 수발 및 차량의 운행 · 관리 · 점검 등 차와 관련된 업무를 담당하는 공무원입니다. 최근 10급 기능직에서 9급으로 변경되었으며, 선발 규모도 확대되어 더욱 큰 인기를 얻고 있습니다.

운전직 공무원의 업무

운전직 공무원의 장점

쉽게 도전할 수 있다!

타 직렬에 비해 시험 과목이 적습니다. 2과목(사회 + 자동차구조원리 및 도로교통법규) 혹은 3과목(국어 + 한국사 + 자동차구조원리 및 도로교통법규)만 준비하면 되기 때문에 직장과 공부를 병행해야 하는 수험생, 나이가 많은 수험생, 영어 시험이 부담되는 수험생, 단기간 합격을 목표로 하는 수험생들에게 유리한 시험입니다.

공무원으로서의 혜택!

운전직 공무원 역시 타 직렬 공무원과 마찬가지로 신분 보장, 휴직 제도의 활성화, 안정된 노후생활(연금, 퇴직금), 폭넓은 복리후생 등의 공무원 복지가 보장되어 있습니다.

시험 과목

① 공개채용 : 필수 3과목(국어, 한국사, 자동차구조원리 및 도로교통법규)

② 경력채용 : 필수 2과목(사회, 자동차구조원리 및 도로교통법규)

시험 방법

① 제1, 2차 시험(병합실시) : 선택형 필기시험

- 유　　형 : 객관식 4지 선택형, 과목당 20문항
- 배점비율 : 과목당 100점 만점
- 시험시간 : 2과목 40분, 3과목 60분

② 제3차 시험 : 면접시험(필기시험 합격자에 한함)

시험 시기

① 필기시험 : 주로 6월경 시행

② 면접시험 : 주로 9월경 시행

※ 2024년도 시험의 경우 자세한 사항은 각 시·도별 공고를 참고하시기 바랍니다.

운전직 공무원의 자격 요건

① [필수] 제1종 대형 운전면허 소지자로서 면접시험일까지 자동차운전면허증이 유효하여야 함

② [경력경쟁] 당해시험 시행 공고일 이전 대형버스 경력이 1년 이상인 사람

③ 최근 5년간 "운전경력증명서"에 음주운전 등으로 면허정지 이상의 처분을 받은 사실이 없고 교통사고 사실이 없는 사람

※ ②, ③의 경우 지역마다 경력 요구 유무나 운전경력증명서 유효기간이 다르므로 반드시 해당 지역의 공고문을 확인하시기 바랍니다.

구성과 특징

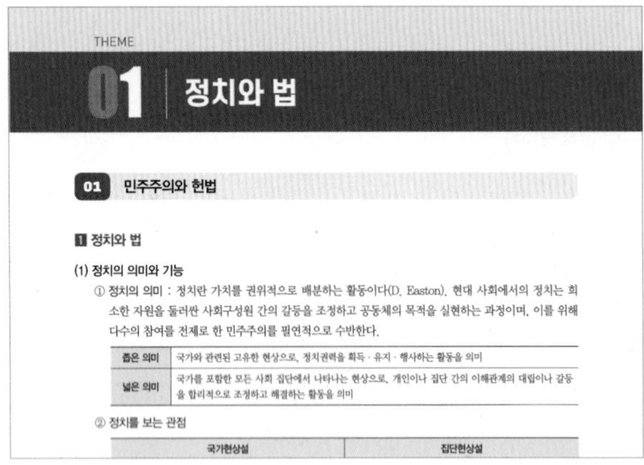

THEME

01 정치와 법

01 민주주의와 헌법

1 정치와 법

(1) 정치의 의미와 기능

① 정치의 의미 : 정치란 가치를 권위적으로 배분하는 활동이다(D. Easton). 현대 사회에서의 정치는 희소한 자원을 둘러싼 사회구성원 간의 갈등을 조정하고 공동체의 목적을 실현하는 과정이며, 이를 위해 다수의 참여를 전제로 한 민주주의를 필연적으로 수반한다.

좁은 의미	국가와 관련된 고유한 현상으로, 정치권력을 획득 · 유지 · 행사하는 활동을 의미
넓은 의미	국가를 포함한 모든 사회 집단에서 나타나는 현상으로, 개인이나 집단 간의 이해관계의 대립이나 갈등을 합리적으로 조정하고 해결하는 활동을 의미

② 정치를 보는 관점

국가현상설	집단현상설

THEME 핵심이론

사회, 자동차구조원리 및 도로교통법규 과목의 핵심이론을 단원별로 정리하여 효율적인 학습이 가능하도록 구성하였습니다.

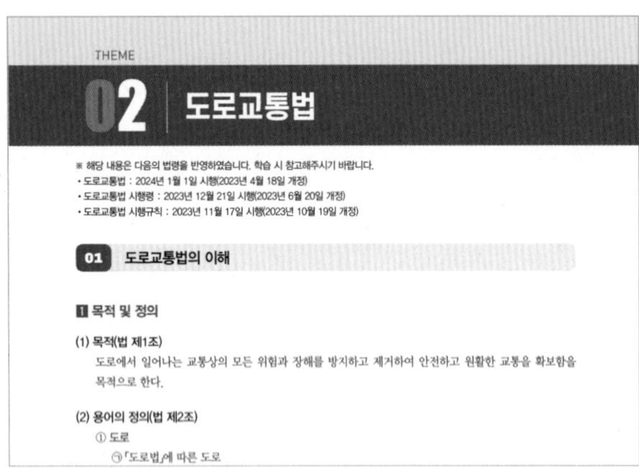

THEME

02 도로교통법

※ 해당 내용은 다음의 법령을 반영하였습니다. 학습 시 참고해주시기 바랍니다.
- 도로교통법 : 2024년 1월 1일 시행(2023년 4월 18일 개정)
- 도로교통법 시행령 : 2023년 12월 21일 시행(2023년 6월 20일 개정)
- 도로교통법 시행규칙 : 2023년 11월 17일 시행(2023년 10월 19일 개정)

01 도로교통법의 이해

1 목적 및 정의

(1) 목적(법 제1조)

도로에서 일어나는 교통상의 모든 위험과 장해를 방지하고 제거하여 안전하고 원활한 교통을 확보함을 목적으로 한다.

(2) 용어의 정의(법 제2조)

① 도로

㉠ 「도로법」에 따른 도로

최신 개정법령 완벽 반영

최신 개정법령을 모두 반영하였습니다. 개정된 법령은 시험에 출제될 확률이 높으니 반드시 체크하여야 합니다.

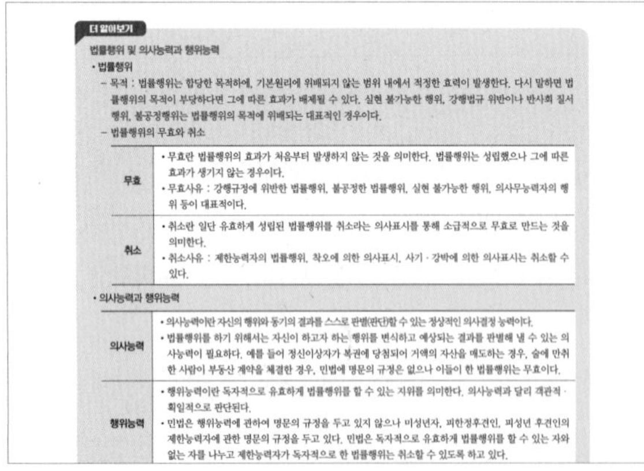

더 알아보기

법률행위 및 의사능력과 행위능력

- 법률행위
  - 목적 : 법률행위는 합당한 목적하에, 기본원리에 위배되지 않는 범위 내에서 적정한 효력이 발생한다. 다시 말하면 법률행위의 목적이 부당하다면 그에 따른 효과가 배제될 수 있다. 실현 불가능한 행위, 강행법규 위반이나 반사회 질서 행위, 불공정행위는 법률행위의 목적에 위배되는 대표적인 경우이다.
  - 법률행위의 무효와 취소

무효	• 무효란 법률행위의 효과가 처음부터 발생하지 않는 것을 의미한다. 법률행위는 성립했으나 그에 따른 효과가 생기지 않는 경우이다. • 무효사유 : 강행규정에 위반한 법률행위, 불공정한 법률행위, 실현 불가능한 행위, 의사무능력자의 행위 등이 대표적이다.
취소	• 취소란 일단 유효하게 성립된 법률행위를 취소라는 의사표시를 통해 소급적으로 무효로 만드는 것을 의미한다. • 취소사유 : 제한능력자의 법률행위, 착오에 의한 의사표시, 사기 · 강박에 의한 의사표시는 취소할 수 있다.

- 의사능력과 행위능력

의사능력	• 의사능력이란 자신의 행위와 동기의 결과를 스스로 판별(판단)할 수 있는 정상적인 의사결정 능력이다. • 법률행위를 하기 위해서는 자신이 하고자 하는 행위를 변식하고 예상되는 결과를 판별해 낼 수 있는 의사능력이 필요하다. 예를 들어 정신이상자가 복권에 당첨되어 거액의 자산을 매도하는 경우, 술에 만취한 사람이 부동산 계약을 체결한 경우, 민법에 명문의 규정은 없으나 이들이 한 법률행위는 무효이다.
행위능력	• 행위능력이란 독자적으로 유효하게 법률행위를 할 수 있는 지위를 의미한다. 의사능력과 달리 객관적 · 획일적으로 판단된다. • 민법은 행위능력에 관하여 명문의 규정을 두고 있지 않으나 미성년자, 피한정후견인, 피성년 후견인의 제한능력자에 관한 명문의 규정을 두고 있다. 민법은 독자적으로 유효하게 법률행위를 할 수 있는 자와 없는 자를 나누고 제한능력자가 독자적으로 한 법률행위는 취소할 수 있도록 하고 있다.

더 알아보기

꼭 알아두어야 할 심화 내용을 정리하여 기본은 물론 심화 학습도 가능하도록 구성하였습니다.

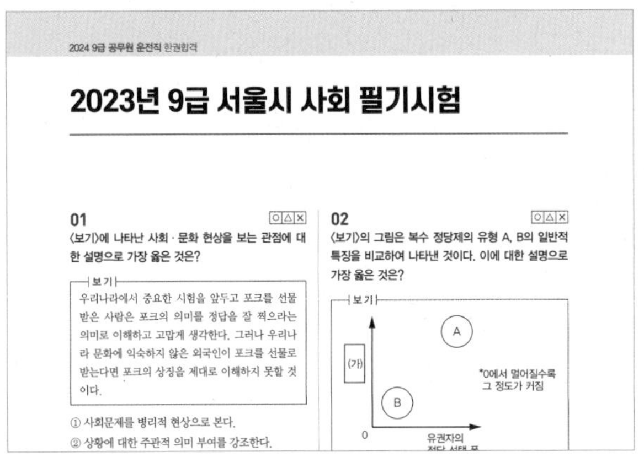

2024 9급 공무원 운전직 한권합격

2023년 9급 서울시 사회 필기시험

01
〈보기〉에 나타난 사회 · 문화 현상을 보는 관점에 대한 설명으로 가장 옳은 것은?

보기
우리나라에서 중요한 시험을 앞두고 포크를 선물 받은 사람은 포크의 의미를 정답을 잘 찍으라는 의미로 이해하고 고맙게 생각한다. 그러나 우리나라 문화에 익숙하지 않은 외국인이 포크를 선물로 받는다면 포크의 상징을 제대로 이해하지 못할 것이다.

① 사회문제를 병리적 현상으로 본다.
② 상황에 대한 주관적 의미 부여를 강조한다.

02
〈보기〉의 그림은 복수 정당제의 유형 A, B의 일반적 특징을 비교하여 나타낸 것이다. 이에 대한 설명으로 가장 옳은 것은?

보기
(가)
A
B
*0에서 멀어질수록 그 정도가 커짐
0
유권자의

2023 최신 기출문제 수록

2023년 최신 기출문제(사회, 자동차구조원리 및 도로교통법규)를 수록하여 출제 경향을 파악하고 시험에 대비할 수 있습니다.

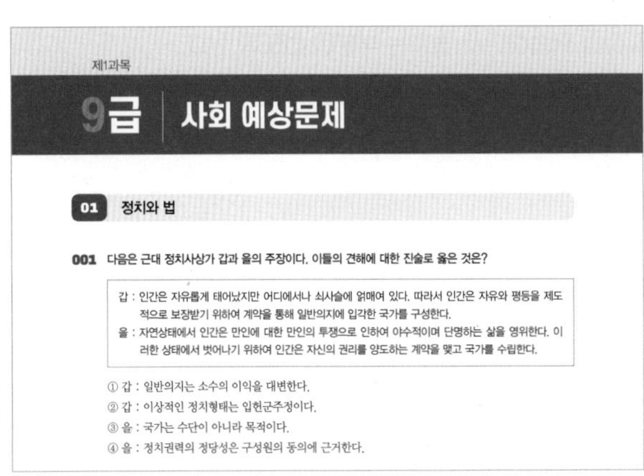

제1과목

9급 | 사회 예상문제

01 정치와 법

001 다음은 근대 정치사상가 갑과 을의 주장이다. 이들의 견해에 대한 진술로 옳은 것은?

갑 : 인간은 자유롭게 태어났지만 어디에서나 쇠사슬에 얽매여 있다. 따라서 인간은 자유와 평등을 제도적으로 보장받기 위하여 계약을 통해 일반의지에 입각한 국가를 구성한다.
을 : 자연상태에서 인간은 만인에 대한 만인의 투쟁으로 인하여 야수적이며 단명하는 삶을 영위한다. 이러한 상태에서 벗어나기 위하여 인간은 자신의 권리를 양도하는 계약을 맺고 국가를 수립한다.

① 갑 : 일반의지는 소수의 이익을 대변한다.
② 갑 : 이상적인 정치형태는 입헌군주정이다.
③ 을 : 국가는 수단이 아니라 목적이다.
④ 을 : 정치권력의 정당성은 구성원의 동의에 근거한다.

예상문제 수록

관련 기출문제를 완벽하게 분석하여 출제 가능성이 높은 예상문제를 단원별로 수록하였습니다.

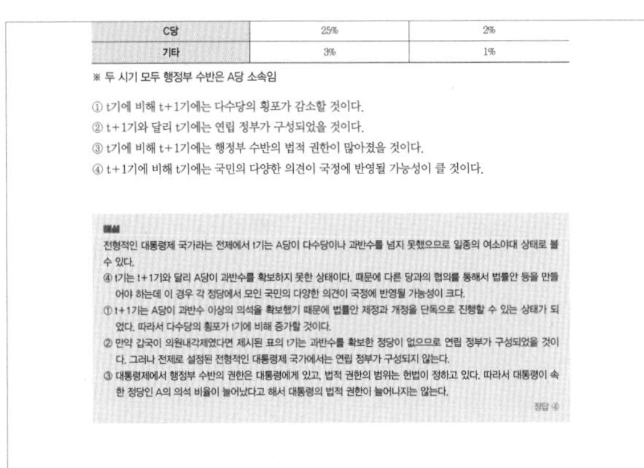

C당	25%	2%
기타	3%	1%

※ 두 시기 모두 행정부 수반은 A당 소속임

① t기에 비해 t+1기에는 다수당의 횡포가 감소할 것이다.
② t+1기와 달리 t기에는 연립 정부가 구성되었을 것이다.
③ t기에 비해 t+1기에는 행정부 수반의 법적 권한이 많아졌을 것이다.
④ t+1기에 비해 t기에는 국민의 다양한 의견이 국정에 반영될 가능성이 클 것이다.

해설
전형적인 대통령제 국가라는 전제에서 t기는 A당이 다수당이나 과반수를 넘지 못했으므로 일종의 여소야대 상태로 볼 수 있다.
④ t기는 t+1기와 달리 A당이 과반수를 확보하지 못한 상태이다. 때문에 다른 당과의 협의를 통해서 법률안 등을 만들어야 하는데 이 경우 각 정당에서 모인 국민의 다양한 의견이 국정에 반영될 가능성이 크다.
① t+1기는 A당이 과반수 이상의 의석을 확보했기 때문에 법률안 제정과 개정을 단독으로 진행할 수 있는 상태가 되었다. 따라서 다수당의 횡포가 t기에 비해 증가할 것이다.
② 만약 갑국이 의원내각제였다면 제시된 표의 t기는 과반수를 확보한 정당이 없으므로 연립 정부가 구성되었을 것이다. 그러나 전제로 설정된 전형적인 대통령제 국가에서는 연립 정부가 구성되지 않는다.
③ 대통령제에서 행정부 수반의 권한은 대통령에게 있고, 법적 권한의 범위는 헌법이 정하고 있다. 따라서 대통령이 속한 정당인 A의 의석 비율이 늘어났다고 해서 대통령의 법적 권한이 늘어나지는 않는다.

정답 ④

상세한 해설

혼자서도 학습할 수 있도록 자세하고 친절한 해설을 덧붙였습니다.

운전직 최적화 학습방법

회독별 학습방법

1회독 개념 공부

Check1 처음부터 모든 내용을 억지로 암기하려 하지 말고, 전체적인 흐름을 훑어보는 식으로 학습한다.

Check2 핵심이론을 공부한 후 해당 부분의 예상문제를 풀어보며 출제 유형을 파악한다.

2회독 적용 풀이

Check1 전반적인 내용을 본격적으로 암기하며 아는 내용과 모르는 내용을 분별해 나간다.

Check2 핵심이론과 틀린 문제의 해설을 서로 연계하여 학습하면서 놓치는 부분이 없도록 한다.

Check3 문제편을 다시 풀어보면서 취약한 부분과 보완해야 할 내용을 체크하고, 최신 기출문제를 풀어보면서 출제경향을 파악한다.

3회독 실전 풀이

Check1 1, 2회독 과정에서 틀렸거나 헷갈렸던 문제는 핵심이론으로 돌아가 집중적으로 학습한다.

Check2 유사한 유형의 기출문제를 풀어보면서 이론을 문제풀이에 적용할 수 있는지 확인해본다.

TIP+ 3회독 단계에서는 완벽하게 이해하지 못한 이론들을 집중적으로 학습해야 한다.
따라서 자신만의 암기장을 만들어 암기되지 않은 이론들을 옮겨 적고 반복 암기하도록 한다!

운전직 공무원 면접 준비

① 면접 진행

운전직 공무원은 각 시 · 도별 또는 시 · 도 교육청에서 별도 채용하기 때문에 필기시험과 마찬가지로 면접시험의 질문이나 방식이 각 시 · 도별, 시 · 도 교육청마다 차이가 있습니다(자기소개서, 스피치 등). 다만 면접 진행은 어느 기관이나 블라인드 면접으로 진행됩니다.

② 운전직 면접이 중요한 이유

운전직 공무원은 필기시험 과목이 일반 공무원보다 적은 대신 합격선이 높습니다. 게다가 지역마다 차이는 있지만 대개 면접 점수가 큰 비율을 차지하기 때문에 필기시험을 아무리 잘 봤다고 해도, 면접에서 떨어지는 경우가 많습니다. 아예 필기시험과는 별개로 채점하는 지역도 있으며, 필기시험 점수가 면접에 영향을 끼치지 않는다는 점에서 장단점이 있습니다.

③ 면접의 TIP!

운전직 공무원 면접은 대체로 경력이 중요하다는 평이 많습니다. 여기서의 경력은 좋은 회사에 다녔다는 식의 경력을 말하는 것이 아닌, 어떤 버스를 운전해 봤고, 어떤 승객을 태운 적이 있으며, 버스의 기종은 무엇이고, 기종에 따라 어떤 차이가 있는지 등의 경력을 의미합니다. 블라인드 면접이라고 해도 발성, 어조, 말투에 영향을 받기 때문에 미리 예상 질문에 대답해보는 연습이 중요합니다.

④ 면접 예상 질문

- 동료 간에 다툼이 발생했습니다. 지원자는 어떻게 처신할 생각인가요?
- 현재 다니고 있는 직장이 있다면, 왜 그만두고 이직하려고 하는 것인가요?
- 동료의 비리를 목격했다면, 어떻게 처신할 생각인가요?
- 평소 직장 동료와의 관계는 어떤 편이며, 어떤 관계를 원하나요?
- 평소 공무원에 대한 지원자의 생각은 어떤가요?
- 차량에 시동을 걸었는데 핸들이 움직이지 않는 상황이 발생했습니다. 이때 지원자는 어떻게 처리할 것인가요?

  예 핸들락을 확인하고 보고 후 조치

목 차

CONTENTS

SD에듀

2023년 최신 기출문제

이론편

제1과목 사회

제2과목 자동차구조원리 및 도로교통법규

문제편

제1과목 사회

제2과목 자동차구조원리 및 도로교통법규

2023

최신 기출문제

제1과목 사회

제2과목 자동차구조원리 및 도로교통법규

2023년 9급 서울시 사회 필기시험

01

○△×

〈보기〉에 나타난 사회 · 문화 현상을 보는 관점에 대한 설명으로 가장 옳은 것은?

보기

우리나라에서 중요한 시험을 앞두고 포크를 선물 받은 사람은 포크의 의미를 정답을 잘 찍으라는 의미로 이해하고 고맙게 생각한다. 그러나 우리나라 문화에 익숙하지 않은 외국인이 포크를 선물로 받는다면 포크의 상징을 제대로 이해하지 못할 것이다.

① 사회문제를 병리적 현상으로 본다.

② 상황에 대한 주관적 의미 부여를 강조한다.

③ 사회가 본질적으로 변동을 지향한다고 본다.

④ 사회문화 현상을 사회 구조적 측면에서 바라본다.

02

○△×

〈보기〉의 그림은 복수 정당제의 유형 A, B의 일반적 특징을 비교하여 나타낸 것이다. 이에 대한 설명으로 가장 옳은 것은?

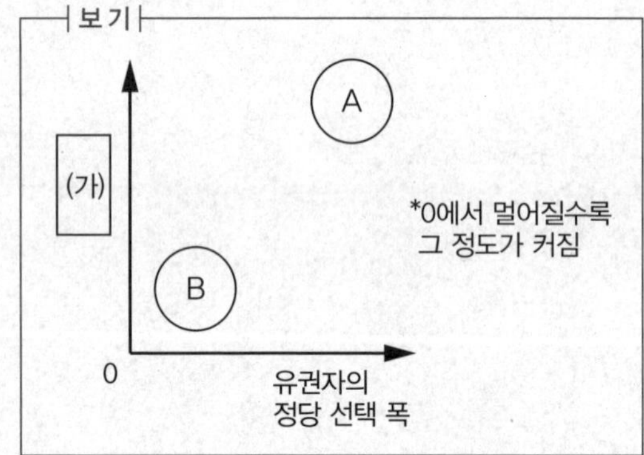

① A는 B에 비해 정당 간 대립 시 중재가 용이할 수 있다.

② B는 A에 비해 정책 실패에 대한 책임 소재가 불분명하다.

③ B는 A에 비해 국정에 다양한 국민의 의견을 반영하기에 용이하다.

④ (가)에는 '다수당의 횡포 가능성'이 들어갈 수 있다.

03

○△×

〈보기〉의 (가), (나)에 나타난 개인과 사회의 관계를 바라보는 관점과 일치하는 설명으로 가장 옳은 것은?

보기

(가) 사람들은 저마다 좋은 옷을 고르고 맛있는 음식을 찾아다닌다. 단지 유행이란, 사람들에게 많이 선택된 옷과 음식에 붙여진 이름일 뿐이다.

(나) 세상에 같은 사람은 하나도 없지만, 집단의 선망은 유행이라는 형태로 나타나 사람들에게 같은 옷을 입게 하고 같은 음식을 먹게 한다.

① (가)는 사회는 하나의 유기체로서 개인의 행동을 구속한다고 본다.

② (가)는 개인의 자율성이 사회 규범의 구속성보다 우선한다고 본다.

③ (나)는 개인의 속성이 사회의 속성을 결정한다고 본다.

④ (나)는 사회는 개인들 간 자발적인 계약에 의해 형성된다고 본다.

04

○△×

〈보기〉는 국제관계를 바라보는 갑(甲), 을(乙)의 관점이다. 이에 대한 설명으로 가장 옳은 것은?

보기

- 갑(甲) : 국제 사회는 보편적인 가치나 질서에 의해서 지배되는 것이 아니고 오로지 힘에 의해 주도될 뿐이야.
- 을(乙) : 국제관계에서는 국가 간 상충되는 이해의 조화가 가능하고, 국가 간 합의를 통해 공동의 이익을 실현할 수 있어.

① 갑은 국제 사회가 보편적인 선(善)에 의해 지배되고 있다고 본다.

② 갑은 국제 사회에서 국가보다 초국가적 행위 주체의 역할이 중요하다고 본다.

③ 을은 주권 불가침의 원칙이 국력에 따라 차별적으로 적용된다고 본다.

④ 갑과 달리 을은 국가들이 국제 규범을 통해 국제 사회의 무정부 상태를 극복할 수 있다고 본다.

05 ○△×

〈보기 1〉의 A~D에 대한 설명으로 가장 옳은 것을 〈보기 2〉에서 모두 고른 것은?

보기 1

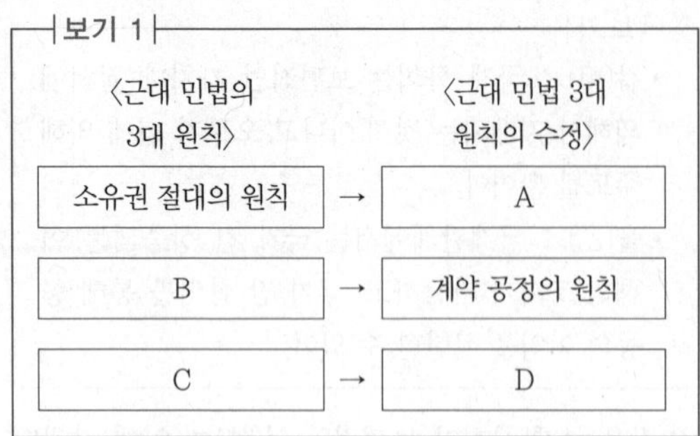

보기 2

ㄱ. A에 따르면 공공복리를 위하여 개인의 소유권을 법률로써 제한할 수 있다.
ㄴ. B에 의해 사회적 이익에 반하거나 불공정한 계약은 법적 효력이 없다.
ㄷ. B와 C는 모두 현대 민법에서도 기본 원리로 작용한다.
ㄹ. D는 자신에게 고의나 과실 없이는 책임을 부담하지 않는다는 원칙이다.

① ㄱ, ㄴ
② ㄱ, ㄷ
③ ㄴ, ㄹ
④ ㄷ, ㄹ

06 ○△×

〈보기〉의 대중문화에 관한 글에서 밑줄 친 ㉠~㉣에 대한 설명으로 가장 옳지 않은 것은?

보기

㉠ 산업화 과정에서 직장을 찾아 농촌에서 도시로 이동한 대규모 인구층을 대중이라 부른다. 미개발된 도시에서 살며 열악한 작업환경에서 일하는 이들은 인간다운 삶을 살기 위한 최소한의 요구를 하게 되었으며, ㉡ 사회적 발언권의 확대와 함께 문화 향유에 대한 요구도 커졌다. 한편, 근대 기술의 발달로 등장한 ㉢ 대중 매체들이 이들의 문화적 욕구를 충족시킬 기반을 제공했으며, 이에 따라 문화·예술 생산자들은 대중을 주목하여 ㉣ 문화 상품 생산에 뛰어들었다.

① ㉠에서는 소품종 대량 생산이 주로 이루어졌다.
② ㉡은 대중 민주주의 형성의 토대가 되었다.
③ ㉢은 일방향 소통방식보다는 쌍방향 소통방식이 주로 이루어졌다.
④ ㉣에서는 예술성보다 상업성을 더 중요하게 생각하였다.

07 ○△×

〈보기〉는 우리나라 지방자치단체의 종류와 기관을 구분한 것이다. 이에 대한 설명으로 가장 옳은 것은?

보기

종류	기관	해당 기관의 활동 사례
A	C	㉠ ㅇㅇ광역시 의회는 예산결산특별위원회를 열어 ㅇㅇ광역시 예산안을 심의하였다.
	D	㉡ ㅇㅇ광역시장은 지역사회통합돌봄서비스 시설을 확장하기로 하였다.
B	C	△△도 ◎◎시 의회는 반려견 화장터 설립 허가를 반대하는 내용의 ㉢ 주민 청원을 심사하였다.
	D	△△도 ㉣ ◎◎시장은 지역 축제 활성화를 위해 대형 꽃밭을 조성하기로 하였다.

① A 지방자치단체장은 B 지방자치단체장과 달리 주민의 선거를 통해 선출된다.
② C는 집행 기관, D는 의결 기관이다.
③ ㉢은 주민의 청구권을 보장하기 위한 제도이다.
④ ㉠은 지방자치단체 사무의 관리 및 집행권, ㉣은 조례안 제출권을 가진다.

08 ○△×

일탈 현상에 대한 원인을 〈보기〉와 같이 분석한 이론에 대한 설명으로 가장 옳은 것은?

보기

급격한 사회 변동기에는 새로운 사회 규범 체계가 아직 자리 잡지 못해 가치와 규범의 혼란이 초래되고 그 결과 범죄가 많이 일어나게 된다. 또한, 사회 제도의 기능이 약화되면서 개인에 대한 사회 통제가 약화되고 사람들의 열망이 제한을 받지 않게 되면서 일탈과 범죄가 증가하게 된다.

① 일탈의 대책으로 사회 규범의 통제력 회복을 강조한다.
② 일탈 행동을 규정하는 기준은 존재하지 않는다고 본다.
③ 일탈 행동은 타인과의 상호작용 과정을 통해 일탈 행동을 정당화하는 동기나 가치관을 내면화함으로써 학습된다고 본다.
④ 일탈 행동을 줄이기 위해서는 문화적 목표 달성을 위한 제도적 수단의 확대가 필요하다고 본다.

09

○△×

〈보기〉는 질문 (가)~(다)를 통해 사회 불평등 현상을 설명하는 이론 A, B를 비교한 것이다. 이에 대한 설명으로 가장 옳지 않은 것은? (단, A와 B는 각각 계급론과 계층론 중 하나이다.)

보기

질문 \ 이론	A	B
(가)	예	아니요
(나)	아니요	예
(다)	예	예

① A가 계층론이면 (가)에 '사회 계층 구조를 불연속적으로 보는가?'가 들어갈 수 있다.

② A가 계층론이면 (나)에 '자신의 계급에 대한 강한 계급 의식을 가지는가?'가 들어갈 수 있다.

③ B가 계급론이면 (가)에 '현대 사회의 지위 불일치 현상을 설명하기 쉬운가?'가 들어갈 수 있다.

④ (다)에 '경제적 요인을 사회 불평등 현상의 원인으로 고려하는가?'가 들어갈 수 있다.

10

○△×

〈보기〉의 형사 절차 (가)~(마)에 대한 설명으로 가장 옳은 것은?

보기

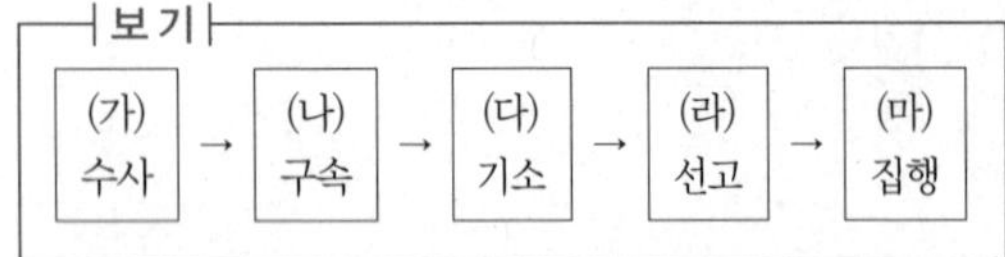

① (가)는 피해자의 고소를 통해서만 개시된다.

② (나) 이후 피의자는 검사에게 구속 적부 심사를 청구할 수 있다.

③ (다) 이후 공판 과정에서 피고인의 유죄는 판사가 증명해야 한다.

④ (라)는 판사에 의해, (마)는 검사의 지휘로 이루어진다.

11

○△×

〈보기〉의 A~C는 각각 조세부과 방식을 나타낸 것이다. 이에 대한 설명으로 가장 옳은 것은?

보기

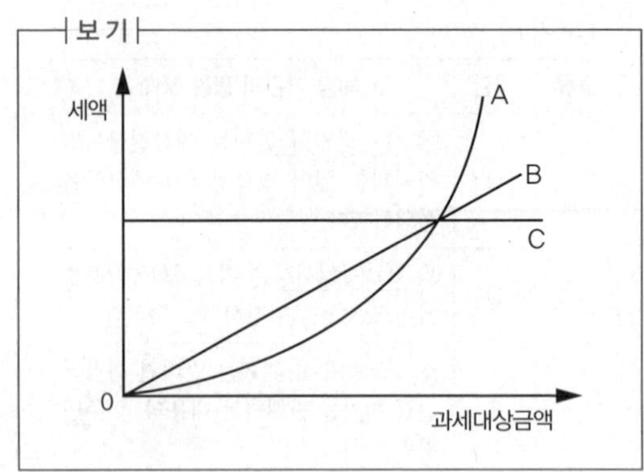

① C는 비례세이다.

② A와 B는 둘 다 누진세이다.

③ A와 B 중 A가 고소득층에 더 유리하다.

④ 우리나라의 부가가치세는 B형태로 부과된다.

12

○△×

〈보기〉의 사례에 대한 법적 판단으로 가장 옳은 것은?

보기

- 갑(甲, 만 16세)은 법정 대리인의 동의 없이 고가의 스마트폰을 매매하는 계약을 판매자 을(乙, 만 35세)과 체결하였다. 을(乙)은 다음날 갑(甲)이 미성년자임을 알게 되었다.
- 병(丙, 만 17세)은 법정 대리인의 동의 없이 자신의 용돈으로 참고서를 구매하는 계약을 서점 운영자인 정(丁, 만 43세)과 체결하였다.

① 갑의 법정 대리인은 갑의 동의를 얻어야 계약을 취소할 수 있다.

② 을은 갑에게 계약의 취소 여부에 대한 확답을 촉구할 수 있다.

③ 갑과 달리 병은 미성년자임을 이유로 계약을 취소할 수 없다.

④ 병이 정과 체결한 계약은 단순히 권리만을 얻거나 의무만을 면하는 행위에 해당한다.

13

○△×

〈보기〉의 ㉠, ㉡에 대한 분석으로 가장 옳은 것은? (단, X재는 수요 법칙을 따르며, 성인과 청소년 간 재판매는 불가능하다.)

보기

A기업은 최근 성인과 청소년에게 동일하게 받던 X재 가격을 ㉠ 성인에게는 5% 인상하고, ㉡ 청소년에게는 5% 인하하였다. 이후 X재의 판매 수입 변화를 살펴보니 성인과 청소년 각각에서 모두 증가한 것으로 나타났다.

① ㉠에게서 나타난 X재 수요의 가격 탄력성은 1이다.
② X재 수요의 가격 탄력성은 ㉡에 비해 ㉠이 더 크다.
③ 가격 변경 후 ㉠과 달리 ㉡의 소비량은 증가한다.
④ 가격 변경 전에 비해 가격 변경 후 X재의 판매량은 증가한다.

14

○△×

〈보기〉의 문화를 이해하는 태도 (가), (나)에 대한 설명으로 가장 옳은 것은?

보기

(가) 오리엔탈리즘(Orientalism)이란 유럽이 동양과 서양을 문맹과 문명, 야만과 지성으로 나누는 이분법적 틀을 말한다. 이 틀에 따르면 서양의 관점에서 동양은 미지의 신비로운 곳이며, 문명화되지 않은 야만사회로 간주해서 더 합리적이고 이성적인 서구문명이 미개한 동양을 문명화시키고 지배하는 것이 정당화된다.

(나) 같은 옷이라도 영어로 표기하면 더 비싸게 인식되는 것으로 나타났다. '편한 검정 면바지'보다는 '블랙 코튼 이지 팬츠'를, 또 그보다는 'black cotton easy pants'의 가격을 더 높게 평가하였다.

① (가)는 각 사회의 맥락에서 그 문화를 이해한다.
② (나)는 자기 문화의 주체성을 상실하고 전통문화를 잃어버리게 될 수 있다.
③ (나)는 국수주의로 흐르거나 문화 제국주의로 변질될 수 있다.
④ (가)와 달리 (나)는 특정 문화에 대한 편견을 가지고 다른 문화를 평가한다.

15

○△×

〈보기〉의 정치 참여 집단 A~C에 대한 설명으로 가장 옳은 것은?(단, A~C는 각각 정당, 이익집단, 시민단체 중 하나이다)

보기

A와 B는 모두 대의 민주주의를 가능하게 하는 본질적인 제도인 공직 선거에 영향력을 행사한다. 사회가 다원화되면서 A만으로는 다양한 이해관계를 정치 과정에 모두 반영하기 어려워졌다. 이에 시민은 자신들의 특수한 이익을 실현하고자 B를 조직하여 공직 선거에 후보자를 추천하는 A에 영향력을 행사하기도 한다. 한편, 시민은 공익 추구를 목표로 자발적으로 조직한 단체인 C에 가입하여 활동하며 정치 과정에 영향력을 행사하기도 한다.

① A는 당정 협의회를 구성하여 행정부와 의회를 매개한다.
② B는 선거에서 제시한 공약 실천에 대한 국민의 평가를 받아 정치적 책임을 진다.
③ C는 정권 획득을 위해 정책적 대안을 제시한다.
④ C와 달리 B는 정부 정책에 대한 감시와 비판의 기능을 수행한다.

16

○△×

〈보기〉의 헌법 기관 A에 대한 설명으로 가장 옳은 것은?

보기

A는 특정 기관 100m 이내에서 야외 집회와 시위를 일률적으로 금지한 현행법에 대해 ㉠ 헌법불합치결정을 내렸다.

① A의 장(長)은 탄핵 심판의 대상이 될 수 있다.
② A는 명령이나 규칙이 헌법이나 법률에 위반되는 여부가 재판의 전제가 된 경우 최종 심사권을 갖는다.
③ ㉠인 경우 즉시 해당 법률의 효력이 상실된다.
④ ㉠의 결정은 재판관 9명의 만장일치제로 시행된다.

17

○△×

〈보기〉는 노동시장의 수요 · 공급 곡선을 나타낸 것이다. 정부가 임금의 하한선을 P_1으로 설정하여 규제할 경우 노동시장을 분석한 것으로 가장 옳은 것은?

보기

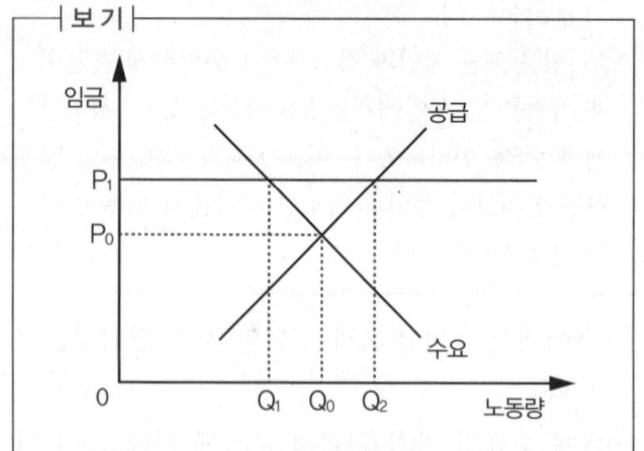

① 실업의 규모는 Q_0-Q_1이다.
② 규제 후 소비자 잉여는 감소한다.
③ 규제 전과 규제 후의 총잉여 크기는 같다.
④ 규제 후 고용량은 Q_0과 Q_2 사이에서 결정된다.

18

○△×

〈보기〉는 갑(甲)국과 을(乙)국이 X재와 Y재 각각 1단위를 생산하는 데 필요한 노동자 수를 나타낸 것이다. 이에 대한 분석으로 가장 옳은 것은?(단, 갑국과 을국은 노동만을 생산 요소로 사용하며, 교역에 따른 운송비는 발생하지 않는다)

보기

	X재	Y재
갑국	20명	30명
을국	40명	30명

① 갑국은 X, Y재 생산 모두 절대 우위에 있다.
② X재 1단위 생산의 기회비용은 갑국이 을국보다 크다.
③ Y재 1단위 생산의 기회비용은 갑국이 을국의 2배이다.
④ 양국이 비교 우위에 있는 재화에 특화 후 1:1로 교환하면 을국은 이익이 발생하지 않는다.

19

○△×

〈보기〉의 자료에 대한 분석 및 추론으로 가장 옳은 것은?

보기

- 갑(甲)국은 무역 호황으로 인해 외화 유입이 크게 증가하였고, 이에 따라 국내의 물가 수준도 가파르게 상승하였다. 갑국의 중앙은행은 ㉠ 물가 안정을 위한 통화 정책을 시행하고자 한다.
- 을(乙)국은 국제 정세 불안으로 인한 소비와 투자 심리 위축으로 실물 경제가 침체에 빠졌다. 이에 따라 을국 정부는 ㉡ 소비세 감면 등 각종 세제 혜택을 늘려 소비와 투자를 진작시키고 경기를 회복하고자 한다. 이에 을국 중앙은행도 ㉢ 이에 부응하는 정책을 준비 중이다.

① 국공채 매각은 ㉠에 해당하는 수단이다.
② ㉡은 긴축 재정 정책에 해당한다.
③ 지급 준비율 인상은 ㉢에 해당할 수 있다.
④ ㉠은 갑국의 실질 GDP 증가 요인, ㉡은 을국의 실질 GDP 감소 요인이다.

20

○△×

〈보기〉의 기본권의 유형 A~C에 대한 설명으로 가장 옳은 것은?(단, A~C는 각각 자유권, 사회권, 청구권 중 하나이다)

보기

질문	예	아니요
소극적 · 방어적 성격의 권리인가?	A	B, C
(가)	B	A, C

① (가)에는 '다른 기본권 보장의 전제 조건이 되는 권리인가?'가 들어갈 수 있다.
② (가)가 '기본권 보장을 위한 수단적 성격의 권리인가?'라면, B는 C와 달리 국가의 존재를 전제로 하는 권리이다.
③ B가 교육을 받을 권리를 포함한다면, (가)에 '실질적 평등의 실현을 위해 등장한 현대적 권리인가?'가 들어갈 수 있다.
④ A는 B, C와 달리 헌법에 열거되어야 보장되는 권리이다.

2023년 9급 서울시 자동차구조원리 및 도로교통법규 필기시험

01 ○△×

자동차 기관에서 1사이클 중 수행된 일을 행정체적으로 나눈 값으로 가장 옳은 것은?

① 열효율 ② 체적효율
③ 총배기량 ④ 평균유효압력

02 ○△×

내연기관에서 윤활 작용뿐만 아니라 다양한 역할을 담당하는 엔진오일의 작용으로 가장 옳지 않은 것은?

① 방청 작용 ② 완소연소 작용
③ 기밀 작용 ④ 냉각 작용

03 ○△×

전기와 관련된 법칙에 대한 설명으로 가장 옳은 것은?

① 줄의 법칙이란 전류에 의해 발생한 열은 도체의 저항과 전류의 제곱 및 흐르는 시간에 반비례한다는 것을 말한다.
② 렌츠의 법칙이란 도체에 영향을 주는 자력선을 변화시켰을 때 유도기전력은 코일 내의 자속이 변화하는 방향으로 생기는 것을 말한다.
③ 키르히호프의 제1법칙이란 에너지 보존의 법칙으로 회로 내의 어떤 한 점에 유입된 전압의 총합과 유출한 전압의 총합은 같다는 것을 말한다.
④ 플레밍의 왼손법칙이란 왼손의 엄지손가락, 인지 및 가운데 손가락을 서로 직각이 되게 펴고, 인지를 자력선의 방향에, 가운데 손가락을 전류의 방향에 일치시키면 도체에는 엄지손가락 방향으로 전자력이 작용한다는 것을 말한다.

04 ○△×

일반적인 승용자동차의 제동장치인 디스크 브레이크의 구성요소로 가장 옳지 않은 것은?

① 디스크 ② 드럼
③ 캘리퍼 ④ 실린더

05 ○△×

디젤엔진의 후처리장치로서 입자상물질(PM)을 포집하여 태우는 기술로 PM을 80% 이상 저감할 수 있는 매연 저감장치로 가장 옳은 것은?

① DOC ② DPF
③ EGR ④ NO_X 촉매

06 ○△×

가솔린기관의 윤활 경로로 가장 옳은 것은?

① 오일팬 → 오일펌프 → 오일필터 → 오일 스트레이너 → 오일통로 → 실린더 헤드
② 오일팬 → 오일필터 → 오일펌프 → 오일 스트레이너 → 오일통로 → 실린더 헤드
③ 오일팬 → 오일 스트레이너 → 오일펌프 → 오일필터 → 오일통로 → 실린더 헤드
④ 오일팬 → 오일통로 → 오일필터 → 오일펌프 → 오일 스트레이너 → 실린더 헤드

07 ○△×

기관의 최고 회전속도를 측정하여 변속기와 기관의 종합적인 성능을 시험하는 스톨 테스트(Stall Test)의 방법 및 결과 분석으로 가장 옳지 않은 것은?

① 브레이크 페달을 밟고 가속페달을 완전히 밟은 후 기관 RPM을 읽는다.
② 변속레버를 'N' 위치에 두고 한다.
③ 기관회전수가 기준치보다 현저히 낮으면 엔진의 출력 부족이다.
④ 기관회전수가 기준치보다 현저히 높으면 자동변속기 이상이다.

08 ○△×

〈보기〉에서 흡기장치의 구성 부품을 모두 고른 것은?

보기	
ㄱ. 디퍼렌셜 기어	ㄴ. 촉매 변환기
ㄷ. 흡기 매니폴드	ㄹ. 스로틀 밸브
ㅁ. 크랭크축	ㅂ. 피스톤

① ㄱ, ㄴ ② ㄱ, ㄷ
③ ㄷ, ㄹ ④ ㄱ, ㅁ, ㅂ

09 ○△×

냉방장치에 대한 설명으로 가장 옳지 않은 것은?

① 냉동사이클은 증발 → 압축 → 팽창 → 응축의 4가지 작용을 순환 반복한다.
② 자동차 에어컨의 주요 구성품목은 응축기, 압축기, 리시버드라이어, 팽창밸브 등이다.
③ 냉매는 압축기에서 압축되어 약 70℃에서 15kgf/cm^2 정도의 고온 · 고압 상태가 된다.
④ 냉매의 구비 조건으로는 비등점이 적당히 낮고 증발 잠열이 커야 한다는 것이 있다.

10 ○△×

전기자동차 배터리의 구성 단위의 크기가 큰 순서대로 가장 바르게 나열한 것은?

① 배터리 셀 > 배터리 팩 > 배터리 모듈
② 배터리 모듈 > 배터리 셀 > 배터리 팩
③ 배터리 셀 > 배터리 모듈 > 배터리 팩
④ 배터리 팩 > 배터리 모듈 > 배터리 셀

※ [11~20] 이하 문제는 도로교통법, 동법 시행령 및 시행규칙을 기준으로 함

11 ○△×

「도로교통법 시행규칙」상 좌석안전띠를 매지 아니하거나 승차자에게 좌석안전띠를 매도록 하지 아니하여도 되는 경우에 해당하지 않는 것은?

① 자동차를 주차시키지 위하여 운전하는 때
② 경호 등을 위한 경찰용 자동차에 의하여 호위되거나 유도되고 있는 자동차를 운전하거나 승차하는 때
③ 「여객자동차 운수사업법」에 의한 여객자동차운송사업용 자동차의 운전자가 승객에게 좌석안전띠 착용을 안내하였음에도 불구하고 승객이 착용하지 않는 때
④ 부상 · 질병 · 장애 또는 임신 등으로 인하여 좌석안전띠의 착용이 적당하지 아니하다고 인정되는 자가 자동차를 운전하거나 승차하는 때

12 ○△×

「도로교통법 시행령」 제10조에서 전용차로통행차 외에 전용차로로 통행할 수 있는 경우에 해당하지 않는 것은?

① 긴급자동차가 그 본래의 긴급한 용도로 운행되고 있는 경우
② 전용차로통행차의 통행에 장해를 주지 아니하는 범위에서 택시가 승객을 태우거나 내려주기 위하여 일시 통행하는 경우
③ 행사를 위하여 기(旗) 또는 현수막 등을 휴대한 행렬
④ 도로의 파손, 공사, 그 밖의 부득이한 장애로 인하여 전용차로가 아니면 통행할 수 없는 경우

13 ○△×

「도로교통법」상 운전자는 운전 중에 휴대용 전화를 사용할 수 없지만 예외적으로 허용하는 경우에 해당하지 않는 것은?

① 자동차 등 또는 노면전차가 정지하고 있는 경우
② 특수자동차를 운전하는 경우
③ 각종 범죄 및 재해 신고 등 긴급한 필요가 있는 경우
④ 안전운전에 장애를 주지 아니하는 장치로서 대통령령으로 정하는 장치를 이용하는 경우

14 ○△×

「도로교통법」상 모든 차의 운전자가 보행자 옆을 지나갈 경우 안전한 거리를 두고 서행해야 하는 곳에 해당하지 않는 것은?

① 보행자 우선도로
② 도로 외의 곳
③ 보도와 차도가 구분되지 아니한 도로 중 중앙선이 없는 도로
④ 보도와 차도가 구분된 도로

15 ○△×

「도로교통법」상 회전교차로의 통행방법으로 가장 옳지 않은 것은?

① 이미 진행하고 있는 다른 차가 있는 때에는 바깥쪽 차선으로 진입하여 진행이 가능하다.
② 모든 차의 운전자는 회전교차로에서는 반시계방향으로 통행하여야 한다.
③ 모든 차의 운전자는 회전교차로에 진입하려는 경우에는 서행하거나 일시정지하여야 한다.
④ 회전교차로 통행을 위하여 손이나 방향지시기 또는 등화로써 신호를 하는 차가 있는 경우 그 뒤차의 운전자는 신호를 한 앞차의 진행을 방해하여서는 아니 된다.

16 ○△×

〈보기〉는 「도로교통법 시행규칙」상 개인형 이동장치의 승차정원에 대한 내용이다. (가)와 (나)에 들어갈 내용으로 가장 옳은 것은?

보기
전동킥보드 및 전동이륜평행차의 경우 : (가)
전동기의 동력만으로 움직일 수 있는 자전거의 경우 : (나)

	(가)	(나)
①	1명	1명
②	1명	2명
③	2명	1명
④	2명	2명

17 ○△×

「도로교통법」 제31조에서 모든 차 또는 노면전차의 운전자가 서행하여야 하는 곳에 해당하지 않는 것은?

① 교통정리를 하고 있지 아니하는 교차로
② 비탈길의 고갯마루 부근
③ 도로가 구부러진 부근
④ 교통정리를 하고 있지 아니하고 좌우를 확인할 수 없거나 교통이 빈번한 교차로

18 ○△×

「도로교통법 시행령」상 자동차 등의 운전에 필요한 적성 검사의 기준으로 가장 옳지 않은 것은?

① 제2종 운전면허 : 두 눈을 동시에 뜨고 잰 시력이 0.8 이상일 것. 다만, 한쪽 눈을 보지 못하는 사람은 다른 쪽 눈의 시력이 0.5 이상이어야 한다.
② 붉은색 · 녹색 및 노란색을 구별할 수 있을 것
③ 55dB(보청기를 사용하는 사람은 40dB)의 소리를 들을 수 있을 것
④ 조향장치나 그 밖의 장치를 뜻대로 조작할 수 없는 등 정상적인 운전을 할 수 없다고 인정되는 신체상 또는 정신상의 장애가 없을 것

19 ○△×

「도로교통법」 제13조의2에서 자전거 등의 통행방법 특례에 대한 설명으로 가장 옳지 않은 것은?

① 자전거 등의 운전자는 안전표지로 통행이 허용된 경우를 제외하고는 2대 이상이 나란히 차도를 통행하여서는 아니 된다.
② 자전거 등의 운전자는 자전거도로가 따로 있는 곳에서는 그 자전거도로로 통행하여야 한다.
③ 자전거 등의 운전자가 횡단보도를 이용하여 도로를 횡단할 때에는 속도를 줄여 서행하거나 일시정지하여야 한다.
④ 자전거 등의 운전자는 자전거도로가 설치되지 아니한 곳에서는 도로 우측 가장자리에 붙어서 통행하여야 한다.

20 ○△×

「도로교통법」상 외국의 권한 있는 기관에서 발급한 운전면허증을 가진 사람 가운데 운전면허시험의 일부가 면제되지 않는 사람은?

① 「주민등록법」 제6조에 따라 주민등록이 된 사람
② 「출입국관리법」 제31조에 따라 외국인등록이 면제된 사람
③ 「난민법」에 따른 난민인정자
④ 「재외동포의 출입국과 법적 지위에 관한 법률」 제6조에 따라 국내거소신고를 하지 않은 사람

2023년 9급 서울시 사회 정답 및 해설

01	02	03	04	05	06	07	08	09	10
②	①	②	④	②	③	③	①	①	④
11	12	13	14	15	16	17	18	19	20
④	③	③	②	①	①	②	③	①	③

01 ★☆☆ 답 ②

출제 영역 사회 · 문화>사회 · 문화 현상의 이해

정답해설

〈보기〉는 상징적 상호작용론의 관점에 대한 설명이다.

② 우리나라에서 중요한 시험을 앞두고 잘 찍으라는 의미로 포크를 선물하는 현상은 포크에 상징을 부여하여 개인 간의 상호작용이나 개개인의 주관적인 의미 해석에 초점을 두는 관점으로 상징적 상호작용론에 해당한다.

오답해설

① 사회문제를 병리적 현상으로 보는 관점은 기능론에 해당한다.

③ 사회가 본질적으로 변동을 지향한다고 보는 관점은 갈등론에 해당한다.

④ 사회문화 현상을 사회 구조적 측면에서 이해하는 것은 거시적(기능론, 갈등론) 관점에 해당한다.

02 ★☆☆ 답 ①

출제 영역 정치와 법>다양한 정치 주체의 역할과 참여

정답해설

A는 다당제, B는 양당제이다.

① 다당제는 실질적으로 경쟁할 수 있는 정당이 세 개 이상이 존재하여 정당 간 대립 시 중재가 용이할 수 있다. 이에 비해 양당제는 양당 간 대립 시 중재가 어렵다.

오답해설

② 다당제는 양당제에 비해 정책 실패에 대한 책임 소재가 불분명하다.

③ 다당제는 양당제에 비해 국정에 다양한 국민의 의견을 반영하기에 용이하다.

④ 다수당의 횡포로 소수의 이익을 무시할 가능성이 높은 것은 양당제이므로 (가)에 '다수당의 횡포 가능성'은 들어갈 수 없다.

03 ★☆☆ 답 ②

출제 영역 사회 · 문화>개인과 사회의 관계

정답해설

(가)는 사회 명목론, (나)는 사회 실재론이다.

② 사회 명목론은 사회는 실제로 존재하지 않으며, 개인의 자율성이 사회 규범의 구속성보다 우선한다고 본다.

오답해설

① 사회유기체설은 사회 실재론과 관련된 사상이다.

③ 개인의 속성이 사회의 속성을 결정한다고 보는 관점은 사회 명목론에 해당한다.

④ 사회계약설은 사회 명목론과 관련된 사상이다.

The 알아보기

개인과 사회의 관계

시기	사회 실재론	사회 명목론
기본 입장	• 사회가 개인의 외부에 실체로서 존재한다고 봄 • 사회는 개인의 총합 이상의 존재로 독자적 특성을 지니고 있다고 봄	• 실재하는 것은 개인뿐임 • 사회는 개인들의 집합체에 붙여진 이름에 불과하다고 봄

시기	사회 실재론	사회 명목론
주요 내용	• 개인의 사고 및 행위는 실재하는 사회에 의해 규제되고 구속됨 • 사회 현상을 분석할 때 사회 구조나 사회 제도를 중심으로 분석해야 함(개인보다 사회 강조) • 개인은 사회 없이 존재할 수 없으며, 단지 사회 구성 요소의 일부에 불과함 • 사회 문제의 발생 원인은 사회에 있으며, 해결방안 역시 사회 구조 및 제도적으로 접근해야 함	• 개인은 자유 의지에 따라 사고하고 행위를 하는 자유롭고 독립적인 존재임 • 개인적 특성을 통해 사회의 특성을 파악할 수 있다고 봄(개인과 구별되는 사회의 독자적 특성 부정) • 개인은 사회 없이 존재할 수 있으며, 사회는 개개인의 총합에 불과함 • 사회 문제의 발생 원인은 개인에 있으며, 해결방안 역시 개인적 차원에서 접근해야 함
관련 사상	사회유기체설, 전체주의	사회계약설, 개인주의
한계	• 사회를 위해 개인의 희생을 정당화할 수 있음(전체주의 우려) • 인간의 자유 의지에 따른 사고나 행위의 결과를 설명하기 어려움	• 개인에 대한 사회 제도 및 구조의 영향력을 간과함 • 개인의 사고나 행위만으로 설명하기 어려운 사회 현상이 존재함

04 ★☆☆

답 ④

출제 영역 정치와 법>국제관계와 한반도

정답해설

국제관계를 갑(甲)은 현실주의적, 을(乙)은 자유주의(이상주의)적 관점에서 설명한다.

④ 을의 자유주의적 관점은 국제법, 국제기구의 중요성을 강조하며 국가들이 국제 규범을 통해 국제 사회의 무정부 상태를 극복할 수 있다고 본다.

오답해설

① 국제 사회가 보편적인 선(善)에 의해 지배되고 있다고 보는 것은 자유주의적 관점이다.

② 현실주의적 관점에서 국가는 국제정치에서 가장 중요한 행위자이며, 힘의 우위 확보를 위해 국력 강화를 강조한다. 따라서 현실주의적 관점은 국제 문제의 해결 과정에서 초국가적 행위 주체의 역할을 간과한다.

③ 주권 불가침의 원칙이 국력에 따라 차별적으로 적용된다고 보는 것은 현실주의적 관점이다.

The 알아보기

국제관계를 바라보는 관점

구분	현실주의	자유주의(이상주의)
사상적 배경	홉스의 인간관	계몽주의
전제	국제관계는 힘의 논리에 따라 결정	국제관계는 윤리와 도덕규범에 따라 상호의존하고 공존
문제 해결	군사력, 경제력 등	국제법, 국제기구, 국제 여론 등
평화 유지 및 안보	군사 동맹을 통한 세력 균형 : 국가 간 세력 균형을 유지함으로써 국가 이익을 추구하려는 원리	집단 안보 체제 : 국가의 안전을 군비 증강이나 동맹에서 구하지 않고, 국제 사회의 다수 국가가 연대·상호의존하는 체제
한계	복잡한 국제관계를 정치적 권력관계로 한정하며 국제 사회의 상호의존성 경시	국제관계에 실재하는 힘의 논리 및 자국의 이익을 우선시하는 현실을 간과

05 ★★☆

답 ②

출제 영역 정치와 법>민법의 기초 이해

정답해설

A는 소유권 공공복리의 원칙, B는 사적 자치의 원칙(계약 자유의 원칙), C는 과실 책임의 원칙(자기 책임의 원칙), D는 무과실 책임의 원칙이다.

ㄱ. 소유권 공공복리의 원칙은 개인의 소유권도 공공복리를 위하여 필요한 경우에 한하여 법률로써 제한될 수 있는 상대적 권리임을 의미한다.

ㄷ. 근대 민법 원칙의 수정은 기존의 민법 원칙을 수정·보완하는 것으로 근대 민법의 3대 원칙은 현대 민법에서도 기본 원리로 적용된다.

오답해설

ㄴ. 사회적 이익에 반하거나 불공정한 계약이 법적 효력 없는 것은 계약 공정의 원칙에 대한 설명이다.

ㄹ. 자신에게 고의나 과실 없이는 책임을 부담하지 않는다는 원칙은 과실 책임의 원칙에 대한 설명이다.

06 ★☆☆ 답 ③

출제 영역 사회 · 문화>현대 사회의 다양한 문화 양상

정답해설

〈보기〉는 산업화 과정에서 나타난 대중문화의 특징을 설명한다.

③ 산업사회에는 근대 기술의 발달로 신문, 라디오, 텔레비전 등 전통적인 대중 매체가 등장하였고, 일방향 소통방식이 주로 이루어졌다.

07 ★★☆ 답 ③

출제 영역 정치와 법>지방자치

정답해설

A는 광역자치단체, B는 기초자치단체, C는 의결 기관(지방의회), D는 집행 기관(지방자치단체장)이다.

③ 주민청원은 주민이 조례나 규칙의 제 · 개정 및 폐지, 지방자치단체가 마련해 주기를 바라는 사항이나 불만을 문서로 작성하여 제출하는 것으로 주민의 청구권을 보장하기 위한 제도이다.

오답해설

① A 지방자치단체장과 B 지방자치단체장은 모두 선거를 통해 선출된다.

② C는 의결 기관, D는 집행 기관이다.

④ 지방자치단체 사무의 관리 및 집행권과 조례안 제출권은 지방자치단체장의 권한이다.

08 ★☆☆ 답 ①

출제 영역 사회 · 문화>일탈 행동의 이해

정답해설

〈보기〉는 뒤르켐의 아노미 이론에 대한 설명이다.

① 뒤르켐의 아노미 이론은 급격한 사회 변동기에 기존의 사회 규범이 무너지면서 그를 대체할 새로운 규범이 확립되지 않아 혼란스러운 상태, 즉 아노미로 인해 일탈 행동이 증가하므로 이를 줄이기 위해서는 사회 규범의 통제력과 회복, 새로운 가치관의 확립 등이 강조된다.

오답해설

② 일탈 행동을 규정하는 기준이 존재하지 않는다고 보는 것은 낙인 이론에 해당한다.

③ 일탈 행동은 타인과의 상호작용 과정을 통해 일탈 행동을 정당화하는 동기나 가치관을 내면화함으로써 학습된다고 보는 것은 차별적 교제이론에 해당한다.

④ 일탈 행동을 줄이기 위해서는 문화적 목표 달성을 위한 제도적 수단의 확대가 필요하다고 보는 것은 머튼의 아노미 이론에 해당한다.

09 ★★☆ 답 ①

출제 영역 사회 · 문화>사회 불평등 현상의 이해

정답해설

① 계층론은 '사회 계층 구조를 불연속적으로 보는가?'라는 질문에 '아니요'라고 답해야 한다. 사회 계층 구조를 불연속적으로 보는 것은 계급론이다.

The 알아보기

계급론과 계층론

구분	계급론	계층론
서열화 기준	생산수단의 소유 여부에 따라 지배 계급(자본가)과 피지배 계급(노동자)으로 구분 → 일원론	경제적 계급, 사회적 지위, 정치적 권력 소유 여부 등 다양한 사회적 희소가치에 따라 상층, 중층, 하층으로 구분 → 다원론
학자	칼 마르크스(K. Marx)	막스 베버(M. Weber)
특징	• 자본가(유산자)와 노동자(무산자)의 대립 • 불연속적 · 이분법적으로 계급을 구분 • 사회 이동의 가능성이 매우 제한적 • 같은 계급에 속한 사람들 간 계급의식이 강조 • 계급 간 생산 수단을 둘러싼 갈등 · 대립 관계가 사회 변혁의 원동력이 된다고 봄	• 각 계층의 구분은 단순한 분류의 의미 • 복합적 · 연속적으로 계층을 상층, 중층, 하층으로 구분 • 계급론보다 사회 이동의 가능성이 높음 • 동일 계층에 속한 사람들 간의 계층 의식이 낮음 • 현대 사회의 지위 불일치 현상을 설명하는 데 적합

10 ★★☆ 답 ④

출제 영역 정치와 법>형사절차와 인권 보호

정답해설

④ 선고는 판사에 의해, 선고된 형이 확정될 경우 검사의 지휘에 따라 집행된다.

오답해설

① 수사는 고소 및 고발, 현행범의 체포, 범인의 자수, 수사 기관의 인지 등에 의해서 개시된다.
② 구속 이후 피의자는 구속의 적법성과 필요성을 심사하여 자신을 석방해 줄 것을 법원에 청구할 수 있다.
③ 공판 과정에서 피고인의 유죄는 검사가 증명해야 한다.

11 ★★☆ 답 ④

출제 영역 경제>경기변동과 경제 안정화 방안

정답해설

A는 누진세, B는 비례세, C는 정액세(역진세)이다.
④ 우리나라의 부가가치세는 과세대상금액에 상관없이 동일한 세율을 적용하는 비례세 형태로 부과된다.

오답해설

① C는 과세대상금액에 상관없이 세액이 일정하므로 정액세이다.
② A는 누진세, B는 비례세이다.
③ 누진세는 과세대상금액이 커질수록 높은 세율을 적용하여, 고소득층에 누진세를 적용하면 세금 부담은 증가한다.

12 ★★☆ 답 ③

출제 영역 정치와 법>재산관계와 법

정답해설

③ 범위를 정하여 처분이 허락된 재산(예 용돈)의 처분행위는 미성년자도 단독으로 할 수 있는 법률행위이다. 따라서 병은 미성년자라는 이유로 계약을 취소할 수 없다.

오답해설

① 미성년자가 법정 대리인의 동의를 얻지 않고 한 행위는 취소할 수 있다.
② 거래 상대방인 을은 미성년자 갑이 아직 능력자가 되지 못한 경우이므로 그의 법정 대리인에게 확답을 촉구할 수 있다.
④ 병이 정과 체결한 계약은 상호 권리와 의무가 발생한다.

13 ★★★ 답 ③

출제 영역 경제>시장균형과 자원 배분의 효율성

정답해설

③ 수요 법칙은 다른 조건이 일정할 때 상품의 가격이 상승하면 수요량은 감소하고 상품의 가격이 하락하면 수요량이 증가하는 것을 말한다. X재는 수요 법칙을 따르므로 ㉡ 청소년은 상품의 가격이 하락하여 수요량이 증가한다.

오답해설

① 성인은 상품의 5% 가격 인상 후 판매 수입이 증가하였으므로 수요가 비탄력적이다. 즉, 수요의 가격 탄력성이 1보다 작다.
② 청소년은 상품의 5% 가격 인하 후 판매 수입이 증가하였으므로 수요가 탄력적이다. 성인은 상품의 수요가 비탄력적이므로 청소년의 수요의 가격 탄력성이 더 크다.
④ 〈보기〉에 제시된 자료만으로 구체적인 X재의 판매량을 알 수 없다.

14 ★☆☆ 답 ②

출제 영역 사회 · 문화>문화의 이해

정답해설

문화 절대주의 중 (가)는 자문화 중심주의, (나)는 문화 사대주의에 해당한다.
② 문화 사대주의는 타문화를 숭상 · 동경하여 자문화를 평가 절하하여 자기 문화의 주체성을 상실하고 전통문화를 잃어버리게 될 수 있다.

오답해설

① 각 사회의 맥락에서 그 문화를 이해하는 것은 문화 상대주의에 해당한다.
③ 국수주의로 흐르거나 문화 제국주의로 변질될 수 있는 것은 자문화 중심주의에 해당한다.

④ 자문화 중심주의와 문화 사대주의 모두 문화 절대주의로, 특정 문화에 대한 편견을 가지고 다른 문화를 평가한다.

15 ★★☆ 답 ①

출제 영역 정치와 법>다양한 정치 주체의 역할과 참여

정답해설

A는 정당, B는 이익집단, C는 시민단체이다.

① 정당은 정치적 견해가 같은 사람들이 정권의 획득·유지를 위해 자발적으로 조직한 단체로 당정 협의회를 구성하여 행정부와 의회를 매개하는 역할을 한다.

오답해설

② 정당은 선거에서 제시한 공약 실천에 대한 국민의 평가를 받아 정치적 책임을 진다.

③ 정당은 정권 획득을 위해 정책적 대안을 제시한다.

④ 시민단체와 이익집단 모두 정부 정책에 대한 감시와 비판의 기능을 수행하며 정치 과정에 영향력을 행사한다.

16 ★★★ 답 ①

출제 영역 정치와 법>우리나라의 국가 기관

정답해설

① 헌법재판소의 장은 고위공무원이 직무집행에서 헌법이나 법률을 위반한 이유로 국회의 탄핵소추 의결을 거쳐 헌법재판소에서 심판하는 탄핵 심판의 대상이 된다.

오답해설

② 명령이나 규칙이 헌법이나 법률에 위반되는 여부가 재판의 전제가 된 경우 최종 심사권은 대법원의 권한이다.

③ 헌법불합치결정은 법에 합치되지 아니하나 잠정적으로 적용하는 것을 의미한다. 위헌결정의 법률 효력은 그 결정이 있은 날로부터 즉시 상실한다.

④ 헌법재판소는 재판관 7인 이상의 출석으로 사건을 심리하고, 법률의 위헌 결정은 재판관 6인 이상의 찬성이 있어야 한다.

17 ★★☆ 답 ②

출제 영역 경제>시장균형과 자원 배분의 효율성

정답해설

〈보기〉는 최저임금제에 대한 그래프이다. 최저임금제는 정부가 균형가격보다 높은 수준에서 임금 하한선을 정하고, 이보다 낮은 임금 수준에서 거래하지 못하도록 규제하는 정책을 말한다.

② 균형 수준(P_0, Q_0)에서 최저임금제도 시행 후 임금(P_1)이 상승하고 고용량(Q_1)이 감소하면서 소비자잉여는 감소한다.

오답해설

① 실업의 규모는 $Q_1 - Q_2$이다.

③ 총잉여는 시장의 균형 수준(P_0, Q_0)에서 최대이며, 규제 후 사회적 후생 손실이 발생하여 총잉여는 감소한다.

④ 규제 후 고용량은 Q_1이다.

18 ★★★ 답 ③

출제 영역 경제>무역 원리와 무역 정책

정답해설

X, Y재 1단위 생산의 기회비용

구분	X재	Y재
갑국	$\frac{2}{3}$	$\frac{3}{2}$
을국	$\frac{4}{3}$	$\frac{3}{4}$

③ Y재 1단위 생산의 기회비용은 갑국이 $\frac{3}{2}$으로 을국 $\frac{3}{4}$의 2배이다.

오답해설

① 갑국은 X재 생산에 절대 우위가 있지만, Y재는 갑국과 을국 생산비가 동일하다.

② X재 1단위 생산의 기회비용은 갑국 $\frac{2}{3}$, 을국 $\frac{4}{3}$이므로 갑국이 을국보다 작다.

④ 갑국은 X재, 을국은 Y재에 비교우위가 있다. 을국의 Y재 1단위 생산의 기회비용은 $\frac{3}{4}$이므로, 교환비율이 1:1이라면 무역을 통해 이익이 발생한다.

19 ★★☆ 답 ①

출제 영역 경제>경기변동과 경제 안정화 방안

정답해설

갑(甲)국은 경기 과열, 을(乙)국은 경기 침체 상황이다.

① 경기 과열 시 국공채를 매각하여 통화량은 감소하고 이자율을 인상하는 통화정책을 시행하여야 한다.

오답해설

② 소비세 감면 등 각종 세제 혜택을 늘리는 정책은 확대 재정 정책에 해당한다.

③ 을국은 경기 부양을 위해 지급 준비율을 인하하는 정책을 시행하여야 한다.

④ ㉠은 갑국의 실질 GDP 감소 요인, ㉡은 을국의 실질 GDP 증가 요인이다.

20 ★★☆ 답 ③

출제 영역 정치와 법>기본권의 보장과 제한

정답해설

〈보기〉에 제시된 자료로 알 수 있는 것은 A는 자유권이다.

③ 교육을 받을 권리는 사회권이며, 실질적 평등의 실현을 위해 등장한 현대적 권리에 해당한다.

오답해설

① 다른 기본권 보장의 전제 조건이 되는 기본권은 평등권이므로 제시된 기본권에 해당하지 않는다.

② '기본권 보장을 위한 수단적 성격의 권리인가?' 질문에 답이 '예'라면 B는 청구권이 되고 자동적으로 C는 사회권이다. 그러나 청구권과 사회권 모두 국가의 존재를 전제로 하는 권리이다.

④ A는 자유권으로 구체적인 내용이 헌법에 열거되지 않아도 보장되는 포괄적 성격을 지닌다.

2023년 9급 서울시 자동차구조원리 및 도로교통법규 정답 및 해설

01	02	03	04	05	06	07	08	09	10
④	②	④	②	②	③	②	③	①	④
11	12	13	14	15	16	17	18	19	20
①	③	②	④	①	②	④	①	③	④

01 ★★☆ 답 ④

출제 영역 자동차구조원리

정답해설

1사이클의 일 = 평균유효압력 × 행정체적

02 ★★★ 답 ②

출제 영역 자동차구조원리

정답해설

엔진오일의 작용

- 감마 작용(마멸 감소) : 엔진의 운동부에 유막을 형성하여 마찰 부분의 마멸 및 베어링의 마모 등을 방지하는 작용이다.
- 밀봉 작용 : 실린더와 피스톤 사이에 유막을 형성하여 압축, 폭발 시에 연소실의 기밀을 유지하는 작용(블로바이 가스 발생 억제)이다.
- 냉각 작용 : 엔진의 각 부에서 발생한 열을 흡수하여 냉각하는 작용이다.
- 청정 및 세척 작용 : 엔진에서 발생하는 이물질, 카본 및 금속 분말 등의 불순물을 흡수하여 오일팬 및 필터에서 여과하는 작용이다.
- 응력분산 및 완충 작용 : 엔진의 각 운동 부분과 동력행정 또는 노크 등에 의해 발생하는 큰 충격압력을 분산시키고 엔진오일이 갖는 유체의 특성으로 인한 충격완화 작용이다.
- 방청 및 부식방지 작용 : 엔진의 각부에 유막을 형성하여 공기와의 접촉을 억제하고 수분 침투를 막아 금속의 산화 방지 및 부식방지 작용이다.

03 ★★★ 답 ④

출제 영역 자동차구조원리

정답해설

플레밍의 왼손 법칙 : 전류가 흐르는 도선의 미소 부분이 자기장에 의해 받는 힘은 왼손의 가운데 손가락(전류의 방향)과 집게 손가락(자기장의 방향)에 수직으로 향하게 한 엄지 손가락의 방향이다.

오답해설

① 줄의 법칙 : 도선에 전류가 흐를 때 단위시간 동안에 도선에 발생하는 열량(줄열의 양)은 전류의 세기의 제곱과 도선의 전기저항에 비례한다는 법칙이다.

② 렌츠의 법칙 : 폐회로에 유입되는 자기 선속(Magnetic Flux)이 변할 때, 유도되는 기전력은 그 자기선속의 변화를 방해하는 자기장을 형성한다는 법칙이다.

③ 키르히호프의 제1법칙 : 전기 회로의 임의의 절점에 대해서 절점으로 흘러들어오는 전류의 총합과 흘러 나가는 전류의 총합이 같다는 법칙이다.

04 ★★☆ 답 ②

출제 영역 자동차구조원리

정답해설

디스크 브레이크는 디스크, 캘리퍼, 실린더 및 피스톤, 패드 등으로 구성되어 있다. 드럼은 드럼 브레이크의 구성 요소이다.

05 ★★☆ 답 ②

출제 영역 자동차구조원리

정답해설

입자상물질을 포집하고 일정 환경에서 연소시켜 입자상물질의 배출을 감소시키는 디젤엔진의 후처리장치는 DPF이다.

06 ★★☆ 답 ③

출제 영역 자동차구조원리

정답해설

가솔린기관의 윤활 경로는 오일팬 → 오일 스트레이너 → 오일펌프 → 오일필터 → 오일통로 → 실린더 헤드의 경로로 윤활유를 순환시킨다.

07 ★★☆ 답 ②

출제 영역 자동차구조원리

정답해설

스톨 테스트(Stall Test)는 변속레버 D와 R 레인지에서 브레이크를 밟고 가속페달을 끝까지 밟아 테스트한다.

08 ★☆☆ 답 ③

출제 영역 자동차구조원리

정답해설

흡기장치의 구성 부품은 흡기 필터, 흡기 덕트, 스로틀 밸브, 흡기 매니폴드 등으로 구성된다.

09 ★★☆ 답 ①

출제 영역 자동차구조원리

정답해설

냉동사이클은 압축 → 응축 → 팽창 → 증발의 4가지 작용을 순환 반복한다.

10 ★☆☆ 답 ④

출제 영역 자동차구조원리

정답해설

전기자동차 및 하이브리드 자동차에서 적용하는 고전압 배터리의 구성 단위의 크기는 배터리 셀 < 배터리 모듈 < 배터리 팩의 순서이다.

11 ★★★ 답 ①

출제 영역 도로교통법규

정답해설

「도로교통법 시행규칙」 제31조(좌석안전띠 미착용 사유)

법 제50조 제1항 단서 및 법 제53조 제2항 단서에 따라 좌석안전띠를 매지 아니하거나 승차자에게 좌석안전띠를 매도록 하지 아니하여도 되는 경우는 다음의 어느 하나에 해당하는 경우로 한다.

① 부상 · 질병 · 장애 또는 임신 등으로 인하여 좌석안전띠의 착용이 적당하지 아니하다고 인정되는 자가 자동차를 운전하거나 승차하는 때
② 자동차를 후진시키기 위하여 운전하는 때
③ 신장 · 비만, 그 밖의 신체의 상태에 의하여 좌석안전띠의 착용이 적당하지 아니하다고 인정되는 자가 자동차를 운전하거나 승차하는 때
④ 긴급자동차가 그 본래의 용도로 운행되고 있는 때
⑤ 경호 등을 위한 경찰용 자동차에 의하여 호위되거나 유도되고 있는 자동차를 운전하거나 승차하는 때
⑥ 「국민투표법」 및 공직선거관계법령에 의하여 국민투표운동 · 선거운동 및 국민투표 · 선거관리업무에 사용되는 자동차를 운전하거나 승차하는 때
⑦ 우편물의 집배, 폐기물의 수집 그 밖에 빈번히 승강하는 것을 필요로 하는 업무에 종사하는 자가 해당 업무를 위하여 자동차를 운전하거나 승차하는 때
⑧ 「여객자동차 운수사업법」에 의한 여객자동차운송사업용 자동차의 운전자가 승객의 주취 · 약물복용 등으로 좌석안전띠를 매도록 할 수 없거나 승객에게 좌석안전띠 착용을 안내하였음에도 불구하고 승객이 착용하지 않는 때

12 ★★☆ 답 ③

출제 영역 도로교통법규

정답해설

「도로교통법 시행령」 제10조(전용차로통행차 외에 전용차로로 통행할 수 있는 경우)

법 제15조 제3항 단서(법 제61조 제2항에서 준용되는 경우를 포함한다)에서 "대통령령으로 정하는 경우"란 다음의 어느 하나에 해당하는 경우를 말한다.

① 긴급자동차가 그 본래의 긴급한 용도로 운행되고 있는 경우

② 전용차로통행차의 통행에 장해를 주지 아니하는 범위에서 택시가 승객을 태우거나 내려주기 위하여 일시 통행하는 경우. 이 경우 택시 운전자는 승객이 타거나 내린 즉시 전용차로를 벗어나야 한다.
③ 도로의 파손, 공사, 그 밖의 부득이한 장애로 인하여 전용차로가 아니면 통행할 수 없는 경우

13 ★★☆

답 ②

출제 영역 도로교통법규

정답해설

「도로교통법」 제49조(모든 운전자의 준수사항 등)

운전자는 자동차 등 또는 노면전차의 운전 중에는 휴대용 전화(자동차용 전화를 포함한다)를 사용하지 아니할 것. 다만, 다음의 어느 하나에 해당하는 경우에는 그러하지 아니하다.

① 자동차 등 또는 노면전차가 정지하고 있는 경우
② 긴급자동차를 운전하는 경우
③ 각종 범죄 및 재해 신고 등 긴급한 필요가 있는 경우
④ 안전운전에 장애를 주지 아니하는 장치로서 대통령령으로 정하는 장치를 이용하는 경우

14 ★★☆

답 ④

출제 영역 도로교통법규

정답해설

「도로교통법」 제27조(보행자의 보호)

모든 차의 운전자는 다음의 어느 하나에 해당하는 곳에서 보행자의 옆을 지나는 경우에는 안전한 거리를 두고 서행하여야 하며, 보행자의 통행에 방해가 될 때에는 서행하거나 일시정지하여 보행자가 안전하게 통행할 수 있도록 하여야 한다.

① 보도와 차도가 구분되지 아니한 도로 중 중앙선이 없는 도로
② 보행자 우선도로
③ 도로 외의 곳

15 ★★★

답 ①

출제 영역 도로교통법규

정답해설

「도로교통법」 제25조의2(회전교차로 통행방법)

① 모든 차의 운전자는 회전교차로에서는 반시계 방향으로 통행하여야 한다.
② 모든 차의 운전자는 회전교차로에 진입하려는 경우에는 서행하거나 일시정지하여야 하며, 이미 진행하고 있는 다른 차가 있는 때에는 그 차에 진로를 양보하여야 한다.
③ ① 및 ②에 따라 회전교차로 통행을 위하여 손이나 방향지시기 또는 등화로써 신호를 하는 차가 있는 경우 그 뒤차의 운전자는 신호를 한 앞차의 진행을 방해하여서는 아니 된다.

16 ★☆☆

답 ②

출제 영역 도로교통법규

정답해설

「도로교통법 시행규칙」 제33조의3(개인형 이동장치의 승차정원)

법 제50조 제10항에서 "행정안전부령으로 정하는 승차정원"이란 다음의 구분에 따른 인원을 말한다.

① 전동킥보드 및 전동이륜평행차의 경우 : 1명
② 전동기의 동력만으로 움직일 수 있는 자전거의 경우 : 2명

17 ★★☆ 답 ④

출제 영역 도로교통법규

정답해설

「도로교통법」 제31조(서행 또는 일시정지할 장소)

① 모든 차 또는 노면전차의 운전자는 다음의 어느 하나에 해당하는 곳에서는 서행하여야 한다.

㉠ 교통정리를 하고 있지 아니하는 교차로

㉡ 도로가 구부러진 부근

㉢ 비탈길의 고갯마루 부근

㉣ 가파른 비탈길의 내리막

㉤ 시·도경찰청장이 도로에서의 위험을 방지하고 교통의 안전과 원활한 소통을 확보하기 위하여 필요하다고 인정하여 안전표지로 지정한 곳

② 모든 차 또는 노면전차의 운전자는 다음의 어느 하나에 해당하는 곳에서는 일시정지하여야 한다.

㉠ 교통정리를 하고 있지 아니하고 좌우를 확인할 수 없거나 교통이 빈번한 교차로

㉡ 시·도경찰청장이 도로에서의 위험을 방지하고 교통의 안전과 원활한 소통을 확보하기 위하여 필요하다고 인정하여 안전표지로 지정한 곳

18 ★★★ 답 ①

출제 영역 도로교통법규

정답해설

「도로교통법 시행령」 제45조(자동차 등의 운전에 필요한 적성의 기준)

① 다음의 구분에 따른 시력(교정시력을 포함한다)을 갖출 것

㉠ 제1종 운전면허: 두 눈을 동시에 뜨고 잰 시력이 0.8 이상이고, 두 눈의 시력이 각각 0.5 이상일 것. 다만, 한쪽 눈을 보지 못하는 사람이 보통면허를 취득하려는 경우에는 다른 쪽 눈의 시력이 0.8 이상이고, 수평시야가 120° 이상이며, 수직시야가 20° 이상이고, 중심시야 20° 내 암점(暗點)과 반맹(半盲)이 없어야 한다.

㉡ 제2종 운전면허: 두 눈을 동시에 뜨고 잰 시력이 0.5 이상일 것. 다만, 한쪽 눈을 보지 못하는 사람은 다른 쪽 눈의 시력이 0.6 이상이어야 한다.

② 붉은색·녹색 및 노란색을 구별할 수 있을 것

③ 55dB(보청기를 사용하는 사람은 40dB)의 소리를 들을 수 있을 것

④ 조향장치나 그 밖의 장치를 뜻대로 조작할 수 없는 등 정상적인 운전을 할 수 없다고 인정되는 신체상 또는 정신상의 장애가 없을 것. 다만, 보조수단이나 신체장애 정도에 적합하게 제작·승인된 자동차를 사용하여 정상적인 운전을 할 수 있다고 인정되는 경우에는 그러하지 아니하다.

19 ★★☆ 답 ③

출제 영역 도로교통법규

정답해설

「도로교통법」 제13조의2(자전거 등의 통행방법의 특례)

① 자전거 등의 운전자는 자전거도로(제15조 제1항에 따라 자전거만 통행할 수 있도록 설치된 전용차로를 포함한다. 이하 이 조에서 같다)가 따로 있는 곳에서는 그 자전거도로로 통행하여야 한다.

② 자전거 등의 운전자는 자전거도로가 설치되지 아니한 곳에서는 도로 우측 가장자리에 붙어서 통행하여야 한다.

③ 자전거 등의 운전자는 길가장자리구역(안전표지로 자전거 등의 통행을 금지한 구간은 제외한다)을 통행할 수 있다. 이 경우 자전거 등의 운전자는 보행자의 통행에 방해가 될 때에는 서행하거나 일시정지하여야 한다.

④ 자전거 등의 운전자는 ① 및 제13조 제1항에도 불구하고 다음의 어느 하나에 해당하는 경우에는 보도를 통행할 수 있다. 이 경우 자전거 등의 운전자는 보도 중앙으로부터 차도 쪽 또는 안전표지로 지정된 곳으로 서행하여야 하며, 보행자의 통행에 방해가 될 때에는 일시정지하여야 한다.

㉠ 어린이, 노인, 그 밖에 행정안전부령으로 정하는 신체장애인이 자전거를 운전하는 경우. 다만, 「자전거 이용 활성화에 관한 법률」 제2조 제1호의2에 따른 전기자전거의 원동기를 끄지 아니하고 운전하는 경우는 제외한다.

㉡ 안전표지로 자전거 등의 통행이 허용된 경우

㉢ 도로의 파손, 도로공사나 그 밖의 장애 등으로 도로를 통행할 수 없는 경우

⑤ 자전거 등의 운전자는 안전표지로 통행이 허용된 경우를 제외하고는 2대 이상이 나란히 차도를 통행하여서는 아니 된다.

⑥ 자전거 등의 운전자가 횡단보도를 이용하여 도로를 횡단할 때에는 자전거 등에서 내려서 자전거 등을 끌거나 들고 보행하여야 한다.

20 ★☆☆ 답 ④

출제 영역 도로교통법규

정답해설

「도로교통법」 제84조(운전면허시험의 면제)

① 외국의 권한 있는 기관에서 발급한 운전면허증(이하 "외국면허증"이라 한다)을 가진 사람 가운데 다음의 어느 하나에 해당되는 사람

㉠ 「주민등록법」 제6조에 따라 주민등록이 된 사람

㉡ 「출입국관리법」 제31조에 따라 외국인등록을 한 사람(이하 "등록외국인"이라 한다) 또는 외국인등록이 면제된 사람

㉢ 「난민법」에 따른 난민인정자

㉣ 「재외동포의 출입국과 법적 지위에 관한 법률」 제6조에 따라 국내거소신고를 한 사람(이하 "외국국적동포"라 한다)

이론편

제1과목 사회

제2과목 자동차구조원리 및 도로교통법규

행운이란 100%의 노력 뒤에 남는 것이다.

–랭스턴 콜먼–

제1과목

사회

THEME

01 정치와 법

01 민주주의와 헌법

1 정치와 법

(1) 정치의 의미와 기능

① 정치의 의미 : 정치란 가치를 권위적으로 배분하는 활동이다(D. Easton). 현대 사회에서의 정치는 희소한 자원을 둘러싼 사회구성원 간의 갈등을 조정하고 공동체의 목적을 실현하는 과정이며, 이를 위해 다수의 참여를 전제로 한 민주주의를 필연적으로 수반한다.

좁은 의미	국가와 관련된 고유한 현상으로, 정치권력을 획득 · 유지 · 행사하는 활동을 의미
넓은 의미	국가를 포함한 모든 사회 집단에서 나타나는 현상으로, 개인이나 집단 간의 이해관계의 대립이나 갈등을 합리적으로 조정하고 해결하는 활동을 의미

② 정치를 보는 관점

국가현상설	집단현상설
• 정치를 국가만의 고유한 현상으로 파악 • 통치 기구를 중심으로 국가권력과 관련된 일에 한정함 • 국가는 강제력을 독점 • 정치는 소수 정치가들의 행위	• 정치는 모든 집단에서 나타남 • 국가는 여러 사회 집단 중 하나 • 모든 인간 사회에는 지배–피지배 관계가 존재 • 정치는 여러 집단 간의 갈등 해결 행위

③ 정치기능의 시대적 변화

전근대사회	국가가 정치의 주체이며 국가의 갈등조정 · 사회질서 유지 기능 중시
근대사회	시민혁명을 배경으로 한 입헌주의, 대의제, 권력분립제 등을 기반으로 하는 민주 정치가 제도적으로 보장되었으며 투표권과 선거권 등 개인의 자유와 권리를 강조
현대사회	다양한 주체가 정치에 참여하며, 정치는 그러한 다양한 이해관계를 조정 · 집약하여 정책에 반영하는 역할을 함

(2) 법의 의미와 이념

① 법의 의미 : 법이란 대립이나 갈등을 해소하기 위해 국가가 제정한 사회규범이다. 즉, 강제력이 있는 사회 규범으로 위반 시 제재를 가할 수 있다.

② 법의 이념

정의	법이 추구하는 궁극적 이념으로 옳고 그름의 판단 근거
이념	• 합목적성 : 법이 사회가 추구하는 가치나 목적에 구체적으로 합치되는 것 • 법적안정성 : 사회생활이 법에 의해 보호 또는 보장되어 안정된 상태를 이루는 것

(3) 민주주의의 개념과 원리 및 유형

① 민주주의의 의미

어원	민주주의(Democracy)는 민중을 의미하는 고대 그리스어 데모스(Demos)와 권력 · 지배를 의미하는 크라토스(Kratos)의 합성어를 어원으로 함
의미	민주주의란 민중, 즉 주권을 지닌 시민의 의사에 따른 지배가 이루어지는 정치 형태를 의미

② 민주주의의 원리

국민주권의 원리	• 주권 : 국가를 구성하는 요소로서 대내적 최고성과 대외적 독립성을 상징하는 국가권력을 의미 • 국민주권의 원리 : 주권은 국민으로부터 나오고, 국민의 뜻에 따라 행사된다는 것으로 군주나 귀족, 특정 계급이 아닌 사회의 모든 구성원에게 주권이 귀속된다는 원리
입헌주의의 원리	민주적 내용을 가진 헌법에 근거하여 국가권력의 행사나 통치 작용이 이루어진다는 원리
권력분립의 원리	국가권력의 작용을 분리 · 독립시켜 상호 간의 견제와 균형의 원칙을 실현하고 권력남용을 억제하여 국민의 기본권을 보장하려는 제도이자 원리
다수결의 원리	다수의 의견은 소수의 의견보다 비교적 위험성 내지 독단성이 적다는 것을 전제로, 민주 정치를 현실적으로 운영함에 있어 다수의 결정을 합의사항으로 정하는 원리

③ 민주주의의 유형

직접 민주주의	• 모든 국민이 국정을 논의하고 결정하는 형태로, 고대 그리스의 아테네가 대표적 • 주민이 한자리에 모이기 힘든 현대 사회에서는 현실적으로 적용이 불가능
간접 민주주의	국민의 대표를 뽑고 대표들이 모여 정치를 하는 형태로, 국민은 대표자를 통해 정치에 참여하게 되므로 대의 정치라고도 하며, 대표 기관은 의회 또는 국회를 중심으로 활동하므로 의회 정치라고도 함
혼합 민주주의	간접 민주주의를 바탕으로 하되 직접 민주주의 요소를 혼합하는 형태
전자 민주주의	컴퓨터나 통신기술의 발전으로 전자투표나 전자 여론수렴 등의 방법이 가능해짐에 따라 이러한 매체를 통해 의사를 표출 · 집약하는 형태
심의 민주주의	• 시민들과 대표들의 이성적 성찰과 판단에 근거하여 공적인 문제에 대한 해결책을 토의 · 토론 · 심의하는 원리 • 대의제(간접 민주주의)의 한계를 극복하기 위해 제시된 원리로, 정책결정과정에서의 시민 참여, 토론 및 협의를 통한 결정을 중시

(4) 민주주의의 기원과 발전 과정

① 아테네 민주 정치 : 시민의 자격을 성인 남자로 제한하여 여성, 노예, 외국인은 정치 참여가 배제된 제한된 직접 민주 정치로, 다수에 의한 논리에 의해 중우 정치로 전락할 위험성 내재

② 근대 민주 정치

㉠ 사회계약설

구분	홉스	로크	루소
인간의 본성	성악설	환경, 선택에 따라 결정	성선설
자연상태	만인의 만인에 대한 투쟁 상태	극단적 투쟁은 없으나 갈등 상존	자유와 평등 존재
사회계약의 형태	전부 양도설	일부 양도설	양도 불가설
주권이론	군주주권론	국민주권론 (대의제)	국민주권론 (직접 민주주의)

구분	홉스	로크	루소
국가형태	절대군주국 (전제군주 정치)	입헌군주국 (대의 민주 정치)	민주공화국 (직접 민주 정치)
저항권	인정하지 않음	인정	언급 없음

㉡ 3대 시민혁명

구분	경과와 특징	결과
영국 명예혁명 (1688)	• 제임스 2세의 가톨릭 신봉과 전제정치에 반대하여 일어난 무혈 혁명 • 입헌군주제 및 의회 정치의 기반 마련	권리장전
미국 독립혁명 (1775~1783)	• 영국의 식민지였던 북아메리카의 13개 주가 힘을 합쳐 독립 전쟁을 수행 • 세계 최초의 대통령제 정부 형태 탄생, 민주공화정 수립	독립선언서
프랑스혁명 (1789)	• 과중한 세금 부과와 신분적 억압에 반대하여 바스티유 감옥 습격 → 부르주아와 다수의 제3신분이 절대 왕정을 무너뜨리고 국가로부터 자유 확보 • 구시대의 사회적 모순 극복	인권선언

③ 현대 민주 정치의 특징과 발전 방향

현대 민주 정치의 특징	참정권 확대, 복지정책의 확대, 대의제의 일반화
발전 방향	참여 민주주의를 통한 정치적 무관심 극복, 사회의 통합

(5) 법치주의의 의미와 유형

① 법치주의의 의미 : 법치주의는 사람의 지배가 아닌 법의 지배를 근본으로 하여 국가권력의 근거와 국가권력을 제한할 수 있는 근거를 법에 둔다. 즉, 국민의 자유와 권리를 제한하거나 새로운 의무를 부과할 때는 객관적 기준으로서 법에 근거해야 한다는 원칙이다.

② 법치주의의 유형

형식적 법치주의	• 법의 형식적 측면만을 고려하여 법의 형식에 따라 통치가 이루어지면 법의 목적이나 내용은 문제 삼지 않는 경우로 "악법도 법"이라는 논리가 도출 • 통치의 정당성은 고려하지 않고 합법성만을 강조하여 통치 절차가 합법적이기만 하면 독재 정치도 정당화될 수 있다는 논리로 악용될 가능성 • 법에 의한 지배(Rule By Law)
실질적 법치주의	• 법의 형식뿐만 아니라 그 목적과 내용도 정의에 합치되어야 한다는 것으로 "악법은 법이 아니다"는 논리가 도출 • 권력과 통치의 합법성과 함께 정당성도 강조하며, 국민의 자유와 권리 보장이라는 궁극적인 목적을 실현하고자 함 • 법의 지배(Rule Of Law) : 통치자를 비롯한 모든 사람이 법에 종속되어야 함
현대의 법치주의	오늘날의 법치주의는 통치자의 자의적 지배를 배제하고 국민의 의사에 따라 제정된 법에 의해 민주주의 이념을 실현하고자 하는 실질적 법치주의를 의미

③ 민주 정치와 법치주의의 관계

상호보완 관계	민주 정치는 법의 테두리 내에서 합법적으로 행해질 때 정당성이 인정되므로 법치주의와 민주 정치는 상호보완 관계에 있다.
대표의 근거	현대의 민주 정치는 대의제를 기본으로 하며 이는 곧 법에서 정한 선거에 따라 국민으로부터 대표권을 위임받았다는 것을 의미한다. 따라서 국민의 대표는 법치주의하에서 정당하고 합법적인 권한 행사가 가능하다.
권력의 근거	국회는 물론 정부나 법원 등의 공권력기관은 모두 법에 근거를 두고 있다. 따라서 법치주의는 모든 국가권력기관을 구속하며 권력의 근거를 제공한다.

2 헌법의 의의와 기본 원리

(1) 헌법의 의미와 기능

① 헌법의 의미

의미	헌법(憲法)이란 국가 생활 속에서 개인의 지위인 기본권을 규정하고, 공동체를 이끌어가기 위한 입법부, 행정부, 사법부 등의 국가의 통치조직과 통치 작용의 원리, 국민의 의무를 정하고 있는 최고의 법규범을 의미
정치적 의의	• 국가의 창설 : 헌법은 국가라는 공동체를 구성하고 조직하는 목적과 내용을 규정 • 정치 생활 주도 : 헌법은 정치적 의사결정의 기준을 제공 • 사회 통합 실현 : 헌법은 주권자의 합의된 의사로서 사회 통합의 매개체 역할을 함
법적 의의	• 최고 규범 : 모든 법령의 제정 근거인 동시에 법령의 정당성을 평가하는 기준이 되며, 따라서 위헌으로 결정된 법률이나 명령 등은 그 효력이 부정됨 • 조직 수권 규범 : 헌법은 국가 통치 조직에 일정한 권한을 부여하고 있으며, 국가권력 조직의 정당성은 헌법에 근거를 둠 • 권력 제한 규범 : 헌법은 권력분립과 권력기관 간 상호 견제를 통해 권력을 제한하며, 이를 통해 국민의 기본권을 실질적으로 보장

② 헌법의 기능

국가 창설 기능	국가 성립에 필요한 국민의 자격, 영토의 범위, 국가권력의 소재 등을 규정하여 국가를 창설
조직 수권 기능	국가 기관을 구성하고 각 조직에 일정한 권한을 부여
권력 제한 기능	권력의 남용과 자의적 행사를 막아 국민의 기본권을 보장
국민적 합의 기능	사회적 갈등을 해결하여 공동체를 유지하고 사회 통합을 실현
정치 생활 주도 기능	정치적 의사결정의 기준과 문제 해결의 방향과 절차의 기준이 됨

③ 입헌주의의 의미와 변천

㉠ 입헌주의의 의미 : 국민의 자유와 권리, 민주적 통치 원리를 헌법에 규정하고 이에 따라 통치하는 원리를 말한다. 즉, 헌법에 의한 통치를 실현함으로써 국가권력의 남용을 방지하여 국민의 기본권을 보장할 수 있다.

ⓛ 입헌주의의 변천

구분	내용
근대적 입헌주의	• 개인의 자유를 중시하여 자유주의적 입헌 질서 강조 • 절대 권력으로부터 개인의 자유를 보장하는 데 이바지함
현대적 입헌주의	• 국민의 생존권과 인간다운 생활을 보장하기 위한 국가의 적극적인 개입 강조 • 사회 문제에 대한 국가의 적극적 개입과 복지국가로서의 입헌주의 질서가 중시됨

(2) 헌법의 기본 원리

구분	내용
국민 주권주의	• 의미 : 국가의 최고의사를 결정할 수 있는 주권이 국민에게 있다는 것으로 모든 국가권력의 정당성의 근거가 국민에게 있다는 원리 • 실현 방안 : 참정권 보장, 국민투표제, 언론 · 출판 · 집회 · 결사의 자유 보장, 복수정당제 등
자유 민주주의	• 의미 : 개인주의를 바탕으로 한 자유주의와, 국민의 합의를 근거로 하는 민주주의가 결합된 정치 원리 • 실현 방안 : 법치주의, 적법절차의 원리, 권력분립, 사법권의 독립, 복수정당제를 기반으로 한 자유로운 정당 활동, 상향식 의사결정
복지국가의 원리	• 의미 : 국민의 최소한의 인간다운 생활 보장을 위한 국가의 적극적 역할을 강조하고, 사회권을 기본권으로 보장하는 헌법 원리 • 실현 방안 : 사회보험제도, 공공부조제도, 최저임금제, 소득재분배 정책 등
국제 평화주의	• 의미 : 국제사회의 평화 공존을 도모하고, 국제분쟁을 평화적으로 해결하며, 세계평화와 인류 공영에 이바지하기 위한 국가의 노력을 의미 • 실현 방안 : 침략적 전쟁 부인, 조약과 국제 관습법 등 국제법 존중, 상호주의 원칙에 따른 외국인의 지위 보장, 국제 평화유지 활동, 국제기구에의 참여 등
평화통일 지향	• 의미 : 남북한의 통일을 평화적으로 추구하는 원리 • 실현 방안 : 평화통일정책 수립과 실천, 대통령에게 평화통일을 위해 노력할 의무 부과, 민주평화통일자문회의 설치, 남북교류협력 추진 등
문화국가의 원리	• 의미 : 국가로부터 문화의 자유가 보장되고, 국가가 문화의 발전을 도모해야 한다는 원리 • 실현 방안 : 개인의 문화생활에 대한 국가의 부당한 간섭 배제, 문화의 증흥 노력을 국가 의무로 규정 등

3 기본권의 보장과 제한

(1) 기본권의 의의

① 기본권의 의미 : 인간이 태어나면서부터 당연히 누릴 수 있는 헌법상의 권리를 기본권이라 한다.

② 기본권의 성격

구분	내용
자연법 사상 (천부인권설)	• 기본권을 자연법상 권리로 보아 초국가적 불가침의 인권으로 인식하는 사상으로 실질적 법치주의를 옹호 • 헌법 제10조 : 기본권의 불가침을 강조
실정법 사상	• 기본권을 헌법에 따라 보장되는 실정법상의 권리로 인식하며, 형식적 법치주의와 연관 • 헌법 제37조 : 국가의 안전보장, 질서유지, 공공복리를 위해 법률로서 기본권 제한 가능

③ 기본권 보장의 역사

영국	대헌장 (마그나카르타, 1215)	군주와 귀족(등족) 간의 약정서 형태로 귀족의 자유와 권리를 보호하는 데 중점을 두었으나 이후 국민의 자유보장에 대한 과정으로서의 역할을 함
	권리청원(1628)	인신의 자유를 비롯한 의회의 승인 없는 과세를 금지
	인신보호법(1679)	영장제도 도입을 통해 인신의 자유를 보장
	권리장전(1689)	청원권과 언론의 자유, 적법한 형사절차 규정
미국	버지니아 권리장전 (1776.6)	생명권, 자유권, 재산권, 종교의 자유, 신체의 자유, 언론 · 출판의 자유, 저항권을 규정
	독립선언(1776.7)	생명, 자유, 행복추구권을 천부적 권리로 선언
프랑스	인간과 시민의 권리선언(1789)	유럽 최초의 근대적 인권 선언, 인권의 불가침성과 불가양성을 강조
현대	과거에는 국가로부터 자유로울 수 있는 자유권적 기본권에 중점을 두었다면, 현대에는 인간존엄성 및 인간다운 생활을 보장하는 생활권적(생존권적) 기본권이 강조	

(2) 기본권의 종류

① 인간의 존엄과 가치 및 행복추구권(헌법 제10조)

헌법 규정	헌법 제10조의 인간의 존엄성과 행복추구권은 다른 모든 기본권(평등권, 자유권, 사회권, 참정권, 청구권 등)의 전제가 되며, 불가침의 기본적 인권이라고 표현한 것은 천부인권적 성격을 규정한 것이라 해석할 수 있다.
인간의 존엄과 가치	모든 국민은 사회 공동체의 구성원으로서 고유한 인격 또는 개성 신장을 통하여 자주적인 인격체로 살아갈 수 있음을 의미하며, 인간으로 태어난 이상 그 자체로서 존중되어야 한다는 것을 의미한다.
행복추구권	모든 국민은 행복을 추구할 권리를 가지며, 구체적 내용으로는 자기결정권, 일반적 행동 자유권 등이 있다. • 자기결정권 : 국가로부터 간섭을 받지 않고 사적 영역을 스스로 결정할 수 있는 권리 • 일반적 행동 자유권 : 자신이 선택한 모든 행위를 할 자유와 하지 않을 자유를 의미 • 기타 : 개성의 자유 발현권, 평화적 생존권, 휴식권, 수면권, 일조권 등

② 평등권(헌법 제11조)

헌법 규정	**제1항** 모든 국민은 법 앞에 평등하다. 누구든지 성별 · 종교 또는 사회적 신분에 의하여 정치적 · 경제적 · 사회적 · 문화적 생활의 모든 영역에 있어서 차별을 받지 아니한다. **제2항** 사회적 특수계급의 제도는 인정되지 아니하며, 어떠한 형태로도 이를 창설할 수 없다. **제3항** 훈장 등의 영전은 이를 받은 자에게만 효력이 있고, 어떠한 특권도 이에 따르지 아니한다. • 기타 – 근로영역에서의 여성 차별 금지(제32조 제4항) – 혼인과 가족생활에 있어서의 양성 평등(제36조 제1항) – 교육의 기회균등(제31조 제1항) – 평등선거(제41조 제1항, 제67조 제1항) – 경제 질서의 균형(제119조 제2항, 제123조 제2항)
평등권의 법적 성질	• 대국가적 기본권 : 국가에 대한 공권(대국가적 기본권)이므로, 입법부는 법률로 불평등한 법을 제정하면 안 되고 행정부나 사법부 역시 평등권에 위배되는 집행을 하거나 재판을 하여서는 안 되는 구속이 따른다. • 자연권적 기본권 : 사람으로 태어난 이상 보편적으로 부여 받는 권리이다.

적극적 평등 실현 조치	• 개념 : 잠정적 우대조치 또는 우선적 처우라고도 한다. 미국에서 발달한 제도로 과거 사회로부터 차별받아 온 일정 집단의 불이익을 보상해주기 위하여 취업이나 학교 입학 등에 있어서 혜택을 부여하는 제도이다. • 우리나라의 적극적 평등 실현 조치 : 여성과 장애인에 대한 고용할당제 • 쟁점 : 적극적 평등 실현 조치가 과도할 경우 역차별이 문제될 수 있으므로 사회에서 받아들일 수 있는 분위기를 고려하여 점진적으로 실시해야 한다.

③ 자유권

㉠ 의미

• 국민이 자유로운 생활을 영위할 권리이며, 소극적이고 방어적인 공권을 의미한다. 이때, 소극적이고 방어적인 공권은 개인이 국가권력의 간섭이나 침해를 받지 아니하는 권리라는 의미이다.

• 헌법 제37조 제1항에서는 "국민의 자유와 권리는 헌법에 열거되지 아니한 이유로 경시되지 아니한다."라는 규정을 둠으로써 자유권의 다양성과 포괄성을 규정하고 있다.

• 자유권은 크게 정신적 자유, 신체적 자유, 사회 · 경제적 자유로 나눌 수 있다.

㉡ 내용

• 정신적 자유

양심의 자유 (헌법 제19조)	• 양심 형성의 자유 : 외부로부터의 부당한 간섭이나 강제를 받지 않고 개인의 내심 영역에서의 양심을 형성하고 양심상의 결정을 내리는 자유 • 양심 실현의 자유 : 형성된 양심을 외부로 표명할 수 있는 자유로 구체적으로는 양심을 표명하거나 표명하도록 강요받지 아니할 자유, 양심에 반하는 행동을 강요받지 아니할 자유, 양심에 따른 행동을 할 자유를 포함
종교의 자유 (헌법 제20조)	• 신앙의 자유 : 특정 종교를 믿을 자유, 종교를 믿지 않을 무교의 자유 • 종교 행위의 자유 : 예배, 의식 등을 임의로 할 수 있는 종교행사의 자유, 종교교육의 자유, 선교의 자유, 종교적 집회 · 결사의 자유 • 국교부인, 정교분리 : 국가의 특정 종교 지정 · 특혜 부여 금지, 종교단체의 정치적 중립
언론 · 출판의 자유 (헌법 제21조)	• 의사표현의 자유 : 불특정 다수인에게 의사와 사상을 표현하고 전달할 자유 • 알 권리 : 정보원으로부터 정보를 수집하고, 국가나 기업, 언론 등에 정보를 공개해줄 것을 요구할 수 있는 권리(타인의 순수한 사생활, 기밀문서 등은 제외) • 엑세스권 : 언론매체에 접근하여 이용할 수 있는 권리는 물론 자신과 관계되는 보도에 대하여 반론, 해명을 하고, 정정 보도를 요구할 수 있는 권리
집회 · 결사의 자유 (헌법 제21조)	• 집회의 자유 : 집회를 개최 및 진행할 자유, 집회에 참가할 자유, 집회를 개최하지 않고, 참가하지 않을 자유 • 결사의 자유 : 단체결성의 자유, 단체 활동의 자유, 결사의 가입 자유, 결사로부터 탈퇴할 자유, 가입하지 않을 자유
학문과 예술의 자유 (헌법 제22조)	• 학문의 자유 : 연구의 자유, 교수의 자유(강학의 자유), 학문적 집회 · 결사의 자유, 대학의 자치 • 예술의 자유 : 예술창작의 자유, 예술표현의 자유, 예술 집회 · 결사의 자유, 지적 재산권의 보호

• 신체적 자유

생명권	• 헌법에 명시적인 규정은 없으나, 생명이라는 인간 최고의 가치를 보장하는 권리로서 모든 인권 보장의 전제가 됨 • 쟁점 : 자살의 권리 인정 여부, 사형, 인공 임신중절수술, 안락사, 인간복제에 대한 찬반론 등
신체의 자유	• 죄형법정주의 : 법률 없으면 범죄도 없고 형벌도 없다는 것으로, 처벌하고자 하는 행위가 무엇이고, 어떤 형벌이 가해지는지 누구나 예견할 수 있도록 명확히 법에 규정되어 있어야 한다는 의미(헌법 제12조 제1항) • 적법절차의 원칙 : 국가의 작용은 절차상의 적법성을 갖추어야 한다는 원칙으로, 형사절차뿐만 아니라, 행정절차, 입법절차 등 모든 국가 작용에 적용(헌법 제12조 제1항) • 무죄추정의 원칙 : 형사피고인은 유죄의 판결이 확정될 때까지는 무죄로 추정되므로 검사가 유죄를 입증해야 한다는 원칙(헌법 제27조 제4항) • 기타 : 고문을 당하지 않을 권리와 진술거부권(묵비권)(헌법 제12조 제2항), 영장주의(헌법 제12조 제3항), 변호인의 조력을 받을 권리(헌법 제12조 제4항), 체포 · 구속이유 고지 제도(헌법 제12조 제5항), 체포 · 구속 적부 심사제(헌법 제12조 제6항), 자백의 증거능력 및 증명력 제한(헌법 제12조 제7항), 형벌불소급의 원칙(헌법 제13조 제1항)과 일사부재리(이중처벌금지) 원칙(헌법 제13조 제2항), 연좌제 금지(헌법 제13조 제3항) 등

• 사회 · 경제적 자유

사생활의 자유	거주 · 이전의 자유 (헌법 제14조)	• 국내 거주 · 이전의 자유 : 대한민국 내에서 체류지와 거주지를 자유롭게 설정하고 변경할 수 있는 자유(북한지역은 불포함) • 국외 거주 · 이전의 자유 : 출국의 자유, 해외여행의 자유, 국외 이주의 자유(신고사항), 입국의 자유 • 국적선택권, 국적변경의 자유 : 이중국적자가 국적을 선택할 권리는 있지만, 국적을 마음대로 변경할 수 있는 국적변경의 자유에 대해 판례는 인정하지 않음
	주거의 자유 (헌법 제16조)	• 주거란 거주와 활동을 위한 장소로 만들어져 누구에게나 출입할 수 있도록 개방되지 않은 모든 사적 공간을 의미 • 따라서 살림집뿐만 아니라 사무실, 연구실, 회사 등의 일정한 생활공간 전체를 포함
	사생활의 비밀과 자유 (헌법 제17조)	• 사생활의 비밀에 관한 불가침 : 자신의 의사에 반하여 도청, 감시, 비밀 녹음을 당하지 않으며, 초상 · 성명 등을 강제로 공개당하지 않을 권리 • 사생활 자유의 불가침 : 성생활, 의복, 자녀 양육, 교육 등의 사생활의 자율을 침해받지 않을 권리 • 개인정보자기결정권 : 자신에 관한 정보의 공개와 유통을 본인이 결정하고 통제할 수 있는 권리로, 개인정보의 열람 · 정정 · 사용 중지 · 삭제 등을 요구할 수 있음
	통신의 비밀과 자유 (헌법 제18조)	• 통신비밀의 불가침 : (통신공무원도 예외 없이) 열람금지, 공개금지, 도청금지, 누설금지 • 통신비밀보호법에 의한 보호 : 통신 및 대화비밀의 보호, 불법검열에 의한 우편물의 내용과 불법감청에 의한 전기통신 내용의 증거사용 금지, 타인의 대화비밀 침해금지

경제적 자유	직업의 자유 (헌법 제15조)	• 직업결정(선택)의 자유 : 원하는 직업 또는 직종을 자유롭게 선택할 수 있는 자유와 자신이 하기 싫은 일을 선택하지 않을 자유 • 직업수행(행사)의 자유 : 선택한 직업을 영위하면서 경제생활을 형성하는 자유로 영업의 자유, 경쟁의 자유, 직장선택의 자유를 포함 • 직업이탈의 자유 : 현재 수행하고 있는 직업을 자유롭게 포기하고 이직할 수 있는 자유
	재산권 (헌법 제23조)	• 재산권이란 사적 유용성 및 그에 대한 원칙적 처분권을 포함하는 모든 재산가치 있는 구체적 권리를 의미 • 재산권의 제한 및 보상 : 헌법 제23조 제2항에서는 공공복리를 위해 개인의 재산권이 제한될 수 있음을 규정하고 있고, 제3항에서는 공용침해와 보상 의무를 명시하고 있음

④ 사회권

㉠ 의의

• 자유권이 국가의 개입이나 간섭을 받지 않을 권리라면, 사회권은 국가의 적극적인 개입(입법, 정책)과 배려를 통해 실현된다. 그렇기 때문에 국가의 경제적 요건이나 재정능력에 따라 실현 여부와 정도가 결정된다.

• 자본주의 경제의 급속한 성장에 따른 사회 불평등이 심화되면서 모든 사회 구성원들이 최소한의 인간다운 생활을 보장받고 실질적 평등을 누릴 수 있어야 한다는 사회적 기본권이 강조되었다. 1919년 독일의 바이마르 헌법에서 처음으로 규정하였다.

• 사회적 기본권에는 인간다운 생활을 할 권리, 교육을 받을 권리, 근로의 권리와 근로 3권, 환경권, 혼인과 가족생활의 보장, 모성의 보호와 보건권 등이 있다.

㉡ 내용

• 인간다운 생활을 할 권리(헌법 제34조)

개념	인간의 존엄성에 상응하는 최저한도의 건강하고 문화적인 생활을 영위하도록 국가에 요구할 수 있는 권리
내용	• 사회보장권(사회보장 수급권) : 인간의 존엄에 상응하는 최소한의 인간다운 생활을 영위하기 위해 장애, 질병, 노령 등 사회적 위험으로부터 국가에 적극적 구제를 요구할 수 있는 권리 예 사회보험, 공적부조, 사회복지 • 사회보험(공적보험) : 질병, 실직, 장애 등 일정한 사고가 발생한 경우 국가의 개입을 통한 금전적 위험 분산을 통해 안정을 도모하기 위한 제도 예 국민건강보험, 연금보험, 산업재해보상보험, 고용보험 등 • 공적부조 : 노령, 질병 등으로 생활이 불가능하거나 생계유지가 곤란한 사람에게 국가가 최저생활에 필요한 급여를 제공하는 제도 예 대표적 법률 : 국민기초생활 보장법 등 • 사회복지 : 정신적 · 물질적 자립이 곤란한 보호대상자에게 현금이나 현물이 아닌 국가의 공적 서비스(시설 이용 등)를 제공하여 보호대상자를 지원하는 제도 예 대표적인 법률 : 노인복지법, 장애인복지법 등

• 교육을 받을 권리(헌법 제31조)

개념	교육을 받는 데 있어서 국가로부터 방해받지 않을 뿐만 아니라 교육을 받을 수 있도록 국가에 적극적으로 요구할 수 있는 권리

내용	• 능력에 따른 균등한 교육을 받을 권리 : 차별 없이 균등하게 교육을 받을 기회 보장 • 국가의 평생교육 진흥 의무 : 정규교육 이외 성인교육, 직업교육, 청소년 교육 등의 진흥 의무 • 무상의무교육 : 교육기본법은 6년의 초등교육과 3년의 중등교육을 합하여 9년의 의무교육을 명시 • 교육제도 보장 : 교육내용과 교육기구에 대한 국가의 최소한의 간섭(교육의 자주성), 교육정책과 집행은 최대한 교육 전문가가 담당(교육의 전문성), 국가권력이나 정치권에 대한 교육의 중립, 대학의 자치(자율성), 교육제도 · 재정 · 교원지위에 대한 법적 보장(교육 법정주의)

• 근로의 권리(헌법 제32조) : 국민에 대한 근로기회의 제공과 인간다운 근로 조건의 확보는 인간다운 생활을 보장하기 위한 중요한 조건이 된다. 또한 근로자는 사용자에 대하여 사회적 약자로서 강력한 법의 보호가 필요한 지위에 있는 존재이다.

• 혼인과 가족생활의 보장(헌법 제36조 제1항)

개념	혼인에 있어서의 양성평등과 민주적 가족제도를 국가가 보장하는 것을 의미
내용	• 자유로운 혼인관계 형성 : 헌법의 이념을 구현하기 위해 민법에서 더욱 세부적으로 규정하고 있다. 또한, 결혼퇴직제, 혼인자 퇴교처분, 동성동본 금혼제는 헌법에 위반되는 제도라 할 수 있다. • 가족생활에서의 자유 : 국가의 간섭이나 방해를 받지 않고 스스로 가족생활을 형성하고 유지할 수 있는 자유가 있다. • 혼인과 가족제도 보장 : 일부일처제를 원칙으로 하며, 개인의 존엄과 양성의 평등을 기초로 하는 가족제도를 보장한다.

⑤ 정치적 기본권

㉠ 의의

• 정치적 기본권이란 국민이 직접 또는 간접적으로 정치에 참여하고, 국가 기관을 구성하는 권리는 물론, 정당을 설립하고 활동하며 정치를 위한 언론 · 출판 · 집회 · 결사 활동을 하는 포괄적인 권리이다.

• 참정권이란 좁은 의미의 정치적 기본권으로 국민이 정치적 의사형성이나 정책결정에 참여하는 자유, 공무원을 선출할 수 있는 권리와 자신이 선출될 수 있는 권리를 의미한다. 헌법 제24조의 선거권, 제25조의 공무담임권, 제72조와 제130조 제2항의 국민투표권이 있다.

㉡ 내용

• 국민투표권(헌법 제72조, 제130조 제2항)

개념	국민이 국가 의사 결정에 직접 참여하여 주권을 행사할 수 있는 권리
국민투표의 절차	• 대통령의 공고(늦어도 국민투표일 전 18일까지 국민투표일과 국민투표안 공고) • 중앙선거관리위원회의 게시 • 국민투표에 관한 운동(투표일 전일까지 가능) • 중앙선거관리위원회의 집계 · 공표 · 통보 • 대통령의 확정공포

• 선거권(헌법 제24조, 제41조, 제67조)

내용	• 종류 : 선거권에는 대통령 선거권, 국회의원 선거권, 지방의회의원 선거권, 지방자치단체장의 선거권 등 • 행사 : 선거권은 선거일 현재 만 19세 이상의 국민이면 행사

• 공무담임권(헌법 제25조)

개념	• 각종 선거직 공무원을 포함한 모든 국가기관의 공직에 취임할 수 있는 권리를 의미 • 공무담임권에는 피선거권과 공직취임권이 있으며, 피선거권은 선거직 공무원, 공직취임권은 비선거직 공무원이 될 수 있는 권리를 의미
피선거권	• 개념 : 선거에 출마하여 당선되는 선거직 공무원이 될 수 있는 권리 • 종류 : 대통령 피선거권, 국회의원 피선거권, 지방의회의원 피선거권, 지방자치단체장 피선거권 등 • 피선거권 허용 연령 : 대통령의 피선거권은 만 40세 이상, 나머지 피선거권은 만 25세 이상
공직취임권 (공무원 피임명권)	• 개념 : 모든 국민에게 능력과 적성에 따라 공직에 취임할 수 있는 균등한 기회가 보장된다는 것을 의미 • 능력주의 원칙 구현 : 공직자를 선발하는 데 있어서 능력주의를 원칙으로 해야 하며 직무수행능력과 무관한 성별, 종교, 사회적 신분, 출신지역 등을 이유로 하는 차별은 허용되지 않음

⑥ 청구권

㉠ 의의

• 국민이 국가에 대해 일정한 행위를 적극적으로 청구할 수 있는 권리, 즉 국가로부터 간섭이나 방해를 배제할 수 있는 소극적 권리가 아닌, 특정한 행위를 요구할 수 있는 적극적 권리이다.

• 청구권은 다른 기본권이 침해되었을 때 또는 침해될 우려가 있을 때 이를 구제 또는 보상받을 수 있는 권리이기 때문에 기본권 보장을 위한 기본권 또는 절차적 기본권으로서 수단적 성격이 강하다.

• 청구권의 종류 : 헌법은 청원권, 재판청구권, 국가배상청구권, 형사보상청구권, 범죄피해자구조청구권, 손실보상청구권을 규정하고 있다.

㉡ 내용

• 청원권

개념	국민이 문서로 국가기관에 자신의 의사나 희망을 진술할 수 있는 권리
내용	• 청원권의 기능 : 민주적 정치의사 형성과정에 참여한다는 측면과 아울러, 국가기관을 통제하는 기능을 수행한다. 또한 청원이 수리되고 변화가 나타남으로써 국민에 대한 국가의 신뢰도를 향상시킬 수 있다. • 청원의 요건 : 청원은 반드시 문서(전자문서 가능)로 해야 하며 청원인의 서명이 있어야 한다. 또한 구체적 요구사항을 담고 있어야 한다.

• 재판청구권

개념	국민의 권리가 침해된 경우 재판을 통해 구제받을 수 있는 권리
내용	• 법관에 의한 재판 : 헌법과 법률이 정한 자격과 절차에 의해 임명되고, 독립성이 보장된 법관에 의한 재판을 받을 권리 • 법률에 의한 재판 : 법관의 자의를 배제하고 실체법 및 절차법에 정한 법적절차에 따라 재판을 받을 권리 • 신속한 재판 : 소송 당사자의 신속한 권리구제를 위해 분쟁 해결의 시간적 단축과 효율적인 절차를 운영 • 공개재판 : 국민의 감시 아래 재판의 공정성을 확보하고 소송당사자의 인권침해를 방지하며 재판에 대한 신뢰 확보 • 공정한 재판 : 헌법재판소는 공정한 재판을 받을 권리에 대해 비록 명문의 규정은 없으나, 헌법이 국민의 기본권으로 보장하고 있음을 판시함

• 국가배상청구권

개념	국민이 공무원의 직무상 불법 행위로 피해를 입었을 때에 국가 또는 공공단체에 그 피해에 대한 배상을 청구할 수 있는 권리
내용	헌법은 공무원의 직무상 불법행위로 인한 손해배상만을 규정하고 있지만, 국가배상법은 영조물의 설치나 관리상의 하자로 인한 국가배상까지도 규정하고 있다.

• 형사보상청구권

개념	국가의 형사절차상의 과오로 형사피의자 또는 형사피고인이 입은 정신적 · 물질적 피해를 국가가 보상하는 제도
내용	불기소 처분이란 사건이 죄가 될 성질이 아니거나, 범죄의 증명이 없는 경우 공소를 제기하지 않는 처분을 의미한다.

• 범죄피해자구조청구권

개념	타인의 범죄행위로 생명 · 신체에 피해를 받은 국민이 국가로부터 구조를 받을 수 있는 권리
내용	타인의 범죄행위로 피해가 발생해야 하고, 가해자가 누구인지 모르거나 무자력으로 배상을 받지 못한 경우 지방검찰청 범죄피해자구조심의회의 결정에 따라 보조금을 지급하는 제도이다.

(3) 기본권 제한의 조건과 한계

① 기본권의 제한과 보호

㉠ 기본권 제한(헌법 제37조)

개념	일정한 경우 헌법에 정해진 기본권이라고 하더라도 제한이 따를 수 있다. 기본권의 제한이란 헌법상 규정된 기본권 실현을 불가능하게 하거나 어렵게 하는 모든 행위를 의미한다.
목적	국가안전보장(전쟁 등), 질서유지(폭동진압 등), 공공복리(공공의 이익)를 위해서만 가능하다.
방법	기본권 제한은 법률로써만 가능(법률유보의 원칙)하다. 이때의 법률은 관습법, 조리 같은 불문법으로는 불가능하며 무엇이 금지되고 제한되는지 국민이 명확히 인식할 수 있어야 한다. 또한 과잉금지원칙(목적의 정당성, 수단의 적합성, 피해의 최소성, 법익의 균형성)이 준수되어야 한다.
한계	기본권을 제한하는 경우에도 자유와 권리의 본질적인 내용을 침해할 수는 없다. 본질적 내용을 침해할 수 없다는 것은 침해로 인해 법 규정 자체가 유명무실해지는 경우를 의미한다.

㉡ 기본권의 보호

의의	기본권이 침해될 경우 구제받을 수 있는 절차가 필요하다. 기본권 침해의 대부분은 정부의 법 집행 과정에서 국민에 대한 피해로 나타날 확률이 높기 때문에, 기본권 구제는 정부에 대한 통제에 초점이 맞춰져 있으며 국회, 법원 또는 헌법재판소가 중대한 영향력을 행사하게 된다.
위헌법률 심판 (헌법 제107조)	입법부에 의해 제정된 법률로 기본권이 침해되고 해당 법률이 재판의 전제가 된 경우 위헌법률심판을 제기할 수 있다.
헌법소원	공권력의 행사 또는 불행사로 헌법상 보장된 기본권이 침해된 경우 헌법재판소에서 기본권 침해 여부를 심사를 청구하여 구제받는 제도이다.
국가인권위원회의 시정 권고	국가인권위원회는 인권침해행위, 차별행위에 대한 조사와 구제의 업무를 수행하는 기관으로, 기본권을 침해하는 국회의 입법에 대해서도 시정 권고가 가능하다.

② 저항권

개념	자유민주적 헌법질서를 유지하고 회복하기 위한 목적으로 헌법의 기본질서를 파괴하려는 개인 또는 단체에 대하여, 다른 구제수단이 없는 예외적이고 최후의 수단으로 저항할 수 있는 권리
저항권 인정 여부	• 우리 헌법에는 저항권에 대한 명문의 규정이 없기 때문에 인정 여부에 관하여 논란이 있다. • 대법원 : 현대 자유민주주의 국가의 헌법이론상 자연법에서 우러나온 자연권으로서의 소위 저항권이 헌법 기타 실정법에 규정되어 있든 없든 간에 엄존하는 권리로 인정되어야 한다는 논지가 시인된다 하더라도 그 저항권이 실정법에 근거를 두지 못하고 오직 자연법에만 근거하고 있는 한 법관은 이를 재판규범으로 원용할 수 없다고 할 것인바 …(중략)… 우리나라의 현 단계에서는 저항권 이론을 재판의 근거규범으로 채용 · 적용할 수 없다(대판 1980.5.20. 80도306). • 헌법재판소 : 저항권은 국가권력에 의하여 헌법의 기본원리에 대한 중대한 침해가 행하여지고 그 침해가 헌법의 존재 자체를 부인하는 것으로서 다른 합법적인 구제수단으로는 목적을 달성할 수 없을 때에 국민이 자기의 권리와 자유를 지키기 위하여 실력으로 저항하는 권리이다(헌재 1994.6.30. 92헌가18).
행사 요건	저항권이 실정법상의 권리인지에 대해서는 논란이 있더라도, 저항권을 행사하기 위한 최소한의 요건은 존재한다. 저항권을 행사하기 위해서는 민주적, 법치국가를 위협하는 중대한 헌법침해 상황이 존재해야 하고 객관적으로 명백해야 하며 헌법이나 법률이 규정하는 모든 구제수단에 의해서도 목적을 달성할 수 없는 경우 최후적으로 행사할 수 있는 권리로 보충성이 요구된다.

02 민주 국가와 정부

1 정부 형태와 정치 제도

(1) 정부 형태

정부 형태란 국가권력구조 또는 권력 체계의 구성 형태를 의미하며, 행정부와 입법부의 관계에 따라 대통령제, 의원내각제, 대통령제와 의원내각제가 혼합된 정부 형태 등으로 구분된다.

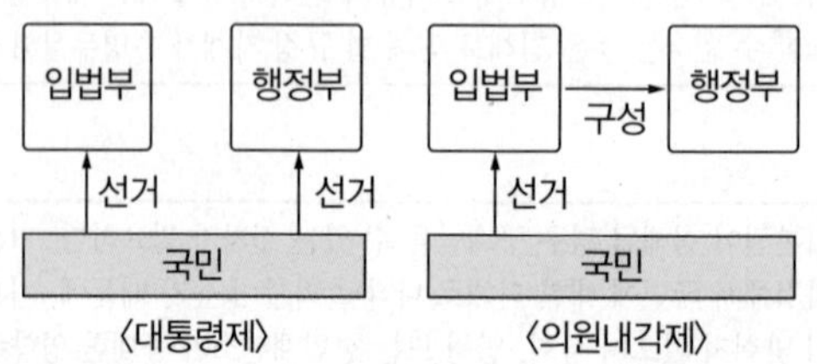

① **대통령제** : 대통령을 중심으로 정국이 운영되며 엄격한 3권 분립하에 견제와 균형을 충실히 구현하는 형태이다. 즉, 입법부 · 행정부 · 사법부를 분리하여 대등한 관계를 유지시키며 이를 통해 권력의 남용을 억제하고자 한다.

② **의원내각제** : 의회의 다수당 대표가 수상(총리)이 되어 내각을 구성하는 형태로서 입법부 · 행정부가 밀접한 관계를 가진다. 한편 권력융합 형태이면서도 국회의 내각불신임권과 내각의 국회해산권을 통해 분립을 실현하고자 한다.

구분	대통령제(미국)	의원내각제(영국, 일본)
형태	대통령을 중심으로 정국이 운영	내각을 중심으로 정국이 운영
배경	영국으로부터의 독립, 강력한 중앙 정부 요청	절대 군주의 권력을 제한
권력관계	엄격한 권력분립	권력융합에 부분적 권력분립
정부구성	• 대통령은 국민에 의해 선출 • 대통령이 행정부를 구성 • 대통령과 행정부는 국민에게 정치적 책임을 짐	• 국민이 선거를 통해 의회 구성 • 의회 내 과반수 의석 정당대표가 수상이 되어 내각 구성
지위	대통령은 행정부 수반+국가 원수	• 총리 : 행정부 수반(실질적) • 왕, 대통령 : 국가 원수(상징적)
특징	• 정부의 법률안 제출권 없음 • 국회의원의 각료 겸직 불가 • 대통령의 법률안 거부권 있음 • 의회의 법률안 재의결권, 정부 정책에 대한 동의 및 거부권, 탄핵소추권 있음 • 사법부의 의회와 행정부에 대한 위헌심사권 보유	• 정부는 법률안 제출권을 보유 • 수상과 각료는 의원 겸직 가능 • 내각의 의회해산권 보유 • 의회의 내각불신임권 보유
장점	• 대통령 임기 동안 정국 안정 • 의회 다수당의 횡포 견제	• 정치적 책임과 국민적 요구에 민감 • 의회와 내각의 협조로 능률적 행정 가능
단점	• 정치적 책임과 국민적 요구에 민감하지 못함 • 행정부와 입법부 대립 시 해결 곤란 • 대통령의 독재가능성	• 군소정당 난립 시 정국 불안 • 의회 다수당의 횡포

③ **이원집정부제** : 대통령제와 의원내각제적 요소를 혼합한 정부 형태로 현대적 의미에서는 프랑스의 5공화국 정부 형태를 예로 들 수 있다.

선출	대통령과 의회 의원을 국민이 직접 선출
국정운영	• 대통령과 총리의 권한이 법적으로 구분되어 두 개의 중심부가 존재 • 평상시 : 수상(총리) 중심으로 운영되며 대통령은 외교, 국방 문제 등 대외적 상징성을 표상 • 비상시 : 대통령의 비상 권한에 따라 실질적 영향력 행사 • 대통령은 수상임명권과 의회해산권을 보유하고 의회는 내각불신임권은 있지만 대통령에 대한 불신임은 불인정 • 대통령이 소수당에 소속돼 있을 경우 다수당 소속의 총리를 임명함으로써 동거정부 수립 가능

(2) 우리나라의 정부 형태

① **우리나라 정부 형태의 특징** : 대통령제를 원칙으로 하되, 의원내각제적인 요소를 가미

대통령제적 요소	• 입법부와 행정부의 독립 • 대통령은 국가의 원수이자 행정부 수반이라는 지위를 갖고 있고, 국민에 의해 직선 • 대통령은 최고통치권자로서 국가긴급권, 헌법개정안 발의권, 국민투표 회부권, 법률안거부권을 가짐
의원내각제적 요소	• 국무총리제를 두고 있고, 국무회의가 헌법기관 • 정부의 법률안 제안권 • 국회는 대통령의 국무총리임명 동의권, 국무총리 · 국무위원 해임건의권 가짐 • 정부위원이 국회에 출석하여 발언할 수 있고, 국회의원이 국무위원 겸직 가능 • 대통령의 임시국회 소집 요구권 인정

2 우리나라의 국가 기관

(1) 입법부(국회)

① 국회 구성의 원리

양원제	• 의회가 두 개의 합의체로 구성되며 각각 독립하여 결정한 의사가 일치한 경우 의회 의사로 간주 • 장점 : 심의를 두 기관에서 하기 때문에 신중을 기할 수 있으며 양원이 상이하게 운영됨으로써 단원제에서 나타날 수 있는 갈등과 부패를 방지할 수 있음 • 단점 : 중복된 절차로 의결이 지연되고 양원의 구성으로 비용이 증대되며 상호 간의 책임 전가를 하는 경우 책임소재가 불분명
단원제	• 국회의 구성이 하나의 합의체로 구성되는 국회제도 • 장점 : 신속한 국정처리와 의회 운영상의 경비를 절약할 수 있으며 책임소재가 명백 • 단점 : 한 개의 기관에서 심의하기 때문에 경솔해질 수 있고, 국회와 정부 간 충돌 시 중재할 기관이 없음

② 국회의 헌법상 지위

국민의 대표기관	국민에 의해 선출된 대표 기관으로서 대의제를 구현
입법기관	국정 운영의 근간이 되는 법률을 제 · 개정하는 국회의 본질적인 지위
국정통제기관	헌법상 보장된 각종 권한을 통해 행정부, 사법부, 헌법재판소를 통제할 수 있으며 국정을 감시 · 견제하는 역할
예산 · 결산 심의기관	국가의 살림이 되는 예산안과 결산에 관한 심의기관

③ 국회의 운영

국회의 회기	• 정기회(100일 이내) : 매년 9월 1일에 집회하되 그날이 공휴일인 때에는 그 다음날에 집회하며 다음 연도의 예산안을 심의 · 확정, 법률안 및 기타 안건을 처리하고 국정에 관한 교섭단체대표연설 및 대정부질문 등을 실시 • 임시회(30일 이내) : 대통령 또는 국회 재적의원 4분의 1 이상의 요구 시, 재적의원 4분의 1 이상의 국정조사 요구 시 집회하며 주요 현안에 대하여 정부 측 설명을 듣고 대책을 논의, 법률안 및 기타 안건을 처리
의사 원칙	• 일사부재의의 원칙 : 회기 중에 의결한 문제에 대해서 동일 회기에 다시 의안을 제출할 수 없음 • 의사공개의 원칙 : 의사의 진행을 공개하여 국민의 비판과 감시가 가능하도록 하고 알 권리를 보장 • 회기계속의 원칙 : 국회 또는 지방의회에 제출된 법률안 등의 의안이 회기 중에 의결되지 않더라도 그 의안을 폐기하지 않고 다음 회기에 인계하여 계속 심의할 수 있다는 원칙. 단, 국회의원 또는 지방의회 의원의 임기가 만료되거나 국회가 해산된 경우 적용되지 않음

④ 국회의 권한

입법에 관한 권한	• 헌법 개정에 관한 권한 : 국회는 헌법 개정에 관하여 발의권(국회의원 재적 과반수)과 의결권(재적의원 3분의 2 이상의 찬성) 행사 • 법률 제정에 관한 권한 • 국회의 재의결 : 대통령의 재의 요구가 있는 경우, 국회 재적의원 과반수 출석과 출석의원 2/3 이상의 찬성으로 재의결 및 확정
국정통제에 관한 권한	• 대통령, 국무총리, 행정각부의 장, 헌법재판소 재판관, 법관, 중앙선거관리위원회위원, 감사원장, 감사위원 기타 법률이 정하는 공무원 등에 대한 탄핵소추권을 가짐 • 국정감사 · 조사권 • 국무총리 · 국무위원의 해임건의권 • 국무총리 등의 국회출석요구 및 질문권

헌법기관 구성에 관한 권한	• 대통령 선거에서 최고득표자가 2인 이상인 때 대통령 선출권 • 국무총리, 대법원장, 대법관, 감사원장, 헌법재판소장 임명에 대한 동의권 • 헌법재판소 재판관 3인과 중앙선거관리위원회 위원 3인 선출권
재정에 관한 권한	• 예산심의 · 확정권 및 결산심사권 • 정부의 재정행위에 대한 권한 : 예비비 지출에 대한 승인권, 기채동의권, 예산 외의 국가의 부담이 될 계약체결에 대한 동의권, 재정적 부담을 지우는 조약의 체결 · 비준에 대한 동의권
특권	• 면책특권 : 국회의원은 국회에서 직무상 행한 발언과 표결에 관하여 국회 외에서 책임을 지지 않음 • 불체포특권 : 국회의원은 현행범인인 경우를 제외하고는 회기 중 국회의 동의 없이 체포 또는 구금되지 않으며 국회의원이 회기 전에 체포 또는 구금된 때에는 현행범인이 아닌 한 국회의 요구가 있으면 회기 중 석방됨

(2) 행정부

① 대통령

대통령의 헌법상 지위	• 대통령 선거 : 5년 단임의 직선제로 다수표를 획득한 후보가 대통령에 당선되며, 예외적으로 후보자가 1인일 때에는 선거권자 총수의 3분의 1 이상이 득표해야 당선됨. 만약 최고득표자가 2인 이상인 경우에는 국회 재적의원 과반수의 공개회의에서 다수표를 얻은 자가 당선 • 대통령의 임기 : 5년 단임으로 하되, 대통령의 임기연장 또는 중임변경을 위한 헌법개정은 헌법개정 제안 당시의 대통령에 대해서는 효력이 없음 • 대통령의 형사상 특권 : 내란 또는 외환의 죄를 범한 경우를 제외하고는 재직 중 형사상의 소추를 받지 아니하며, 탄핵결정에 의하지 아니하고는 공직으로부터 파면되지 아니함 • 대통령의 의무 : 헌법준수 · 국가보위 · 조국의 평화적 통일 · 민족문화의 창달 등의 직무를 성실히 수행할 의무와 선서의무를 지며, 공 · 사의 직을 겸할 수 없음 • 권한 대행 : 대통령이 궐위되거나 사고로 인하여 직무를 수행할 수 없을 때에는 1차적으로 국무총리가 그 권한을 대행하고, 2차적으로는 법률이 정한 국무위원의 순서에 따라 그 권한을 대행
대통령의 권한	• 일반적 권한 : 국회의 입법과정에서 법률안제출권, 법률안거부권과 행정부 수반으로서 행정입법권, 공무원 임명권, 국군통수권, 사법부에 관하여 재판관 등의 임명권, 사면권 등 보유 • 비상적 권한 : 긴급재정 · 경제처분 및 명령권과 긴급명령권, 계엄선포권 등 • 전직 대통령의 예우 : 전직 대통령의 신분과 예우에 관하여는 법률로써 정함

② 행정부의 조직과 권한

국무회의	• 정부의 권한에 속하는 중요한 정책을 심의하는 헌법상 필수적 최고 정책심의기관이다. • 대통령 · 국무총리와 15명 이상 30명 이하의 국무위원으로 구성되며, 대통령은 국무회의의 의장, 국무총리는 대통령을 보좌, 국무회의의 부의장이 된다.
국무총리	• 대통령의 명을 받아 행정각부를 통할하는 행정부의 제2인자로서, 대통령의 유고 시 대통령의 권한대행자이며, 법률이나 대통령령의 위임 또는 직권으로 총리령을 발할 수 있다. • 대통령의 국법상 행위에 대해서 부서의 의무가 있으며, 국무위원의 임명에 대한 제청권과 국무위원 해임건의권을 가진다.
국무위원	• 국무위원은 국무회의의 구성원이며 국무총리의 제청에 의하여 대통령이 임명한다. • 국무회의에 안건을 제출할 수 있으며, 출석하여 발언하고 심의에 참가하는 권한을 가진다. 또한, 대통령이 문서로써 하는 국법상 행위에 대하여는 부서할 권한과 책임이 있다.
행정각부	• 대통령을 수반으로 하는 정부의 구성단위로서 대통령 또는 국무총리의 지휘 · 통할하에 법률이 정하는 소관사무를 담당하는 중앙행정기관을 말한다. • 행정각부의 장은 법률이 정하는 바에 따라 소관사무를 결정 · 집행할 수 있는 권한을 가지며, 또한 부령을 제정 · 공포하는 권한을 가진다.

감사원	• 국가의 세입 · 세출의 결산, 국가 및 법률이 정한 단체의 회계검사와 행정기관 및 직무에 관한 감찰을 하기 위하여 대통령의 소속하에 설치된 헌법상 필수기관이다. • 감사원장을 포함한 5명 이상 11명 이하의 감사위원(임기 4년)으로 구성되는 독립된 합의제기관이다.

(3) 사법부

① 법원의 헌법상 지위

사법기관으로서의 지위	헌법 제101조 제1항은 사법권은 법관으로 구성된 법원에 속한다고 하여 사법에 관한 권한은 원칙적으로 법원이 행사함을 규정하고 있다.
중립적 권력으로서의 지위	행정권에 의한 자의적 침해와 의회의 다수파에 의한 부당한 입법으로부터 국민의 자유와 권리를 보장하기 위해서는 사법권의 독립이 엄격히 확보되어야 한다.

② 법원의 조직과 기능

대법원	위헌 · 위법한 명령과 규칙 및 처분에 대한 최종 심사(재판의 전제가 된 경우), 위헌법률심판 제청, 선거소송(대통령, 국회의원, 시 · 도지사) 재판, 상고사건
고등법원	지방법원 및 지원의 판결 · 결정 · 명령에 대한 항소 · 항고사건, 위헌법률심판 제청, 선거소송(지역구 시 · 도 의원 선거, 자치구 · 시 · 군의 장 선거) 재판
지방법원 및 지원	1심 관할, 지방법원 및 지원 단독판사의 판결 · 결정에 대한 항소 · 항고사건, 위헌법률심판 제청

③ 사법권의 독립

개념	사법권의 독립이란 법관이 어떠한 외부적 간섭을 받음이 없이 헌법과 법률, 양심에 따라 독립하여 심판하는 재판상 독립과 법원의 독립, 법관의 신분상 독립을 포함한다.
목적	권력분립의 원리를 실천하고 법치국가에 부합한 안정적 법질서를 유지하며 국민의 자유와 권리를 보장하기 위한 것이다.
내용	• 법원의 독립 : 권력분립의 원리에 따라 법원이 조직, 운영, 기능면에서 입법부와 행정부 등의 국가권력기관으로부터 독립하여야 한다는 것을 의미한다. • 법관의 독립 : 법관이 재판을 행함에 있어 자의가 아닌 헌법과 법률, 양심에 따라야 하며 여타의 국가기관이나 정치권으로부터 영향을 받지 않아야 함을 의미한다.

④ 사법제도의 운영

㉠ 재판의 종류 및 형태

재판의 종류	• 민사 재판 : 개인 간 발생하는 다툼이나 분쟁을 대상으로 하는 재판 • 형사 재판 : 범죄의 유무를 가리고 형벌을 부과하는 재판 • 행정 재판 : 행정청의 위법한 처분이나 부작위로 국민의 권리 또는 이익이 침해된 경우 제기하는 재판 • 선거 재판 : 선거의 효력이나 당선의 유 · 무효에 관한 재판 • 가사 재판 : 이혼, 자녀 양육, 재산 분할 등 가족이나 친족 간의 다툼을 해결하는 재판 • 특허 재판 : 특허권이나 상표권 등에 관한 다툼을 해결하는 재판 • 군사 재판 : 군인이나 군무원의 범죄를 다루는 재판
재판의 형태	• 판결 : 당사자를 심문하고, 변론을 하며, 증거를 조사하여 주문과 이유라는 완성된 절차를 거치는 재판을 의미 • 결정, 명령 : 소송 경제를 위해 법에서 정한 일정한 경우 결정과 명령이라는 비교적 간단한 절차로 해결

ⓛ 재판의 원칙

공개재판주의	• 개념 : 재판의 심리와 판결을 공개하는 재판 원칙 • 목적 : 국민과 여론의 감시를 통해 재판의 공정성을 확보하고 소송당사자의 인권을 보장하며 재판에 대한 국민의 신뢰도를 확보하고자 함이다. • 내용 : 재판의 심리와 판결은 원칙적으로 공개하되, 심리는 일정한 경우 공개에 대한 예외가 있을 수 있다. 하지만 판결은 반드시 공개해야 한다.
증거재판주의	• 개념 : 재판에서 사실을 확정하고 인정하는 것은 모두 증거에 의해야 한다는 원칙(형사소송법 제307조) • 적용영역 : 민사, 형사, 행정 재판 등 광범위하게 적용되나 특히 피고의 인권보호의 중요성으로 형사소송에서 강조되고 있다.

ⓒ 재판 제도

심급제도	• 헌법 제101조 제2항에서 법원은 최고법원인 대법원과 각급 법원으로 조직된다는 규정을 두고 있다. 심급제도는 재판을 몇 번까지 받을 수 있느냐의 문제로 헌법에서는 몇 개 심급으로 한다는 직접적인 규정은 두고 있지 않다. • 3심제의 원칙 : 비록 직접적 규정은 없더라도 법원조직법과 각종의 소송법에서 1심(원심)에 대한 항소와 상고(대법원)를 규정함으로써 3심제를 기본으로 하고 있다. • 3심제의 예외 : 비상계엄하에서의 군사 재판과 대통령, 국회의원, 시 · 도지사의 선거 재판의 경우 신속한 판결이 요구되므로 단심제로 운영하며, 특허법원은 판결에 이의가 있을 경우 대법원에 상고할 수 있도록 함으로써 2심제로 운영하고 있다.
상소제도	• 항소 : 1심(원심, 최초의 재판)에 불복하여 제기하는 2심의 소 • 상고 : 항소에 불복하여 제기하는 3심의 소로, 대법원에서 관할 • 항고 : 법원의 판결이 아닌 결정이나 명령에 불복하여 이의를 제기하는 불복절차 • 재항고 : 항고에 대한 불복 및 항소법원의 결정 · 명령에 대한 불복절차로, 대법원에서 재판
배심제도	• 일반 시민도 재판의 구성원이 되어 사법절차에 참여할 수 있는 제도로서, 영국에서 일찍이 시작되었고, 독일, 프랑스 등의 유럽 국가는 참심제를 시행했으며 현재는 미국에서 가장 발달한 제도이다. • 우리나라의 배심제도(국민참여재판) : 우리나라는 2008.1.1.부터 '국민의 형사재판 참여에 관한 법률'이 제정되어 시행되고 있다. 헌법상의 제도가 아니며 형사사건에만 적용되고, 피고인이 원하지 않을 경우 또는 법원이 배제결정을 하는 경우는 열지 않아도 되는 특징이 있다.

⑤ 법관의 임기와 신분보장

법관의 자격과 임명	• 대법원장 : 국회의 동의를 얻어 대통령이 임명 • 대법관 : 대법원장의 제청으로 국회의 동의를 얻어 대통령이 임명하며, 대법원의 중추 역할을 담당하는 사법부의 최고 수뇌부로서 대법원장을 포함한 14인으로 구성 • 대법관이 아닌 판사 : 대법관 회의의 동의를 얻어 대법원장이 임명
법관의 임기	• 대법원장과 대법관의 임기는 6년이고, 판사의 임기는 10년 • 대법원장은 중임할 수 없으나 대법관과 판사는 연임이 가능
신분보장	• 파면의 제한 : 법관은 탄핵 또는 금고 이상의 형의 선고 이외에는 파면되지 않음 • 불리한 처분의 제한 : 법관은 징계처분에 의하지 않고는 정직, 감봉되거나 불리한 처분을 받지 않음 • 강제퇴직의 제한 : 법관은 중대한 심신상의 장해로 직무를 수행할 수 없을 때에만 강제퇴직할 수 있음 • 강제휴직의 제한 : 병역의무, 법률연수 등의 특정한 경우를 제외하고 법관은 강제로 휴직을 당하지 않음
법관의 의무	• 법관은 국회 또는 지방의회의 의원이 될 수 없고, 정부 공무원이 될 수 없으며, 정치운동에 관여할 수 없음 • 사적인 업무, 기타 단체와 겸임해서는 안 되는 겸직금지 의무가 있음

(4) 헌법재판소

① 헌법재판소의 지위, 구성 및 권한

지위	헌법재판소는 헌법에 규정된 헌법재판기관이자, 정치적 사법기관이다. 또한 기본권을 보장하는 역할을 하고, 권력을 통제하는 위치에 있다.
구성	헌법재판소는 법관의 자격을 가진 9인의 재판관으로 구성하며, 국회에서 선출하는 3인과 대통령이 지명하는 3인, 대법원장이 지명하는 3인을 포함하여 9인의 재판관은 대통령이 임명한다. 헌법재판소의 장은 국회의 동의를 얻어 재판관 중에서 대통령이 임명하며, 재판관의 임기는 6년으로 연임할 수 있다.
권한	• 위헌법률심판권, 탄핵심판권, 위헌정당 해산심판권, 권한쟁의심판권, 헌법소원심판권을 보유한다. • 헌법재판소의 심판은 재판관 전원으로 구성되는 재판부에서 관장한다. 재판부의 재판장은 헌법재판소장이 된다. 재판부는 재판관 7인 이상의 출석으로 사건을 심리한다. • 재판부는 재판관의 과반수의 찬성으로 결정을 한다. 다만, 법률의 위헌결정, 탄핵결정, 정당해산결정 또는 헌법소원에 관한 인용결정은 재판관 6인 이상의 찬성이 있어야 한다.

② 위헌법률심판(헌법 제107조 제1항)

개념	입법부에 의해 제정된 법률로 기본권이 침해되고 해당 법률이 재판의 전제가 된 경우 위헌법률심판을 제기할 수 있다.
요건	• 심판의 대상 : 법률이 헌법에 위반되는 여부 • 제청권자 : 국민이 아닌 법원이 헌법재판소에 제청하며 위헌 여부 심판의 제청에 관한 결정에 대하여는 항고할 수 없음 • 재판의 전제성 : 침해하고 있는 법률이 재판 중에 적용되는 법률이어야 하고, 그러한 법률 때문에 다른 내용의 재판을 하게 될 수 있는 경우이어야 함
결정 유형	• 각하결정 : 청구의 요건을 갖추지 못하여 심사를 하지 않는 경우 • 합헌결정 : 헌법재판소 재판관의 위헌의견이 6인을 넘지 못하는 경우 • 위헌결정 : 헌법재판소 재판관 6인 이상이 위헌이라고 판단한 경우 • 헌법불합치결정 : 국회의 입법권을 존중하고 법적 공백상태를 방지하기 위해 특정 시기까지만 효력이 있고 이후에 새로운 법을 제정 또는 개정하라는 입법촉구결정을 함께 함
위헌결정의 효력	헌법재판소법 제47조에 따라 위헌으로 결정된 법률 또는 법률조항은 결정이 있는 날로부터 효력을 상실함

③ 헌법소원심판

개념	공권력의 행사 또는 불행사로 헌법상 보장된 기본권이 침해된 경우 헌법재판소에서 기본권 침해 여부를 심사를 청구하여 구제받는 제도
종류	• 권리구제형 헌법소원 : 공권력의 행사 또는 불행사로 헌법상 보장된 기본권을 침해받은 자는 법원의 재판을 제외하고는 헌법재판소에 헌법소원심판을 청구할 수 있음 • 위헌심사형 헌법소원 : 위헌법률심판의 제청신청이 법원에 기각된 경우 제청신청을 한 당사자가 청구하는 헌법소원
청구 요건	자신의 기본권이 침해당한 경우이어야 하고(직접성), 현재 침해되고 있어야 하며(현재성), 다른 법률에 정한 절차가 있다면 그 절차를 모두 거친 후에만 가능하다(보충성). 또한 변호사를 반드시 선임해야 하는 변호사 강제주의가 적용된다.
결정 유형	• 각하결정 : 헌법소원의 형식적, 절차적 요건에 위배된 경우 내용 심사 거부 • 심판절차 종료선언 : 청구인이 사망하였거나, 청구를 취하하는 경우 종료를 선언 • 기각결정 : 내용을 심사했지만 청구인의 주장이 받아들여지지 않은 경우 • 인용결정 : 청구인의 기본권이 침해되었음을 인정하는 경우
인용결정의 효력	공권력의 행사로 인한 침해에 대해 인용결정이 있는 경우 공권력 행사를 중지하여야 하고, 공권력의 불행사로 인한 침해에 대해 인용결정이 있는 경우 새로운 처분을 해야 한다.

④ 탄핵심판

개념	고위공무원이 직무집행에서 헌법이나 법률을 위반한 이유로 국회의 탄핵소추 의결을 거쳐 헌법재판소에서 심판하는 절차
소추위원	국회 법제사법위원회 위원장
권한 행사	탄핵소추의 의결을 받은 사람은 헌법재판소의 심판이 있을 때까지 그 권한 행사가 정지됨
결정 내용	• 탄핵심판 청구가 이유 있는 경우에는 헌법재판소는 피청구인을 해당 공직에서 파면하는 결정을 선고 • 피청구인이 결정 선고 전에 해당 공직에서 파면되었을 때에는 헌법재판소는 심판청구를 기각
결정의 효력	탄핵결정은 피청구인의 민사상 또는 형사상의 책임을 면제하는 것은 아니며 탄핵결정에 의하여 파면된 사람은 결정 선고가 있은 날부터 5년이 지나지 아니하면 공무원이 될 수 없음

⑤ 정당해산심판 : 정당의 목적이나 활동이 민주적 기본질서에 위배될 경우 정부는 국무회의의 심의를 거쳐 헌법재판소에 정당해산심판을 청구하고 헌법재판소에서 그 해산 여부를 심판한다.

⑥ 권한쟁의심판 : 국가기관 상호 간, 국가기관과 지방자치단체 간 및 지방자치단체 상호 간의 권한 유무 또는 범위에 관하여 다툼이 있을 때 청구하는 심판을 말한다.

3 지방자치

(1) 지방자치의 의미와 유형

① 지방자치의 의미 : 일정한 지역에 거주하는 주민들이 자치단체를 구성해 해당 지역의 정치와 행정을 자율적으로 처리하는 활동을 의미한다.

② 지방자치의 유형

구분	주민자치	단체자치
자치의 의미	정치적 의미(민주주의의 원리)	법률적 의미(지방분권의 원리)
국가	영국 · 미국	독일 · 프랑스
자치권의 인식	자연적 · 천부적 권리	국가에서 전래된 권리
자치권의 범위	광범위함	협소함
자치권의 중점	지방정부와 주민과의 관계 (주민참여에 초점)	중앙정부와 지방정부와의 관계 (국가의 자치단체의 사무배분에 초점)
권한부여방식	개별적 수권주의	포괄적 수권주의
지방정부 구성형태	기관통합형(의회우월형)	기관대립형(집행기관우월형)
사무구분	고유사무와 위임사무 미구분	고유사무와 위임사무 구분
조세제도	독립세(자치단체가 과세주체)	부가세(국가가 과세주체)
중앙과 지방의 관계	기능적 상호협력관계	권력적 감독관계
자치단체의 지위	순수한 자치단체	이중적 지위(자치단체+일선기관)
특별지방행정기관	많음	적음
통제	주민통제(아래로부터의 통제)	중앙통제(위로부터의 통제)
위법통제	입법적 · 사법적 통제	행정적 통제

(2) 우리나라의 지방자치단체

① 지방자치단체 종류

광역자치단체	기초자치단체
• 특별시(1개) • 광역시(6개) • 특별자치시(1개) • 도(8개) • 특별자치도(1개)	• 시 : 도의 관할구역 안에 둠 • 군 : 광역시나 도의 관할구역 안에 둠 • 자치구 : 특별시나 광역시의 관할구역 안에 둠

② 지방자치단체장과 지방의회

지방자치단체장	• 지위 : 지방자치단체의 대표기관, 주민의 대표기관, 국가의 하부기관, 지방자치단체의 집행기관, 정치지도자로서의 지위 • 권한 : 통할 · 대표권(단, 교육 · 학예사무에 관한 통할권은 교육감이 가짐), 사무의 관리 · 집행권, 규칙제정권, 소속직원 임면 및 지휘 · 감독권, 기관 · 시설의 설치권
지방의회	• 지위 : 주민의 대표기관, 의결기관, 입법기관, 집행기관에 대한 감시 · 통제기관 • 권한 : 의결권(조례의 제정 및 개폐, 예산의 심의 · 확정, 결산의 승인 등), 청원수리권, 의견표시권 등

③ 조례와 규칙

구분	조례	규칙
의의	지방의회가 헌법과 법률의 범위 내에서 제정한 자치법규	지방자치단체장 기타 집행기관이 법령 또는 조례가 위임한 범위 내에서 그 권한에 속하는 사무에 관하여 제정하는 자치법규
제정권자	지방의회	지방자치단체장, 기타 집행기관, 교육감(교육 · 학예 분야)
사무범위	• 자치사무, 단체위임사무에 대하여 규정 가능 • 기관위임사무는 원칙적으로 규정 못함(집행기관에게 위임된 사무이므로, 의결기관인 지방의회는 관여할 수 없는 것이 원칙)	자치사무, 단체위임사무, 기관위임사무를 불문하고 지방자치단체의 장의 권한에 속하는 모든 사항에 관하여 제정 가능
제정범위	• 법령의 범위 내에서 • 주민의 권리제한 · 의무부과 : 법률의 위임 시 규정 가능 • 벌칙 : 법률의 위임 시 규정 가능	• 법령과 조례가 위임한 범위 내에서 • 주민의 권리제한 · 의무부과 : 법령 · 조례의 개별적 · 구체적 위임 있으면 규정 가능 • 벌칙 : 규정할 수 없음

④ 주민참여제도

직접 민주정치 요소	• 주민발안제도(조례 제정 및 개폐청구제도) • 주민투표제도 : 주민에게 과도한 부담을 주거나 중대한 영향을 미치는 지방자치단체의 주요결정사항을 주민들의 주민투표를 거쳐 결정 • 주민소환제도 : 선거에 의하여 공직에 취임한 자가 부당한 행위를 저지르거나 직무가 태만하여 주민이 파면을 요구하면 주민투표에 의하여 그 여부를 결정하는 제도
기타	주민감사청구제도, 주민소송제도 등

(3) 우리나라 지방자치의 순기능과 역기능

순기능	중앙정부에 대한 견제 강화, 지역 주민의 참여 확대
역기능	지역 간 불균형 심화, 지역개발사업의 남발과 환경훼손의 심화, 지역이기주의의 심화, 지방자치단체의 자율성 제약(지역의 개별성 · 특수성 무시)

03 정치 과정과 참여

1 정치 과정과 정치 참여

(1) 정치 과정의 의의

① 정치 과정의 의미 : 정치 과정이란, 사회적 쟁점에 대해 사회 구성원들이 제기하는 여러 가지 요구나 지지를 토대로 정책을 결정하고 수행하는 활동을 의미한다.

② 데이비드 이스턴은 정치 과정을 '투입 → 산출 → 환류'로 이어지는 정치체제 모형으로 제시하였다.

투입	국민의 요구와 지지가 정책결정기구에 투입되는 것
산출	정책결정기구가 요구와 지지를 반영하여 정책을 수립하고 집행하는 것
환류	산출된 정책이 사회의 평가를 수정 · 반영하여 재투입되는 것

(2) 정치 과정의 참여 주체

정책결정기구	• 입법부(국회), 사법부(법원, 헌법재판소), 행정부 등 • 정책의 수립 · 집행을 통해 사회문제를 해결하고 갈등 조정 및 사회 질서 유지
기타	• 정당, 이익집단, 언론, 시민단체 등 • 다양한 방법으로 자신의 의견을 표출하면서 정치 과정에 참여

(3) 시민의 정치 참여와 정치문화

① 시민의 정치 참여 유형

개인적 정치 참여	• 선거 및 투표 참여 • 청원 • 서명 운동 • 집회 및 시위 참여
집단적 정치 참여	정당, 이익집단, 시민단체에 가입하여 참여

② 정치문화

개념	정치나 정부에 대해 시민들이 지니고 있는 태도 및 가치관의 총체
알몬드(Almond)와 버바(Verba)의 정치문화 유형	• 향리형 : 전 근대적인 전통사회의 사고방식에서 나타나는 정치문화로, 시민은 자신이 살고 있는 지역이나 부족 이외에는 정치공동체에 대한 명확한 인식이 없고, 정책의 요구와 결정 및 집행 과정 등에 소극적이고 무관심함 • 신민형 : 시민은 국왕에게 귀속된 신하와 마찬가지로 국가에 대한 귀속감과 소속감을 가짐. 하향식 전달 및 명령체계에 길들여져 있으며 자신들의 정책요구에는 특별한 인식이 없는 상태이나 정책결정에는 민감한 반응을 보이는 형태 • 참여형 : 오늘날의 선진 사회에서 나타나는 형태로, 시민은 정치공동체에 대한 명확한 인식을 갖고 정치 과정에서의 투입과 산출 모두에 능동적으로 참여
우리나라의 정치문화	우리나라는 왕조 중심의 폐쇄성에 입각한 정치문화부터 식민지배와 군부집권에 의한 권위주의까지 복합적인 정치문화가 혼재하여, 향리형 · 신민형 · 참여형이 공존하는 형태

2 선거와 선거 제도

(1) 우리나라의 선거 체계

<table>
<tr><th>구분</th><th colspan="3">특징</th></tr>
<tr><td>대통령 선거</td><td colspan="3">전국을 선거구로 하여 상대 다수대표제에 따라 선출</td></tr>
<tr><td rowspan="2">총선거
(국회의원)</td><td>지역구 선거</td><td colspan="2">소선거구제, 상대 다수대표제</td></tr>
<tr><td>전국구 선거</td><td colspan="2">정당 명부식 비례대표제</td></tr>
<tr><td rowspan="5">지방선거</td><td rowspan="2">지방자치단체장 선거</td><td>광역자치단체장</td><td>특별시, 광역시, 도에서 상대 다수대표제에 따라 선출</td></tr>
<tr><td>기초자치단체장</td><td>시, 군, 구에서 상대 다수대표제에 따라 선출</td></tr>
<tr><td rowspan="2">지방의회의원 선거</td><td>광역의원</td><td>• 지역 대표 : 소선거구제, 상대 다수대표제
• 비례 대표 : 광역 단위 정당 득표율 적용</td></tr>
<tr><td>기초의원</td><td>• 지역 대표 : 중선거구제, 소수대표제
• 비례 대표 : 기초 단위 정당 득표율 적용</td></tr>
<tr><td>특별자치제 선거</td><td colspan="2">교육감 선거, 교육의원 선거</td></tr>
</table>

(2) 선거제도의 의의 및 민주선거의 4대 원칙

① 선거제도의 의의 : 선거는 주권행사의 기본적인 방법이며, 사회통합을 실현한다. 또한 정권교체를 통해 책임정치를 구현하고 정치권력에 정당성을 부여한다.

② 민주선거의 4대 원칙

구분	내용	반대개념
보통선거	재산, 학력, 성별, 종교, 인종 등을 이유로 선거권을 제한하지 않고 일정한 나이에 도달한 모든 국민에게 선거권을 부여	제한선거
평등선거	모든 유권자가 동등하게 1표를 행사함으로써, 투표가치에 차등을 두지 않도록 표의 등가성을 실현	차등선거
직접선거	선거인이 대리인을 거치지 않고 직접 스스로 대표자를 선출	대리 · 간접선거
비밀선거	선거인이 누구에게 투표했는지를 알 수 없어야 함	공개선거

(3) 선거구제

구분	소선거구제	중 · 대선거구제
개념	• 한 선거구에서 한명의 대표자 선출 • 다수대표제와 결합	• 한 선거구에서 두 명 이상의 대표자 선출 • 소수대표제와 결합
장점	• 다수당 출현 용이 → 정국 안정 • 지역적으로 협소하여 선거비용 절감 • 선거단속 용이 • 유권자는 인물 파악 용이 • 투표결과 집계 용이	• 전국적 인물 당선 용이 • 신인의 진출 가능 • 사표 감소 • 군소정당 진출 용이 • 지역주의 완화
단점	• 지방세력가에 유리, 전국적 인물에 불리, 신인 진출 곤란 • 사표 증가 • 연고주의 폐단 • 대정당에만 유리 • 선거인의 후보자 선택범위 제한	• 선거비용의 증가 • 후보자의 난립으로 인물 파악 곤란 • 선거단속 어려움 • 전국적 지명도만으로 당선 가능 • 당선자 간의 득표 격차 발생

(4) 대표 결정 방식

구분	특징
다수대표제	• 최다 득표자 한 명을 대표로 선출하는 제도로, 소선구제와 결합 • 과반수를 획득한 후보가 당선되는 절대 다수대표제와 가장 많은 득표를 한 후보가 당선되는 상대 다수대표제로 구분
소수대표제	• 최다 득표자 한 명만이 아니라 소수의 지지를 받은 소수득표자에게도 일정 범위에서 순위에 따라 당선이 가능한 형태로, 대선거구제와 연결 • 다수대표제의 최대결함인 사표를 방지
비례대표제	• 정당 득표율에 비례해서 각 정당의 의석을 배분하는 제도 • 다수대표제와 소수대표제를 보완하는 측면이 있지만 방법과 절차가 다양하고 복잡하며, 정당 득표율의 계산방법 및 후보자 명부를 작성하는 데 있어서 논란이 가중될 수 있음 • 대표적으로 단기이양식과 정당명부식이 있음
직능대표제	직업을 선출의 기본단위로 하여, 직업별 이익을 대변하는 전문가를 대표로 선출하는 제도

(5) 공정한 선거를 위한 제도

① 선거구 법정주의 : 특정 정당이나 인물에게 유리하도록 선거구가 정해지는 것을 방지하기 위해 법률로 선거구를 획정하는 제도이다.

② 선거 공영제 : 국가 기관이 선거 과정을 관리면서 선거 비용의 일부를 국가 또는 지방자치단체에서 부담하는 제도로, 선거 운동 기회를 균등하게 보장하고, 재정이 부족하여 입후보하기 어려운 사람도 후보자로 나설 수 있는 기회를 보장한다.

③ 중앙선거관리위원회

헌법상 지위와 구성	헌법상 필수기관으로, 합의제기관으로 대통령이 임명하는 3인, 국회에서 선출하는 3인, 대법원장이 지명하는 3인의 위원으로 구성하며 위원장은 위원 중에서 호선(互選)한다.
임기와 신분보장	위원의 임기는 6년이며, 연임이 가능하나, 정당에 가입하거나 정치에 관여할 수 없다. 위원은 탄핵 또는 형벌에 의하지 아니하고는 파면되지 아니한다.

권한	법령의 범위 내에서 선거관리 · 국민투표관리 또는 정당 사무에 관한 규칙을 제정할 수 있으며 선거사무와 국민투표사무에 관하여 관계 행정기관에 필요한 지시를 할 수 있다.

3 다양한 정치 주체의 역할과 참여

(1) 정당과 시민 참여

① 정당의 개념 : 정견이 같은 사람들이 정권의 획득 · 유지를 위해 자발적으로 조직한 단체

② 정당의 기능

여론의 형성과 조직화	다양하고 분산된 국민의 이익과 요구를 집약 · 조직화하여 정책을 만들고 이를 정부에 전달한다.
대중에 대한 정치교육	유권자에게 정책을 설명하여 능동적으로 정치 활동에 참가하도록 하는 정치사회화 및 계몽적 기능을 수행한다.
국민과 정부의 매개	선거에서 표명된 국민의 의사를 제도 정치 내로 투입함으로써 정책으로 채택되도록 한다.
정치적 충원	선거에 후보를 공천하여 정치 지도자를 충원하는 기능을 한다.
정부에 대한 견제와 권력의 비판	정부의 독선적 행동을 비판하고 감시하며, 국민들은 선거를 통해 심판함으로써 정권을 교체하기도 한다.

③ 정당제도의 유형

일당제	한 나라에 단일한 정당만 존재하는 형태로, 독재정당 또는 통합적 정당이라 한다.
양당제	• 단독으로 정권을 담당할 수 있는 두 개의 대정당이 존재하는 형태이다. • 장점 : 국정의 책임소재가 명확하고 신속한 국정처리가 가능하다. • 단점 : 다양한 민의 반영이 곤란하고 양당 간 극한 대립이 발생할 수 있다.
다당제	• 3개 이상의 정당들이 정권획득을 위해 경쟁하지만, 특정 정당이 국민의 절대적 지지를 획득하지 못하므로 몇 개의 정당이 연립 또는 연합을 하는 형태이다. • 장점 : 유권자의 선택 범위가 넓어 보다 다양하고 정확한 민의를 반영할 수 있다. 또한 정당 간 대립 시 중재가 용이하다. • 단점 : 일관되고 지속적인 정책 수행이 곤란하다. 또한 군소정당 난립 시 정국의 불안, 정치적 책임 소재 불분명 등의 문제를 초래할 수 있다.

④ 정당을 통한 시민 참여

정당에 가입하여 참여	• 정당에 가입하여 당원의 의무를 다하면 그 당의 의사결정과정에 참여 가능 • 경선에 참여 가능
정당에 가입하지 않고 참여	• 선거나 투표에서 특정 정당의 후보나 정당에 투표 • 특정 정당이 주최하는 정책공청회, 토론회에 참가

(2) 이익집단

① 이익집단의 개념 : 특수한 이해관계를 같이하는 사람들이 공동의 이익을 실현하기 위해 만든 단체이다. 자신들의 목표와 특별한 요구를 정책에 제시하고 관철하려 하지만, 선거에 참여하여 공직 진출을 의도하지 않기 때문에 정당과 구별되며 정책을 직접적으로 결정하지 않기 때문에 정부기관과도 구별된다.

② 이익집단의 발생원인

사회의 복잡화, 이해관계의 다원화	사회가 분화되고 이해관계가 다원화됨에 따라 다양한 국민의 의사를 집약하고 정책으로 연결시킬 수 있는 의회의 기능이 약화
정부기능의 확대	정부의 기능이 확대됨에 정책결정의 주도권을 보유한 정부 집단에 로비나 압력을 통해 접촉해야 할 필요성 증가
정당의 한계	정당이 모든 사회 현안과 국민의 이익을 대변하지 못하며 이러한 불충분한 점을 부각시키고 여론을 형성할 집단이 필요

③ 이익집단의 기능

순기능	• 정당이나 정부가 생각하지 못한 국민의 다양한 정치적 의사를 반영하며 대의제의 결점을 보완 가능 • 정부에 대한 견제와 감시 가능
역기능	• 집단이기주의로 공익 저해 • 특수한 이익이 정치권과 결탁하는 경우 정당 정치 발전에 역행할 뿐만 아니라 민주 정치가 퇴보하는 결과를 초래

(3) 시민단체

① 개념 : 공공의 이익을 실현하기 위해 시민의 자발적 참여로 이루어진 단체를 의미한다. 따라서 특수이익을 위해 활동하는 이익집단과 구별되며 정권을 획득하거나 유지하기 위한 정당과도 구별된다.

② 시민단체의 기능

여론 형성	시민단체의 활동목적과 관련하여 공적인 관심사를 집약하고 이를 표출하여 여론을 형성
정부 정책 감시 및 비판	정부의 정책을 감시하며 비판하는 기능을 아울러 수행
정책 제안	개선 및 채택이 필요한 정책을 제안하여 정치 과정에 반영하는 매개체이자 참여자로서 활동

(4) 언론

① 언론의 개념 : 매체를 통하여 어떤 사실이나 새로운 소식을 밝혀 알리거나 어떤 문제에 대하여 여론을 형성하는 활동을 하는 기관

② 언론의 기능

순기능	유익한 정보 제공, 여론 형성, 정부 감시 및 견제, 대중교육, 정책 설정
역기능	정보와 사실의 왜곡, 여론 조작, 언론의 담합

04 개인생활과 법

1 민법의 기초 이해

(1) 민법의 이해

① 민법의 개념

㉠ 실질적 의미의 민법 : 개인 상호 간의 사적 생활관계를 규율하는 사법

㉡ 형식적 의미의 민법 : 1958년 법률 제471호로 제정된 민법이라는 성문법전

㉢ 민법은 공법과는 대응되는 사법이고, 특정한 사람 · 특정한 장소에만 적용되는 특별법에 대응되는 일반법이며, 권리의무의 발생과 변경 · 소멸 및 요건과 효과를 규율하는 실체법으로서의 성격을 갖는다.

② 민법의 구성

구분	내용
총칙	민법 전반에 대한 통칙으로 권리변동, 법률행위와 의사표시, 법률행위의 유효 요건, 법률행위의 당사자, 법률행위의 목적, 법률행위의 대리, 효력, 소멸시효 등을 규정
재산법	• 물권법 : 물권의 종류와 효력, 변동, 점유권과 소유권, 용익물권, 담보물권에 대해 규정 • 채권법 : 채권의 특징과 목적, 효력, 다수당사자의 채권관계, 채권양도와 채무인수, 채권의 소멸, 계약, 사무관리, 부당이득, 불법행위를 규정
가족법	• 친족법 : 친족의 유형, 범위, 가족, 혼인, 부모와 자식 간의 법률관계, 후견, 친족회, 부양에 대해 규정 • 상속법 : 상속인, 상속의 효력, 유언, 유류분에 대해 규정

(2) 근대 민법의 기본원리

① 근대 민법의 배경 : 국민의 힘으로 자유를 쟁취한 시민혁명에 따라 확대된 자유주의 이념 속에서 "인간은 출생과 생존에 있어서 자유와 평등의 권리를 가진다."라는 말이 근대 시민 사회를 지배하게 되었다. 이러한 배경을 바탕으로 개인의 법률관계는 원칙적으로 자발적 의사에 따라 원하는 상대방과 자유롭게 내용을 정할 수 있도록 하는 원칙이 확립되었다.

② 근대 민법의 3대 원칙

원칙	내용
사유재산권 존중의 원칙 (소유권 절대의 원칙)	• 개인의 사유재산에 대한 절대적 사적 지배를 인정하고, 국가나 다른 개인은 이에 간섭하거나 제한을 가하지 못하는 것을 의미한다. • 사유재산에 대한 권리에서 가장 강력하고 절대적인 것은 소유권이다. 따라서 사유재산권 존중의 원칙을 다른 말로 소유권 절대의 원칙이라고도 한다.
사적 자치의 원칙 (계약 자유의 원칙)	• 개인의 자유로운 의사에 기초하여 법률관계를 형성할 수 있는 권리를 말한다. • 사적 자치의 원칙을 다른 말로 법률행위 자유의 원칙이라고도 한다. 법률행위가 또한 발현되는 양상의 절대 비중은 계약으로 나타나기 때문에 계약 자유의 원칙이라고도 한다. • 계약 체결의 자유, 상대방 선택의 자유, 계약 내용 결정의 자유, 방식의 자유를 구체적 내용으로 한다.

과실 책임의 원칙 (자기 책임의 원칙)	• 고의 : 자신의 행위로부터 피해 또는 손해라는 결과가 생길 것을 인식하면서도 행위를 하는 것을 의미한다. • 과실 : 결과를 인식하면서 행위를 한 경우 고의가 성립한다면 결과의 발생을 인식했어야 하는데도 부주의로 인식하지 못해 피해 또는 손해가 발생한 경우이다. 주의의무란 타인의 권리나 이익의 침해라는 결과를 예견 또는 회피해야 할 의무를 의미하는데, 결론적으로 과실이란 주의의무를 위반한 것이다. • 과실 책임의 원칙 : 타인에게 끼친 손해에 대해서 가해자에게 고의 혹은 과실이 있을 때에만 책임을 진다는 원칙이다. 바꿔 말하면 자신이 행한 행위에 고의나 과실이 없으면 책임을 지지 않는다는 의미에서 자기 책임의 원칙이라고도 한다.

(3) 현대 민법의 기본원리

① 대두배경 : 자본주의 발전에 따라 양적 측면에서 부는 증가한 반면 부의 불평등 분배로 인한 빈익빈 부익부 현상이 심화되고, 노사 간의 대립이 격화되었다. 이에 따라 자유를 근본으로 하는 근대 민법의 원칙 또한 사회적 약자 보호와 불평등 해소를 위해 수정을 가하게 되었다.

구분	소유권 절대의 원칙	계약 자유의 원칙	과실 책임의 원칙
폐단	경제적 약자에 대한 유산계급의 지배와 횡포	경제적 강자에게 유리한 계약을 약자에게 일방적으로 강요	기술과 자본을 통해 고의 · 과실이 없음을 증명하여 책임 회피
수정 (현대 민법 원리)	소유권 행사의 공공복리 적합 의무(원칙)	계약공정의 원칙	무과실 책임의 원칙

② 현대 민법의 기본 원리

소유권 행사의 공공복리 적합 의무	• 소유권의 행사는 사회 전체의 이익(공공복리)을 위해서 그 권리의 행사가 제한될 수 있다는 내용이다. 이때의 제한은 일정한 원칙을 두고 반드시 법률로써 제한해야 한다. • 헌법 제23조 제2항은 "재산권의 행사는 공공복리에 적합하도록 하여야 한다."고 함으로써 재산권 행사의 공공복리 적합의무를 일반원칙으로 선언하고 있다. • 민법 제2조 제2항의 권리남용 금지조항과 민법 제211조의 "소유자는 법률의 범위 내에서만 소유물을 사용, 수익, 처분할 수 있다."는 규정은 헌법에서 정한 일반원칙을 구체화하고 있다.
계약 공정의 원칙	• 민법 제104조에서는 "당사자의 궁박, 경솔 또는 무경험으로 인하여 현저하게 공정을 잃은 법률행위는 무효로 한다."라고 하여 불공정한 법률행위를 무효로 규정하고 있다. • 계약 과정에서 경제적 약자에게 일방적으로 불리한 내용의 계약이 체결될 가능성이 줄어들게 되었다.
무과실 책임의 원칙	• 고의 혹은 과실이 없는 경우에도 일정한 상황에서는 관련자에게 책임을 물을 수 있다는 원칙이다. • 책임무능력자의 감독자 책임, 타인을 사용하여 사무에 종사하게 한 자의 책임, 동물 점유자의 책임, 가전제품 등 물건 제조업자의 책임, 의료업자의 책임, 환경을 오염시킨 기업의 책임 등이 있다. • 제조물 책임법의 제정과 입증책임의 완화 : 상품의 하자, 제조자의 과실, 상품의 하자와 손해배상 사이의 원인관계에 대한 입증책임은 원칙적으로 소비자가 지나, 이때에는 엄격한 증명을 필요로 하지 않고 상식적으로 보아 개연성이 높으면 인과관계를 추정하고 있다.

2 재산관계와 법

(1) 계약과 채무불이행

① 계약의 개념과 효력 발생

개념	계약이란 법률 효과의 발생을 목적으로 2인 이상의 당사자의 합의하에 성립하는 법률행위를 의미한다.
효력 발생	계약을 체결한 당사자에게 일정한 권리와 의무가 발생하며, 계약에 따른 의무를 제대로 이행하지 않을 경우 채무자는 채무불이행에 따른 손해배상 책임을 지게 된다.

② 계약의 성립과 효력 발생 요건

성립 시점	계약을 체결하고 싶다는 의사표시인 청약과 이를 받아들이겠다는 의사 표시인 승낙이 합치된 때에 계약이 성립한다.
효력 발생 요건	의사능력 없는 자의 계약은 무효, 제한능력자의 단독적 계약은 취소할 수 있으며 계약 당사자의 자유로운 판단에 따라 의사 표시가 이루어져야 한다. 또한 계약 내용이 실현 가능하고 적법해야 하며, 선량한 풍속 기타 사회 질서에 반하지 않아야 한다.

더 알아보기

법률행위 및 의사능력과 행위능력

- 법률행위
  - 목적 : 법률행위는 합당한 목적하에, 기본원리에 위배되지 않는 범위 내에서 적정한 효력이 발생한다. 다시 말하면 법률행위의 목적이 부당하다면 그에 따른 효과가 배제될 수 있다. 실현 불가능한 행위, 강행법규 위반이나 반사회 질서 행위, 불공정행위는 법률행위의 목적에 위배되는 대표적인 경우이다.
  - 법률행위의 무효와 취소

무효	• 무효란 법률행위의 효과가 처음부터 발생하지 않는 것을 의미한다. 법률행위는 성립했으나 그에 따른 효과가 생기지 않는 경우이다. • 무효사유 : 강행규정에 위반한 법률행위, 불공정한 법률행위, 실현 불가능한 행위, 의사무능력자의 행위 등이 대표적이다.
취소	• 취소란 일단 유효하게 성립된 법률행위를 취소라는 의사표시를 통해 소급적으로 무효로 만드는 것을 의미한다. • 취소사유 : 제한능력자의 법률행위, 착오에 의한 의사표시, 사기 · 강박에 의한 의사표시는 취소할 수 있다.

- 의사능력과 행위능력

의사능력	• 의사능력이란 자신의 행위와 동기의 결과를 스스로 판별(판단)할 수 있는 정상적인 의사결정 능력이다. • 법률행위를 하기 위해서는 자신이 하고자 하는 행위를 변식하고 예상되는 결과를 판별해 낼 수 있는 의사능력이 필요하다. 예를 들어 정신이상자가 복권에 당첨되어 거액의 자산을 매도하는 경우, 술에 만취한 사람이 부동산 계약을 체결한 경우, 민법에 명문의 규정은 없으나 이들이 한 법률행위는 무효이다.
행위능력	• 행위능력이란 독자적으로 유효하게 법률행위를 할 수 있는 지위를 의미한다. 의사능력과 달리 객관적 · 획일적으로 판단된다. • 민법은 행위능력에 관하여 명문의 규정을 두고 있지 않으나 미성년자, 피한정후견인, 피성년 후견인의 제한능력자에 관한 명문의 규정을 두고 있다. 민법은 독자적으로 유효하게 법률행위를 할 수 있는 자와 없는 자를 나누고 제한능력자가 독자적으로 한 법률행위는 취소할 수 있도록 하고 있다.

③ **채무불이행** : 채무자의 책임 있는 사유로 채무의 내용이 실현되지 않는 것을 의미하며, 채무불이행으로 인한 손해에 채권자의 과실이 있다면 이를 참작하여 액수를 감하게 된다.

이행 지체	• 이행이 가능한 경우인데도 이행하지 않는 경우 • 채무자에게 책임 유무를 불문하고 강제이행 청구 가능, 채무자에게 책임이 있으면 손해배상 청구도 가능
이행 불능	• 파손 등으로 채무이행이 불가능한 경우 • 채무자에게 책임이 없다면 채무 소멸, 채무자에게 책임이 있다면 손해배상 청구 가능
불완전 이행	• 채무를 이행하였으나 내용이 완전하지 못한 경우 • 완전이행 청구 가능, 완전이행이 의미 없을 경우 손해배상 청구 가능

(2) 미성년자의 계약

① 미성년자

<table>
<tr><td>의의</td><td colspan="2">민법은 "19세로 성년에 이르게 된다."라고 규정함으로써 19세 미만의 자를 미성년자로 하고 제한능력자로 규정하여 법적으로 보호하고 있다. 미성년자는 나이를 기준으로 객관적 · 획일적으로 정해진다.</td></tr>
<tr><td rowspan="2">미성년자의 행위능력</td><td>원칙
(취소)</td><td>• 단독으로 유효한 법률행위를 할 수 없음
• 단독으로 법률행위를 하려면 법정대리인의 동의를 얻어야 함
• 동의를 얻지 않고 한 법률행위는 미성년자나 그 법정대리인이 취소할 수 있음</td></tr>
<tr><td>예외
(유효)</td><td>• 단순히 권리만을 얻거나 의무만을 면하는 행위 : 채무의 면제, 부담 없는 증여
• 범위를 정하여 처분이 허락된 재산의 처분행위
• 영업의 종류를 특정하여 허락한 경우 그 영업에 관한 행위
• 대리행위, 임금청구행위
• 유언행위 : 만 17세에 달한 미성년자는 유효한 유언 가능</td></tr>
<tr><td>법정
대리인</td><td colspan="2">1차적으로 친권자가 되며, 부모가 없거나 부모가 친권을 행사할 수 없는 경우 2차적으로 후견인이 법정대리인이 된다.</td></tr>
<tr><td>성년의제</td><td colspan="2">미성년자라도 만 18세가 되면 부모의 동의를 얻어 혼인할 수 있다. 혼인을 하면 부모의 친권에서 벗어나 행위능력자가 되어 법정대리인의 동의를 받지 않고 독자적으로 '사법상' 유효한 법률행위를 할 수 있다. 이때의 혼인은 법률혼을 의미하며 사실혼을 의미하지 않는다. 성년으로 의제된 자가 이혼을 한 경우에도 성년의제의 효과는 유지된다.</td></tr>
</table>

② **제한능력자의 상대방 보호** : 제한능력자는 법률행위 시 취소권을 갖고 있으므로 거래한 상대방은 불리한 지위에 놓이게 된다. 따라서 민법은 제한능력자를 보호함과 동시에 제한능력자와 거래한 상대방을 보호하기 위하여 상대방에게 확답을 촉구할 권리, 철회권과 거절권, 속임수에 따른 취소권의 배제를 규정하고 있다.

확답을 촉구할 권리	• 제한능력자의 상대방은 제한능력자가 능력자가 된 후에 그에게 1개월 이상의 기간을 정하여 그 취소할 수 있는 행위를 추인할 것인지 여부의 확답을 촉구할 수 있다. • 능력자로 된 사람이 그 기간 내에 확답을 발송하지 않을 경우 그 행위를 추인한 것으로 본다. • 제한능력자가 아직 능력자가 되지 못한 경우에는 그의 법정대리인에게 촉구할 수 있다. 법정대리인이 기간 내에 확답을 발송하지 않으면 그 행위를 추인한 것으로 본다.
철회권과 거절권	• 제한능력자가 맺은 계약은 추인이 있을 때까지 상대방이 그 의사표시를 철회할 수 있다. 다만, 상대방이 계약 당시에 제한능력자임을 알았을 경우에는 철회할 수 없다. • 제한능력자의 단독행위는 추인이 있을 때까지 상대방이 거절할 수 있다. • 철회와 거절의 의사표시는 제한능력자에게도 할 수 있다.

취소권의 배제	• 제한능력자가 적극적인 속임수로써 자기를 능력자로 믿게 한 경우(미성년자가 신분증을 위조한 경우 등)에는 그 행위를 취소할 수 없다. • 미성년자나 피한정후견인이 속임수로써 법정대리인의 동의가 있는 것으로 믿게 한 경우에도 그 행위를 취소할 수 없다.

(3) 불법행위와 손해배상

① 불법행위와 손해배상의 연관성

㉠ 손해배상 : 일정한 행위로 타인에게 입힌 손해에 대하여 그를 전보하고, 손해가 발생하지 않았을 때와 똑같은 상태로 회복시키기 위한 제도

㉡ 전보 : 손해 또는 피해에 대하여 금전 또는 기타 물질적 가치로 보상하는 것

㉢ 손해배상 책임의 발생원인 : 채무불이행이 있는 경우, 불법행위가 성립하는 경우 등

② 불법행위

개념 및 효과	고의 또는 과실로 위법하게 타인에게 손해를 주는 행위를 불법행위라 하며, 불법행위가 있을 경우 손해배상 책임이 발생
성립요건	• 고의 또는 과실의 존재 : 고의란 자신의 행위로 타인에게 손해가 발생할 것을 인식하고도 감행한 경우이고, 과실이란 피해를 인식할 수 있었음에도 부주의하여 결과를 발생하게 한 것을 의미한다. • 위법성 : 사회 전체의 법질서에 비추어 봤을 때 허용되지 않는 경우를 말하며, 고의나 과실로 타인에게 손해를 발생시켰더라도 정당성이 인정되어 사회적으로 허용된다면 책임이 발생하지 않는다. • 손해의 발생 : 손해의 발생은 현실적으로 나타나야 한다. 이러한 손해는 정신적 손해와 재산적 손해로 분류되는데, 정신적 손해에 대한 배상금을 위자료라 한다. • 인과관계 : 가해행위와 손해발생 사이에 상당한 인과관계가 있어야 한다. 자연현상에 따라 나타난 손해라면 인과관계가 없기 때문에 책임을 물을 수 없다. • 책임능력(불법행위 능력) : 가해자에게 책임능력이 있어야 한다. 책임무능력자는 손해배상의 책임을 지지 않지만, 감독자나 법정대리인 등이 책임을 지게 된다.

③ 특수한 불법행위 : 일반적인 불법행위와 달리, 특정한 경우 책임의 성립요건이 경감되거나 자신의 행위가 아닌 타인의 가해행위에 대해서도 책임을 지는 경우가 있는데, 이러한 형태의 불법행위를 특수한 불법행위라 한다.

책임 무능력자의 감독자 책임	• 책임 능력 없는 미성년자나 심신상실자가 타인에게 손해를 가한 경우 이를 감독할 법적 의무 있는 자가 손해배상 책임을 짐 • 감독 의무를 게을리하지 않았음을 감독자가 스스로 증명하면 책임 면제
사용자 배상책임	• 피용자(종업원)가 사무 집행에 관하여 타인에게 손해를 가한 경우 사용자(고용주)는 피용자의 선임 및 사무 감독상의 과실에 대해 배상책임을 짐 • 사용자 배상책임이 인정되기 위해서는 피용자의 가해행위가 불법행위 요건을 충족해야 함 • 피해자는 피용자에게 직접 손해배상을 요구할 수도 있으며 이때 피용자는 일반 불법행위책임을 짐 • 사용자가 피용자의 선임 및 그 사무 감독에 상당한 주의를 하였음을 증명하면 책임이 면제되나 이를 증명하지 못할 경우 무과실책임 성립 • 사용자가 피용자의 불법행위에 대해 배상한 경우 사용자는 피용자에게 구상권 행사 가능
공작물 등 점유자 · 소유자 책임	• 공작물 등의 설치 또는 보존상의 하자로 타인에게 손해가 발생한 경우 점유자가 1차적 책임을 짐 • 점유자의 책임이 면제되면 공작물 등의 소유자가 배상책임을 짐 • 점유자가 손해 방지를 위한 주의를 다하였음을 증명하면 책임 면제 • 소유자의 책임은 면책이 인정되지 않는 무과실책임

동물의 점유자 책임	• 점유하고 있는 동물이 타인에게 손해를 가한 경우 동물의 점유자가 배상책임을 짐 • 점유자를 대신하여 동물을 보관한 자도 동일 책임 • 점유자가 동물의 종류와 성질에 따라 그 보관에 상당한 주의를 기울였음을 증명하면 책임 면제
공동 불법행위자 책임	• 여러 사람이 공동으로 타인에게 손해를 입힌 경우 연대하여 배상책임을 짐 • 가해자를 정확히 모를 경우에도 연대책임 성립 • 공동의 가해자 중 자신이 가해행위에 가담하지 않았음을 스스로 증명한 경우 책임 면제

④ 손해배상 절차

손해배상 방법	• 금전배상의 원칙 : 재산적 손해는 물론, 정신적 손해도 금전배상을 원칙으로 한다. • 금전배상의 예외 : 예외적인 경우 원상회복청구를 할 수 있는데, 이때는 법률에 규정이 있어야 한다. 민법 제764조에서 명예훼손의 경우에 법원은 피해자의 청구에 의하여 손해배상에 갈음하거나 손해배상과 함께 명예회복에 적당한 처분을 명할 수 있다는 규정을 두고 있다. 예 신문보도로 명예를 훼손당한 경우 정정 보도를 하는 경우
손해배상 청구권자	• 일반적으로 피해자가 청구한다. • 태아 : 불법행위로 인한 손해배상청구에 있어서 태아는 자연인으로 보기 때문에 살아서 출생한다면 손해배상을 청구할 수 있다. • 생명침해로 인한 위자료 : 민법 제752조에 따라 타인의 생명을 해한 자는 피해자의 직계존속, 직계비속 및 배우자에 대하여 재산상의 손해가 없더라도 손해를 배상해야 한다.
과실상계의 적용	채무불이행에서 연관되어 있던 과실상계는 불법행위로 인한 손해배상 시에도 적용된다.
후발손해	판례는 합의 당시에 예측할 수 없던 손해가 나중에 발생하고, 합의된 액수와 현실적으로 발생한 손해 사이에 현저한 차이가 생겼을 때에는 후발손해에 대한 배상을 인정한다고 하여, 후발손해배상의 인정은 합의 이후 당시 예측할 수 없었던 손해와, 합의된 액수와 현실적으로 발생한 손해 사이의 현저한 차이를 그 요건으로 한다는 입장이다.

3 가족관계와 법

(1) 부부간 법률관계

① 혼인

의의	혼인은 가족을 구성하는 동시에 사회적 제도이며, 따라서 적법한 혼인은 법이 규율하는 법률관계를 구성하며 법의 보호를 받는다.
성립요건	• 실질적 요건 : 남녀 당사자의 자유로운 의사의 합치가 있을 것, 혼인 적령에 이르렀을 것, 근친 간 혼인이 아닐 것, 중혼(이중혼)이 아닐 것 • 형식적 요건 : 가족관계등록법이 정하는 혼인신고를 할 것
혼인 적령	• 남 · 여 모두 만 18세가 되면 약혼 및 혼인 가능 • 미성년자는 부모의 동의를 얻어 혼인할 수 있고, 성인은 부모의 동의 없이 혼인 가능

혼인의 효과	• 친족관계 발생 및 혼인신고를 통해 가족관계등록부에 혼인사실 기록 • 부부동거, 부양, 협조, 정조를 지킬 의무 발생 • 부부가 낳은 자녀는 혼인 중의 출생자가 되며 부부의 일방이 사망하면 생존 배우자에게 상속권이 발생 • 미성년자가 법정대리인의 동의를 얻어 혼인하면 사법상 성년으로 의제 • 약정 부부재산제와 부부별산제 – 약정 부부재산제 : 혼인 전에 미리 계약을 체결하여 혼인 후에도 별도로 각자의 재산을 운영하는 것 – 부부별산제 : 부부 일방이 혼인 전부터 가진 고유한 재산과 혼인 중 자신의 명의로 취득한 재산을 일방이 관리하는 제도 • 일상가사대리권과 일상가사로 인한 연대 채무

② 혼인의 해소

의의		• 부부관계가 소멸하는 일체의 사실을 법률용어로 혼인의 해소라 하며, 소멸의 예로서 사망, 실종선고, 이혼 등이 있다. • 이혼은 부부의 생존 중 당사자의 합의나 법원의 판결을 통해 인위적으로 부부 관계를 해소시키기 때문에 인위적 해소라고 하며, 사망, 실종선고는 자연적 해소라 한다. • 사망으로 인한 혼인관계 해소 시 부부관계만 소멸할 뿐 인척관계는 그대로 존속하나, 배우자가 사망한 이후 생존 배우자가 재혼한 경우는 인척관계가 소멸한다.
이혼 유형	협의상 이혼	• 이혼 의사에 대한 합의가 필요하며 이유나 원인, 동기는 법적으로 규정되어 있지 않음 • 이혼 숙려기간이 주어짐(1개월, 양육자녀가 있는 경우 3개월)
	재판상 이혼	• 법이 정한 사유(민법 제840조)가 있는 경우 법원의 판결로써 강제로 이루어지는 이혼 • 배우자의 부정행위, 배우자의 악의의 유기, 배우자 또는 직계존속의 심히 부당한 대우, 자기의 직계존속에 대한 배우자의 심히 부당한 대우, 배우자의 생사가 3년 이상 불분명한 경우, 그 밖에 혼인을 계속하기 어려운 중대한 사유 • 조정 및 이혼소송 절차 등을 거침
	조정 이혼	• 가사소송법과 민사소송법에 규정 • 재판상 이혼의 청구를 위해서는 가정법원의 조정을 받아야 하는데, 정식재판까지 가지 않고 조정과정에서 이혼합의가 이루어지면 이혼판결을 받은 것과 동일한 효과
이혼의 효과		• 혼인에 의해 성립한 부부 사이의 모든 권리와 의무는 소멸 • 부부 공동으로 마련한 재산에 대한 분할 청구권 행사 가능 • 이혼 책임 있는 상대방에게 정신상의 손해배상(위자료) 청구 가능 • 자녀를 양육하지 않는 부 또는 모는 자녀에 대한 면접 교섭권이 발생

(2) 친자관계와 친권

① 친자관계

구분		특징
친생자	혼인 중의 출생자	• 법률혼 부부사이에서 출생한 경우 • 일반적인 부부 사이에서 태어난 생래적 혼인 중의 출생자와 준정에 의한 혼인 중의 출생자가 있음
	혼인 외의 출생자	• 혼인관계가 없는 부모 사이에서 출생한 경우 • 어머니에게서 잉태한 것이 명백한 경우 모자관계는 성립하나, 부자관계가 성립하려면 인지가 필요

구분	특징
양자	• 입양한 때부터 성립되는 친자관계로 혼인 중 출생자로 인정 • 성립 요건 : 입양을 하고자 하는 당사자 사이에 입양의 합의가 있을 것, 양친은 성년자일 것, 양자가 될 자가 만 13세 미만일 때에는 법정대리인이 입양승낙을 할 것, 배우자가 있는 사람이 입양을 할 경우 부부가 공동으로 할 것, 배우자 있는 사람이 양자가 될 때 또한 배우자의 동의를 얻을 것, 양자가 될 사람이 양친보다 존속 또한 연장자가 아닐 것 • 친양자 제도 – 입양제도의 현실을 반영하고 양자의 복리를 증진시키기 위하여 양친과 양자의 친족관계를 인정하면서 양친의 성과 본을 따르게 하는 것 – 친양자는 부부의 혼인 중 출생자로 보며, 친양자 입양 전의 친족관계는 친양자 입양이 확정된 때에 종료한다. 다만, 부부의 일방이 그 배우자의 친생자를 단독으로 입양한 경우에 있어서의 배우자 및 그 친족과 친생자간의 친족관계는 그러하지 아니하다. – 친양자로 될 사람의 친생(親生)의 아버지 또는 어머니는 자신에게 책임이 없는 사유로 인하여 친양자 입양에 동의를 할 수 없었던 경우에 친양자 입양의 사실을 안 날부터 6개월 안에 가정법원에 친양자 입양의 취소를 청구할 수 있다.

② 친권

개념	• 부모가 미성년인 자녀에게 가지는 법적인 권리와 의무의 일체를 말한다. • 친권은 가부장적 문화에서 파생되어 통제나 복종의 개념으로 시작하였으나 오늘날은 자녀의 보호, 양육, 인격도야를 위한 부모의 의무로 자리 잡았다.
친권자	• 의의 : 민법 제909조에 따라 부모가 친권자가 되며 양자는 양부모가 친권자가 된다. • 의견 불일치 : 부모가 혼인 중인 때에는 공동으로 행사하는 것이 원칙이며, 부모의 의견이 일치하지 않는 경우는 가정법원이 개입하여 친권자를 정한다. • 혼인해소 : 혼인의 취소, 재판상 이혼의 경우 가정법원은 직권으로 친권자를 정한다. • 친권자의 변경 : 가정법원은 자녀의 복리를 위하여 필요한 경우 친권자를 변경할 수 있다.
친권의 내용	• 신상에 관한 내용 : 자녀에 대한 보호와 교양의 권리와 의무(민법 제913조), 거소지정권(민법 제914조) • 재산에 관한 내용 : 자녀의 재산 관리권(민법 제916조), 재산에 관한 대리 및 동의권(민법 제920조)
친권 행사 방법	• 부모 공동 행사 : 친권은 부모가 공동으로 행사하고, 부모의 한쪽이 친권을 행사할 수 없을 때에는 다른 한쪽이 이를 행사하며, 부모의 의견이 일치하지 않을 때에는 당사자의 신청에 의하여 가정법원이 이를 정하게 되어 있다. • 이해상반 행위 : 이해상반 행위(친권자와 자녀 사이에 이익이 충돌되는 경우)를 할 때 친권자는 법원에 특별대리인의 선임을 청구할 수 있다. • 대리권과 관리권 배제 : 민법 제918조에 따라 무상으로 자녀에게 재산을 수여한 제3자가 친권자의 관리에 반대하는 의사를 표시한 때에 친권자는 그 재산을 관리하지 못한다.
친권의 소멸	• 친권상실 : 부모가 친권을 남용하거나 현저한 비행, 기타 친권을 행사할 수 없는 중대한 사유가 있을 때에는 법원은 자녀의 친족 또는 청구나 검사의 청구에 의하여 친권의 상실을 선고할 수 있다. • 친권의 일부상실 : 친권자가 부적당한 관리로 자녀의 재산을 위태롭게 한 때에 법원은 자녀의 친족에 대한 청구로 재산상 행위의 대리권과 재산 관리권만 상실시키는 것이 가능하다. • 친권 사퇴 : 민법 제927조에 따라 법원의 허가를 얻어 재산상의 대리권과 관리권은 사퇴가 가능하다. • 부모 이혼 시 : 부부가 이혼했을 때에는 부모의 협의로 친권을 행사할 자를 정하고, 협의가 되지 않을 경우 가정법원이 결정한다. 자녀를 직접 양육하지 아니하는 부모 중 일방은 면접교섭권을 갖게 된다.

더 알아보기

부양

의의	부양이란 스스로 생활할 수 있는 생활능력이 없는 사람을 돌보는 일체의 행위를 말한다.
유형	• 친자 부양(부모와 자식 간) : 미성년자인 자녀에 대한 부양은 부모의 일방적 부양이라면 반대로 자녀가 성년이라면 상호 간 부양의 의무가 있다. 이때 부모의 기준은 친부모는 물론 양부모도 해당된다. • 부부 부양(혼인한 배우자 간) : 남편이나 아내는 상호 동등한 생활수준을 누릴 수 있는 정도의 생활비를 청구할 수 있다. • 친족 부양(일정 범위의 친족 사이) : 평소에 계속하여 발생하는 것이 아니라 부양받을 자가 자신의 재산, 능력, 수입으로 생활을 유지할 수 없을 때에 발생하는 것이며 동시에 부양의무자가 부양할 능력이나 여력이 있어야 한다.
부양 청구권	부양받을 자의 지위는 단순한 기대나 요청이 아니고 권리이다. 따라서 부양받을 자는 부양의무가 있는 자에게 부양청구권을 행사할 수 있다. 이때 부양받을 자는 자신의 자력 또는 근로에 의하여 생활을 유지할 수 없는 경우여야 한다.
부양자의 범위	• 부양의무는 직계혈족 및 그 배우자 사이, 생계를 같이하는 그 밖의 친족 사이에만 인정된다. • 부양의무자 또는 부양권리자가 여러 사람이 있을 경우 당사자의 협의에 의하여 그 순위를 정하고, 이러한 협의가 불가능할 때에는 당사자의 청구에 의하여 가정법원이 그 순위를 결정하게 된다.

(3) 상속과 유언

① 상속의 의의

개념	상속이란 사람이 사망함으로써 사망한 사람이 가지고 있던 재산에 관한 권리와 의무를 일정 범위의 친족과 배우자에게 포괄적으로 승계해주는 재산의 이전을 의미한다. 이때, 사망자를 피상속인이라고 하며, 상속을 받는 자를 상속인이라고 한다.
상속의 개시	• 상속 원인과 대상 : 상속은 사망이라는 사실에 의해 당연히 개시되며, 상속의 대상은 피상속인의 재산이다. • 재산의 범위 : 동산, 부동산은 물론 채권과 지적재산권 등 모든 재산을 포함하며, 적극적 재산(이익이 되는 재산)과 소극적 재산(채무) 모두를 포괄한다. • 상속 개시 장소와 비용 : 피상속인의 주소가 상속 개시 장소이며, 주소를 알 수 없거나 국내에 주소가 없는 경우 피상속인의 거소가 된다. 상속비용은 상속재산에서 지급한다.
유형	• 신분상속과 재산상속 : 호주제 폐지 전에는 호주승계를 신분상속으로 보았으나, 현행 상속제도는 재산상속만을 의미한다. • 생전상속과 사망상속 : 상속은 사망에 의해서만 개시되며 생전상속은 인정되지 않는다. 생전에는 증여를 통해 재산을 이전할 수 있을 뿐이다. • 단독상속과 공동상속 : 상속은 여러 사람이 공동으로 상속하는 것이 원칙이다. • 강제상속과 임의상속 : 우리나라는 상속포기가 가능하므로 임의상속제도를 두고 있다. • 균등상속과 불균등상속 : 원칙적으로 균등하게 인정하되, 배우자만 5할을 가산한다. • 법정상속과 유언상속 : 유언자의 의사를 존중하여 유언을 통한 상속이 가능하다. 한편, 민법은 상속인이 되는 주체를 법률로 정하는 법정상속제도를 아울러 규정하고 있다.

② 상속인과 상속능력

의의	• 상속능력 : 재산을 물려받을 수 있는 상속인이 될 수 있는 자격으로 민법에서는 권리능력이 있으면 상속능력도 있다고 해석하며, 권리능력자라도 법인에게는 상속능력이 없고 자연인만 갖는다. • 상속인의 범위 : 법정상속을 받을 수 있는 주체는 배우자와 일정 범위의 친족을 말한다. 이때, 배우자는 법률혼의 배우자를 말하며 사실혼의 배우자에게는 원칙적으로 상속이 되지 않는다. • 태아의 지위 : 태아는 상속을 포함한 특정 경우에는 출생한 사람처럼 권리를 인정하기 때문에 상속능력이 있다.
상속순위	• 상속인이 여럿일 경우 법 규정에 따라 순서를 정하며 선순위 상속인이 한 사람이라도 있다면 후순위 상속인은 상속권이 없다. 다만 동순위 상속인이 여럿일 때는 공동상속을 하게 된다. • 피상속인의 직계비속, 피상속인의 직계존속, 피상속인의 형제자매, 피상속인의 4촌 이내의 방계혈족 순으로 상속된다. 동순위 상속인이 수인이라면 최근친을 선순위로 하고 수인이 동친이라면 공동상속한다. 이때, 배우자는 선순위(1순위, 2순위) 상속인과 공동상속을 하되, 선순위 상속인이 없다면 단독상속인이 된다. 배우자가 이들과 공동상속을 하는 경우에는 5할을 가산하되 법률혼의 배우자만을 의미하며 이혼한 배우자는 상속권이 없다.
상속 결격 사유	• 상속인에게 법이 정한 사유가 있을 경우 당연히 상속 자격이 박탈되는 경우로 결격 사유에는 상속과 관련된 인물에 대한 살인 또는 살인미수, 상해치사와 유언에 대한 부정행위가 있다. • 살인 또는 살인미수 : 고의로 직계존속, 피상속인, 그 배우자 또는 상속의 선순위나 동순위에 있는 자를 살해하거나 살해하려고 한 자 • 상해치사 : 고의로 직계존속, 피상속인과 그 배우자에게 상해를 가하여 사망에 이르게 한 자 • 부정행위 : 사기 또는 강박으로 피상속인의 상속에 관한 유언 또는 유언의 철회를 방해한 자, 강박으로 피상속인의 상속에 관한 유언을 하게 한 자, 피상속인의 상속에 관한 유언서를 위조 · 변조 · 파기 또는 은닉한 자
대습상속	상속인이 될 사람이 사망하거나 결격자가 된 경우 직계비속이 사망하거나 결격된 자의 순위로 상속인이 되는 제도로, 상속인이 될 직계비속 또는 형제자매가 사망하거나 결격자가 된 경우 그의 직계비속이 상속인이 된다.
기여분과 유류분	• 기여분 : 공동상속인 중에 피상속인의 재산의 유지 또는 증가에 특별히 기여하거나 피상속인을 특별히 부양한 자가 있을 때 이를 상속분 산정 시 고려하여 가산하는 제도로, 공동상속인의 협의에 의하고 협의가 되지 않을 경우 기여자의 청구에 의하여 가정법원이 결정한다. • 유류분 : 일정한 범위의 상속인에게는 상속재산 중 보장받을 수 있는 비율이 있는데 이러한 권리를 유류분권이라 하며, 피상속인의 직계비속과 배우자는 법정상속분의 2분의 1, 피상속인의 직계존속과 형제자매는 법정상속분의 3분의 1이 보장된다.
특별연고자의 상속재산 분여	상속인이 없는 경우(상속인의 부존재) 검사나, 이해관계인의 청구에 의해 재산관리인을 선임한다. 선임된 재산관리인이 재산을 찾아가라고 공고한 이후에도(상속인 수색 공고) 상속권을 주장하는 자가 없다면 특별연고자(생계를 같이했거나, 최후까지 피상속인을 간호 또는 보호했던 사람)에게 상속이 된다. 특별연고자는 가정법원에 청구하여 상속재산을 분여받을 수 있다.

③ 상속의 승인과 포기

㉠ 상속의 승인에는 채무를 포함하여 일체의 재산을 상속하는 단순승인과, 상속재산과 상속채무를 승계하지만 상속재산의 한도 내에서만 책임을 지는 한정승인(제도)이 있다.

㉡ 상속포기란 재산은 물론 채무 등 일체의 상속재산을 승계하지 않는 경우이다.

④ 유언

개념	• 유언이란 유언자의 사망과 동시에 일정한 법률 효과를 발생시키는 것을 목적으로 하는 단독적 법률 행위이다. • 유언자가 사망하여야 효력이 발생하며(사인행위), 상대방이 없는 단독행위이며, 법에서 정하는 일정한 방식을 갖추어야 유언의 효력이 발생하는 요식행위이다.
유언능력	유언을 할 수 있는 자격으로 만 17세 이상이면 유언이 가능하며 한정치산자도 유언은 가능하다. 단 피성년후견인은 의사능력이 회복되어야 하고 의사가 심신이 회복되었다는 것을 유언서에 기재해야만 가능하다.
유언 방식	• 자필증서에 의한 유언 : 유언자가 전문과 연월일, 주소, 성명을 자서하고 날인하는 형태 • 녹음에 의한 유언 : 유언의 취지, 성명과 연월일을 구술하고 이에 참여한 증인이 유언의 정확함과 성명을 구술해야 함 • 공정증서에 의한 유언 : 유언자가 증인 2인이 참여한 공증인의 면전에서 유언의 취지를 구수하고, 공증인이 필기 낭독하여 유언자와 증인이 정확함을 승인한 후 각자 서명 또는 기명날인함 • 비밀증서에 의한 유언 : 유언자가 필자의 성명을 기입한 증서를 엄봉날인 하고 이를 2인 이상의 증인의 면전에 제출하고 봉서표면에 제출 연월일을 기재 후 유언자와 증인이 각자 서명 또는 기명날인함 • 구수증서에 의한 유언 : 질병 기타 급박한 사유로 앞의 방법이 불가능한 경우 유언자가 2인 이상의 증인의 참여로 그 1인에게 유언의 취지를 구수하고 구수를 받은 자가 필기 낭독하여 유언자와 증인이 정확함을 승인 후 각자 서명 또는 기명날인하는 형태
유언 철회	• 유언 변경 및 철회의 자유 : 유언자가 유언을 한 후라도 사망하기 전까지는 유언의 내용을 변경하거나 철회할 수 있다. • 전후 유언이 저촉되는 경우 : 앞에 한 유언과 뒤에 한 유언이 맞지 않을 경우 저촉된 부분은 철회한 것으로 본다. • 파훼(파괴와 훼손)의 경우 : 유언자가 고의로 유언증서 또는 유증의 목적물을 파훼한 경우 그 부분은 철회한 것으로 본다.
유증	유언자가 유언에 의하여 재산상의 이익을 무상으로 증여하는 행위를 의미한다. 태아도 유증을 받을 수 있다.

05 사회생활과 법

1 형법과 범죄의 성립

(1) 형법의 의의

① 형법의 개념 : 형법은 어떤 행위가 범죄가 되는지를 정하고, 그러한 행위를 했을 때 어떤 처벌을 받는지, 즉 범죄와 형벌에 관한 법규범이라 할 수 있다.

② 형법의 의미

형식적 의미	형법전을 의미
실질적 의미	형식과 명칭을 불문하고 범죄와 그에 대한 법적 효과로서 형벌과 보안처분을 규정한 모든 법규범의 총체를 의미

③ 형법의 기능

㉠ 범죄를 저지르면 형벌이 부과됨을 알려 잠재적 범죄자의 범죄 행위를 억제함으로써 일반 국민을 범죄로부터 보호하는 기능

㉡ 법률로 정한 범죄에만 국가가 형벌권을 행사할 수 있게 함으로써 국가의 자의적인 권력 행사로부터 국민의 피해를 방지하는 보장적 기능

(2) 죄형법정주의

① 죄형법정주의의 의의

개념	죄형법정주의란 어떤 행위가 범죄가 되는지 및 그러한 범죄를 저지르면 어떤 처벌을 받는지가 미리 성문의 법률에 규정되어 있어야 한다는 원칙을 말한다.
의미	• 형식적 의미 : "법률 없으면, 범죄 없고, 형벌도 없다."는 법언으로 표현할 수 있으며, 형식적인 법률에만 규정되어 있으면 법률의 내용은 문제 삼지 않으므로 자의적인 형벌권 남용을 방지하기 어렵다. • 실질적 의미 : "적정한 법률 없으면, 범죄 없고, 형벌도 없다."는 법언으로 표현할 수 있으며, 법률의 내용도 실질적 정의에 합치되어야 함을 강조한다. 법관의 자의적인 판단뿐만 아니라 입법부의 자의로부터 국민의 권리를 보장하는 것을 목적으로 한다. • 현대적 의미 : 오늘날 죄형법정주의는 법률의 내용까지도 정의로워야 한다는 실질적 의미로 이해된다.
기능	국가 형벌권의 확장을 막고 형벌권의 자의적인 행사로부터 국민의 자유와 인권을 보장하기 위한 형법의 최고원리이다.

② 죄형법정주의의 내용

관습형법 금지의 원칙	성문법률주의와 같은 의미로, 법관이 적용할 형벌에 관한 법은 국회에서 제정한 성문의 법률뿐이고 관습법과 같은 불문법에 적용해서는 안 된다는 원칙
명확성의 원칙	법관의 자의적 해석이 적용되지 않도록 형법에 의해 금지하는 행위와 어떤 형벌을 받는지를 구체적으로 명확하게 규정하여 누구나 다 그 내용을 알 수 있어야 한다는 원칙
유추해석 금지의 원칙	형벌과 관련하여 법률에 규정이 없는데도 불구하고 그것과 유사한 성질을 갖는 사항에 적용시켜서는 안 되며 엄격하게 해석하여 해석자인 수사기관, 재판기관이 자의적으로 해석을 하여서는 안 된다는 원칙
형벌불소급의 원칙	형벌 법규는 그 시행 이후에 이루어진 행위에 대해서만 적용되고, 시행 이전의 행위에까지 소급하여 적용할 수 없다는 원칙
적정성의 원칙	범죄행위와 형벌 간에는 적당한 균형이 맞아야 한다는 원칙

(3) 범죄의 의의

① 범죄의 개념 및 성립

㉠ 법에 의하여 보호되는 이익을 침해하고(법익침해성) 사회의 안전과 질서를 문란하게 하는 반사회적 행위로(반사회성) 법에 규정되어 있는 것을 범죄라 하고, 이러한 범죄를 행한 사람을 범죄자라 한다.

㉡ 범죄가 성립하기 위해서는 구성요건 해당성, 위법성, 책임의 요건이 모두 충족되어야 한다.

② 범죄의 성립 요건

㉠ 구성요건 해당성

- 구체적인 행위사실이 추상적인 법조문에 부합하는 성질을 말한다.
- 법률에 정해 놓은 범죄행위의 유형을 범죄의 구성요건이라 하며 범죄가 성립되기 위해서는 어떤 행위가 법률에서 규정하고 있는 구성요건에 해당하여야 한다.

㉡ 위법성

- 의의 : 구성요건에 해당하는 행위가 사회전체의 법질서에 비추어 보았을 때 부정적 행위라고 평가되는 것을 말하며, 위법성 여부를 평가할 때는 구성요건에 해당하는 행위에 정당성이 있었는지를 검토한다. 즉, 위법성 조각사유가 있지 않는 한 구성요건에 해당하는 행위는 정당성이 없는 위법한 행위가 된다.
- 위법성 조각사유

정당행위	• 법령에 의한 행위, 업무로 인한 행위, 기타 사회상규에 위배되지 않는 행위 • 업무로 인한 행위 : 의사의 치료행위, 변호사의 직무행위, 성직자의 직무행위 • 법령에 의한 행위 : 공무원의 직무집행행위(사형집행, 구속 등), 징계행위(학교장의 처벌 등), 일반인의 현행범인 체포, 근로자의 쟁의행위 • 판례는 사회상규에 대해 극히 정상적인 생활형태의 하나로 역사적으로 생성된 사회질서의 범위 안에 있는 의례적 행위라고 판시하였으며 개별적으로 판단함
정당방위	• 자기 또는 타인의 법익에 대한 현재의 부당한 침해를 방지하기 위한 상당한 이유가 있는 행위 • 과잉방위 : 방위행위가 그 정도를 초과한 경우는 정황에 의하여 그 형을 감경 또는 면제하며 이때 야간 기타 불안스러운 상태에서 공포, 경악, 흥분 또는 당황으로 인한 때에는 벌하지 아니함
긴급피난	• 자기 또는 타인의 법익에 대한 현재의 위난을 피하기 위한 행위 • 과잉피난 : 피난행위가 그 정도를 초과한 경우는 정황에 의하여 그 형을 감경 또는 면제하며 이때 야간 기타 불안스러운 상태에서 공포, 경악, 흥분 또는 당황으로 인한 때에는 벌하지 아니함 • 의무의 충돌 : 여러 개의 의무를 동시에 이행할 수 없는 긴급상태에서 그중 한 의무를 이행하고 다른 의무를 불이행한 결과 범죄행위가 되는 경우로 정당한 경우 위법성이 조각됨
자구행위	• 법정절차에 의하여 청구권을 보전하기 불가능한 경우, 상당한 이유가 있는 자력에 의한 권리구제 행위 • 과잉자구행위 : 자구행위가 그 정도를 초과한 경우는 정황에 의하여 그 형을 감경 또는 면제하며 경악, 흥분 등으로 벌하지 않는 경우는 적용되지 않음
피해자의 승낙	• 처분할 수 있는 자의 승낙에 의하여 법익을 훼손한 행위 • 승낙으로 형이 감경되는 경우 : 촉탁 · 승낙살인죄의 감경, 자기소유물 방화죄의 감경 등

㉢ 책임(유책성)

개념	사회규범이 요구하는 방향에 맞게 합법적으로 행동할 수 있었음에도 불구하고 불법을 결의하고 위법하게 행위한 것에 대한 비난가능성
책임주의	책임 없으면 범죄는 성립하지 않고, 형량도 책임의 크기에 따라 결정하여야 한다는 원칙으로, "책임 없으면 형벌 없다."로 표현할 수 있다.
책임능력과 책임조각사유	책임능력이란 행위자가 법의 의미를 이해할 수 있는 판단능력과 이러한 판단에 따라 행동할 수 있는 의지적 능력을 의미한다. 책임을 질 수 없는 사유, 즉 책임조각사유가 있다면 범죄가 성립하지 않거나 형벌을 감경하게 된다.
책임조각 및 감경사유	• 형사미성년자(14세 미만), 심신상실자, 강요된 행위 : 벌하지 않음 • 심신미약자 : 형을 감경할 수 있음 • 청각 및 언어 장애인(농아자) : 형을 감경 • 법률의 착오 : 정당한 이유 있으면 벌하지 않음 • 원인에 있어서 자유로운 행위 : 처벌

(4) 형벌과 보안처분

① 형벌의 의의

㉠ 개념 : 형벌이란 범죄구성 요건을 충족한 자에 대하여 국가가 일정한 절차(형사소송법)에 따라 부과하는 제재를 의미한다.

㉡ 목적 : 범죄자에 대한 응징(일반예방주의) 및 교육(특별예방주의)

② 형법상 형벌의 종류

생명형	사형을 의미하며 범죄자의 생명을 박탈하는 형벌로 사형집행은 교수로서 행한다. 최고로 중한 형이며 그 존폐 여부가 쟁점이 된다.
자유형	신체의 자유를 박탈하는 형벌로 징역, 금고, 구류가 있다. • 징역 또는 금고는 무기 또는 유기로 하고 유기는 1개월 이상 30년 이하로 한다. 단 유기징역 또는 유기금고에 대하여 형을 가중하는 때에는 50년까지로 한다. • 구류는 1일 이상 30일 미만으로 한다. • 징역은 교정시설에 수용하여 집행하며, 정해진 노역(勞役)에 복무하게 한다. • 금고와 구류는 교정시설에 수용하여 집행한다.
재산형	재산의 박탈을 내용으로 하는 형벌로 벌금, 과료, 몰수가 있다. • 벌금은 5만 원 이상으로 한다. 다만, 감경하는 경우에는 5만 원 미만으로 할 수 있다. • 과료는 2천 원 이상 5만 원 미만으로 한다. • 범인 외의 자의 소유에 속하지 아니하거나 범죄 후 범인 외의 자가 사정을 알면서 취득한 다음의 물건은 전부 또는 일부를 몰수할 수 있다. 다음의 물건을 몰수할 수 없을 때에는 그 가액(價額)을 추징한다. – 범죄행위에 제공하였거나 제공하려고 한 물건 – 범죄행위로 인하여 생겼거나 취득한 물건 – 위의 첫 번째 또는 두 번째의 대가로 취득한 물건
명예형	명예 또는 자격을 박탈하는 형벌로 자격상실과 자격정지가 있다. • 사형, 무기징역 또는 무기금고의 판결을 받은 자는 다음에 기재한 자격을 상실한다. – 공무원이 되는 자격 – 공법상의 선거권과 피선거권 – 법률로 요건을 정한 공법상의 업무에 관한 자격 – 법인의 이사, 감사 또는 지배인 기타 법인의 업무에 관한 검사역이나 재산관리인이 되는 자격 • 유기징역 또는 유기금고의 판결을 받은 자는 그 형의 집행이 종료하거나 면제될 때까지 위의 첫 번째부터 세 번째까지 기재된 자격이 정지된다. 다만, 다른 법률에 특별한 규정이 있는 경우에는 그 법률에 따른다.

③ 보안처분 : 범죄인에 대해 형벌을 과하기보다는 재범자가 되는 것을 방지하기 위해 범죄인을 교육하고 개선하며 치료하기 위한 처분

치료감호	심신장애인, 마약 및 알코올 중독자 등을 정신병원 등 일정 시설에 수용하여 이들에게 치료를 위한 조치를 행하는 보안처분
보호관찰	의무사항을 지킬 것을 조건으로 하여 자유로운 생활을 허용하는 대신 보호관찰기관의 지도나 감독을 받도록 함으로써 개선과 사회복귀를 도모하는 보안처분
사회봉사 명령	범인에게 일정 시간 동안 무보수로 사회에 유익한 근로를 하도록 명령하는 것 예 고아원, 노인복지회관 등에서 무보수로 봉사하는 조건으로 형 면제
수강명령	범죄인을 교화시키고 교육시키기 위해 일정한 기관에서 교육을 받도록 명하는 것
소년법상 보호처분	만 10세 이상 19세 미만의 소년이 범죄를 저지른 경우 소년의 건전한 육성을 위하여 보호관찰, 소년원 송치처분을 하는 등 처벌보다는 선도에 초점을 맞추는 것으로, 전과기록을 남기지 않음

더 알아보기

형의 양정(양형)

형법에 규정된 형벌의 종류와 범위 내에서 법관이 선고할 형벌의 종류와 양을 정하는 것으로, 법정형을 검토하고 처단형을 통해 범위를 정하며 선고형으로 구체화된다.

법정형	형법상의 구성요건에 규정되어 있는 형벌, 즉 법전에 규정된 조문
처단형	법정형에 규정된 형벌의 종류가 선택되고 가중이나 감경이 행하여져서 처단의 범위가 구체화된 형
선고형	처단형의 범위가 정해졌기 때문에 범인의 연령, 지능, 피해자와의 관계, 동기, 수단, 범행 후의 정황 등 여러 정상을 참작하여 법관이 선고하는 형

2 형사절차와 인권 보호

(1) 형사소송 개요

① 형사사건과 형사소송법 : 형사사건이란 형법에 규정된 범죄를 적용하고 형벌을 부과하기 위한 사건을 의미하며 이러한 절차를 규율하는 법률이 형사소송법이다.

② 형사소송의 원칙 : 실체적 진실 발견, 공정한 소송절차의 확립, 신속한 재판의 원칙

(2) 형사소송의 절차

① 수사

개념	• 수사 : 수사기관이 형사사건에 관하여 범죄혐의의 유무를 명백히 하여 공소제기 여부를 결정하기 위해 범인을 발견, 확보하고 증거를 수집하는 활동 • 입건 : 수사기관이 스스로 사건을 인지한 후 수사를 개시하는 것	
수사개시 원인	수사기관의 활동	• 현행범 체포 : 범죄 실행 및 실행 직후인 자 • 변사자 검시 : 사망이 범죄로 인한 것인지 여부가 불분명한 시체에 대한 조사 • 불심검문 : 거동이 수상한 자에 대해 질문을 통한 조사 • 기사 : 언론보도를 통한 수사 개시
	타인의 제보, 자수	• 고소 : 피해자 또는 그와 일정한 관계에 있는 고소권자가 범죄 사실을 신고하여 범인의 처벌을 구하는 의사표시를 하는 경우 • 고발 : 누구든지 범죄가 있다고 판단되면 수사기관에 신고할 수 있음 • 자수 : 범인이 자신의 범죄사실을 신고하여 처벌을 희망하는 경우
검찰 송치	경찰에서 검찰로 피의자, 수사 기록 및 증거물을 보내는 것	
수사 종결	검사의 공소제기 또는 불기소 처분에 의해 수사 종결	

② 공소제기(기소)

개념	공소란 형벌부과를 위해 법원의 심판을 요구하는 행위를 의미한다.
공소시효	공소시효란 범죄행위가 종료한 후 공소가 제기되지 않고 일정 기간 경과하면 공소권을 소멸시키는 제도를 말하며 구체적 기간은 다음과 같다. • 사형에 해당하는 범죄 : 25년(사람을 살해한 죄로 사형에 해당하는 범죄는 공소시효가 없다.) • 무기징역 또는 무기금고에 해당하는 범죄 : 15년 • 장기 10년 이상의 징역 또는 금고에 해당하는 범죄 : 10년 • 장기 10년 미만의 징역 또는 금고에 해당하는 범죄 : 7년 • 장기 5년 미만의 징역 또는 금고, 장기 10년 이상의 자격정지 또는 벌금에 해당하는 범죄 : 5년 • 장기 5년 이상의 자격정지에 해당하는 범죄 : 3년 • 장기 5년 미만의 자격정지, 구류 · 과료 또는 몰수에 해당하는 범죄 : 1년
효과	검사의 지배하에서 법원의 관할로 넘어가면 범인은 피의자에서 피고인으로 지위가 변경됨에 따라 방어권자로서 일정한 권리가 부여된다.
불고불리의 원칙	검사의 공소제기가 없다면 법원이 심판할 수 없으며, 공소가 제기되어 심판을 하는 경우에도 검사가 공소제기한 사실에 한정되어야 한다는 원칙

③ 불기소 처분

㉠ 개념 : 검사가 사건을 수사한 결과 재판에 회부하지 않는 것이 상당하다고 판단되는 경우에는 기소를 하지 않고 사건을 종결시키는 것을 말한다.

㉡ 유형

기소유예	죄는 인정되지만 피의자의 연령이나 범행 후의 정황 등을 참작하여 기소를 하지 않는 처분
무혐의 처분	범죄를 인정할만한 증거가 없는 경우 피의자의 무고함을 최종적으로 판단

④ 판결과 형의 집행

㉠ 유죄 판결 : 피고사건에 대하여 범죄의 증명이 있다고 판단되는 경우

실형	법원의 선고를 받아 실제로 집행되는 형벌
집행유예	• 유죄를 인정하여 형을 선고하되 일정한 요건 아래 형의 집행을 유예하고 문제없이 유예기간을 경과한 때에는 형 선고의 효력을 상실시키는 제도 • 3년 이하의 징역 또는 금고 또는 500만 원 이하의 벌금의 형을 선고할 경우여야 하며 정상에 참작할 만한 사유가 있어야 함 • 보호관찰, 사회봉사, 수강명령 부과 가능 • 형 선고의 효력이 상실되기 때문에 형의 집행이 면제됨
선고유예	• 경미한 범죄에 대하여 일정기간 형의 선고를 유예하고 문제없이 기간이 경과하면 면소된 것으로 간주하는 제도 • 1년 이하의 징역이나 금고, 자격정지 또는 벌금의 형을 선고할 경우 • 재범방지를 위해 지도 및 원호가 필요한 때에는 보호관찰을 명할 수 있음 • 형의 선고유예를 받은 날로부터 2년을 경과한 때에는 면소된 것으로 간주

㉡ 무죄 판결 : 피고사건이 범죄를 구성하지 않거나 범죄사실의 증명이 없는 경우

㉢ 상소 : 미확정인 재판에 대하여 상급법원에 불복신청을 하여 구제를 구하는 소송절차로서, 불이익변경 금지의 원칙이 적용

판결	항소	제1심법원의 판결에 대하여 불복이 있는 경우 • 지방법원 단독판사가 선고한 사건 : 지방법원 본원합의부에 항소 • 지방법원 본원합의부가 선고한 사건 : 고등법원에 항소
	상고	제2심판결에 대하여 불복이 있는 경우 대법원에 상고할 수 있으며, 이때 상고는 법령의 해석을 통일하고 오판을 시정하는 데 주목적이 있음
결정 · 명령	항고	결정이나 명령에 대하여 불복이 있는 때 하는 상소
	재항고	항고에 불복하여 제기하는 상소
비약상고		제1심판결에 대하여 항소를 거치지 않고 바로 상고하는 것으로 원심판결이 일정한 사실에 대하여 법령을 적용하지 아니하였거나 법령의 적용에 착오가 있을 때, 원심판결이 있은 후 형의 폐지나 변경 또는 사면이 있는 경우 제기

㉣ 형의 집행과 가석방

형의 집행	선고된 형은 검사의 지휘에 따라 집행
가석방	• 개념 : 자유형을 집행받고 있는 자에게 조건부로 석방하고 문제없이 일정 기간 경과 시 형의 집행을 종료한 것으로 간주하는 것 • 요건 : 징역 또는 금고의 집행 중에 있는 자가 그 행실이 양호하여 개선하려는 노력이 현저한 경우 보안처분 가석방 기간 동안 보호관찰을 받음 • 효과 : 형 집행만 면제하기 때문에 형의 선고나 유죄판결 자체에는 영향이 없음

더 알아보기

특수한 소송절차

약식기소	• 검사가 피의자에 대해 징역형이나 금고형에 처하는 것보다 벌금형에 처함이 상당하다고 생각되는 경우에는 기소와 동시에 법원에 대해 벌금형에 처해 달라는 뜻의 약식명령을 청구할 수 있는데 이를 약식기소라고 한다. • 대상 사건은 벌금 · 과료 또는 몰수형을 내릴 수 있는 사건에 한정된다.
즉결심판	• 관할 경찰서장 또는 해양경찰서장이 경미한 범죄사건을 저지른 피의자에 대해 정식 형사소송절차를 거치지 않고 신속하고 간이하게 법적처분을 내릴 것을 관할법원에 청구하는 약식재판으로, 확정된 때에는 확정판결과 동일한 효력이 있다. • 즉결심판 청구를 요청할 수 있는 경미한 범죄에는 20만 원 이하의 벌금, 구류 또는 과료가 있다. 도로교통법상의 주정차 금지 위반, 예비군 훈련 불참자, 단순도박죄 등에 주로 활용된다.

(3) 국민참여재판과 소년 사건

① 국민참여재판

의의 및 용어의 정의	• 우리나라는 2008.1.1부터 국민의 형사재판 참여에 관한 법률이 제정되어 시행되고 있다. 대상 사건은 특수 공무집행 방해 치사, 뇌물, 특수강도강간, 살인사건 등에 한정한다. • 배심원이란 형사재판에 참여하도록 선정된 사람을 의미하며, 이러한 배심원이 참여하는 재판을 국민참여재판이라 한다.
강제성 및 기속성 여부	• 피고인이 원하지 않을 경우 또는 법원이 배제 결정을 할 경우는 국민참여재판을 하지 않는다. • 배심원의 평결과 의견은 법원을 기속하지 않는다.
절차	배심원 선정 → 배심원대표 선출 → 평의 진행 → 만장일치 평결 확인 → (유 · 무죄 의견이 일치되지 않는 경우) 재판부 의견 청취 → 양형토의 → 판결 선고

② 소년 사건

적용 범위	• 19세 미만자를 소년으로 정의하여 소년이 범죄를 저지른 경우를 규율한다. • 소년은 성인에 비해 심신 성장이 미숙하므로 성인 범죄와 달리 특별히 취급한다.
소년 사건 처리	• 검사는 사건 및 소년에 대한 조사를 하여 가정법원 소년부로 송치하며 선도 조건부 기소유예 처분을 할 수 있다. • 중죄를 지은 경우에는 성인과 마찬가지로 보통의 형사재판을 받게 되나 재판 결과 징역형이 선고되면, 성인들이 수감되는 일반교도소가 아닌 소년교도소에 수감한다. • 중죄를 저지른 경우가 아니라면, 가정법원 소년부에서 보호처분을 내리게 된다. 소년법에 의한 보호처분은 형벌이 아니므로 전과로 남지 않는다.
소년법상 처벌 유형	• 만 10세 미만 : 일체의 처벌(형사처벌, 보호처분) 불가 • 형벌 법령에 저촉되는 행위를 한 만 10세 이상 14세 미만의 소년(촉법소년) : 형사처벌 불가, 보호처분만 가능 • 범죄를 행한 만 14세 이상 19세 미만의 소년(범죄소년) : 형사처벌, 보호처분 가능 • 만 10세 이상 만 19세 미만인 범죄 우려자(우범소년) : 형사처벌 불가, 보호처분만 가능

(4) 형사사건 관련 인권보호제도

① 형사 · 수사절차 단계에서의 인권보호원칙과 제도

적법 절차의 원리	국민의 자유와 권리를 제한할 때에는 적법한 절차와 법률에 근거해야 한다는 원칙으로, 헌법 제12조 제1항에서 "누구든지 법률에 의하지 아니하고는 체포 · 구속 · 압수 · 수색 또는 심문을 받지 아니하며, 법률과 적법한 절차에 의하지 아니하고는 처벌 · 보안 처분 또는 강제 노역을 받지 아니한다."고 규정하고 있다.
무죄 추정의 원칙	형사 피의자와 피고인은 유죄 판결이 확정될 때까지는 무죄로 추정된다는 원칙으로, 유죄의 입증은 수사 기관에서 하며 명확한 증거에 의해서만 유죄 판결을 할 수 있다.
진술 거부권 및 영장 제도	피의자나 피고인은 수사 및 형사재판 절차에서 불리한 진술을 강요당하지 않으며, 체포, 구금, 압수 · 수색을 할 경우 검사의 신청에 의하여 법관이 발부한 영장을 제시해야 한다.
변호인의 조력을 받을 권리	피의자, 피고인의 효율적이고 대등한 방어를 위해 수사 단계에서부터 형사재판 절차에 이르기까지 인정한다. 피의자나 피고인이 스스로 변호인을 구할 수 없는 경우 국가가 국선 변호인을 선임한다.
구속 전 피의자 심문 제도	검사가 구속 영장 발부를 청구한 경우 법관이 피의자를 직접 심문하여 구속 사유가 인정되는지를 판단하는 과정으로 '구속 영장 실질 심사 제도'라고도 한다.
구속 적부 심사 제도	체포 · 구속된 피의자가 체포 또는 구속의 적법성과 필요성을 심사해 줄 것을 법원에 신청하는 제도이다.
보증금 납입 조건부 석방 제도	• 법원은 구속된 피의자에 대하여 구속 적부 심사의 청구가 있는 경우 출석을 보증할 만한 보증금의 납입을 조건으로 피의자의 석방을 명할 수 있다. • 석방 결정을 하는 경우 주거의 제한, 법원 또는 검사가 지정하는 장소에 출석할 의무 기타 적당한 조치를 부가할 수 있다.
판결 전 조사 제도	19세 미만의 소년범의 경우에 적용되는 제도로 법원이 보호관찰이나 사회봉사, 수강을 명령하기 위하여 필요하다고 인정할 때에는 보호관찰관에게 피고인의 범행동기, 직업, 생활환경, 교우관계, 가족상황, 피해회복 여부 등 필요한 사항을 조사해 줄 것을 요청하여 판결에 참작한다.

② 형사 피해자 등의 인권보호제도

범죄 피해자 구조 제도	범죄 행위로 인해 생명 또는 신체의 피해를 당했는데도 가해자로부터 피해의 전부 또는 일부를 보상받지 못하는 경우 국가가 피해자 또는 유족에게 일정 한도의 구조금을 지급하는 제도
형사 보상 제도	피의자로서 미결 구금된 사람이 무죄 취지의 불기소 처분을 받은 경우, 피고인으로서 미결 구금되었던 사람이 무죄 판결이 확정된 경우, 판결이 확정되어 형의 집행을 받거나 받았던 사람이 재심을 통해 무죄 판결이 확정된 경우에 국가가 그로 인한 물질적 · 정신적 피해를 보상하는 제도
명예 회복 제도	무죄 판결 등이 법원에서 확정된 경우, 무죄 재판 사건 등에 대한 재판서를 법무부 홈페이지에 게시해 줄 것을 사건 당사자가 검찰청에 청구할 수 있음
배상 명령 제도	• 형사재판 과정에 민사소송절차를 접목시킨 제도로서 형사사건의 피해자에게 손해가 발생한 경우 법원의 직권 또는 피해자의 신청에 의해 신속하고 간편한 방법으로 피고인에게 민사적 손해배상을 명하는 제도 • 배상명령을 신청할 수 있는 형사사건 : 상해죄, 강도죄, 사기죄 등

더 알아보기

행정구제제도

• 행정구제의 유형

사전적 구제수단	청문, 민원처리, 청원, 입법예고 등
사후적 구제수단	• 행정상 손해전보 : 행정상의 손해배상(국가배상), 행정상의 손실보상 • 행정쟁송 : 행정심판, 행정소송

• 행정상 손해전보

– 국가배상과 손실보상

행정상 손해배상 (국가배상)	• 개념 : 위법한 공무원의 직무집행행위와 공공시설물로 인한 손해 발생 시 국가가 피해자에게 금전으로 배상하는 제도 • 유형 – 공무원의 직무상 불법행위로 손해가 발생한 경우(국가배상법 제2조) – 공공시설물의 설치 또는 관리상의 하자로 손해가 발생한 경우
행정상 손실보상	• 개념 : 국가나 지방자치단체의 적법한 행위로 특정인의 재산권에 희생을 가한 경우 보상을 하는 제도 • 유형 – 재산권에 대한 침해 : 수용, 사용, 제한으로 개인의 사유 재산권에 대한 침해가 있어야 함 – 특별한 희생 : 일반적인 사회적 제약을 넘어 사유재산권에 대한 특별한 희생이 발생해야 함

– 국가배상과 손실보상 비교

구분	국가배상	손실보상
대상	국가의 위법한 행위	국가의 적법한 행위
책임 발생	공무원의 직무상 불법행위, 공공의 영조물의 설치 및 관리상 하자	공공의 필요에 의한 사유 재산권의 특별한 희생
손해	재산상+정신상의 손해	재산상 손실

• 행정쟁송

– 행정심판과 행정소송

행정심판	• 개념 : 행정작용으로 인한 분쟁 발생 시 행정기관이 해당 분쟁을 조사하고 조치를 취하기 위한 결정을 내리는 구제 방법 • 행정심판의 종류 : 취소심판, 무효등확인심판, 의무이행심판 • 재결의 종류 : 각하재결, 기각재결, 인용재결, 사정재결
행정소송	• 개념 : 행정작용 또는 행정법 적용과 관련하여 위법하게 권리가 침해된 경우 법원이 심리, 판단하여 구제하는 제도 • 행정소송의 종류 – 주관적 소송 : 항고소송(취소소송, 무효등확인소송, 부작위위법확인소송), 당사자소송 – 객관적 소송 : 민중소송, 기관소송 • 판결의 종류 : 각하판결, 기각판결, 인용판결, 사정판결

– 행정심판과 행정소송 비교

구분	행정심판	행정소송
대상	위법행위, 부당행위	위법행위
판정기관	행정기관	법원
심리방법 (절차)	서면심리, 구두변론 병행	구두변론주의
적용법률	행정심판법	행정소송법

3 근로자의 권리 보호

(1) 사회법의 의의

① 개념 및 등장 배경

㉠ 사회법이란 사법 영역에 국가가 개입하여 공법적 규제를 가할 수 있도록 제정된 법으로, 공법과 사법의 중간 영역 또는 제3의 법 영역으로 이해된다.

㉡ 근대 자본주의 발달 과정에서 나타난 빈부격차 현상, 노사 간 대립, 독점기업의 폐단 등을 해결하기 위해 사회법이 대두되었다.

② 노동법

㉠ 의의 : 노동자의 생존권 확보와 사회적 지위 향상을 도모하고, 사용자와 노동자 간 대립과 이해관계를 조정하는 법

㉡ 관련 법규 : 근로의 권리와 근로 3권을 규정한 헌법, 근로기준법, 노동조합 및 노동관계조정법

더 알아보기

사회보장법

- 의의 : 모든 국민의 인간다운 생활이 가능하도록 사회복지제도를 확립하고 운영하기 위하여 마련된 법
- 관련 법규 : 사회보장기본법, 국민연금법, 국민건강보험법, 국민기초생활 보장법 등

구분	내용
사회보험 제도	• 국민의 질병이나 재해, 실업, 노령 등 사회적 위험에 대비한 보험 제도 • 국민연금법, 국민건강보험법, 고용보험법, 산업재해보상보험법 등
공공부조 제도	• 생활이 어려운 사람에게 국가가 최저 생활을 보장하고 자립을 지원하는 제도 • 국민기초생활보장법, 기초연금법 등
사회서비스 제도	• 고령자, 장애인 등에게 상담, 재활, 시설 이동 등 공공서비스를 지원하는 제도 • 장애인복지법, 노인복지법 등

(2) 근로자의 권리와 권리 보호

① 근로기본권 : 근로기본권이란 근로자의 개별적 보호차원인 근로의 권리(근로권)와 집단적 활동의 보장을 위한 노동 3권(근로 3권)을 포괄하는 개념으로 1919년 독일의 바이마르 헌법을 효시로 하고 있다.

㉠ 노동권 보호 규정

구분	내용
해고의 제한	근로기준법에 따라 사용자는 근로자에게 정당한 이유 없이 해고, 휴직, 정직, 전직, 감봉, 그 밖의 징벌 등 부당해고를 할 수 없다.
적정임금 및 최저 임금 보장	근로자는 인간으로서의 존엄성을 실현할 수 있는 건강하고 문화적 생활을 영위하는 데 필요한 임금수준을 보장받을 수 있다. 또한 국가는 임금의 최저한도를 정하고 그 이상의 임금을 받을 수 있도록 강제하는 최저임금 제도를 시행하고 있다.
근로기준 법정주의	근로기준은 인간의 존엄성을 보장하도록 법률로 정해야 한다.

㉡ 노동 3권과 쟁의행위

구분		내용
노동 3권	단결권	근로자들이 주체가 되어 단체를 조직하고 가입하며 노동조합을 설립할 수 있는 권리를 포함한다.
	단체교섭권	근로자가 단결권을 기초로 결성한 단체가 사용자 또는 사용자 단체와 자주적으로 교섭하는 권리로 노동조합과 사용자단체가 임금, 근로시간 등 근로조건에 관한 협약의 체결을 위하여 대표자를 통해 집단적으로 합의점을 찾아가는 절차를 말한다.
	단체행동권	단체교섭 등 근로 조건에 관한 근로자 측의 요구와 주장이 제대로 관철되지 못한 경우(노동쟁의가 발생한 경우) 쟁의행위(집단행위)를 할 수 있는 권리이다.
쟁의행위		근로자의 쟁의행위는 헌법에서 보호하는 것이 기본이나 사용자의 쟁의행위는 법률 규정에 따라 방어적인 차원에서 대항행위만 가능하도록 하고 있다.

② 근로자의 권리 보호

구분	내용
근로계약 체결	근로기준법에 따라 임금, 근로 시간, 휴일, 휴가, 업무에 관한 사항은 서면으로 작성하며, 근로계약 사항이 근로기준법에 위배되면 해당 부분은 무효이다.

③ 근로자의 권리 침해 및 구제 절차

㉠ 근로자의 권리 침해

부당해고	정당한 해고 요건 중 하나라도 누락되는 경우 성립하며, 요건은 다음과 같다. • 정당한 사유가 있고, 불가피한 경우에 한함 • 합리적이고 공정한 기준으로 해고 대상자 선정 • 해고의 사유와 그 시기는 반드시 서면으로 통지
부당노동행위	근로자의 노동 3권을 침해하는 사용자의 행위

㉡ 근로자의 권리 침해 시 구제 절차

구제 절차	• 사용자가 근로자에게 부당노동행위 또는 부당해고 등을 하면 근로자는 지방노동위원회에 구제를 신청할 수 있다. • 지방노동위원회의 구제명령이나 기각결정에 불복하는 사용자나 근로자는 구제명령서나 기각결정서를 통지받은 날부터 10일 이내에 중앙노동위원회에 재심을 신청할 수 있다. • 중앙노동위원회의 재심판정에 대하여 사용자나 근로자는 재심판정서를 송달받은 날부터 15일 이내에 행정소송법의 규정에 따라 소송을 제기할 수 있다. • 구제명령서나 기각결정서를 통지받은 날부터 10일 이내에 재심을 신청하지 아니하거나 재심판정서를 송달받은 날부터 15일 이내에 행정소송을 제기하지 아니하면 그 구제명령, 기각결정 또는 재심판정은 확정된다. • 부당해고의 경우 민사소송인 해고 무효확인소송을 통해서도 다툴 수 있다.

(3) 청소년의 근로 보호(근로기준법)

최저 고용 연령	• 15세 미만인 자(중학교에 재학 중인 18세 미만인 자 포함)는 원칙적으로 근로자로 사용하지 못한다. • 다만, 대통령령으로 정하는 기준에 따라 고용노동부장관이 발급한 취직인허증(就職認許證)을 지닌 자는 근로자로 사용할 수 있다.
근로계약 체결권, 임금 청구권	15세가 넘어 정상적인 노동을 할 수 있는 연령이 된 경우에도 자신의 의사와 관계없이 강제노동을 당할 위험이 있다. 타인의 대리계약체결, 임금강취를 막기 위해 미성년자가 법정대리인의 동의하에 직접 근로계약을 체결하고 임금도 받을 수 있도록 하고 있다.
유해노동 사용 금지	18세 미만의 자는 도덕상 또는 보건상 유해, 위험한 노동을 시킬 수 없다.
근로시간 제한	15세 이상 18세 미만인 자의 근로시간은 1일에 7시간, 1주에 35시간을 초과하지 못한다. 다만, 당사자 사이의 합의에 따라 1일에 1시간, 1주에 5시간을 한도로 연장할 수 있다.

더 알아보기

경제질서 유지와 소비자 보호

• 경제질서 유지를 위한 법과 제도

독점규제 및 공정거래에 관한 법률	대량생산에 따른 기업 간의 경쟁우위 확보를 위해 허위 · 과장광고, 부정 · 불량 상품의 증가로 소비자 보호의 필요성이 대두되었다. 이에 따라 기업 간 공정하고 자유로운 경쟁을 촉진하고 소비자를 보호하기 위하여 제정되었다.
공정거래위원회	국무총리 소속의 중앙행정기관으로 독점 및 불공정거래에 관한 사항을 심의 · 의결하기 위해 설립되었다. 독과점 구조의 개선, 경제력 집중 억제, 불공정거래행위 금지 등을 주요 업무로 한다.

• 소비자의 권리

소비자기본법 제4조	• 물품 또는 용역으로 인한 생명 · 신체 또는 재산에 대한 위해로부터 보호받을 권리 • 물품 또는 용역을 선택함에 있어서 필요한 지식 및 정보를 제공받을 권리 • 물품 또는 용역을 사용함에 있어서 거래상대방 · 구입장소 · 가격 및 거래조건 등을 자유로이 선택할 권리 • 소비생활에 영향을 주는 국가 및 지방자치단체의 정책과 사업자의 사업활동 등에 대하여 의견을 반영시킬 권리 • 물품 또는 용역의 사용으로 인하여 입은 피해에 대하여 신속 · 공정한 절차에 따라 적절한 보상을 받을 권리 • 합리적인 소비생활을 위하여 필요한 교육을 받을 권리 • 소비자 스스로의 권익을 증진하기 위하여 단체를 조직하고 이를 통하여 활동할 수 있는 권리 • 안전하고 쾌적한 소비생활 환경에서 소비할 권리
권리 보호를 위한 제도	청약철회, 제조물 책임, 한국소비자원

• 소비자 피해구제 절차

보상 요구	• 해당 사업자에 대한 보상을 요구하여 자율적 합의로 해결 도모 • 소비자분쟁해결기준 활용 가능
구제 의뢰	• 한국소비자원에 피해 구제를 의뢰하여 합의 도출 • 미합의 시 소비자분쟁조정위원회에 조정 신청
조정	• 소비자분쟁조정위원회의 조정 성립 시 재판상 화해와 동일한 효력 • 조정이 성립되지 않을 경우 민사소송 제기 가능
민사소송	• 법원의 판결을 통한 강제적 해결 • 다른 절차를 거치지 않고도 바로 제기 가능

06 국제 관계와 한반도

1 국제관계와 한반도

(1) 국제관계의 의의

① 국제관계의 특징

㉠ 개별 주권 국가들의 영향력 행사 : 국제관계는 여러 주권을 가진 국가들이 상호 교류와 협력, 또는 대립하기 때문에 명령과 통제를 하는 왕과 같은 존재가 없다.

㉡ 통일된 권력기관의 부재 : 통일된 입법기관, 집행기관, 사법기관이 없어 국내 사건처럼 엄격한 법률 및 강제력에 근거한 해결이 불가능한 경우가 많다. 따라서 정치적 영향력과 힘의 논리에 의해 지배된다.

② 국제관계를 바라보는 관점

구분	자유주의(이상주의)	현실주의
사상적 배경	계몽주의	홉스의 인간관
전제	국제관계는 윤리와 도덕규범에 따라 상호의존하고 공존	국제관계는 힘의 논리에 따라 결정
문제 해결	국제법, 국제기구, 국제 여론 등	군사력, 경제력 등
평화유지 및 안보	집단 안보 체제 : 국가의 안전을 군비증강이나 동맹에서 구하지 않고, 국제사회의 다수 국가가 연대 · 상호의존하는 체제	군사 동맹을 통한 세력 균형 : 국가 간 세력 균형을 유지함으로써 국가 이익을 추구하려는 원리
한계	국제관계에 실재하는 힘의 논리 및 자국의 이익을 우선시하는 현실을 간과	복잡한 국제관계를 정치적 권력관계로 한정하며 국제사회의 상호의존성 경시

(2) 국제관계의 형성과정

① **베스트팔렌 조약과 국제사회의 형성** : 독일의 30년 종교전쟁을 끝마치기 위해 1648년 베스트팔렌 조약이 체결되면서 주권 국가를 단위로 하는 근대 유럽의 정치구조 형성

② **제국주의와 제1차 세계대전**

㉠ 19세기 서양 열강들의 식민지 확보를 위한 침략전쟁 전개로 1914년 제1차 세계대전 발발

㉡ 1919년 제1차 세계대전의 사후처리를 위하여 파리강화회의가 개최되었으며, 윌슨이 민족자결주의 원칙을 포함한 14개조의 평화원칙 제창

㉢ 국제 평화와 안전을 유지하고 경제적 · 사회적 국제협력을 증진시킨다는 목적으로 국제연맹을 창설하였으나 실효를 거두지 못함

③ **전체주의와 제2차 세계대전**

㉠ 전체주의가 등장하면서 1939년 독일의 폴란드 침공, 1941년 태평양 전쟁 등을 거쳐 세계적 규모로 확대된 제2차 세계대전은 1945년 8월 일본의 항복으로 종결

㉡ 1945년 10월 국제연합 헌장이 발효됨으로써 국제연합(UN)이 창설

④ **양극체제**

㉠ 미국 중심의 자유주의 진영과 소련 중심의 공산주의 진영으로 나뉜 냉전체제 성립

㉡ 미국은 트루먼독트린, 마셜계획, 북대서양조약기구(NATO) 설립 등을 통해 봉쇄정책을 추진하였으며, 소련은 바르샤바 조약기구 설립함으로써 이에 대항

⑤ **탈냉전**

㉠ 1969년 닉슨 독트린과, 1972년 닉슨 대통령의 모스크바 · 베이징 방문으로 데탕트의 시기 도래

㉡ 1979년 소련의 아프가니스탄 침공으로 데탕트가 와해되고 1980년대 중반까지 신냉전 구도의 형성

㉢ 소련의 개혁과 개방 : 1985년 고르바초프의 개혁(페레스트로이카; Perestroika), 개방(글라스노스트; Glasnost) 정책 및 1989년 몰타 선언으로 냉전체제를 종식

㉣ 소련의 해체 : 1990년 동 · 서독의 통일 및 1991년 소비에트 연방이 해체되면서 다극체제 성립

⑥ **다극체제** : 유럽연합과 일본, 중국의 경제 대국화 및 제3세계의 꾸준한 성장이 가속화되고 있으며, 이념대결 종식으로 자국의 경제적 실리에 초점을 둔 국제관계 일반화

(3) 국제법의 의미와 종류

① 개념 : 국제법이라는 단일의 법은 없으며 다양한 국제사회 행위주체들의 관계를 규율하고 국제질서를 유지하는 규범이나 원칙을 통틀어 국제법이라 한다.

② 국제법의 종류(법원)

조약	• 개념 : 국가 상호 간, 국제기구와 국가 간, 국제기구 상호 간에 체결하는 법적 구속력을 지닌 문서 형식의 합의 또는 약정 • 조약체결권자 : 대통령 • 대통령의 조약체결권에 대한 제한 : 헌법 제60조 제1항에서 열거한 조약(상호원조 또는 안전보장에 관한 조약, 중요한 국제조직에 관한 조약, 우호통상항해조약, 주권에 제약에 관한 조약, 강화조약, 국가나 국민에게 중대한 재정적 부담을 지우는 조약 또는 입법사항에 관한 조약)의 경우는 국회의 동의를 받아야 한다. • 주요 조약 : 한 · 미상호방위조약, 교토의정서, 생물다양성협약
국제관습법	• 개념 : 국제사회의 반복적 관행이 국제사회에서 묵시적으로 승인되어 법적 효력을 지니게 된 규범 • 효력 : 별도의 체결 절차 없이도 국제사회 모든 국가에 법적 구속력이 발생 • 사례 : 국내문제 불간섭, 외교관의 면책특권, 전쟁포로의 인도적 대우, 민족자결주의 등
법의 일반원칙	• 개념 : 문명국들이 공통으로 승인하여 국내법에서 수용하고 있는 법의 보편적인 원칙 • 효력 : 국제 분쟁 해결 시 관련 법규가 없거나 법규 내용이 명확하지 않을 경우 재판의 준거로 활용 • 사례 : 신의성실의 원칙, 권리남용금지의 원칙, 손해배상책임의 원칙 등

③ 국제법과 국내법의 비교

구분	국제법	국내법
제정 주체	당사국 간의 합의 또는 승인에 의해 제정	권위를 가진 입법부에 의해 제정
적용	다수 국가 사이에 적용되며 국가 상호 관계 또는 국제기구 등을 규율	한 나라의 주권이 미치는 범위 안에서 적용
효력	중앙 정부가 없으므로 강제 집행 곤란, 구속력이 약하고 위반 시 제재에 한계	원칙적으로 국가 내의 모든 국민에게 효력을 미치며 구속력이 강하고 위반 시 제재 가능
국내법과 국제법의 관계	**헌법 제6조 제1항** 헌법에 의하여 체결 · 공포된 조약과 일반적으로 승인된 국제법규는 국내법과 같은 효력을 가진다.	

(4) 국제관계의 행위주체

① 국제사회에서는 국가뿐 아니라 NGO와 같은 초국가적 행위체 및 개인도 행위주체가 된다.

② 국제레짐(International Regime) : 스태픈 크래스너(S. Krasner)는 무정부적인 국제사회에서 국제질서 유지를 위해 국제협력을 추구하는 제도적 틀로서, 합의된 묵시적 또는 명시적 원칙, 규범, 규칙, 정책 결정절차를 포괄하는 개념인 국제레짐을 제시하였다.

2 국제문제와 국제기구

(1) 국제문제

① 국제문제의 개념 및 특징

문제의 양상	• 평화와 안보 위협 : 전쟁, 테러 증가 • 경제문제 : 빈곤문제(국가 간 · 민족 간 경제적 격차 심화), 자원문제 • 환경문제 : 지구온난화, 오존층 파괴 등 환경 파괴 확산 • 기타 : 난민문제, 인권문제 등
발생원인	• 민족 · 인종 · 종교 간의 이해관계 및 신념의 차이가 분쟁 유발 • 지하자원을 둘러싼 국가 간의 갈등, 영토와 관련된 분쟁 등 국가 이익을 둘러싸고 대립 유발
특징	• 국경을 초월하여 발생 • 포괄적인 다수에게 무차별적이고 지속적으로 영향 • 문제 발생의 주체가 모호하고 적절한 보상의 어려움 • 다자 간 공조 · 협력의 필요성

② 해결 방식

외교적 해결	• 분쟁 당사국 간 자율적 해결을 도모하는 것으로, 원칙이나 절차에 합의하고 협상을 진행한다. • 분쟁의 원만한 해결에 도달할 수 있으며 향후 발생할 분쟁의 사전예방 차원에서도 활용한다. • 종교 간 갈등 등 첨예한 대립 상황에서는 해결이 곤란하다는 한계가 있다.
법적 해결	• 국제사법재판소와 같은 국제사법기관에 제소하여 국제법에 따라 해결하는 방법이다. • 공정하고 객관적인 해결안을 도출할 수 있으나 재판 기간이 오래 걸리고, 당사국의 판결 불복 시 제재를 하기 어렵다.
조정	• 독립된 제3자가 분쟁 당사국 간 주장의 조화를 도모하여 국가 간의 분쟁을 해결하는 대안적 해결 방식이다. • 기존 해결 방식에 비해 신속하게 분쟁을 해결할 수 있으나 권고적 성격에 그치므로 구속력에 한계가 있다.

(2) 국제기구

① 국제기구의 유형

지리적 범위	일반적 국제기구	• 세계 여러 나라 포함 • 국제연합, 국제연합 교육과학문화기구(UNESCO), 국제노동기구(ILO) 등
	지역적 국제기구	• 지역적으로 한정 • 북대서양조약기구(NATO), 미주기구(OAS), 유럽연합(EU), 아시아개발은행(ADB) 등
목적 · 임무	종합적 국제기구	국제연합, 미주기구, 아랍연맹, 아프리카통일기구(OAU) 등
	전문적 국제기구	국제연합 교육과학문화기구, 국제노동기구 등

② 국제연합(UN)

㉠ 설립 배경 및 설립 목적

설립 배경	제2차 세계대전 이후 실질적 권한을 갖는 국제기구의 필요성 대두
설립 목적	• 세계적 범위의 항구적 평화 유지 • 국가 간 갈등의 중재 · 조정 및 국가 간 우호와 협력 증진

ⓛ 주요 기관

총회	• 모든 회원국이 참여하여 결정하는 최고 의결 기관 • 기능 : 국제협력 기능, 평화유지 기능 등 • 표결 : 1국 1표 원칙 적용
안전보장이사회	• 국제 평화와 안전 유지 목적 • 기능 : 국제 분쟁 조정의 절차 · 방법 권고, 침략국에 대한 외교 · 경제적 제재 및 군사적 개입 • 5개의 상임이사국(미국, 영국, 프랑스, 러시아, 중국)과 10개의 비상임이사국으로 구성
국제사법재판소	• 국제법을 적용하여 국가 간 분쟁을 해결 • 총회와 안전보장이사회에서 선출된 각기 다른 국적의 15명의 판사로 구성 • 원칙적으로 분쟁을 제소하려면 당사국 간 합의가 있어야 가능

ⓒ 한계

- 안전보장이사회 상임이사국의 거부권 행사 남용으로 위기 상황에 대한 적절한 대처가 어려움
- 회원국들의 분담금 미납에 따른 재정적 어려움
- 중요한 국제 문제가 강대국의 영향력에 영향을 받음

3 우리나라의 국제관계

(1) 우리나라의 국제문제

안보	북한과의 관계에 따른 한반도 긴장 관계
역사갈등	일본의 역사 왜곡 및 위안부 문제, 중국과의 동북공정
경제	무역경쟁

(2) 우리나라의 외교정책

안보외교	국가 안보 확보 및 평화통일의 기반 조성을 위한 국제사회의 협력
경제외교	자본 · 기술의 확보 및 통상 증대, 해외 시장 개척
문화외교	우리 문화의 세계화를 위한 노력 및 다른 나라의 문화 이해 증진
기타	자주적 외교, 세계화 외교

THEME

02 경제

01 경제생활과 경제 문제

1 경제생활과 합리적 선택

(1) 경제생활

생활에 필요한 재화나 서비스를 획득하여 욕구를 충족하는 모든 과정

(2) 경제활동

① 생산 : 생산요소를 구입 · 결합하여 생활에 필요한 재화나 서비스를 새롭게 창출해 내거나, 기존의 가치를 증대시키는 행위(부가가치 창출)

② 분배 : 생산 활동에 참여하여 생산요소(예 노동력, 자본 등)를 제공하고, 그 제공에 대한 대가를 받는 것(예 임금, 이자, 지대 등)

③ 소비

㉠ 소비 : 생산에 대한 대가로 분배받은 소득으로 재화나 서비스를 구입해서 사용하거나 소모하는 것

㉡ 저축 : 분배된 소득 중 소비되지 않은 것

㉢ 소득 : 소비+저축

㉣ 효용 : 재화나 서비스를 이용을 통한 만족감(소비의 이유)

(3) 경제 문제

① 발생원인 : 자원의 희소성으로 인해 경제주체는 합리적인 선택을 해야 함

② 경제의 근본문제

㉠ 무엇을, 얼마나 생산할 것인가

㉡ 어떻게 생산할 것인가

㉢ 생산물을 누구에게 분배할 것인가

③ 자유재와 경제재

㉠ 자유재 : 희소성과 무관한 재화로 경제적 가치가 없는 재화 예 공기

㉡ 경제재 : 희소성이 있는 재화로 경제적 가치가 있는 재화

2 경제문제의 해결 방식

(1) 경제체제의 분류

① 경제 운용 방식에 따른 분류

㉠ 시장경제체제 : 경제문제를 시장의 조절기능에 의해 해결

㉡ 계획경제체제 : 경제문제를 국가의 계획에 의해 결정

② 생산수단 소유형태에 따른 분류

㉠ 자본주의체제 : 생산수단의 사적 소유 인정

㉡ 사회주의체제 : 생산수단의 공유

(2) 시장경제체제

① 발생 배경 : 시민사회 형성과 산업혁명

② 사상적 기초 : 애덤 스미스(A. Smith)의 보이지 않는 손

③ 특징 : 사적 재산권과 이윤추구 활동 보장

④ 문제점 : 물질만능주의, 빈부격차

(3) 계획경제체제

① 발생 배경 : 자본주의 사회가 확산된 후 독점 자본과 빈부 격차 등의 문제점 인식

② 사상적 기초 : 마르크스(K. Marx)의 자본론

③ 특징

㉠ 인간의 불평등의 근원을 사유재산의 허용에 있다고 보고 사유재산을 원칙적으로 부정함

㉡ 생산 수단을 공유함

㉢ 정부에서 자원을 배분하고 가격을 결정함

④ 문제점

㉠ 정부가 민간기업의 역할까지 수행함으로써 비능률과 불합리성이 심화됨

㉡ 개인의 근로의욕이 저하됨

(4) 혼합경제체제

① 발생 배경 : 시장실패로 인한 세계 대공황

② 사상적 기초 : 케인즈의 수정자본주의

③ 특징 : 시장 만능주의 사상을 깨고 시장에 정부가 개입

(5) 경제문제의 합리적 해결

① 편익

㉠ 개념 : 경제 활동으로부터 얻게 되는 포괄적 이득

㉡ 소비자 편익 : 소비자가 특정 재화를 소비함으로써 얻는 만족감

② 기회비용

㉠ 개념 : 어떤 선택으로 포기한 다른 선택 또는 기회의 가치

㉡ 중요성 : 선택의 가치(편익)가 기회비용보다 크면 합리적인 선택

㉢ 유형

- 명시적 비용 : 현금처럼 명시적인 비용
- 묵시적 비용 : 선택하지 않고 포기한 다른 기회의 잠재적 비용

③ 매몰비용 : 지출 후 회수가 불가능한 비용

3 경제 주체의 역할

(1) 다양한 경제 주체

① 가계 : 동일한 소득을 같이 사용하는 경제 집단으로 소비의 주체

② 기업 : 사람들이 필요로 하는 재화와 서비스를 생산하는 주체

③ 정부 : 시장 경제 질서를 유지하는 역할을 하며 개인과 기업으로부터 세금을 거두어 재정활동을 하는 주체

④ 외국 : 개방경제체제에서의 경제 주체

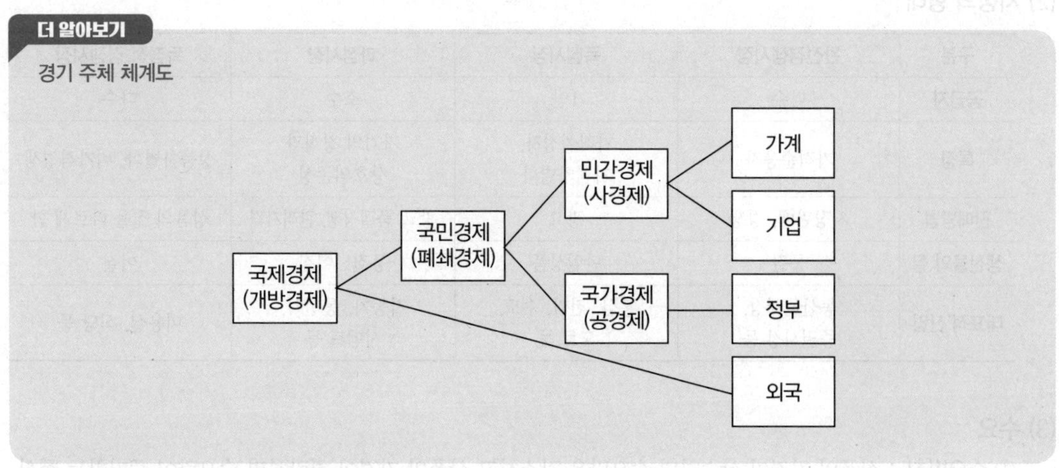

(2) 민간경제의 순환 모형

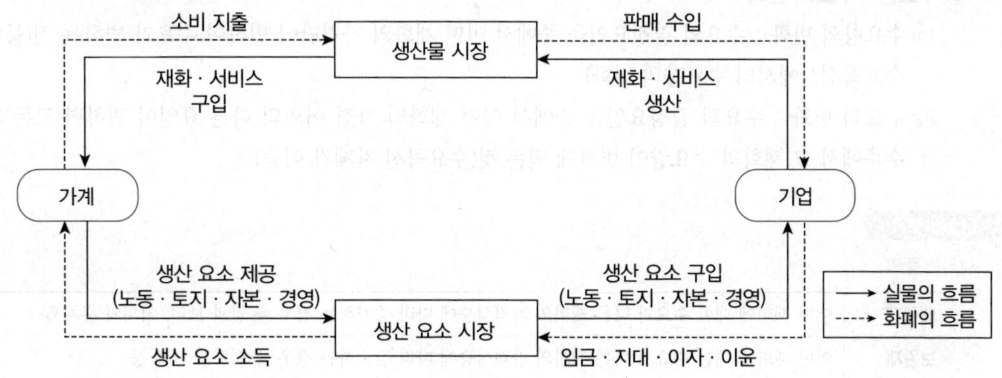

02 시장과 경제활동

1 시장의 수요와 공급

(1) 시장

① 개념 : 구매자와 판매자 사이에 상품과 관련된 정보가 교환되고 협상이 이루어지는 곳

② 시장의 기능

㉠ 거래비용의 감소 : 거래할 상대방 · 거래조건을 찾는 데 필요한 시간 · 비용 등을 절약할 수 있어 거래비용이 감소

㉡ 자원의 효율적 배분 : 필요한 물품을 적시에 공급할 수 있어 자원의 효율적 배분이 가능

㉢ 교환과 특화 : 자유로운 교환을 통해 필요한 물품을 얻을 수 있고, 특정 물품만을 전문적으로 생산할 수 있게 되어 분업과 특화를 촉진(생산성 향상)

(2) 시장의 형태

구분	완전경쟁시장	독점시장	과점시장	독점적 경쟁시장
공급자	다수	1인	소수	다수
특징	가격순응자	가격설정자, 가격차별화	가격의 경직과 상호의존성	상품차별화, 비가격경쟁
판매방법	시장판매, 경쟁	광고	광고, 품질경쟁, 관리가격	상품의 질을 다르게 함
생산물의 질	동질	단일상품	동질 · 이질	이질
대표적 산업	농산물시장, 증권시장 등	홍삼, 전기, 수도, 도로 등	자동차, 통신사, 시멘트 등	미용실, 식당 등

(3) 수요

① 수요법칙 : 상품의 가격이 상승하면 수요량은 감소하고 상품의 가격이 하락하면 수요량이 증가하는 현상, 즉 다른 요인들이 불변일 때 특정 상품의 가격과 그 재화의 수요는 반비례의 관계가 존재

② 수요량 · 수요의 변화

㉠ 수요량의 변화 : 수요의 결정요인들 중에서 어떤 재화의 가격만이 변하여 수요가 변하는 것(동일한 수요곡선상에서의 수요량의 변화)

㉡ 수요의 변화 : 수요의 결정요인들 중에서 어떤 재화의 가격 이외의 다른 요인이 변하면 모든 가격수준에서 그 재화의 수요량이 변하게 되는 것(수요곡선 자체가 이동)

더 알아보기

재화의 종류

대체재	어떤 재화에 대한 수요가 다른 재화의 가격상승에 따라 증가하는 경우 예 쌀과 보리, 커피와 홍차 등
보완재	어떤 재화에 대한 수요가 다른 재화의 가격상승에 따라 감소하는 경우 예 설탕과 커피 등
독립재	어떤 재화에 대한 수요가 다른 재화의 가격변화에 크게 영향 받지 않는 경우 예 쌀과 신발 등

(4) 공급

① 공급법칙 : 상품의 가격이 상승하면 공급량은 증가하고 상품의 가격이 하락하면 공급량이 감소하는 현상, 즉 다른 요인들이 불변일 때 특정 재화의 가격과 공급 간에 비례의 관계가 존재

더 알아보기

공급법칙의 예외
- 매석 : 앞으로 가격이 더욱 상승하리라는 예상이 있을 때는 팔기를 꺼려 공급량이 줄어드는 것
- 희귀품 · 특수자원 : 가격의 등락과 관계 없이 공급곡선이 수직에 가까워짐
- 노동의 공급곡선 : 노동자의 임금이 인상되어 생활이 넉넉해지면 임금이 상승해도 노동공급량은 감소

② 공급량 · 공급의 변화

㉠ 공급량의 변화 : 다른 모든 요인들이 불변일 때 그 재화의 가격만 변하여 공급량이 변화하는 것(동일한 공급곡선상에서의 공급량의 변화)

㉡ 공급의 변화 : 특정 재화의 가격 이외의 요인들 중 어떤 하나가 변하면 그 재화의 모든 가격 수준에서 재화의 공급량이 변하게 되는 것(공급곡선 자체가 이동)

2 시장균형과 자원 배분의 효율성

(1) 시장가격의 결정과 변동

① 시장균형 : 시장에서 수요와 공급이 일치하는 때, 즉 수요곡선과 공급곡선이 만나는 경우를 균형 상태라고 한다. 시장균형상태에서의 가격을 균형가격이라 하며 이때의 거래량을 균형거래량이라 한다.

② 시장균형의 원리와 과정

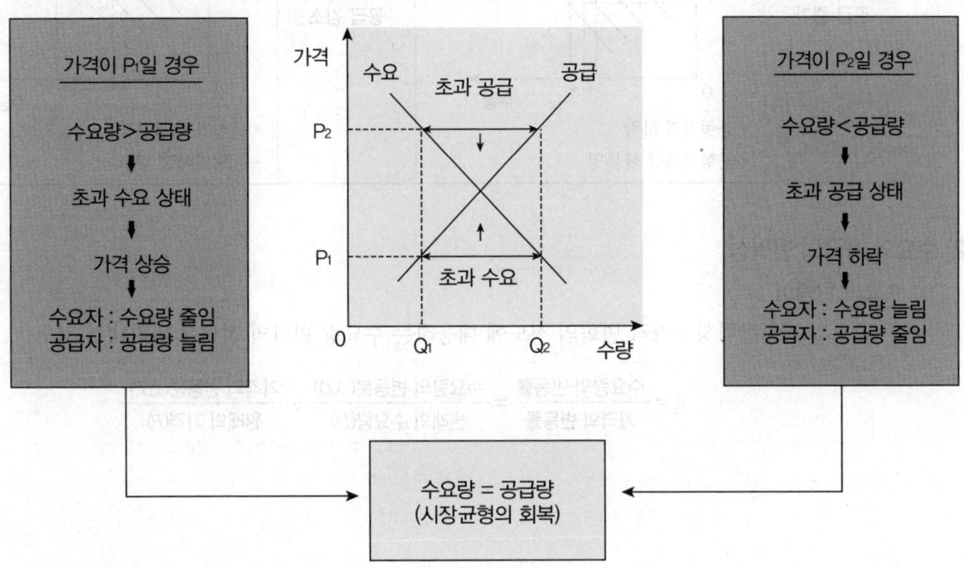

③ 수요와 공급의 변동

시장균형의 변동	균형가격	균형거래량
수요 증가, 공급 증가	불분명	증가
수요 증가, 공급 감소	상승	불분명
수요 감소, 공급 증가	하락	불분명
수요 감소, 공급 감소	불분명	감소

변동	결과	변동	결과
수요 증가 & 공급 증가	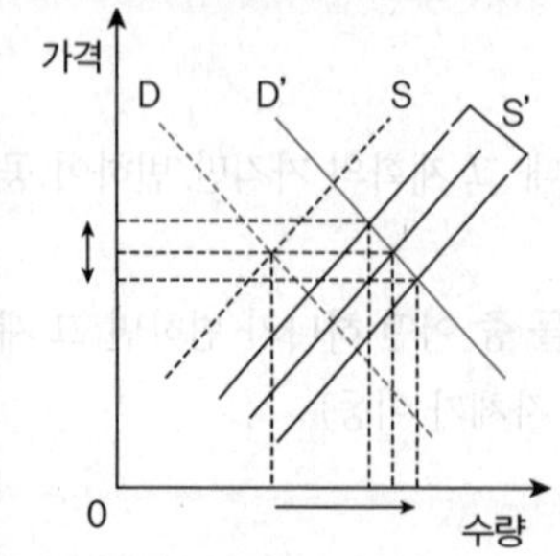 • 균형가격 불분명 • 균형거래량 증가	수요 증가 & 공급 감소	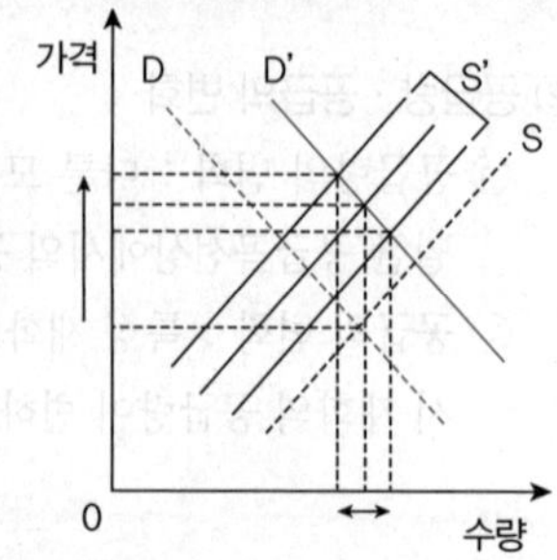 • 균형가격 상승 • 균형거래량 불분명
수요 감소 & 공급 증가	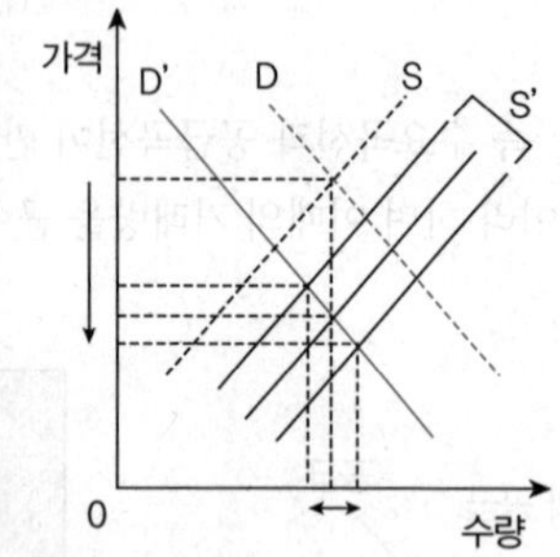 • 균형가격 하락 • 균형거래량 불분명	수요 감소 & 공급 감소	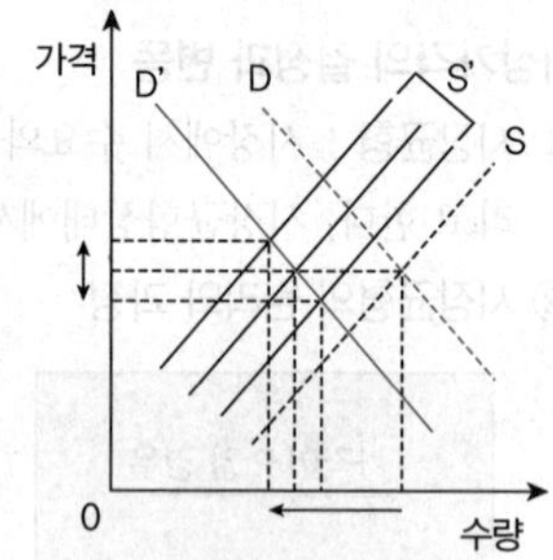 • 균형가격 불분명 • 균형거래량 감소

(2) 수요와 공급의 탄력성

① 수요의 탄력성

㉠ 수요의 가격탄력성 : 가격 변화의 정도에 대응하는 수요량 변화의 정도를 나타내는 척도

$$e_p = \frac{\text{수요량의 변동률}}{\text{가격의 변동률}} = \frac{\text{수요량의 변동분}(\Delta D)}{\text{원래의 수요량}(D)} \div \frac{\text{가격의 변동분}(\Delta P)}{\text{원래의 가격}(P)}$$

㉡ 경제적 효과

- e = 0(완전비탄력적) : 토지, 희소재
- 0<e<1(비탄력적) : 필수품, 농산물
- e = 1(단위탄력적)
- e>1(탄력적) : 사치품, 공산품, 대체재
- e = ∞(완전탄력적) : 완전경쟁상품

㉢ 수요곡선의 이동

- 소득의 증가, 대체재 가격의 상승, 보완재 가격의 하락, 그 상품을 선호할 집단에 유리한 소득의 재분배 → 오른쪽(D_2 : 수요 증가)
- 소득의 감소, 대체재 가격의 하락, 보완재 가격의 상승, 그 상품을 선호할 집단에 불리한 소득의 재분배, 인구의 감소 → 왼쪽(D_3 : 수요 감소)

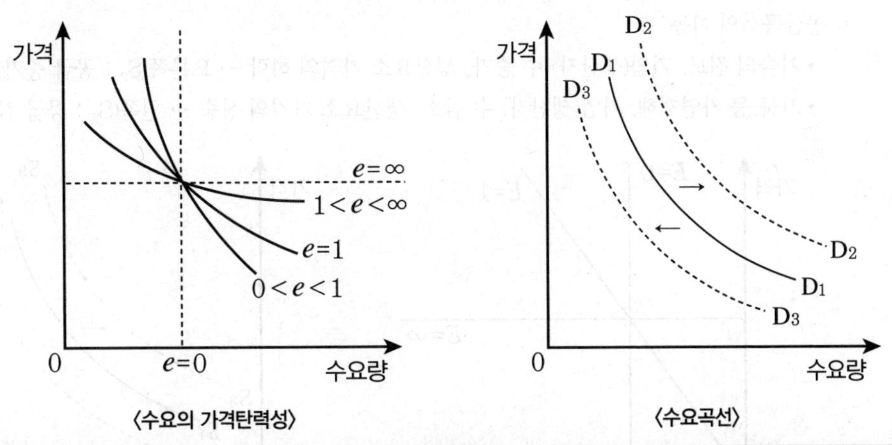

〈수요의 가격탄력성〉 〈수요곡선〉

탄력적	단위탄력적	비탄력적
• 가격 인상 → 판매수입 감소 • 가격 인하 → 판매수입 증가	가격변동과 관계없이 판매수입 일정	• 가격 인상 → 판매수입 증가 • 가격 인하 → 판매수입 감소
가격, P1, P0, b, a, D, 0, Q1, Q0, 수량	가격, P1, P0, b, a, D, 0, Q1, Q0, 수량	가격, D, P1, P0, b, a, 0, Q1, Q0, 수량
a>b	a=b	a<b

② 공급의 탄력성

㉠ 공급의 가격탄력성 : 재화의 가격이 변동할 때 그 재화의 공급량이 얼마나 변할 것인가를 측정하는 척도

$$E_p = \frac{\text{공급량의 변동률}}{\text{가격의 변동률}} = \frac{\text{공급량의 변동분}(\Delta S)}{\text{원래의 공급량}(S)} \div \frac{\text{가격의 변동분}(\Delta P)}{\text{원래의 가격}(P)}$$

㉡ 가격탄력성의 크기

- E = 0(완전비탄력적) : 희소재
- E< 1(비탄력적) : 농산품
- E = 1(단위탄력적)
- E> 1(탄력적) : 공산품
- E = ∞(완전탄력적)

㉢ 공급곡선의 이동

- 기술의 진보, 기업(생산자) 수 증가, 생산요소 가격의 하락 → 오른쪽(S_2 : 공급 증가)
- 가뭄 등 자연재해, 기업(생산자) 수 감소, 생산요소 가격의 상승 → 왼쪽(S_3 : 공급 감소)

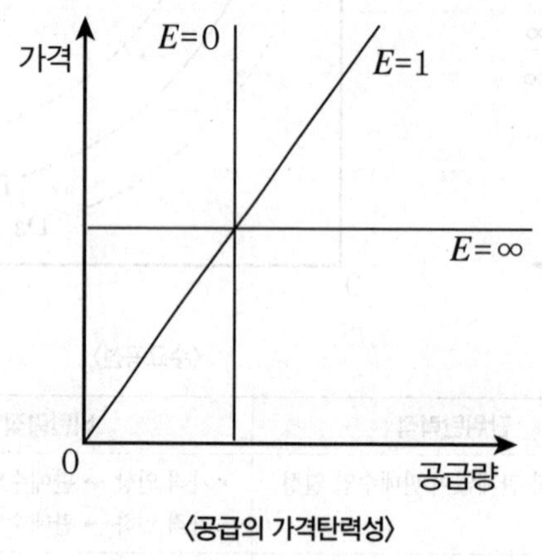

〈공급의 가격탄력성〉

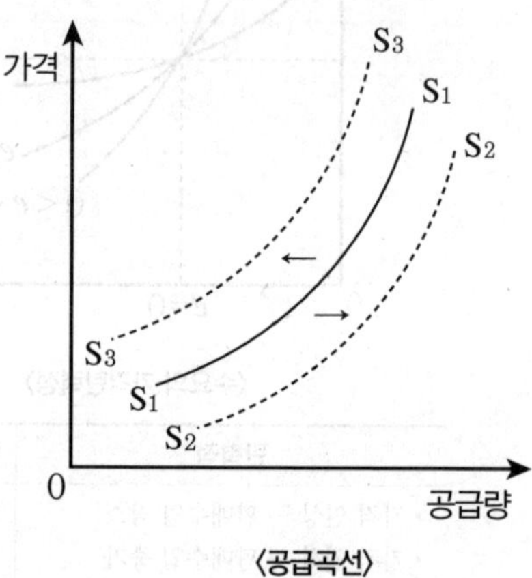

〈공급곡선〉

3 시장실패와 정부의 시장개입

(1) 시장실패

시장이 기능을 제대로 발휘하지 못하여 자원이 효율적으로 배분되지 못하는 현상

(2) 시장실패와 시장개입

① 불완전경쟁에 의한 시장실패

㉠ 의미 : 소수의 기업에 의해 수요자와 공급자가 자유롭게 경쟁하기보다 독점, 과점 등과 같은 불완전한 경쟁이 나타나는 것

㉡ 문제점

- 상품의 공급량이 제한되고 가격이 상승하여 소비자가 피해를 보게 됨
- 독과점을 유지하기 위해 경쟁자의 시장 진입을 방해함
- 특정 기업이나 고용주가 우월한 지위를 이용하여 거래 상대방이나 노동자에게 불리한 거래를 강요할 수 있음

㉢ 해결 방안 : 가격 규제, 불공정행위(담합, 거래 상대방 차별, 경쟁 사업자 배제)에 대한 규제

② 외부효과에 의한 시장실패

㉠ 외부경제

- 의미 : 어떤 경제 활동이 제3자에게 경제적 대가 없이 혜택을 주는 것
- 특징 : 사회 최적 수준보다 과소 공급되어 그에 따른 시장실패가 나타남
- 해결 방안 : 공급을 늘리기 위해서는 보조금 등을 통해 생산을 장려해야 함

㉡ 외부불경제

- 의미 : 어떤 경제활동이 제3자에게 경제적 대가 없이 손해를 주는 것
- 특징 : 사회 적정 수준보다 과다 공급되어 시장실패가 나타남
- 해결 방안 : 외부불경제를 줄이기 위해서는 정부가 세금이나 부담금 등을 통해 규제해야 함

③ 공공재에 의한 시장실패

㉠ 공공재의 의미 : 모든 사람들이 공동으로 소비하기 위해 생산된 재화와 서비스 예 국방

㉡ 특징

- 비배제성 : 비용을 지불하지 않은 소비자도 사용할 수 있는 성질
- 비경합성 : 어떤 특정 공공재를 이용해도 다른 사람들의 소비를 감소시키지 않는 성질

㉢ 문제점

- 비배제성과 비경합성으로 공공재를 생산해도 수익이 발생하지 않으므로 시장에서 공급 불가능
- 공공재에 대한 정확한 시장 수요 조사가 불가능함

㉣ 해결 방안 : 정부에서 공공재를 생산해야 함

④ 정보 비대칭성에 의한 시장실패

㉠ 의미 : 거래 당사자 중 어느 한 당사자가 다른 쪽에 비해 정보를 많이 가지고 있는 것

㉡ 역선택 : 계약 체결 이전 정보의 격차로 인해 불리한 의사결정을 하는 상황

㉢ 도덕적 해이 : 계약 체결 이후 정보의 비대칭성을 이유로 계약 당사자가 의무를 소홀히 하는 경우

(3) 정부실패

① 의미 : 정부의 적극적인 시장 개입이 비효율적인 자원 배분을 초래할 때 정부실패라고 한다. 정부가 시장실패를 보완하기 위해 시장에 개입했다가 오히려 상황을 악화시키거나 새로운 문제를 야기하는 경우를 말한다.

② 원인

㉠ 내부성으로 인한 정부조직의 목표와 공익의 괴리

㉡ 권력과 특혜에 의한 가치배분의 불공평성

㉢ X-비효율성

㉣ 파생적 외부효과

㉤ 비용-편익 괴리로 인한 지출극대화

③ 해결 방안

㉠ 불필요한 규제 축소

㉡ 공기업의 민영화

03 국가와 경제 활동

1 경제성장과 한국 경제

(1) 한국 경제의 변화와 성과

1960년대	• 노동 집약적 경공업 발달 • 경제 개발 계획 추진 • 수출 주도형 성장 우선 정책
1970년대	• 자본 집약적 중화학 공업(철강, 조선 등) 육성 • 두 차례의 석유파동 • 대기업 위주의 성장 정책, 불균형 문제 대두
1980년대	• 기술 경쟁력 강화 노력 • 삼저 호황 → 대규모 무역 흑자 달성
1990년대	• 첨단 산업 발달 • 외환위기 발생
2000년대	• 경기 회복 • 휴대 전화, 반도체, LCD 등 정보 기술 산업 주력 • 칠레와 자유 무역협정(FTA) 발효 • 세계적 금융위기 극복
2010년대	• G20 정상 회의 서울개최 • 무역 규모 1조 달러 돌파

(2) 국민 경제의 순환

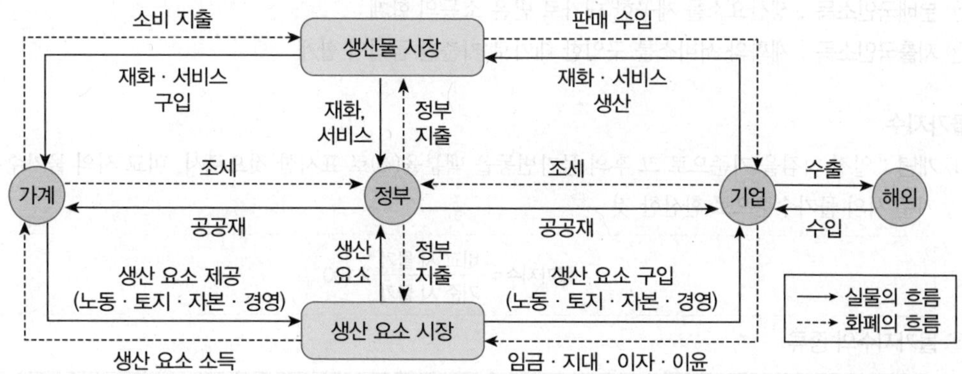

(3) 국민소득의 개념

① **국민총소득(GNI)** : 일정 기간 동안 한 나라의 국민이 소유하고 있는 생산요소를 국내외에 제공한 대가로 벌어들인 소득으로 국민들의 후생 수준을 측정하는 지표

② **국내총생산(GDP)** : 내 · 외국인에 상관없이 어떤 국가의 국경 내에서 일정 기간 동안 새롭게 생산된 최종 생산물의 합계로 한 나라의 경제력을 알려주는 지표

㉠ 중고품과 중간재는 GDP에 포함되지 않음

㉡ 명목 GDP$=P_t \times Q_t$

㉢ 실질 GDP$=P_0 \times Q_t$(P_0 : 기준 연도의 가격)

㉣ GDP 디플레이터$=\dfrac{\text{명목 GDP}}{\text{실질 GDP}} \times 100$

③ **국민총생산(GNP)** : 일정 기간 동안 한 나라의 국민이 새롭게 생산한 최종 생산물 가치의 합

㉠ 과거에는 소득지표로서 GNP가 사용되었으나 GNP가 교역조건 변화에 따른 실질소득의 변화를 반영하지 못하는 문제점이 있어 GNI로 대체됨

㉡ 실질 GNI = 실질 GNP + 교역조건 변화에 따른 실질무역손익 = 실질 GDP + 국외순수취요소소득 + 교역조건 변화에 따른 실질무역손익

④ **국민순소득(NNI)** : GNI에서 자본재의 감가상각비를 공제한 순수한 부가가치

- NNI = GNI − 감가상각비

⑤ **국민소득(NI)** : 국민의 순수한 소득 총액으로, 생산요소에서 발생한 소득 총액

- NI = NNI − 간접세 + 정부보조금 = 요소소득의 합계

⑥ **개인처분가능소득(PDI)** : 일정 기간 동안 한 개인이 실제로 받은 소득의 총계

- PDI = NI − 법인소득 − 정부의 재산소득 + 순이전소득

(4) 국민소득 삼면등가의 법칙

국민소득은 생산 · 분배 · 지출의 어느 측면에서 측정해도 모두 동일한 가치액으로 표시된다는 법칙

생산국민소득 = 분배국민소득 = 지출국민소득

① 생산국민소득 : 생산 활동을 통해 만들어 낸 부가가치의 합계(=GDP)
② 분배국민소득 : 생산요소를 제공한 대가로 받은 소득의 합계
③ 지출국민소득 : 재화와 서비스를 구입한 대가로 지출한 금액의 합계

(5) 물가지수

① 개념 : 일정 시점을 기준으로 그 후의 물가변동을 백분율(%)로 표시한 것으로서, 비교 시의 물가수준을 기준 시의 물가수준으로 환산한 것

$$\text{물가지수} = \frac{\text{비교 시 물가}}{\text{기준 시 물가}} \times 100$$

② 물가지수의 종류

구분	내용
소비자 물가지수	• 가계의 소비생활에 필요한 재화와 용역의 소매가격을 기준으로 환산 • 노동자의 생계비지수 → 통계청 조사
생산자 물가지수	• 기업 간에 대량으로 거래되는 재화의 가격변동을 종합하여 환산 • 경제활동을 나타내는 일반 목적지수 → 한국은행 조사
GDP 디플레이터	• 명목 GDP를 실질 GDP로 환산할 때 사용하는 물가지수 • 명목 GDP를 실질 GDP로 나누어서 측정

2 실업과 인플레이션

(1) 실업

① 의의 : 노동할 의사와 능력을 가지고 있으면서도 취업의 기회를 얻지 못한 상태
② 실업의 종류
㉠ 자발적 실업 : 스스로 일을 하지 않음으로써 발생하는 실업
㉡ 비자발적 실업 : 일할 의사가 있음에도 불구하고 일자리를 구하지 못해 발생하는 실업

자발적 실업	비자발적 실업
마찰적 실업 : 이직 등의 이유로 노동력의 수요와 공급이 일시적으로 불균형 상태를 이루는 현상	• 구조적 실업 : 산업구조의 변화로 발생하는 실업 • 계절적 실업 : 어떤 산업의 생산이 계절적으로 변동해서 생겨난 단기적인 실업 • 경기적 실업 : 경기침체로 인해 유발되는 실업으로, 주로 불경기에 노동력에 대한 총수요의 부족으로 인해 발생

(2) 고용지표

① 인구 구성

<table>
<tr><td colspan="4">전체인구</td></tr>
<tr><td colspan="3">15세 이상 인구(생산가능인구)</td><td>15세 미만 인구</td></tr>
<tr><td colspan="2">경제활동인구</td><td>비경제활동인구</td><td></td></tr>
<tr><td>취업자</td><td>실업자</td><td></td><td></td></tr>
</table>

② 고용 관련 지표

실업률	$\frac{\text{실업자수}}{\text{경제활동인구수}}\times 100 = \frac{\text{실업자수}}{\text{실업자수+취업자수}}\times 100$
취업률	$\frac{\text{취업자수}}{\text{경제활동인구수}}\times 100$
고용률	$\frac{\text{취업자수}}{\text{노동가능인구수}}\times 100$
경제활동참가율	$\frac{\text{경제활동인구수}}{\text{노동가능인구수}}\times 100$

(3) 인플레이션

물가수준의 지속적인 상승현상으로, 물가수준의 변화율이 인플레이션율이다.

① 인플레이션의 종류

㉠ 진행속도에 따라 : 완만성 인플레이션(2～3%), 주행성 인플레이션(수십%), 초인플레이션(100% 이상)

㉡ 발생원인에 따라 : 수요견인 인플레이션, 비용인상 인플레이션

더 알아보기

디플레이션과 스태그플레이션

- 디플레이션 : 인플레이션과 반대로 물가가 지속적으로 하락하는 현상으로 총공급 증가에 의한 것과 총수요 감소로 인한 것이 있다. 총공급 증가는 기술 진보에 의한 것으로 실질소득 증가를 가져오지만, 총수요 감소에 따른 디플레이션은 심각한 경기침체를 초래한다.
- 스태그플레이션 : Stagnation(경기침체)과 Inflation(물가상승)의 합성어로, 경기침체에도 불구하고 물가가 오히려 오르는 현상이다. 1970년대 석유 파동과 같은 공급 충격에 의해 발생한다.

② 인플레이션의 영향

㉠ 소득의 불평등한 재분배 : 실물을 가진 사람보다 화폐를 가진 사람에게 불리하도록 부를 재분배

㉡ 저축의욕의 상실 : 이자율이 물가상승률에 미치지 못하므로 저축 감소

㉢ 투기조장과 경제성장 저해

㉣ 국제수지의 악화 : 수입 촉진, 수출 억제

더 알아보기

인플레이션의 영향

- 실물자산소지자, 수입업자, 산업자본가, 생산자, 금전채무자 → 유리
- 금융자산보유자, 수출업자, 금융자본가, 봉급생활자, 연금수혜자, 소비자, 금전채권자 → 불리

③ 인플레이션 이론

㉠ 수요견인설

- 원인 : 생산물에 대한 전반적인 초과수요
- 대책 : 총수요를 감소시키는 긴축재정

㉡ 비용인상설

- 원인 : 비용면(임금수준 · 이윤율의 인상, 수입물가 상승)
- 대책 : 임금이나 이윤의 과다한 상승을 억제하는 소득정책

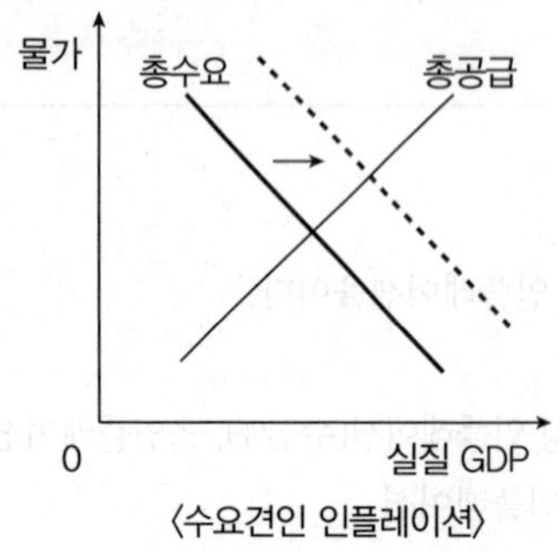

〈수요견인 인플레이션〉

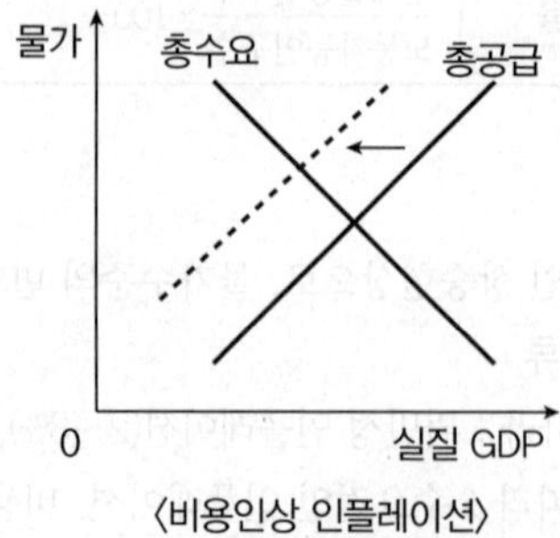

〈비용인상 인플레이션〉

3 경기변동과 경제 안정화 방안

(1) 총수요

① 의미 : 경제 주체들이 구매하고자 하는 재화와 용역의 총량

② 구성 요소 : 총수요 = 소비수요 + 투자수요 + 정부지출 + 순수출

㉠ 소비 : 가계가 소비 목적으로 구입한 재화와 용역으로 총수요 중 가장 큰 비중 차지

㉡ 투자 : 기업이 자본을 늘리기 위해 구매하는 재화와 용역

㉢ 정부지출 : 정부가 구매하려는 재화와 용역

㉣ 순수출 : 수출 − 수입

(2) 총공급

① 의미 : 경제 주체들이 공급하는 재화와 용역의 총량

② 총공급에 영향을 주는 요인

㉠ 단기 : 물가가 오르면 공급량이 늘어나므로 총공급도 증가하고 물가가 내려가면 공급량이 줄어들므로 총공급도 감소함(물가와 총공급은 단기에서 비례 관계)

㉡ 장기 : 장기에서는 물가수준이 변해도 자연산출량이 변하지 않음, 장기 총공급곡선의 우측 이동은 기술진보 또는 자본축적(저축)을 통해 가능

(3) 경기변동

① 개념 : 한 나라의 경제가 주기적으로 일정기간에 걸쳐 변동을 반복하는 것(경기순환)

② 종류

구분	주기	원인
키친 파동	약 40개월을 주기로 하는 단기파동(소순환)	재고 · 금리 변동
주글라 파동	약 9~10년을 주기로 하는 파동(주순환)	설비투자의 변동
쿠즈네츠 파동	약 20년을 주기로 하는 파동	경제성장률 변동
콘드라티에프 파동	약 50~60년을 주기로 하는 장기파동	슘페터(기술혁신)

③ 대책

㉠ 재정정책

- 호경기 때 : 재정긴축정책 → 조세수입 증대, 정부지출 감소
- 불경기 때 : 재정확장정책 → 조세감면, 정부지출 증대

㉡ 금융정책

- 호경기 때 : 재할인율 인상, 지급준비율 인상, 유가증권의 매각
- 불경기 때 : 재할인율 인하, 지급준비율 인하, 유가증권의 매입

④ 경기변동의 4국면

호경기(경제활동 활발) → 후퇴기(경제활동 둔화) → 불경기(기업 도산) → 회복기(설비투자 개시)

(4) 경제성장과 경제발전

① 경제성장 : 경제규모가 양적으로 확대되는 것을 말하며, 경제규모의 지표로서 보통 GDP(국내총생산) 사용

② 실질경제성장률

$$\text{실질경제성장률(\%)} = \frac{\text{금년도 실질 GDP} - \text{전년도 실질 GDP}}{\text{전년도 실질 GDP}} \times 100$$

(5) 경제안정화정책

① 재정정책

㉠ 의미 : 경제안정화를 위해 정부가 조세와 재정지출의 수준 및 배분을 조절하는 것

㉡ 재정정책의 기능

경제안정화	• 국민경제의 고용 수준을 늘리거나 물가를 안정된 상태에 접근하도록 조정하려는 정책 • 경제 침체기일 때에는 정부 지출을 늘리거나, 세율을 낮춤 • 경기가 과열될 때에는 정부 지출을 줄이거나, 세율을 높임
경제발전	기업에 보조금 등을 지원하고 세금 감면 등의 혜택을 주어 투자 활성
소득재분배	부유층에게 많은 세금을 부과하고 저소득층에 혜택을 주어 소득 격차를 완화시킴

② 금융정책

㉠ 의미 : 정부나 중앙은행이 경제안정화나 경제성장을 위해 통화량과 이자율을 조절하는 정책

㉡ 정책 수단

공개시장 조작	• 중앙은행이 국 · 공채를 매입 · 매각하여 통화량이나 이자율을 조정하는 정책 • 국 · 공채를 매입하면 통화량은 증가하고 이자율은 하락함 • 국 · 공채를 매각하면 통화량은 감소하고 이자율은 상승함
지급준비율 정책	• 중앙은행이 지급준비율을 조정하여 통화량이나 이자율을 조정하는 정책 ※ 지급준비율 : 은행이 예금으로 받은 보유자금을 대출하지 않고 남겨두는 비율 • 경기 침체 시 지급준비율이 인하되면 통화량은 증가하고 이자율은 하락함 • 경기 과열 시 지급준비율이 인상되면 통화량은 감소하고 이자율은 상승함
재할인율 조정 정책	• 중앙은행이 시중 은행에 자금을 빌려줄 때 적용하는 대출이자율(재할인율)과 대출 규모를 조정하여 통화량이나 이자율을 조정하는 정책 • 경기 침체 시 재할인율이 인하되면 중앙은행의 대출금이 증가하고 통화량이 증가하고 이자율은 하락함 • 경기 과열 시 재할인율이 인상되면 중앙은행의 대출금이 감소하고 통화량이 감소하고 이자율은 상승함

04 세계 시장과 교역

1 무역 원리와 무역 정책

(1) 무역의 의의와 필요성

① 무역 : 국가 간에 이루어지는 상거래로 수입과 수출을 모두 말함

② 무역의 필요성 : 무역을 통해 자국 내에서 생산되지 않거나 부족한 자원 및 재화와 서비스 등을 거래할 수 있음

(2) 무역의 발생 원리

① 절대우위론(스미스) : 생산비가 절대적으로 적게 드는 재화를 생산하여 교역

② 비교우위론

㉠ 리카도의 비교우위론 : 상대적으로 유리한 상품을 선택적으로 생산하여 교역

㉡ 헥셔-오린의 비교우위론 : 비교생산비 차이의 원인을 규명하여 이론적 근거를 제시

- 요소부존비율 : 나라에 따라 생산요소(자본과 노동)의 상대적 부존량이 다르고 재화에 따라 생산에 필요한 요소의 집약도가 다르기 때문에 각국은 상대적으로 풍부한 생산요소를 보다 많이 사용하는 재화생산에는 특화하고 상대적으로 부족한 생산요소를 사용하는 재화를 수입함으로써 무역상의 이익을 취할 수 있다.
- 요소가격균등화 : 요소부존상태의 차이에 의해 국가 간의 비교생산비 차이가 발생되고 이에 따라 무역이 이뤄지면 국가 간에 생산요소가 실제로 이동하지 않더라도 국가 간 생산요소의 상대가격이 균등화된다.

더 알아보기

생산비 차이의 원인
- 생산의 기술적 조건의 차이
- 국민들의 수요구조의 차이
- 각국 생산요소의 부존량의 차이

(3) 무역 정책

① 의미 : 한 국가가 다른 국가와의 무역에 대하여 어떠한 태도를 취할 것인지를 규정하는 것으로, 자국의 경제적 목적을 추구하기 위하여 실시하는 정책

② **자유 무역 정책** : 국가 간 자유로운 무역을 추구하는 정책

㉠ 자유 무역 정책의 경제적 효과
- 다양한 상품을 낮은 가격에 소비할 수 있다.
- 외국의 기업과 경쟁하기 위해 기업의 생산성이 향상된다.
- 대량 생산에 따른 규모의 경제를 실현할 수 있다.
- 무역을 통해 재화나 서비스가 들어올 때 새로운 기술이 함께 들어오는 기술 이전 효과가 나타나기도 한다.

㉡ 자유 무역 정책의 한계
- 자유 무역에서 발생한 이익은 선진국과 개발 도상국 간, 공업국과 농업국 간에 불균등하게 배분될 수 있다.
- 자유 무역을 통해 무역 당사국들의 이익이 늘어나더라도 이익이 무역 당사국 모두에게 골고루 돌아가는 것은 아니다.
- 자유 무역은 수출과 수입을 모두 증가시켜 국내 시장의 해외 의존도를 높이며 국제 경제 상황의 변화에 큰 영향을 받는다.

③ **보호 무역 정책** : 자국의 이익을 지키기 위해 정부가 무역에 직 · 간접적으로 개입하는 정책

㉠ 보호 무역 정책의 경제적 효과
- 외국 기업에 비해 경쟁력이 약한 자국의 유치산업을 보호할 수 있다.
- 국내 시장이 위축되어 발생할 수 있는 자국민의 실업을 방지할 수 있다.
- 국가안전보장을 위해 필요한 산업(국방)을 정책적으로 보호할 수 있다.

㉡ 보호 무역 정책의 한계
- 상대국의 보호 무역을 유발하고 국가 간 무역 마찰을 초래할 수 있다.
- 소비자의 다양한 구매기회를 박탈할 수 있다.

㉢ 보호 무역 정책의 수단
- 관세 : 국가 재정의 수입, 국내 산업의 보호 · 육성을 위해 관세선을 통과하는 화물에 대하여 부과하는 조세
- 수출보조금 : 수출 증가를 위해 수출입자에게 주어지는 직 · 간접의 지원금 및 장려금으로 자유 무역의 저해가 우려되어 GATT는 이를 금지
- 수입할당제 : 정부가 수입 비자유화품목에 대해 상품의 수량 · 가격을 기준으로 수입을 할당하는 제도

2 환율

(1) 외환 시장과 환율

① 환율(외환시세) : 자국화폐와 외국화폐의 교환비율로, 외환에 대한 수요곡선과 공급곡선이 교차하는 균형환율에서 결정

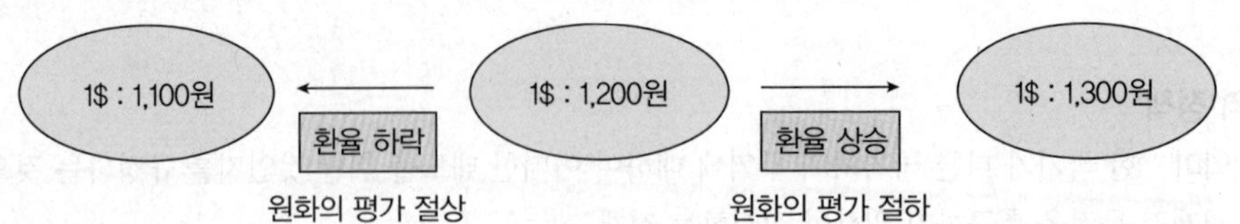

② 환율 제도

구분	고정환율제도	변동환율제도
의미	환율이 정부에 의해 일정 수준에서 고정되어 있는 제도	외화의 수요와 공급에 의해 환율이 시장에서 자유롭게 결정되는 제도
장점	환율변동의 위험이 적어 국제거래 촉진, 수·출입 계획 수립이 용이	외환시장 및 경상수지 불균형의 자동 조절
단점	• 환율고정에 따른 부담으로 독자적인 통화 정책이 곤란 • 외환시장 개입에 필요한 외환의 보유에 따른 비용 발생 • 국가 간 무역 갈등 초래할 가능성	• 재정 정책의 무력화 • 환율의 불안정한 변동으로 인해 국내경제의 불안정 초래 • 수·출입 계획 수립이 곤란

③ 우리나라의 환율제도

정부수립 이후	고정환율제도
1964	단일변동환율제도
1980	복수통화바스켓방식(유동적)
1992	시장평균환율제도
1997~현재	자유변동환율제도

(2) 환율의 결정과 변동

구분	환율인상	환율인하
원인	• 외환의 수요>외환의 공급 • 수출 감소, 수입 증가 • 이자율의 하락으로 인한 국내자본의 유출	• 외환의 수요<외환의 공급 • 수출 증가, 수입 감소 • 이자율의 상승으로 인한 외국자본의 유입
효과	• 수출 증가, 수입 감소 • 수출기업의 수익성 상승 • 외채부담 증대 • 원유, 식량 등 원자재 비용 증가 • 교역조건 악화 • 인플레이션 초래	• 수출 감소, 수입 증가 • 수출기업의 수익성 저해 • 외채부담 감소 • 원유, 식량 등 원자재 비용 감소 • 교역조건 개선 • 물가안정

3 국제수지

(1) 국제수지의 의미와 구성

① 국제수지의 의미 : 일정 기간(보통 1년) 동안 한 나라가 국제거래를 통해 수취한 외화와 지급한 외화의 차액

② 국제수지의 구성

㉠ 경상수지 : 국가 간의 거래에서 재화나 서비스 등의 거래를 통해 수취한 외화와 지급한 외화의 차이

구분		내용
경상수지	상품수지	재화의 수출 · 수입에서 발생한 외화의 차이 → 국제수지 중 가장 큰 비중을 차지
	서비스수지	서비스의 거래에서 발생한 외화의 차이 예 운수, 여행, 통신, 보험료, 특허권 사용료 등
	소득수지	생산요소의 제공을 통해 발생한 외화의 차이 예 임금의 국제거래, 주식배당금, 차관이자 등
	경상이전수지	아무런 대가 없이 무상으로 주고받은 외화의 차이 예 해외교포송금, 기부금, 무상원조, 국제기구 출연금 등

㉡ 자본수지 : 국가 간의 자본거래를 통해 수취한 외화와 지급한 외화의 차이

구분		내용
자본수지	투자수지	직접투자, 증권투자, 기타 투자 등을 통해 발생한 외화의 차이
	기타 자본수지	기타 자산거래를 통해 발생한 외화의 차이 예 해외이주자금, 특허권 매매 등

(2) 국제수지의 중요성

① 경제지표로서의 국제수지 : 국제수지표의 분석을 통해 국제 경쟁력, 국가 신인도, 외환사정 등을 파악

② 경상수지가 국민경제에 미치는 영향

㉠ 경상수지 흑자 : 외국으로부터 번 돈>외국에 지불할 돈

- 긍정적 측면 : 국민소득 증가, 국내고용 확대, 국가 신인도 상승, 외국인 투자 증가
- 부정적 측면 : 지속적인 경상수지 흑자는 통화량 증가, 국내물가 상승, 교역상대국과의 무역 마찰 유발
- 자본수지와의 관계 : 벌어들인 외화로 외채를 갚거나 다른 나라에 대출 → 자본수지 적자

㉡ 경상수지 적자 : 외국으로부터 번 돈<외국에 지불할 돈

- 긍정적 측면 : 설비투자에 필요한 자본재의 수입이 증가한 경우
- 부정적 측면 : 경기침체, 외채 증가, 국가 신인도 하락
- 자본수지와의 관계 : 부족한 외화를 조달하기 위해 외채를 빌려 옴 → 자본수지 흑자

③ 국제수지의 균형

㉠ 의미 : 흑자나 적자가 없는 상태

㉡ 의의 : 국제수지의 불균형으로 인한 문제 때문에 중 · 장기적으로 균형을 이루는 것이 바람직

05 경제 생활과 금융

1 금융과 금융 생활

(1) 금융과 금융제도

① 금융의 의미 : 자금을 빌리거나 빌려주는 행위로 자금의 융통을 의미

② 금융거래의 양상

실물거래	• 거래 대상 : 재화와 서비스 • 거래 공간 : 생산물시장, 생산요소시장 • 위험성 : 낮음
금융거래	• 거래 대상 : 금융거래의 증서와 돈 • 거래 공간 : 금융시장 • 위험성 : 높음

③ 금융거래의 유형

직접 금융시장	• 금융기관이 중개하는 금융시장으로 자금의 수요자와 공급자가 직접 거래 • 어떤 자금이 어디로 갔는지 알 수 있음 • 높은 수익률, 높은 위험성
간접 금융시장	• 은행, 보험회사 등의 중개기관을 사이에 두고 자금 공급자와 수요자가 거래 • 공급자와 수요자가 직접 거래하지 않으므로 어떤 자금이 어디로 갔는지 알 수 없음 • 낮은 수익률, 적은 위험성

(2) 금융시장과 금융기관

① 금융시장 : 일정한 질서 속에서 자금의 수요자와 공급자를 효율적으로 연결하는 곳

② 금융기관 : 자금의 수요자와 공급자를 중개하여 돈의 흐름이 원활히 이루어지게 하는 것을 목적으로 하는 기관

(3) 금융 거래 보호

① 금융 거래 보호의 필요성

㉠ 정보 · 통신 기술의 발달로 이전보다 금융 거래가 늘어남에 따라 금융 정보를 탈취하여 돈을 빼가는 금융 사기가 급증

㉡ 금융 상품 거래에 사용되는 약관이 전문용어로 작성되어 있어 전문 지식이 부족한 소비자들이 내용을 정확하게 이해하기 어려움

② 금융 거래 보호의 노력

㉠ 정확한 금융 정보 파악을 위한 금융 지식의 습득

㉡ 공인인증서 암호, 보안카드 및 신용카드 비밀번호 등에 대한 안전한 관리

㉢ 예금자 보호 제도, 전화 금융 사기 피해금 환급 제도, 금융감독원의 금융 소비자 보호처 등을 활용

(4) 금융 생활의 이해

① 수입 : 일정 기간 벌어들인 소득과 부채의 합

㉠ 소득

경상소득	근로소득	사업체에 고용되어 노동을 제공하고 받은 대가 예 임금, 수당 등
	사업소득	자영업자 또는 고용주가 사업을 경영하여 얻은 이윤
	재산소득	가계가 보유한 자본, 토지, 건물 등을 이용하여 얻은 이익 예 부동산 임대료, 주식 배당금, 예금 · 적금 이자
	이전소득	생산에 직접 참여하지 않고 얻은 이익 예 공적 연금, 구호금, 정부지급 보조금 등
비경상소득		비정기적이고 일시적 요인에 의해 발생하는 소득 예 복권 당첨금, 경품, 경조금, 등

㉡ 기타 수입 : 저축에서 인출한 돈, 부채, 수령한 보험금 등

② 지출 : 일정 기간 개인이나 가계에서 사용하는 총 금액

소비 지출	생계유지 및 생활에 필요한 재화나 서비스를 구매하기 위한 지출 예 식료품비, 피복비, 교통비, 의료비, 교육비 등
비소비 지출	소비 지출을 제외하고 법 또는 제도에 의해 의무적으로 발생하는 지출 예 보험료, 대출 이자, 세금 등

③ 저축과 투자

㉠ 저축 : 소득에서 지출을 뺀 나머지, 미래의 소비를 위하여 보유하고 있는 자산

㉡ 투자 : 미래의 가치 증식을 목적으로 금융 자산 또는 실물 자산으로 저축을 전환하는 활동

④ 신용과 신용 거래

㉠ 신용 : 미래의 정해진 시점에 대가를 지급하기로 약속하고 현재 상품을 이용하거나 돈을 빌릴 수 있는 능력(채무 부담 능력)

㉡ 신용 거래 : 현금 및 재화와 서비스 등을 거래할 때 돈을 바로 내지 않고, 정해진 기일에 돈을 지급하기로 약속하고 이루어지는 거래

2 자산 · 부채 관리와 금융 상품

(1) 자산과 부채의 관리

① 자산과 부채

자산	부채
• 개인이나 단체가 보유한 경제적 가치가 있는 유 · 무형의 물품 및 권리 • 금융 자산 : 주로 금융기관을 통하여 거래되는 자산 예 현금, 예금, 보험, 주식, 채권 등 • 실물 자산 : 실물의 형태로 존재하는 자산 예 자동차, 건물, 토지, 귀금속, 지하자원 등	• 과거에 이루어진 거래의 결과로 현재 시점에서 갚아야 할 금전적 · 비금전적 의무 • 단기 부채 : 1년 이내에 갚아야 하는 부채 예 신용카드 대금, 통신비 등 • 장기 부채 : 만기가 1년 이상 남은 부채 예 금융기관 대출금, 자동차 할부금 등

② 자산관리 : 어떤 자산을 얼마나 구입하고 언제 처분할 것인지 등을 합리적으로 선택하는 과정

③ 부채와 신용관리

㉠ 부채를 정해진 기간 내에 갚지 못하면 신용등급이 하락, 경제 활동의 어려움 초래

㉡ 자신의 소득과 비교해서 부채 규모가 적정한지 평가

④ 자산관리의 원칙

안전성	• 투자한 자산의 가치가 줄어들지 않고 안전하게 보호될 수 있는 정도 • 투자 위험의 요소가 많을수록 안전성은 낮음
수익성	• 투자한 금융 상품으로부터 이익을 기대할 수 있는 정도 • 투자 수익이 크면 투자 위험도 커짐
유동성	• 보유 자산을 필요할 때 쉽게 현금으로 바꿀 수 있는 정도(환금성) • 유동성이 낮은 자산을 현금으로 바꿀 때는 어느 정도 손실이 발생할 수도 있음

⑤ 분산투자 : 자산 관리의 위험을 줄이기 위해서는 자산 관리의 목적 및 기간에 따라 포트폴리오를 구성하여 여러 가지 금융 상품에 분산하여 투자하는 것이 바람직함

(2) 금융 상품

① 예 · 적금

㉠ 의미 : 은행 등의 금융기관에 자금을 맡기고 원금과 이자를 받는 금융 상품 예 요구불 예금, 저축성 예금

㉡ 특징 : 원금 손실의 위험이 적어 안전성은 높지만, 다른 금융 상품과 비교하였을 때 이자율이 높지 않아 수익성이 낮음

② 투자 상품

주식	• 주식회사가 경영 자금을 마련하기 위해 투자자로부터 돈을 받고 발행하는 증서 • 회사 경영을 통해 얻은 수익 가운데 일부를 투자 지분에 따라 투자자들에게 배당
채권	• 정부나 공공 기관, 지방 자치 단체, 기업 등이 미래에 일정한 이자를 지급할 것을 약속하고 투자자로부터 돈을 빌린 후 발행하는 증서 • 신용도가 높은 공공기관, 대기업 등이 발행, 채권을 발행한 곳이 파산할 경우 투자금 회수 불가
펀드	• 다수의 투자자로부터 모은 자금을 전문적인 운용 기관이 주식이나 채권, 부동산 등에 투자하여 그 수익을 투자자에게 분배(간접 투자 상품) • 자산 운용 결과에 따라 투자한 원금이 손실될 수 있음

③ 보험과 연금

보험	• 가입자들이 미래에 발생할 수 있는 다양한 위험에 대비하기 위하여 보험 회사에 보험료를 납부하여 기금을 만든 후 사고가 발생하면 약속한 보험금을 지급 • 다른 금융 상품과 달리 일반적으로 위험에 대비하는 기능
연금	• 노후 생활의 안정을 위해 경제 활동 기간에 벌어들인 소득의 일부를 적립하는 제도 • 장기간에 걸쳐 지속적으로 받기 때문에 노후 보장의 효과가 강함

3 금융 생활의 목표와 재무 설계

(1) 생애 주기에 따른 재무 목표 수립

① 생애 주기 : 시간의 흐름에 따라 개인이나 가족의 삶이 어떻게 달라지는지를 몇 가지 단계로 나타낸 것

② 생애 주기에 따른 소득과 소비

유년기 · 청소년기	소득<소비, 부모의 경제력에 의존
청년기	소득≧소비, 취업과 함께 소득이 발생하며 소득과 소비의 비율이 역전
중 · 장년기	소득>소비, 소득과 소비의 규모가 가장 크며 활발하게 경제활동을 하는 시기
노년기	소득≦소비, 은퇴 · 자녀의 독립과 함께 소득과 지출이 대폭 감소, 소득과 소비의 비율이 재역전

(2) 재무 설계

① 의미 : 생애 주기별로 정한 구체적인 재무 목표에 맞추어 자신의 소비와 지출을 계획하고 실행하는 것

② 재무 설계 과정

재무 목표 설정	목표를 달성하기 위해 어느 정도의 금액이 필요한지를 생각하고 단기, 중기, 장기로 나누어 구체적이고 실현 가능한 목표를 설정
재무 상태 분석	수입 및 지출의 규모와 종류, 자산과 부채 현황 등 자신의 재무 상태를 정확히 파악
재무 행동 계획 수립	재무 목표 달성을 위해 필요한 자금을 언제까지, 어떻게 마련할 것인지에 관한 재무 행동 계획을 수립
재무 행동 계획 실행	실행할 수 없는 계획은 성공할 수 없으며, 계획한 대로 실행하는 것이 예상과는 달리 어려울 수도 있음
재무 실행 평가와 수정	목표를 실현할 수 있는지 또는 계획에 따라 목표가 적절하게 실행되고 있는지를 꾸준히 검토하고 결과를 평가. 조정이 필요한 부분을 반영하여 재무 계획을 수정하고 재무 목표를 재설정

03 사회 · 문화

01 사회 · 문화 현상의 탐구

1 사회 · 문화 현상의 이해

(1) 자연 현상과 사회 · 문화 현상

자연 현상	사회 · 문화 현상
• 몰가치성(가치중립성), 보편성 • 사실법칙, 존재법칙, 인과법칙, 필연법칙 • 고정성과 불변성 • 규칙성의 발견 및 예측 용이 • 확실성의 원리 • 관찰과 실험	• 가치함축성, 보편 · 특수성 • 규범법칙, 당위법칙, 목적법칙, 확률적 인과법칙 • 유동성과 가변성 • 규칙성 발견 및 예측 곤란 • 확률의 원리(개연성) • 사례연구, 참여관찰, 설문조사 등

(2) 사실과 가치

① 사실과 가치의 구분

사실	가치
• 인간의 주관과 무관하게 존재하는 현상 • 인간의 주관 배제 • 객관화 가능 • '~이 있다/없다', '~이다/아니다'로 진술	• 인간의 주관적 판단(선vs악)에 의한 평가 • 인간의 주관 개입 • 객관화 곤란 • '~해야 한다/안 된다', '~이 옳다/그르다'로 진술

② 가치중립적 태도 : 연구자의 주관이 개입되지 않은 공정한 입장에서 사회 · 문화 현상을 탐구하는 자세

(3) 사회 · 문화 현상을 바라보는 관점

① 거시적 관점 : 사회 · 문화 현상을 이해할 때 사회 구조나 제도, 사회 전체의 경향 등 개개인의 행위를 초월한 사회 체계에 초점을 맞추는 관점 예 기능론, 갈등론

② 미시적 관점 : 일상생활에서 이루어지는 개인 간의 상호 작용이나 개개인의 주관적인 세계에 초점을 맞추는 관점 예 상징적 상호작용론

(4) 기능론, 갈등론, 상징적 상호작용론

① 기능론과 갈등론(거시적 관점)

구분	기능론	갈등론
기본 입장	• 사회구성요소들은 상호의존적이며 사회 유지와 존속에 기여함 • 사회는 유기체와 같이 상호의존하는 부분들의 체계로 구성되어 조화와 균형을 이루고 있음 • 각 요소들의 역할과 기능은 합의에 의한 것임	• 사회구성요소들은 상호갈등적이며, 사회집단들 간의 갈등은 사회 변동의 원동력이 됨 • 모든 사회에는 희소가치를 둘러싼 긴장과 갈등이 존재함 • 각 요소들의 역할과 기능은 강제와 억압에 의한 것임
이론	사회유기체설	계급투쟁설
특징	• 균형과 통합 • 갈등은 일시적 · 병리적 현상 • 안정성과 지속성	• 갈등과 강제 • 갈등은 항상 존재 • 긴장과 변동 가능성
장점	사회 통합에 기여	현재 상태를 변화시켜 사회 발전에 기여
한계	• 균형과 안정을 강조하여 기득권을 옹호하는 보수적 관점 • 갈등 발생의 원인과 영향을 경시 • 급격한 사회 변동을 설명하지 못함	• 사회 변동을 강조하는 급진주의적 관점 • 사회 안정과 질서를 경시 • 합리적 역할 분담을 설명하지 못함

② 상징적 상호작용론(미시적 관점)

기본 입장	개인과 개인의 상호작용과 행위에 중점을 둠
특징	• 해석적 연구방법 • 개인은 사회적 상황을 주관적으로 해석하고 정의함(상황정의)
장점	개인의 행동에 대한 설명에 유용
한계	• 개인의 행위에 영향을 미치는 사회구조의 힘을 과소평가함 • 일반적인 법칙 발견이 곤란함

2 사회 · 문화 현상의 연구 방법

(1) 양적 연구방법과 질적 연구방법

구분	양적 연구(실증적 연구)	질적 연구(해석적 연구)
의미	경험적 자료를 계량화하여 사회현상을 분석하여 일반적인 법칙을 발견하려는 연구방법	연구자의 직관적 통찰로 사회현상을 분석하고 이해하려는 연구방법
목적	사회현상의 일반원칙 발견	사람의 의식과 관련된 의미 파악
분석 방법	• 방법론적 일원론(사회현상 = 자연현상) • 관찰과 실험 • 수리적 · 통계적 분석 • 개념의 조작적 정의 → 수치화 • 연역적 추론	• 방법론적 이원론(사회현상 ≠ 자연현상) • 직관적 통찰과 감정 이입 • 참여 관찰과 면접 • 개념적 정의 • 귀납적 추론
연구 대상	객관적 관찰이 가능한 행위	객관적 관찰이 곤란한 행동 동기와 그 의미

구분	양적 연구(실증적 연구)	질적 연구(해석적 연구)
연구 과정	문제 제기 → 가설 설정 → 연구 설계 → 자료 수집 → 자료 분석 및 통계 처리 → 가설 검증 → 결론도출, 일반화	문제 제기 → 연구 설계 → 자료 수집 → 자료 처리와 해석 → 개념 정립 및 이론화
장점	• 객관적 연구(경험적 · 통계적 연구) 가능 • 가설 검증 및 보편적 법칙 발견 용이	• 개별적인 사회 · 문화 현상에 대한 심층적 이해 가능 • 공식 문서의 이면적 의미와 비공식적 문서 중시
단점	• 계량화가 어려운 영역 연구 곤란 • 사회현상을 인간의 가치 및 동기와 분리하여 연구	• 객관적 법칙 도출 곤란 • 사회 제도적 측면 간과 • 정확성과 정밀성 결여

(2) 연구 절차

① 양적 연구의 과정

㉠ 문제 제기 : 연구 주제 선정(가치 개입)

㉡ 가설 설정 : 개념의 조작적 정의(가치 개입)

㉢ 연구 설계 : 연구 방법과 자료 수집 방법 선택(가치 개입)

㉣ 자료 수집 : 자료 조사(가치 중립)

㉤ 자료 분석 및 통계 처리 : 수집된 자료 분석(가치 개입)

㉥ 가설 검증 : 일반화 또는 법칙 발견(가치 중립)

㉦ 해결책 제시 : 가장 바람직한 대안 모색(가치 개입)

② 질적 연구의 과정

㉠ 문제 제기 : 연구 주제 선정(가치 개입)

㉡ 연구 설계 : 연구 방법과 자료 수집 방법 선택(가치 개입)

㉢ 자료 수집 : 자료 조사(가치 중립)

㉣ 자료 처리와 해석 : 수집된 자료 분석(가치 개입)

3 사회 · 문화 현상의 자료 수집 방법

(1) 자료 수집 방법

① 질문지법

㉠ 의미 : 조사하고자 하는 내용에 관한 질문지를 작성한 후 조사 대상자가 그 질문지에 답하게 하는 방법

㉡ 특징

- 일반적으로 양적 자료를 수집하여 통계 분석할 목적으로 활용
- 구조화 · 표준화된 자료 수집 방법
- 표본을 추출하여 표본조사를 수행하는 경우가 대부분임

㉢ 장점 및 단점

장점	단점
• 시간과 비용 절약 • 정보의 대량 수집 가능 • 자료의 비교 분석 용이 • 객관적인 분석	• 낮은 회수율과 불성실한 응답 • 문맹자에게 실시 곤란 • 질문 내용 오해 가능성 • 대표성을 갖춘 응답 집단의 선정이 어려움

㉣ 질문지 작성 시 유의사항

• 응답 보기 간에 중복된 내용이 없어야 한다.

• 응답 가능한 모든 보기를 제시해야 한다.

• 모호한 표현을 쓰지 않아야 한다.

• 한 문항에는 한 가지 질문만 해야 한다.

• 특정 응답을 유도하는 질문을 하지 않아야 한다.

② 실험법

㉠ 의미 : 가상의 상황을 설정하여 인위적인 자극을 가한 다음 그 효과를 측정하여 자료를 수집하는 방법

㉡ 특징

• 일반적으로 양적 자료를 수집할 목적으로 활용

• 연구 상황을 연구자의 의도에 따라 설계한다는 점에서 가장 엄격한 통제가 가해지는 자료 수집 방법

• 실험 집단과 통제 집단 간에 독립 변인의 처치 여부 이외에 다른 특성이 동일할수록 정확한 실험 결과를 얻을 수 있음

㉢ 실험방법

• 실험 집단 : 인위적인 자극을 가한 집단

• 통제 집단 : 비교 대상이 되는 집단

• 독립 변수 : 인위적인 자극이 된 변수

• 종속 변수 : 독립 변수의 영향을 받는 변수

• 두 개 혹은 여러 개의 집단으로 나눈 뒤 특정 집단에만 인위적인 자극을 가한 후 다른 집단의 결과와 차이를 비교한다.

• 독립 변수와 종속 변수 간의 관계를 명확히 확인하기 위해서는 독립 변수 이외의 다른 변수가 종속 변수에 영향을 미치지 않도록 해야 한다.

㉣ 장점 및 단점

장점	단점
• 인과관계 명확 • 보다 효과적인 가설검증이 가능함 • 집단 간 비교 분석이 용이함	• 윤리성과 관련된 문제 발생 가능성 • 가상적인 상황 조작이 어려움

③ 참여 관찰법

㉠ 의미 : 연구자가 조사 대상자와 함께 생활하거나 조사 대상 집단에 직접 참여하여 현상을 보고 듣고 느끼면서 자료를 수집하는 방법

㉡ 특징

• 가장 전형적인 현지 연구방법
• 일반적으로 질적 자료를 수집할 목적으로 활용
• 가장 전형적인 비구조화 · 비표준화된 자료 수집 방법

㉢ 장점 및 단점

장점	단점
• 언어로 표현하기 어렵거나 의사소통이 어려운 대상의 연구 가능 • 자료의 실제성 높음 • 심층적 자료 수집 가능	• 관찰자의 주관 개입 우려 • 시간과 비용 부담이 큼 • 예상치 못한 변수 통제 곤란

④ 면접법

㉠ 의미 : 조사 대상자와 대면하여 대화를 통해 자유롭게 진술하는 내용을 자료로 수집하는 방법

㉡ 특징

• 일반적으로 질적 자료를 수집할 목적으로 활용
• 비구조화 · 비표준화된 자료 수집 방법
• 신뢰 관계를 기반으로 한 허용적인 분위기 형성이 조사 목적 달성에 중요한 역할을 함

㉢ 장점 및 단점

장점	단점
• 문맹자에게 실시 가능 • 자세한 정보 수집 가능 • 응답률 높음 • 심층적인 자료 수집 가능	• 많은 시간과 비용 소요 • 조사자의 편견 개입 우려 • 시간과 비용 부담이 큼 • 연구자의 주관 개입 우려 • 표본을 많이 확보하지 못함 • 면접자와 정서적 유대감이 없는 경우 정확한 정보 취득이 어려움

⑤ 문헌 연구법

㉠ 의미 : 기존의 연구 결과물이나 통계 자료, 기록물 등의 2차 자료를 수집하는 방법

㉡ 특징

• 다양한 형태의 자료(신문, 인터넷, 논문, 도서, 동영상 등)로 조사할 수 있다.
• 양적 자료와 질적 자료 수집에 모두 활용될 수 있다.
• 2차 자료의 수집용으로 활용

㉢ 장점 및 단점

장점	단점
• 시간과 비용 절약 • 기존 연구 동향 파악 가능 • 양적 · 질적 연구 모두 가능 • 시간과 공간 제약 극복	• 문헌의 신뢰성이 낮을 경우 연구의 신뢰성 떨어짐 • 문헌 해석에 연구자 주관 개입 우려

(2) 자료 수집 방법의 활용

① 연구 목적에 따른 활용방법

㉠ 질적 연구 : 면접법, 참여 관찰법, 문헌 연구법

㉡ 양적 연구 : 질문지법, 실험법, 문헌 연구법

② 자료 수집 방법 선택 시 고려사항

㉠ 연구 대상의 규모, 의사소통 가능성, 비용 및 시간

㉡ 인권 침해의 우려가 없는 자료 수집 방법 선택

③ 복합적 활용 : 두 가지 이상의 자료 수집 방법을 함께 활용함으로써 상호 보완적인 효과 기대

4 사회 · 문화 현상의 연구 태도와 연구 윤리

(1) 사회 · 문화 현상의 연구 태도

① 객관적 태도 : 사회 · 문화 현상을 연구할 때 연구자 자신의 선입견과 주관적 가치, 이해관계 등을 배제하고, 관찰을 통해 경험적으로 얻은 증거에 따라 제삼자의 눈으로 사회 · 문화 현상을 바라봐야 한다.

② 개방적 태도 : 사회 · 문화 현상은 보는 시각에 따라 다양한 견해가 존재할 수 있으므로 자신의 주장과 다른 주장이 존재할 수 있음을 받아들이고, 자신의 연구 결과에 관한 비판과 새로운 주장의 가능성을 항상 허용해야 한다.

③ 상대주의적 태도 : 연구자는 사회 · 문화 현상을 연구할 때 그 현상이 나타나는 사회의 특수성을 인식하고 그 현상이 지닌 고유한 가치와 의미를 그 사회의 맥락에서 이해하는 태도가 필요하다.

④ 성찰적 태도 : 사회 · 문화 현상을 수동적으로 받아들이지 않고 현상의 내면에 담긴 의미나 인과 관계가 무엇인지를 궁금해하며 이를 파악하고자 하는 태도가 필요하다.

(2) 사회 · 문화 현상의 연구 과정과 가치중립

① 연구자의 가치 개입 인정 : 연구 주제 설정, 가설 설정, 연구 설계, 연구 결과의 활용 과정

② 절대적 가치중립 요구 : 자료 수집 및 분석, 가설 검증, 결론 도출 과정

(3) 사회 · 문화 현상의 연구와 연구자 윤리

① 사회 · 문화 현상의 연구는 인간을 대상으로 하기 때문에 엄격한 윤리성이 요구됨

② 연구 대상자의 익명성을 보장해야 하며, 사생활 관련 정보 및 개인 정보를 연구 목적 이외의 용도로 활용해서는 안 됨

③ 의도한 결론을 이끌어내기 위해 자료를 위 · 변조하는 조작을 해서는 안 됨

④ 연구자의 아이디어나 연구물의 일부 또는 전부를 활용하는 경우에는 출처를 밝힘

⑤ 사회적으로 악용되지 않도록 연구 결과에 대해 책임지는 자세를 보여야 함

02 개인과 사회 구조

1 개인과 사회의 관계

(1) 사회 구조

① 의미 : 사회적 관계가 통일적이고 조직적인 총체를 이루고 있는 상태

② 특징

㉠ 지속성 : 구성원이 바뀌어도 사회 구조가 지속됨

㉡ 역사성 : 오랜 시간 동안 형성됨

㉢ 외재성 : 개인의 행동을 규제하고 구속함

㉣ 안정성 : 구성원들이 구조화된 행동을 통해 안정된 사회관계를 유지함

㉤ 변동성 : 구성원들이 구조화된 행동을 거부할 때 사회 구조 자체의 변동을 초래함

(2) 사회 구조를 보는 관점

기능론	갈등론
• 사회구성요소들은 상호의존 관계 • 구조화는 사회적으로 합의된 것 • 균형, 통합, 안정, 지속성, 규범, 협동 • 사회 변동 부정, 사회적 격차 정당화 • 보수주의(현상 유지)	• 사회구성요소들은 갈등 관계 • 구조화는 기득권의 이익을 위한 강제와 억압으로 형성됨 • 갈등, 강제, 개혁, 투쟁, 긴장, 변화가능성 • 사회 통합 경시 • 진보주의(현상 타파)

(3) 사회적 상호작용

① 개인은 사회 속에서 서로 영향을 주고받으며 사회적 행동을 교환

② 종류

협동	• 같은 집단 – 같은 목표 • 공동의 목표를 달성하기 위한 역할 분담과 협력 • 개방적 참여와 공정한 분배가 실현될 때 잘 이루어짐 • 당사자들 간의 합의와 상호의존을 바탕으로 함
경쟁	• 다른 집단 – 같은 목표〈규칙 ○〉 • 동일한 목표를 상대방보다 먼저 달성하기 위해 노력하는 상태 • 공정한 규칙에 따라 정당한 수단 동원 • 목표는 제한적이나 달성하려는 사람들이 많을 때 발생
갈등	• 다른 집단 – 같은 목표〈규칙 ×〉 • 상충된 이해관계로 상대방을 적대시하거나 힘을 사용하여 제거 · 파괴하려는 상태 • 발전과 변화를 위한 기회를 제공하기도 함 • 조정과 타협, 중재로 해소되거나 강제력으로 잠재화

(4) 개인과 사회의 관계

구분	사회실재론	사회명목론
기본 입장	• 사회가 개인의 외부에 실체로서 존재한다고 봄 • 사회는 개인의 총합 이상의 존재로 독자적 특성을 지니고 있다고 봄	• 실재하는 것은 개인뿐임 • 사회는 개인들의 집합체에 붙여진 이름에 불과하다고 봄
주요 내용	• 개인의 사고 및 행위는 실재하는 사회에 의해 규제되고 구속됨 • 사회 현상을 분석할 때 사회 구조나 사회 제도를 중심으로 분석해야 함(개인보다 사회 강조) • 개인은 사회 없이 존재할 수 없으며, 단지 사회 구성요소의 일부에 불과함 • 사회 문제의 발생 원인은 사회에 있으며, 해결 방안 역시 사회 구조 및 제도적으로 접근해야 함	• 개인은 자유 의지에 따라 사고하고 행위를 하는 자유롭고 독립적인 존재임 • 개인적 특성을 통해 사회의 특성을 파악 가능하다고 봄(개인과 구별되는 사회의 독자적 특성 부정) • 개인은 사회 없이 존재할 수 있으며, 사회는 개개인의 총합에 불과함 • 사회 문제의 발생 원인은 개인에 있으며, 해결방안 역시 개인적 차원에서 접근해야 함
관련 사상	사회 유기체설, 전체주의	사회 계약설, 개인주의
한계	• 사회를 위해 개인의 희생을 정당화할 수 있음(전체주의 우려) • 인간의 자유 의지에 따른 사고나 행위의 결과를 설명하기 어려움	• 개인에 대한 사회 제도 및 구조의 영향력을 간과함 • 개인의 사고나 행위만으로 설명하기 어려운 사회 현상이 존재함

2 인간의 사회화

(1) 사회화

① 의미

㉠ 인간이 평생에 걸쳐 사회적 상호작용을 통해 그 사회의 사고방식, 규범, 가치관 등을 학습하는 과정

㉡ 생물학적 존재 → 사회화 → 사회적 존재

② 사회화의 과정과 종류

㉠ 사회화 과정

- 언어적 상호작용 : 가족, 친구 등 주변 인물과 각종 정보 매체를 통해 이루어지는 학습으로 가장 보편적
- 보상과 처벌 : 행동의 물리적 · 상징적 보상과 처벌을 통해 이루어지는 사회화
- 모방 : 여러 가지 사례를 통해 스스로 깨닫는 사회화

㉡ 사회화 종류

1차적 사회화	영 · 유아기에 이루어지는 원초적 사회화로 개인이 자아 정체성과 인성을 형성하는 데 큰 영향을 줄 뿐만 아니라, 개인이 사회적 존재로 성장하고 생활하는 데 필요한 가장 기초적이고 중요한 것을 습득하는 과정
2차적 사회화	청소년기와 성년기에 들어선 후 영 · 유아기에 익힌 사회화의 내용을 심화하거나 전문화하여 새로운 규범과 문화를 습득
재사회화	사회 변화에 적응하기 위해 새로운 지식, 기술 등을 학습하는 과정 예 노인대상 평생교육
예기 사회화	다가올 미래를 예상하고 그에 맞는 다양한 지식과 생활 방식을 습득 예 대학교 OT

③ 사회화 기관

접근 방식에 따른 분류	1차적 사회화 기관	• 기본적인 사회화를 수행하는 기관 • 가족, 친족, 또래 집단, 지역 사회 등
	2차적 사회화 기관	• 심화된 학습을 담당하는 기관 • 학교, 동료집단, 직장, 대중매체, 정당, 군대 등
목적에 따른 분류	공식적 사회화 기관	• 사회화를 주목적으로 하는 기관 • 유치원, 학교, 학원, 교육훈련기관 등
	비공식적 사회화 기관	• 부수적 사회화를 수행하는 기관 • 가족, 놀이집단, 정당, 대중매체 등

(2) 지위와 역할

① 지위 : 개인이 집단 내에서 차지하는 위치

㉠ 귀속 지위 : 개인의 자질이나 재능에 관계없이 선천적으로 주어지는 지위 예 아들, 딸, 노인, 세습적 지위 등

㉡ 성취 지위 : 개인의 노력에 따라 후천적으로 얻어지는 지위 예 부모, 남편, 사장, 학생 등

② 역할 : 개인에게 주어진 지위에 대해 일반적 · 추상적으로 기대되는 행동 양식

③ 역할 행동

㉠ 역할을 구체적으로 수행하는 방식

㉡ 특정 지위에 대한 역할은 하나이지만 역할 행동은 다양함

㉢ 역할 행동에 따라 보상이 주어지거나 제재를 받게 됨

④ 역할 갈등

㉠ 한 개인이 동시에 여러 개의 지위를 가지게 될 때 역할 간의 충돌이 발생하는 것

㉡ 역할 모순 : 복수 지위에 따라 역할 행동이 서로 상충될 때

㉢ 역할 긴장 : 하나의 지위에 상반되는 역할이 요구될 때

3 사회 집단과 사회 조직

(1) 사회 집단

① 의미 : 두 사람 이상이 소속감과 공동체 의식을 가지고 지속적 상호작용을 하는 결합체

② 종류

분류기준(학자)	분류집단	특징
소속감(섬너)	내집단	• 자신이 소속된 집단 • 강한 소속감과 공동체 의식 → 자아정체감 형성, 애착
	외집단	• 자신이 소속되지 않은 집단 • 경쟁과 투쟁의 대상 → 이질감, 적대적 의식

분류기준(학자)	분류집단	특징
결합의지(퇴니스)	공동 사회	• 구성원의 의지와 무관하게 자연 발생적으로 구성된 집단 • 친밀한 협동 관계로 가입과 탈퇴가 자유롭지 못함 • 애정적, 인격적, 감정적, 영속적, 포괄적, 비공식적 관계 예 가족, 친족, 촌락공동체
	이익 사회	• 구성원의 필요에 의해 의도적으로 관계가 성립된 집단 • 선택에 의한 결합으로 가입 · 탈퇴가 자유로움 • 형식적, 계약적, 합리적, 공식적, 일시적, 현실적, 비인격적 예 회사, 정당, 조합, 협회
접촉방식(쿨리)	1차 집단	• 구성원 간 친밀한 대면 접촉을 통해 자연적으로 이루어진 집단 • 도덕 · 관습 등 비공식적 통제 예 가족, 또래 집단, 촌락 등
	2차 집단	• 간접 접촉을 통해 목적 달성을 위한 수단적 만남에 기초한 집단 규칙 • 법률 등 공식적 통제 예 회사, 학교, 군대 등 1차 집단을 제외한 나머지

(2) 사회 조직

① 의미 : 사회 집단 중 구성원들의 특정한 목표를 달성하기 위해 구성원의 지위와 역할이 명백하며, 엄격한 규범에 의하여 운영되는 사회 집단

② 종류

공식 조직	비공식 조직
• 특정한 목적에 의해 조직된 인위적인 조직 예 학교, 회사, 병원, 군대 등 • 조직의 목표 달성이 가장 중요한 과제로 효율성을 강조 • 강력한 규범체계 • 구성원들의 지위와 역할 분담 및 업무 수행의 절차가 명백함 • 순기능 : 효율적 목표 달성 가능 • 역기능 : 인간을 부속품 취급 → 인간소외현상	• 공식 조직 내 구성원 중 취미, 관심, 성향 등이 유사한 사람들이 모인 자연발생적인 조직 예 사내 동호회, 친목회, 동아리 등 • 공식 조직에 비하여 느슨한 규범체계 • 강한 심리적 애착감, 인격적, 비형식적 • 순기능 : 구성원의 만족감, 조직의 효율성 향상 • 역기능 : 개인의 인간관계가 업무에 부정적 영향을 미칠 수 있음

(3) 자발적 결사체

① 의미 : 공동 목표와 이익 추구를 위해 자발적으로 모인 집단

② 종류

㉠ 친목집단 : 교양, 취미, 친목을 도모하는 집단 예 산악회, 동호회

㉡ 이익집단 : 특정 집단의 이익을 목적으로 하는 집단 예 노동조합, 의사회, 약사회, 변호사회

㉢ 시민단체 : 공익 증진을 목적으로 조직된 집단 예 시민단체, 자원봉사단체

③ 특징

㉠ 가입과 탈퇴가 자유로움

㉡ 자발적 참여와 민주적 조직 운영

㉢ 모든 비공식 조직은 자발적 결사체이지만 모든 자발적 결사체가 비공식 조직은 아님

④ 순기능 : 시민사회 활성화, 다원화, 민주화에 기여

⑤ 역기능 : 배타적 특권 집단화, 집단 이기주의의 가능성

(4) 관료제

① 의미 : 명시적인 규범과 절차를 갖춘 대규모 조직의 운영 원리

② 등장배경 : 복잡한 대규모 사회 조직을 효율적으로 관리하기 위해 등장

③ 특징

㉠ 과업의 전문화(분업)

㉡ 규약과 절차에 따른 업무 수행 예 문서화

㉢ 위계의 서열화(지위 · 역할의 명확한 구별)

㉣ 명확한 책임소재

㉤ 지위 획득의 공평한 기회 보장

㉥ 경력에 따른 보상(연공서열)

④ 순기능

㉠ 과업의 효율적 처리

㉡ 과업의 안정적 처리

㉢ 조직 운영의 예측 가능성

㉣ 업무 수행의 지속 가능성

⑤ 역기능

㉠ 레드 테이프 : 형식과 절차만을 중시하여 복잡하고 불필요한 형식을 강조하는 문서주의

㉡ 피터의 원리 : 연공서열식 승진제도로 무능의 한계 수준까지 승진함

㉢ 파킨슨의 법칙 : 관료 조직은 조직의 효율성과 관련 없이 스스로 비대해짐

㉣ 과두제의 법칙 : 의사결정권이 상위 직급에 지나치게 집중되는 현상

(5) 탈관료제

① 등장배경 : 기술의 발달과 개성과 다양성의 증대로 관료제의 효율성이 저하됨

② 특징

㉠ 개인의 자율성과 창의성 보장

㉡ 수평적 관계 허용

③ 조직 종류

㉠ 팀제 : 빠른 변화에 적응하기 위한 조직으로 일시적인 업무를 위해 신속하게 조직되고 해체됨

㉡ 네트워크형 조직 : 핵심 부서를 중심으로 평등하게 점과 점으로 이어지는 조직으로 지식과 정보를 신속하게 획득할 수 있고 현장 적응 능력이 높아 효율적인 의사결정을 내릴 수 있음

4 일탈 행동의 이해

(1) 일탈

① 의미 : 일반적인 사회 규범이나 기대에서 벗어난 행동, 사회 구성원이 용인할 수 있는 범위를 벗어나는 행동

② 특징 : 상대성

㉠ 일탈 행동에 대한 판단 기준이 시간과 장소에 따라, 가치관의 변화에 따라 다름

㉡ 같은 행동이라도 상황에 따라 일탈 행동으로 판단될 수도 있고, 정상적인 행동으로 판단될 수도 있음

③ 일탈 행동의 영향

㉠ 긍정적 영향

- 사회 변동의 원동력이 될 수 있다.
- 기존 사회 질서나 규범의 모순과 문제점을 표면에 드러내는 역할을 수행할 수 있다.
- 일탈 행동에 대처하는 과정에서 일탈 방지를 위한 사회적 합의나 대안을 마련할 수 있다.

㉡ 부정적 영향

- 사회 구성원으로부터 부정적인 평가를 받는 일탈 행동을 지속하면 사회 부적응에 빠질 우려가 있다.
- 사회적 가치와 규범이 무너져 사회가 무질서 상태에 빠져들 수도 있다.
- 사회 구성원들의 규범 준수 동기나 의지가 약화될 수 있다.

(2) 일탈 행동과 관련된 이론

① 아노미 이론

뒤르켐의 아노미 이론	머튼의 아노미 이론
• 일탈은 사회가 빠르게 변동함에 따라 사회의 지배적 규범 부재, 이를 대체할 만한 규범이 정립되지 않아 사회에 적응하지 못하는 상태에서 발생 • 해결 방안 : 사회 규범의 통제력 회복, 새로운 가치관의 확립 등	• 일탈은 목표는 분명하나 그것을 성취할 만한 적절한 수단이 없을 경우 발생(목표와 수단의 괴리) • 비합법적인 방법으로 목표를 달성하려고 하는 일탈이 발생 • 해결 방안 : 문화적 목표를 이룰 수 있는 적절한 제도적 수단의 제공 등

② 차별적 교제 이론

㉠ 의미 : 문제를 일으키는 집단과의 교류를 통해 일탈적 행위를 학습

㉡ 일탈자의 행동을 긍정(교류○)할 경우 일탈을 학습하고, 부정(교류×)할 경우 일탈을 학습하지 않음

㉢ 한계 : 일탈자와 교류했음에도 일탈 행동을 하지 않는 경우에 대한 설명이 어려움

③ 낙인 이론

㉠ 의미 : 일탈은 사회구성원들에 의해 일탈자로 낙인이 찍힘으로써 발생

㉡ 발생과정 : 1차적(최초) 일탈의 발생 → 1차적 일탈 행위자에 대한 주위 사람들의 부정적 인식 → 일탈 행위자 스스로 일탈자로 인식, 부정적 자아의 형성 → 2차적 일탈의 발생

㉢ 한계 : 1차적 일탈이 발생하는 이유에 대한 설명이 어려움

03 문화와 일상생활

1 문화의 이해

(1) 문화의 의미

좁은 의미의 문화	고급스러운 것, 세련된 것, 편리한 것, 발전된 것, 예술 · 교양 등 특별한 의미를 가진 생활양식
넓은 의미의 문화	사회구성원들이 공유하고 있는 생활양식의 총체

(2) 문화의 속성

① 학습성 : 문화는 후천적으로 학습된 것
② 축적성 : 문화는 언어와 문자 등 상징체계를 통해 전승 · 전달됨
③ 공유성 : 사회구성원에게 공통적으로 나타나는 행동 및 사고방식
④ 전체성(총체성) : 문화는 부분들의 유기적 관계로 하나의 체계를 이룸
⑤ 변동성 : 문화는 시간의 흐름에 따라 계속 변화함

(3) 문화 이해의 관점과 태도

① 문화 이해의 관점
㉠ 총체론적 관점 : 문화의 모든 요소는 유기적으로 연결되어 있다고 보는 관점
㉡ 비교론적 관점 : 어떤 문화를 다른 문화와 비교하여 이해하려는 관점
㉢ 상대론적 관점 : 모든 문화는 고유의 가치와 의미를 지니므로 이를 인정해야 한다는 관점
② 문화 이해의 태도
㉠ 자문화 중심주의 : 자문화의 우수성을 과신하여 타문화를 부정적으로 여기고 업신여기는 태도
㉡ 문화 사대주의 : 타문화를 숭상 · 동경하여 자문화를 평가 절하하는 태도
㉢ 문화 상대주의 : 문화의 다양성 · 상대성을 인정하고 문화를 그 사회의 맥락에서 이해하려는 태도
㉣ 극단적 문화 상대주의 : 문화 상대주의를 극단적으로 주장하며 타문화에 대해서는 어떤 판단도 하지 않고 인정하고 존중해야 한다는 태도

2 현대 사회의 다양한 문화 양상

(1) 하위문화

① 의미 : 한 사회 내에 존재하는 다양한 집단을 단위로 하여 특정 집단에서 나타나는 독특한 문화
② 특징
㉠ 하위문화의 종류가 많을수록 그 사회문화의 다양성이 높아진다.
㉡ 전체 사회의 문화적 다양성을 형성하는 원천으로서 한 사회를 구성하는 지역, 세대, 인종, 민족, 계층 등의 분포를 반영한다.
㉢ 일반적으로 전체 사회가 추구하는 가치에 부합하는 성격을 갖지만, 반문화의 성격을 지닐 수도 있다.
③ 종류 : 청소년문화, 지역문화, 세대문화, 반(反)문화

더 알아보기

전체문화(주류문화)

- 사회의 구성원 대부분이 공유하는 문화로 한 사회 안에서 일반적으로 통용되는 가치관과 행동양식을 말한다.
- 개념상으로 하위문화가 전체문화보다 넓은 범주에 속하는 문화이다.

  예 고개를 숙이는 한국인의 인사법, 합장을 하는 태국인의 인사법, 현재의 유행 등

(2) 반문화

① 의미 : 주류문화를 거부하고 도전하는 집단의 문화

② 특징

㉠ 고립 또는 위협을 통해 나타나거나 공통적인 관심으로 발전함

㉡ 지배 문화 구조의 변동을 유도함으로써 새로운 문화 형성의 계기가 됨

㉢ 시대와 사회에 따라 반문화에 대한 규정이 달라짐

③ 순기능

㉠ 기존 주류문화를 대체하면서 사회 변동을 가져올 수 있음

㉡ 사회문제를 지적하여 사회 발전의 계기가 될 수 있음

④ 역기능 : 기존 주류 문화에 저항하기 때문에 사회혼란을 초래할 수 있음

(3) 대중문화

① 의미 : 대중+매체, 대중 사회가 성립하면서 사회 전체 구성원들이 누리게 된 동질적인 하나의 문화 또는 문화 현상

② 순기능

㉠ 문화민주주의 : 고급문화의 혜택을 다수가 누릴 수 있게 됨

㉡ 보도 및 교육 기능 : 다양한 정보를 제공하고 정치 비판을 활성화시킴

㉢ 문화적 기능 : 대중의 삶에 활력소를 제공함

③ 역기능

㉠ 획일화 : 문화 형태가 기계적으로 대량 생산 · 소비되며 개성과 독창성이 결여된 순종적 · 복종적 인간을 양성함

㉡ 고립화 및 익명화 : 간접적이고 형식적인 인간관계 양성

㉢ 대중 조작 위험성 : 대중매체를 소유하는 국가나 대기업에서 대중매체 장악 · 조작

㉣ 상업성 : 이윤을 추구하는 문화 기업이 대중매체에 개입

(4) 청소년문화

① 의미 : 기성세대와 구분되는 청소년들의 가치관과 행동 양식

② 특징

㉠ 변화 지향적 : 빠른 변화를 선호하고 변화에 잘 적응함

㉡ 저항적 : 기성세대의 문화에 대해 저항적

(5) 지역문화

① 의미 : 특정 지역에서 일어나는 문화 현상으로 지역 사회 특유의 생활 방식

② 기능

㉠ 지역 주민들에게 문화적 정체성 · 일체감 · 자부심 부여

㉡ 전체문화에 대한 문화적 다양성 제공 → 현재는 정보통신의 발달로 문화 동질화 현상이 나타남

3 문화 변동의 이해

(1) 문화 변동의 원인

① 내부적 요인

㉠ 발명 : 이전에 없었던 새로운 문화요소를 만들어 내는 것 예 바퀴, 자동차, 인터넷 등

㉡ 발견 : 이미 존재하고 있지만 아직 알려지지 않은 것을 찾거나 알아냄 예 불, 전기 등

② 외부적 요인

㉠ 직접 전파 : 두 문화의 직접적 접촉을 통한 전파

㉡ 간접 전파 : 매개체를 통한 전파

㉢ 자극 전파 : 외부의 전파에 자극을 받아 새로운 발명이 일어나는 것

(2) 문화 변동의 과정과 양상

① 내재적 변동 : 새롭게 등장한 문화 요소와 기존 요소의 상호작용

② 외재적 변동 : 서로 다른 두 문화가 만나 장기간 접촉하면서 일어나는 문화 변동

㉠ 강제적 문화 접변 : 정복이나 식민 통치

㉡ 자발적 문화 접변 : 스스로의 필요에 따라 수용하는 것

③ 문화 변동의 양상

㉠ 문화 동화 : 접촉한 두 문화 중 한 문화가 다른 문화에 흡수되는 것

㉡ 문화 융합 : 서로 다른 두 문화가 만나 새로운 제3의 문화가 나타나는 것

㉢ 문화 공존 : 새로운 문화와 기존 문화가 함께 존재

(3) 문화 변동 과정에서 일어날 수 있는 문제

① 문화 지체 현상 : 물질 문화의 급속한 변동에 비해 비물질 문화의 완만한 변동으로 발전 속도의 차이가 커지는 부조화 현상

② 아노미 현상 : 급격한 문화 변동으로 기존의 사회 규범이 무너지면서 그를 대체할 새로운 규범이 확립되지 않아 혼란스러운 상태

04 사회 계층과 불평등

1 사회 불평등 현상의 이해

(1) 사회 불평등 현상

① 의미 : 사회 구성원 간에 사회적 자원(학력, 소득, 지위, 권력 등)이 불평등하게 분배되어 있는 현상

② 불평등의 배경

㉠ 개인적 차이 : 출신 배경, 학력

㉡ 사회적 차이 : 불평등한 분배 구조, 사회적 희소가치

③ 특징

㉠ 개인뿐만 아니라 집단 간에도 나타난다.

㉡ 정도의 차이는 있지만 사회 불평등 현상은 어느 사회에서나 나타난다.

㉢ 사회 구성원 간 경쟁을 유발하여 사회적 효율성을 높여 주기도 하지만 갈등을 유발하여 사회 통합을 저해할 수 있다.

④ 형태

㉠ 경제적 불평등 : 소득이나 재산 등 사회적 가치가 차등 분배됨으로써 나타나는 불평등

㉡ 정치적 불평등 : 사회 구성원이 그 사회의 의사 결정에 영향을 미칠 수 있는 권력의 소유와 행사에 있어서의 불평등

㉢ 사회 · 문화적 불평등 : 사회적 위신이나 명예, 건강, 문화 및 여가 생활 등과 같은 사회 · 문화적 자원이 차등적으로 분배됨으로써 나타나는 불평등

(2) 사회 계층화 현상

① 의미 : 사회 불평등 현상에 의해 사회 구성원들이 희소가치의 소유 정도에 따라 서열화되어 있는 현상

② 원인 : 사회적 자원의 희소성, 개인의 능력 및 노력의 차이

③ 특징 : 시대와 사회를 초월하여 일반적으로 나타나는 현상이며, 요인과 양상은 시대와 사회에 따라 다양하게 나타난다.

④ 사회 계층화 현상의 변화

㉠ 전통사회 : 가문, 혈통, 성별 등 선천적 요인에 의해 결정된 개인의 신분이 사회 계층화 현상의 원인이 됨 예 조선시대 신분제도, 인도의 카스트 제도, 중세 유럽의 봉건제도

㉡ 근대 이후의 사회 : 개인의 능력과 업적, 성취 등 후천적 요인에 의해 사회 계층화 현상의 원인이 됨 예 근대 유럽의 산업사회, 현대 자유 민주주의 사회 등

(3) 계급론과 계층론

구분	계급론	계층론
서열화 기준	생산수단의 소유 여부에 따라 지배 계급(자본가)과 피지배 계급(노동자)으로 구분 → 일원론	경제적 계급, 사회적 지위, 정치적 권력 소유 여부 등 다양한 사회적 희소가치에 따라 상층, 중층, 하층으로 구분 → 다원론
학자	칼 마르크스(K. Marx)	막스 베버(M. Weber)
특징	• 자본가(유산자)와 노동자(무산자)의 대립 • 사회 이동의 가능성이 매우 제한적 • 같은 계급에 속한 사람들 간 계급의식이 강조 • 계급 간 생산 수단을 둘러싼 갈등 · 대립 관계가 사회 변혁의 원동력이 된다고 봄	• 각 계층의 구분은 단순한 분류의 의미 • 복합적 · 연속적으로 계층을 상층, 중층, 하층으로 구분 • 계급론보다 사회 이동의 가능성이 높음 • 동일 계층에 속한 사람들 간의 계층의식이 낮음 • 현대 사회의 지위불일치 현상을 설명하는 데 적합

(4) 사회 계층화 현상을 보는 관점

구분	기능론적 관점	갈등론적 관점
전제	• 사회의 직업들은 기능적 중요도가 다름 • 차등적 보상 체계에 따라 더 중요한 직업을 수행하는 사람들에게 더 많은 사회적 희소가치가 분배 → 보편적이고 불가피한 차등 분배	• 사회에 존재하는 직업들의 기능적 중요도는 차이가 없음 • 지배집단이 기득권을 유지하기 위해 특정 직업에 더 많은 가치를 부여하고 더 많은 사회적 희소가치를 가져감 → 보편적이지만 불가피하지 않은 차등 분배
희소가치 배분 기준	개인의 자질과 능력에 따른 합법적 절차로 정당하게 배분	권력, 선천적인 가정 배경과 신분에 따라 강제적으로 배분
사회적 기능	계층화는 개인과 사회가 최선의 기능을 다하도록 하여 사회 유지에 기여	계층화는 사회적 박탈감과 집단 간의 갈등을 유발하여 사회 통합과 발전을 저해함

2 사회 계층 구조와 사회 이동

(1) 사회 계층 구조

① 의미 : 한 사회의 희소한 자원이 차등적으로 분배되고 그러한 불평등 관계가 지속하면서 나타나는 정형화된 구조

② 특징

㉠ 구속성 : 사회 구성원의 행동 양식과 사고방식 등에 커다란 영향을 미친다.

㉡ 지속 : 한번 형성되면 제도화된 형태로서 오랜 기간 지속된다.

(2) 사회 계층 구조의 유형

① 계층 이동 가능성에 따른 구분

폐쇄적 계층 구조	개방적 계층 구조
• 개인의 노력과 관계없이 다른 계층으로 상승하거나 하강할 가능성이 극히 제한된 계층 구조 • 타고난 신분이 개인의 계층적 위치를 결정하는 데 큰 영향을 줌(귀속 지위 중심) • 봉건적 신분제 사회의 계층 구조	• 개인의 능력이나 노력에 따라 다른 계층으로 상승하거나 하강할 가능성이 열려 있는 계층 구조 • 개인의 노력이 계층적 위치를 결정하는 데 큰 영향을 줌(성취 지위 중심) • 현대 민주주의 국가의 계층 구조

② 계층 구성원의 비율에 따른 구분

피라미드형	다이아몬드형
• 하층의 비율이 가장 높고, 상층의 비율이 가장 낮은 형태의 계층 구조 • 소수의 상층이 사회적 자원의 대부분을 독점하고 통제 • 불평등이 심하게 나타나 사회적 안정성이 낮음 • 봉건적 신분제 사회에서 주로 나타나는 계층 구조	• 상층이나 하층보다 중층의 비율이 높은 형태 • 산업화로 사회가 더욱 분화되면서 전문직, 관료직, 사무직 등 중간 계층의 비율이 높아져 나타난 구조 • 상대적으로 높은 비율을 차지하는 중층이 상층과 하층 사이에서 완충 역할을 해 사회가 비교적 안정되어 있음 • 근대 이후 산업 사회에서 나타나는 계층 구조

③ 불평등 정도에 따른 구분

㉠ 완전 불평등형(수직 계층 구조) : 사회 구성원의 계층적 지위가 모두 다름, 동일한 계층적 지위를 가진 집단이 존재하지 않음

㉡ 부분 불평등형(피라미드형) : 하층의 비율이 높고, 상층으로 갈수록 계층 구성원의 비율이 낮아지는 계층 구조

㉢ 부분 평등형(다이아몬드형) : 중층의 비율이 상층, 하층보다 높은 계층 구조

㉣ 완전 평등형(수평 계층 구조) : 사회의 모든 구성원들이 하나의 계층을 형성하고 있는 계층 구조

④ 정보 사회의 계층 구조

타원형	모래시계형
• 계층 간 소득 격차가 감소하여 중층이 대다수를 차지하는 계층 구조 • 정보 사회에 대하여 낙관적 입장에서 예측하는 계층 구조 • 사회적 희소가치의 배분 상태에 대한 불만이 작아 사회 안정을 실현하는 데 유리	• 중층이 몰락하여 중층이 비율이 가장 낮고 소수의 상층과 다수의 하층으로 구성되는 계층 구조 • 정보 사회에 대하여 비관적 입장에서 예측하는 계층 구조 • 중층에서 몰락한 사람들의 상대적 박탈감이 증가하고 사회적 희소가치의 배분으로부터 소외되어 왔던 하층의 불만이 표출되며 극심한 사회 혼란 야기

(3) 사회 이동

구분	종류	의미
이동 방향	수직 이동	계층적 위치의 상승 또는 하강 예 사원 → 회장, 회장 → 사원
	수평 이동	동일한 계층 내에서의 위치 변화 예 총무부 과장 → 영업부 과장
이동 범위	세대 간 이동	부모와 자녀 간에 나타나는 계층적 위치 변화 예 가난한 농부의 아들이 의사가 된 경우
	세대 내 이동	한 개인의 생애 동안에 나타나는 계층적 위치 변화 예 신입사원으로 입사하여 회장이 된 경우
이동 원인	개인적 이동	주어진 계층 내에서 개인의 노력이나 능력에 의한 개인의 위치 변화 예 작은 상점의 주인이 노력하여 큰 상점의 주인이 된 경우
	구조적 이동	전쟁 등 사회 변동에 따라 기존의 계층 구조의 변화로 인한 위치 변화 예 장군 → 전쟁포로, 신분제 폐지로 인해 천민에서 벗어난 경우

3 다양한 사회 불평등 양상

(1) 빈곤 문제

① 구분

㉠ 절대적 빈곤 : 기본적인 의식주 해결이 불가능한 빈곤 상태

㉡ 상대적 빈곤 : 빈부격차와 상대적 박탈감

② 빈곤을 바라보는 관점

㉠ 기능론 : 가난한 사람들의 개인적 특성 때문에 빈곤한 것

㉡ 갈등론 : 사회적 희소가치에 대한 차별적 배분으로 희생되는 것

(2) 성 불평등 문제

① 성의 구분

㉠ 생물학적 성 : 신체적 특성

㉡ 사회 · 문화적 성 : 성에 대해 사회가 부여한 가치관과 기대감

② 성 역할 : 사회가 남성으로서 또는 여성으로서 행해야 할 것으로 기대하는 행동

③ 성 불평등 : 특정한 성에 대해 가지는 편견

④ 성 불평등을 바라보는 관점

㉠ 기능론 : 성별 분업은 자연스러운 현상

㉡ 갈등론 : 여성 차별은 가부장적 사회 구조에서 비롯된 것

(3) 사회적 소수자 문제

① 사회적 소수자 : 사회로부터 구분되어 정치 · 경제 · 사회적으로 불평등한 처우를 받는 자

② 성립 요건

㉠ 구별 가능성 : 신체적 또는 문화적 특성 때문에 다른 사람들과 구별

㉡ 권력의 열세 : 정치 · 경제 · 사회적 영향력이 열세

㉢ 사회적 차별 : 소수자 집단의 구성원이라는 이유로 사회로부터 불합리한 차별을 받음

㉣ 집합적 정체성 : 소수자 자신이 소수자 집단에 소속감을 느낌

③ 사회적 소수자를 바라보는 관점

㉠ 기능론 : 사회 제도의 운영 과정에서 일시적으로 발생하는 의도치 않은 결과

㉡ 갈등론 : 지배 집단의 억압과 강제로 인해 구조적으로 발생

4 사회복지와 복지 제도

(1) 삶의 질

① 의미 : 개인의 주관적 만족감 또는 행복감

② 삶의 질을 결정하는 요인

㉠ 객관적 요소 : 1인당 GDP, 경제성장률, 물가상승률, 교육환경, 근로 생활의 질 등

㉡ 주관적 요소 : 대인 관계, 심리적 행복감

(2) 사회복지의 의미

① 사회복지의 의미 : 사회의 구성원들이 행복하고 안락하게 살 수 있도록 돕는 노력

② 복지 사회 발달 과정

구분	내용
태동기	1883년 독일 비스마르크의 사회보험 제도
정착기	1935년 미국 뉴딜정책 및 사회보장법 제정(선별적 복지)
발전기	1942년 베버리지 보고서(보편적 복지)
위기	1970년 석유 파동, 복지국가의 비효율성(신자유주의)
전환기	생산적 복지, 일하는 복지

(3) 사회복지 제도

사회보험	• 의미 : 국민에게 발생하는 사회적 위험을 보험의 방식으로 대처하여 국민의 건강과 소득을 보장하는 제도 • 대상 : 전체 국민 • 종류 : 고용보험, 건강보험, 국민연금, 산업재해보상보험, 노인장기요양보험 • 특징 : 강제 가입, 능력별 비용 부담, 소득재분배 효과가 있음, 사전예방적 성격 • 비용부담 : 개인+기업+국가

공공부조	• 의미 : 생활 유지 능력이 없거나 생활이 어려운 국민의 최저 생활 보장과 자립 지원을 위해 금전적 · 물질적 급여를 제공하는 제도 • 대상 : 국가가 지정한 빈곤층 • 종류 : 기초생활보장제도, 기초노령연금 • 특징 : 선별적 가입, 소득재분배 효과가 가장 큼, 사후 처방의 성격 • 비용부담 : 국가
사회복지 서비스	• 의미 : 도움이 필요한 모든 국민에게 상담, 재활, 관련 시설의 이용 등 비금전적인 지원을 통해 국민의 삶의 질이 향상되도록 지원하는 제도 • 대상 : 국가나 민간 부문의 도움이 필요한 국민 • 종류 : 아동 복지, 노인 복지, 부녀 복지, 가족 복지, 장애인 복지 • 특징 : 비금전적 지원, 국가 외에 민간 부문(기업)도 참여 가능 • 비용부담 : 원칙=수익자부담, 부담 능력이 없을 경우=국가 부담

05 현대의 사회 변동

1 사회 변동과 사회 운동

(1) 사회 변동

① 의미와 원인

㉠ 의미 : 사회 구조가 전체적으로 변하거나 부분적으로 변하는 것

㉡ 원인 : 기술의 발전, 가치관의 변화, 경제적 요인의 변화, 구성원 간의 갈등, 인구 증감

② 사회 변동의 다양한 양상

㉠ 과학과 기술의 발전 예 농업사회 → 산업혁명 → 산업사회

㉡ 집단 간 갈등 예 흑인인종차별 → 인권운동 → 흑인인권신장

㉢ 가치관이나 이념의 변화 예 계몽사상 → 시민혁명 → 봉건사회 붕괴

㉣ 인구 구조의 변동 예 노인 인구 비중 증가 → 실버산업 활성화

㉤ 자연환경의 변화 예 지구온난화 → 친환경 산업 발전

㉥ 새로운 문화 요소 등장 예 문자의 발명 → 지식의 세대 간 전승 및 축적

③ 사회 변동을 바라보는 관점

㉠ 사회 변동의 방향에 대한 관점

사회진화론	• 사회는 일정 방향으로 진보하며, 진보할수록 점점 복잡성이 증가함 • 사회의 발전 방향을 설명하는 데 유용 • 서구 제국주의를 정당화하는 수단으로 악용 • 비판 : 사회는 퇴보 · 멸망할 수 있고, 문화의 상대성을 인정하지 않음
순환론	• 사회는 시간의 흐름에 따라 생성, 성장, 쇠퇴, 소멸의 과정을 반복 • 사회 변동에 대한 운명론적 역사관 • 비판 : 역사를 너무 거시적 입장에서만 파악하여 단기적인 사회 변동 과정을 설명하지 못함

㉡ 사회 변동에 대한 구조적 관점

기능론	• 사회는 여러 부분들이 각각의 기능을 원활하게 수행할 때 균형을 이루고 안정을 유지 • 사회는 불균형이 생기면 균형을 찾고자 변동함 • 비판 : 급진적 사회 변동 설명 못 함
갈등론	• 사회를 사회적 희소가치를 더 많이 획득하려는 구성원들 간의 대립과 투쟁의 장으로 인식 • 사회는 본능적으로 불안정하고, 갈등에 따른 사회 변동은 자연스러운 현상 • 비판 : 혁명 및 투쟁을 정당화하는 근거로 악용될 수 있으며, 사회 질서와 통합, 상호의존성 등을 경시함

(2) 사회 운동

① 의미 : 사회 문제를 해결하거나 사회 구조를 바꾸기 위해 대중이 조직적 · 집단적으로 벌이는 운동

② 사회 변동과의 관계 : 사회 운동은 사회 변동을 유발하지만, 급격한 사회 변화에 대항하기 위한 사회 운동은 사회 변동의 속도를 늦추기도 함

③ 유형

개혁적 사회 운동	• 기존 사회 질서에 만족하지만 개혁이 필요할 때 발생 • 사회 체계의 일부분을 바꾸려는 제한적 목표를 가짐 예 시민 단체의 사형제 폐지 운동, 소비자 주권 향상 운동 등
혁명적 사회 운동	• 기존 사회 질서에 불만을 가지고 급진적인 변동을 추구할 때 발생 • 현재의 사회 문제를 현 체제 내에서 기존의 권력관계를 유지한 상태로는 해결할 수 없다고 인식, 체제 자체를 변화시키려는 운동 예 프랑스 혁명
복고적(반동적) 사회 운동	• 기존 사회에 새로운 이질적인 요소가 개입하면서 기존의 구성원이 위협을 느낄 때 발생 • 기존 질서를 고수하고 급격한 사회 변화에 대항하기 위한 성격의 사회 운동

2 세계화 및 정보화로 인한 사회 변화

(1) 세계화

① 의미 : 국가 간 교류가 확대되면서 국경을 넘어 전 세계가 하나의 공동체로 통합되어 가는 현상

② 배경 : 교통과 통신의 발달, 국가 간 교류의 증대, 세계 무역 기구의 출범, 국제 사회의 다양한 행위 주체 등장 등

③ 영향

㉠ 긍정적 측면

- 더 많은 상품을 선택하고 다양한 문화를 향유할 기회 증가
- 인류의 보편적 가치가 전 세계로 확산

㉡ 부정적 측면

- 선진국과 개발도상국 간 격차 확대
- 선진국 중심의 일방적 문화 전파로 각국의 문화적 정체성 약화
- 국제기구 등의 영향으로 개별 국가의 자율성 침해 등

(2) 정보화

① 의미 : 정보 통신 기술의 급격한 발전으로 사회 전반에서 지식과 정보가 차지하는 비중이 증대되는 현상

② 영향

㉠ 긍정적 측면

- 정치 참여 기회 확대
- 국가 간 · 계층 간 소득 격차 완화
- 업무의 편리성과 효율성 증대
- 문화적 다양성 증대

㉡ 부정적 측면

- 정부의 감시와 통제 강화, 사생활 침해 문제의 우려
- 정보 격차로 인한 사회적 · 경제적 불평등 심화
- 정보의 오남용 문제, 잘못된 정보로 인한 폐해 확산
- 피상적 인간관계의 확산

3 저출산 · 고령화와 다문화적 변화

(1) 저출산

① 의미 : 합계 출산율이 하락하는 현상

② 배경 : 초혼 연령의 상승, 독신 인구 증가, 혼인 · 출산에 대한 가치관 변화, 출산 · 양육에 대한 부담 증가

③ 문제 : 생산 가능 인구 감소 → 국민 경제의 활력 저하, 저성장 등

(2) 고령화

① 의미 : 전체 인구에서 65세 이상 인구의 비율이 증가하는 현상

② 배경 : 의료기술 발달 및 생활 수준 향상에 따른 평균 수명의 증가, 저출산 현상의 심화

③ 문제 : 노년 부양비 증가, 세대 간 갈등 심화, 노인 빈곤문제, 국가 재정 부담 증가

(3) 다문화 사회

① 의미 : 다양한 인종 · 종교 · 문화를 가진 사람들이 공존하는 사회

② 배경 : 국제결혼의 증가, 세계화로 인한 교류 활성화, 노동력의 자유로운 이동 등

③ 영향

㉠ 긍정적 측면 : 문화 다양성 확대

㉡ 부정적 측면 : 집단 간 갈등 증가, 외국인 이주에 대한 편견과 차별

4 전 지구적 수준의 문제와 세계시민

(1) 전 지구적 수준의 문제

구분	내용
환경문제	• 지구온난화, 사막화, 열대 우림의 파괴 등 • 지속 가능한 개발, 국제 사회의 유기적 대응, 개인적 · 사회적 관심과 노력 필요
자원문제	• 에너지 자원 부족, 식량 부족, 자원을 둘러싼 분쟁 • 자원 절약, 청정에너지 개발 및 보급 확대, 국제 사회의 노력 필요
전쟁과 테러	• 전쟁 : 국가나 집단이 전면적으로 참여하여 폭력을 행사하는 행위 • 테러 : 특정 목표를 가진 소규모 집단 또는 개인이 폭력을 행사하는 행위

(2) 지속 가능한 사회

① 의미 : 미래 세대가 자신들의 필요를 충족시키기 위해 갖춰야 할 여건을 저해하지 않으면서, 현재 세대가 필요로 하는 다양한 욕구를 충족시키지 않는 사회

② 지속 가능한 사회의 실현을 위해 지속 가능한 개발의 필요성 증대

(3) 세계시민 의식

① 의미 : 공동체 의식을 바탕으로 다양한 지구촌의 문제에 관심을 가지고 적극적으로 해결하려는 시민 의식

② 전 지구적 수준의 문제에 지속적인 관심을 가지고, 국가를 초월한 반성과 참여 및 연대를 할 수 있어야 함

③ 특정한 이해관계를 초월하여 보편적인 가치를 추구하고 그것을 위해 행동하는 시민성을 갖추어야 함

교육은 우리 자신의 무지를 점차 발견해 가는 과정이다.

-윌 듀란트-

제2과목

자동차구조원리 및 도로교통법규

01 자동차구조원리

01 엔진

1 엔진의 기본구조 및 작동원리

(1) 열기관

열에너지를 기계적 에너지로 변환하는 기관을 말하며 고온과 저온의 열원사이에서 순환과정을 반복하며 열에너지를 역학적 에너지로 바꾸는 장치를 말한다.

① 외연기관

열기관의 형태중의 하나로 외부의 보일러 또는 가열기를 통하여 작동유체를 가열시키고 가열된 작동유체의 열과 압력을 이용하여 동력을 얻는 기관으로 증기기관과 스털링 기관 등이 있다.

② 내연기관

공기와 화학적 에너지를 갖는 연료의 혼합물을 기관 내부에서 연소시켜 에너지를 얻는 기관으로서 기관의 작동부(연소실)에서 혼합물을 직접 연소시켜 압력과 열에너지를 갖는 가스를 이용하여 동력을 얻는 열기관이며 자동차의 내연기관 분류는 다음과 같다.

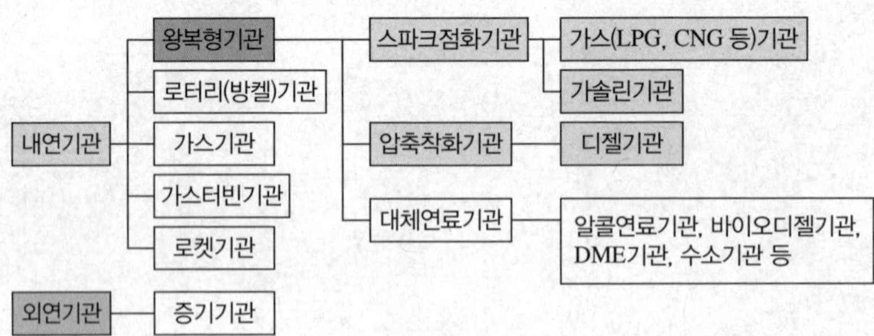

(2) 자동차용 내연기관의 분류

① 작동방식에 의한 분류

㉠ 왕복형 엔진(피스톤 엔진) : 피스톤의 왕복 운동을 크랭크축에 의해 회전운동으로 변환하여 동력을 얻는 엔진으로 가솔린 엔진, 디젤 엔진, LPG 엔진, CNG 엔진 등이 속한다.

㉡ 회전형 엔진(로터리 엔진) : 엔진 폭발력을 회전형 로터에 의하여 직접 회전력으로 변환시켜 기계적인 에너지로 변환시킨 후 동력을 얻는 엔진이다.

㉢ 분사 추진형 엔진 : 연소 배기가스를 고속으로 분출시킬 때 그 반작용으로 추진력이 발생하여 동력을 얻는 엔진으로 제트 엔진 등이 해당된다.

② 점화방식에 의한 분류

㉠ 전기점화 엔진 : 압축된 혼합기에 점화 플러그로 고압의 전기불꽃을 발생시켜서 점화 연소시키는 엔진으로 가솔린 엔진, LPG, CNG 엔진 등이 있다.

㉡ 압축착화 엔진(자기착화 엔진) : 공기만을 흡입하여 고온(500~600℃), 고압(30~35kg/cm²)으로 압축한 후 고압의 연료를 미세한 안개 모양으로 분사하여 자기착화시키는 엔진으로 디젤 엔진이 있다.

③ 엔진의 분류

㉠ 작동 사이클에 의한 분류

- 4행정 1사이클 엔진 : 흡입-압축-폭발(동력)-배기의 4개의 행정이 1번 완료 시 크랭크축이 2회전(720°)하여 1사이클을 완성하는 엔진이다.
- 2행정 1사이클 엔진 : (소기 · 압축)-(폭발 · 배기)의 2개의 행정이 1번 완료 시 크랭크축이 1회전(360°)하여 1사이클을 완성하는 엔진이다.

④ 열역학적 사이클에 의한 분류

㉠ 오토 사이클(정적 사이클; Otto Cycle) : 전기 점화 엔진의 기본 사이클이며 급열이 일정한 체적에서 형성되고 2개의 정적변화와 2개의 단열변화로 사이클이 구성된다. 단열압축 → 정적가열 → 단열팽창 → 정적방열의 과정으로 구성되며 대표적으로 가솔린 엔진이 속한다.

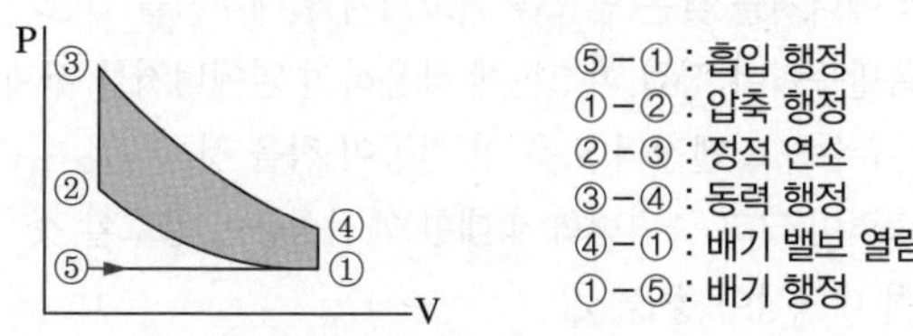

[오토 사이클 P-V 선도]

㉡ 디젤 사이클(정압 사이클; Diesel Cycle) : 급열이 일정한 압력하에서 이루어지며 중 · 저속 디젤 엔진에 적용된다. 단열압축 → 정압가열 → 단열팽창 → 정적방열의 과정으로 구성된다(1사이클).

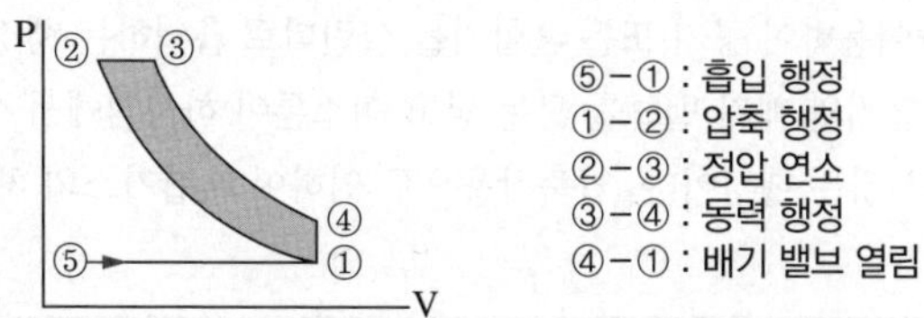

[디젤 사이클 P-V 선도]

㉢ 사바테 사이클(복합 사이클; Sabathe Cycle) : 급열은 정적과 정압하에서 이루어지며 고속 디젤 엔진이 여기에 속한다. 단열압축 → 정적가열 → 정압가열 → 단열팽창 → 정적방열의 과정으로 구성된다(1사이클).

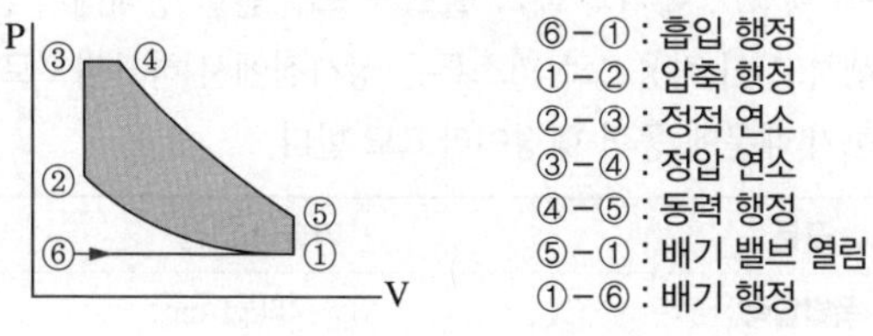

[사바테 사이클 P-V 선도]

⑤ 사용 연료에 따른 분류

㉠ 가솔린 엔진 : 엔진 동작유체로 가솔린을 사용하는 엔진을 말하며 가솔린과 공기의 혼합물을 전기적인 불꽃으로 연소시키는 엔진이다.

㉡ 디젤 엔진 : 엔진의 동작유체로 경유를 사용하는 엔진을 말하며 공기를 흡입한 후 압축하여 발생한 압축열에 의해 연료를 자기 착화하는 엔진이다.

㉢ LPG 엔진 : 엔진 동작유체로 액화석유가스(LPG)를 사용하는 엔진을 말하며 공기를 흡입한 후 액화석유가스와 혼합하여 전기적인 불꽃으로 연소시키는 엔진이다.

㉣ CNG 엔진 : 엔진 동작유체로 천연가스를 사용하는 엔진을 말하며 공기를 흡입한 후 CNG와 혼합하여 전기적인 불꽃으로 연소시키는 엔진이다.

㉤ 소구(열구) 엔진 : 연소실에 열원인 소구(열구) 등을 장착하고 연소하여 동력을 얻는 형식의 엔진을 말하며 세미 디젤 엔진(Semi Diesel Engine) 또는 표면 점화 엔진이라 한다.

⑥ 엔진의 구비 조건

㉠ 공기와 화학적 에너지를 갖는 연료를 연소시켜 열에너지를 발생시킬 것

㉡ 연소 가스의 폭발동력이 직접 피스톤에 작용하여 열에너지를 기계적 에너지로 변환시킬 것

㉢ 연료소비율이 우수하고 엔진의 소음 및 진동이 적을 것

㉣ 단위 중량당 출력이 크고 출력변화에 대한 엔진성능이 양호할 것

㉤ 경량, 소형이며 내구성이 좋을 것

㉥ 사용연료의 공급 및 가격이 저렴하며 정비성이 용이할 것

㉦ 배출가스에 인체 또는 환경에 유해한 성분이 적을 것

⑦ 4행정 사이클 엔진의 작동

㉠ 흡입 행정 : 배기 밸브는 닫고 흡기 밸브는 열어 피스톤이 상사점에서 하사점으로 이동할 때 발생하는 부압을 이용하여 공기 또는 혼합기를 실린더로 흡입하는 행정이다.

㉡ 압축 행정 : 흡기와 배기 밸브를 모두 닫고 피스톤이 하사점에서 상사점으로 이동하며 혼합기 또는 공기를 압축시키는 행정이다. 압축작용으로 인하여 혼합가스의 체적은 작아지고 압력과 온도는 높아진다.

구분	가솔린 엔진	디젤 엔진
압축비	7~12 : 1	15~22 : 1
압축압력	7~13kgf/cm^2	30~55kgf/cm^2
압축온도	120~140℃	500~550℃

㉢ 폭발 행정(동력 행정) : 흡기와 배기 밸브가 모두 닫힌 상태에서 혼합기를 점화하여 고온 고압의 연소가스가 발생하고 이 작용으로 피스톤은 상사점에서 하사점으로 이동하는 행정이다. 실제 기관의 동력이 발생하기 때문에 동력 행정이라고도 한다.

구분	가솔린 엔진	디젤 엔진
폭발압력	35~45kgf/cm^2	55~65kgf/cm^2

㉣ 배기 행정 : 흡기 밸브는 닫고 배기 밸브는 열린 상태에서 피스톤이 하사점에서 상사점으로 이동하며 연소된 가스를 배기라인으로 밀어내는 행정이며 배기 행정 말단에서 흡기 밸브를 동시에 열어 배기가스의 잔류압력으로 배기가스를 배출시켜 충진 효율을 증가시키는 블로우 다운 현상을 이용하여 효율을 높인다.

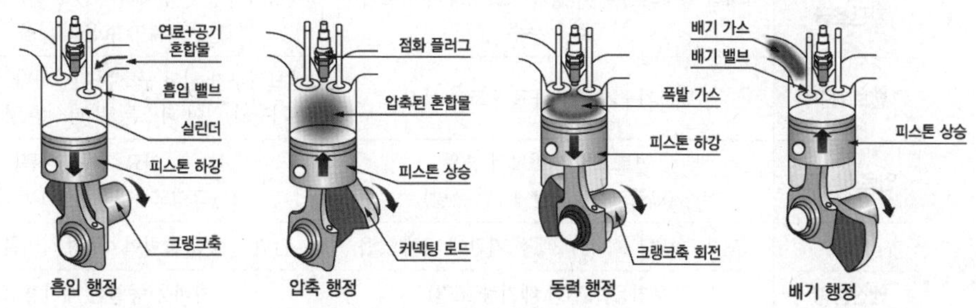

[4행정 엔진의 작동]

⑧ 2행정 사이클 엔진의 작동

㉠ 소기, 압축 행정(피스톤 상승) : 소기, 압축 행정은 피스톤이 하사점에 있을 때 기화기에서 형성된 혼합기를 소기펌프(Scavenging Pump)로 압축하여 실린더 내로 보내면서 피스톤이 상사점으로 이동하는 행정이다.

㉡ 폭발, 배기 행정(피스톤 하강) : 피스톤이 팽창압력으로 인하여 상사점에서 하사점으로 이동하는 행정으로 연소가스는 체적이 증가하고 압력이 떨어진다.

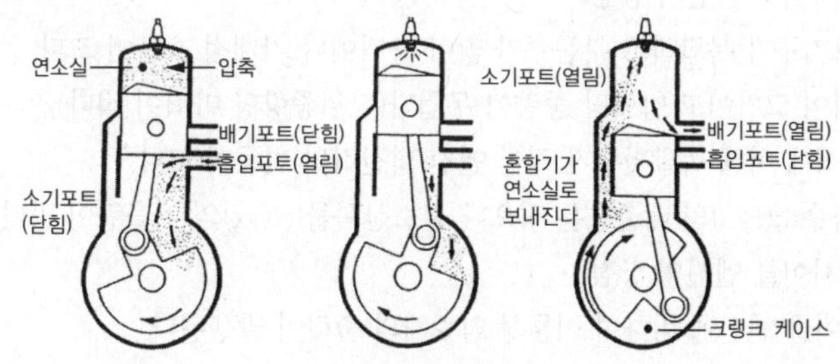

[2행정 엔진의 작동]

또한 혼합기의 강한 와류형성 및 압축비를 증대시키기 위해 피스톤 헤드부를 돌출시킨 디플렉터를 두어 제작하는 경우도 있다.

⑨ 4행정 사이클 엔진과 2행정 사이클 엔진

구분	4행정 사이클 엔진	2행정 사이클 엔진
행정 및 폭발	크랭크축 2회전(720°)에 1회 폭발 행정	크랭크축 1회전(360°)에 1회 폭발 행정
기관효율	4개의 행정의 구분이 명확하고 작용이 확실하며 효율 우수	행정의 구분이 명확하지 않고 흡기와 배기 시간이 짧아 효율이 낮음
밸브기구	밸브기구가 필요하고 구조가 복잡	밸브기구가 없어 구조는 간단하나 실린더 벽에 흡기구가 있어 피스톤 및 피스톤 링의 마멸이 큼
연료소비량	연료소비율 비교적 좋음 (크랭크축 2회전에 1번 폭발)	연료소비율 나쁨 (크랭크축 1회전에 1번 폭발)
동력	단위 중량당 출력이 2행정 기관에 비해 낮음	단위 중량당 출력이 4행정 사이클에 비해 높음
엔진중량	무거움(동일한 배기량 조건)	가벼움(동일한 배기량 조건)

㉠ 4행정 사이클 엔진의 장점
- 각 행정이 명확히 구분되어 있다.
- 흡입 행정 시 공기(공기+연료)의 냉각효과로 각 부분의 열적 부하가 적다.
- 저속에서 고속까지 엔진회전속도의 범위가 넓다.
- 흡입 행정의 구간이 비교적 길고 블로우 다운 현상으로 체적효율이 높다.
- 블로우 바이 현상이 적어 연료 소비율 및 미연소가스의 생성이 적다.
- 불완전 연소에 의한 실화가 발생되지 않는다.

㉡ 4행정 사이클 엔진의 단점
- 밸브기구가 복잡하고 부품수가 많아 충격이나 기계적 소음이 크다.
- 가격이 고가이고 마력당 중량이 무겁다(단위중량당 마력이 적다).
- 2행정에 비해 폭발횟수가 적어 엔진 회전력의 변동이 크다.
- 탄화수소(HC)의 배출량은 적으나 질소산화물(NOx)의 배출량이 많다.

㉢ 2행정 사이클 엔진의 장점
- 4사이클 엔진에 비하여 이론상 약 2배의 출력이 발생된다.
- 크랭크 1회전당 1번의 폭발이 발생되기 때문에 엔진 회전력의 변동이 적다.
- 실린더 수가 적어도 엔진 구동이 원활하다.
- 마력당 중량이 적고 값이 싸며, 취급이 쉽다(단위중량당 마력이 크다).

㉣ 2행정 사이클 엔진의 단점
- 각 행정의 구분이 명확하지 않고, 유해배기가스의 배출이 많다.
- 흡입 시 유효 행정이 짧아 흡입 효율이 저하된다.
- 소기 및 배기 포트의 개방시간이 길어 평균 유효 압력 및 효율이 저하된다.
- 피스톤 및 피스톤 링이 손상되기 쉽다.
- 저속 운전이 어려우며, 역화가 발생된다.
- 흡·배기가 불완전하여 열 손실이 크며, 미연소가스(HC)의 배출량이 많다.
- 연료 및 윤활유의 소모율이 많다.

2 실린더 헤드(Cylinder head)

실린더 헤드는 헤드 개스킷을 사이에 두고 실린더 블록의 상부에 결합되며 밸브기구가 장착되고 실린더 및 피스톤과 더불어 연소실을 형성하는 구조를 가진다. 실린더 헤드의 하부에는 연소실이 형성되어 연소 시 발생하는 높은 열부하와 충격에 견딜 수 있도록 내열성, 고강성, 냉각효율 등이 요구되며 재질은 보통주철과 알루미늄합금이 많이 사용된다. 또한 실린더 블록과 실린더 헤드 사이에 실린더 헤드 개스킷을 조립하여 실린더 헤드와 실린더 블록 사이의 연소가스 누설 및 오일, 냉각수 누출을 방지하고 있다.

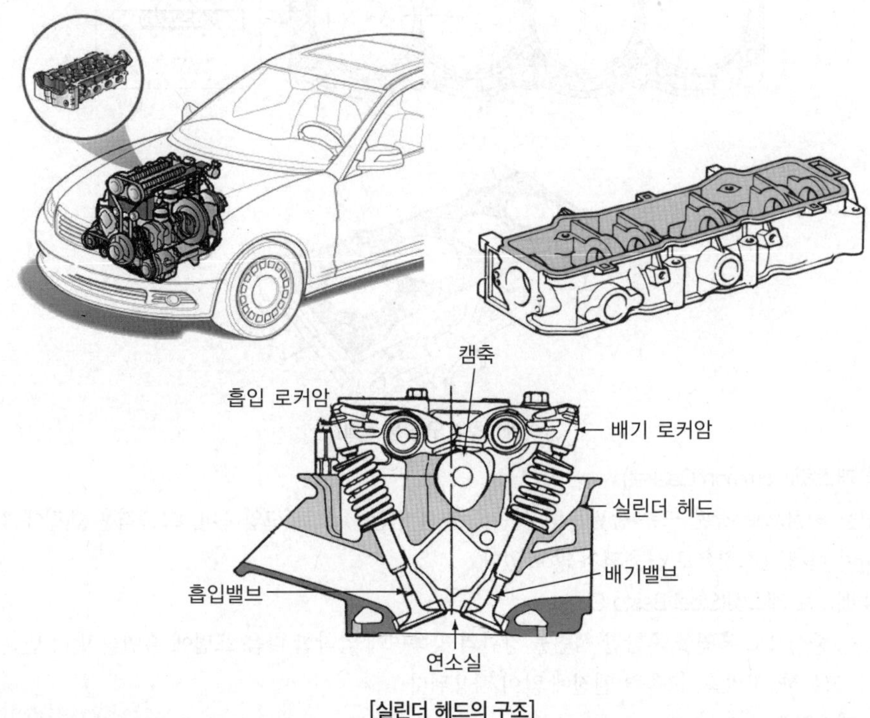

[실린더 헤드의 구조]

(1) 연소실의 구비 조건

① 화염전파에 소요되는 시간을 짧게 하는 구조일 것
② 이상연소 또는 노킹을 일으키지 않는 형상일 것
③ 열효율이 높고 배기가스에 유해한 성분이 적도록 완전 연소하는 구조일 것
④ 가열되기 쉬운 돌출부(조기점화원인)를 두지 말 것
⑤ 밸브 통로면적을 크게 하여 흡기 및 배기 작용을 원활히 되도록 할 것
⑥ 연소실 내의 표면적은 최소가 되도록 할 것
⑦ 압축 행정 말에서 강력한 와류를 형성하는 구조일 것

(2) 실린더 헤드 개스킷(Cylinder Head Gasket)

실린더 헤드 개스킷은 연소가스 및 엔진오일, 냉각수 등의 누설을 방지하는 기밀 작용을 해야 하며 고온과 폭발압력에 견딜 수 있는 내열성, 내압성, 내마멸성을 가져야 한다. 이에 따른 실린더 헤드 개스킷의 종류는 다음과 같다.

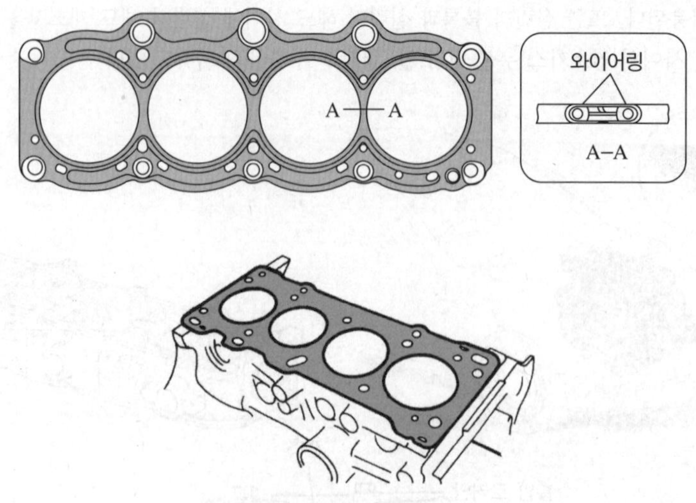

[개스킷의 구조 및 조립]

① 보통 개스킷(Common Gasket)

석면을 중심으로 강판 또는 동판으로 석면을 싸서 만든 것으로 고압축비, 고출력용 엔진에 적합하지 못하여 현재 개스킷으로 사용되지 않고 있다.

② 스틸 베스토 개스킷(Steel Besto Gasket)

강판을 중심으로 흑연을 혼합한 석면을 강판의 양쪽면에 압착한 다음 표면에 흑연을 발라 만든 것으로 고열, 고부하, 고압축, 고출력 엔진에 많이 사용된다.

③ 스틸 개스킷(Steel Gasket)

금속의 탄성을 이용하여 강판만으로 만든 것으로 복원성이 우수하고 내열성, 내압성, 고출력엔진에 적합하여 현재 많이 사용되고 있다.

3 실린더 블록(Cylinder Block)

실린더 블록은 피스톤이 왕복운동을 하는 실린더와 각종 부속장치가 설치될 수 있도록 만들어진 기관 본체를 말한다. 실린더 블록은 냉각수가 흐르는 통로(Water Jacket)와 엔진오일이 순환하는 윤활통로로 구성되며 실린더 블록의 상부에는 실린더 헤드가 조립되고 하부에는 크랭크축과 윤활유실(Lubrication Chamber)이 조립된다. 실린더 블록의 실린더는 압축가스가 누설되지 않도록 기밀성을 유지해야 한다. 따라서 실린더 블록을 만드는 재료는 내열성과 내마모성이 커야 하고, 고온강도가 있어야 하며 열팽창계수가 작아야 한다.

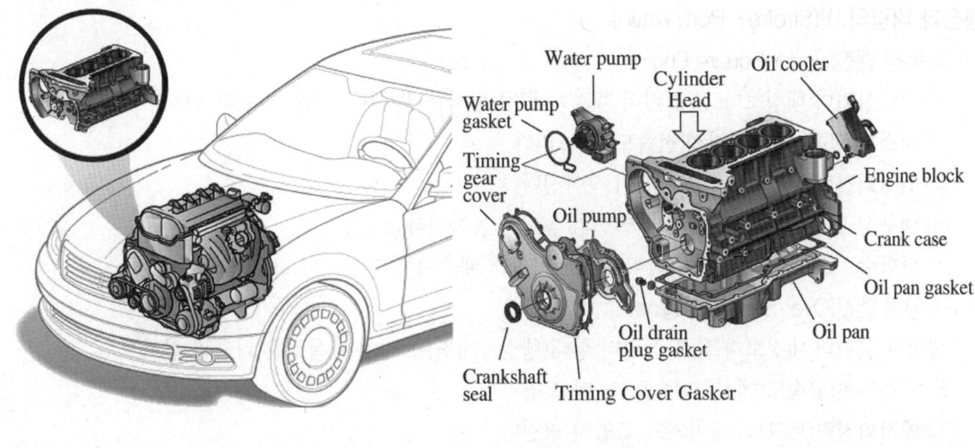

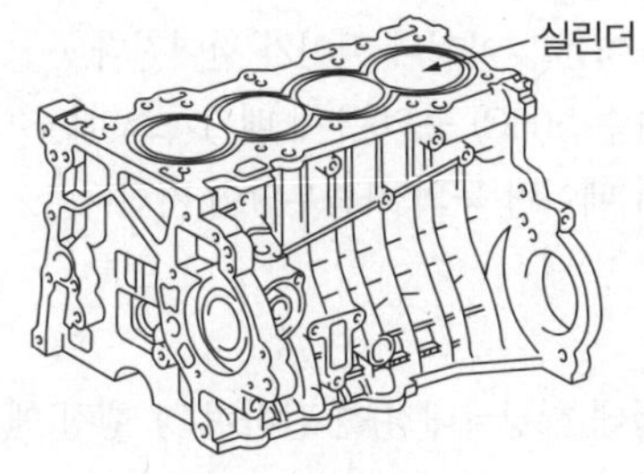

[실린더 블록]

이러한 실린더 블록의 재질은 내마멸성, 내식성이 우수하고 주조와 기계가공이 쉬운 주철을 사용하나 Si, Mn, Ni, Cr 등을 포함하는 특수주철 또는 알루미늄합금으로 된 것도 있다.

(1) 실린더 블록의 구비 조건

① 엔진 부품 중에서 가장 큰 부분이므로 가능한 한 소형, 경량일 것
② 엔진의 기초 구조물이므로 충분한 강도와 강성을 지닐 것
③ 구조가 복잡하므로 주조성 및 절삭성 등이 우수할 것
④ 실린더(또는 라이너) 안쪽 벽면의 내마멸성이 우수할 것
⑤ 실린더(또는 라이너)가 마멸된 경우 분해 정비가 용이할 것

(2) 실린더의 기능

① 피스톤의 상하 왕복운동의 통로역할과 피스톤과의 기밀유지를 하면서 열에너지를 기계적 에너지로 바꾸어 동력을 발생시키는 것
② 실린더와 피스톤 사이에 블로우 바이 현상이 발생되지 않도록 할 것
③ 물재킷에 의한 수랭식과 냉각 핀에 의한 공랭식이 있음
④ 마찰 및 마멸을 적게 하기 위해서 실린더 벽에 크롬 도금한 것도 사용

(3) 행정과 내경의 비(Stroke－Bore Ratio)

① 장 행정 엔진(Under Square Engine)

행정이 실린더 내경보다 긴 실린더(행정 > 내경) 형태를 말하며 특징은 다음과 같다.

㉠ 피스톤 평균 속도(엔진 회전속도)가 느리다.

㉡ 엔진회전력(토크)이 크고 측압이 작아진다.

㉢ 내구성 및 유연성이 양호하나 엔진의 높이가 높아진다.

㉣ 탄화수소(HC)의 배출량이 적어 유해배기가스 배출이 적다.

② 단 행정 엔진(Over Square Engine)

행정이 실린더 내경보다 짧은 실린더 형태(행정 < 내경)를 말하며 특징은 다음과 같다.

㉠ 피스톤 평균속도(엔진회전속도)가 빠르다.

㉡ 엔진회전력(토크)이 작아지고 측압이 커진다.

㉢ 행정구간이 짧아 엔진의 높이는 낮아지나 길이가 길어진다.

㉣ 연소실의 면적이 넓어 탄화수소(HC) 등의 유해 배기가스 배출이 비교적 많다.

㉤ 폭발압력을 받는 부분이 커 베어링 등의 하중부담이 커진다.

㉥ 피스톤이 과열하기 쉽다.

③ 정방형 엔진(Square Engine)

행정과 실린더 내경이 같은 형태(행정＝내경)를 말하며 장 행정 엔진과 단 행정 엔진의 중간의 특성을 가지고 있다.

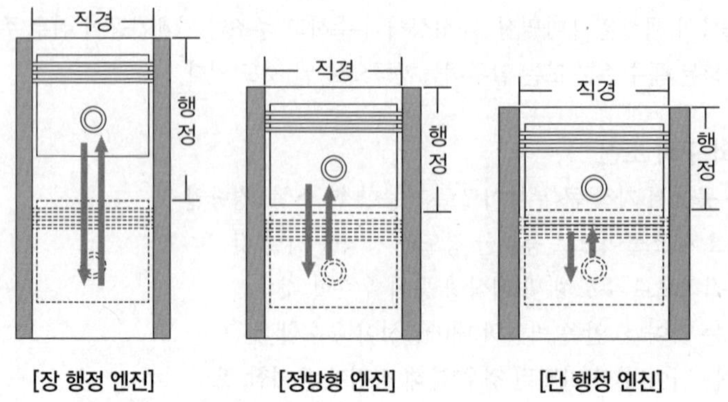

4 크랭크 케이스(Crank Case)

크랭크 케이스는 실린더 블록 하단에 설치된 것으로 윤활유실(Lubrication Chamber) 또는 오일 팬(Oil Pan)이라고 말하며 기관에 필요한 윤활유를 저장하는 공간이다. 엔진오일 팬은 내부에 오일의 유동을 막아주는 배플(격벽)과 오일의 쏠림현상으로 발생할 수 있는 윤활유의 급유 문제점을 방지하는 섬프 기능이 적용되어 있다.

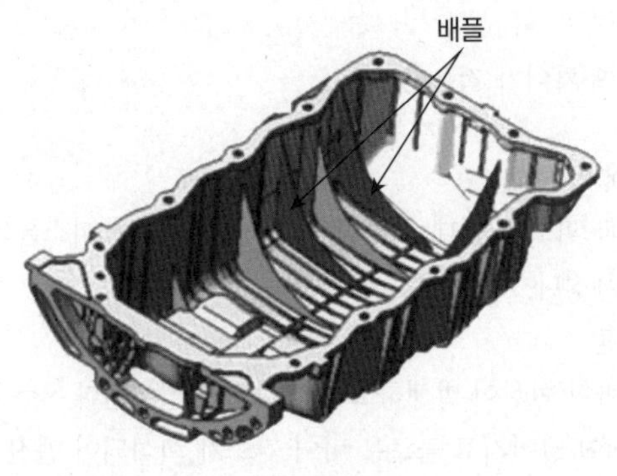

[오일 팬]

5 피스톤(Piston)

피스톤은 실린더 내를 왕복운동하며 연소가스의 압력과 열을 일로 바꾸는 역할을 한다. 실린더 내에서 고온, 고압의 연소가스와 접촉하므로 열전달이 우수하며 가볍고 견고해야 하기 때문에 알루미늄 합금인 Y합금이나 저 팽창률을 가진 로엑스(Lo-Ex)합금을 사용한다. 이 합금의 특성은 비중량이 작고 내마모성이 크며 열팽창계수가 작은 특징이 있다.

피스톤에서는 상부를 피스톤 헤드(Piston Head)라 하고 하부를 스커트(Skirt)부라 한다. 열팽창률을 고려하여 피스톤 헤드의 지름을 스커트부보다 작게 설계한다. 피스톤 상부에는 피스톤 링(Piston Ring)이 조립되는 홈이 있는데 이 홈을 링 그루브(Ring Groove) 또는 링 홈 이라 하며 상단에 압축 링이 조립되고 하단에는 오일 링이 조립되어 오일제어 작용을 한다. 또한 링 홈에서 링 홈까지의 부분을 랜드(Land)라 말한다. 피스톤의 상단에 크랭크축과 같은 방향으로 피스톤 핀(Piston Pin)을 설치하는 핀 보스(Pin Boss)부가 있고 이 부분에 커넥팅 로드(Connecting Rod)가 조립되며 이를 커넥팅 로드 소단부라 말한다.

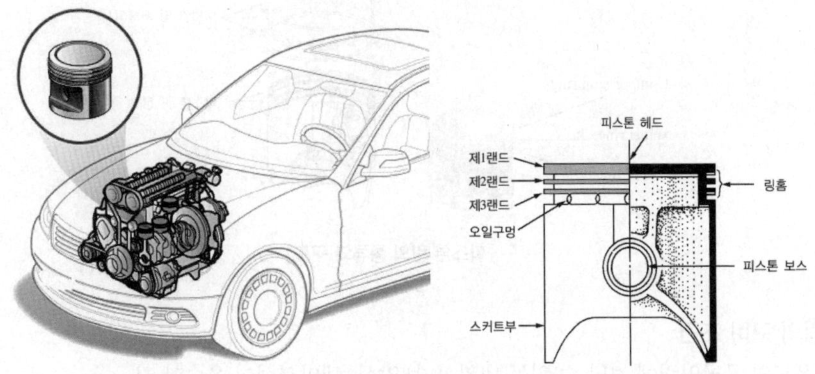

[피스톤의 구조와 명칭]

(1) 피스톤의 구비 조건

① 관성력에 의한 피스톤 운동을 방지하기 위해 무게가 가벼울 것

② 고온 · 고압가스에 견딜 수 있는 강도가 있을 것

③ 열전도율이 우수하고 열팽창률이 적을 것

④ 블로우 바이 현상이 적을 것
⑤ 각 기통의 피스톤간의 무게 차이가 적을 것

(2) 피스톤 간극(Piston Clearance)

피스톤 간극은 실린더 내경과 피스톤 최대 외경과의 차이를 말하며 피스톤의 재질, 피스톤의 형상, 실린더의 냉각상태 등에 따라 정해진다.

① 피스톤 간극이 클 때의 영향
㉠ 압축 행정 시 블로우 바이 현상이 발생하고 압축압력이 떨어진다.
㉡ 폭발 행정 시 엔진출력이 떨어지고 블로우 바이 가스가 희석되어 엔진오일을 오염시킨다.
㉢ 피스톤 링의 기밀작용 및 오일제어 작용 저하로 엔진오일이 연소실로 유입되어 연소하여 오일 소비량이 증가하고 유해 배출가스가 많이 배출된다.
㉣ 피스톤의 슬랩(피스톤과 실린더 간극이 너무 커 피스톤이 상 · 하사점에서 운동 방향이 바뀔 때 실린더 벽에 충격을 가하는 현상) 현상이 발생하고 피스톤 링과 링 홈의 마멸을 촉진시킨다.

② 피스톤 간극이 작을 때 영향
㉠ 실린더 벽에 형성된 오일 유막 파괴로 마찰 증대
㉡ 마찰에 의한 고착(소결) 현상 발생

(3) 피스톤 링(Piston Ring)

피스톤 링(Piston Ring)은 고온 고압의 연소가스가 연소실에서 크랭크실로 누설되는 것을 방지하는 기밀작용과 실린더 벽에 윤활유막(Oil Film)을 형성하는 작용, 실린더벽의 윤활유를 긁어내리는 오일제어 작용 및 피스톤의 열을 실린더 벽으로 방출시키는 냉각작용을 한다.

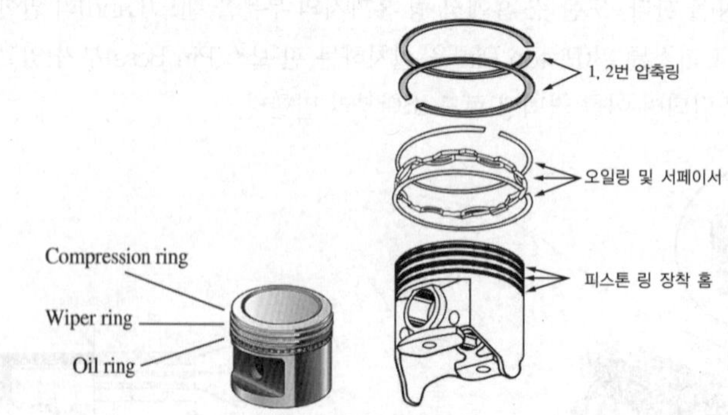

[피스톤 링의 종류와 구조]

(4) 피스톤 링의 구비 조건

① 높은 온도와 폭발압력에 견딜 수 있는 내열성, 내압성, 내마모성이 우수할 것
② 피스톤 링의 제작이 쉬우며 적당한 장력이 있을 것
③ 실린더 면에 가하는 압력이 일정할 것
④ 열전도율이 우수하고 고온에서 장력의 변화가 적을 것

(5) 압축 링의 플러터 현상

① 플러터(Flutter) 현상

기관의 회전속도가 증가함에 따라 피스톤이 상사점에서 하사점으로 또는 하사점에서 상사점으로 방향을 바꿀 때 발생하는 피스톤 링의 떨림 현상으로서 피스톤 링의 관성력과 마찰력의 방향도 변화되면서 링 홈은 누출 가스의 압력에 의하여 면압이 저하된다. 따라서 피스톤 링과 실린더 벽 사이에 간극이 형성되어 피스톤 링의 기능이 상실되므로 블로바이 현상이 발생하여 기관 출력의 저하, 실린더의 마모 촉진, 피스톤의 온도 상승, 오일 소모량의 증가와 같은 영향을 초래한다.

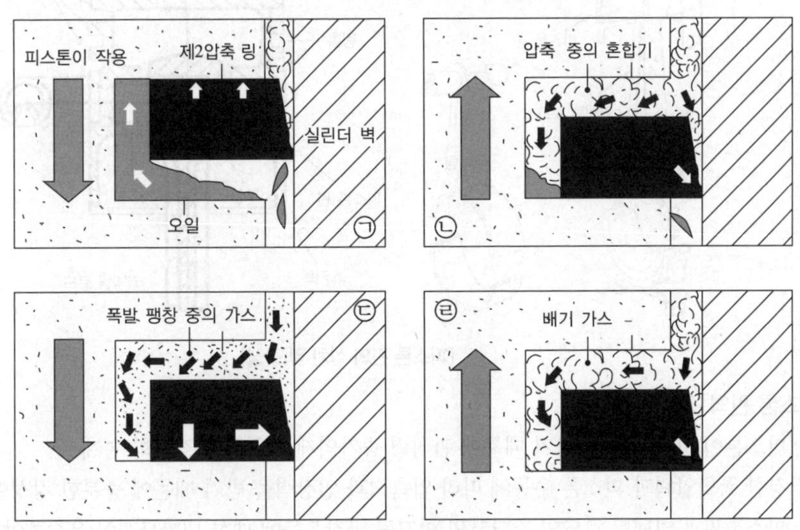

[압축 링의 작용]

㉠ 흡입 행정 : 피스톤의 홈과 링의 윗면이 접촉하여 홈에 있는 소량의 오일의 침입을 막는다.

㉡ 압축 행정 : 피스톤이 상승하면 링은 아래로 밀리게 되어 위로부터의 혼합기가 아래로 새지 않도록 한다.

㉢ 동력 행정 : 가스가 링을 강하게 가압하고, 링의 아래 면으로부터 가스가 새는 것을 방지한다.

㉣ 배기 행정 : 압축 행정과 비슷한 움직임 이상에서 피스톤의 움직임에 영향을 받지 않는 것은 동력 행정뿐이다.

② 플러터 현상에 따른 장애

㉠ 엔진의 출력 저하

㉡ 링, 실린더 마모 촉진

㉢ 열전도가 적어져 피스톤의 온도 상승

㉣ 슬러지(Sludge) 발생으로 윤활부분에 퇴적물이 침전

㉤ 오일 소모량 증가

㉥ 블로바이 가스 증가

③ 플러터 현상의 방지법

피스톤 링의 장력을 증가시켜 면압을 높게 하거나, 링의 중량을 가볍게 하여 관성력을 감소시키며, 엔드 갭 부근에 면압의 분포를 높게 한다.

(6) 피스톤 핀(Piston Pin)

피스톤 핀(Piston Pin)은 커넥팅 로드 소단부와 피스톤을 연결하는 부품으로 피스톤에 작용하는 폭발 압력을 커넥팅 로드에 전달하는 역할을 하고 압축과 팽창행정에 충분한 강도를 가져야 하며 피스톤 핀의 고정방식에 따라 고정식(Stationary Type), 반부동식(Semi-Floating Type), 전부동식(Full-Floating Type)으로 구분한다.

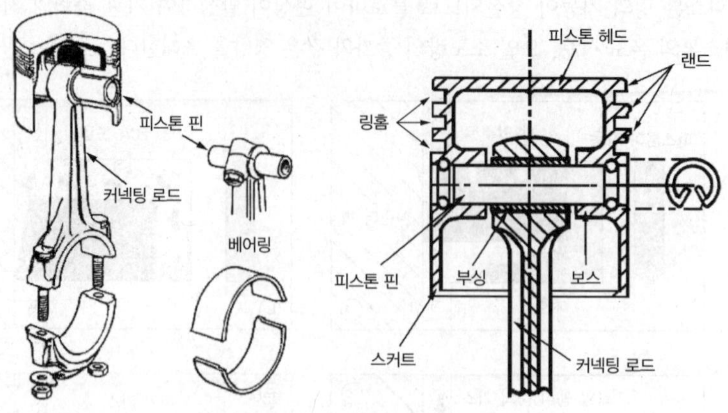

[피스톤 핀의 설치 및 구성]

① 피스톤 핀의 구비 조건

㉠ 피스톤이 고속 운동을 하기 때문에 관성력 증가억제를 위하여 경량화 설계

㉡ 강한 폭발압력과 피스톤 운동에 따라 압축력과 인장력을 받기 때문에 충분한 강성이 요구

㉢ 피스톤핀과 커넥팅 로드의 소단부의 미끄럼 마찰운동에 대한 내마모성이 우수해야 함

② 피스톤핀 재질

㉠ 니켈-크롬강 : 내식성 및 경도가 크고 내마멸성이 우수한 특성이 있다.

㉡ 니켈-몰리브덴 강 : 내식성 및 내마멸성, 내열성이 우수한 특성이 있다.

③ 피스톤 핀의 설치 방법

㉠ 고정식(Stationary Type) : 피스톤 핀이 피스톤 보스부에 볼트로 고정되고 커넥팅 로드는 자유롭게 작동하는 방식이다.

㉡ 반부동식(Semi-Floating Type) : 피스톤 핀을 커넥팅 로드 소단부에 클램프 볼트로 고정 또는 압입하여 조립한 방식이다. 피스톤 보스부에 고정 부분이 없기 때문에 자유롭게 움직일 수 있다.

㉢ 전부동식(Full-Floating Type) : 피스톤 핀이 피스톤 보스부 또는 커넥팅 로드 소단부에 고정되지 않는 방식이다.

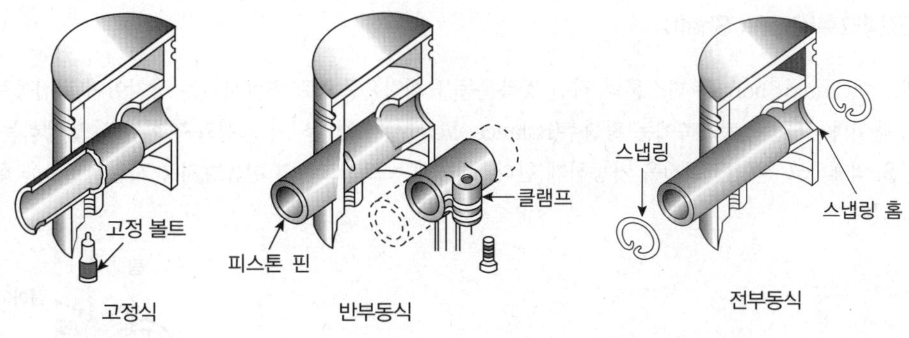

[피스톤 핀의 고정형식]

6 커넥팅 로드(Connecting Rod)

커넥팅 로드는 팽창 행정에서 피스톤이 받은 동력을 크랭크축으로 전달하고 다른 행정 때는 역으로 크랭크축의 운동을 피스톤에 전달하는 역할을 한다. 커넥팅 로드의 운동은 요동운동이므로 무게가 가볍고 기계적 강도가 커야한다. 재료로는 니켈-몰리브덴강이나 크롬-몰리브덴강을 주로 사용하고 단조가공으로 만든다. 커넥팅 로드는 콘 로드(Con Rod)라고도 하며 일반적으로 행정의 1.5~2.5배로 제작하여 조립한다.

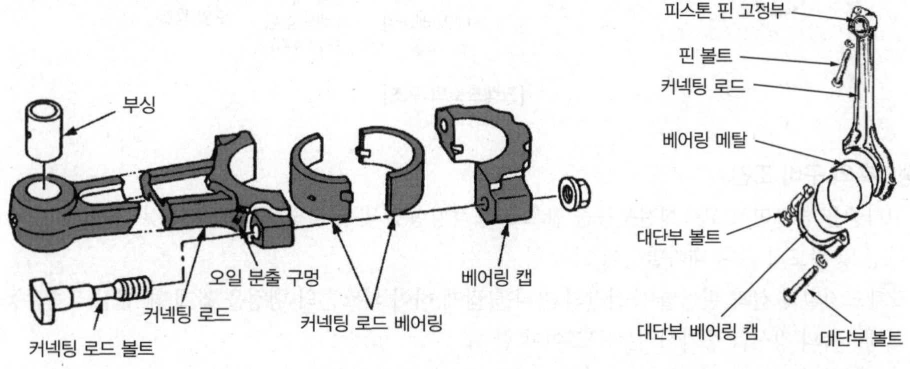

[커넥팅 로드의 구조]

(1) 커넥팅 로드의 길이

① 커넥팅 로드의 길이가 길면 측압이 감소되어 실린더의 마멸을 감소시키고, 정숙한 구동을 구현할 수 있으나 커넥팅 로드의 길이 증가로 엔진의 높이가 높아질 수 있고, 무게가 무거워지며, 커넥팅 로드의 강도가 저하될 수 있다.

② 커넥팅 로드의 길이가 짧을 경우 엔진의 높이가 낮아지고, 커넥팅 로드의 강성이 확보되며 가볍게 제작할 수 있어 고속회전 엔진에 적합하나 측압이 증가하여 실린더의 마멸을 촉진할 수 있다.

7 크랭크축(Crank Shaft)

크랭크축(Crank Shaft)은 피스톤의 직선 왕복운동을 회전운동으로 변화시키는 장치이며 회전동력이 발생하는 부품이다. 또한 크랭크축에는 평형추(Balance Weight)가 장착되어 크랭크축 회전 시 발생하는 회전 진동 발생을 억제하고 원활한 회전을 가능하게 한다. 최근에는 크랭크축의 진동방지용 사일런트축을 설치하는 경우도 있다.

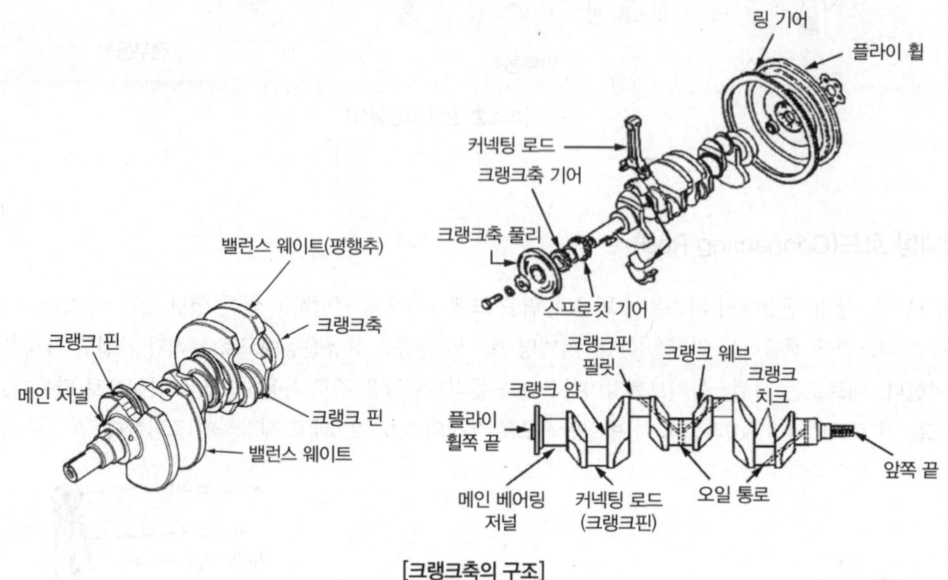

[크랭크축의 구조]

(1) 크랭크축의 구비 조건

① 고하중을 받으면서 고속회전운동을 함으로 동적평형성 및 정적평형성을 가질 것

② 강성 및 강도가 크며 내마멸성이 커야 함

③ 크랭크저널 중심과 핀저널 중심간의 거리를 짧게 하여 피스톤의 행정을 짧게 해 엔진 고속운동에 따른 크랭크축의 강성을 증가시키는 구조여야 함

(2) 크랭크축의 재질

① **단조용 재료 :** 고탄소강(S45C~S55C), 크롬-몰리브덴강, 니켈-크롬강 등

② **주조용 재료 :** 미하나이트 주철, 펄라이트 가단주철, 구상 흑연 주철 등

③ 핀 저널 및 크랭크 저널은 강성, 강도 및 내마멸성 증대

(3) 크랭크축의 점화 순서

4행정 사이클 4실린더 엔진의 경우 흡입, 압축, 동력(폭발), 배기의 4행정이 각 실린더에서 각각 이루어지기 때문에 크랭크축이 180° 회전할 때마다 1개의 실린더가 폭발 연소한다. 크랭크축이 2회전 즉, 720° 회전하면 4개의 실린더가 1회의 폭발 연소를 완료하고 점화 순서는 크랭크 핀(핀 저널)의 위치, 엔진의 내구성, 혼합가스의 분배에 따라 엔진의 회전을 원활하게 이루어지도록 1번 실린더를 첫 번째로 하여 점화순서를 정하며 점화시기 결정 시 고려해야 할 사항은 다음과 같다.

① 각 실린더별 동력 발생 시 동력의 변동이 적도록 동일한 연소간격을 유지해야 함
② 크랭크축의 비틀림 진동을 방지하는 점화시기일 것
③ 연료와 공기의 혼합가스를 각 연소실에 균일하게 분배하도록 흡기다기관에서 혼합기의 원활한 유동성을 확보
④ 하나의 메인 베어링에 연속해서 하중이 집중되지 않도록 하고, 인접한 실린더에 연이어 폭발되지 않도록 함(1-3-4-2)

(4) 토셔널 댐퍼(Torsional Damper; 비틀림 진동 흡수)

크랭크축 풀리와 일체로 제작되어 크랭크축 앞부분에 설치되며 크랭크축의 비틀림 진동을 흡수하는 장치로 마찰판과 댐퍼 고무로 되어 있다. 엔진 작동 중 크랭크축에 비틀림 진동이 발생하면 댐퍼 플라이 휠이나 댐퍼 매스는 일정 속도로 회전하려 하기 때문에 마찰 판에서 미끄러짐이 발생하고 댐퍼 고무가 변형되어 진동이 감쇠되면서 비틀림 진동을 감소시킨다.

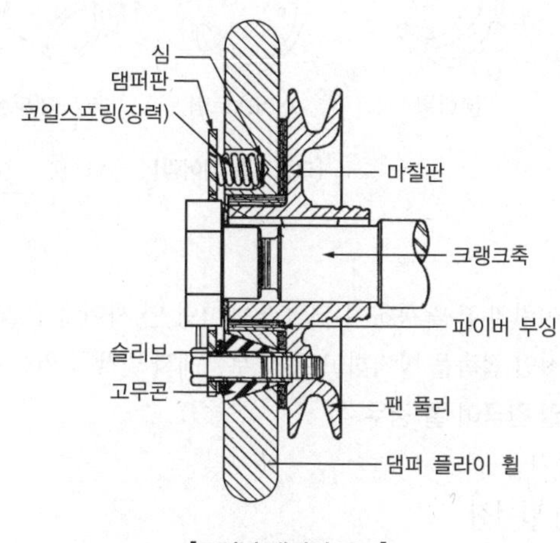

[토셔널 댐퍼의 구조]

8 플라이 휠(Fly Wheel)

플라이 휠(Fly Wheel)은 크랭크축 끝단에 설치되어 클러치로 엔진의 동력을 전달하는 부품이며 초기 시동 시 기동전동기의 피니언 기어와 맞물리기 위한 링 기어가 열 박음으로 조립되어 있다. 플라이 휠은 기관의 기통수가 많을수록 질량이 작아지며 간헐적인 폭발력에 대해 회전관성을 이용하여 기관 회전의 균일성을 이루도록 설계되어 있다.

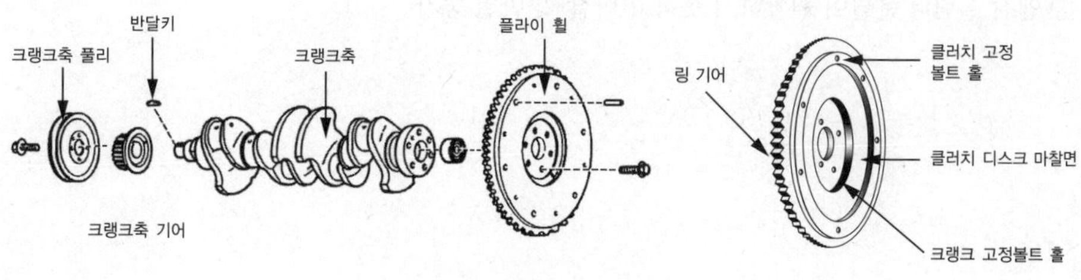

[플라이 휠의 구조 및 조립]

9 베어링(Bearing)

엔진의 회전운동부에 적용된 베어링은 회전축을 지지하고 운동부품의 마찰 및 마멸을 방지하여 출력의 손실을 적게 하는 역할을 한다. 크랭크축과 커넥팅 로드의 회전부에 적용되는 베어링은 평면 베어링으로서 크랭크축의 하중을 지지하는 메인 저널(크랭크 저널)과 커넥팅 로드와 연결되어 동력 행정에서 가해지는 하중을 받는 크랭크 핀 저널 베어링이 있으며 마찰 및 마멸을 감소시켜 엔진 출력에 대한 손실을 감소시킨다.

(1) 엔진 베어링의 종류

① 축의 직각 방향에 가해지는 하중을 지지하는 레이디얼 베어링

② 축 방향의 하중을 지지하는 스러스트 베어링

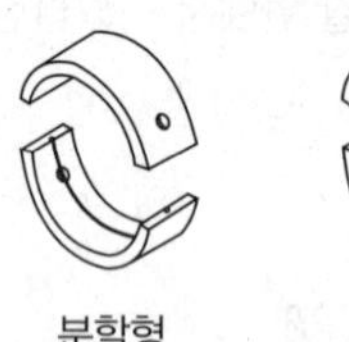

분할형

스러스트형

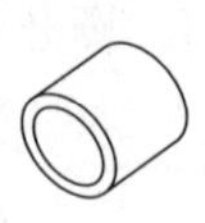

부시형(부싱)

[크랭크축 베어링]

(2) 베어링의 윤활

베어링의 윤활 방식은 베어링의 홈을 통하여 저널과 베어링 면 사이를 윤활하는 것으로 오일은 유막을 형성하여 금속과 금속의 직접적인 접촉을 방지하고 윤활 부분에서 발생한 열을 흡수하는 냉각 작용도 한다.

① 베어링과 저널부의 오일 간극이 클 경우

㉠ 엔진오일누출량 증가

㉡ 윤활회로의 유압이 떨어짐

㉢ 소음 및 진동이 발생하고 엔진오일이 연소실로 유입되어 연소됨

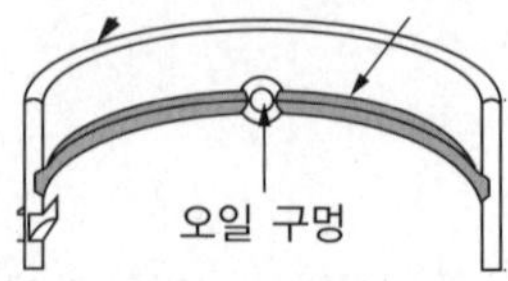

[베어링의 구조]

② 베어링과 저널부의 오일 간극이 적을 경우

㉠ 저널과 베어링 사이에 유막형성이 어렵고 금속간 접촉으로 인한 소결 및 고착현상 발생

㉡ 엔진 실린더 윤활이 원활하지 못하고 마찰 및 마멸 증가

(3) 베어링 크러시(Bearing Crush)

베어링 크러시는 베어링의 바깥둘레와 하우징 둘레와의 차이를 말한다.

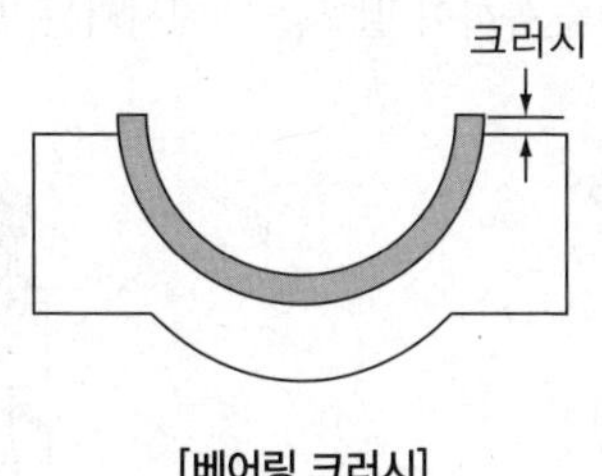

[베어링 크러시]

(4) 베어링 스프레드(Bearing Spread)

베어링 스프레드는 베어링 하우징의 안지름과 베어링을 하우징에 끼우지 않았을 때의 베어링 바깥지름과의 차이를 말한다. 베어링 스프레드는 베어링과 저널의 밀착성이 향상되고 안쪽으로 찌그러지는 현상을 방지할 수 있다.

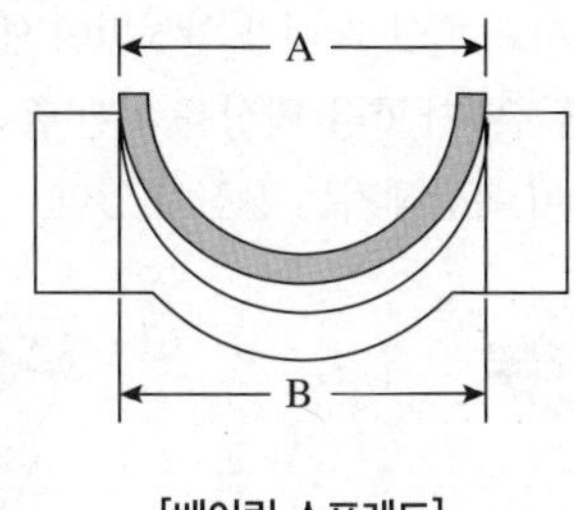

[베어링 스프레드]

(5) 베어링의 구비 조건

① 고온 하중부담 능력이 있을 것
② 지속적인 반복하중에 견딜 수 있는 내피로성이 클 것
③ 금속이물질 및 오염물질을 흡수하는 매입성이 좋을 것
④ 축의 회전운동에 대응할 수 있는 추종 유동성이 있을 것
⑤ 산화 및 부식에 대해 저항할 수 있는 내식성이 우수할 것
⑥ 열전도성이 우수하고 밀착성이 좋을 것
⑦ 고온에서 내마멸성이 우수할 것

10 밸브기구(Valve Train)

밸브기구는 엔진의 4행정에 따른 흡기계와 배기계의 가스(혼합기) 흐름 통로를 각 행정에 알맞게 열고 닫는 제어역할을 수행하는 일련의 장치를 말하며 밸브 작동 기구인 캠축의 장착 위치에 따라 다음과 같이 구분한다.

(1) 오버헤드 밸브(OHV; Over Head Valve)

캠축이 실린더 블록에 설치되고 흡·배기 밸브는 실린더 헤드에 설치되는 형식으로 캠축의 회전운동을 밸브 리프터, 푸시로드 및 로커암을 통하여 밸브를 개폐시키는 방식의 밸브기구이다.

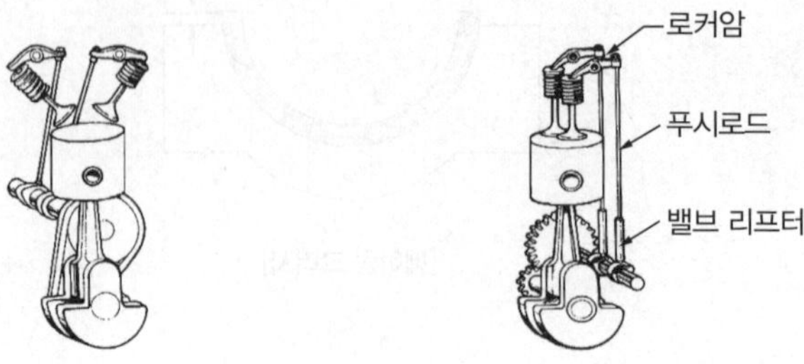

[OHV의 구조]

(2) 오버헤드 캠축(OHC; Over Head Cam Shaft)

캠축과 밸브기구가 실린더 헤드에 설치되는 형식으로 밸브 개폐 기구의 운동 부분의 관성력이 작아 밸브의 가속도를 크게 할 수 있고 고속에서도 밸브 개폐가 안정되어 엔진성능을 향상시킬 수 있다. 또한 푸시로드가 없기 때문에 밸브의 설치나 흡·배기 효율 향상을 위한 흡·배기 포트 형상의 설계가 가능하나 실린더 헤드의 구조와 캠축의 구동방식이 복잡해지는 단점이 있다.

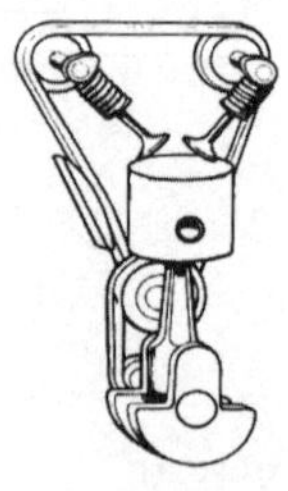

[OHC의 구조]

① SOHC(Single Over Head Cam Shaft) : SOHC 형식은 하나의 캠축으로 흡기와 배기 밸브를 작동시키는 구조로 로커암축을 설치하여 구조가 복잡해진다.

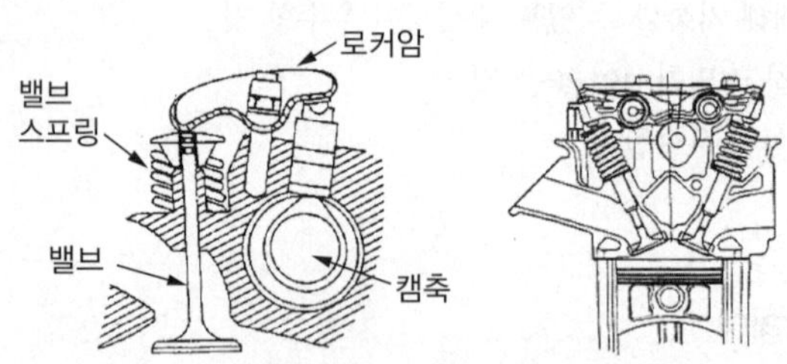

[SOHC의 로커암형]

② DOHC(Double Over Head Cam Shaft) : DOHC 형식은 흡기와 배기 밸브의 캠축이 각각 설치되어 밸브의 경사각도, 흡배기 포트형상, 점화 플러그 설치 등이 양호하기 때문에 엔진의 출력 및 흡입효율이 향상되는 장점이 있다.

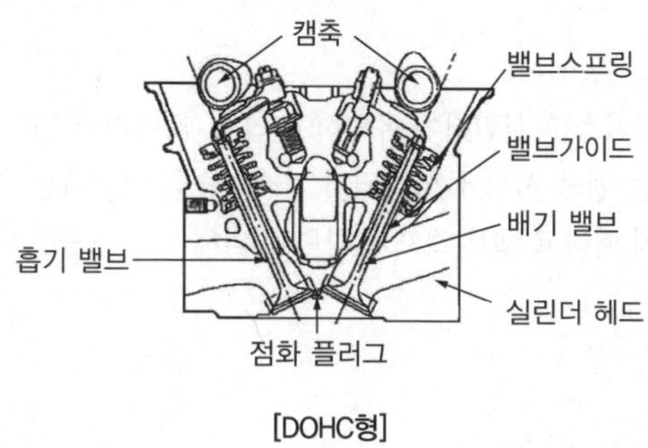

[DOHC형]

(3) 밸브 오버랩(Valve Over Lap)

일반적으로 상사점에서 엔진의 밸브 개폐 시기는 흡입 밸브는 상사점 전 10~30°에서 열리고 배기 밸브는 상사점 후 10~30°에 닫히기 때문에 흡입 밸브와 배기 밸브가 동시에 열려 있는 구간이 형성된다. 이 구간을 밸브 오버랩이라 하며 밸브 오버랩은 배기가스 흐름의 관성을 이용하여 흡입 및 배기 효율을 향상시키기 위하여 형성되어 있다.

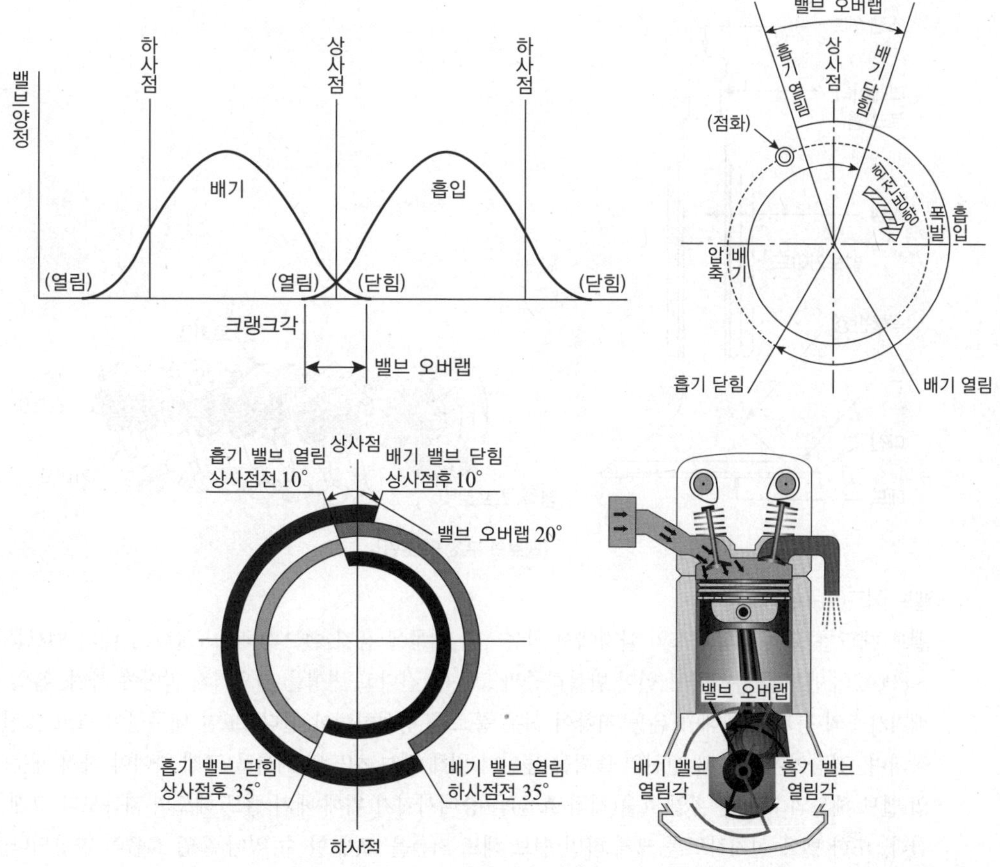

[밸브개폐 선도와 오버랩]

11 밸브(Valve)

엔진의 밸브는 공기 또는 혼합가스를 실린더에 유입하고 연소 후 배기가스를 대기 중에 배출하는 역할을 수행하며 압축 및 동력 행정에서는 밸브 시트에 밀착되어 가스누출을 방지하는 기능을 가지고 있다. 또한 밸브의 작동은 캠축 등의 기구에 의해 열리고 밸브 스프링 장력에 의해 닫히는 구조로 되어 있다. 밸브의 구비 조건은 다음과 같다.

(1) 밸브의 구비 조건

① 고온, 고압에 충분히 견딜 수 있는 고강도일 것
② 혼합가스에 이상연소가 발생되지 않도록 열전도가 양호할 것
③ 혼합가스나 연소가스에 접촉되어도 부식되지 않을 것
④ 관성력 증대를 방지하기 위하여 가능한 가벼울 것
⑤ 충격에 잘 견디고 항장력과 내구력이 있을 것

(2) 밸브의 주요부

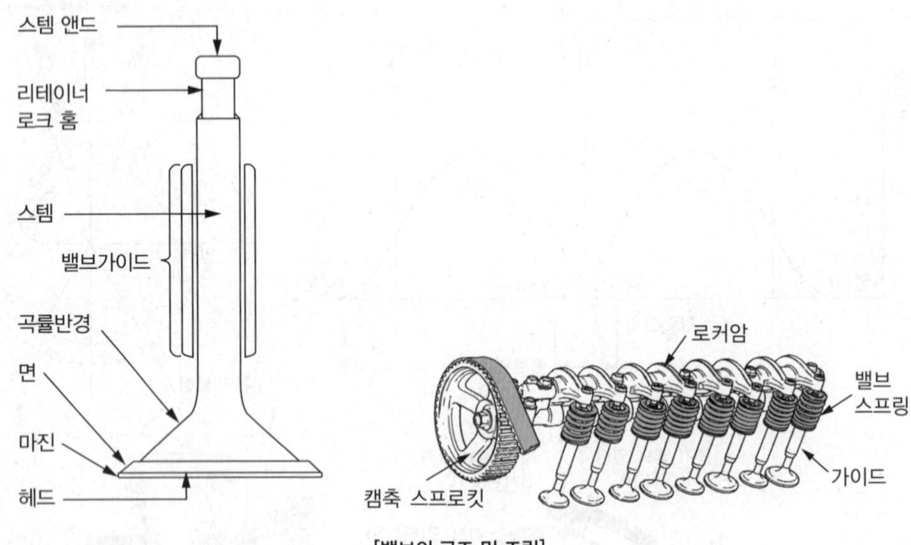

[밸브의 구조 및 조립]

① 밸브 헤드(Valve Head)

밸브 헤드는 고온 고압가스의 환경에서 작동하기 때문에 흡기 밸브는 400~500℃, 배기 밸브는 600~800℃의 온도를 유지하고 있어 반복하중과 고온에 견디고 변형을 일으키지 않아야 하며, 흡입 또는 배기가스의 통과에 대해서 유동 저항이 적은 통로를 형성하여야 한다. 또한 내구성이 크고 열전도가 잘되며, 경량이어야 하고 엔진의 출력을 높이기 위해 밸브 헤드의 지름을 크게 하여야 하기 때문에 흡입 밸브 헤드의 지름은 흡입 효율(체적 효율)을 증대시키기 위해 배기 밸브 헤드의 지름보다 크게 설계한다. 또한 밸브 설치각도를 크게 하면 밸브 헤드 지름을 크게 할 수 있어 흡입 효율이 향상되나 연소실 체적이 증가하여 압축비를 높이기 힘든 문제가 있다.

② 밸브 마진(Valve Margin)

밸브 마진은 밸브 헤드와 페이스 사이에 형성된 부분으로 기밀 유지를 위하여 고온과 충격에 대한 지지력을 가져야 하므로 두께가 보통 1.2mm 정도로 설계되어진다.

③ 밸브 페이스(Valve Face)

밸브 페이스는 밸브 시트에 밀착되어 혼합가스 누출을 방지하는 기밀 작용과 밸브 헤드의 열을 시트에 전달하는 냉각작용을 한다. 밸브 페이스의 접촉 면적이 넓으면 열의 전달 면적이 크기 때문에 냉각은 양호하나 접촉압력이 분산되어 기밀 유지가 어려우며 반대로 접촉 면적이 작으면 접촉압력이 집중되어 기밀 유지는 양호하나 열전달 면적이 작아지기 때문에 냉각성능은 떨어지게 된다. 따라서 밸브 페이스의 각도가 중요하며 일반적으로 45°의 밸브 페이스 각도를 적용한다.

④ 밸브 스템(Valve Stem)

밸브 스템은 밸브 가이드에 장착되고 밸브의 상하 운동을 유지하고 냉각기능을 갖는다. 흡입 밸브 스템의 지름은 혼합가스의 압력도 낮고 흐름에 대한 유동 저항을 감소시키며 혼합가스에 의해서 냉각되므로 배기 밸브 스템의 지름보다 약간 작게 설계한다.

배기 밸브 스템의 지름은 배기가스의 압력 및 온도가 높기 때문에 열전달 면적을 증가시키기 위하여 흡입 밸브 스템의 지름보다 크게 설계하여야 한다. 밸브 스템의 열방출 능력을 향상시키기 위해 스템부에 나트륨을 봉입한 구조도 적용되고 있다. 이러한 밸브 스템은 다음과 같은 구비 조건이 요구된다.

㉠ 왕복운동에 대한 관성력이 발생하지 않도록 가벼울 것

㉡ 냉각효과 향상을 위해 스템의 지름을 크게 할 것

㉢ 밸브 스템부의 운동에 대한 마멸을 고려하여 표면경도가 클 것

㉣ 스템과 헤드의 연결부분은 가스흐름에 대한 저항이 적고 응력집중이 발생하지 않도록 곡률반경을 크게 할 것

⑤ 밸브 시트(Valve Seat)

밸브 시트는 밸브 페이스와 접촉하여 연소실의 기밀작용과 밸브 헤드의 열을 실린더 헤드에 전달하는 작용을 한다. 밸브 시트는 연소가스에 노출되고 밸브 페이스와의 접촉 시 충격이 발생하기 때문에 충분한 경도 및 강도가 필요하다.

밸브 시트의 각은 30°, 45°의 것이 있으며, 작동 중에 열팽창을 고려하여 밸브 페이스와 밸브 시트 사이에 1/4~1° 정도의 간섭각을 두고 있다.

⑥ 밸브 가이드(Valve Guide)

밸브 가이드는 밸브 스템의 운동에 대한 안내 역할을 수행하며 실린더 헤드부의 윤활을 위한 윤활유의 연소실 침입을 방지한다. 밸브 가이드와 스템부의 간극이 크면 엔진오일이 연소실로 유입되고, 밸브 페이스와 시트면의 접촉이 불량하여 압축압력이 저하되며 블로우 백 현상이 발생할 수 있다.

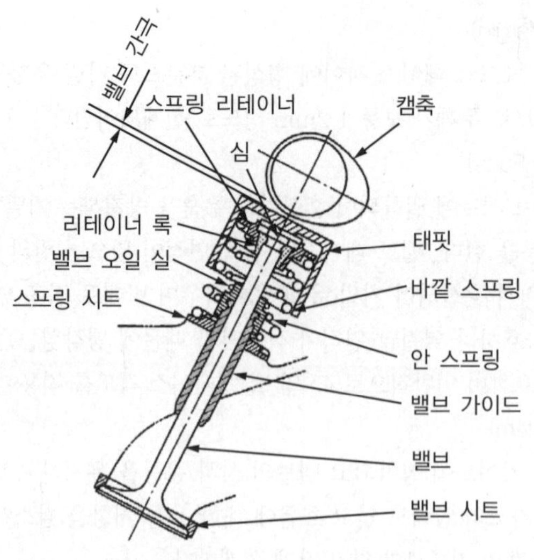

[밸브 가이드 및 유압식 밸브 리프터]

⑦ 밸브 스프링(Valve Spring)

밸브 스프링은 엔진 작동 중에 밸브의 닫힘과 밸브가 닫혀 있는 동안 밸브 시트와 밸브 페이스를 밀착시켜 기밀을 유지하는 역할을 수행한다. 이러한 밸브 스프링은 캠축의 운동에 따라 작동되는데 밸브 스프링이 가지고 있는 고유진동수와 캠의 작동에 의한 진동수가 일치할 경우 캠의 운동과 관계없이 스프링의 진동이 발생하는 서징현상이 발생된다. 이러한 서징현상의 방지책은 다음과 같다.

㉠ 원추형 스프링의 사용
㉡ 2중 스프링의 적용
㉢ 부등피치 스프링 사용

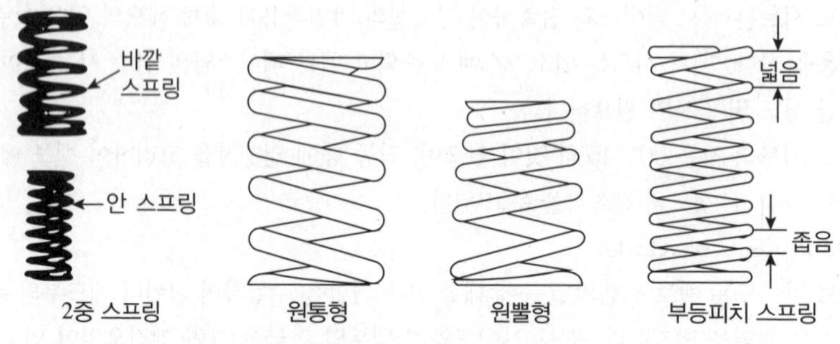

[밸브 스프링의 종류(서징 방지)]

⑧ 유압식 밸브 리프터(Hydraulic Valve Lifter)

유압식 밸브 리프터는 밸브개폐시기가 정확하게 작동하도록 엔진의 윤활장치에서 공급되는 엔진오일의 유압을 이용하여 작동되는 시스템이다. 유압식 밸브 리프터는 밸브 간극을 조정할 필요가 없고 밸브의 온도 변화에 따른 팽창과 관계없이 항상 밸브 간극을 0mm로 유지시키는 역할을 하며 엔진의 성능 향상과 작동소음의 감소, 엔진오일의 충격흡수 기능 등으로 내구성이 증가되나 구조가 복잡하고 윤활회로의 고장 시 작동이 불량한 단점이 있다.

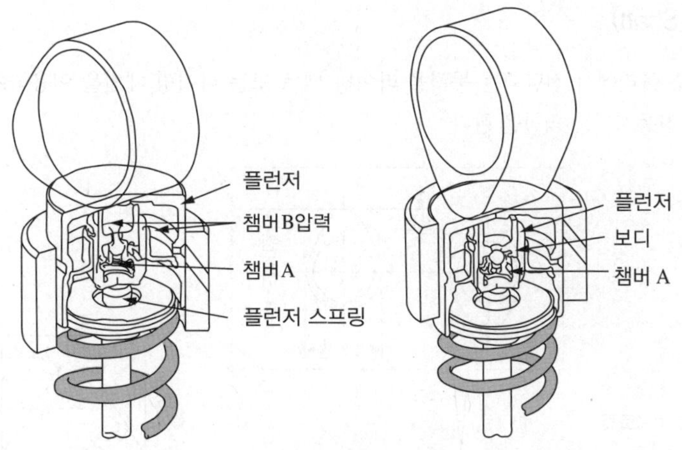

[유압식 밸브 리프터의 작동]

⑨ 밸브 간극(Valve Clearance)

밸브 간극은 기계적인 밸브 구동 장치에서 밸브가 연소실의 고온에 의하여 열팽창 되는 양만큼 냉간시에 밸브 스템과 로커암 사이의 간극을 주는 것을 말한다.

밸브 간극이 크면 밸브의 개도가 확보되지 않아 흡·배기 효율이 저하되고 로커암과 밸브 스템부의 충격이 발생되어 소음 및 마멸이 발생된다. 반대로 밸브 간극이 너무 작으면 밸브의 열팽창으로 인하여 밸브 페이스와 시트의 접촉 불량으로 압축압력의 저하 및 블로우 백(Blow Back) 현상이 발생하고 엔진출력이 저하되는 문제가 발생한다.

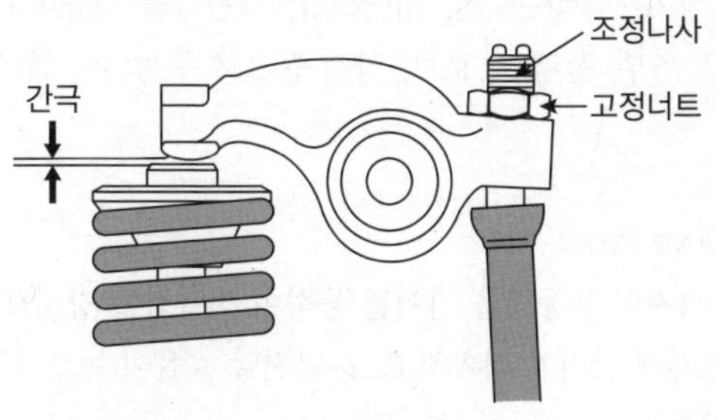

[밸브 간극]

12 캠축(Cam Shaft)

캠축은 크랭크축 풀리에서 전달되는 동력을 타이밍 벨트 또는 타이밍 체인을 이용하여 밸브의 개폐 및 고압 연료 펌프 등을 작동시키는 역할을 한다.

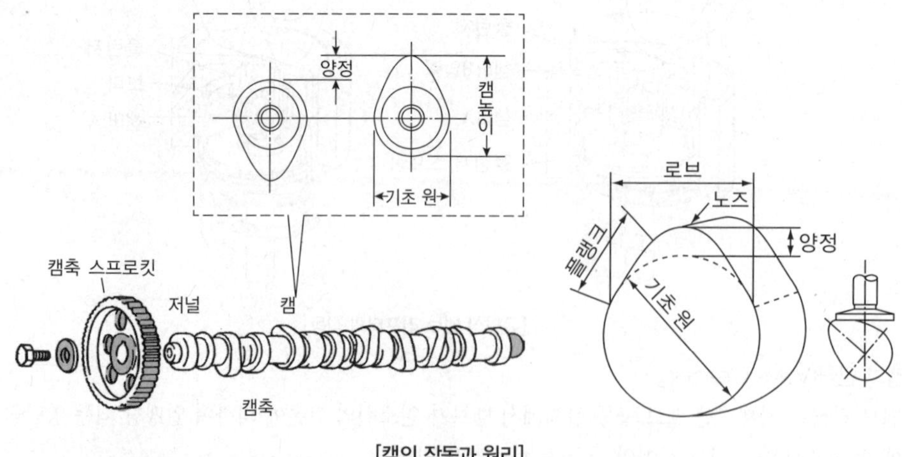

[캠의 작동과 원리]

(1) 캠축의 재질 및 구성

캠축의 캠은 캠축과 일체형으로 제작되며 캠의 표면곡선에 따라 밸브 개폐시기 및 밸브 양정이 변화되어 엔진의 성능을 크게 좌우함으로 엔진 성능에 따른 양정의 설계와 내구성이 중요한 요소로 작용된다. 캠축은 일반적으로 내마멸성이 큰 특수주철, 저탄소강, 크롬강을 사용하고 표면 경화를 통하여 경도를 향상시키며 캠은 기초 원, 노즈부, 플랭크, 로브, 양정 등으로 구성되어 있다.

(2) 캠축의 구동 방식

① 기어 구동식(Gear Drive Type)

크랭크축에서 캠축까지의 구동력을 기어를 통하여 전달하는 방식으로 기어비를 이용하기 때문에 회전비가 정확하여 밸브개폐 시기가 정확하고, 동력전달 효율이 높으나 기어의 무게가 무겁고 설치가 복잡해지는 단점이 있다.

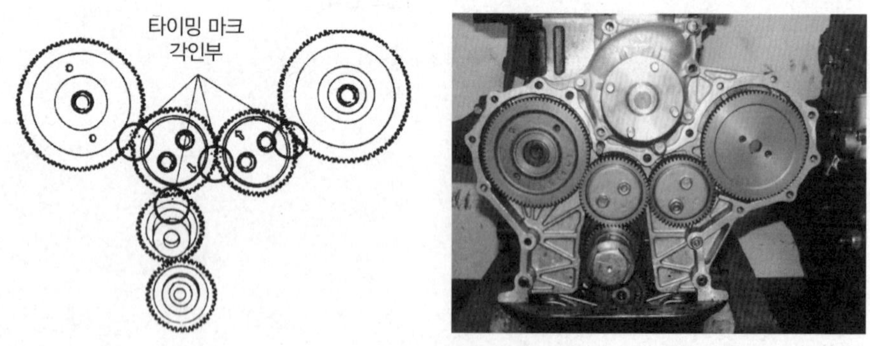

[캠축 기어 구동 방식]

② 체인 구동식(Chain Drive Type)

크랭크축에서 캠축까지의 구동력을 체인을 통하여 전달하는 방식으로 설치가 자유로우며 미끄럼이 없어 동력전달 효율이 우수하다. 또한 내구성이 뛰어나고 내열성, 내유성, 내습성이 크며, 유지 및 수리가 용이한 특징이 있으나 진동 및 소음을 저감하는 구조를 적용해야 한다.

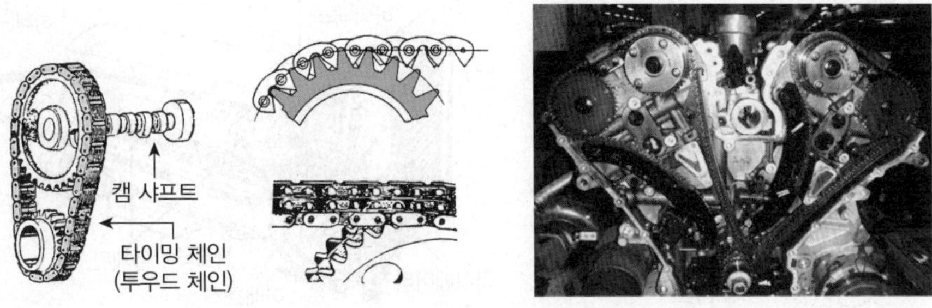

[캠축 체인 구동식]

③ 벨트 구동식(Belt Drive Type)

크랭크축에서 캠축까지의 구동력을 고무 밸트(타이밍 벨트)를 통하여 전달하는 방식으로 설치가 자유롭고 무게가 가벼우며 소음과 진동이 매우 적은 장점이 있으나 내열성, 내유성이 떨어지고 내구성이 짧으며 주행거리에 따라 정기적으로 교체해야 하는 유지보수가 필요하다.

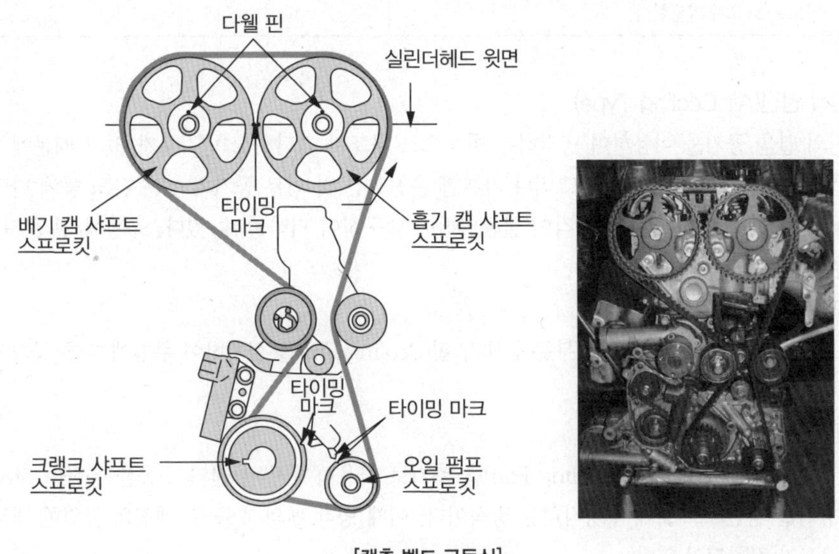

[캠축 벨트 구동식]

13 냉각장치

연소를 통하여 동력을 얻게 되는 내연기관의 특성상 엔진에서 매우 높은 열(약 2,000~2,200℃)이 발생하게 되며 발생한 열은 지속적으로 축적되고 엔진의 각 부분에 전달되어 금속부품의 재질변형 및 열변형을 초래하게 된다. 또한 반대로 너무 냉각되어 엔진이 차가운 경우(과랭)에는 열효율이 저하되고, 연료소비량이 증가하여 엔진의 기계적 효율 및 연료소비율이 나빠지는 문제가 발생한다. 냉각장치는 이러한 문제에 대하여 엔진의 전 속도 범위에 걸쳐 엔진의 온도를 정상 작동온도(80~95℃)를 유지시키는 역할을 하여 엔진의 효율 향상과

열에 의한 손상을 방지한다. 냉각방식에는 크게 공랭식(Air Cooling Type)과 수랭식(Water Cooling Type)으로 분류하며 현재 자동차에는 일반적으로 수랭식 냉각 시스템을 적용하고 있다. 냉각 장치는 방열기(라디에이터), 냉각 팬, 수온조절기, 물재킷, 물펌프 등으로 구성된다. 다음은 엔진 온도에 따른 영향을 나타낸다.

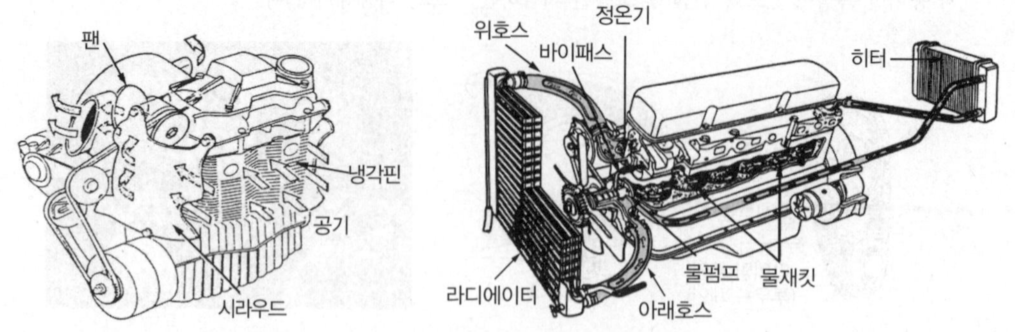

[공랭식과 수랭식 냉각 시스템의 구조]

엔진 과열 시	엔진 과랭 시
• 냉각수 순환이 불량해지고, 금속의 부식이 촉진된다. • 작동 부분의 고착 및 변형이 발생하며 내구성이 저하된다. • 윤활이 불량하여 각 부품이 손상된다. • 조기점화 또는 노크가 발생한다.	• 연료의 응결로 연소가 불량해진다. • 연료가 쉽게 기화하지 못하고 연비가 나빠진다. • 엔진오일의 점도가 높아져 시동할 때 회전 저항이 커진다.

(1) 공랭식 엔진(Air Cooling Type)

엔진의 열을 공기를 이용하여 냉각하는 방식으로 구조가 간단하고 냉각수가 없기 때문에 냉각수의 누출 또는 동결이 발생하지 않는다. 그러나 가혹한 운전조건 및 외부 공기의 높은 온도 등에 따라 냉각 효율이 떨어질 수 있고 엔진 각부의 냉각이 불균일하여 내구성이 저하될 수 있다. 공랭식 냉각 시스템은 용량이 적은 엔진에 적용된다.

① 자연 통풍식

실린더 헤드와 블록과 같은 부분에 냉각 핀(Cooling Fin)을 설치하여 주행에 따른 공기의 유동에 의하여 냉각하는 방식이다.

② 강제 통풍식

자연 통풍식에 냉각 팬(Cooling Fan)을 추가로 사용하여 냉각 팬의 구동을 통하여 강제로 많은 양의 공기를 엔진으로 보내어 냉각하는 방식이다. 이때 냉각 팬의 효율 및 엔진의 균일한 냉각을 위한 시라우드가 장착되어 있다.

(2) 수랭식 엔진(Water Cooling Type)

별도의 냉각 시스템을 장착하고 엔진 및 관련 부품의 내부에 냉각수를 흘려보내 엔진의 냉각을 구현하는 방식으로 냉각수의 냉각 성능 향상을 위한 라디에이터와 물펌프, 물재킷(물통로), 수온조절기(서모스탯) 등이 설치된다.

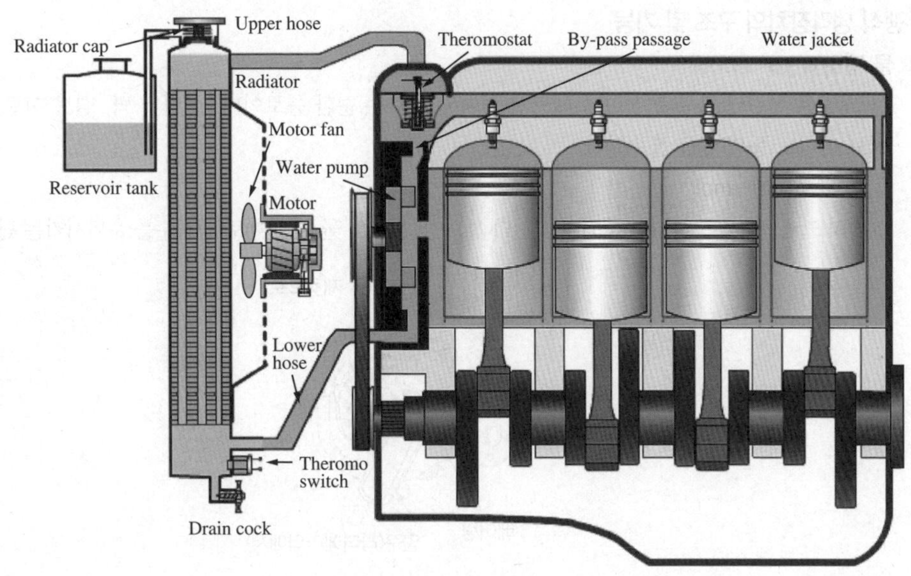

[수랭식 엔진의 구조]

① 자연 순환식

냉각수의 온도 차이를 이용하여 자연 대류에 의해 순환시켜 냉각하는 방식으로 고부하, 고출력 엔진에는 적합하지 못한 방식이다.

② 강제 순환식

냉각계통에 물펌프를 설치하여 엔진 또는 관련 부품의 물재킷 내에 냉각수를 순환시켜 냉각시키는 방식으로 고부하, 고출력 엔진에 적합한 방식이다.

③ 압력 순환식

냉각계통을 밀폐시키고 냉각수가 가열되어 팽창할 때의 압력으로 냉각수를 가압하여 냉각수의 비등점을 높여 비등에 의한 냉각손실을 줄일 수 있는 형식으로 냉각회로의 압력은 라디에이터 캡의 압력밸브로 자동 조절되며 기관의 효율이 향상되고 라디에이터를 소형으로 제작할 수 있는 장점이 있다.

④ 밀봉 압력식

이 방식은 압력순환식과 같이 냉각수를 가압하여 비등온도를 상승시키는 방식이며 압력순환식에서는 냉각회로 내의 압력은 라디에이터 캡의 압력밸브로 조절을 하지만 팽창된 냉각수가 오버플로 파이프를 통하여 외부로 유출된다.

이러한 결점을 보완하기 위하여 라디에이터 캡을 밀봉하고 냉각수의 팽창에 대하여 보조 탱크를 오버플로 파이프와 연결하여 냉각수가 팽창할 경우 외부로 냉각수가 유출되지 않도록 하는 형식이다. 이와 같은 형식은 냉각수 유출손실이 적어 장시간 냉각수의 보충을 하지 않아도 되며 최근의 자동차용 냉각장치는 대부분 이 방식을 채택하고 있다.

(3) 수랭식 냉각장치의 구조 및 기능

① 물 재킷(Water Jacket)

물 재킷은 실린더 블록과 실린더 헤드에 설치된 냉각수 순환 통로이며, 실린더 벽, 밸브 시트, 연소실, 밸브 가이드 등의 열을 흡수한다.

② 물 펌프(Water Pump)

엔진의 크랭크축을 통하여 구동되며 실린더 헤드 및 블록의 물 재킷 내로 냉각수를 순환시키는 펌프이다.

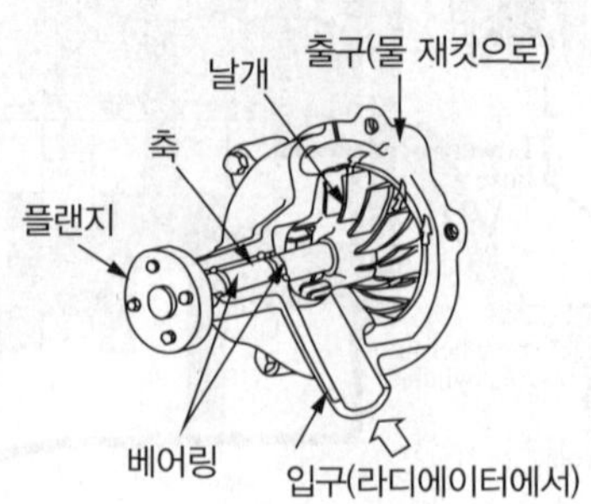

[물펌프의 구조]

③ 냉각 팬(Cooling Fan)

라디에이터의 뒷면에 장착되는 팬으로서 팬의 회전으로 라디에이터의 냉각수를 강제 통풍, 냉각시키는 장치이다. 이때 공기의 흐름을 효율적으로 이용하기 위하여 시라우드가 장착되며 일반적으로 팬 클러치 타입과 전동기 방식이 있고 현재 승용자동차의 경우 전동기 방식이 많이 적용되고 있다.

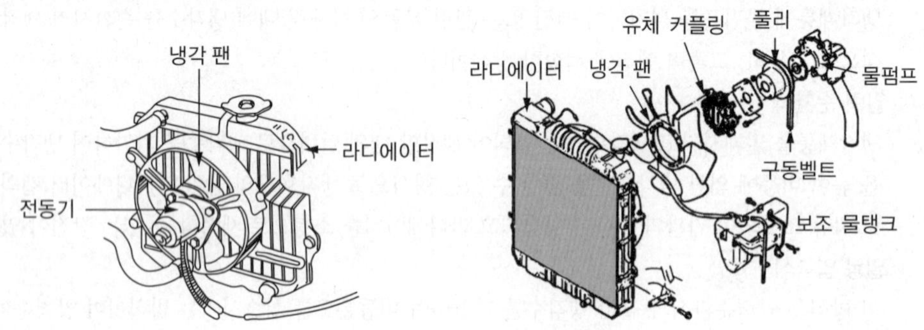

[전동식과 유체 클러치식의 냉각 팬]

④ 라디에이터(Radiator)

라디에이터는 엔진으로부터 발생한 열을 흡수한 냉각수를 냉각시키는 방열기이다. 라디에이터는 열전도성이 우수해야 하고 가벼워야 하며 내식성이 우수해야 한다. 이러한 라디에이터의 구비 조건은 다음과 같다.

㉠ 단위 면적당 방열량이 클 것

㉡ 경량 및 고강도를 가질 것

㉢ 냉각수 및 공기의 유동저항이 적을 것

라디에이터의 재질은 가벼우며 강도가 우수한 알루미늄을 적용하여 제작한다.

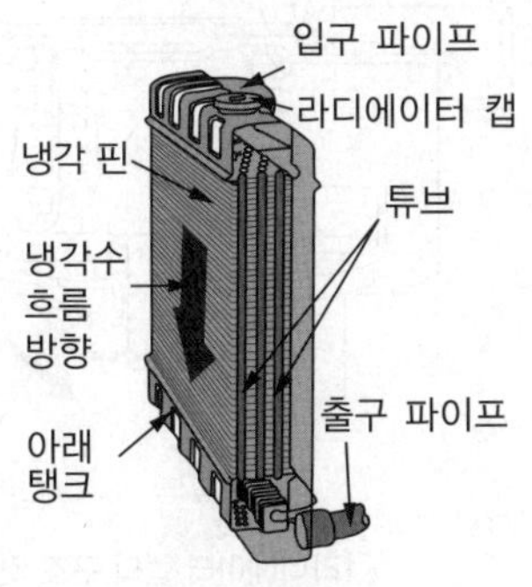

[라디에이터의 구조]

⑤ 냉각 핀의 종류

라디에이터의 냉각 핀은 냉각 효율을 증대시키는 역할을 하며 단위 면적당 방열량을 크게 하는 기능을 갖는다. 핀의 종류로는 플레이트 핀(Plate Fin), 코루게이트 핀(Corrugate Fin), 리본 셀룰러 핀(Ribbon Cellular Fin) 등이 있으며 현재 코루게이트 핀 형식을 많이 적용하고 있다.

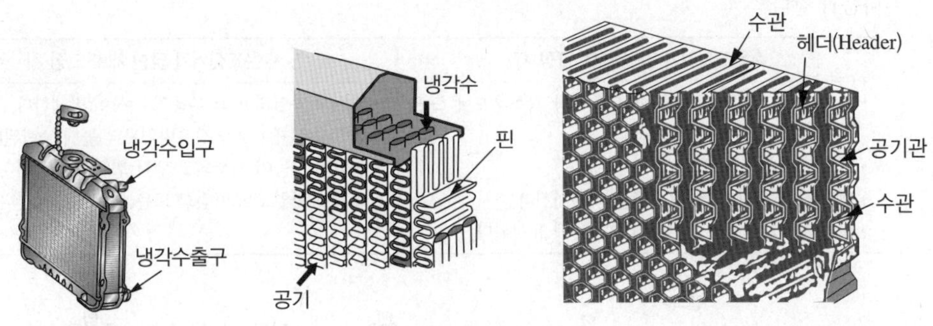

[방열 핀의 구조와 형식]

⑥ 라디에이터 캡(Radiator Cap)

라디에이터 캡은 냉각장치 내의 냉각수의 비등점(비점)을 높이고 냉각 범위를 넓히기 위해 압력식 캡을 사용한다. 압력식 캡은 냉각회로의 냉각수 압력을 약 1.0~1.2kgf/cm^{2}을 증가하여 냉각수의 비등점을 약 112℃까지 상승시키는 역할을 한다. 또한 냉각회로 내의 압력이 규정 이상일 경우 압력캡의 오버 플로 파이프(Over Flow Pipe)로 냉각수가 배출되고 반대로 냉각회로 내의 압력이 낮을 경우 보조 물탱크 내의 냉각수가 유입되어 냉각 회로를 보호한다.

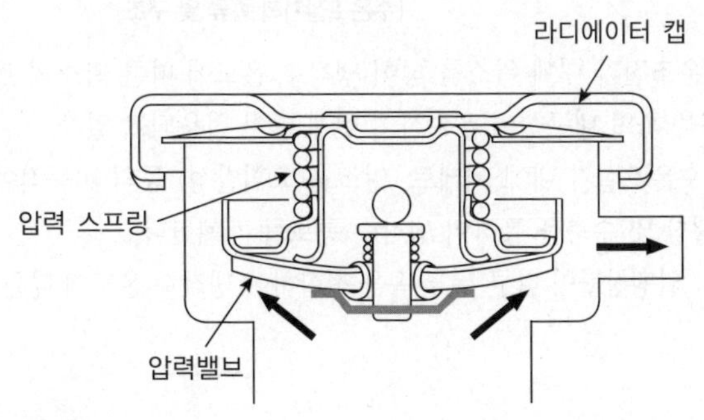

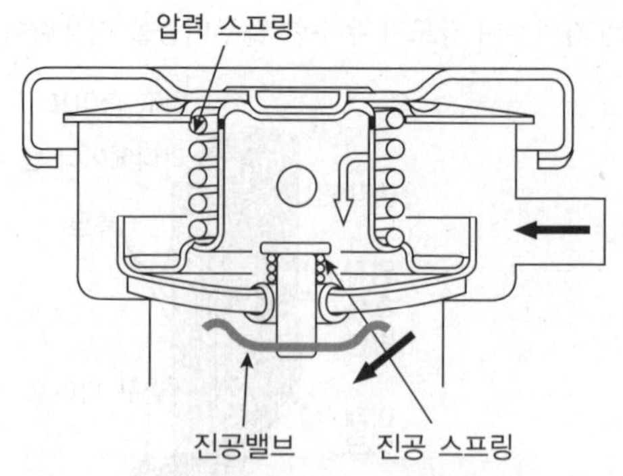

[라디에이터 캡의 구조 및 작동]

⑦ 수온조절기(Thermostat)

수온조절기는 라디에이터와 엔진 사이에 장착되며 엔진의 냉각수 온도에 따라 개폐되고 엔진의 냉각수 출구에 설치된다. 수온조절기는 엔진의 과냉 시 닫힘 작용으로 엔진의 워밍업 시간을 단축시키고, 냉각수 온도가 85℃ 정도에 이르면 완전 개방되어 냉각수를 라디에이터로 보낸다. 결국 전 속도 영역에서 엔진을 정상 작동온도로 유지할 수 있도록 하는 장치이다. 수온조절기 고장 시 발생하는 현상은 다음과 같다.

수온조절기가 열린 채로 고장 시	수온조절기가 닫힌 채로 고장 시
• 엔진의 워밍업 시간이 길어지고 정상 작동온도에 도달하는 시간이 길어진다. • 연료소비량이 증가한다. • 엔진 각 부품의 마멸 및 손상을 촉진시킨다. • 냉각수온 게이지가 정상범위보다 낮게 표시된다.	• 엔진이 과열되고 각 부품의 손상이 발생한다. • 냉각수온 게이지가 정상범위보다 높게 출력된다. • 엔진의 성능이 저하되고 냉각 회로가 파손된다. • 엔진의 과열로 조기점화 또는 노킹이 발생한다.

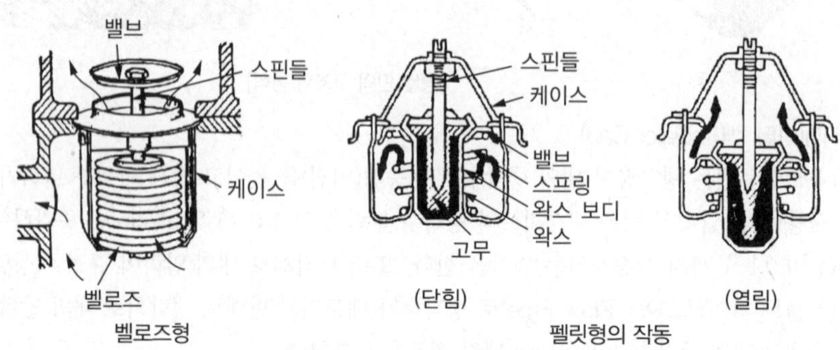

[수온조절기의 종류 및 구조]

㉠ 펠릿형 : 수온조절기 내에 왁스를 넣어 냉각수 온도에 따른 왁스의 팽창 및 수축에 의해 통로를 개폐하는 작용을 하며 내구성이 우수하여 현재 많이 적용되고 있다.

㉡ 벨로즈형 : 수온조절기 내에 에테르, 알코올(고휘발성) 등의 비등점이 낮은 물질을 넣어 냉각수 온도에 따라 팽창 및 수축을 통하여 냉각수 통로를 개폐한다.

㉢ 바이메탈형 : 열팽창률이 다른 두 금속을 접합하여 냉각수 온도에 따른 통로의 개폐역할을 한다.

⑧ 냉각수와 부동액

㉠ 냉각수 : 자동차 냉각 시스템의 냉각수는 연수(수돗물)를 사용하며 지하수나 빗물 등은 사용하지 않는다.

㉡ 부동액 : 냉각수는 0℃에서 얼고 100℃에서 끓는 일반적인 물이다. 이러한 냉각수는 겨울철에 동결의 위험성이 있으므로 부동액을 첨가하여 냉각수의 빙점(어는점)을 낮추어야 한다. 부동액의 종류에는 에틸렌글리콜, 메탄올, 글리세린 등이 있으며 각각의 종류별 특징은 다음과 같다.

에틸렌글리콜	메탄올	글리세린
• 향이 없고 비휘발성, 불연성 • 비등점이 197℃, 빙점은 −50℃ • 엔진 내부에서 누설 시 침전물 생성 • 금속을 부식하며 팽창계수가 큼	• 알코올이 주성분으로 비등점이 80℃ 빙점이 −30℃ • 가연성이며 도장막 부식	• 비중이 커 냉각수와 혼합이 잘 안됨 • 금속 부식성이 있음

또한 부동액의 요구 조건은 비등점이 물보다 높아야 하고 빙점(어는점)은 물보다 낮아야 하며 물과 잘 혼합되어야 하며, 휘발성이 없고 내부식성이 크고, 팽창계수가 작으며 침전물이 생성되지 않아야 하는 특징이 있다.

14 윤활장치

자동차 엔진에는 크랭크축, 캠축, 밸브 개폐기구, 베어링 등의 각종 기계장치가 각각의 운동 상태를 가지고 작동하게 된다. 이러한 기계장치들의 작동 시 기계적인 마찰이 발생하며 그 마찰 현상들 또한 매우 다양한 형태로 나타난다. 기계적인 마찰이 발생하면 마찰에 의한 열이 발생하게 되고 이 열이 과도하게 축적되면 각각의 기계 부품의 열팽창 또는 손상으로 인하여 엔진의 작동에 큰 영향을 미치게 된다. 윤활장치는 이러한 각 마찰요소에 윤활유를 공급하여 마찰로 발생할 수 있는 문제점을 방지하는 장치로서 엔진의 작동을 원활하게 하고 엔진의 내구수명을 길게 할 수 있다. 이러한 윤활장치는 오일 펌프(Oil Pump), 오일 여과기(Oil Filter), 오일 팬(Oil Pan), 오일 냉각기(Oil Cooler) 등으로 구성되며 엔진오일의 6대 작용으로는 감마작용, 밀봉작용, 냉각작용, 응력 분산작용, 방청작용, 청정작용 등의 역할이 있다.

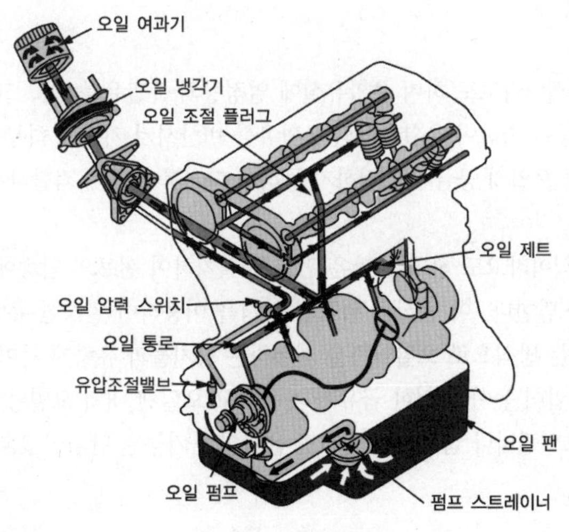

[자동차의 윤활경로]

(1) 엔진오일의 작용

① 감마작용(마멸감소)

엔진의 운동부에 유막을 형성하여 마찰부분의 마멸 및 베어링의 마모 등을 방지하는 작용

② 밀봉작용

실린더와 피스톤 사이에 유막을 형성하여 압축, 폭발 시에 연소실의 기밀을 유지하는 작용(블로우바이 가스 발생 억제)

③ 냉각작용

엔진의 각 부에서 발생한 열을 흡수하여 냉각하는 작용

④ 청정 및 세척작용

엔진에서 발생하는 이물질, 카본 및 금속 분말 등의 불순물을 흡수하여 오일팬 및 필터에서 여과하는 작용

⑤ 응력분산 및 완충작용

엔진의 각 운동부분과 동력행정 또는 노크 등에 의해 발생하는 큰 충격압력을 분산시키고 엔진오일이 갖는 유체의 특성으로 인한 충격 완화 작용

⑥ 방청 및 부식방지작용

엔진의 각부에 유막을 형성하여 공기와의 접촉을 억제하고 수분 침투를 막아 금속의 산화 방지 및 부식방지에 작용

(2) 엔진오일의 구비 조건

① 점도지수가 커 엔진온도에 따른 점성의 변화가 적을 것
② 인화점 및 자연 발화점이 높을 것
③ 강인한 유막을 형성할 것(유성이 좋을 것)
④ 응고점이 낮을 것
⑤ 비중과 점도가 적당할 것
⑥ 기포 발생 및 카본 생성에 대한 저항력이 클 것

(3) 엔진오일의 윤활 방식

① 비산식

비산식은 비산 주유식이라고도 하며 윤활유실에 일정량의 윤활유를 넣고 크랭크축의 회전운동에 따라 오일디퍼의 회전운동에 의하여 윤활유실의 윤활유를 비산시켜 기관의 하부를 윤활시키는 방식을 말한다. 구조는 간단하나 오일의 공급이 일정하지 못하여 다기통 엔진에 적합하지 못하다.

② 압송식

압송식은 강제주유식이라고도 하며 윤활유 펌프를 설치하여 펌프의 압송에 따라 윤활유를 강제 급유 및 윤활하는 방식을 말한다. 이 방식은 펌프의 압력을 이용하여 일정한 유압을 유지시키며 기관 내부를 순환시켜 윤활하는 방식으로 오일압력을 제어하는 장치들과 유량계 등이 적용되어 있다. 또한 베어링 접촉면의 공급유압이 높아 완전한 급유가 가능하고 오일팬 내의 오일량이 적어도 윤활이 가능하다는 장점이 있으나 오일필터나 급유관이 막히면 윤활이 불가능한 단점이 있다.

③ 비산 압송식

비산 압송식은 비산식과 압송식을 동시에 적용하는 윤활 방식을 말하며 자동차 기관의 윤활 방식은 대부분 여기에 속한다. 크랭크축의 회전운동으로 오일 디퍼를 사용하여 기관의 하부에 해당하는 크랭크 저널 및 커넥팅 로드 등의 부위에 윤활유를 비산하여 윤활시키고 별도의 오일펌프를 장착하여 윤활유를 압송시켜 기관의 실린더 헤드에 있는 캠축이나 밸브계통 등에 윤활작용을 한다.

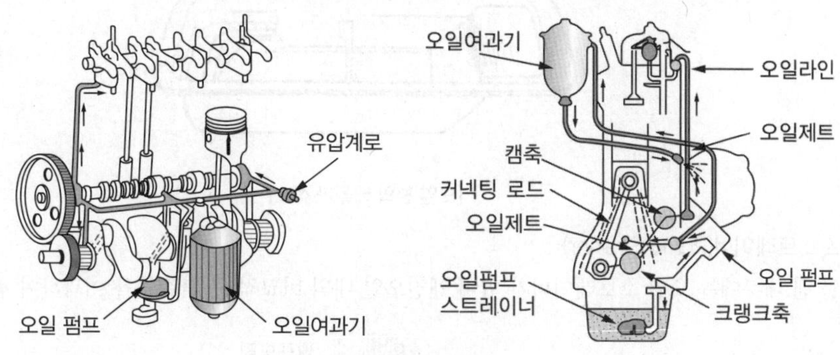

[비산압송식의 구조]

④ 혼기식

혼기식은 혼기 주유식이라고도 하며 연료에 윤활유를 15~20:1의 비율로 혼합하여 연료와 함께 연소실로 보내는 방법이다. 주로 소형 2사이클 가솔린 기관에 적용하며 기관의 중량을 줄이고 소형으로 제작할 경우 채택하는 윤활 방식이다. 연료와 윤활유가 혼합되어 연소실로 보내질 때 연료와 윤활유의 비중차이에 의해 윤활유는 기관의 각 윤활부로 흡착하여 윤활하고 연료는 연소실로 들어가 연소하는 방식으로 일부 윤활유는 연소에 의해 소비가 이루어진다. 따라서 혼기식은 윤활유를 지속적으로 점검, 보충하여 사용해야 하는 단점이 있다.

(4) 윤활회로의 구조와 기능

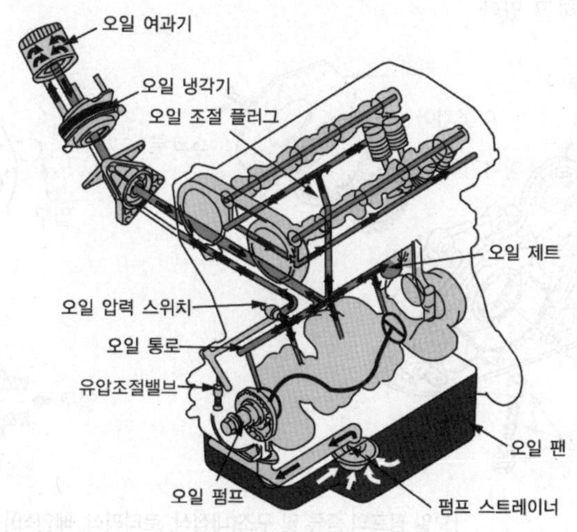

[자동차의 윤활회로]

① 오일 팬(Oil Pan)

오일 팬의 구조는 급제동 및 급출발 또는 경사로 운행시 등에서 발생할 수 있는 오일의 쏠림현상을 방지하는 배플과 섬프를 적용한 구조로 만들어지며 자석형 드레인 플러그를 적용하여 엔진오일 내의 금속분말 등을 흡착하는 기능을 한다.

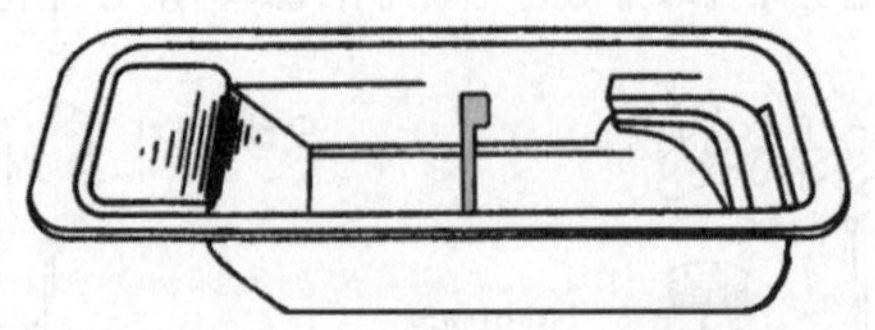

[오일 팬의 배플과 섬프]

② 펌프 스트레이너(Pump Strainer)

오일 팬 내부에는 오일 스트레이너가 있어 엔진오일 내의 비교적 큰 불순물을 여과하여 펌프로 보낸다.

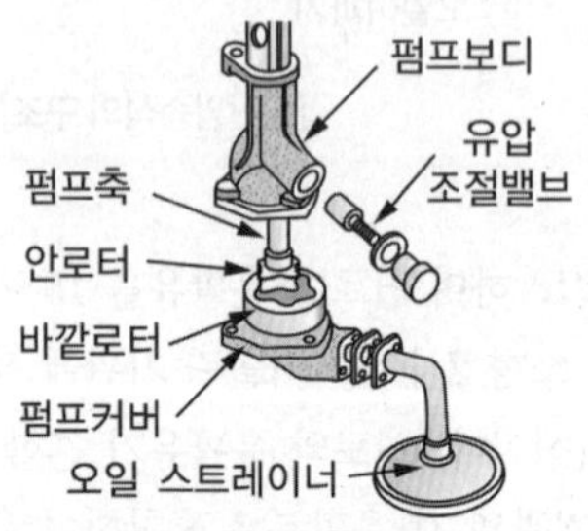

[오일 스트레이너]

③ 오일 펌프(Oil Pump)

오일 펌프는 엔진 크랭크축의 회전동력을 이용하여 윤활회로의 오일을 압송하는 역할을 한다. 오일 펌프의 종류에는 기어 펌프, 로터리 펌프, 플런저 펌프, 베인 펌프 등의 종류가 있으며 현재 내접형 기어 펌프를 많이 사용하고 있다.

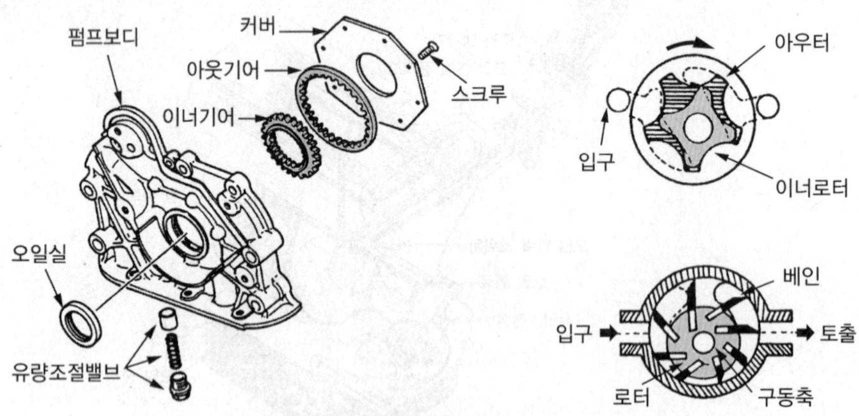

[오일 펌프의 종류 및 구조(내접식, 로터리식, 베인식)]

④ 오일 여과기(Oil Filter)

오일 필터는 엔진오일 내의 수분, 카본, 금속 분말 등의 이물질을 걸러 주는 역할을 하며, 여과 방식에 따라 다음과 같이 분류한다.

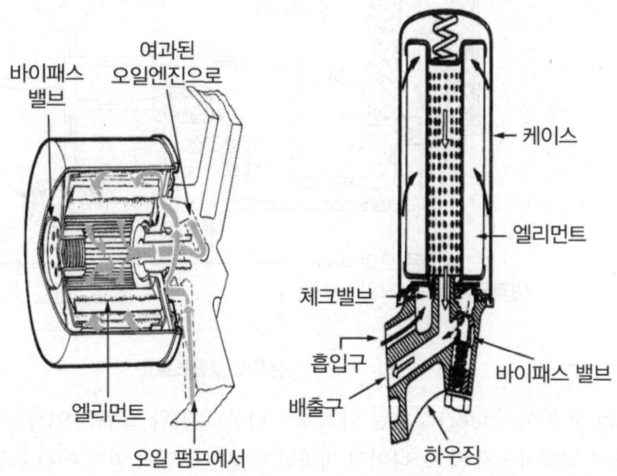

[오일 여과기의 구조 및 작용]

㉠ 전류식(Full-Flow Filter) : 오일 펌프에서 나온 오일이 모두 여과기를 거쳐서 여과된 후 엔진의 윤활부로 보내는 방식이다.

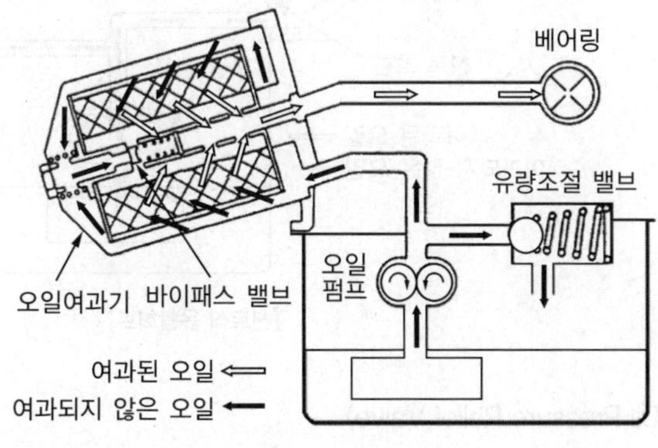

[전류식 윤활회로]

㉡ 분류식(By-Pass Filter) : 오일 펌프에서 나온 오일의 일부만 여과하여 오일 팬으로 보내고, 나머지는 그대로 엔진 윤활부로 보내는 방식이다.

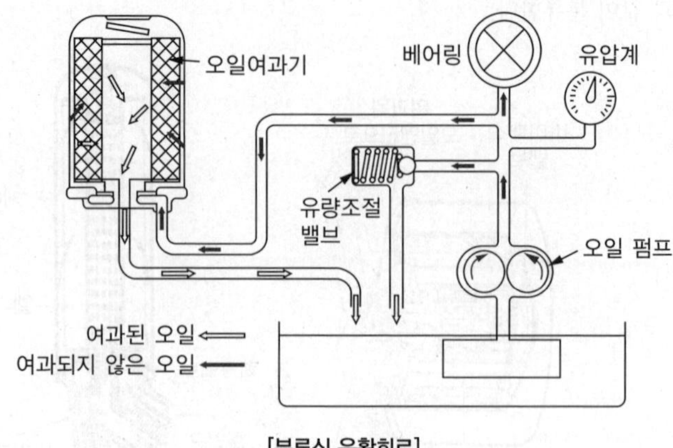

[분류식 윤활회로]

㉢ 션트식(Shunt Flow Filter) : 오일 펌프에서 나온 오일의 일부만 여과하는 방식으로 여과된 오일이 오일 팬으로 되돌아오지 않고, 나머지 여과되지 않은 오일과 함께 엔진 윤활부에 공급되는 방식이다.

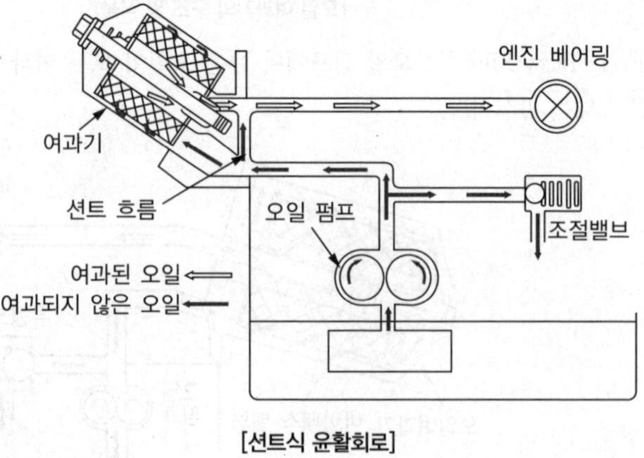

[션트식 윤활회로]

(5) 유압 조절 밸브(Oil Pressure Relief Valve)

엔진 윤활회로 내의 유압을 일정하게 유지시켜주는 역할을 하며 릴리프 밸브라 한다. 릴리프 밸브 내의 스프링 장력에 의해 윤활회로의 유압이 결정되며 스프링 장력이 너무 강할 경우 유압이 강해져 윤활회로 누설 등의 문제가 발생할 수 있고 스프링 장력이 너무 약해지면 엔진의 각부에 윤활유의 공급이 원활하지 못하여 각 부의 마멸 및 손상을 촉진시킨다.

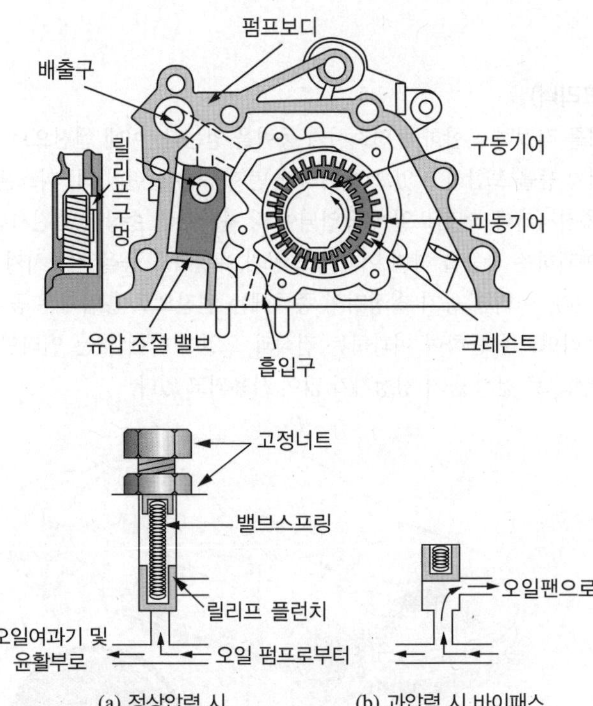

(a) 정상압력 시 (b) 과압력 시 바이패스

[유압 조절 밸브의 장착 및 오일제어 작용]

유압이 상승하는 원인	유압이 낮아지는 원인
• 엔진의 온도가 낮아 오일의 점도가 높다. • 윤활회로의 일부가 막혔다(오일 여과기). • 유압 조절 밸브 스프링의 장력이 크다.	• 크랭크축 베어링의 과다 마멸로 오일 간극이 크다. • 오일 펌프의 마멸 또는 윤활회로에서 오일이 누출된다. • 오일 팬의 오일량이 부족하다. • 유압 조절 밸브 스프링 장력이 약하거나 파손되었다. • 오일이 연료 등으로 현저하게 희석되었다. • 오일의 점도가 낮다.

(6) 오일의 색깔에 따른 현상

① 검은색 : 심한 오염

② 붉은색 : 오일에 가솔린이 유입된 상태

③ 회색 : 연소가스의 생성물 혼입(가솔린 내의 4에틸납)

④ 우유색 : 오일에 냉각수 혼입

엔진오일의 과다소모 원인	엔진오일의 조기오염 원인
• 질이 낮은 오일 사용 • 오일실 및 개스킷의 파손 • 피스톤 링 및 링홈의 마모 • 피스톤 링의 고착 • 밸브 스템의 마모	• 오일 여과기 결함 • 연소가스의 누출 • 질이 낮은 오일 사용

15 흡 · 배기 시스템

(1) 공기 청정기(에어 크리너)

엔진은 연료와 공기를 적절히 혼합하여 연소시켜 동력을 얻는다. 이때 엔진으로 유입되는 대기 중의 공기에는 이물질이나 먼지 등을 포함하고 있으며 이러한 먼지 등은 실린더 벽, 피스톤 링, 피스톤 및 흡 · 배기 밸브 등에 마멸을 촉진시키며, 엔진오일에 유입되어 각 윤활부의 손상을 촉진시킨다. 공기 청정기는 흡입 공기의 먼지 등을 여과하는 작용을 하며 이외에도 공기 유입속도 등을 저하시켜 흡기 소음을 감소시키는 기능도 함께 하고 있다. 이러한 공기 청정기의 종류에는 엔진으로 흡입되는 공기중의 이물질을 천 등의 물질로 만들어진 엘리먼트를 통하여 여과하는 건식과 오일이 묻어 있는 엘리먼트를 통과시켜 여과하는 습식이 있으며 일반적으로 건식 공기 청정기가 많이 사용되고 있다.

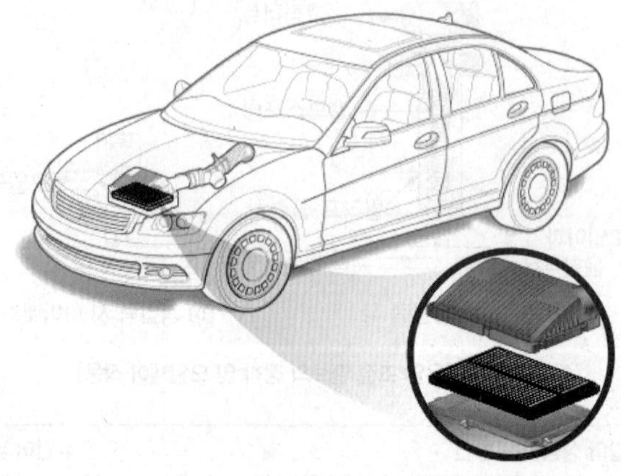

[에어 크리너]

(2) 흡기다기관

엔진의 각 실린더로 유입되는 혼합기 또는 공기의 통로이며 스로틀 보디로부터 균일한 혼합기가 유입될 수 있도록 설계하여 적용하고 있고 연소가 촉진되도록 혼합기에 와류를 일으키도록 해야 한다. 또한 일반적으로 알루미늄 경합금 재질로 제작하며 최근에 들어서는 강화 플라스틱을 적용하여 무게를 감소시키는 추세이다. 또한 공기 유동 저항을 감소시키기 위해 내부의 표면을 매끄럽게 가공하여 적용하고 있다.

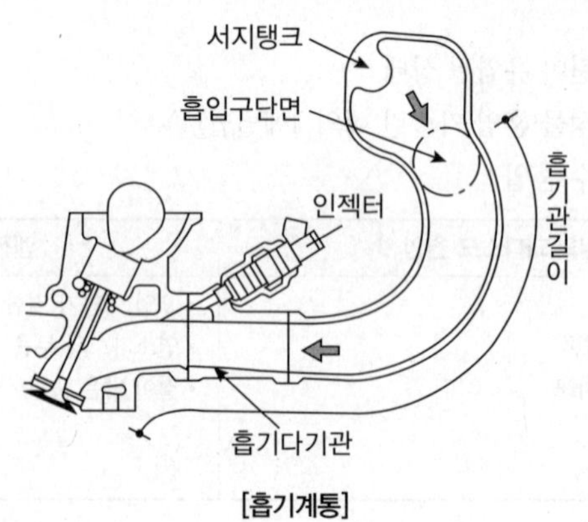

[흡기계통]

(3) 가변 흡기 시스템

엔진은 가변적인 회전수를 구현하며 동력을 발생시킨다. 이러한 엔진에서 흡입효율은 고속 시와 저속 시에 각기 다른 특성을 나타내며 각각의 조건에 맞는 최적의 흡입효율을 적용하도록 개발된 시스템이 가변 흡기 시스템이다.

① 일반적으로 엔진은 고속 시에는 짧고 굵은 형상의 흡기관이 더욱 효율적이고 저속 시에는 가늘고 긴 흡기관이 효율적이다. 따라서 가변 흡기 시스템은 엔진 회전속도에 맞추어 저속과 고속 시 최적의 흡기 효율을 발휘할 수 있도록 흡기 라인에 액츄에이터를 설치하고 엔진의 회전속도에 대응하여 흡기 다기관의 통로를 가변하는 장치이다.

② 일반적인 작동원리는 엔진 저속 시에는 제어 밸브를 닫아 흡기다기관의 길이를 길게 적용함으로써 흡입 관성의 효과를 이용하여 흡입 효율을 향상시켜 저속에서 회전력을 증가시키고 고속 회전에서 제어 밸브를 열면 흡기다기관의 길이가 짧아지며, 이때 흡입 공기의 흐름 속도가 빨라져 흡입 관성이 강한 압축 행정에 도달하도록 흡입 밸브가 닫힐 때까지 충분한 공기를 유입시켜 효율을 증가시킨다.

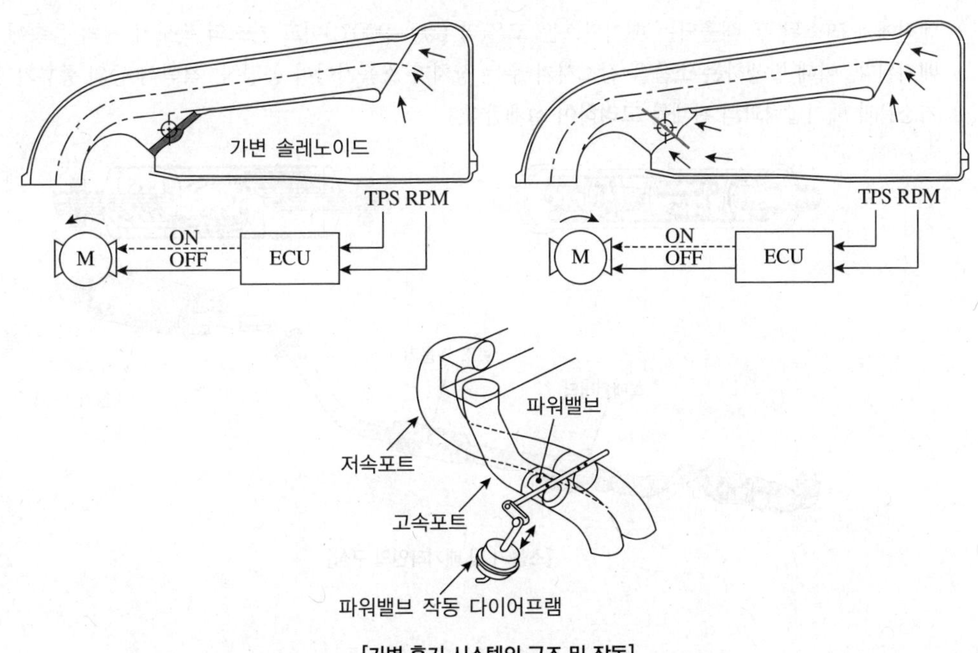

[가변 흡기 시스템의 구조 및 작동]

(4) 배기다기관

배기다기관은 연소된 고온 고압의 가스가 배출되는 통로로 내열성과 강도가 큰 재질로 제조한다.

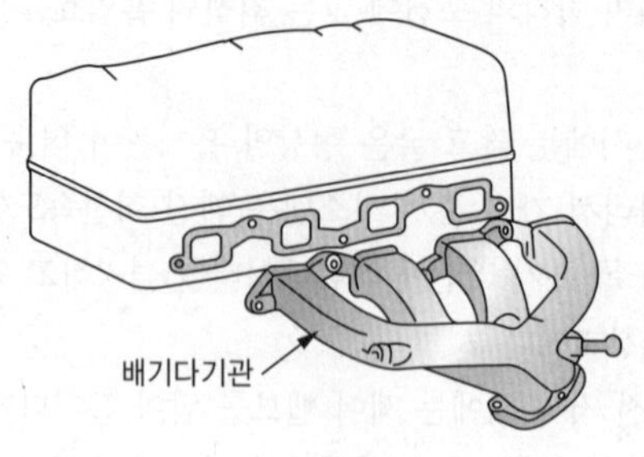

[배기계통]

(5) 소음기

엔진에서 연소된 후 배출되는 배기가스는 고온(약 600~900℃)이고 가스의 속도가 거의 음속에 가깝게 배기된다. 이때 발생하는 소음을 감소시켜 주는 장치가 소음기이며 공명식, 격벽식 등의 종류가 있고 배기소음과 배기압력과의 관계를 고려하여 설계한다.

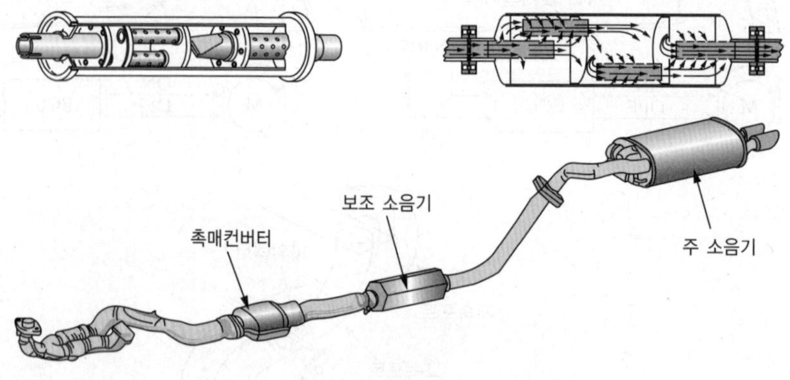

[소음기 및 배기라인의 구성]

16 엔진 전자제어 개요

자동차의 전자제어는 자동차의 엔진상태 및 주행상태, 운전자의 의도 등 여러 부분을 측정하고 있는 센서들과 이러한 센서들의 출력신호를 받아 현재의 차량상태를 파악하고 최적의 제어를 위한 값을 계산하는 컴퓨터 유닛, 컴퓨터 유닛으로부터 명령을 받아 실제 차량의 기계적 또는 전기적인 장치들을 구동시키는 액츄에이터로 구성되어 있다.

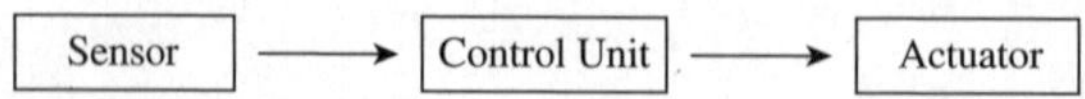

(1) 전자제어 시스템의 특징

① 공기흐름에 따른 관성질량이 작아 응답성 향상

② 엔진출력 증대, 연료 소비율 감소

③ 배출가스 감소로 유해물질 감소

④ 각 실린더에 동일한 양의 연료공급 가능

⑤ 구조가 복잡하고 가격이 비쌈

⑥ 흡입계통의 공기누설이 엔진에 큰 영향을 줌

(2) 전자제어 시스템의 분류

① K-제트로닉

K-제트로닉은 기계식으로 엔진 내 흡입되는 공기량을 감지한 후 흡입 공기량에 따른 연료 분사량을 연료분배기에 의해 인젝터를 통하여 연료를 연속적으로 분사하는 장치이다.

② D-제트로닉

D-제트로닉 차량은 엔진 내 흡입되는 공기량을 흡기다기관의 압력을 측정할 수 있는 MAP 센서를 통하여 진공도를 전기적 신호로 변환하여 ECU로 입력함으로써 그 신호를 근거로 ECU는 엔진 내 흡입되는 공기량을 계측하여 엔진에서 분사할 연료량을 결정한다.

③ L-제트로닉

L-제트로닉은 D-제트로닉과 같이 흡기다기관의 진공도로 흡입되는 공기량을 간접적으로 측정하는 것이 아니라 흡입 공기 통로상에 특정의 장치를 설치하여 엔진 내 흡입되는 모든 공기가 이 장치를 통과하도록 하고 이때 통과한 공기량을 검출하여 전기적 신호로 변환한 후 ECU로 입력하여 이 신호를 근거로 엔진 내 분사할 연료 분사량을 결정하는 방식이다.

(3) 전자제어기관 시스템의 구성

전자제어 시스템은 흡기계, 배기계, ECU(Electronic Control Unit) 내의 마이크로컴퓨터를 내장하여 직접적으로 엔진을 제어하는 부분이다.

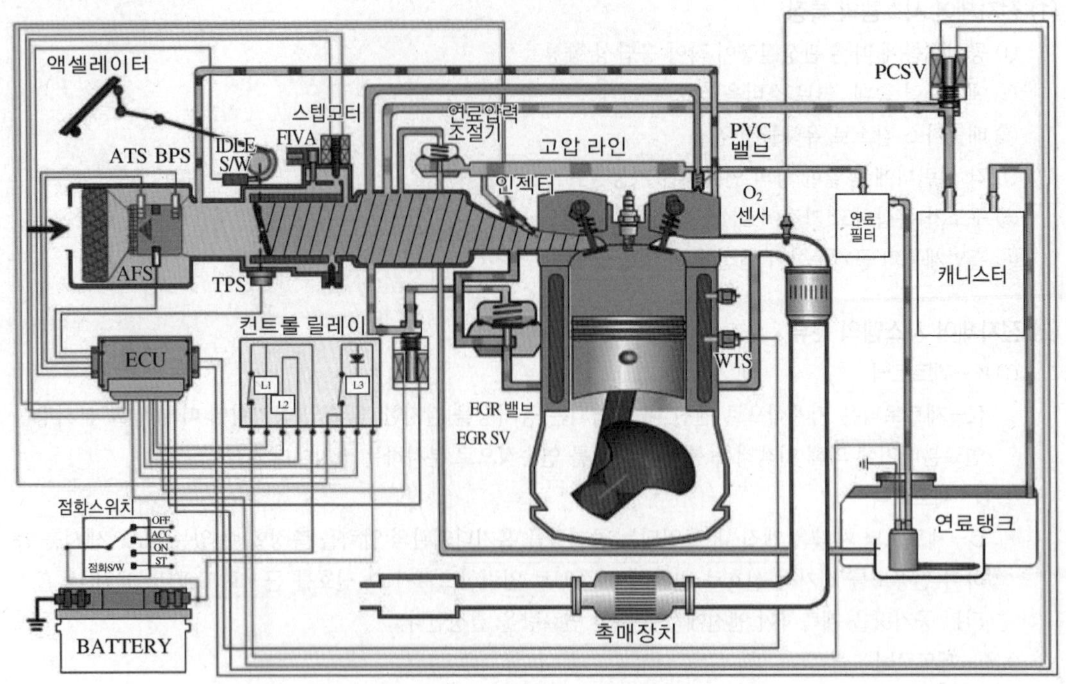

[엔진 전자제어 시스템 구성도]

전자제어 시스템의 구성은 마이크로 컴퓨터, 전원부, 입력 처리 회로, 출력 처리 회로 등으로 구성된다.

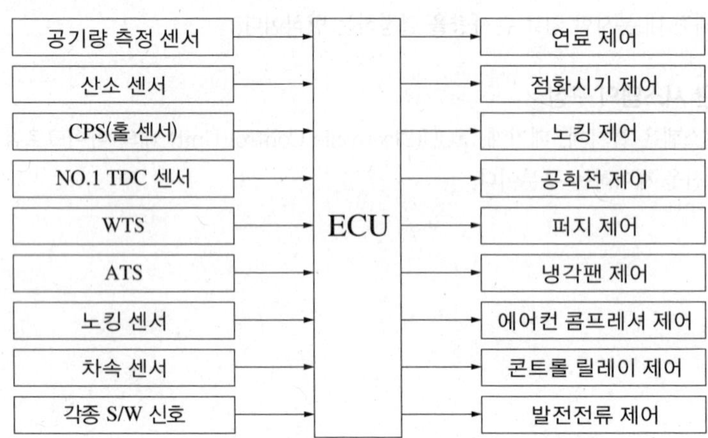

[전자제어회로의 구성]

17 센서

센서는 압력, 온도, 변위 등 측정된 물리량을 마이크로컴퓨터나 전기 · 전자 회로에서 다루기 쉬운 형태의 전기신호로 변환시키는 역할을 한다.

(1) 스로틀밸브 개도 센서(TPS; Throttle Position Sensor)

TPS는 스로틀밸브 개도, 물리량으로는 각도의 변위를 전기 저항의 변화로 바꾸어 주는 센서이다. 즉 운전자가 악셀레이터 페달을 밟았는지 또는 밟지 않았는지와 밟았다면 얼만큼 밟았는지를 감지하는 센서이다.

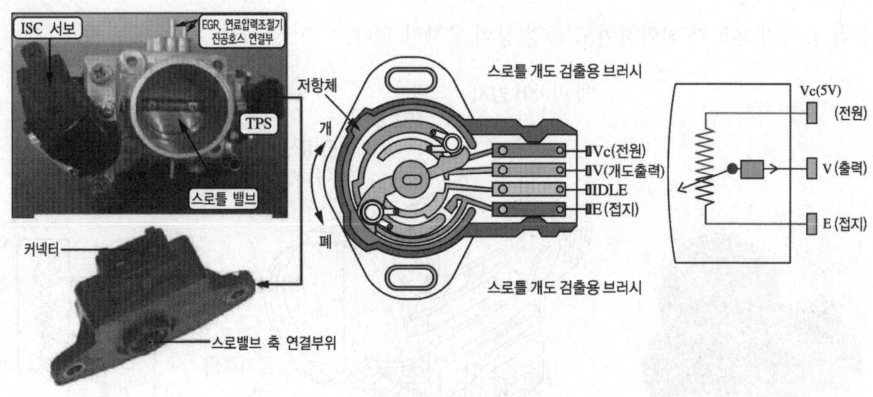

[TPS 구조 및 파형]

(2) 맵 센서(MAP Sensor; Manifold Absolute Pressure Sensor)

흡입 공기량을 측정하는 센서로 보통 MAP 센서라고 부르며 흡기매니폴드 서지탱크 내에 장착되어 흡입 공기 진공압을 전압의 형태로 측정한다. 그러나 실제 측정하려고 하는 물리량은 흡입 공기량인데 비해 공기 진공압을 측정하여 사용하므로 간접 측정 방식이 된다.

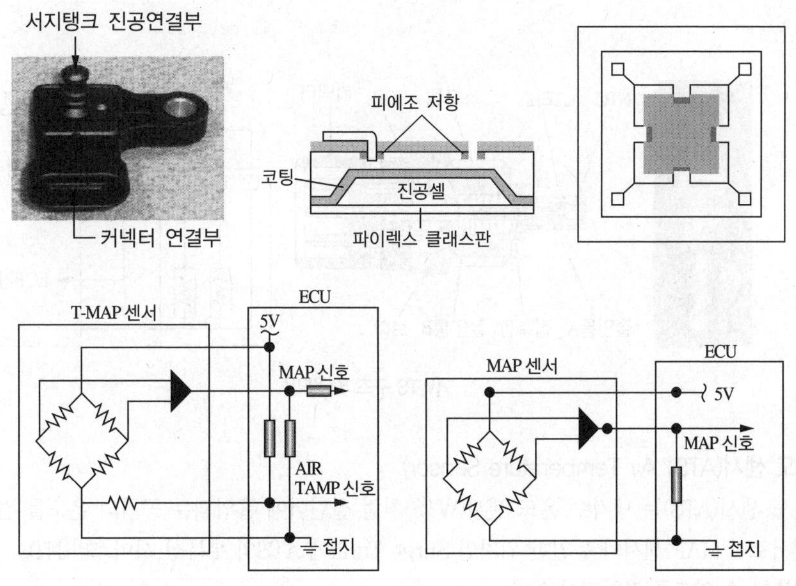

(3) 열선식(Hot Wire Type) 또는 열막식(Hot Film Type)

이 방식은 그림과 같이 공기 중에 발열체를 놓으면 공기에 의해 열을 빼앗기므로 발열체의 온도가 변화하며, 이 온도의 변화는 공기의 흐름 속도에 비례한다. 이러한 발열체와 공기와의 열전달 현상을 이용한 것이 열선 또는 열막식이다. 이러한 열선식 또는 열막식의 장점은 다음과 같다.

① 공기 질량을 정확하게 계측할 수 있다.
② 공기 질량 감지 부분의 응답성이 빠르다.
③ 대기 압력 변화에 따른 오차가 없다.
④ 맥동 오차가 없다.
⑤ 흡입 공기의 온도가 변화하여도 측정 상의 오차가 없다.

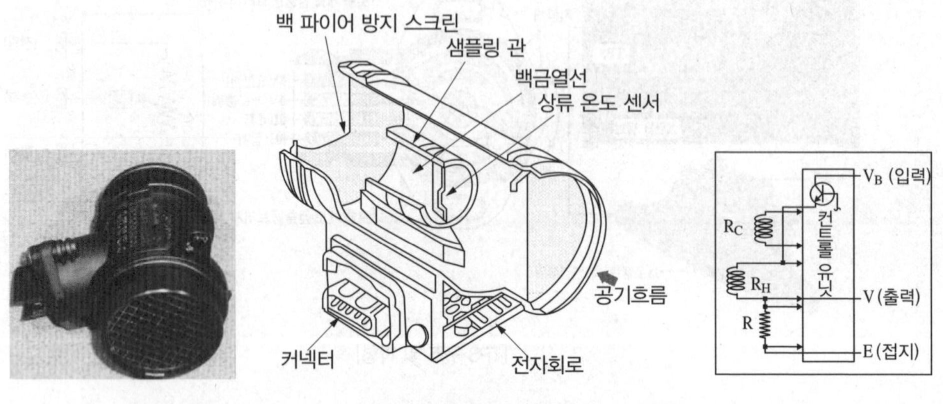

[열선/열막식 작동 원리]

(4) 냉각수 온도 센서(WTS; Water Temperature Sensor)

냉각수 온도 센서(WTS)는 온도를 전압으로 변환시키는 센서로서 냉각수가 흐르는 실린더 블록의 냉각수 통로에 부특성 서미스터(NTC) 부분이 냉각수와 접촉할 수 있도록 장착되어 있으며 기관의 냉각수 온도를 측정한다.

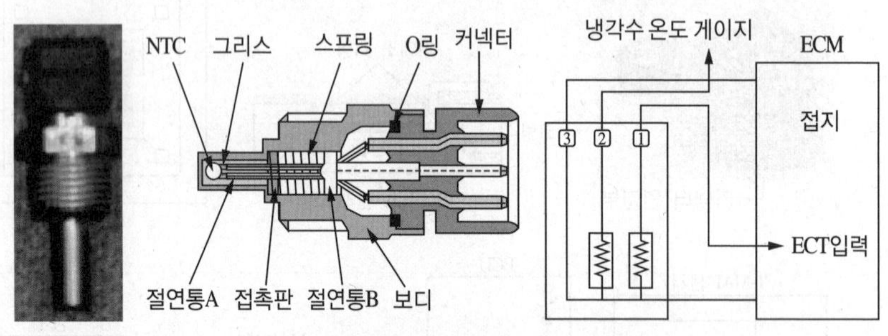

[WTS 구조 및 원리]

(5) 흡기 온도 센서(ATS; Air Temperature Sensor)

흡기 온도 센서(ATS)는 냉각수 온도 센서(WTS)처럼 실린더에 흡입되는 공기의 온도를 전압으로 변환시키는 센서로서 MAP 센서와 동일한 위치인 Surge Tank에 ATS의 부특성 서미스터(NTC) 부분이 흡입 공기와 접촉할 수 있도록 장착되어 있다.

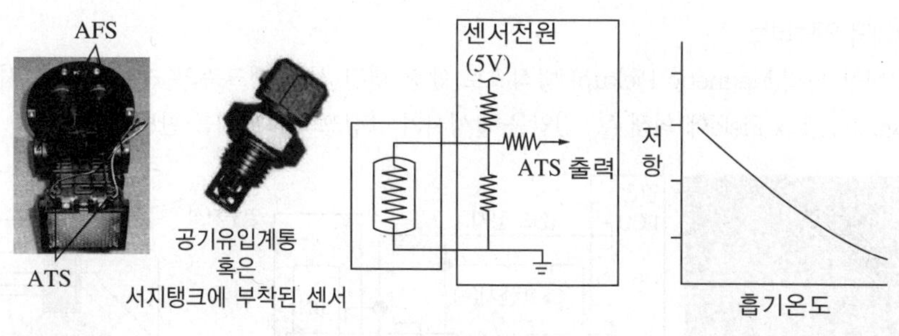

[ATS 구조 및 원리]

(6) 산소 센서(O_2 Sensor)

O_2 센서는 배기가스 중의 산소의 농도를 측정하여 전압값으로 변환시키는 센서로서 흔히 λ 센서라고도 하며 공연비 보정량을 위한 신호로 사용되며 피드백 제어의 대표적인 센서이다.

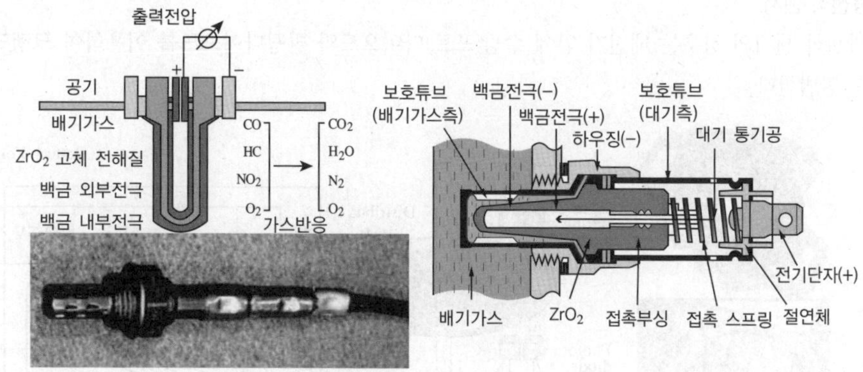

[O_2 Sensor 구조 및 원리]

(7) 크랭크 각 센서(Crank Angle Sensor)

크랭크 각 센서는 엔진 회전수와 현재 크랭크축의 위치를 감지하는 센서로 기본 분사량을 결정하는 센서이다. 이러한 크랭크 각 센서의 형식으로는 광전식(옵티컬) 크랭크 센서, 홀 타입 크랭크 센서, 마그네틱 인덕티브 방식의 크랭크 각 센서가 있다.

① 홀 센서

홀 센서는 Hall Effect IC가 내장되어 있으며 이 IC에 전류가 흐르는 상태에서 자계를 인가하면 전압이 변하는 원리로 작동된다.

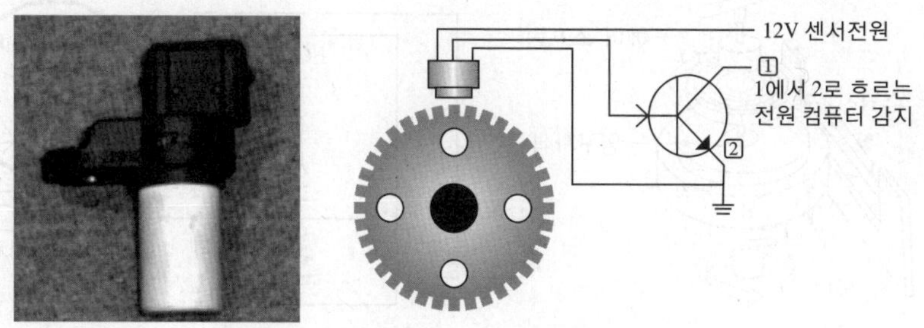

[홀 센서 방식 구조 및 원리]

② 마그네틱 인덕티브

마그네틱 픽업(Magnetic Pickup) 방식으로 엔진 회전 시 크랭크축의 기어와 센서 사이에 발생하는 Magnetic Flux Field에 의해 AC 전압을 발생시켜 크랭크축의 위치를 판별한다.

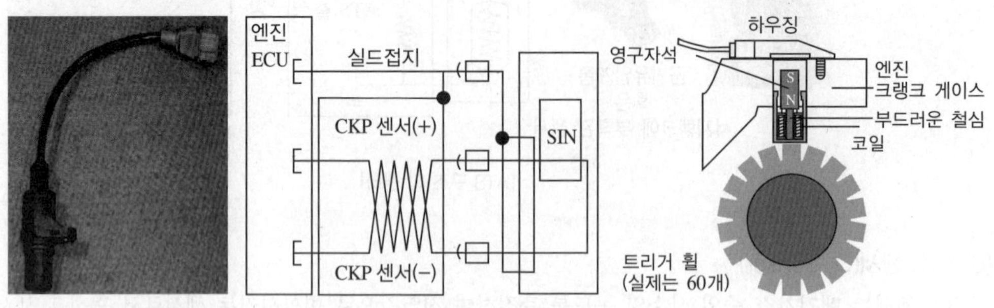

[마그네틱 픽업 방식 구조 및 원리]

③ 광전식 센서

광전식 센서의 경우는 배전기 안에 수광(포토)다이오드와 발광다이오드를 이용하여 크랭크축의 위치를 판별한다.

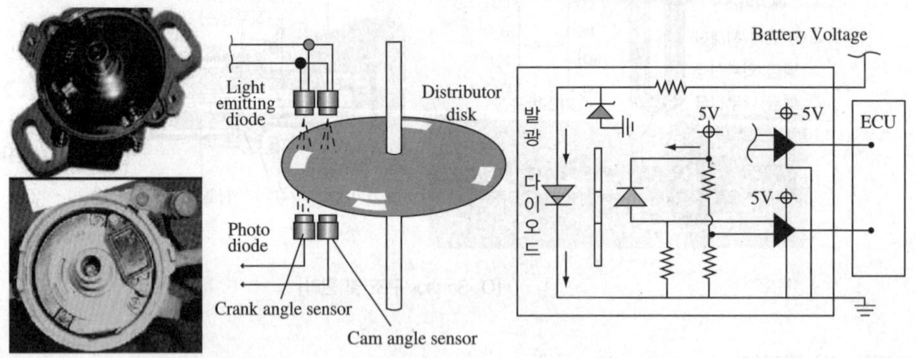

[광전식(옵티컬) 센서 방식 파형]

(8) 차속 센서(Vehicle Speed Sensor)

차속 센서는 말 그대로 차량의 속도(차속)를 측정하는 센서로 클러스터 패널에 장착된 리드 스위치로부터 신호를 측정한다.

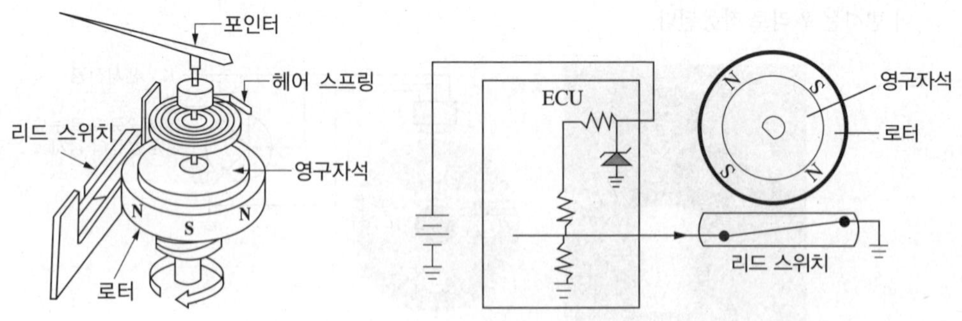

[차속 센서 파형]

(9) 노크 센서(Knock Sensor)

노크 센서는 엔진노킹이 발생하였는지의 유무를 판단하는 센서로 내부에 장착된 압전 소자와 진동판을 이용하여 압력의 변화를 기전력으로 변화시킨다.

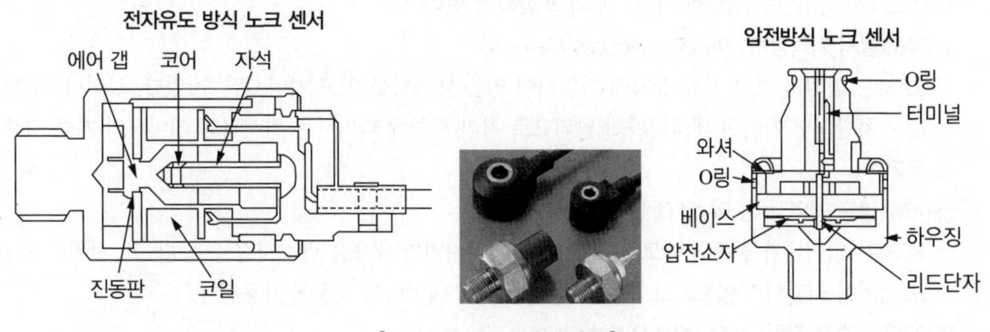

[Knock Sensor 구조 및 원리]

18 컴퓨터(ECU; Electronic Control Unit)

EMS(Engine Management System)는 ECU와 센서 및 액츄에이터들로 구성된다. 이중 센서는 입력, 액츄에이터는 출력장치이며 이것을 통합하는 것이 ECU이다.

(1) 컴퓨터의 기능

컴퓨터는 각종 센서 신호를 기초로 하여 엔진 가동 상태에 따른 연료 분사량을 결정하고, 이 분사량에 따라 인젝터 분사시간(분사량)을 조절한다. 먼저 엔진의 흡입 공기량과 회전속도로부터 기본 분사시간을 계측하고, 이것을 각 센서로부터의 신호에 의한 보정을 하여 총 분사시간(분사량)을 결정 한다. 컴퓨터의 구체적인 역할은 다음과 같다.

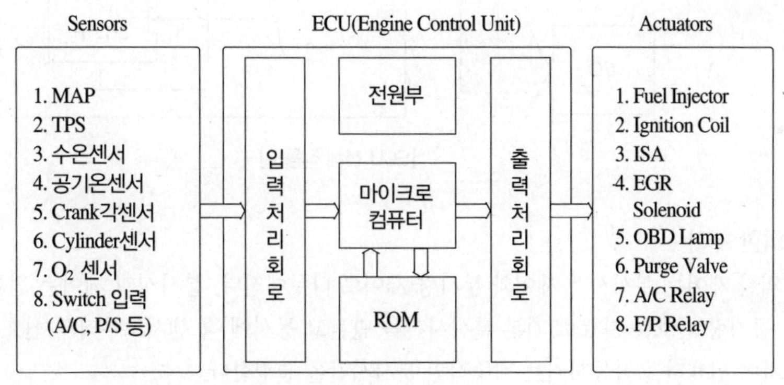

[ECU 제어시스템]

① 이론 혼합비를 14.7 : 1로 정확히 유지시킨다.

② 유해 배출가스의 배출을 제어한다.

③ 주행 성능을 신속히 해 준다.

④ 연료 소비율 감소 및 엔진의 출력을 향상시킨다.

(2) 컴퓨터의 구조

컴퓨터는 디지털 제어(Digital Control)와 아날로그 제어(Analog Control)가 있으며, 중앙처리장치(CPU), 기억장치(Memory), 입·출력 장치(I/O) 등으로 구성되어 있다. 아날로그 제어에는 A/D 컨버터(아날로그를 디지털로 변환함)가 한 개 더 포함되어 있다.

① RAM(일시 기억장치; Random Access Memory)

RAM은 임의의 기억 저장 장치에 기억되어 있는 데이터를 읽고 기억시킬 수 있다. 그러나 RAM은 전원이 차단되면 기억된 데이터가 소멸되므로 처리 도중에 나타나는 일시적인 데이터의 기억 저장에 사용된다.

② ROM(영구 기억장치; Read Only Memory)

ROM은 읽어내기 전문의 메모리이며, 한번 기억시키면 내용을 변경시킬 수 없다. 또 전원이 차단되어도 기억이 소멸되지 않으므로 프로그램 또는 고정 데이터의 저장에 사용된다.

③ I/O(입·출력 장치; In Put/Out Put)

I/O는 입력과 출력을 조절하는 장치이며, 입·출력포트라고도 한다. 입·출력포트는 외부 센서들의 신호를 입력하고 중앙처리장치(CPU)의 명령으로 액추에이터로 출력시킨다.

④ 중앙처리장치(CPU; Central Processing Unit)

CPU는 데이터의 산술 연산이나 논리 연산을 처리하는 연산부, 기억을 일시 저장해 놓는 장소인 일시 기억부, 프로그램 명령, 해독 등을 하는 제어부로 구성되어 있다.

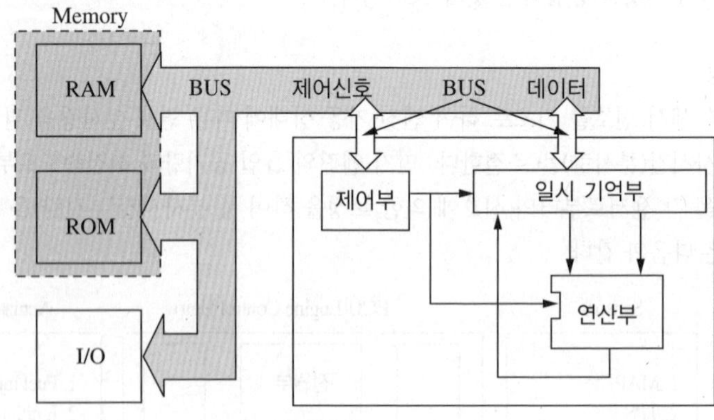

[ECU 전체 작동도]

(3) 컴퓨터에 의한 제어

컴퓨터에 의한 제어는 분사시기 제어와 분사량 제어로 나누어진다. 분사시기 제어는 점화 코일의 점화 신호와 흡입 공기량 신호를 자료로 기본 분사시간을 만들고 동시에 각 센서로부터의 신호를 자료로 분사시간을 보정하여 인젝터를 작동시키는 최종적인 분사시간을 결정한다.

① 연료 분사시기 제어

㉠ 동기분사(독립분사 또는 순차분사) : 이 분사 방식은 1사이클에 1실린더만 1회 점화시기에 동기하여 배기 행정 끝 무렵에 분사한다.

㉡ 그룹(Group)분사 : 이 분사 방식은 각 실린더에 그룹(제1번과 제3번 실린더, 제2번과 제4번 실린더)을 지어 1회 분사할 때 2실린더씩 짝을 지어 분사한다.

㉢ 동시분사(또는 비동기 분사) : 이 분사 방식은 1회에 모든 실린더에 분사한다.

② 연료 분사량 제어

㉠ 기본 분사량 제어 : 크랭크각 센서의 출력 신호와 공기 유량 센서의 출력 등을 계측한 컴퓨터의 신호에 의해 인젝터가 구동된다.

㉡ 엔진을 크랭킹할 때 분사량 제어 : 엔진을 크랭킹할 때는 시동 성능을 향상시키기 위해 크랭킹 신호(점화 스위치 ST, 크랭크각 센서, 점화 코일 1차 전류)와 수온 센서의 신호에 의해 연료 분사량을 증량시킨다.

㉢ 엔진 시동 후 분사량 제어 : 엔진을 시동한 직후에는 공전속도를 안정시키기 위해 시동 후에도 일정한 시간 동안 연료를 증량시킨다.

㉣ 냉각수 온도에 따른 제어 : 냉각수 온도 80℃를 기준(증량비 1)으로 하여 그 이하의 온도에서는 분사량을 증량시키고, 그 이상에서는 기본 분사량으로 분사한다.

㉤ 흡기 온도에 따른 제어 : 흡기 온도 20℃(증량비 1)를 기준으로 그 이하의 온도에서는 분사량을 증량시키고, 그 이상의 온도에서는 분사량을 감소시킨다.

㉥ 축전지 전압에 따른 제어 : 축전지 전압이 낮아질 경우에는 컴퓨터는 분사신호의 시간을 연장하여 실제 분사량이 변화하지 않도록 한다.

㉦ 가속할 때 분사량 제어 : 엔진이 냉각된 상태에서 가속시키면 일시적으로 공연비가 희박해지는 현상을 방지하기 위해 냉각수 온도에 따라서 분사량을 증가시킨다.

㉧ 엔진의 출력이 증가할 때 분사량 제어 : 엔진의 고부하 영역에서 운전 성능을 향상시키기 위하여 스로틀 밸브가 규정값 이상 열렸을 때 분사량을 증량시킨다.

㉨ 감속할 때 연료분사차단(대시포트 제어) : 스로틀 밸브가 닫혀 공전 스위치가 ON으로 되었을 때 엔진 회전속도가 규정값일 경우에는 연료 분사를 일시 차단한다.

③ 피드백 제어(Feedback Control)

배기다기관에 설치한 산소 센서로 배기가스 중의 산소 농도를 검출하고 이것을 컴퓨터로 피드백시켜 연료 분사량을 증감하여 항상 이론 혼합비가 되도록 분사량을 제어한다.

피드백 보정은 운전성, 안전성을 확보하기 위해 다음과 같은 경우에는 제어를 정지한다.

㉠ 냉각수 온도가 낮을 때

㉡ 엔진을 시동할 때

㉢ 엔진 시동 후 분사량을 증가시킬 때

㉣ 엔진의 출력을 증대시킬 때

㉤ 연료 공급을 차단할 때(희박 또는 농후 신호가 길게 지속될 때)

④ 점화시기 제어

점화시기 제어는 파워 트랜지스터로 컴퓨터에서 공급되는 신호에 의해 점화 코일 1차 전류를 ON, OFF시켜 점화시기를 제어한다.

⑤ 연료 펌프 제어

점화 스위치가 ST위치에 놓이면 축전지 전류는 컨트롤 릴레이를 통하여 연료 펌프로 흐르게 된다. 엔진 작동 중에는 컴퓨터가 연료 펌프 구동 트랜지스터 베이스를 ON으로 유지하여 컨트롤 릴레이 코일을 여자시켜 축전지 전원이 연료 펌프로 공급된다.

⑥ 공전속도 제어

자동차의 전기장치, 에어컨, 유압식 파워스티어링 등의 엔진부하를 발생시키는 장치의 작동과 엔진의 워밍업 시 공전속도 조절장치를 통하여 엔진회전수를 상승시켜 출력 보완 및 워밍업시간의 단축에 대한 역할을 수행한다.

(4) 자기 진단 기능

컴퓨터는 엔진의 여러 부분에 입 · 출력 신호를 보내게 되는데 비정상적인 신호가 처음 보내질 때부터 특정 시간 이상이 지나면 컴퓨터는 비정상이 발생한 것으로 판단하고 고장 코드를 기억한 후 신호를 자기진단 출력 단자와 계기판의 엔진 점검 램프로 보낸다.

(5) 컴퓨터로 입력되는 신호(각종 센서와 신호 장치)

① 공기 유량 센서(AFS)

이 센서가 흡입 공기량을 검출하여 컴퓨터로 흡입 공기량 신호를 보내면 컴퓨터는 이 신호를 기초로 하여 기본 연료 분사량을 결정한다.

② 흡기 온도 센서(ATS)

이 센서가 흡입되는 공기 온도를 컴퓨터로 입력시키면 컴퓨터는 흡기 온도에 따라 필요한 연료 분사량을 조절한다.

③ 수온 센서(WTS, CTS)

이 센서가 엔진의 냉각수 온도 변화에 따라 저항값이 변화하는 부 특성(NTC) 서미스터이다. 냉각수 온도가 상승하면 저항값이 낮아지고, 냉각수 온도가 낮아지면 저항값이 높아진다.

④ 스로틀 위치 센서(TPS)

이 센서가 스로틀 밸브축이 회전하며 출력 전압이 변화한 것을 컴퓨터로 입력시키면 컴퓨터는 이 전압 변화를 기초로 하여 엔진 회전 상태를 판정하고 감속 및 가속 상태에 따른 연료 분사량을 결정한다.

⑤ 공전 스위치

이 스위치는 엔진의 공전 상태를 검출하여 컴퓨터로 입력시킨다.

⑥ 1번 실린더 TDC 센서

이 센서가 제1번 실린더의 압축 상사점을 검출하여 이를 펄스 신호로 변환하여 컴퓨터로 입력시키면 컴퓨터는 이 신호를 기초로 하여 연료 분사순서를 결정한다.

⑦ 크랭크각 센서(CAS)

이 센서가 각 실린더의 크랭크각(피스톤 위치)의 위치를 검출하여 이를 펄스 신호로 변환하여 컴퓨터로 보내면 컴퓨터는 이 신호를 기초로 하여 엔진 회전속도를 계측하고 연료 분사시기와 점화시기를 결정한다.

⑧ 산소 센서(O_2 센서)

이 센서가 배기가스 내의 산소 농도를 검출하여 이를 전압으로 변환하여 컴퓨터로 입력시키면 컴퓨터는 이 신호를 기초로 하여 연료 분사량을 조절하여 이론 공연비로 유지하고 EGR밸브를 작동시켜 피드백시킨다.

⑨ 차속 센서(VSS)

이 센서가 리드 스위치를 이용하여 트랜스 액슬 기어의 회전을 펄스 신호로 변환하여 컴퓨터로 보내면 컴퓨터는 이 신호를 기초로 하여 공전속도 등을 조절한다.

⑩ 모터 포지션 센서(MPS)

이 센서가 ISC-서보의 위치를 검출하여 컴퓨터로 보내면 컴퓨터는 이 신호를 기초로 하여 엔진의 공전속도를 조절한다.

⑪ 동력 조향장치 오일 압력 스위치

이 스위치가 동력 조향장치의 부하 여부를 전압의 고저로 바꾸어 컴퓨터로 보내면 컴퓨터는 이 신호를 이용하여 ISC-서보를 작동시켜 엔진의 공전속도를 조절한다.

⑫ 점화장치 ST와 인히비터 스위치

점화 스위치 ST는 엔진이 크랭킹되고 있는 동안 높은 신호를 컴퓨터로 입력하며, 컴퓨터는 이 신호에 의하여 엔진을 시동할 때의 연료 분사량을 조절한다. 즉, 점화 스위치가 ST 위에 놓이면 크랭킹할 때 축전지 전압이 점화 스위치와 인히비터 스위치를 통하여 컴퓨터로 입력되며, 컴퓨터는 엔진이 크랭킹 중인 것을 검출한다. 또 자동변속기의 변속 레버가 P 또는 N 레인지 이외에 있는 경우 축전지 전압은 컴퓨터로 입력되지 않는다. 인히비터 스위치는 변속 레버의 위치를 전압의 고저로 변환하여 컴퓨터로 입력시키면 컴퓨터는 이 신호를 이용해 ISC-서보를 작동시켜 엔진의 공전속도를 조절한다.

⑬ 에어컨 스위치와 릴레이

점화 스위치가 ON이 되면 에어컨 스위치는 컴퓨터에 축전지 전압이 가해지도록 하며 컴퓨터는 ISC-서보를 구동시키며, 동시에 에어컨 릴레이를 작동시켜 에어컨 압축기 클러치로 전원을 공급한다.

⑭ 컨트롤 릴레이와 점화 스위치 IG

점화 스위치가 ON이 되면 축전지 전압은 점화 스위치에서 컴퓨터로 흐르게 되며, 또 컨트롤 릴레이 코일에도 공급되어 컨트롤 릴레이 스위치가 ON으로 되어 컴퓨터에 전원이 공급된다.

⑲ 액추에이터(Actuator)

액추에이터는 센서와 반대로 유량, 구동 전류, 전기 에너지 등 물리량을 마이크로컴퓨터의 출력인 전기 신호를 이용하여 작동하는 것이다.

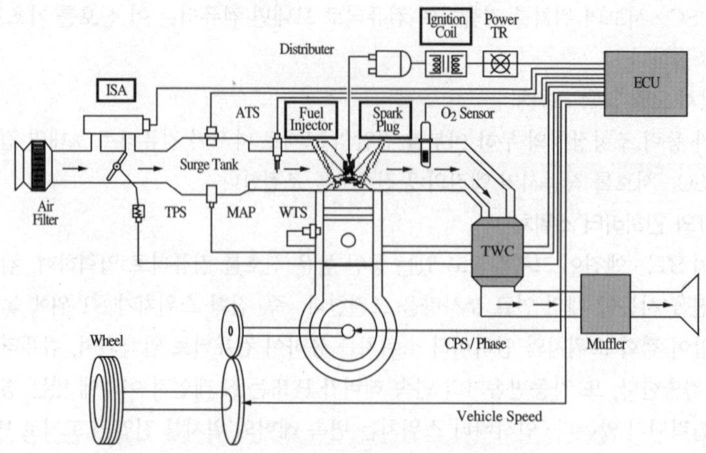

[기본 액추에이터 장착 위치]

(1) 연료 인젝터(Fuel Injector)

연료 인젝터는 전기적 신호(Injection Pulse Width) 만큼의 연료량을 공급하는 역할을 하며 엔진전자제어장치(ECU)의 명령에 따라 작동된다.

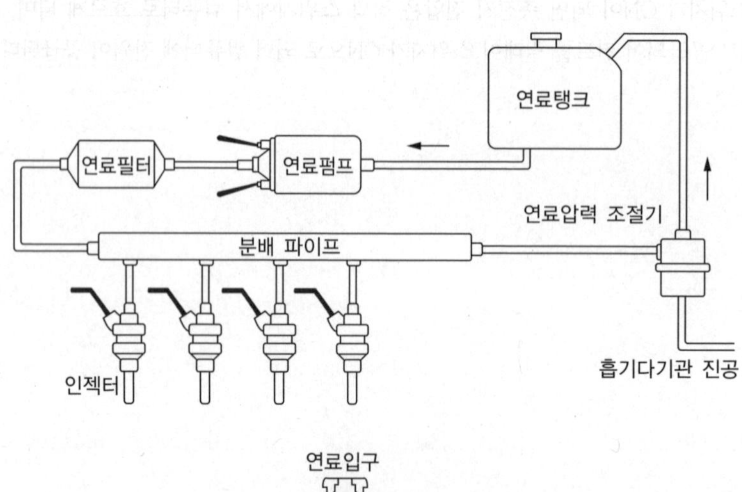

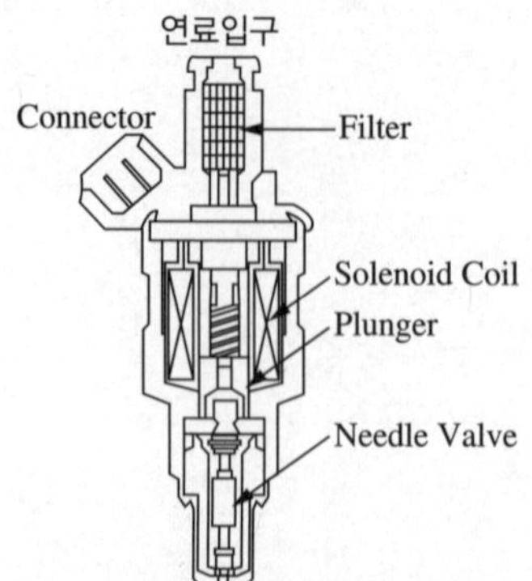

(2) 점화장치(Ignition System)

점화계의 역할은 두 가지로 분류되는데 첫째는 엔진 상태에 따른 최적의 점화 시기에 혼합기의 연소가 이루어지도록 하여 최고의 출력을 얻는 것(점화시기 제어)이고, 둘째는 정상적인 연소가 가능한 전기 에너지를 확보하는 것이다(드웰시간 제어). 점화계통은 배터리, 파워트랜지스터(ECU로부터 점화 시기 및 Dwell 제어 신호를 받는 부분), 점화코일, 배전기, 점화 플러그 등으로 구성된다. 수년전까지 배전기 없이 각각의 실린더를 직접 제어하는 DLI(Distributer Less Ignition) System이 적용되었으며 현재는 독립식 점화장치가 보편화되고 있다.

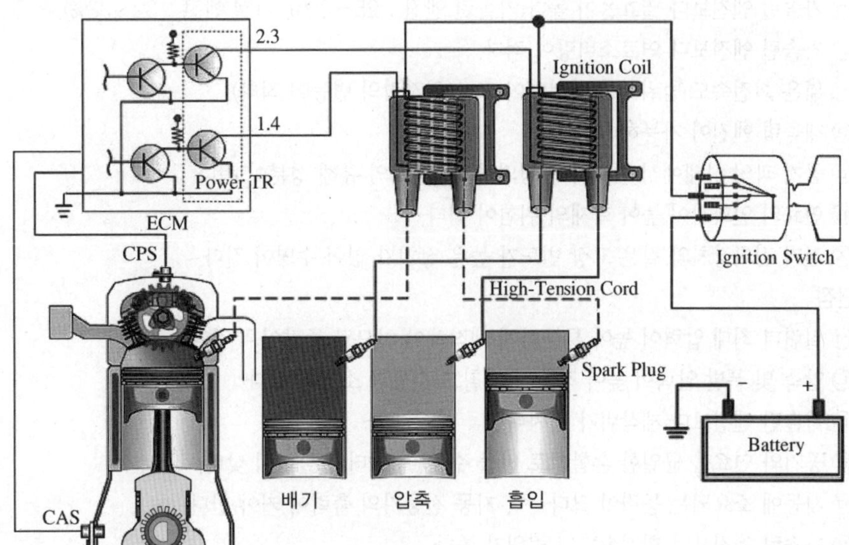

[점화계통도 DLI]

(3) 공전속도 조절기(Idle Speed Controller)

공전속도 조절기는 엔진이 공전 상태일 때 부하에 따라 안정된 공전속도를 유지하게 하는 장치이며, 그 종류에는 ISC-서보 방식, 스텝 모터 방식, 에어 밸브 방식 등이 있다.

① ISC-SERVO

공전속도 조절 모터, 웜 기어(Worm Gear), 웜 휠(Worm Wheel) 모터 포지션 센서(MPS), 공전 스위치 등으로 구성되어 있다. 공전속도조절시 스로틀 밸브의 열림량을 모터로 제어한다.

② 스텝 모터 방식

스텝 모터 방식은 스로틀 밸브를 바이 패스 하는 통로에 설치되어 흡입 공기량을 제어하여 공전속도를 조절하도록 되어 있다.

③ 아이들 스피드 액츄에이터

아이들 스피드 액츄에이터의 솔레노이드 코일에 흐르는 전류를 듀티 제어하여 밸브 내의 솔레노이드 밸브에 발생하는 전자력과 스프링 장력이 서로 평형을 이루는 위치까지 밸브를 이동시켜 공기 통로의 단면적을 제어하는 전자 밸브이다.

20 디젤 엔진 일반

디젤 엔진은 공기만을 실린더 내에 흡입하여 압축하면 500~550℃의 압축열이 발생된다. 이때 분사노즐을 통하여 압축공기에 연료를 분사시키면 압축열에 의하여 연료가 자기착화(자연점화) 연소되어 발생된 열에너지가 기계적 에너지로 변환되는 엔진으로 4행정 디젤 엔진과 2행정 디젤 엔진으로 분류된다.

(1) 디젤 엔진의 장단점

① 장점

㉠ 가솔린 엔진보다 열효율이 높다(가솔린 엔진 : 25~32%, 디젤 엔진 : 32~38%).
㉡ 가솔린 엔진보다 연료소비량이 적다.
㉢ 넓은 회전속도 범위에서 회전력이 크다(회전력의 변동이 적다).
㉣ 대출력 엔진이 가능하다.
㉤ 공기 과잉 상태에서 연소가 진행되어 CO, HC의 유해 성분이 적다.
㉥ 연료의 인화점이 높아 화재의 위험이 적다.
㉦ 전기 점화장치와 같은 고장 빈도가 높은 장치가 없어 수명이 길다.

② 단점

㉠ 실린더 최대 압력이 높아 튼튼하게 제작해야 하므로 중량이 무겁다.
㉡ 압축 및 폭발 압력이 높아 작동이 거칠고 진동과 소음이 크다.
㉢ 가솔린 엔진보다 제작비가 비싸다.
㉣ 공기와 연료를 균일한 혼합기로 만들 수 없어 리터당 출력이 낮다.
㉤ 시동에 소요되는 동력이 크다. 즉, 기동 전동기의 출력이 커야 한다.
㉥ 가솔린 엔진보다 회전속도의 범위가 좁다.

(2) 디젤 엔진의 연소특성

디젤 엔진은 압축 행정의 종료부분에서 연소실 내에 분사된 연료는 착화 지연 기간 → 화염 전파 기간 → 직접 연소 기간 → 후기 연소 기간의 순서로 연소된다.

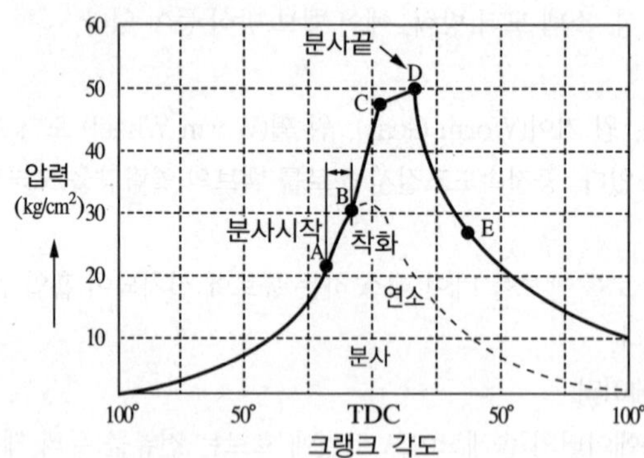

① 착화 지연 기간(연소 준비 기간 – A~B 기간)
② 화염 전파 기간(정적 연소 기간, 폭발 연소 기간 – B~C 기간)
③ 직접 연소 기간(정압 연소 기간, 제어 연소 기간 – C~D 기간)
④ 후기 연소 기간(후 연소 기간 – D~E 기간)

(3) 디젤 엔진의 연소

① 디젤 노크

디젤 엔진의 노크는 착화 지연 기간이 길 때 착화 지연 기간 중에 분사된 많은 양의 연료가 화염 전파 기간 중에 동시에 폭발적으로 연소되기 때문에 실린더 내의 압력이 급격하게 상승되므로 피스톤이 실린더 벽을 타격하여 소음을 발생하는 현상이다.

② 디젤 엔진의 노크 방지

㉠ 세탄가가 높은 연료를 사용한다.
㉡ 압축비를 높게 한다.
㉢ 실린더 벽의 온도를 높게 유지한다.
㉣ 흡입 공기의 온도를 높게 유지한다.
㉤ 연료의 분사 시기를 알맞게 조정한다.
㉥ 착화 지연 기간 중에 연료의 분사량을 적게 한다.
㉦ 엔진의 회전속도를 빠르게 한다.

③ 디젤 연료(경유)의 구비 조건

㉠ 착화성이 좋을 것
㉡ 세탄가가 높을 것
㉢ 점도가 적당할 것
㉣ 불순물 함유가 없을 것

(4) 착화성

착화 늦음의 크기를 표시하는 방법으로 착화성이란 말을 사용하며, 착화성의 양·부를 결정하는 척도로서 세탄가, 어닐린 점 및 디젤지수 등이 있다.

$$\text{세탄가(CN)} = \frac{\text{세탄}}{\text{세탄} + \alpha - \text{메틸나프탈렌}} \times 100$$

디젤연료의 발화(착화)촉진제로는 초산에틸($C_2H_5NO_3$), 초산아밀($C_5H_{11}NO_3$), 아초산에틸($C_2H_5NO_2$), 아초산아밀($C_5H_{11}NO_2$), 질산에틸, 아질산아밀 등이 있다.

(5) 디젤 엔진의 연소실

① 직접 분사실식

직접 분사실식은 연소실이 실린더 헤드와 피스톤 헤드에 형성되고, 여기에 연료를 직접 분사시키는 방식이다. 분사 압력은 200~300kgf/cm^{2}이고 분사 노즐은 다공형을 사용한다.

㉠ 직접 분사실식의 장점

- 실린더 헤드의 구조가 간단하기 때문에 열효율이 높고, 연료 소비율이 작다.
- 연소실 체적에 대한 표면적의 비율이 작아 냉각 손실이 작다.
- 엔진 시동이 쉽다.
- 실린더 헤드의 구조가 간단하기 때문에 열변형이 적다.

㉡ 직접 분사실식의 단점

- 연료와 공기의 혼합을 위하여 분사 압력이 가장 높아 분사 펌프와 노즐의 수명이 짧다.
- 사용 연료 변화에 매우 민감하다.
- 노크의 발생이 쉽다.

• 엔진의 회전속도 및 부하의 변화에 대하여 민감하다.
• 다공형 노즐을 사용하므로 값이 비싸다.
• 분사 상태가 조금만 달라져도 엔진의 성능이 크게 변화한다.

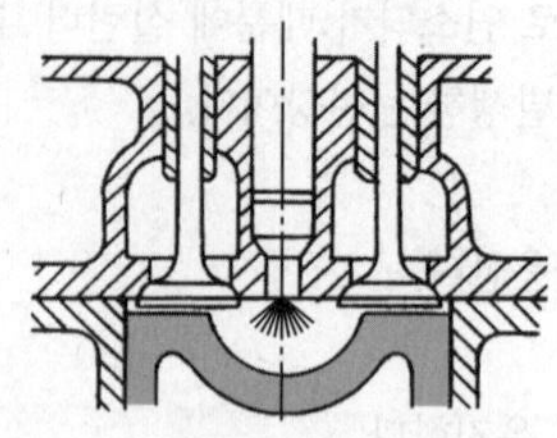

[직접분사실식]

② 예연소실식

예연소실식은 실린더 헤드와 피스톤 사이에 형성되는 주 연소실 위쪽에 예연소실을 둔 것으로 분사 압력은 100~120kgf/cm²이며 분사 노즐은 스로틀형을 주로 사용한다.

㉠ 예연소실식의 장점

• 분사 압력이 낮아 연료 장치의 고장이 적고, 수명이 길다.
• 사용 연료 변화에 둔감하므로 연료의 선택 범위가 넓다.
• 운전 상태가 조용하고, 노크 발생이 적다.
• 제작하기가 쉽다.
• 다른 형식의 엔진에 비해 유연성이 있다.

㉡ 예연소실식의 단점

• 연소실 표면적에 대한 체적 비율이 크므로 냉각 손실이 크다.
• 실린더 헤드의 구조가 복잡하다.
• 시동 보조 장치인 예열 플러그가 필요하다.
• 압축비가 높아 큰 출력의 기동 전동기가 필요하다.
• 연료 소비율이 직접 분사실식보다 크다.

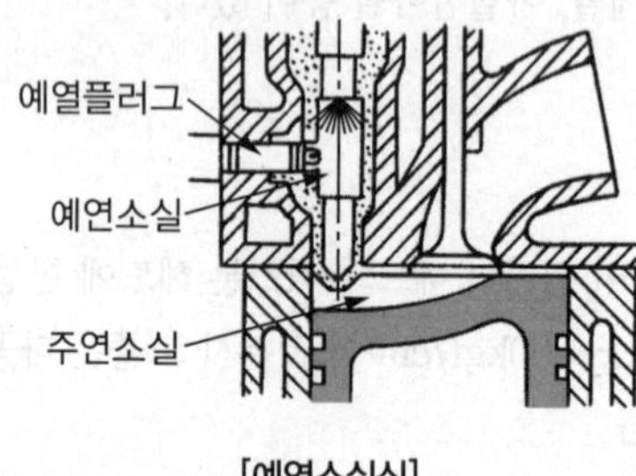

[예연소실식]

③ 와류실식

와류실식은 실린더나 실린더 헤드에 와류실을 두고 압축 행정중에 와류실에서 강한 와류가 발생하도록 한 형식으로 분사 압력은 100~140kgf/cm²이다.

㉠ 와류실식의 장점

• 압축 행정에서 발생하는 강한 와류를 이용하므로 회전속도 및 평균 유효 압력이 높다.
• 분사 압력이 낮아도 된다.

• 엔진의 사용 회전속도 범위가 넓고, 운전이 원활하다.
• 연료 소비율이 예연소실보다 적다.

㉡ 와류실식의 단점

• 실린더 헤드의 구조가 복잡하다.
• 분출 구멍의 교축 작용, 연소실 표면적에 대한 체적 비율이 커 열효율이 낮다.
• 저속에서 디젤 엔진의 노크가 발생되기 쉽다.
• 엔진을 시동할 때 예열 플러그가 필요하며 기동성이 약간 좋지 않다.

④ 공기실식

공기실식은 주연소실과 연결된 공기실을 실린더 헤드와 피스톤 헤드 사이에 두고 연료를 주연소실에 직접 분사하는 형식으로 분사 압력은 100～140kgf/cm^{2}이다.

㉠ 공기실식의 장점

• 연소의 진행이 완만하여 압력 상승이 낮고, 작동이 조용하다.
• 연료가 주연소실로 분사되므로 기동이 쉽다.
• 폭발 압력이 가장 낮다.
• 시동 보조 장치인 예열 플러그가 필요 없다.

㉡ 공기실식의 단점

• 분사 시기가 엔진 작동에 영향을 준다.
• 후적 연소의 발생이 쉬워 배기가스 온도가 높다.
• 연료 소비율이 비교적 크다.
• 엔진의 회전속도 및 부하 변화에 대한 적응성이 낮다.

(6) 디젤 시동 보조 장치

① 감압 장치

디젤 엔진이 크랭킹할 때 흡입 밸브나 배기 밸브를 캠축의 운동과는 관계없이 강제로 열어 실린더 내의 압축 압력을 낮춤으로써 엔진의 시동을 원활하게 도와주며, 또한 디젤 엔진의 가동을 정지시킬 수도 있는 장치이다.

② 예열 장치

디젤 엔진은 압축 착화 방식으로 외부공기가 차가운 경우에는 압축열이 착화온도까지 상승하지 못하여 경유가 잘 착화하지 못해 시동이 어렵다. 따라서 예열장치는 흡기다기관이나 연소실 내의 공기를 미리 가열하여 기동을 쉽도록 하는 장치이다. 그 종류에는 흡기 가열 방식과 예열 플러그 방식이 있다.

㉠ 흡기 가열 방식 : 흡기 가열 방식은 실린더 내로 흡입되는 공기를 흡기다기관에서 공기를 가열하는 방식이며, 흡기 히터방식과 히트 레인지방식이 있다.

㉡ 예열 플러그 방식 : 예열 플러그 방식은 연소실 내의 압축 공기를 직접 예열하는 형식이며 주로 예연소실식과 와류실식에서 사용한다. 이러한 예열플러그는 코일형과 실드형이 있다.

• 코일형(Coil Type)의 특징
  – 히트 코일이 노출되어 있어 적열시간이 짧다.
  – 저항값이 작아 직렬로 결선 되며, 예열 플러그 저항기를 두어야 한다.
  – 히트 코일이 연소 가스에 노출되므로 기계적 강도 및 내부식성이 적다.

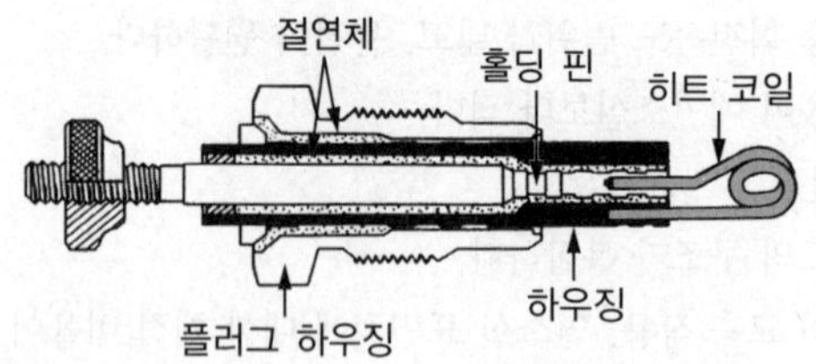

• 실드형(Shield Type)의 특징
  - 히트 코일을 보호 금속 튜브 속에 넣은 형식이다.
  - 병렬로 결선되어 있으며, 전류가 흐르면 금속 보호 튜브 전체가 가열된다.
  - 가열까지의 시간이 코일형에 비해 조금 길지만 1개의 발열량과 열용량이 크다.
  - 히트 코일이 연소열의 영향을 적게 받으며, 병렬 결선이므로 어느 1개가 단선되어도 다른 것들은 계속 작동한다.

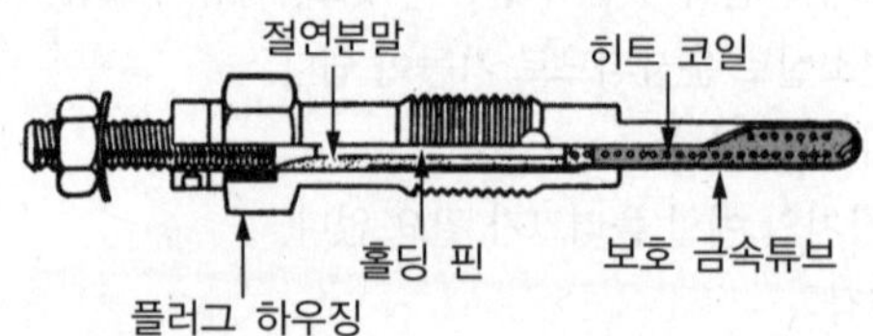

(7) 디젤 엔진의 연료장치

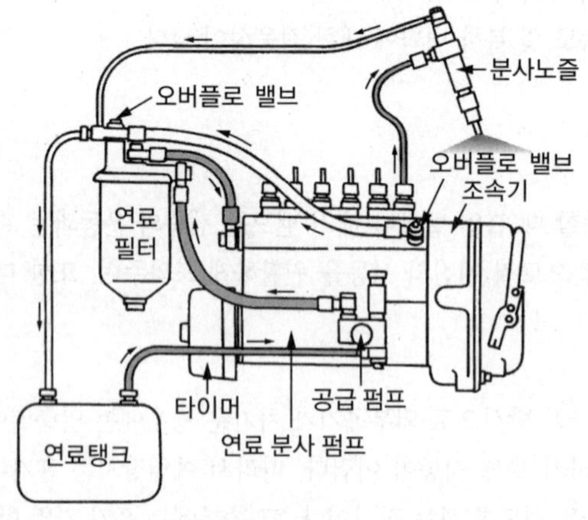

① **공급 펌프**

공급 펌프는 연료 탱크 내의 연료를 일정한 압력(2~3kgf/cm^2)으로 분사 펌프에 공급하는 장치이며, 분사 펌프 측면에 설치되어 분사 펌프 캠축에 의하여 구동된다.

② **연료 여과기**

연료 여과기는 연료 속에 포함되어 있는 먼지와 수분을 제거 분리한다.

③ **분사 펌프**

분사 펌프는 공급 펌프에서 보내 준 연료를 분사 펌프 내의 플런저의 왕복운동을 통하여 분사 순서에 맞추어 고압으로 펌핑하여 노즐로 압송시켜 주는 장치이다. 이러한 분사 펌프는 독립형, 분배형, 공동형 등이 있다.

㉠ 독립형 분사 펌프 : 엔진의 각 실린더마다 분사 펌프(플런저)를 한 개씩 갖는 방식이며, 구조가 복잡하고 조정이 어렵다.

㉡ 분배형 분사 펌프 : 실린더 수에 관계없이 한 개의 분사 펌프를 사용하여 각 실린더에 연료를 공급하는 것이며, 구조가 간단하고 조정이 쉬우나 다기통의 경우에는 적용이 어렵다.

㉢ 공동형 분사 펌프 : 이 방식은 분사 펌프는 한 개이고 축압기(Accumulator)에 고압의 연료를 저장하였다가 분배기로 각 실린더에 공급하는 형식이다.

④ 조속기(Governor)

엔진 부하 및 회전속도 등의 변화에 대하여 연료 분사량을 조절하는 장치이다.

⑤ 타이머(Timer)

엔진 회전속도 및 부하에 따라 분사시기를 변화시키는 장치이다.

⑥ 앵글라이히 장치

엔진의 모든 회전속도 범위에서 공기와 연료의 비율(공연비)이 알맞게 유지되도록 하는 기구이다.

⑦ 분사노즐

분사 펌프에서 고압의 연료가 노즐의 압력실에 공급되면 니들 밸브가 연료의 압력에 의해서 분사 구멍이 열려 고압의 연료를 미세한 안개 모양으로 연소실에 분사시키는 역할을 한다. 구비 조건은 다음과 같다.

㉠ 연료를 미세한 안개 모양으로 하여 쉽게 착화하게 할 것(무화)

㉡ 분무를 연소실 구석구석까지 뿌려지게 할 것(분포도)

㉢ 연료의 분사 끝에서 완전히 차단하여 후적이 일어나지 않을 것

㉣ 고온 · 고압의 가혹한 조건에서 장시간 사용할 수 있을 것

㉤ 관통력이 클 것(관통도)

21 전자제어 디젤 엔진(CRDI)

(1) 의의

CRDI는 초고압 직접 분사 방식의 디젤 엔진으로 기계식 연료 분사 펌프 방식이 아닌 연료를 연소실에 초고압으로 직접 분사하는 방식이며 엔진의 ECU가 각종 차량의 입력 센서의 신호를 바탕으로 연료 분사량을 결정하여 인젝터를 통하여 연소실에 분사하는 방식이다. 현재 대부분의 디젤자동차에 적용된다.

(2) 특징

① 초고압에 의한 연소 효율의 증대

② 연료 분사량의 정밀제어로 디젤 엔진의 출력 향상

③ 유해 배기가스의 현저한 감소

④ 엔진의 고속 회전 및 소음과 진동이 감소

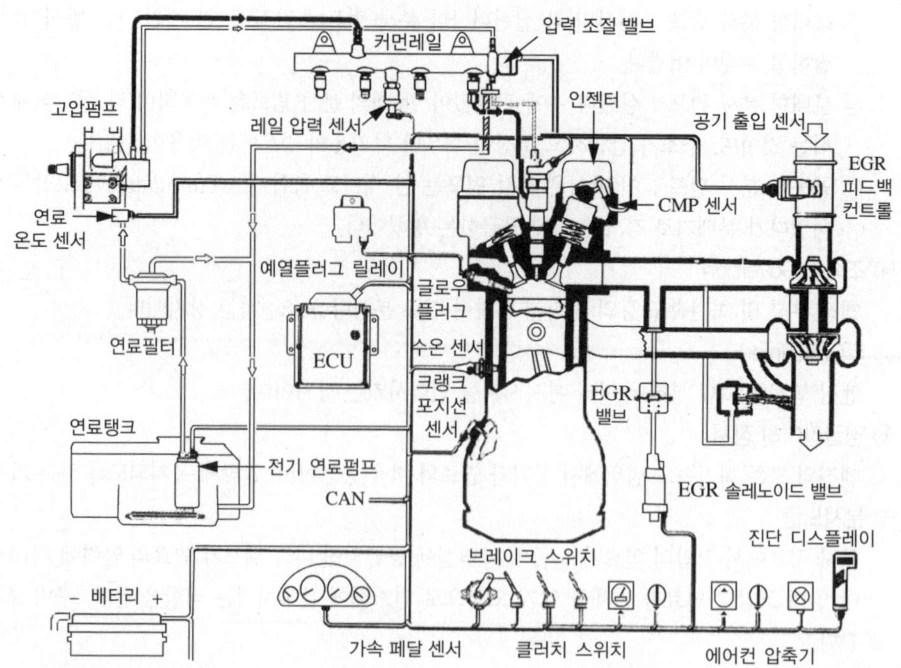

22 CRDI 연료 장치

(1) 저압 연료 계통

커먼 레일 연료 분사 장치의 저압 연료 계통은 연료 탱크, 1차 연료 펌프(기어 펌프), 공급과 리턴을 위한 저압 연료 라인, 연료 필터 등으로 구성되어 있다.

① 연료 탱크

스트레이너, 연료 센더 그리고 연료 저장실로 사용되는 스월 포트로 구성된다.

② 저압 연료 펌프(1차 연료 공급 펌프)

기어 펌프 형식으로 연료 탱크로부터 연속적으로 요구되는 연료량을 고압 연료 펌프 쪽으로 전달한다.

③ 연료 필터

연료에 이물질을 걸러주며 고압 연료 펌프의 마모 및 손상을 방지한다.

(2) 고압 연료 계통

고압의 연료 계통은 고압 연료 펌프, 연료 압력 조절 밸브, 고압 연료 라인, 커먼 레일(압력 제한 밸브, 레일 압력 센서), 연료 리턴 라인, 인젝터로 구성되어 있다.

① 고압 연료 펌프

고압 연료 펌프는 연료를 높은 압력으로 가압시키며, 가압된 연료는 고압 라인을 통하여 고압 연료 커먼 레일(어큐뮬레이터)로 이송한다.

② 커먼 레일(Common Rail)

커먼 레일은 고압펌프로부터 공급된 연료를 저장하는 부분이며, 고압의 연료 압력을 지닌 부분이다. 또한 레일의 연료 압력은 레일 압력 센서에 의해 측정되며, 고압 연료 펌프에 내장되어 있는 압력 제어 밸브에 의해 원하는 값으로 유지된다.

③ 인젝터(Injector)

인젝터는 연료 분사 장치로서 솔레노이드 밸브와 니들 밸브 및 노즐로 구성되어 있으며, 엔진 ECU에 의해 제어된다. 인젝터의 노즐은 엔진 ECU의 신호에 의해 솔레노이드 밸브가 작동되어 열리면 연료가 엔진의 연소실에 직접 분사된다.

④ 고압 파이프

연료 라인은 고압의 연료를 이송하므로 계통 내의 최대 압력과 분사를 정지할 때 간헐적으로 일어나는 높은 압력 변화에 견딜 수 있어야 하므로 연료 라인의 파이프는 강철(Steel)을 사용한다.

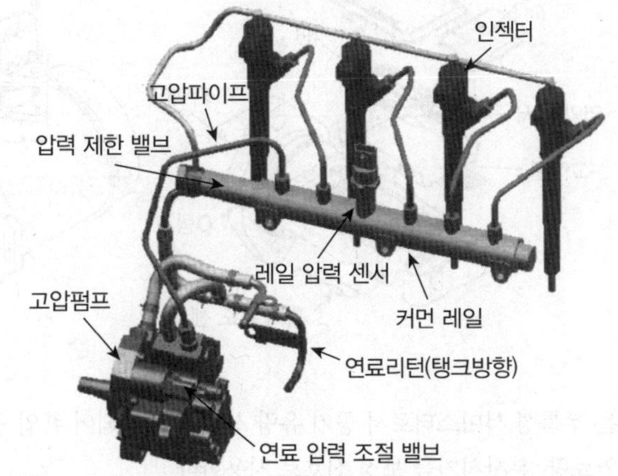

(3) 연료 압력 조절 밸브

연료 압력 조절 밸브는 저압 연료 펌프와 고압 연료 펌프의 연료 통로 사이에 설치되어 있으며, 연료 압력 조절 밸브는 PWM 방식으로 전류를 제어하여 고압 펌프에 송출되는 연료를 조절한다.

(4) 압력 제한 밸브(연료 압력 레귤레이터)

압력 제한 밸브는 커먼 레일에 설치되어 과도한 압력이 발생될 경우 연료의 리턴 통로를 열어 커먼 레일의 압력을 제한하는 안전 밸브의 역할을 한다.

23 CRDI 전자제어장치

CRDI 엔진의 전자제어 시스템은 센서 및 스위치 등의 입력신호를 기반으로 ECU가 최적의 엔진 구동을 위한 연산을 통하여 각종 액츄에이터를 제어하는 방식이다.

(1) CRDI 전자제어 입력신호

① 공기 유량 센서

공기 유량 센서는 열막 방식(Hot Film Type)으로 공기의 질량을 직접 감지한다. 열막 방식의 센서는 특정 순간 및 가 · 감속할 때 엔진에 의해 실제로 유입되는 공기 질량을 정교하게 측정하며, 엔진의 부하를 판정하고 흡입 공기의 맥동, 역방향 유동 및 EGR 제어용 신호로 사용된다.

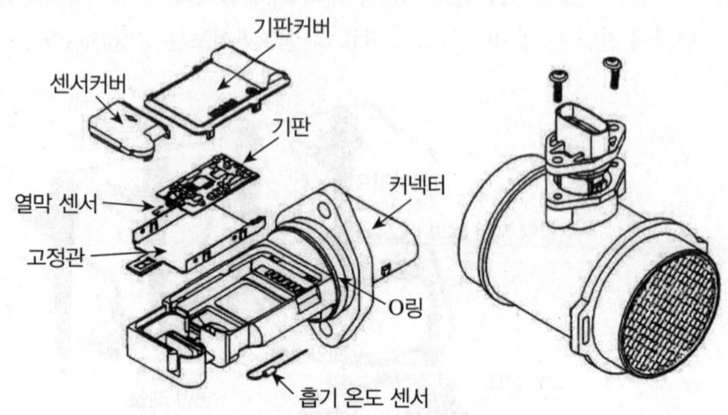

② 흡기 온도 센서

흡기 온도 센서는 부특성 서미스터로서 공기 유량 센서에 내장되어 흡입 공기 온도를 감지하고 공기의 밀도에 따라서 연료량, 분사시기를 보정 신호로 사용한다.

③ 냉각 수온 센서

수온 센서는 실린더 헤드의 물 재킷에 설치되어 엔진의 온도를 검출하여 냉각수 온도의 변화를 전압으로 변화시켜 ECU로 입력시킨다.

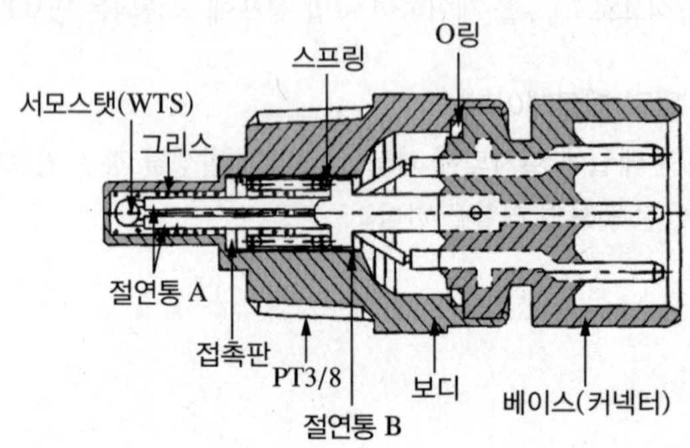

④ 가속 페달 위치 센서

가속 페달 위치 센서는 페달의 밟힌 양을 감지하는 센서로 가속 페달과 일체로 설치되어 있으며, 운전자가 요구하는 가속의 입력은 가속 페달 위치 센서에 의해 기록되어 ECU에 입력된다.

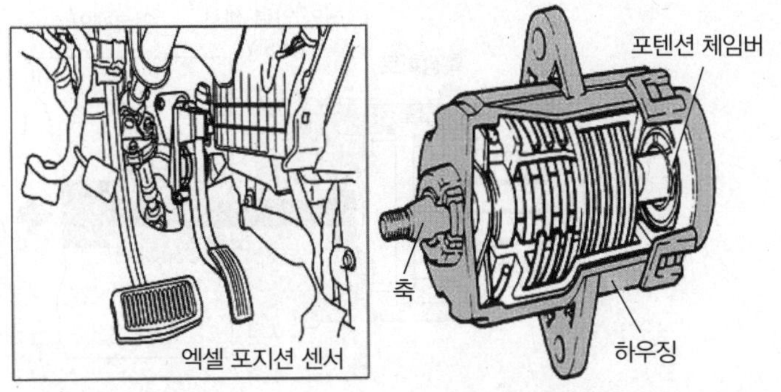

⑤ 크랭크축 위치 센서

크랭크축 위치 센서는 마그네틱 인덕티브 방식으로 플라이 휠에 설치된 센서 휠의 돌기를 감지하는 형태이며, 크랭크축의 각도 및 피스톤의 위치, 엔진의 회전속도 등을 감지 연산한다.

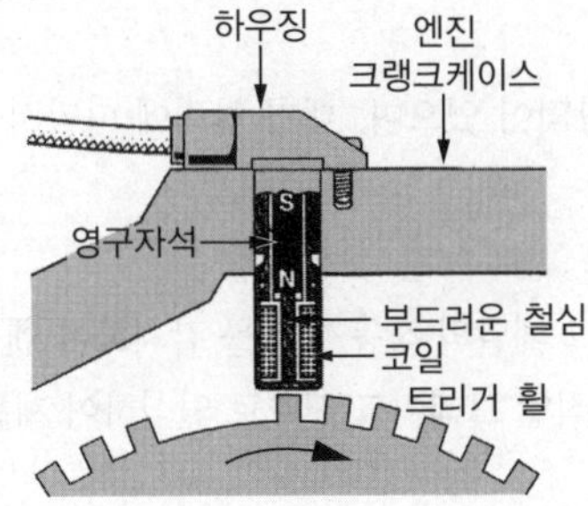

⑥ 캠축 위치 센서

캠축 위치 센서는 홀 센서 방식(Hall Sensor Type)으로 캠축에 설치되어 캠축 1회전(크랭크축 2회전) 당 1개의 펄스 신호를 발생시켜 ECU로 입력시킨다.

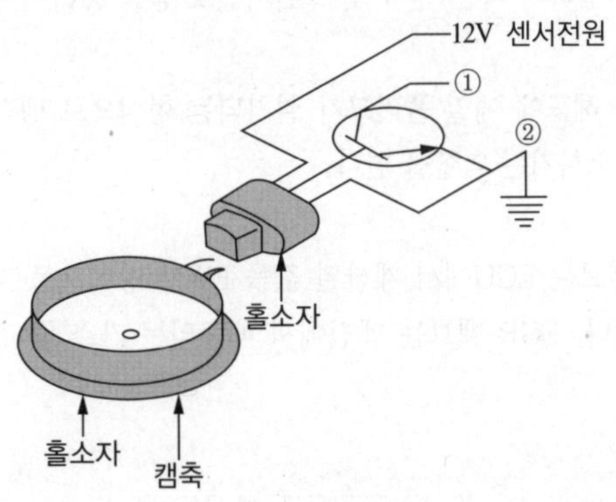

⑦ 레일 압력 센서

레일 압력 센서는 커먼 레일의 중앙부에 설치되어 있으며, 연료 압력을 측정하여 ECU로 입력시키고, ECU는 이 신호를 받아 연료의 분사량, 분사시기를 조정하는 신호로 사용한다.

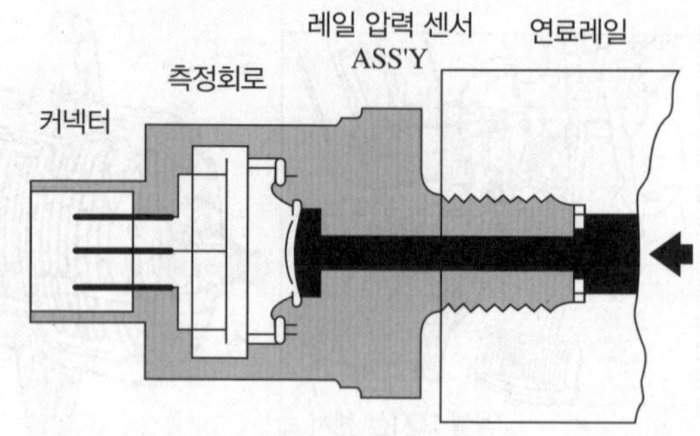

⑧ 차속 센서

차량 속도 센서(차속 센서)는 변속기 하우징에 설치되어 센서 1회전당 4개의 펄스 신호를 출력하여 ECU에 입력한다. 엔진의 ECU는 차량 속도 센서의 신호를 이용하여 연료 분사량 및 분사시기를 보정한다.

⑨ 대기압 센서

대기압 센서는 ECU에 내장되어 있으며, 대기 압력에 따라서 연료의 분사시기의 설정 및 연료 분사량을 보정한다.

⑩ 브레이크 스위치

브레이크 스위치는 브레이크 페달의 작동 여부를 감지하여 엔진 ECU로 입력되며, 엔진 ECU는 이 2개의 신호가 입력되어야 정상적인 브레이크 신호로 인식하여 제동 시 연료량의 제어에 이용한다.

(2) CRDI 전자제어 출력신호

① 인젝터

인젝터의 제어는 ECU 내부에서 전류 제어에 의해 결정된다. 흡입 공기량과 엔진회전수 등을 기반으로 연료 분사량을 결정하며 다른 센서 및 스위치신호 등을 통하여 분사 보정량을 적용한다.

② 예열 장치

예열 장치는 실린더 헤드에 예열 플러그가 설치되는 형식으로 냉간 시동성 향상 및 냉간 시 발생되는 유해 배기가스를 감소시키는 역할을 한다.

③ EGR 제어

EGR 솔레노이드 밸브는 ECU에서 계산된 값을 PWM 방식으로 제어하며, 제어값에 따라 EGR 밸브의 작동량이 결정된다. EGR 밸브는 엔진에서 배출되는 가스 중 질소산화물의 배출을 억제하기 위한 것이다.

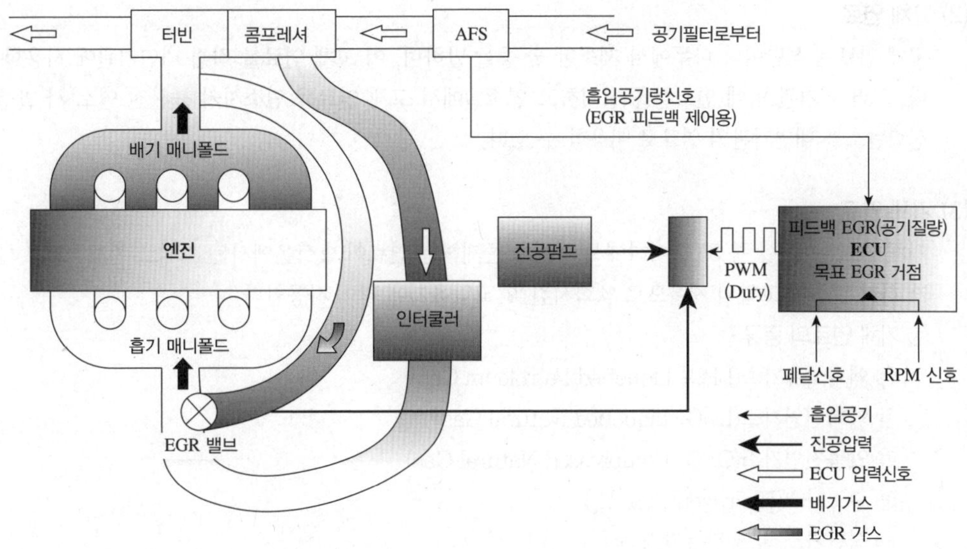

④ 프리 히터

프리 히터는 냉각수 라인 내에 설치되어 있으며, 외기 온도가 낮을 경우 일정한 시간 동안 작동시켜 엔진에서 히터로 유입되는 냉각수 온도를 높여 히터의 난방 성능을 향상시키는 장치로 운전자에게 신속한 난방 환경을 제공하는 장치이다.

24 연료

엔진의 동작유체는 연료와 공기를 혼합하여 연소시킨 고온 고압의 연소가스이다. 공기를 압축시키고 여기에 연료를 분사하여 연소시키거나, 공기와 연료를 혼합시킨 후 압축하여 연소시키므로 단시간 내에 연료가 연소된다. 이와 같이 짧은 시간에 연소하는 것을 폭발이라 하며 이 폭발동력을 이용하여 자동차를 구동시키고 동력을 얻는다.

(1) 연료의 종류와 구비 조건

일반적인 연료는 액체 연료, 기체 연료를 사용하며, 이 연료의 성분은 대부분 석유계 연료이고 일부는 알코올계 연료를 사용한다. 기체 연료 중에는 LPG, LNG, 석탄가스 및 수소 등이 사용된다. 또한 연료의 일반적인 구비 조건은 다음과 같다.

① 기화성이 좋을 것
② 적당한 점도를 가질 것
③ 인화점이 낮을 것
④ 착화점이 낮고 연소성이 좋을 것
⑤ 내폭성이 클 것
⑥ 부식성이 없을 것
⑦ 발열량이 크고 연소퇴적물이 없을 것
⑧ 부유물이나 고형물질이 없을 것
⑨ 저장에 위험이 없고 경제적일 것

(2) 고체 연료

고체 연료는 석탄이나 나무에서 제조한 숯 등을 말하며, 이 고체 연료를 직접 내연기관에 사용할 수는 없다. 그러나 기관 밖에 연소실을 설치하고 연소실에서 고체 연료를 연소시켜 불완전 연소 시 발생하는 일산화탄소를 내연기관의 연료로 이용할 수 있다.

(3) 기체 연료

기체 연료는 상온, 즉 35℃ 이하에서 기체로 존재하는 연료이며 상온에서는 기체로 존재하므로 체적을 작게 하기 위하여 고압의 저온으로 액화시킨 후 고압용기에 넣어 사용한다.

① 기체 연료의 종류

㉠ 액화석유가스(LPG; Liquefied Petroleum Gas)

㉡ 액화천연가스(LNG; Liquefied Natural Gas)

㉢ 압축천연가스(CNG; Compressed Natural Gas)

㉣ 수소가스(Hydrogen Gas, H_2)

㉤ 석탄가스 및 용광로가스

② LPG의 장점

㉠ 옥탄가가 높고 앤티 노크성이 크다.

㉡ 연료의 발열량이 약 12,000kcal/kg으로 높다.

㉢ 4에틸납이 없어 유해물질에 대하여 비교적 유리하다.

㉣ 황 성분이 없어 부식이 적다.

㉤ 기체 연료이므로 윤활유의 오염이 적다.

㉥ 경제적이다.

③ LPG의 단점

㉠ 고압가스이므로 위험성이 있다.

㉡ 고압용기의 무게가 무겁다.

㉢ 충전소가 한정되어 충전에 불편하다.

(4) 액체 연료

내연기관에서 사용하는 연료의 대부분은 액체 연료로서 이 액체 연료를 구분하면 다음과 같다.

① 석탄계

석탄계 연료는 석탄을 가열할 때 나오는 타르(Tar)나 석탄가스로 제조하는 것으로 액화가솔린과 액화등유 등이 있다.

② 석유계

석유계 연료는 원유를 증류기에 넣고 비등점의 차이로 분류한 것이다. 원유를 비등점의 차이로 분류하면 가솔린(Gasoline), 등유(Kerosene), 제트 연료, 경유(Light Oil 혹은 Diesel Oil), 중유(Heavy Oil 혹은 Bunker-C Oil) 등이 석출된다.

③ 식물계

식물계 연료는 나무 같은 식물에서 제조한 메탄올(Methanol)과 곡물을 발효시켜 제조한 에탄올(Ethanol) 및 식물성 기름 등이다.

④ 혈암계

혈암계 연료는 원유 성분이 함유된 다공성 혈암에서 채취한 연료이다. 이 연료를 세일유(Shale Oil)라고 한다.

(5) 연료의 특성

① 가솔린

가솔린은 무색의 특유한 냄새가 나는 액체로서 기화성이 크다. 가솔린의 중요한 성능으로는 엔진의 노킹(Knocking)을 억제할 수 있어야 하는 성질이 요구되며 엔진의 노킹 발생에 대한 저항을 나타내는 수치로 옥탄가(Octane Number)를 사용하고 있다. 가솔린은 옥탄가를 향상시켜 노킹을 억제하기 위하여 첨가제를 넣었는데 초기의 가솔린에는 테트라에틸납($Pb(C_2H_5)_4$)을 첨가하여 옥탄가를 높인 유연휘발유를 사용하였다. 그러나 유연휘발유는 납 성분의 배출로 인하여 자동차 배기계통에 장착되어 있는 촉매장치의 손상을 초래하고 중금속을 배출하여 기존 옥탄가 향상제인 테트라에틸납 대신 MTBE(Methyl Tertiary Butyl Ether)를 대체 물질로서 첨가하며 무연휘발유라 부르게 되었다. 현재는 MTBE의 환경문제가 제기되면서 에탄올을 첨가하여 옥탄가를 높이기도 한다.

② 등유

등유는 무색이며 특유의 냄새가 나는 액체로서 기화가 어렵고 연소속도가 느리며 완전연소가 불가능하다. 상온에서 위험성이 적기 때문에 난방용 연료와 등유기관 및 디젤 기관의 연료로도 사용 된다.

③ 제트 연료

제트 연료의 특성은 등유와 비슷하나 대기온도가 낮은 고공에서 연료를 분사시켜 연소시키므로 응고점이 −60℃로 낮고 비중도 낮으며 발열량이 큰 특징이 있다. 램제트(Ramjet) 기관과 펄스제트(Pulse Jet) 기관에 사용 된다.

④ 경유

경유는 거의 무색 또는 엷은 청색을 띠며 특유의 냄새가 나는 연료이다. 착화온도가 낮아 고속디젤 기관인 디젤 자동차의 연료로 사용되고 있으며 순수 경유는 황 성분의 함량이 높아 현재 저유황 경유나 바이오 디젤과 같은 황 함량이 적거나 없는 경유로 대체하여 디젤 자동차에 사용하고 있다. 자동차용 경유의 품질은 우수한 착화성, 적당한 점도와 휘발성, 저온유동성 및 윤활성 등이 우수해야 하는 성질이 요구되며 특히 세탄가의 특성이 중요시된다.

세탄가(Cetane Number)는 연료의 압축착화의 판단기준으로 사용되며 냉시동성, 배출가스 및 연소소음 등 자동차의 성능이나 대기환경에 영향을 미치는 중요한 수치이다. 따라서 경유의 중요한 특성은 연료가 얼마나 쉽게 자발점화 하는가를 나타내주는 세탄가이다. 디젤 엔진에 너무 낮은 세탄가의 연료를 사용하여 운전할 경우 디젤 노크(Knock)가 발생하는데 이는 너무 빠른 연소시기 때문에 일어난다. 세탄가가 클수록 연료 분사 후 착화지연이 짧아지고 소음저감과 연비를 향상시킨다. 이러한 세탄가를 증가시키기 위해 경유에 첨가하는 물질을 착화 촉진제라 한다.

⑤ 중유

중유는 검정색을 띠고 특유의 냄새가 나며 점성이 크고 유동성이 나쁘다. 회분 성분과 황 함량이 많고 저급 중유는 벙커 C유라 하여 보일러용 연료로 사용되고 있다.

⑥ 메틸 알코올(Methyl Alcohol)

메틸 알코올은 메탄올(Methanol)이라고 하며 목재의 타르(Tar)를 분류하면 생성되어 목정이라고도 한다. 현재는 원유에서 정제하여 제조하고 있으며 알루미늄(Aluminum) 금속을 부식시키는 성질이 있다.

⑦ 에틸 알코올(Ethyl Alcohol)

에틸 알코올은 곡물류를 발효시켜 정제한 것으로 주정이라고도 한다. 또한 원유에서 정제하여 얻은 공업용 알코올을 에탄올(Ethanol)이라 하며 메탄올과 마찬가지로 알루미늄 금속을 부식시키는 성질이 있다.

⑧ LPG

액화석유가스(LPG)는 석유나 천연가스의 정제 과정에서 얻어지며 한국, 일본 등에서 수송용 연료로 사용이 점차 확대되고 있다. LPG는 프로판(Propane)과 부탄(Butane)이 주성분으로 이루어져 있고, 프로필렌(Propylene)과 부틸렌(Butylene) 등이 포함된 혼합가스로 상온에서 압력이 증가하면 쉽게 기화되는 특성이 있다. 국내에서 수송용으로 사용되는 LPG는 부탄을 주로 사용하나 겨울철에는 증기압을 높여주기 위해서 프로판 함량을 증가시켜 보급한다. LPG는 다른 연료에 비해 열량이 높음에도 냄새나 색깔이 없기 때문에 누설될 때 쉽게 인지하여 사고를 예방할 수 있도록 불쾌한 냄새가 나는 메르캅탄(Mercaptan)류의 화학 물질을 섞어서 공급한다. 안전성 측면에서 LPG는 CNG보다 낮은 압력으로 보관, 운반할 수 있는 장점이 있으나 공기보다 밀도가 커서 대기 중에 누출될 경우 공중으로의 확산이 어려워 누출된 지역에 화재 및 폭발의 위험성이 있다. 또한 가솔린이나 경유에 비해 에너지 밀도가 70~75% 정도로 낮아 연료의 효율이 낮은 단점이 있다.

구분	비중	착화점	인화점	증류온도	저위발열량
가솔린	0.69~0.77	400~450℃	-50~-43℃	40~200℃	11,000~11,500kcal/kg
경유	0.84~0.89	340℃	45~80℃	250~300℃	10,500~11,000kcal/kg
등유	0.77~0.84	450℃	40~70℃	200~250℃	10,700~11,300kcal/kg
중유	0.84~0.99	400℃	50~90℃	300~350℃	10,000~10,500kcal/kg
LPG	0.5~0.59	470~550℃	-73℃	-	11,850~12,050kcal/kg
에틸 알코올	0.8	423℃	9~13℃	-	6,400kcal/kg
메틸 알코올	0.8	470℃	9~12℃	-	4,700kcal/kg

(6) 불꽃 점화기관의 연료

불꽃 점화기관의 연료는 기화성이 우수해야 하고, 기관에서 요구하는 정확한 혼합비가 구성되어야 하며, 연료 입자가 잘 무화되어야 한다. 실린더 내에 있는 혼합기는 점화 플러그에서 점화하면 순간적인 불꽃에 의하여 정상적으로 연소되어야 한다. 만일 연소 말기에 말단가스가 스스로 착화되면 이상 연소가 일어나 기관이 과열되고 진동과 소음이 발생하는 노킹이 발생하게 된다. 또한 연료가 실린더 내의 고온, 고압 하에서 연소하므로 불완전연소가 되기 쉽고 성능이 저하한다. 그러므로 스파크 점화기관의 연료는 기화성(휘발성)과 연소성 및 인화성과 착화성이 중요하다. 일반적인 스파크 점화기관인 가솔린기관의 연료 구비 조건은 다음과 같다.

① 기화성이 양호하고 연소성이 좋을 것

② 착화온도가 높고 노크가 일어나지 않을 것

③ 안정성이 좋고 부식성이 없을 것

④ 발열량이 크고 경제적일 것

(7) 기화성

기화성은 액체가 기체가 되는 매우 중요한 성질이며, 기체가 빨리 될수록 기화성이 우수하다. 연료의 기화성 측정방법은 연료에 온도를 가열하여 연료를 증발시키는 ASTM(America Society for Testing Material) 증류법으로 기화성을 측정한다.

(8) 연소성

단시간에 연료가 완전연소하면 연소성이 우수한 연료라 말한다. 연료가 연소한다는 것은 연료 내에 규칙적으로 결합되어 있는 탄소와 수소의 결합이 붕괴되며 산소와 화학적으로 결합하는 것을 의미한다. 낮은 온도에서 이 결합의 붕괴가 일어나면 그만큼 산소와 쉽게 결합할 수 있고 짧은 시간에 연소할 수 있다.

(9) 인화성과 착화성

스파크 점화기관에서는 혼합기를 흡입 · 압축한 후 스파크 플러그로 점화시키므로 인화점이 낮아야 한다. 인화점이란 연료에 열을 가하면 연료증기가 발생하고 이 연료증기가 불씨에 의해서 불붙는 최저온도를 말한다. 석유계 연료는 −15~80℃ 정도이고, 가솔린은 −13~−10℃ 정도이다.

착화점은 불씨 없이 연료에 열을 가하여 그 열에 의해서 불이 붙는 최저온도를 말하며 자연발화점이라고도 하는데, 디젤 기관에서 매우 중요한 성질이다. 석유계 연료의 착화점은 250~500℃이고, 가솔린은 400~500℃, 경유는 340℃ 정도이다. 스파크 점화기관에서는 연료의 착화온도가 높을수록 좋고, 디젤 기관에서는 착화온도가 낮을수록 좋다. 즉, 스파크 점화기관에서 착화온도가 낮으면 연료의 연소 말기에 말단가스가 자발화(Self−Ignition)하여 노킹의 원인이 된다.

㉕ 디젤 엔진의 연료

디젤 엔진은 공기만 실린더 내로 흡입하여 고압축비로 압축하고 이때 상승한 공기의 온도에 연료를 분사하여 자기 착화시키는 엔진이다. 연료는 석유계 연료 중에서 착화온도가 낮은 경유나 중유를 사용하며 연료가 실린더 내에서 연소하는 연소 속도와 피스톤의 속도 때문에 일반적으로 연료는 상사점 전 5°(BTDC 5°)에서 분사하여 상사점 후 30°(ATDC 30°)까지 분사된다.

분사가 시작되는 크랭크 각도를 분사시기(Injection Timing)라고 하며, 분사되는 기간을 연료분사기간이라 한다. 고속 디젤 엔진일수록 분사시기를 빨리 해야 한다. 이것을 분사시기 진각(Advance)이라 하고 고속일수록 진각량이 커진다. 또한 연료를 분사하면 분사 즉시 연료가 착화되어야 한다. 연료가 분사 즉시 착화하려면 착화온도가 낮아야 하며, 분사할 때 연료입자가 미세하게 무화 되어야 한다. 무화가 양호하려면 연료의 점성이 작아야 하나, 너무 작으면 연료입자의 관통력이 약해져 연소실의 압력을 이기고 분사되지 못한다.

한편, 디젤 기관에서 사용하는 연료는 증류 온도가 높은 곳에서 분류되므로 황 성분과 회분(Ash)이 많이 포함되어 있다. 황 성분이 연소하면 아황산가스가 되고, 이 아황산가스는 배기계통을 부식시키고 대기 중에 배출되어 공해문제가 된다. 또한 연료 중의 회분은 실린더와 피스톤 링의 마모를 촉진시킨다.

(1) 디젤 기관용 연료의 구비 조건

① 점도(점성)가 적당하고 착화온도가 낮아야 한다.

② 기화성이 양호하고 발열량이 커야 한다.

③ 부식성이 없고 안정성이 양호해야 한다.

④ 내한성이 양호하고 황 성분과 회분 성분이 적어야 한다.

(2) 디젤 기관 연료의 주요 성질

① 점성

점성(Viscosity)은 디젤 기관의 연료에서 중요한 성질이다. 점성(점도)이란 유동할 때 저항하는 성질로 내부응력의 크기, 즉 응집력의 크기를 수치적으로 나타낸 것으로 연료의 점성이 너무 크면 노즐에서 분사할 때 연료입자의 지름이 커지므로 불완전연소되고, 액체상태의 연료가 실린더 벽을 통하여 윤활유실로 유입되므로 윤활유에 희석되어 윤활유를 오염시킨다.

반대로 점성이 너무 작으면 연료의 무화가 잘되고 연소는 양호하나, 관통력이 부족하여 연료가 실린더의 연소실 내에서 균일하게 분포되지 못하여 불완전연소가 된다. 그러므로 디젤 기관의 연료는 점성이 적당해야 한다. 중유를 사용하는 기관에는 연료탱크에서 연료분사 펌프까지 연료가 흘러가는 유동성이 중요하며 이 유동성도 점성에 관계되므로 점성이 너무 크면 유동성이 나빠진다.

② 착화성

착화성은 연료를 불씨 없이 가열하여 스스로 불이 붙는 최저온도이며 디젤 기관에서는 공기의 단열 압축열로 연료를 착화시키므로 중요한 성질이다. 디젤 기관 연료에서 착화 온도가 너무 높거나 착화 지연기간이 너무 길면 디젤 노크가 발생한다.

③ 황 성분

디젤 연료는 증류 온도가 높은 곳에서 분류되므로 황 성분(Sulfur Content)이 2~4% 정도 함유되어 있다. 황 성분이 있는 연료를 연소시키면 황이 연소하여 SO_3로 되고, SO_2가 팽창 중에 일부는 SO_3로 된다. 이 가스가 연소할 때 생긴 수증기, 특히 수증기가 배기계통에서 응축한 물에 흡수되어 H_2SO_3나 H_2SO_4가 되고, 배기계통에 부착되어 이를 부식시키며 대기 중으로 배출되면 공해 문제가 생긴다. 이러한 공해문제를 줄이기 위해서 세계 각국은 연료 중의 황 성분 함량을 법규로 규제하고 있다.

④ 회분(Ash)

회분은 연료가 연소할 때 타고 남은 재를 말한다. 이 재가 실린더와 피스톤 링 사이의 마모를 촉진시키고, 실린더 내에 쌓여 조기점화 현상을 일으키며 배기 밸브의 가이드에 누적되어 밸브를 마모시킨다. 그러므로 회분이 적은 연료를 사용해야 한다.

26 연소

(1) 가솔린기관의 정상연소와 이상연소

가솔린기관에서는 혼합기를 실린더 내에 흡입 · 압축한 후 피스톤이 상사점 전(BTDC) 5~30°에 있을 때 스파크 플러그에서 점화 및 화염이 발생하여 화염면을 형성한다. 화염면은 스파크 플러그에서 출발하여 일정한 속도로 말단가스, 즉 플러그에서 가장 멀리 있는 가스 쪽으로 진행되며 이 속도를 화염전파속도라고 한다. 화염전파속도는 정상연소일 때 15~25m/s 정도이고 기관의 회전수, 연료의 종류, 혼합비 등에 따라 다르다. 또한 기관 회전수가 빠르면 실린더 내에 들어오는 혼합기가 빠르고, 혼합기가 실린더 내에서 강한 와류를 일으키므로 화염전파속도가 빠르다. 혼합기가 농후하거나 희박하면 화염전파속도가 느려지고, 혼합비 12.5:1 에서 최대출력이 발생하면서 화염전파속도가 가장 빠르다.

최대출력이 나오면 폭발력이 커지므로 압력이 급격히 상승하여 노크가 발생하는 경우가 있다. 즉, 화염면이 말단가스로 진행되는 기간에 일부 가스가 연소되어 압력이 높아지고 화염면에서 열이 전달되므로, 플러그 쪽에 있는 기연 가스나 말단가스의 미연소가스의 온도가 높아진다. 미연소가스의 온도가 높아져서 연료의 착화점 이상이 되면 미연소가스가 스스로 착화되어 실린더 내의 연료가 순간적으로 연소하고 큰 압력이 발생하여 노크가 발생한다.

연료가 연소할 때 실린더 내의 온도분포는 스파크 플러그 쪽의 온도가 가장 높고, 피스톤이 하사점으로 이동하면 압력이 떨어지므로 온도가 낮아진다. 스파크 점화기관에서는 화염면에 의해서 말단 가스가 점화되면 정상연소(Normal Combustion)라 하고, 그 밖에 말단가스가 스스로 연소되는 것, 즉 말단가스의 자발화(노킹 현상)나 실린더 내의 과열점에 의해서 점화되는 것(조기점화)을 이상연소(Abnormal Combustion)라고 한다.

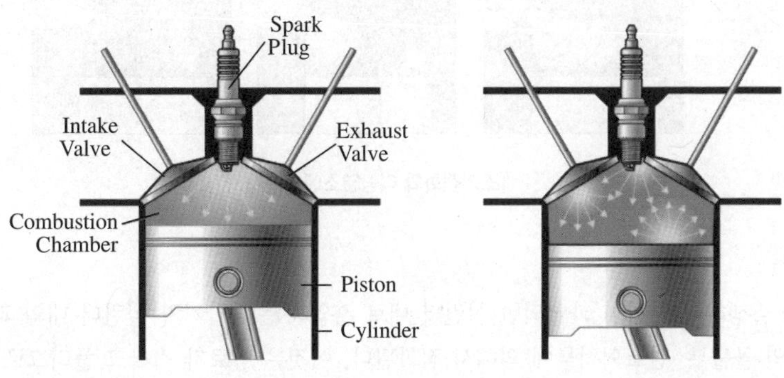

[엔진의 정상연소와 이상연소]

(2) 가솔린 기관의 노킹

가솔린 기관에서 압축비가 높거나 기관이 과열되었을 때, 또는 흡기온도가 높을 때, 정상연소와는 아주 다른 이상연소가 일어나 배기관으로 흑연과 불꽃을 토출하고 연소실 온도가 상승하고 유해배출가스가 배출되며 엔진 출력이 저하되고 진동과 굉음(노킹음)이 발생한다. 이것을 노크(Knock)라고 한다.

화염면이 말단가스로 진행되는 동안에 말단가스 쪽의 미연소가스가 압축되어 온도가 높아지고 실린더 벽 및 화염면에서 열이 전달되어 말단가스의 온도가 높아져 연료의 착화점 이상이 되어 자발화가 일어나 착화되므로 실린더 내의 연료가 순간적으로 연소된다. 실린더 내의 연료가 순간적으로 연소되므로 커다란 압력과 충격적인 압력파가 발생한다. 이 압력파를 데토네이션 파(Detonation Wave)라고 한다. 이 데토네이션파가 실린더 내를 왕복하면서 진동을 일으키고 실린더 벽을 강타하므로 노킹음, 즉 금속음이 발생한다. 이는 곧 노크의 원인이다.

노킹이 발생하면 급격한 연소가 일어나므로 연료가 불완전연소되고, 이 불완전연소 가스가 압력이 낮은 배기관으로 나올 때 일부는 배기관의 산소와 결합하여 불꽃이 되어 나오고, 일부는 흑연이 되어 나온다. 연료가 불완전연소되므로 기관의 출력이 저하되고, 피스톤이 하사점으로 이동하여 실린더 내의 압력이 낮아질 때 연료의 일부가 연소되므로 기관이 과열된다. 이와 같이 연소가스가 팽창 도중에 연소하는 것을 후기점화(Post Ignition)라 하고, 후기점화가 일어나면 유효일로 열량이 전환되는 것이 아니고 기관을 과열시켜 냉각수의 온도만 증가시키는 원인이 된다.

노크가 발생할 때 화염전파속도는 300~2,000m/s이다. 이러한 상태로 기관을 계속 운전하면 피스톤 헤드와 배기 밸브 등 과열되기 쉬운 곳에서 국부적으로 녹아버린다. 또한 기관이 과열되면 혼합기가 흡입될 때 과열점, 즉 배기 밸브, 탄소퇴적물, 플러그의 돌출부 등에 접촉되어 점화되므로 조기점화가 발생한다.

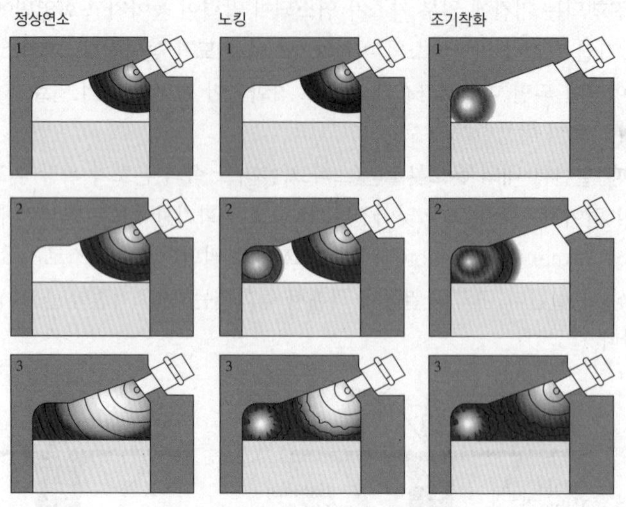

[조기점화와 이상연소에 의한 노킹]

(3) 조기점화

이상연소가 발생하여 기관이 과열되면 실린더 내로 흡입되는 혼합기가 실린더 내의 과열점, 즉 배기 밸브, 플러그의 돌출부, 탄소퇴적물에 의해서 점화된다. 이것은 연료가 스파크 플러그로 점화하기 전에 점화되므로 조기점화(Pre-Ignition) 현상이라고 한다. 조기점화 현상이 일어나면 점화를 빨리시킨 결과가 되므로 노크가 발생하게 되며 점화장치가 아닌 다른 열원에 의해서 연료가 점화되므로 점화장치를 차단해도 기관이 계속 운전된다. 이것을 런온(Run On) 현상이라고 한다. 런온 현상이 일어났을 때 기관을 멈추려면 연료계통을 차단해야 하며 조기점화가 일어나면 기관이 과열되므로 노크가 발생한다.

한편, 노크가 발생하여도 기관이 과열되므로 조기점화가 일어나며 노크와 조기점화는 일어나는 원인은 다르나 결과는 같아진다.

조기점화 현상이 일어나면 기관이 과열되어 노크가 일어난다. 간혹 노크가 일어나지 않고 불규칙적으로 날카로운 핑음, 즉 고주파 음이 발생하는데 이것을 와일드 핑(Wild Ping)이라고 한다. 이것은 탄소퇴적물이 원인이 되는 것이며 와일드 핑은 실린더 내의 탄소퇴적물을 제거하면 없어진다.

또한 압축비가 10 이상인 기관에서 규칙적인 저주파 음을 들을 수 있는데, 이것을 럼블(Rumble) 현상이라고 한다. 이것 역시 실린더 내의 탄소퇴적물을 제거하면 방지되며 가끔 기관을 전개 상태로 운전하여 실린더 내의 탄소퇴적물을 연소시켜 제거해야 한다.

압축비가 12 이상인 경우에도 저주파 음을 들을 수 있는데, 이것을 서드(Thud) 현상이라고 한다. 서드 현상은 탄소퇴적물과는 관계가 없고, 점화지각을 함으로써 제거할 수 있다. 압축비가 높으면 실린더 내의 온도가 높아지는데 이 때문에 일어나는 현상이 서드 현상이다.

(4) 가솔린 노크의 방지법

가솔린기관에서 노크가 일어나면 소음과 진동이 심하고 출력이 저하된다. 이러한 상태로 운전을 계속하면 기관이 과열되어 피스톤헤드와 배기 밸브가 국부적으로 열부하를 받고 커넥팅 로드의 대단부와 크랭크축의 연결 부분에 있는 베어링 등에 손상을 발생시킨다. 또한 기관이 과열되어 윤활유의 점성이 낮아져 유막 형성이 어렵고 마찰열이 증가하여 실린더와 피스톤 링 사이가 고착되는 문제점이 발생한다. 이러한 가솔린 노킹 방지법은 아래와 같다.

① 연료에 의한 방지법

내폭성이 큰 연료 즉, 옥탄가가 높은 연료를 사용한다. 옥탄가가 높은 연료는 착화온도가 높으므로 말단가스의 자발화를 지연시킬 수 있어서 노킹이 방지된다.

② 기관의 운전 조건에 의한 방지법

노크가 일어나는 것은 말단가스의 온도가 높아져서 말단가스가 자발화하여 순간적으로 실린더 내의 연료를 연소시키기 때문에 발생한다. 따라서 말단 가스의 온도를 낮추고 화염전파속도를 빠르게 하여 화염면에 의하여 말단가스를 연소시키면 정상연소가 된다.

㉠ 흡기온도를 낮춘다. 흡기온도가 낮으면 그만큼 말단가스의 온도가 낮으므로 방지된다.

㉡ 실린더 벽의 온도를 낮춘다. 수랭식 기관에서는 워터재킷의 온도 또는 냉각수의 온도를 낮추어 말단가스의 온도를 저하시켜 노크를 방지할 수 있다.

㉢ 회전수를 증가시킨다. 회전수가 증가되면 화염전파속도가 빨라지므로 노크가 방지된다.

㉣ 혼합비를 농후하게 하거나 희박하게 한다. 혼합비 12.8에서 화염전파속도가 가장 빠르고 최대출력이 나오므로 폭발력이 증가하여 노크도 증가한다. 그러므로 혼합비를 농후하게 하거나 희박하게 하여 노크를 방지해야 한다.

㉤ 점화시기를 지각시킨다. 점화시기를 너무 진각시키면 노크가 증가하므로 점화시기를 상사점 가까이로 지각시켜야 한다. 점화시키는 연료의 연소 최고 압력이 상사점 후(ATDC) 10~13° 사이에서 발생하도록 조정되어야 한다.

㉥ 화염전파거리를 단축한다. 실린더 지름을 작게 하거나 점화 플러그의 위치를 적정하게 선정하여 화염전파거리를 단축시킨다. 점화 플러그에서 말단가스까지 거리가 길면 화염전파속도가 말단가스까지 통과되는 시간이 오래 걸리고 말단 가스가 자발화를 일으켜 노킹이 발생한다. 그러므로 가솔린기관에서는 실린더 지름을 작게 해야 하고 점화 플러그를 2개 이상 설치하면 화염전파거리가 단축되므로 노크가 감소된다.

㉦ 흡기압력을 낮게 한다. 흡기압력을 대기압 이상으로 높이면 화염전파 속도가 빨라져서 좋으나, 흡입공기를 압축하면 말단가스의 온도가 더 증가하여 노크가 발생되므로 흡기압력을 낮추어야 한다.

㉧ 스로틀 밸브 개도를 작게 한다. 스로틀 밸브(Throttle Valve)를 전개시키면 기관 출력이 최대가 되어 노크가 크게 되므로 스로틀 밸브 개도를 감소시켜야 한다.

(5) 앤티 노크성

가솔린연료에서 연료가 노크를 일으키지 않는 성질, 즉 착화가 잘 되지 않는 성질이 큰 것을 앤티 노크성(Anti-Knock)이 크다고 한다. 가솔린기관에서 노크가 일어나는 것은 연료의 일부가 자발화 되어 일어나므로 자발화를 억제시키면 노크가 감소된다. 이 억제시키는 성질을 수치적으로 나타낸 것을 앤티 노크성 혹은 항 노크성이라고 한다.

① 옥탄가

옥탄가(ON; Octane Number)는 가솔린 연료의 앤티 노크성을 수치적으로 표시한 것으로 옥탄가가 높으면 그만큼 노크를 일으키기 어렵다는 의미이다. 또한 옥탄가를 측정할 때는 압축비를 변화시킬 수 있는 CFR기관으로 먼저 공시연료를 사용하고 압축비를 변화시키면서 운전하여 공시연료의 노크 한계를 찾고, 다음에는 표준연료를 사용하여 운전한다. CFR기관으로 운전할 때는 공시연료에서 찾은 노크의 한계에서 압축비를 고정하고, 표준연료 속에 있는 이소옥탄과 정헵탄의 양을 변화시키면서 운전한다. 옥탄가를 공식으로 표시하면 다음과 같다.

$$\text{옥탄가(ON)} = \frac{\text{이소옥탄}}{\text{이소옥탄} + \text{정헵탄}} \times 100$$

표준연료 속에 있는 이소옥탄(C_8H_{18})은 노크가 일어나기 어려운 연료이므로 옥탄가를 100으로 하고, 정헵탄(C_7H_{16})은 노크가 잘 일어나므로 옥탄가를 0으로 하여 각각의 체적비로 혼합하면 옥탄가 0부터 100까지의 표준연료를 만들 수 있다.

CFR기관(Cooperative Fuel Research Engine)은 옥탄가나 세탄가를 측정할 수 있는 특수한 기관으로 운전 중에 압축비를 바꿀 수 있는 기관이다. 회전수는 900rpm 정도로 단기통이고, 실린더 헤드를 특수하게 만들어 진동을 감지할 수 있다. 실린더 헤드에는 바운싱 핀(Bouncing Pin)을 두어 진동을 감지하고, 바운싱 핀에 있는 전기 접점에 네온램프를 연결하여 섬광과 노크미터기로 노크의 크기를 알 수 있게 되어 있는 기관이다.

② 퍼포먼스 수

공시연료로 운전하여 노크의 한계에서 나오는 최대 도시마력(IPS)과 이소옥탄으로 운전하여 노크의 한계에서 나오는 최대 도시마력의 비를 백분율로 나타낸 것이 퍼포먼스 수(PN; Performance Number)이다. 이것을 공식으로 나타내면 다음과 같다.

$$\text{퍼포먼스 넘버(PN)} = \frac{\text{공시연료의 도시마력}}{\text{이소옥탄의 도시마력}} \times 100$$

퍼포먼스 수는 0에서부터 무한대까지 측정할 수 있는 앤티 노크성의 표시 방법이다. 옥탄가와 퍼포먼스 수는 모두 연료의 앤티 노크성을 표시하므로 다음과 같은 관계가 있다.

$$\text{퍼포먼스 넘버(PN)} = \frac{2{,}800}{128 - \text{ON}}$$

(6) 디젤 기관의 연소

압축 점화기관은 고속 디젤 기관, 저속 디젤 기관 및 소구기관을 뜻하며, 여기서는 디젤 기관이라고 한다. 디젤 기관에서의 연소는 공기만 실린더 내에 흡입하고 고압축비(12~22:1)로 압축하면 공기 온도가 500~600℃로 높아지고, 여기에 연료를 분사하면 연료가 착화된다. 화염이 발생하면 실린더 내의 여러 곳에서 화염이 발생하여 분사되는 연료를 계속 연소시킨다. 고속 디젤 기관에서는 경유를 사용하고, 저속 디젤 기관에서는 중유를 사용한다.

연료분사 시기는 상사점 전에서 분사하기 시작하여 상사점 후, 즉 팽창행정 초기까지 분사되므로 이 기간을 연료분사 기간이라고 한다. 가솔린기관에서 사용되는 혼합비는 의미가 없으며, 극히 소량의 연료가 실린더 내에 분사되어도 연소가 일어나고, 다량의 연료가 분사되어도 연소가 일어난다. 다량의 연료가 분사되면 초기에 분사된 연료는 공기가 충분하여 연소되지만, 뒤에 분사된 연료는 공기가 부족하므로 불완전연소가 된다. 즉, 매연으로 변화하여 배출된다.

그러므로 디젤 기관에서는 전부하와 과부하에서 매연이 심하다. 디젤 기관의 연료분사 시기는 기관 성능에 커다란 영향을 미치고, 연료를 차단하는 시기 역시 기관 성능에 커다란 영향을 미치게 된다. 그러므로 분사 초기부터 분사 말까지, 즉 분사기간 동안을 몇 구역으로 나누어 해석해야 한다.

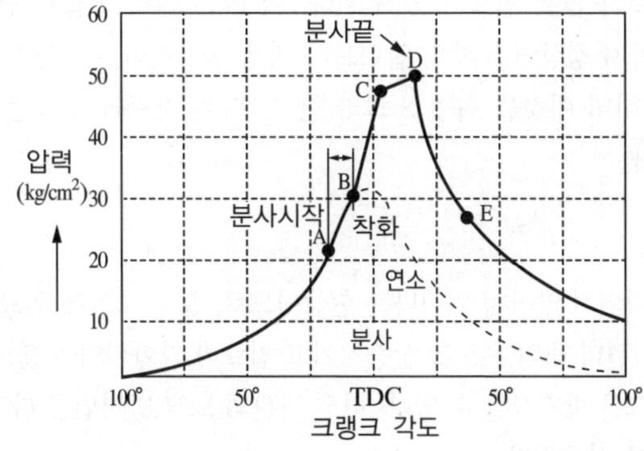

① 착화 지연 구간(A~B 구간)

A점에서 연료를 분사하기 시작하면 연료입자가 증발하고 공기와 혼합하여 착화되기 쉬운 입자가 먼저 착화되어 화염이 형성되는 기간이다. 분사 초기에는 분사량이 적으므로 연료가 연소되어도 온도와 압력 상승은 작고, 피스톤의 관성력으로 상사점으로 압축되어 간다.

② 급격 연소 구간(B~C 구간)

피스톤이 상사점에 있을 때 실린더 내의 압력과 온도가 가장 높고, 분사 초기에 분사된 연료가 연소되어 화염이 형성되어 있으므로 연료가 분사되면 분사 즉시 연소되는 기간으로 연료의 착화 지연기간이 매우 짧아진다. 또한 연료분사 펌프에서도 연료분사 중간이므로 분사량이 가장 많으며 많은 연료가 급격히 연소하므로 압력이 급상승하는 정상연소 구간이다. 이 구간에 너무 많은 연료가 있으면 연료가 상사점에서 동시에 연소되면서 정상연소보다 압력 상승이 더욱 높아지고, 이 압력 때문에 일어나는 현상이 디젤 노크이다.

③ 제어(주) 연소 구간(C~D 구간)

제어 연소 구간은 피스톤이 상사점을 지나서 하사점으로 이동할 때, 즉 연소가스가 팽창하고 있을 때의 기간이다. 연료의 분사 말이므로 연료량은 적으나 연료가 계속 일정한 방향으로 분사되므로 공기가 부족하여 불완전 연소되는 기간이다. 이와 같이 불완전하게 연소된 연료는 피스톤이 더욱 하사점으로 이동할 때 공기와 만나 후기 연소되며 연료는 D점에서 차단된다.

④ 후기 연소 구간(D~E 구간)

제어기간 동안에 공기 부족으로 불완전연소된 연료와 연소하지 못한 연료가 실린더 내에서 와류를 일으키면서 공기와 만나 연소하는 기간이다. 이 기간에 산소와 접촉되지 못한 연료는 매연이 되어 배출된다.

(7) 디젤 기관의 노크

디젤 기관에서 압축비가 낮거나 또는 실린더 내의 온도가 낮고 분사 초기에 연료의 분사량이 많으면 분사 초기에 분사된 연료가 연소되지 않고, 피스톤이 상사점으로 올라가면 연료가 상사점으로 밀려가 상사점 부근에서 정상연소 때보다 많은 연료가 있게 된다. 이 많은 연료가 급격 연소기간에 동시에 연소하므로 연소압력이 급격히 높아져 정상연소 때의 압력보다 더욱 높아진다. 이 높은 압력 때문에 압력파가 발생하고 진동과 소음이 발생하며 이것을 디젤 노크라 한다. 디젤 기관의 노크는 정상연소보다 진동과 소음이 심하므로 방지해야 한다.

(8) 디젤 노크의 방지법

분사 초기에 연료가 착화되지 않아서 일어나는 현상이므로, 분사 초기에 연료가 신속하게 착화하도록 하면 노크가 방지된다. 즉, 실린더 내의 온도를 상승시키고 연료의 착화지연이 짧도록 하며, 분사 초기에 연료량을 감소시키면 디젤 노크를 방지시킬 수 있다. 디젤 기관의 노크 방지법은 다음과 같다.

① 세탄가가 높은 연료를 사용한다.
② 착화 지연기간이 짧은 연료를 사용한다.
③ 압축비를 높인다. 압축비가 높으면 실린더 내의 온도가 증가하여 착화 지연이 짧아진다.
④ 분사 초기에 연료 분사량을 감소시킨다.
⑤ 흡기온도를 높인다. 흡기온도를 증가시키면 실린더 내의 온도가 높아지므로 노크가 경감된다.
⑥ 회전수를 낮춘다. 회전수가 낮으면 피스톤의 속도가 낮으므로 분사 초기에 분사한 연료가 충분히 착화할 수 있는 시간이 있으므로 노크가 방지된다.
⑦ 흡기압력을 높인다. 과급기를 사용하여 흡기를 과급하면 그만큼 압이 증가하므로 실린더 내의 온도가 증가되고 연료의 착화 지연이 짧아져 노크가 방지된다.
⑧ 실린더 벽의 온도를 증가시킨다. 수랭식 기관에서 냉각수의 온도를 증가시키면 그만큼 실린더 내의 온도가 증가되므로 노크가 방지된다.
⑨ 실린더 내에서 와류가 일어나도록 한다. 실린더 내에서 연료의 와류가 일어나면 그만큼 연료입자의 증발이 빨라져서 착화가 잘 되므로 노크가 경감되고 연료도 완전연소된다.

[가솔린 기관과 디젤 기관의 노크 방지 대책]

항목 기관	연료의 착화점	연료 성질	착화 지연	압축비	흡기 온도	실린더 온도	흡기 압력	회전수
가솔린 기관	높게	옥탄가 높인다	길게	낮게	낮게	낮게	낮게	높게
디젤 기관	낮게	세탄가 높인다	짧게	높게	높게	높게	높게	낮게

(9) 디젤 기관 연료의 앤티 노크성

① 세탄가

압축비를 변화시킬 수 있는 CFR기관으로 측정하며 연료 속에 있는 세탄의 양을 백분율로 표시한 것을 세탄가(CN; Cetane Number)라고 한다. 이것을 공식으로 나타내면 다음과 같다.

$$세탄가(CN)=\frac{세탄}{세탄+\alpha메틸나프탈렌}\times 100$$

표준연료 속에 있는 세탄($C_{16}H_{34}$)은 착화성이 우수하여 노크가 일어나기 어려운 연료이므로, 세탄가를 100으로 하고, α-메틸나프탈렌($C_{13}H_{10}$)은 노크가 잘 일어나므로 세탄가를 0으로 하여 각각의 체적비로 혼합하면 세탄가 0부터 100까지의 표준연료를 만들 수 있다. 이 표준연료와 공시연료를 서로 비교하여 세탄가를 결정한다. 즉, 세탄가가 55인 연료는 세탄 55%와 α-메틸나프탈렌 45%를 체적비로 혼합한 표준연료와 같은 크기의 노크를 일으키는 연료이다.

② 디젤 지수

세탄가를 측정하려면 CFR기관이 있어야 한다. 그러나 이와 같이 세탄가를 측정하지 않고 실험실에서 간단하게 연료의 앤티 노크성을 측정하는 것이 디젤 지수(DI; Diesel Index)인데, 디젤 지수는 거의 세탄가와 일치하기 때문에 활용된다.

27 자동차의 배출가스

가솔린 엔진에서 배출되는 가스는 크게 배기 파이프에서 배출되는 배기가스, 엔진 크랭크 실의 블로우 바이 가스(Blow-By Gas), 연료 탱크와 연료 공급 계통에서 발생하는 증발가스 등의 3가지가 있으며 이외에도 디젤 엔진에서 주로 발생되는 입자상 물질과 황 성분 등이 있다.

(1) 유해 배출가스

가솔린 기관의 경우 연료의 구성 화합물이 대부분 탄소와 수소로 이루어져 있고 이러한 연료가 공기와 함께 연소하여 발생하는 가스로서 인체에 유해한 배기가스가 많이 배출된다. 다음은 유해 배출가스와 그 특징이다.

① 일산화탄소(CO)

일산화탄소(Carbon Monoxide)는 배기가스 중에 포함되어 있는 유해 성분의 일종으로 인체에 치명적인 장애를 일으킨다. 일산화탄소는 석탄과 석유의 주성분인 탄화수소가 산소가 부족한 상태에서 연소할 때 발생하는 가스이다. 주로 밀폐된 장소인 석탄 연소 장치 내연기관의 연소실에서 다량 발생한다. 이 가스가 인체에 흡수되면 혈액 중의 헤모글로빈(Hemoglobin)과 결합하여 헤모글로빈의 산소 운반 기능을 저하시킨다.

② 탄화수소(HC)

탄화수소(Hydro Carbon)는 미연소가스라고도 하며 탄소와 수소가 화학적으로 결합한 것을 총칭한 것이다. 이 가스는 연료 탱크에서 자연 증발하거나 배기가스 중에도 포함되어 나온다. 이 가스는 접촉하면 호흡기와 눈, 점막에 강한 자극을 주고 광학 스모그를 일으킨다.

③ 질소산화물(NOx)

질소산화물(NOx)은 산소와 질소가 화학적으로 결합한 NO, NO_2, NO_3 등을 말하며, 이것을 총칭하여 NOx라고 한다. 이 질소산화물은 내연기관처럼 고온 · 고압에서 연료를 연소시킬 때 공기 중의 질소와 산소가 화학적으로 결합하여 생긴 것이다. 공기의 성분은 대부분 질소와 산소가 혼합되어 있는데, 이 공기가 고온 · 고압에서 NO로 되어, 공기 자체를 촉매로 하여 NO_2가 된다. 이 가스는 인체에 매우 큰 장애를 일으키며 HC와 같이 광학 스모그의 원인이 된다.

④ 블로우 바이 가스

블로우 바이 가스란 실린더와 피스톤 간극에서 미연소가스가 크랭크 실(Crank Case)로 빠져 나오는 가스를 말하며, 주로 탄화수소이고 나머지가 연소가스 및 부분 산화된 혼합가스이다. 블로우 바이 가스가 크랭크 실내에 체류하면 엔진의 부식, 오일 슬러지 발생 등을 촉진한다.

⑤ 연료 증발 가스

연료 증발 가스는 연료 탱크나 연료 계통 등에서 가솔린이 증발하여 대기 중으로 방출되는 가스이며, 미연소가스이다. 주성분은 탄화수소(HC)이다.

⑥ 황 산화물(SO_x)

황 산화물은 연료 중의 황이 연소 시에 아황산가스(SO_2)와 황 복합 화합물로 배출하며 주로 석탄이나 오일이 연소하면서 많이 배출된다. 휘발유는 경유에 비하여 황이 적게 함유되어 있기 때문에 휘발유 자동차보다 경유 자동차에서 황산화물이 많이 배출된다.

⑦ 입자상의 물질(PM)

입자상 물질(PM; Particulate Matter)은 디젤 엔진에서 배출된다. 성분은 무기탄소, 유기탄소, 황산 입자, 회분(윤활유 연소 시 발생) 등이 포함된다. 입자상 물질은 10m(0.1~0.3m)로 호흡기에 침투하여 기관지염, 천식, 심장질환, 독감에 걸린 사람들의 질병을 악화시킨다.

⑧ 이산화탄소(CO_2)

이산화탄소는 석유계 연료와 유기화합물질이 연소할 때에 생성되며 탄산가스라고도 부른다. 공기 중에 이산화탄소량이 증가됨에 따라 지구 온난화 현상이 일어나 평균기온이 상승하고 이로 인해 남극과 북극의 빙하가 녹아 해면이 높아지는 등 여러 악영향이 나타나고 있다.

⑨ 납 산화물(Pbx)

납 산화물은 유연가솔린의 옥탄가를 높이기 위해 4-에틸 납($Pb(C_2H_5)_4$)이나 4-메틸 납($Pb(CH)_4$)을 첨가하여 사용하면 연소과정에서 산화납의 형태로 배출된다. 인체에 침입하면 근육신경계의 장해와 소화기 장애를 일으키므로 대부분의 국가에서는 납 성분이 없는 무연가솔린을 사용하고 있다.

(2) 배기가스 생성 과정

가솔린은 탄소와 수소의 화합물인 탄화수소이므로 완전 연소하였을 때 탄소는 무해성 가스인 이산화탄소로, 수소는 수증기로 변화한다.

$$C+O_2=CO_2$$
$$2H_2+O_2=2H_2O$$

그러나 실린더 내에 산소의 공급이 부족한 상태로 연소하면 불완전연소를 일으켜 일산화탄소가 발생한다.

$$2C+O_2=2CO$$

$$2CO+O_2=2CO_2$$

따라서 배출되는 일산화탄소의 양은 공급되는 공연비의 비율에 좌우하므로 일산화탄소 발생을 감소시키려면 희박한 혼합가스를 공급하여야 한다. 그러나 혼합가스가 희박하면 엔진의 출력 저하 및 실화의 원인이 된다는 단점이 있다.

(3) 탄화수소의 생성 과정

탄화수소가 생성되는 원인은 다음과 같다.

① 연소실 내에서 혼합가스가 연소될 때 연소실 안쪽 벽은 저온이므로 이 부분은 연소 온도에 이르지 못하며, 불꽃이 도달하기 전에 꺼지므로 이 미연소가스가 탄화수소로 배출된다.

② 밸브 오버랩(Valve Over Lap)으로 인하여 혼합가스가 누출된다.

③ 엔진을 감속할 때 스로틀 밸브가 닫히면 흡기다기관의 진공이 갑자기 높아져 그 결과 혼합가스가 농후해져 실린더 내의 잔류 가스가 되어 실화를 일으키기 쉬워지므로 탄화수소 배출량이 증가한다.

④ 혼합가스가 희박하여 실화할 경우 연소되지 못한 탄화수소가 배출된다. 탄화수소의 배출량을 감소시키려면 연소실의 형상, 밸브 개폐시기 등을 적절히 설정하여 엔진을 감속시킬 때 혼합가스가 농후해지는 것을 방지하여야 한다.

(4) 질소산화물 생성 과정

질소는 잘 산화하지 않으나 고온, 고압의 연소조건에서는 산화하여 질소산화물을 발생시키며 연소 온도가 2,000℃ 이상인 고온 연소부터는 급증한다. 또한 질소산화물은 이론 혼합비 부근에서 최대값을 나타내며, 이론 혼합비보다 농후해지거나 희박해지면 발생률이 낮아지고, 배기가스를 적당히 혼합가스에 혼합하여 연소 온도를 낮추는 등의 대책이 필요하다.

(5) 배기가스의 배출 특성

① 혼합비와의 관계

㉠ 이론 공연비(14.7 : 1)보다 농후한 혼합비에서는 NOx 발생량은 감소하고, CO와 HC의 발생량은 증가한다.

㉡ 이론 공연비보다 약간 희박한 혼합비를 공급하면 NOx 발생량은 증가하고, CO와 HC의 발생량은 감소한다.

㉢ 이론 공연비보다 매우 희박한 혼합비를 공급하면 NOx와 CO의 발생량은 감소하고, HC의 발생량은 증가한다.

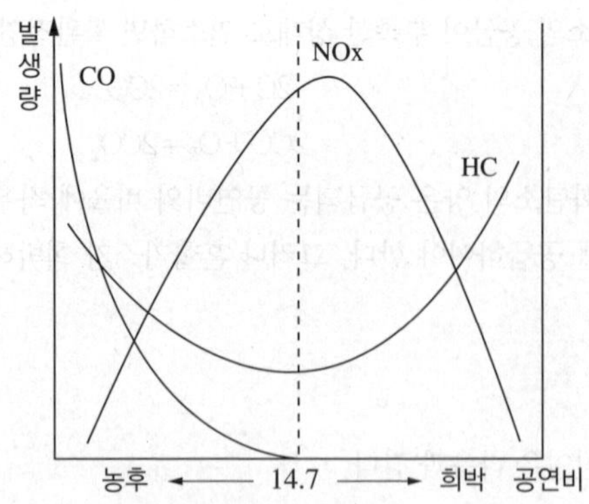

[공연비에 따른 유해 배출가스 발생량]

② 엔진과 온도의 관계

㉠ 엔진이 저온일 경우에는 농후한 혼합비를 공급하므로 CO와 HC는 증가하고, 연소 온도가 낮아 NOx의 발생량은 감소한다.

㉡ 엔진이 고온일 경우에는 NOx의 발생량이 증가한다.

③ 엔진을 감속 또는 가속하였을 때

㉠ 엔진을 감속하였을 때 NOx발생량은 감소하지만, CO와 HC 발생량은 증가한다.

㉡ 엔진을 가속할 때는 일산화탄소, 탄화수소, NOx 모두 발생량이 증가한다.

(6) 배출가스 제어장치

① 블로우 바이 가스 제어 장치

㉠ 경부하 및 중부하 영역에서 블로우 바이 가스는 PCV(Positive Crank case Ventilation) 밸브의 열림 정도에 따라서 유량이 조절되어 서지 탱크(흡기다기관)로 들어간다.

㉡ 급가속을 하거나 엔진의 고부하 영역에서는 흡기다기관 진공이 감소하여 PCV 밸브의 열림 정도가 작아지므로 블로우 바이 가스는 서지 탱크(흡기다기관)로 들어가지 못한다.

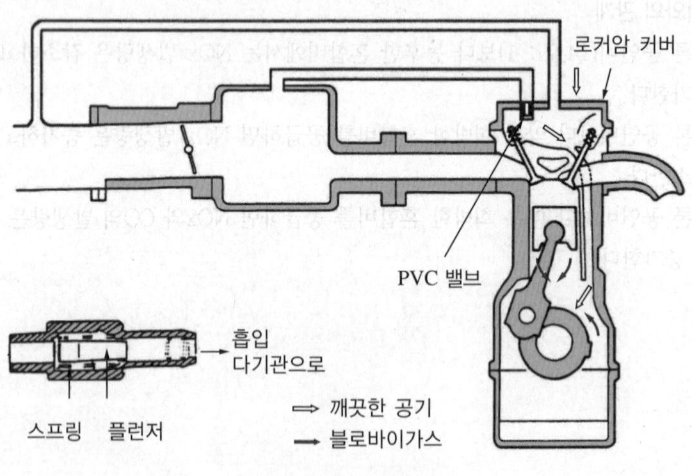

[PCV 밸브의 구조와 작동]

② 연료 증발가스 제어장치

연료 탱크 및 연료계통 등에서 발생한 증발가스(HC)를 캐니스터(활성탄 저장)에 포집한 후 퍼지컨트롤 솔레노이드 밸브(PCSV)의 조절에 의하여 흡기다기관을 통하여 연소실로 보내어 연소시킨다.

㉠ 캐니스터(Canister) : 연료 계통에서 발생한 연료 증발 가스를 캐니스터 내에 흡수 저장(포집)하였다가 엔진이 작동되면 PCSV를 통하여 서지 탱크로 유입한다.

㉡ 퍼지 컨트롤 솔레노이드 밸브(Purge Control Solenoid Valve) : 캐니스터에 포집된 연료 증발 가스를 조절하는 장치이며, ECU에 의해 작동된다. 엔진의 온도가 낮거나 공전할 때에는 퍼지 컨트롤 솔레노이드 밸브가 닫혀 연료 증발 가스가 서지 탱크로 유입되지 않으며 엔진이 정상 온도에 도달하면 퍼지 컨트롤 솔레노이드 밸브가 열려 저장되었던 연료 증발 가스를 서지 탱크로 보내어 연소시킨다.

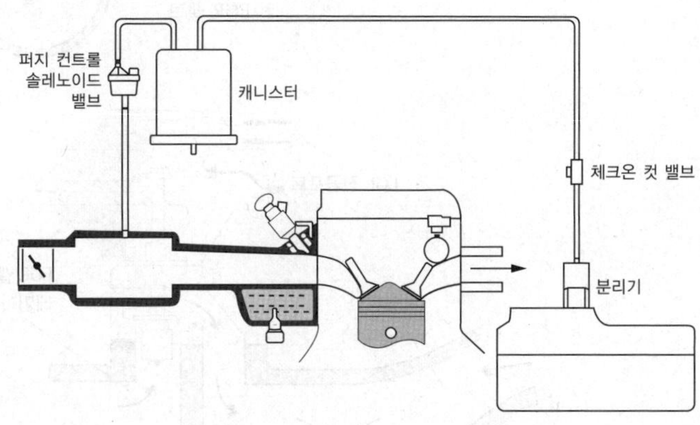

[캐니스터와 PCSV 밸브의 구조 및 작동]

③ 배기가스 재순환장치(EGR; Exhaust Gas Recirculation)

배기가스 재순환장치는 흡기다기관의 진공에 의하여 배기가스 중의 일부를 배기다기관에서 빼내어 흡기다기관으로 순환시켜 연소실로 다시 유입시킨다. 배기가스를 재순환시키면 새로운 혼합가스의 충진율은 낮아지고 흡기에 다시 공급된 배기가스는 더 이상 연소 작용을 할 수 없기 때문에 동력 행정에서 연소 온도가 낮아져 높은 연소온도에서 발생하는 질소산화물의 발생량이 감소한다. 엔진에서 배기가스 재순환장치를 적용하면 질소산화물 발생률은 낮출 수 있으나 착화성 및 엔진의 출력이 감소하며, 일산화탄소 및 탄화수소 발생량은 증가하는 경향이 있다. 이에 따라 배기가스 재순환장치가 작동되는 것은 엔진의 지정된 운전 구간(냉각수 온도가 65℃ 이상이고, 중속 이상)에서 질소산화물이 다량 배출되는 운전 영역에서만 작동하도록 하고 있다. 또한 공전운전을 할 때, 난기운전을 할 때, 전부하 운전 영역, 그리고 농후한 혼합가스로 운전되어 출력을 증대시킬 경우에는 작용하지 않도록 한다.

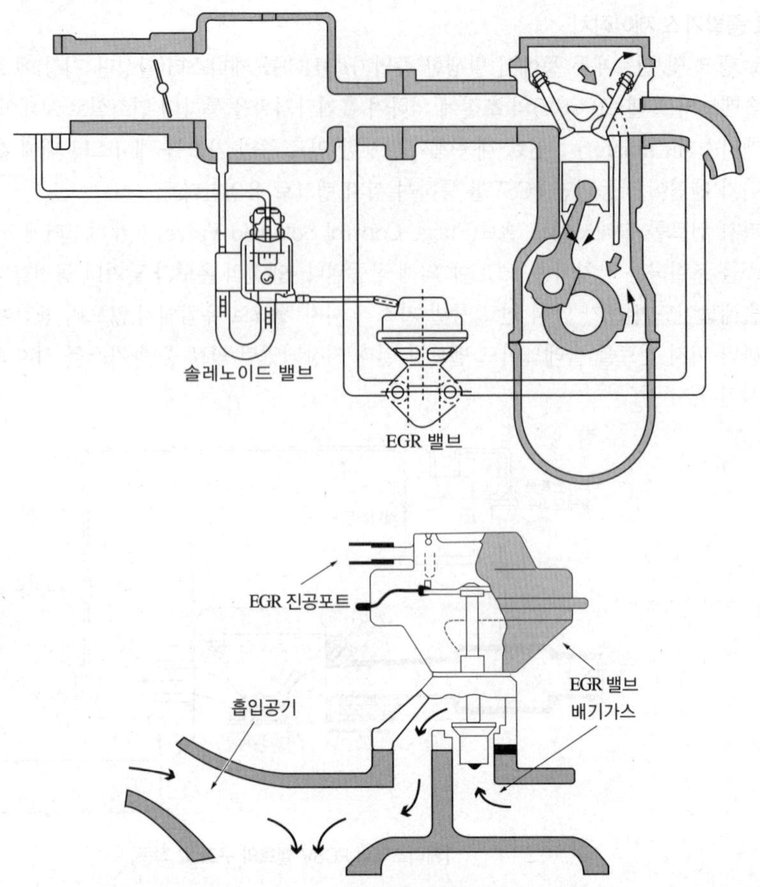

[EGR 밸브와 EGR 솔레노이드 밸브의 구조 및 작동]

㉠ EGR 밸브 : 스로틀 밸브의 열림 정도에 따른 흡기다기관의 진공에 의하여 서모 밸브와 진공 조절 밸브에 의해 조절된다.

㉡ 서모 밸브(Thermo Valve) : 엔진 냉각수 온도에 따라 작동하며, 일정 온도(65℃ 이하)에서는 EGR 밸브의 작동을 정지시킨다.

㉢ 진공 조절 밸브 : 엔진의 작동 상태에 따라 EGR밸브를 조절하여 배기가스의 재순환되는 양을 조절한다.

④ 산소 센서

촉매 컨버터를 사용할 경우 촉매의 정화율은 이론 공연비(14.7 : 1) 부근일 때가 가장 높다. 공연비를 이론 공연비로 조절하기 위하여 산소 센서를 배기다기관에 설치하여 배기가스 중의 산소 농도를 검출하고 피드백을 통해 연료 분사 보정량의 신호로 사용한다. 종류에는 크게 지르코니아 형식과 티타니아 형식이 있다.

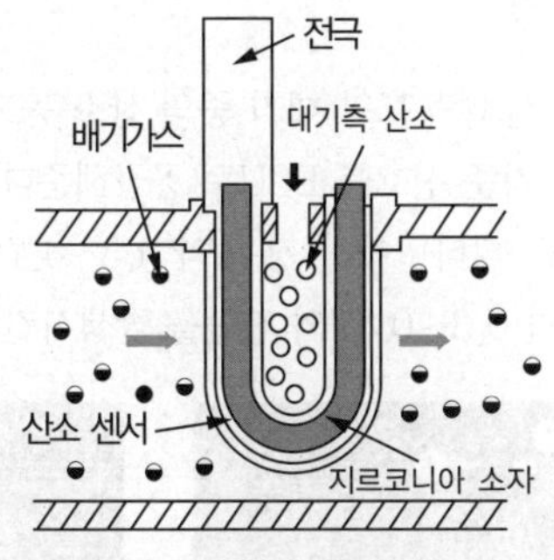

[산소 센서의 원리]

㉠ 지르코니아 형식 : 지르코니아 소자(ZrO_2) 양면에 백금 전극이 있고, 이 전극을 보호하기 위해 전극의 바깥쪽에 세라믹으로 코팅하며, 센서의 안쪽에는 산소 농도가 높은 대기가 바깥쪽에는 산소 농도가 낮은 배기가스가 접촉한다. 지르코니아 소자는 정상작동온도(약 350℃ 이상)에서 양쪽의 산소 농도 차이가 커지면 기전력을 발생하는 성질이 있다. 즉, 대기쪽 산소 농도와 배기가스 쪽의 산소 농도가 큰 차이를 나타내므로 산소 이론은 분압이 높은 대기 쪽에서 분압이 낮은 배기가스 쪽으로 이동하며, 이때 기전력이 발생하고 이 기전력은 산소 분압에 비례한다.

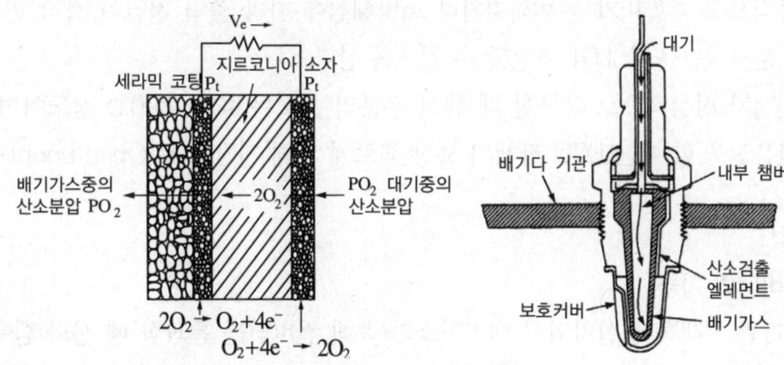

[지르코니아 산소 센서의 구조]

㉡ 티타니아 형식 : 세라믹 절연체의 끝에 티타니아 소자(TiO_2)가 설치되어 있어 전자 전도체인 티타니아가 주위의 산소 분압에 대응하여 산화 또는 환원되어 그 결과 전기저항이 변화하는 성질을 이용한 것이다. 이 형식은 온도에 대한 저항 변화가 커 온도 보상 회로를 추가하거나 가열 장치를 내장시켜야 한다.

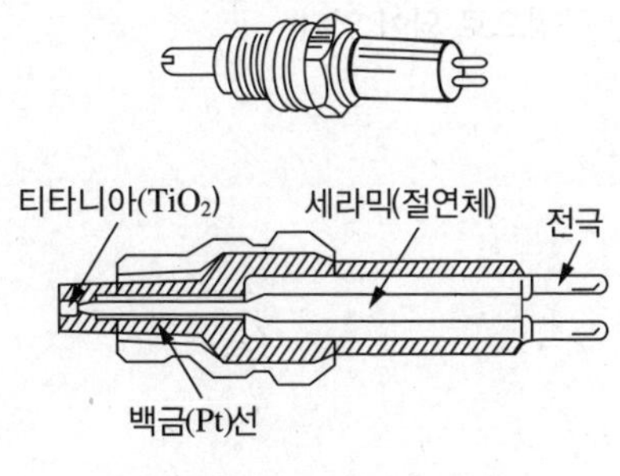

[티타니아 산소 센서의 구조]

⑤ 산소 센서의 작동

산소 센서는 배기가스 중의 산소 농도와 대기 중의 산소 농도 차이에 따라 출력 전압이 급격히 변화하는 성질을 이용하여 피드백 기준 신호를 ECU로 공급해준다. 이때 출력 전압은 혼합비가 희박할 때는 지르코니아의 경우 약 0.1V, 티타니아의 경우 약 4.3~4.7V, 혼합비가 농후하면 지르코니아의 경우 약 0.9V, 티타니아의 경우 약 0.3~0.8V의 전압을 발생시킨다.

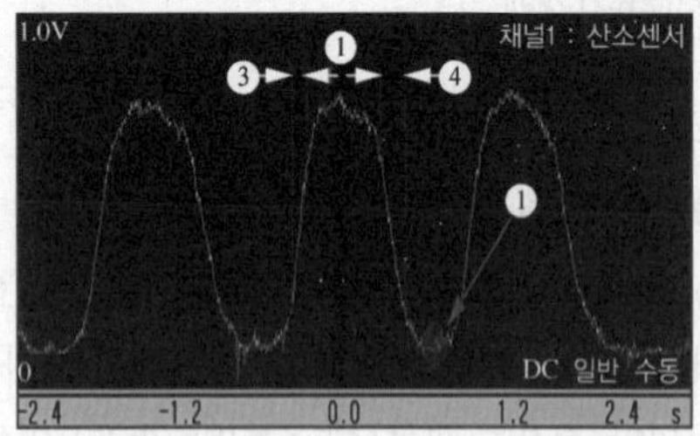

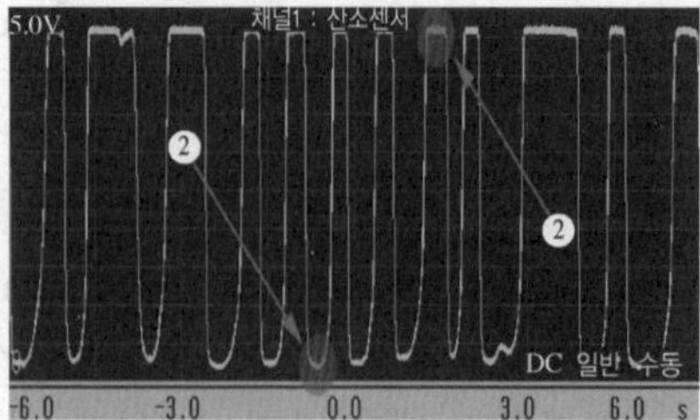

[지르코니아와 티타니아 산소 센서의 출력 파형]

⑥ 산소 센서의 특성

산소 센서의 바깥쪽은 배기가스와 접촉하고, 안쪽은 대기 중의 산소와 접촉하게 되어 있어 이론 혼합비를 중심으로 혼합비가 농후해지거나 희박해짐에 따라 출력 전압이 즉각 변화하는 반응을 이용하여 인젝터 분사시간을 ECU가 조절할 수 있도록 한다.

산소 센서가 정상적으로 작동할 때 센서 부분의 온도는 400~800℃ 정도이며, 엔진이 냉각되었을 때와 공전운전을 할 때는 ECU 자체의 보상 회로에 의해 개방 회로(Open Loop)가 되어 임의 보정된다.

(7) 촉매 컨버터

① 촉매 컨버터의 기능

배기다기관 아래쪽에 설치되어 배기가스가 촉매 컨버터를 통과할 때 산화 환원작용을 통하여 유해 배기가스(CO, HC, NO_X)의 성분을 정화시켜 주는 장치이다. 정상작동온도는 약 350℃ 이상이며 촉매예열시간을 단축시키는 구조로 장착되고 있다.

② 촉매 컨버터(가솔린 엔진)

촉매 컨버터의 구조는 벌집 모양의 단면을 가진 원통형 담체(Honeycomb Substrate)의 표면에 백금(Pt), 파라듐(Pd), 로듐(Rh)의 혼합물을 균일한 두께로 바른 것이다. 담체는 세라믹(Al_2O_3), 산화실리콘(SiO_2), 산화마그네슘(MgO)을 주원료로 하여 합성된 코디어라이트(Cordierite)이며, 그 단면은 cm^2당 60개 이상의 미세한 구멍으로 되어 있다.

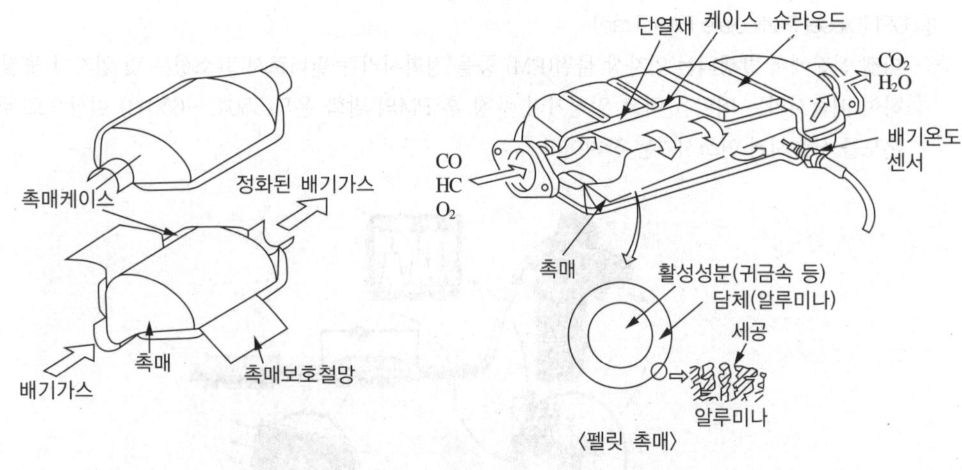

[촉매의 구조]

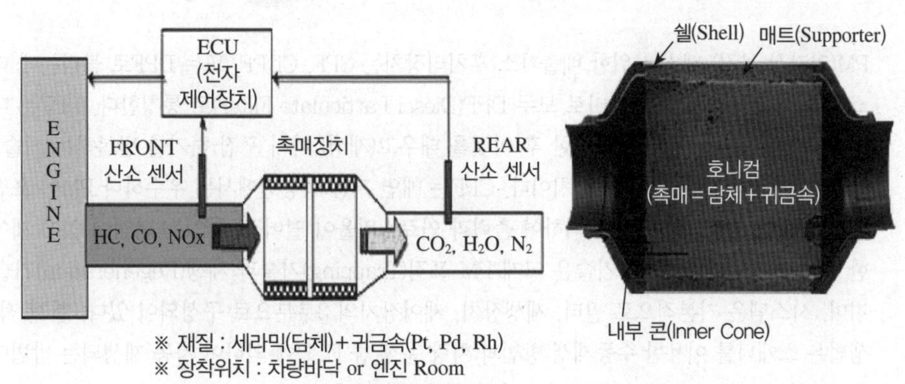

[삼원촉매장치의 배출가스 처리과정]

(8) 디젤 엔진 유해배기가스 저감장치

디젤 엔진은 공기 과잉율이 큰 영역에서 연소가 이루어 지기 때문에 CO와 HC의 배출량이 적은 반면 NOx와 PM(Particulate Matter)의 배출량이 많은 특성을 나타낸다. PM은 시계의 악화, 대기오염 및 발암물질로 구분되고 있기 때문에 강력한 배출규제의 실시 및 관련규제가 강화되고 있다. PM의 저감을 위해 세라믹 연소실이나 고압 분사 등의 연소 개선과 연구가 이루어져 상당한 효과를 나타내고 있으나 일반적으로 PM과 NOx의 배출은 상반되는 관계에 있어 양자를 저감하는 것은 곤란한 상황에 있다.

① DOC(Diesel Oxidation Catalyst)

디젤산화촉매(DOC) 기술은 가솔린 엔진에서 삼원촉매가 개발되기 이전에 사용되던 산화촉매(이원촉매) 기술과 기본적으로 동일한 기술이기 때문에 기술효과나 성능은 이미 입증되어 있는 기술이다. 산화촉매는 백금(Pt), 파라듐(Pd) 등의 촉매효과로 배기 중의 산소를 이용하여 탄화수소(HC), 일산화탄소(CO)를 제거하는 기능을 한다.

디젤 엔진에서의 HC, CO의 배출은 가솔린 엔진에 비하여 크게 문제가 되지 않지만 DOC에 의해 입자상물질의 구성성분인 HC를 저감하면 입자상물질을 10~20% 저감할 수 있다. 그러나 경유에 포함된 유황성분에 대해서도 산화작용을 하여 SO_3(Sulfate) 배출을 증가시켜 입자상물질이 증가하므로 DOC의 사용에는 저유황연료의 사용이 필수적이다.

② DPF(Diesel Particulate Filter Trap)

디젤 엔진에서 발생되는 입자상 물질(PM) 등을 정화시키는 필터로서 탄소성분 및 입자상 물질을 정화하여 배출시키는 역할을 하고 일정거리 주행 후 PM의 발화 온도(550℃~650℃) 이상으로 배기가스 온도를 상승시켜 연소시키는 장치이다.

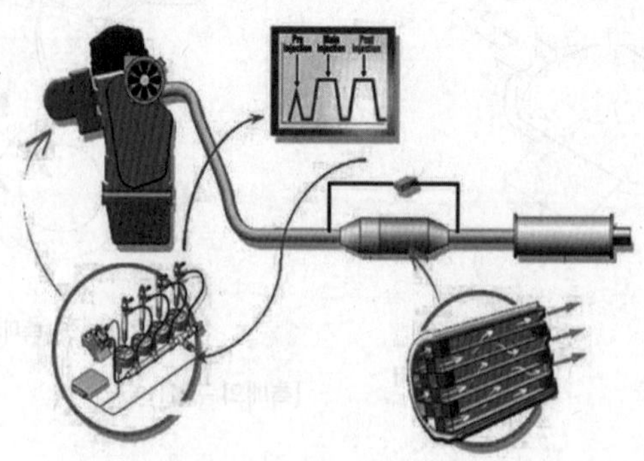

PM(입자상 물질) 제거를 위한 배출가스 후처리장치는 CPF, CDPF, 또는 DPF로 불리는데 디젤 배출가스 후처리 장치라는 같은 의미로 모두 DPF(Diesel Particulate Filter)로 통칭한다. DPF는 디젤 엔진에서 배출되는 PM을 필터로 포집한 후 이것을 태우고(재생) 다시 포집 하기를 반복하는 기술로써 PM을 약 70% 이상 저감할 수 있는 장치이다. CPF는 매연 저감 성능면에서는 우수하나 PM이 포집됨에 따라 엔진에 배압이 걸리며 이것에 의하여 출력과 연료소비율이 떨어질 수 있는 단점이 있어 제어기술에 대한 이해가 중요하다. DPF 기술은 크게 PM 포집(Trapping)기술과 재생(Regeneration)기술로 나누어지며, 시스템은 기본적으로 필터, 재생장치, 제어장치의 3부분으로 구성되어 있다. 현재 적용 중인 재생법은 스캐너를 이용한 수동재생 방법과 차량 운행 중 ECU에 의하여 자동 재생되는 방법이 있다.

㉠ DPF(Diesel Particulate Filter) : 디젤 미립자형 필터

㉡ CDPF(Catalyzed Diesel Particulate Filter) : 디젤 미립자형 촉매필터

㉢ CPF(Catalyzed Particulate Filter) : 미립자형 촉매필터

③ SCR(Selective Catalytic Reduction; 선택적 환원 촉매장치)

디젤 자동차의 배기가스에 요소수(UREA) 등을 분사하여 선택적 환원 촉매장치에서 유해 배출가스 중 NOx를 정화하는 시스템을 말한다. 배기가스 온도가 낮은 영역에서도 정화효율이 우수하고 질소산화물 정화능력이 60~80%에 이른다.

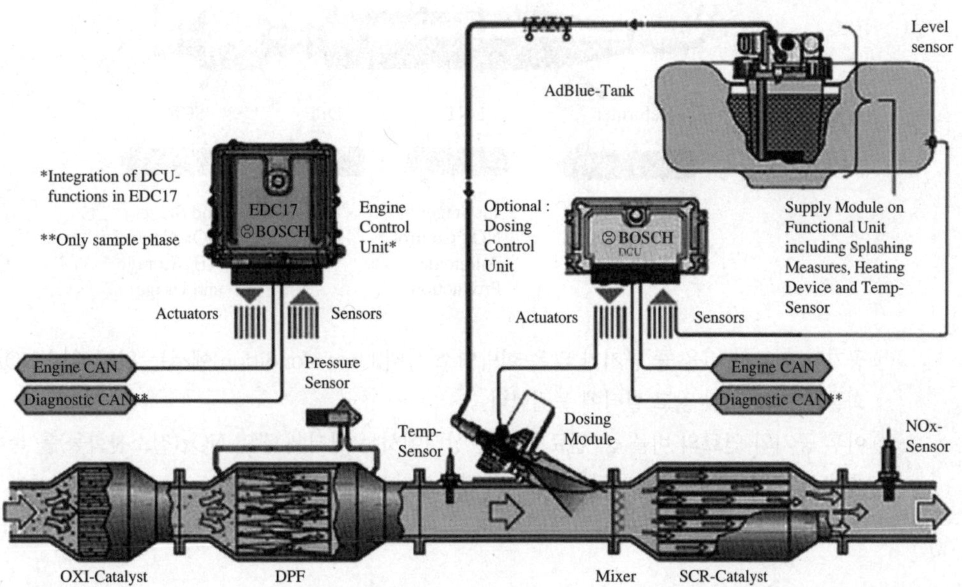

Urea Tank에서 펌프를 통해 일정한 압력으로 공급된 Urea는 배기관에 부착되어있는 Urea Injector에 의해 분사되어 관내의 배기가스와 혼합되고 분사된 Urea 액적은 Mixer표면에서 미립화 및 열분해가 가속되므로 배기가스 내에 균일하게 분포하게 되어 SCR 촉매로 유입된다. 유입된 Urea는 SCR 전단에서 가수분해 되어 암모니아(NH_3)로 최종 변환된다. 촉매전단에서 형성된 암모니아는 질소산화물(NOx)과 선택반응할 수 있는 상태로 촉매표면에 피적되어 유입되는 배기가스를 정화시킨다. 이 과정에 필요한 정보의 입수 및 판단 그리고 Pump와 Injector 등의 제어는 DCU(Dosing Control Unit)가 담당한다.

④ LNT(Lean NOx Trap; 희박 NOx 촉매)

LNT(Lean NOx Traps, 희박 질소 촉매)는 디젤 엔진의 DOC와 유사하게, 백금 촉매를 쓰고 유해 배기가스인 CO(일산화탄소), HC(탄화수소) 등을 환원제로 이용하는 NOx 정화시스템이다. NOx(질소산화물) 물질을 질소(N_2), 물(H_2O)과 같은 무해한 상태로 환원시켜 NOx(질소산화물)를 정화한다. LNT의 특징은 유독물질을 바로 반응시키는 DOC와는 다르게 NOx(질소산화물)를 잠시 잡아두었다가 반응시키는 것이다. NOx(질소산화물)를 포집 후 반응시키는 이유는, NOx(질소산화물)를 N_2(질소)로 반응시키기 위해서는 '연료 이론 공연비'와 같거나 Rich상태일 때 배출되는 CO(일산화탄소)와 HC(탄화수소)가 필요하기 때문이다. 이러한 과정을 De-NOx라고 부르며, 적정한 온도는 300~450℃, 20~30초에 걸쳐 이루어진다. 이 과정이 끝나면, 다시 NOx(질소산화물)를 필터에 포집하게 된다.

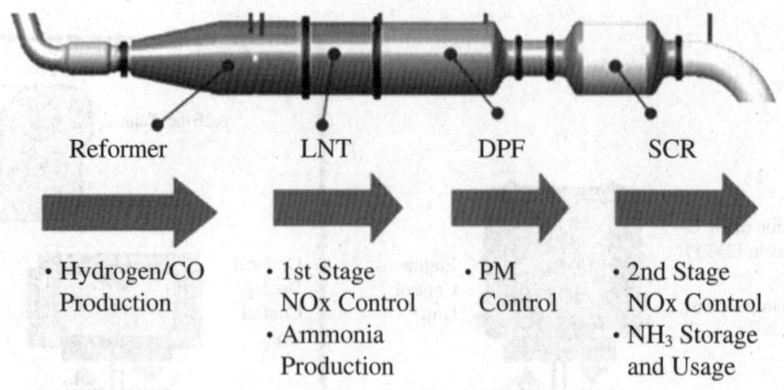

㉠ 공기와 연료의 비율 중 공기가 많은 희박연소 상태(Lean Condition)에서는 위와 같이 NOx(질소산화물)를 내보내지 않고 필터에 포집한다.

㉡ 이후 공기와 연료의 비율 중 연료가 많은 상태에서는 필터에 쌓인 NOx(질소산화물)를 촉매반응을 통해 N_2(질소), CO_2(이산화탄소) 등으로 변화시켜 배출한다.

28 과급장치

과급기는 엔진의 출력을 향상시키고 회전력을 증대시키며 연료 소비율을 향상시키기 위하여 흡기다기관에 설치한 공기 펌프이다. 과급기가 설치되지 않은 엔진은 피스톤의 하강 행정에서 발생되는 진공으로 공기를 흡입하기 때문에 출력의 향상을 얻을 수 없다. 따라서 흡기다기관에 공기 펌프를 설치하여 강제적으로 많은 공기량을 실린더에 공급시켜 체적 효율을 증대시킴으로써 엔진의 출력이 향상되고, 엔진의 출력이 향상되므로 회전력이 증대되어 연료의 소비율이 향상된다.

과급기는 배기가스의 압력을 이용하여 작동되는 터보차저(배기 터빈식)와 엔진의 동력을 이용하여 작동되는 슈퍼차저(루트식)가 있다. 과급기를 설치하면 엔진의 중량이 10~15% 증가되며, 엔진의 출력은 35~45% 증가된다.

(1) 터보차저(Turbo Charger)

터보차저는 1개의 축 양끝에 각도가 서로 다른 터빈을 설치하여 하우징의 한쪽은 흡기다기관에 연결하고 다른 한쪽은 배기다기관에 연결하여 배기가스의 압력으로 배기 쪽의 터빈을 회전시키면 흡입 쪽의 펌프도 회전되기 때문에 펌프 중심 부근의 공기는 원심력을 받아 외주로 가속되어 디퓨저에 들어간다.

디퓨저에 공급된 공기는 통로의 면적이 크므로 공기의 속도 에너지가 압력 에너지로 변환되어 실린더에 공급되기 때문에 체적 효율이 향상된다. 또한 배기 터빈이 회전하므로 배기 효율이 향상되며, 터보차저를 배기 터빈 과급기라고도 한다.

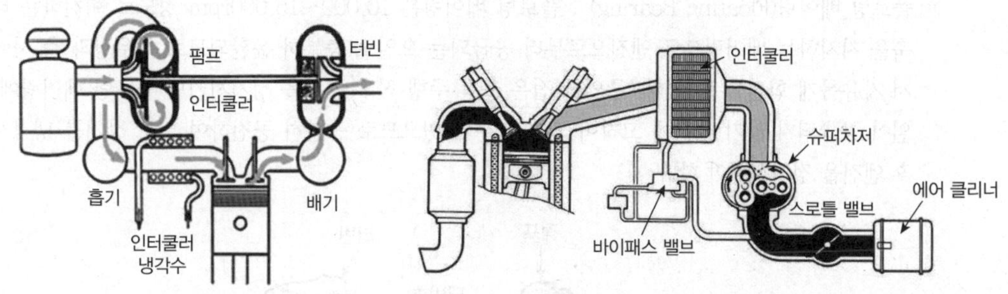

[터보차저와 슈퍼차저의 원리]

① 터보차저의 구조

터보차저는 원심식을 사용하며, 고속으로 회전하여 공기를 가압하는 펌프, 배기가스의 열에너지를 회전력으로 변환시키는 터빈, 터빈 축을 지지하는 플로팅 베어링, 과급 압력이 규정 이상으로 상승되는 것을 방지하는 과급 압력 조절기, 과급된 공기를 냉각시키는 인터쿨러, 분사 시기를 조절하여 노크가 발생되지 않도록 하는 노크 방지 장치 등으로 구성되어 있다.

㉠ 펌프 임펠러(Pump Impeller) : 펌프는 흡입 쪽에 설치된 날개로 공기를 실린더에 가압시키는 역할을 한다. 디젤 엔진에 사용되는 터보차저의 펌프는 직선으로 배열된 레이디얼형이 사용되고 가솔린 엔진의 경우 펌프는 나선형으로 배열된 백워드형이 사용된다. 펌프는 디퓨저가 설치되어 있는 하우징 안에서 회전하면 공기는 원심력을 받아 하우징 바깥 둘레 방향으로 가속되어 디퓨저에 유입된다. 디퓨저에 유입된 공기는 통로의 면적이 커지기 때문에 속도 에너지가 압력 에너지로 변환하여 흡기다기관에 유입되므로 각 실린더의 밸브가 열릴 때마다 가압된 공기가 실린더에 공급된다. 따라서 과급기의 효율은 펌프와 디퓨저에 의해서 결정된다.

㉡ 터빈(Turbine) : 터빈은 배기 쪽에 설치된 날개로 배기가스의 압력에 의하여 펌프를 회전시키는 역할을 하며, 터빈의 날개는 레이디얼형이 사용된다. 배기가스의 열에너지를 회전력으로 변환시키는 역할을 한다. 따라서 터빈은 엔진의 작동 중에는 배기가스의 온도를 받으며, 고속으로 회전하기 때문에 원심력에 대한 충분한 강성과 내열성이 있어야 한다. 엔진이 작동될 때 각 실린더의 배기 밸브를 통하여 배출되는 배기가스는 터빈의 하우징 안에서 바깥 둘레로부터 터빈의 날개와 접촉되어 터빈을 회전시키고 배기관을 통하여 배출된다. 이때 흡입 쪽에 설치된 펌프가 동일 축에 설치되어 있기 때문에 회전하게 된다.

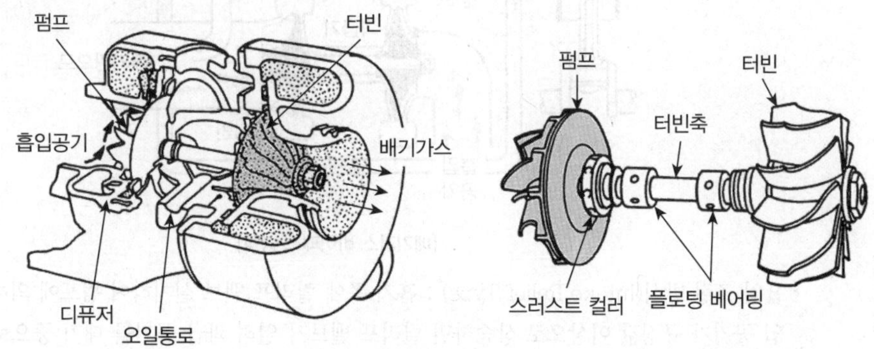

[펌프와 터빈]

㉢ 플로팅 베어링(Floating Bearing) : 플로팅 베어링은 10,000~15,000rpm 정도로 회전하는 터빈 축을 지지하는 베어링으로 엔진으로부터 공급되는 오일로 충분히 윤활되므로 하우징과 축 사이에서 자유롭게 회전할 수 있다. 주의할 점은 고속 주행 직후 엔진을 정지시키면 플로팅 베어링에 오일이 공급되지 않기 때문에 고착이 되는 경우가 있으므로 충분히 공전하여 터보 장치를 냉각시킨 후 엔진을 정지시켜야 한다.

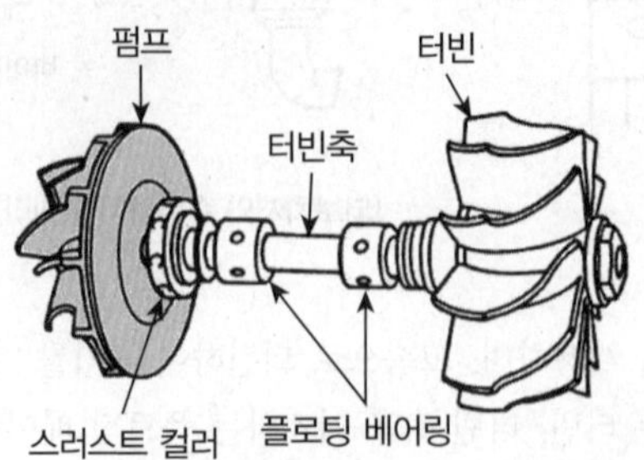

㉣ 과급 압력 조절기(Super Pressure Relief) : 과급 압력 조절기는 과급 압력이 규정값 이상으로 상승되는 것을 방지하는 역할을 한다. 과급 압력을 조절하지 않게 되면 허용 압력 이상으로 상승되어 엔진이 파손되므로 과급 압력을 조절하여야 한다. 압력을 조절하는 방법으로는 배기가스를 바이패스시키는 방법과 흡입되는 공기를 조절하는 방식이 있다.

- 배기가스 바이패스 방식(Exhaust Gas By-Pass Type) : 터빈에 유입되는 배기가스의 일부를 바이패스 시켜 과급 압력이 규정값 이상으로 상승되지 않도록 하는 방식으로 터보차저에서 떨어진 별도의 장소에 배기가스 바이패스 밸브를 설치하여 과급 압력을 조절하는 원격 바이패스 밸브식과 터보차저에 일체로 스윙 밸브를 설치하여 과급 압력 조절 액추에이터에 의해서 배기가스를 바이 패스시키는 스윙 밸브식이 있다. 국내에서 사용하는 터보장치는 스윙 밸브식을 사용하고 있다.

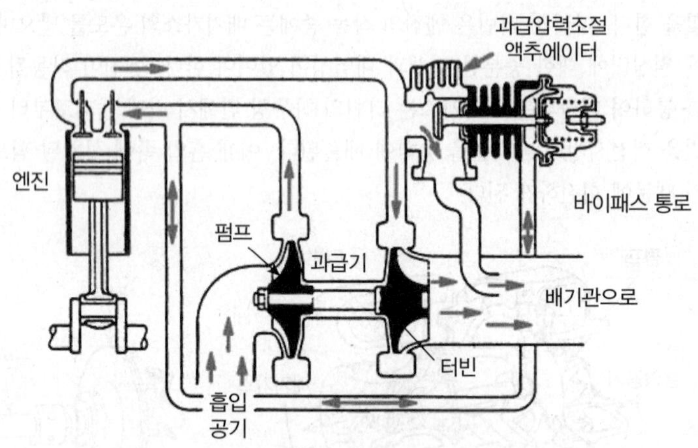

[배기가스 바이패스 방식]

- 흡입 조절 방식(Intake Relief Type) : 흡기 쪽에 릴리프 밸브 설치하여 펌프에 의해서 과급된 흡입 공기가 규정값 이상으로 상승하면 릴리프 밸브가 열려 과급 공기를 대기 중으로 배출시켜 과급 압력 자체를 조절하여 실린더에 공급하는 방식이다.

(2) 터보차저의 작동

터보차저는 흡기 계통에 설치되어 공기를 과급시키는 임펠러, 배기 계통에 설치되어 배기가스의 압력으로 회전하는 터빈, 고속으로 회전하는 터빈 축을 지지함과 동시에 축의 언밸런스를 흡수하여 펌프의 회전을 유지시키고 엔진에서 공급되는 오일에 의해서 윤활 작용과 냉각 작용을 하는 플로팅 베어링, 과급 공기의 압력이 규정 이상으로 상승하는 것을 방지하여 엔진을 보호하는 바이패스 밸브로 구성되어 있으며, 터빈이 배기가스의 압력을 받아 회전할 때 펌프도 회전되어 에어 클리너를 통과한 공기가 압축되어 흡기 밸브가 열려 있는 실린더에 공급된다.

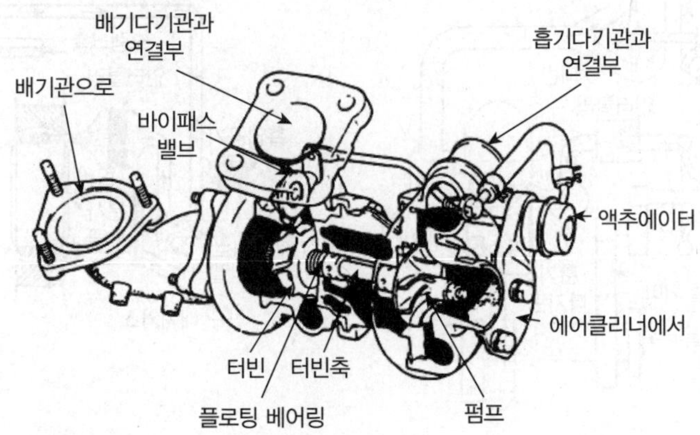

엔진의 회전수가 증가하면 배기가스의 압력도 증가되어 터빈 및 펌프의 회전수가 증가된다. 따라서 실린더에 공급되는 공기량이 많아지기 때문에 충전 효율이 향상되어 엔진의 출력이 증가된다. 이때 과급의 압력이 규정 이상으로 상승되면 강력한 폭발 압력에 의해서 엔진의 각부에 부하가 증가되어 파손되므로 배기가스의 일부를 바이패스 밸브를 통하여 바이패스시키면 터빈의 회전이 저하되므로 임펠러의 회전도 저하된다. 따라서 압력이 과도하게 상승되는 것을 방지한다. 과급 압력이 규정값 이상으로 상승되면 흡기 계통에 연결되어 있는 액추에이터가 흡기다기관에 공급되는 공기의 압력에 의하여 바이패스 밸브가 열리기 때문에 터빈에 공급되는 배기가스의 일부가 바이패스 통로를 통하여 배출되기 때문에 터빈의 회전수가 감소된다. 따라서 임펠러의 회전수도 감소되므로 과급 압력을 일정하게 유지시켜 엔진이 보호된다.

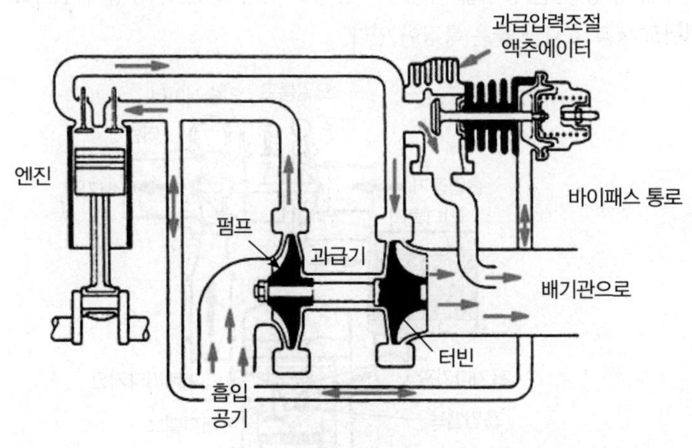

[과급 압력 조절]

(3) 인터쿨러(Inter Cooler)

인터쿨러는 임펠러와 흡기다기관 사이에 설치되어 과급된 공기를 냉각시키는 역할을 한다. 펌프에 의해서 과급된 공기는 온도가 상승함과 동시에 공기 밀도의 증대 비율이 감소하여 노크가 발생되거나 충전 효율이 저하된다. 따라서 이러한 현상을 방지하기 위하여 라디에이터와 비슷한 구조로 설계하여 주행 중 받는 공기로 냉각시키는 공랭식과 냉각수를 이용하여 냉각시키는 수랭식이 있다.

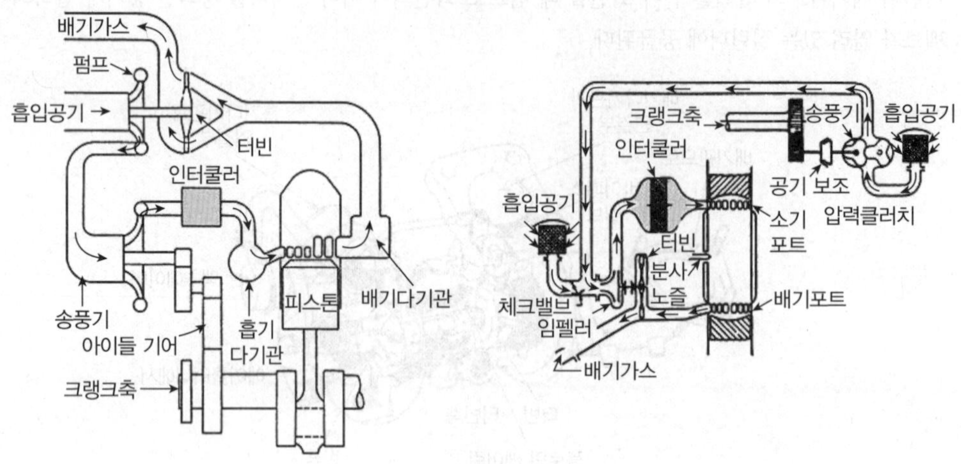

[인터쿨러 설치 위치]

① 공랭식 인터쿨러(Air Cooled Type Inter Cooler)

공랭식 인터쿨러는 주행 중에 받는 공기로 과급 공기를 냉각시키는 방식으로 수랭식에 비해서 구조는 간단하지만 냉각 효율이 떨어진다. 따라서 주행 속도가 빠를수록 냉각 효율이 높기 때문에 터보차저 엔진을 사용한 레이싱 카에서 사용된다.

② 수랭식 인터쿨러(Water Cooled Type Inter Cooler)

수랭식 인터쿨러는 엔진의 냉각용 라디에이터 또는 전용의 라디에이터에 냉각수를 순환시켜 과급 공기를 냉각시키는 방식이다. 흡입 공기의 온도가 200℃ 이상인 경우에는 80~90℃의 냉각수로 냉각시킴과 동시에 주행 중 받는 공기를 이용하여 공랭을 겸하고 있다. 공랭식에 비교하여 구조는 복잡하지만 저속에서도 냉각 효과가 좋은 특징이 있다.

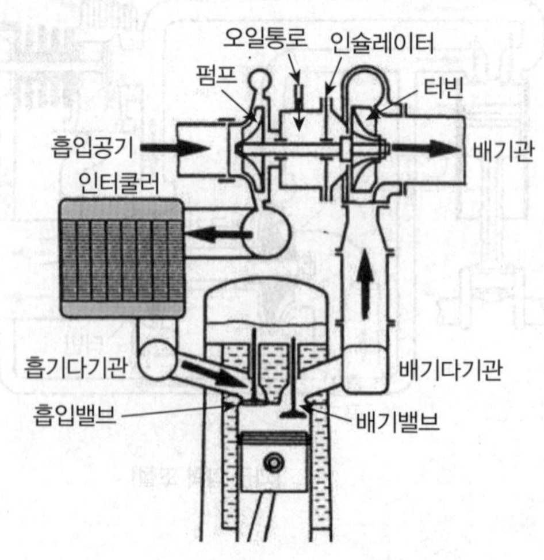

(4) 슈퍼차저(Super Charger)

① 슈퍼차저의 구조

슈퍼차저는 컴퓨터의 제어 신호에 의해서 기관의 동력을 전달 또는 차단하는 전자클러치, 기관의 동력에 의해서 회전하여 공기를 압축하는 누에고치 모양의 루트, 크랭크축 풀리와 벨트로 연결되어 엔진의 동력을 받는 풀리, 전자클러치가 OFF 되었을 때 공기를 공급하는 공기 바이패스 밸브로 구성되어 있다. 엔진의 동력을 이용하여 누에고치 모양의 루트 2개를 회전시켜 공기를 과급하는 방식으로 전자클러치에 의해서 엔진의 부하가 적을 때는 클러치를 OFF시켜 연비를 향상시키고 부하가 커지면 클러치를 ON시켜 엔진의 출력을 향상시킨다. 이때 클러치의 제어는 컴퓨터에 의해서 이루어지며, 터보 차저에 비해서 저속 회전에서도 큰 출력을 얻을 수 있는 특징이 있다.

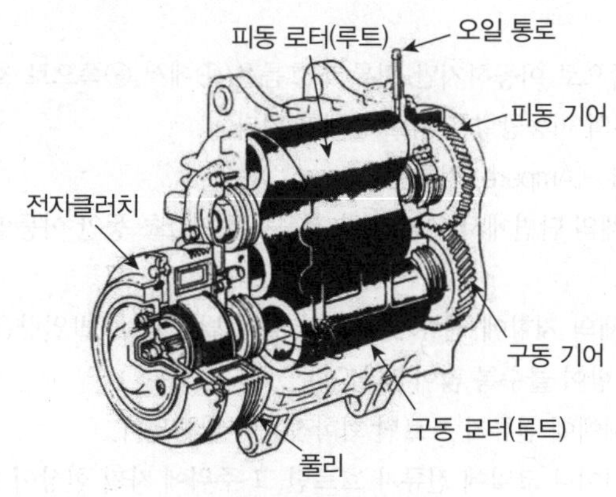

[슈퍼차저의 구조]

② 슈퍼차저의 작동

엔진에 부하가 적을 때는 전자클러치가 작동되지 않기 때문에 흡기다기관의 진공이 공기 바이패스 밸브의 진공 체임버에 작용하여 공기 바이패스 밸브가 열리므로 흡입 공기는 공기 바이패스 통로를 통하여 실린더에 공급된다. 엔진에 부하가 클 때는 컴퓨터의 제어 신호에 의해서 전자클러치와 진공 솔레노이드 밸브가 작동한다. 이때 진공 솔레노이드 밸브가 열려 공기 바이패스 밸브의 진공 체임버에 대기압을 유입시켜 바이패스 밸브를 닫는다. 전자클러치가 작동되어 엔진의 동력이 벨트를 통하여 전달되면 누에고치 모양의 루트가 회전되어 공기를 압축한 후 흡기다기관을 통하여 흡기 밸브가 열린 실린더에 공급된다. 슈퍼차저가 작동하여 과급 압력이 규정값 이상으로 상승하면 과급 압력에 의해서 공기 바이패스 밸브가 열려 과급된 공기의 일부가 흡기 덕트로 바이패스되므로 압력은 일정하게 유지된다.

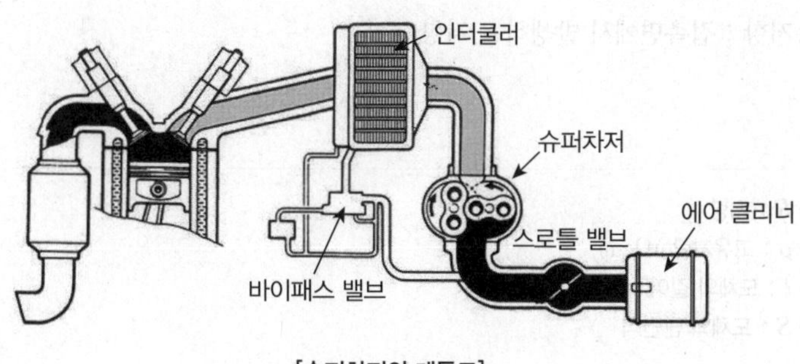

[슈퍼차저의 계통도]

02 전기

1 기초전기

전기는 전하가 물질 속에 정지하고 있는 정전기와 전하가 물질 속을 이동하는 동전기로 분류가 된다. 동전기는 시간에 경과에 대해서 전압 및 전류가 일정값을 유지하고 흐름 방향도 일정한 직류전기(DC)와 시간의 경과에 대해서 전압 및 전류가 시시각각으로 변화하고 흐름의 방향도 정방향과 역방향으로 차례로 반복되어 흐르는 교류전기(AC)가 있다.

(1) 전류 – 전자의 이동

전자는 ⊖쪽에서 ⊕쪽으로 이동하지만 전류의 흐름은 ⊕에서 ⊖쪽으로 흐른다고 정하고 있기 때문에 전자의 이동방향과 전류의 이동방향은 서로 반대가 된다.

① 전류의 단위[암페어 – Ampere, 기호는 I]

전류의 크기는 도체의 단면에서 임의의 한 점을 전하가 1초 동안 이동할 때의 양으로 나타낸다.

② 전류의 3대 작용

㉠ 발열작용 : 도체의 저항에 전류가 흐르면 열이 발생한다. 발열량은 도체에 전류가 많이 흐를수록 또는 도체의 저항이 클수록 많아진다.

㉡ 화학작용 : 전해액에 전류가 흐르면 화학작용이 발생된다.

㉢ 자기작용 : 전선이나 코일에 전류가 흐르면 그 주위에 자기 현상이 일어난다.

(2) 전압

① 전압[볼트 – Volt, 기호는 V] : 전위의 차이 또는 도체에 전류를 흐르게 하는 전기적인 압력

② 기전력[볼트 – Volt, 기호는 E] : 전하를 이동시켜 끊임없이 발생되는 전기적인 압력이라 하며, 기전력을 발생시켜 전류원이 되는 것을 전원이라 한다.

(3) 저항

전류의 흐름을 방해하는 성질을 저항이라 한다.

① 저항의 단위[옴 – Ohm, 기호는 Ω]

② 저항의 종류

㉠ 절연저항 : 절연체의 저항

㉡ 접촉저항 : 접촉면에서 발생하는 저항

$$R=\rho\times\frac{l}{S}$$

- R : 저항
- ρ : 고유저항(μΩcm)
- l : 도체의 길이(cm)
- S : 도체의 단면적

㉢ 위의 식에서 도체의 저항은 길이에 비례하고 단면적에 반비례한다.

도체의 종류	고유저항(μΩcm)	도체의 종류	고유저항(μΩcm)
은	1.62	니켈	6.90
구리	1.69	철	10.00
금	2.40	강	20.60
알루미늄	2.62	주철	57~114
황동	5.70	니켈-크롬	100~110

③ 온도와 저항과의 관계

㉠ 정특성(PTC) : 일반적인 도체의 특성으로 온도와 저항과의 관계는 비례특성을 가진다.

㉡ 부특성(NTC) : 전해액, 탄소, 절연체, 반도체의 특성으로 온도와 저항과의 관계는 반비례특성을 가진다.

(4) 옴의 법칙

$$E=I\times R,\ I=\frac{E}{R},\ R=\frac{E}{I}$$

- 전압(E) : 전위차, 전자가 이동하는 압력(V)
- 저항(R) : 전류의 흐름을 방해하는 성질(Ω)
- 전류(I) : 전자의 이동(A)

(5) 저항의 접속

① 직렬접속 : 각 저항에 흐르는 전류는 일정하고 전압은 축전지 개수의 배가된다.

$$R_T=R_1+R_2+\cdots+R_n \qquad I=\text{일정}$$

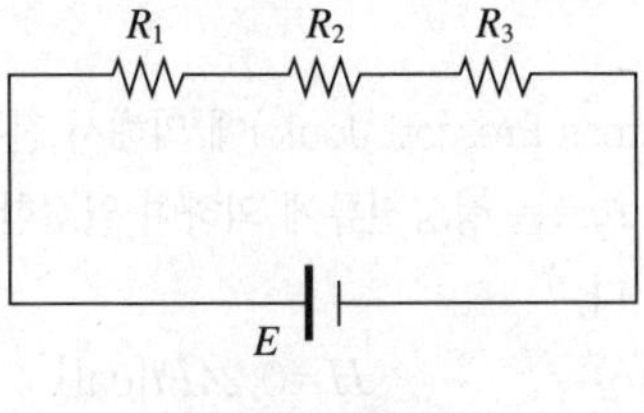

[저항의 직렬연결]

② 병렬접속 : 각 저항에 흐르는 전압은 일정하고 용량은 축전지 개수의 배가된다.

$$R_T=\frac{1}{\frac{1}{R_1}+\frac{1}{R_2}+\cdots+\frac{1}{R_n}} \qquad V=\text{일정}$$

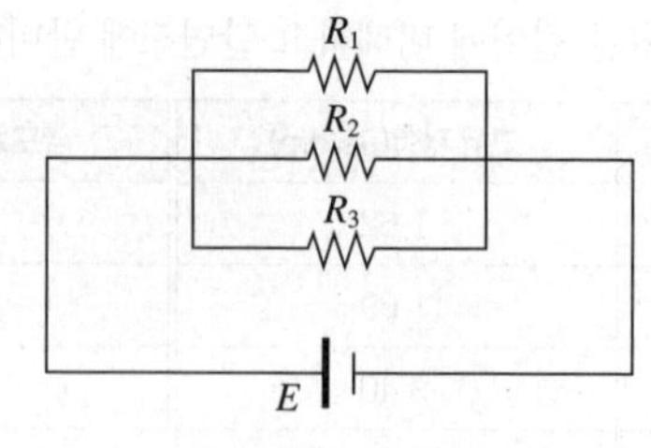

[저항의 병렬연결]

③ 직 · 병렬 접속

$$R_T = R_1 + R_2 + \cdots + R_n + \frac{1}{\frac{1}{R_1} + \frac{1}{R_2} + \cdots + \frac{1}{R_n}}$$

(6) 전력

전기가 단위 시간 1초 동안에 하는 일의 양으로 어떤 부하에 전압을 가하여 전류를 흐르게 하면 기계적 에너지를 발생시켜 여러 가지 일을 하는데 이것을 전력이라 한다.

① 전력 : 단위 시간동안 전기가 한 일의 크기를 전력이라 한다.

$$P = E \cdot I(\mathrm{W})$$
$$= I \cdot R \times I = I^2 \cdot R$$
$$= E \times \frac{E}{R} = \frac{E^2}{R}$$

② 전력량 : 전력이 어떤 시간 동안 한 일의 총량을 말하며, 전기가 하는 일의 크기에 시간을 곱한 것이다.

$$W = P \cdot t(\mathrm{W \cdot s = Joule}) = I^2 Rt$$
$$= E \cdot I \cdot t \qquad t : \text{시간(초)}$$

(7) 줄의 법칙

1840년 영국의 물리학자 줄(James Prescott Joule)에 의해서 전류가 도체에 흐를 때 발생되는 열량에 관한 법칙을 밝힌 것으로 도체 내에 흐르는 정상전류에 의하여 일정한 시간 내에 발생하는 열량은 전류의 2승과 저항의 곱에 비례한다는 법칙이다.

$$H = 0.24Pt[\mathrm{cal}]$$

(8) 키르히호프의 법칙

키르히호프 법칙은 옴의 법칙을 발전시켜 복잡한 회로에서 전류의 분포, 합성전력, 저항 등을 다룰 때 사용한다.

① 제1법칙 – 전하의 보존 법칙

임의의 한 점에서 유입되는 전류의 총합과 유출되는 전류의 총합은 같다.

$$\Sigma I\mathrm{in} = \Sigma I\mathrm{out}$$
$$I_1 + I_3 = I_2 + I_4$$

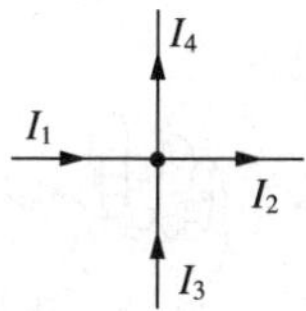

② 제2법칙 – 에너지 보존의 법칙

임의의 폐회로에서 기전력의 합과 각 저항에 의한 전압 강하량의 합은 같다.

$$\Sigma E = \Sigma(E_1 + E_2 + E_3)$$

$$\Sigma E = \Sigma(I_1R_1 + I_2R_2 + I_3R_3)$$

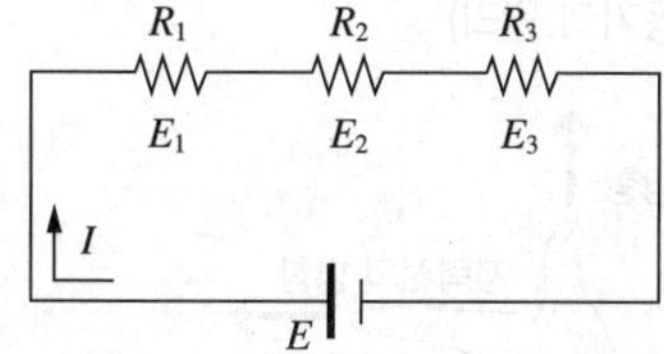

2 자기이론

① 자기

자기는 자석과 자석 공간 또는 자석과 전류 사이에서 작용하는 힘의 근원이 되는 것으로 철편을 잡아당기는 작용을 자기라고 한다. 또한 자철광이 철편 등을 잡아당기는 성질을 자성이라 한다.

② 쿨롱의 법칙

1785년 프랑스의 쿨롱(Charies Augustine Coulomb)에 의해서 발견된 전기력 및 자기력에 관한 법칙으로 2개의 대전체 또는 2개의 자극사이에 작용하는 힘은 거리의 2승에 반비례하고 두 자극의 곱에는 비례한다는 법칙이다. 즉, 두 자극의 거리가 가까울수록 자극의 세기는 강해지고 거리가 멀수록 자극의 세기는 약해진다.

(1) 전류가 만드는 자계

① 앙페르의 오른 나사의 법칙

도선에서 전류가 흐르면 언제나 오른 나사가 회전하는 방향으로 자력선이 형성된다.

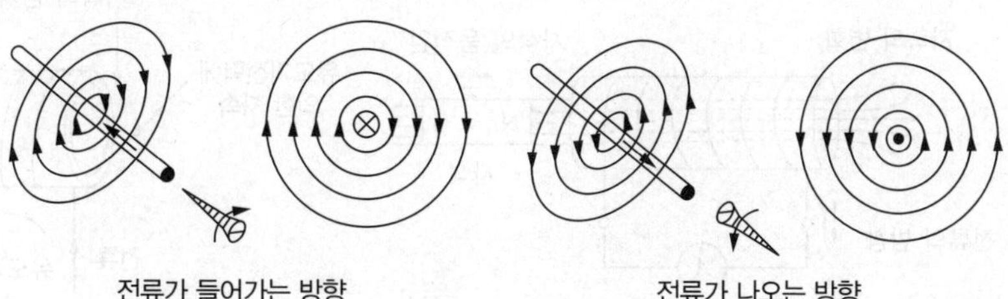

[앙페르의 오른 나사의 법칙]

② 오른손 엄지손가락의 법칙

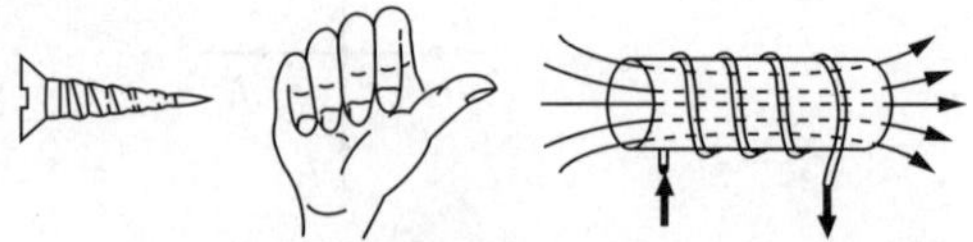

[오른손 엄지손가락의 법칙]

(2) 전자력

전자력은 자계와 전류 사이에서 작용하는 힘이다.

① 플레밍의 왼손 법칙(직류전동기의 원리)

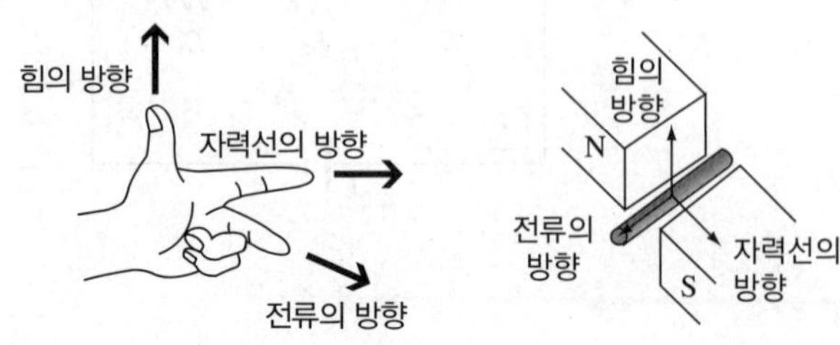

[플레밍의 왼손 법칙]

(3) 전자 유도 작용

① 플레밍의 오른손 법칙(교류발전기)

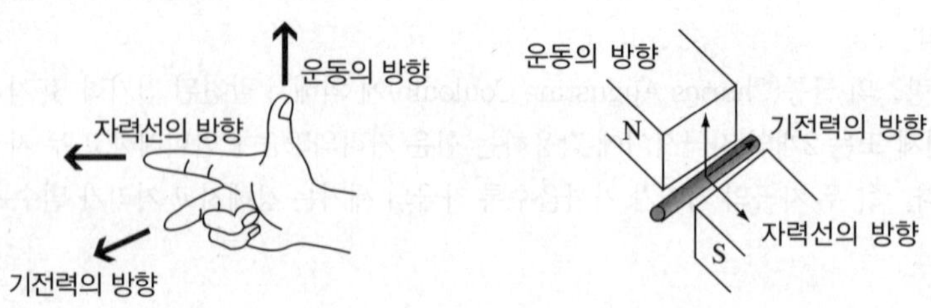

[플레밍의 오른손 법칙]

② 렌츠의 법칙

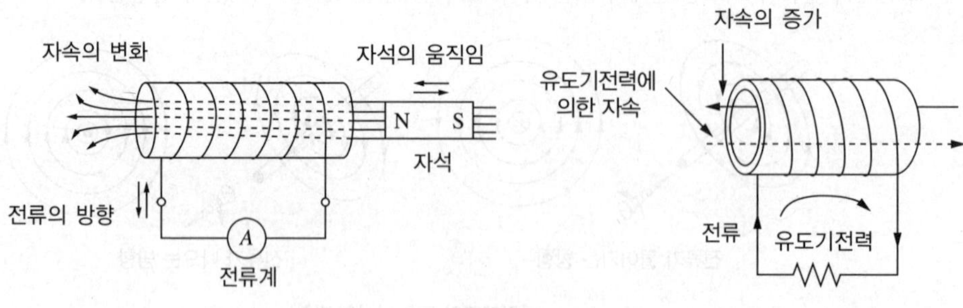

[렌츠의 법칙]

코일 내에 영구 자석을 넣으면 코일에 발생되는 기전력에 의해서 영구 자석을 밀어내는 반작용이 일어난다. 코일에 영구 자석의 N극을 넣으면 코일에 N극이 형성되도록 기전력이 발생하고, 코일에 영구 자석의 S극을 넣으면 코일에 S극이 형성되도록 기전력이 발생되어 영구 자석의 운동을 방해한다. 또한 코일에 영구 자석의 N극을 빼낼 때에는 코일은 S극이 형성되도록 기전력이 발생되고 코일에 영구 자석의 S극을 빼낼 때에는 코일은 N극이 형성되도록 기전력이 발생되기 때문에 코일에는 영구 자석의 운동을 방해하는 기전력으로 변화된다.

(4) 유도 작용

① 자기 유도 작용

자기 유도 작용은 하나의 코일에 흐르는 전류를 변화시키면 코일과 교차하는 자력선도 변화되기 때문에 코일에는 그 변화를 방해하는 방향으로 기전력이 발생되는 작용을 말한다.

② 상호 유도 작용

상호 유도 작용은 2개의 코일이 서로 접근되어 있을 때 임의의 한쪽 코일에 흐르는 전류를 변화시키면 코일에 형성되는 자력선도 변화되어 다른 코일에 전압이 발생된다.

③ 전압비와 권선비

$$\frac{E_2}{E_1}=\frac{N_2}{N_1}=\frac{I_2}{I_1}$$

(5) 축전기(Condenser)

정전유도 작용을 통하여 전하를 저장하는 역할을 한다.

① 정전용량

2장의 금속판에 단위 전압을 가하였을 때 저장되는 전하의 크기를 말한다.

㉠ 금속판 사이의 절연도에 비례한다.

㉡ 작용하는 전압에 비례한다.

㉢ 금속판의 면적에 비례한다.

㉣ 금속판의 거리에는 반비례한다.

$$Q=CE,\ C=\frac{Q}{E}$$

Q : 전하량(단위 C, 쿨롬), C : 정전용량(단위 F, 페럿), E : 전압(단위 V, 볼트)

② 축전기의 직렬접속

$$C_T=\frac{1}{\frac{1}{C_1}+\frac{1}{C_2}+\cdots+\frac{1}{C_n}}$$

③ 축전기의 병렬접속

$$C_T=C_1+C_2+\cdots+C_n$$

3 반도체 이론

(1) 반도체의 종류

① 진성 반도체

진성 반도체는 게르마늄(Ge)과 실리콘(Si) 등 결정이 같은 수의 정공(Hole)과 전자가 있는 반도체를 말한다.

② 불순물 반도체

㉠ N형 반도체 : N형 반도체는 실리콘의 결정(4가)에 5가의 원소[비소(As), 안티몬(Sb), 인(P)]를 혼합한 것으로 전자과잉 상태인 반도체를 말한다.

㉡ P형 반도체 : P형 반도체는 실리콘의 결정(4가)에 3가의 원소[알루미늄(Al), 인듐(In)]를 혼합한 것으로 정공(홀)과잉 상태인 반도체를 말한다.

(2) 반도체의 특징

① 극히 소형이고 가볍다.

② 내부의 전력 손실이 적다.

③ 예열시간이 필요없다.

④ 기계적으로 강하고 수명이 길다.

⑤ 열에 약하다.

⑥ 역내압이 낮다.

⑦ 정격값이 넘으면 파괴되기 쉽다.

(3) 반도체 접합의 종류

접합의 종류	접합도(P · N)	적용 반도체
무 접합	[P] 또는 [N]	서미스터, 광전도, 셀
단 접합	[P][N]	디이오드, 제너 다이오드
이중 접합	[P][N][P] [N][P][N]	트랜지스터, 가변 용량 다이오드 발광 다이오드, 전계효과 트랜지스터
다중 접합	[P][N][P][N]	사이리스터, 포토 트랜지스터

① 다이오드

P형 반도체와 N형 반도체를 결합하여 양끝에 단자를 부착한 것이다.

㉠ 다이오드의 종류

- 실리콘 다이오드 : 교류 전기를 직류 전기로 변환시키는 정류작용과 전기를 한 방향으로만 흐르게 하는 특성을 가짐
- 제너 다이오드 : 제너 다이오드는 어떤 전압(브레이크다운 전압, 제너 전압)에 이르면 역 방향으로 전류를 흐르게 하는 것으로 주로 발전기 전압조정기에 많이 사용된다.
- 포토 다이오드 : 다이오드에 역방향 전압을 가하여도 전류는 흐르지 않으나 PN 접합면에 빛을 대면 에너지에 의해 전류가 흐른다. 포토 다이오드는 이 현상을 이용한 것으로 주로 점화장치, 크랭크각 센서에 많이 사용된다.

• 발광 다이오드 : PN 접합면에 정방향으로 전류를 흐르게 하였을 캐리어가 가지고 있는 에너지의 일부가 빛으로 외부에 방사한다. 발광다이오드의 이점은 수명이 백열전구의 10배 이상이고 발열이 거의 없으며 소비 전력이 적다는 것이다.

② 다이오드 정류 회로

㉠ 단상 반파정류 : 전류 이용률이 1/2 밖에 사용되지 못하므로 전류의 흐름이 단속되는 맥류가 되어 자동차에 사용하는 직류로는 알맞지 않다.

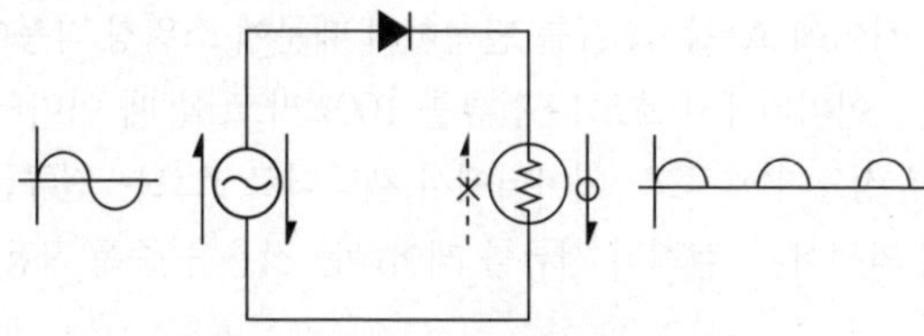

[단상 반파정류]

㉡ 단상 전파정류 : 4개의 실리콘 다이오드를 브리지 접속하여 사용

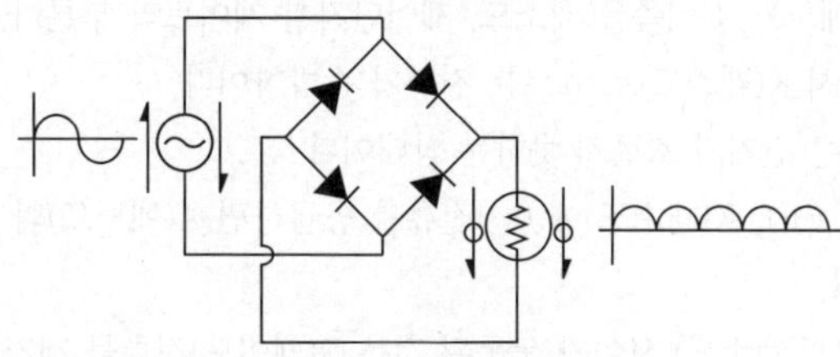

[단상 전파정류]

㉢ 삼상 전파정류 : 6개의 실리콘 다이오드를 브리지 접속하여 사용

③ 서미스터

서미스터는 다른 금속과 다르게 온도 변화에 대하여 저항값이 크게 변화하는 반도체의 성질을 이용하는 소자이다. 자동차에서 온도측정용 센서는 주로 부특성 서미스터를 사용한다.

㉠ 온도가 상승하면 저항값이 감소되는 부특성(NTC) 서미스터

㉡ 온도가 상승하면 저항값이 증가하는 정특성(PTC) 서미스터

④ 트랜지스터

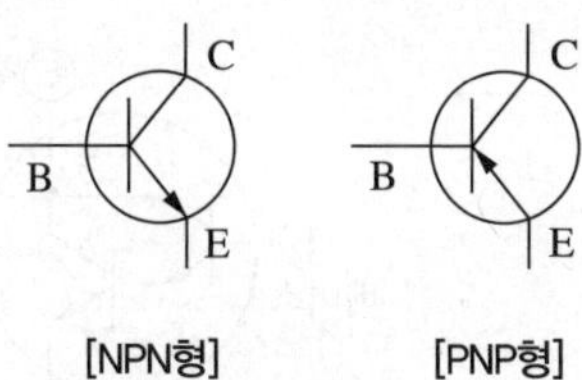

[NPN형] [PNP형]

트랜지스터는 다이오드의 PN 접합을 변형시킨 것으로 다이오드의 N형 반도체 쪽에 P형 반도체를 접합시킨 구조의 PNP형 트랜지스터와 다이오드의 P형 반도체 쪽에 N형 반도체를 접합시킨 구조의 NPN형 트랜지스터가 있다. 트랜지스터는 각각 3개의 단자가 있는데 한쪽을 이미터(E), 중앙을 베이스(B), 다른 한쪽을 컬렉터(C)라 부른다.

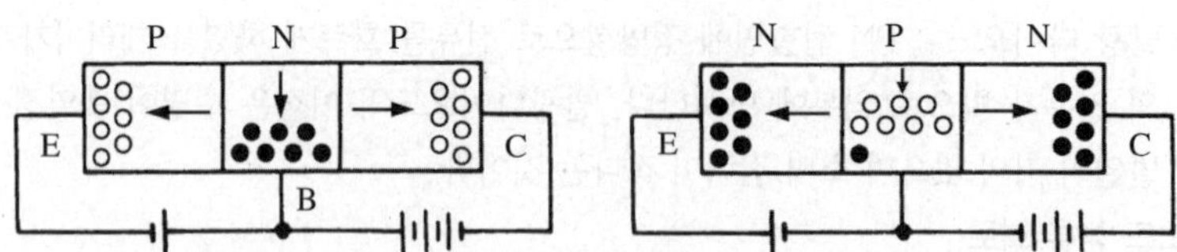

㉠ 트랜지스터의 작용

- 스위칭 작용 : PNP형 트랜지스터나 NPN형 트랜지스터 모두 베이스의 전류를 단속하여 이미터와 컬렉터 사이에 흐르는 전류를 단속하기 때문에 스위칭 작용이라 한다.
- 증폭 작용 : 이미터에서 흐르는 전류를 100%라고 할 때 이미터에서 베이스로 흐르는 전류는 중화되어 2% 정도가 흐르고, 이미터에서 켈렉터로 흐르는 전류는 98%이다. 이와 같이 적은 베이스 전류에 의해서 큰 켈렉터 전류를 제어하는 작용을 증폭 작용이라 하며, 그 비율을 증폭률이라 한다.

⑤ 사이리스터(SCR; Silicon Controlled Rectifier)

사이리스터는 PNPN 또는 NPNP 접합으로, 스위치 작용을 한다. 일반적으로 단방향 3단자를 사용하는데 [+]쪽을 애노드, [−]쪽을 캐소드, 제어단자를 게이트라 부른다. 작용은 다음과 같다.

㉠ A(애노드)에서 K(캐소드)로 흐르는 전류가 순방향이다.

㉡ 순방향 특성은 전기가 흐르지 못하는 상태이다.

㉢ G(게이트)에 (+), K(캐소드)에 (−)전류를 공급하면 A(애노드)와 K(캐소드) 사이가 순간적으로 도통(통전)된다.

㉣ A(애노드)와 K(캐소드) 사이가 도통된 것은 G(게이트)전류를 제거해도 계속 도통이 유지되며, A(애노드)전위를 0으로 만들어야 해제된다.

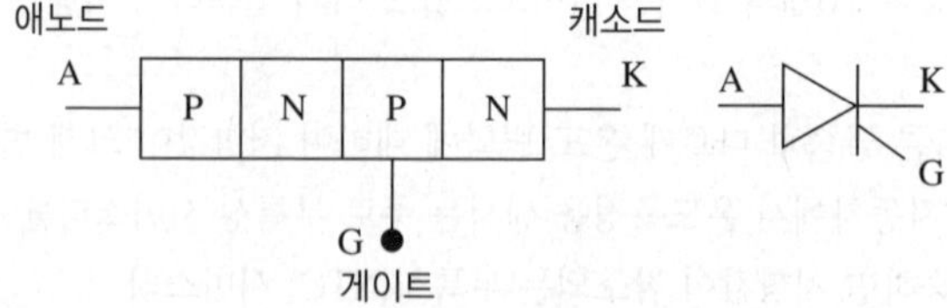

⑥ 다링톤 트랜지스터(Darlington Transistor)

다링톤 트랜지스터는 2개의 트랜지스터를 하나로 결합하여 전류 증폭도가 높다.

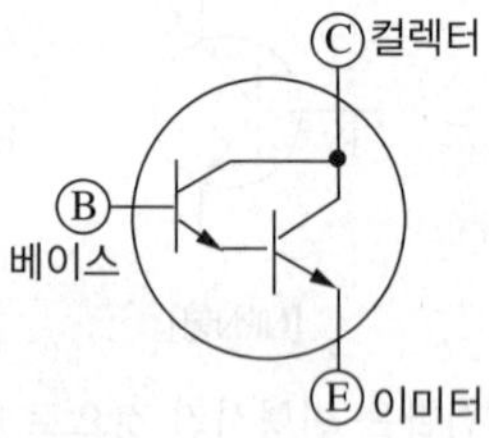

⑦ 포토 트랜지스터(Photo Transistor)

㉠ 외부로부터 빛을 받으면 전류를 흐를 수 있도록 하는 감광소자이다.

㉡ 빛에 의해 컬렉터 전류가 제어되며, 광량(光量) 측정, 광스위치 소자로 사용된다.

⑧ 컴퓨터의 논리 회로

㉠ 기본회로 및 복합회로

입력 신호		출력 신호(Q)				
A	B	OR 게이트	AND 게이트	NOT 게이트	NOR 게이트	NAND 게이트
0	0	0	0	1	1	1
0	1	1	0	1	0	1
1	0	1	0	0	0	1
1	1	1	1	0	0	0

㉡ 각종 전기기구 기호

기호	명칭	의미
	배터리 Battery	전원 혹은 축전지를 의미하며 긴 쪽이 (+), 짧은 쪽이 (−)
	축전기 Condenser	전기를 일시적으로 저장하였다가 방출함
	저항 Resistor	고유저항, 니크롬선 등
	가변 저항 Variable Resistor	인위적 혹은 여건에 따라 저항값이 변하는 저항
	전구 Bulb	램프, 전구를 의미
	더블 전구 Double Bulb	이중 필라멘트를 가진 전구
	코일 Coil	전류를 통하면 자장이 발생
	전자석 스위치 Double Bulb	두 개의 코일이 감긴 전자석, 솔레노이드 스위치 기동모터의 마크네틱 스위치
	변압기 Transformer	변압기로서 점화코일 같은 경우(자기유도 및 상호유도 작용에 의하여 고압을 만들어 줌)
	스위치 Switch	일반적인 스위치
L1 S1 S2 L2	릴레이 Relay	S1, S2에 전류를 흘리면 전자석이 되어 스위치를 붙여 L1, L2에 전기를 통하게 함
	이중 스위치 Double Switch	2단계 스위치로, 평상시 접점이 붙어있는 접점은 흑색으로 표시

기호	명칭	의미
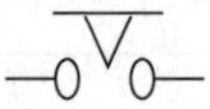	지연 릴레이 Delay Relay	지연 릴레이로서 일종의 타이머 역할을 의미하며 그림은 OFF 지연 릴레이
	NO 스위치 Normal Open S/W	누를 때 접촉되는 스위치
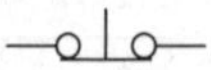	ON 스위치 Normal Close S/W	누르면 접촉이 안 되는 스위치
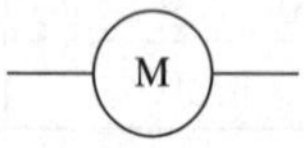 M	전동기 Motor	모터
	비접속 Disconnection	배선이 접속되지 않은 상태
	접속 Connection	배선이 서로 접속되어 있는 상태
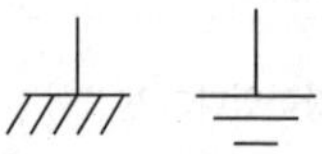	어스(접지) Earth	어스 (−)쪽에 접지 시킨것을 의미함
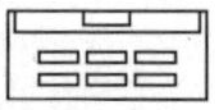	소켓(커넥터) Socket	소켓, 커넥터 등을 의미함(암컷)

ⓒ 각종 반도체 및 논리 기호

기호	명칭	의미
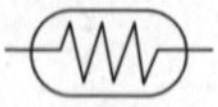	서미스터 Thermister	외부온도에 따라 저항값 변함 정서미스터 및 부서미스터 주로 온도계에 사용
	다이오드 Diode	PN 접촉으로 한쪽 방향으로 전류 흐르게 함
	제너 다이오드 Zener Diode	어떤 전압(브레이크다운 전압, 제너 전압)에 이르면 역방향으로 전류를 흐르게 하는 것
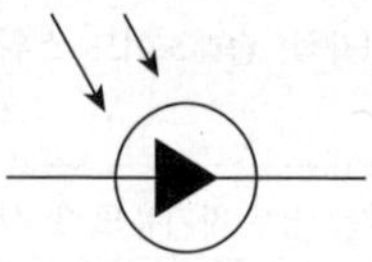	포토 다이오드 Photo Diode	빛을 받으면 전기를 흐르게 할 수 있게 함
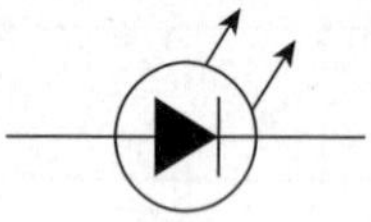	발광 다이오드 LED	전류가 흐르면 빛을 발생시킴
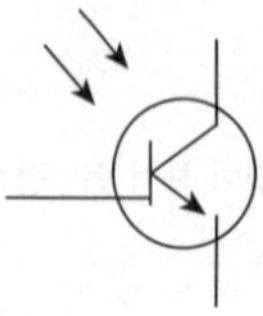	포토 트랜지스터 Photo Transistor	외부로부터 빛을 받으면 전류를 흐르게 할 수 있는 감광소자

기호	명칭	의미
	트랜지스터 Transistor	PNP, NPN 접합이며 스위칭, 증폭, 발진 작용하며 B에 전압을 가하면 C에서 E로 전기 흐름
A K G	사이리스터(SCR) Silicon Controlled Rectifier	PNPN의 4층 구조로 된 제어 정류기로서 게이트에 전압을 가하였다가 가해준 전압을 없애도 에노드에서 케소드로 계속 전류 흐름
	압전소자 Piezo Electric Element	힘을 받으면 전기 발생하며 응력게이지, 전자 라이터 등에 주로 사용
A B C	논리 합 Logic OR	논리회로로서 입력 A, B 어느 하나라도 1이면 출력 C도 1이 되는 회로
A B C	논리 적 Logic AND	입력 A, B 동시에 1이 되어야 출력 C도 1이 되며 하나라도 0이면 출력 C도 0이 되는 회로
A C	논리 부정 Logic NOT	A가 1이면 출력 C는 0이고 A가 0이면 출력 C는 1이 됨
D A + B − C	논리 비교기 Logic Comparator	B에 기준 전압 1을 가해주고 입력단자 A로부터 B보다 큰 1을 주면 동력입력 D에서 C로 1 신호가 나감(비교)
A B C	논리합 부정 Logic NOR	OR회로의 반대 출력이며 A, B 둘 중 하나라도 1이면 출력 C는 0이며 둘다 0이면 출력 C는 1이 됨
A B C	논리적 부정 Logic NAND	AND회로의 반대 출력이며 A, B 모두 1이면 출력 C는 0이며 모두 0이거나 하나만 0이라도 출력 C는 1이 됨
A B C D	직접회로(IC) Integrated Circuit	IC를 의미하며 A, B는 입력, C, D는 출력을 의미

(4) 반도체의 효과

① 홀효과 : 자기를 받으면 통전성능이 변화하는 효과

② 지백효과 : 열을 받으면 전기 저항값이 변화하는 효과

③ 피에조 효과 : 힘을 받으면 기전력이 발생하는 효과

④ 펠티어 효과 : 직류전원 공급 시 한쪽 면은 고온이 되고 반대쪽 면은 저온이 되는 열전 반도체 소자

4 자동차 전자제어 및 통신

자동차의 전자제어시스템은 센서(스위치), ECU, 액츄에이터로 구성되며 센서(스위치)의 신호를 기반으로 ECU가 연산하여 최적의 액츄에이터 제어를 통하여 연료소비율 및 배출가스제어 등의 엔진관련 제어시스템을 말한다. 전자제어 시스템의 센서 입력값은 아날로그 신호와 디지털 신호가 있으며 아날로그 신호의 경우 A/D 컨버터에서 디지털신호로 변환하여 입력시킨다.

(1) 자동차 제어장치의 기능

① **RAM(Random Access Memory)** : RAM은 임의의 기억저장 장치에 기억되어 있는 데이터를 읽거나 기억시킬 수 있는 일시기억 장치이다. 따라서 전원이 차단되면 기억된 데이터가 소멸된다.

② **ROM(Read Only Memory)** : ROM은 읽어내기 전문의 기억장치이며, 한번 기억시키면 내용을 변경시킬 수 없는 영구기억 장치이다. 따라서 전원이 차단되어도 기억이 소멸되지 않으므로 프로그램 또는 고정 데이터의 저장에 사용된다.

③ **I/O(In Put/Out Put; 입 · 출력) 장치** : I/O 장치는 입력과 출력을 조절하는 장치이며, 외부 센서들의 신호를 입력하고 중앙처리 장치(CPU)의 신호를 받아 액추에이터로 출력시킨다.

④ **중앙처리장치(CPU; Central Processing Unit)** : 중앙처리장치는 데이터의 산술연산이나 논리연산을 처리하는 연산부분, 기억을 일시 저장해두는 장소인 일시기억 부분, 프로그램 명령, 해독 등을 하는 제어부분으로 구성되어 있다.

(2) 통신 장치

① **LAN 통신장치** : LAN 통신장치는 중앙처리 방식에서 분산처리 방식으로 바뀐 데이터 통신장치로 가까운 거리 내에서 단말기(Terminal), 마이크로컴퓨터, 오디오 등 다양한 장치를 상호 연결해 주는 범용 네트워크이다. 특징은 다음과 같다.

㉠ 분산되어 있는 컴퓨터가 서로 동일한 입장에서 각각의 정보처리를 하고 필요한 데이터를 On-Line으로 처리하는 방식이다.

㉡ 다양한 통신장치와의 연결이 가능하고 확장 및 재배치가 용이하다.

㉢ 각 컴퓨터 사이에 LAN 통신선 사용을 하므로 배선의 경량화가 가능하다.

㉣ 가까운 컴퓨터에서 입력 및 출력을 제어할 수 있어 전장부품 설치장소 확보가 용이하다.

㉤ 사용 커넥터 및 접속점을 감소시킬 수 있어 통신장치 신뢰성을 확보한다.

㉥ 기능 업그레이드를 소프트웨어로 처리하므로 설계변경의 대응이 쉽다.

㉦ 진단 장비를 이용하여 자기진단, 센서 출력값 분석, 액추에이터 구동 및 테스트가 가능하므로 정비성능이 향상된다.

② **CAN(Controller Area Network) 통신장치** : CAN 통신은 컴퓨터들 사이에 신속한 정보교환 및 전달을 목적으로 한다. 즉, ECU(기관제어용 컴퓨터), TCU(자동변속기 제어용 컴퓨터) 및 구동력 제어장치 사이에서 CAN 버스라인(CAN High와 CAN Low)을 통하여 데이터를 다중통신한다. 각 제어기구(Controller)는 상호 필요한 모든 정보를 주고받을 수 있으며, 어떤 제어기구가 추가정보를 요구할 때 하드웨어의 변경 없이 소프트웨어만 변경하여 대응이 가능하다.

5 축전지(Battery)

전지(Battery)는 내부에 들어있는 화학물질의 화학에너지를 전기화학적 산화-환원반응에 의해 전기 에너지로 변환하는 장치이다.

(1) 전지의 분류

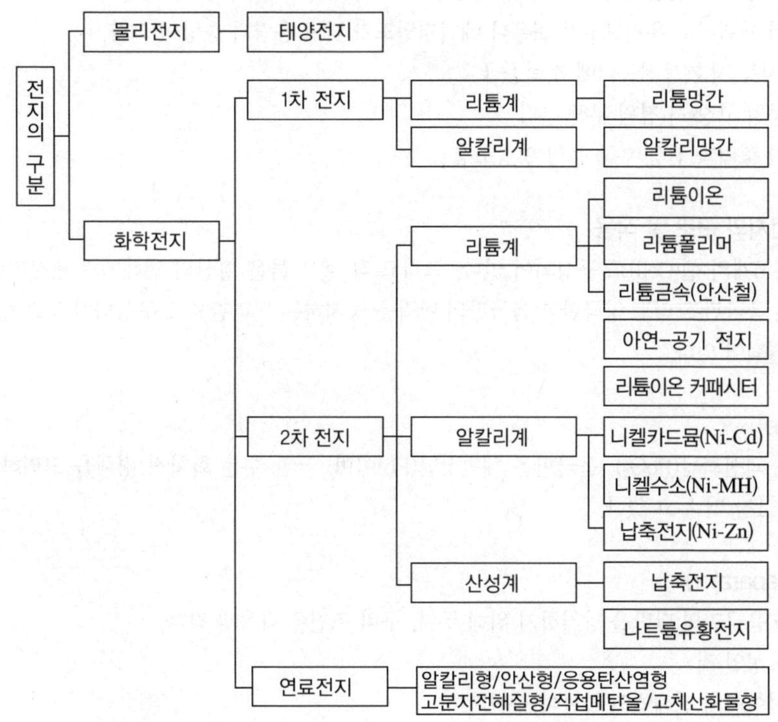

(2) 2차 전지 구성

전지에는 산화제인 양극 활물질과 환원제인 음극 활물질과 이온 전도에 의해 산화반응과 환원반응을 발생시키는 전해액, 양극과 음극이 직접 접촉하는 것을 방지하는 격리판이 필요하다. 또한 이것들을 넣는 용기, 전지를 안전하게 작동시키기 위한 안전밸브나 안전장치 등이 필요하다. 이러한 2차 전지는 다음과 같은 조건을 갖추어야 한다.

① 고전압, 고출력, 대용량일 것
② 긴 사이클 수명과 적은 자기 방전율을 가질 것
③ 넓은 사용온도와 안전 및 신뢰성이 높을 것
④ 사용이 쉽고 가격이 저가일 것

(3) 납산 축전지

현재 내연기관 자동차에 사용되고 있는 전지에는 납산 축전지와 알칼리 축전지의 두 종류가 있으나, 대부분 납산 축전지를 사용하고 있다. 납산 축전지는 양극판으로 과산화납을 사용하고 음극판은 해면상납을 사용하며, 전해액은 묽은 황산을 사용한다. 기전력은 완전 충전 시 셀당 약 2.1V이고 일반 자동차용 배터리로는 이 셀을 직렬로 6개 합친 12.6V로 만든 것을 사용한다. 또한 승용 자동차의 납산 축전지 중에는 안티몬(Sb)의 함유량이 낮은 납 합금의 양극판을 사용함으로서 충전 중의 가스 발생이나 수분 감소를 억제하는 메인터넌스 프리 배터리(MF; Maintenance Free Battery)가 현재 많이 적용되고 있다. 납산 축전지의 특징 및 기능은 다음과 같다.

① 자동차용 배터리로 가장 많이 사용되는 방식(MF 배터리)

② (+)극에는 과산화납, (−)극에는 해면상납, 전해액은 묽은 황산을 적용

③ 셀당 기전력은 완전 충전 시 약 2.1V(완전 방전 시 1.75V)

④ 가격이 저렴하고 유지보수가 쉬우나 에너지밀도가 낮고 용량과 중량이 크다.

⑤ 초기 시동 시 기동전동기에 전력공급

⑥ 발전장치 고장 시 전원 부하 부담

⑦ 발전기 출력과 전장 부하 등의 평형조정

(4) 납산 축전지의 구조 및 작용

축전지는 6개의 셀(Cell)로 구성되어 있다. 그리고 각 셀은 묽은 황산의 전해액과 과산화납의 양극판, 해면상납의 음극판 그리고 양극판과 음극판의 단락을 방지하는 격리판으로 구성되어 있으며, 6개의 셀은 직렬로 연결되어 있다.

(5) 극판(Plate)

양극판은 과산화납(PbO_2), 음극판은 해면상납(Pb)이며, 극판 수는 화학적 평형을 고려하여 음극판을 양극판보다 1장 더 두고 있다.

(6) 격리판(Separator)

양극판과 음극판의 단락을 방지하기 위해 두며, 구비 조건은 다음과 같다.

① 비전도성일 것

② 다공성이어서 전해액의 확산이 잘될 것

③ 기계적 강도가 있고, 전해액에 산화 부식되지 않을 것

④ 극판에 좋지 못한 물질을 내뿜지 않을 것

(7) 극판군(Plate Group)

① 극판군은 1셀(Cell)이며, 1셀당 기전력은 2.1V이므로 12V 축전지의 경우 6개의 셀이 직렬로 연결되어 있다.

② 극판 수를 늘리면 축전지 용량이 증대되어 이용전류가 많아진다.

(8) 단자(Terminal Post)

① 케이블과 접속하기 위한 단자이며, 잘못 접속되는 것을 방지하기 위해 문자(POS, NEG), 색깔(적색, 흑색), 크기([+]단자가 굵고, [−]단자가 가늘다), 부호(+, −) 등으로 표시한다.

② 단자에서 케이블을 분리할 때에는 접지(−) 쪽을 먼저 분리하고 설치할 때에는 나중에 설치하여야 한다.

③ 단자가 부식되었으면 깨끗이 청소를 한 다음 그리스를 얇게 바른다.

(9) 전해액(Electrolyte)

① 묽은 황산을 사용하며, 20℃에서의 표준비중은 1.280이다.

② 전해액을 만들 때에는 반드시 물(증류수)에 황산을 부어야 한다.

③ 전해액 온도가 상승하면 비중이 낮아지고, 온도가 낮아지면 비중은 커지는데, 온도 1℃ 변화에 비중은 0.0007이 변화한다.

$$S_{20}=S_t+0.0007\times(t-20)$$

- S_{20} : 표준 온도 20℃에서의 비중
- S_t : t℃에서 실제 측정한 비중
- t : 전해액 온도

전해액의 구비 조건은 다음과 같다.

㉠ 전해액은 이온 전도성이 높을 것

㉡ 충전 시에 양극이나 음극과 반응하지 않을 것

㉢ 전지 작동범위에서 산화환원을 받지 않을 것

㉣ 열적으로 안정될 것

㉤ 독성이 낮으며 환경 친화적일 것

㉥ 염가일 것

(10) 전해액 비중측정

① 비중계로 측정하며, 축전지의 충전 여부를 알 수 있다.

② 축전지를 방전 상태로 오랫동안 방치해 두면 극판이 영구황산납이 된다.

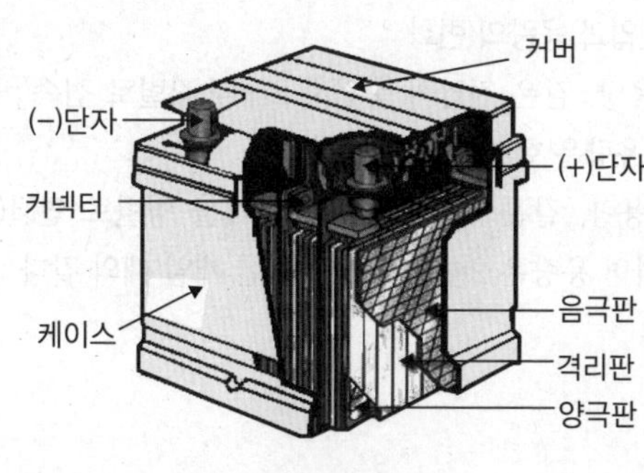

[축전지의 구조]

(11) 납산 축전지의 충 · 방전 작용

$$PbO_2+2H_2SO_4+Pb \Leftrightarrow PbSO_4+2H_2O+PbSO_4$$

① 방전될 때의 화학작용

㉠ 양극판 : 과산화납(PbO_2) → 황산납($PbSO_4$)

㉡ 음극판 : 해면상납(Pb) → 황산납($PbSO_4$)

㉢ 전해액 : 묽은 황산(H_2SO_4) → 물(H_2O)

② 충전될 때의 화학작용

㉠ 양극판 : 황산납($PbSO_4$) → 과산화납(PbO_2)

㉡ 음극판 : 황산납($PbSO_4$) → 해면상납(Pb)

㉢ 전해액 : 물(H_2O) → 묽은 황산(H_2SO_4)

(12) 납산 축전지의 특징

① 방전종지 전압

방전종지 전압은 1셀당 1.75V이며, 어떤 전압 이하로 방전해서는 안 되는 것을 말한다.

② 축전지 용량

축전지 용량이란 완전 충전된 축전지를 일정한 전류로 연속 방전하여 단자 전압이 규정의 방전종지 전압이 될 때까지 사용할 수 있는 전기적 용량을 말한다.

Ah(암페어시 용량)=A(일정 방전전류)×h(방전종지 전압까지의 연속 방전시간)

또한 축전지 용량의 크기를 결정하는 요소는 다음과 같다.

㉠ 극판의 크기(면적)

㉡ 극판의 수

㉢ 전해액의 양

③ 축전지 용량 표시방법

㉠ 25암페어율 : 26.6℃(80℉)에서 일정한 방전전류로 방전하여 1셀당 전압이 1.75V에 도달할 때까지 방전하는 것을 측정하는 것이다.

㉡ 20시간율 : 일정한 방전전류를 연속 방전하여 1셀당 전압이 방전종지 전압(1.75V)이 될 때까지 20시간 방전시킬 수 있는 전류의 총량을 말한다.

㉢ 냉간율 : 0℉(−17.7℃)에서 300A의 전류로 방전하여 셀당 기전력이 1V 전압 강하하는 데 소요되는 시간으로 표시하는 것이다.

④ 축전지 연결에 따른 전압과 용량의 변화

㉠ 직렬연결 : 같은 용량, 같은 전압의 축전지 2개를 직렬로 접속([+]단자와 [−]단자의 연결)하면 전압은 2배가 되고, 용량은 한 개일 때와 같다.

㉡ 병렬연결 : 같은 용량, 같은 전압의 축전지 2개를 병렬로 연결([+]단자는 [+]단자에 [−]단자는 [−]단자에 연결)하면 용량은 2배이고 전압은 한 개일 때와 같다.

(13) 축전지 자기방전

① 자기방전의 원인

㉠ 음극판의 작용물질이 황산과의 화학작용으로 황산납이 되기 때문이다.

㉡ 전해액에 포함된 불순물이 국부전지를 구성하기 때문이다.

㉢ 탈락한 극판 작용물질(양극판 작용물질)이 축전지 내부에 퇴적되기 때문이다.

② 자기방전량

㉠ 24시간 동안 실제용량의 0.3~1.5%정도이다.

㉡ 자기 방전량은 전해액의 온도가 높을수록, 비중이 클수록 크다.

(14) 축전지 충전

① 정전류 충전 : 정전류 충전은 충전 시작에서 끝까지 일정한 전류로 충전하는 방법이다.

② 정전압 충전 : 정전압 충전은 충전 시작에서 끝까지 일정한 전압으로 충전하는 방법이다.

③ **단별전류 충전** : 단별전류 충전은 충전 중 전류를 단계적으로 감소시키는 방법이다.

④ **급속충전** : 급속충전은 축전지 용량의 50% 전류로 충전하는 것이며, 자동차에 축전지가 설치된 상태로 급속충전을 할 경우에는 발전기 다이오드를 보호하기 위하여 축전지 (+)와 (−)단자의 양쪽 케이블을 분리하여야 한다. 또 충전시간은 가능한 짧게 하여야 한다.

(15) 충전할 때 주의사항

① 충전하는 장소는 반드시 환기장치를 한다.

② 각 셀의 전해액 주입구(벤트플러그)를 연다.

③ 충전 중 전해액의 온도가 40℃ 이상 되지 않게 한다.

④ 과충전을 하지 않아야 한다(양극판 격자의 산화촉진 요인).

⑤ 2개 이상의 축전지를 동시에 충전할 경우에는 반드시 직렬접속을 한다.

⑥ 암모니아수나 탄산소다(탄산나트륨) 등을 준비해 둔다.

(16) MF 축전지(무정비 축전지)

격자를 저 안티몬 합금이나 납-칼슘 합금을 사용하여 전해액의 감소나 자기 방전량을 줄일 수 있는 축전지이다. 특징은 다음과 같다.

① 증류수를 점검하거나 보충하지 않아도 된다.

② 자기방전 비율이 매우 낮다.

③ 장기간 보관이 가능하다.

④ 전해액의 증류수를 보충하지 않아도 되는 방법으로는 전기 분해할 때 발생하는 산소와 수소가스를 다시 증류수로 환원시키는 촉매 마개를 사용하고 있다.

6 기동전동기

기동모터는 엔진의 크기와 기동모터의 위치 등의 이유로 엔진과 기동모터의 기어비가 어느 일정 범위로 제한되며 가솔린 엔진에는 기어비가 10:1 정도이고 디젤 엔진에는 12-15:1 정도이며 회전원리는 플레밍의 왼손 법칙에 기인한다.

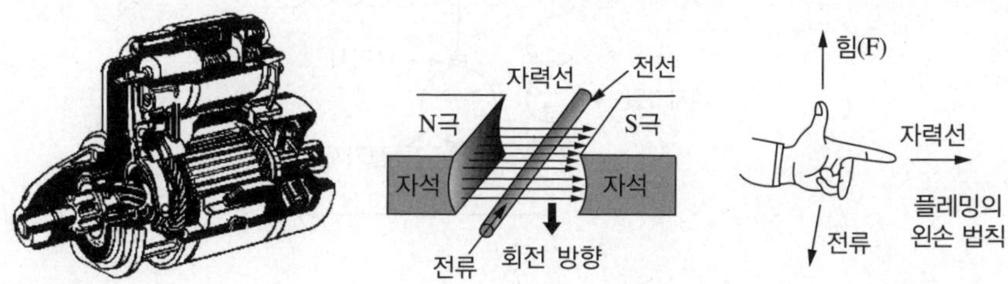

(1) 기동모터의 구비 조건

기동모터는 시동 토크가 큰 직류직권모터를 사용하며 기동모터에 요구되는 조건을 요약하면 다음과 같다.

① 소형 경량이며 출력이 커야 한다.

② 기동 토크가 커야 한다.

③ 가능한 소요되는 전원용량이 작아야 한다.

④ 먼지나 물이 들어가지 않는 구조여야 한다.

⑤ 기계적인 충격에 잘 견디어야 한다.

(2) 기동모터의 분류

① 직권전동기

직권전동기는 전기자 코일과 계자코일이 직렬로 접속된 것이며, 회전력이 크고 회전속도 변화가 커 차량용 기동전동기에 사용된다.

② 분권전동기

분권전동기는 전기자와 계자코일이 병렬로 접속된 것이다. 회전속도가 일정하고 회전력이 비교적 작으며 파워윈도우 모터 등에 사용된다.

③ 복권전동기

복권전동기는 전기자 코일과 계자코일이 직·병렬로 접속된 것이다. 초기에는 회전력이 크고 후기에는 회전속도가 일정하여 와이퍼 모터 등에 사용된다.

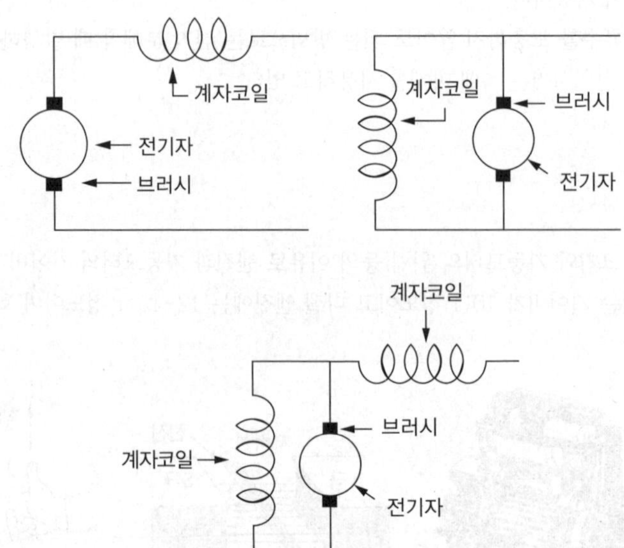

(3) 기동모터의 구조

일반적으로 자동차에서 사용하고 있는 기동모터는 전자 피니언 섭동식이며 그 구조는 다음과 같다.

① 회전운동을 하는 부분

㉠ 전기자(Armature) : 전기자는 축, 철심, 전기자 코일 등으로 구성되어 있다. 전기자 코일의 전기적 점검은 그로울러 테스터로 하며, 전기자 코일의 단선, 단락 및 접지 등에 대하여 시험한다.

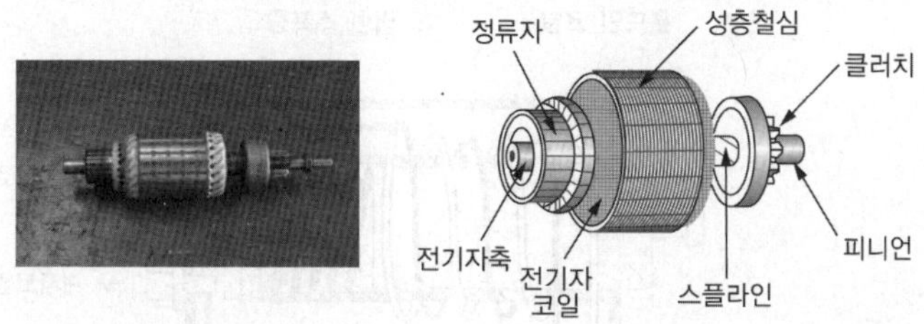

㉡ 정류자(Commutator) : 정류자는 기동전동기의 전기자 코일에 항상 일정한 방향으로 전류가 흐르도록 하기 위해 설치한 것이다.

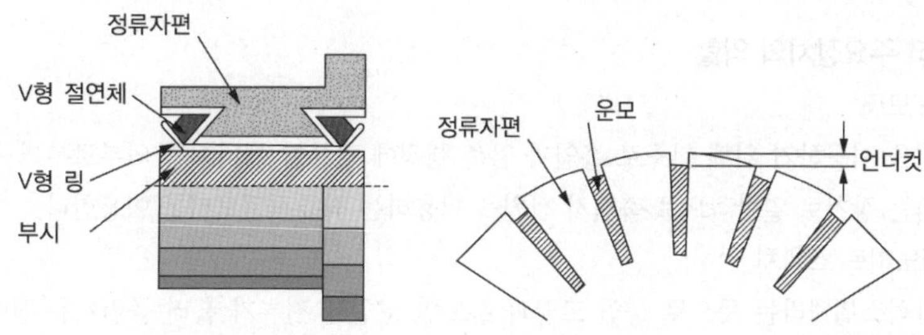

② 고정된 부분

㉠ 계철과 계자철심(Yoke & Pole Core) : 계철은 자력선의 통로와 기동전동기의 틀이 되는 부분이다. 계자철심은 계자코일에 전기가 흐르면 전자석이 되며, 자속을 잘 통하게 하고, 계자코일을 유지한다.

㉡ 계자코일(Field Coil) : 계자코일은 계자철심에 감겨져 자력(磁力)을 발생시키는 것이며, 계자코일에 흐르는 전류와 정류자 코일에 흐르는 전류의 크기는 같다.

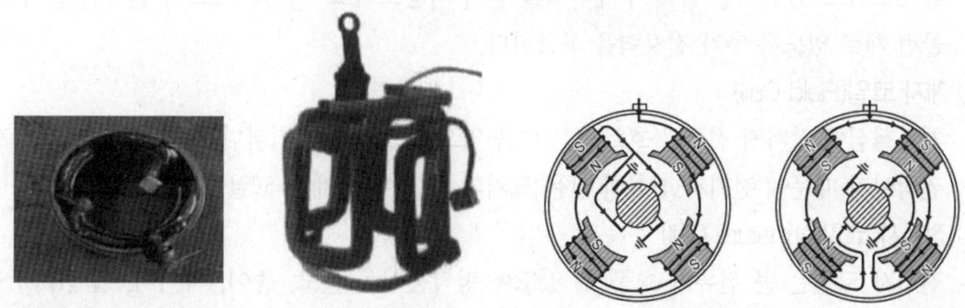

㉢ 브러시와 브러시 홀더(Brush & Brush Holder) : 브러시는 정류자를 통하여 전기자 코일에 전류를 출입시키는 일을 하며, 4개가 설치된다. 스프링 장력은 스프링 저울로 측정하며, 0.5~1.0kg/cm^2, 브러시는 본래 길이에서 1/3 이상 마모되면 교환하여야 한다.

㉣ 마그네틱 스위치 : 마그네틱 스위치는 솔레노이드 스위치라고도 하며 축전지에서 기동모터까지 흐르는 대 전류를 단속하는 스위치 작용과 피니언을 링 기어에 물려주는 일을 한다. 마그네틱 스위치는 시동스위치를 넣으면 내부의 코일에 의해 자력이 발생하여 플런저를 끌어당긴다.

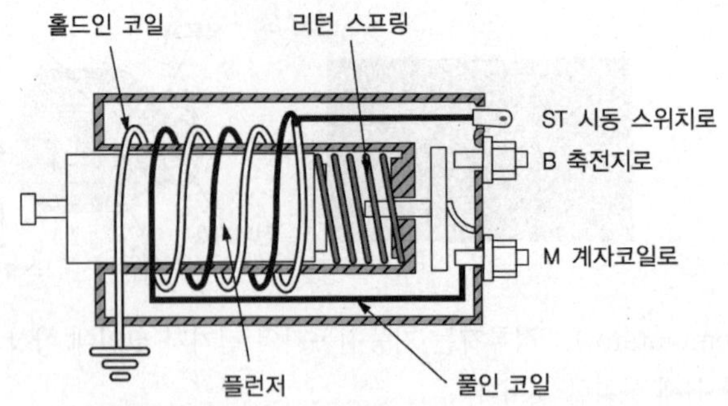

(4) 기동모터 주요장치의 역할

① 기동 모터

엔진을 시동하기 위해 최초로 흡입과 압축 행정에 필요한 에너지를 외부로부터 공급받아 엔진을 회전시키는 장치로 일반적으로 축전지 전원을 이용하는 직류직권모터를 이용한다.

② 솔레노이드 스위치

전자석스위치라는 뜻으로 풀인 코일과 홀드인 코일에 전류가 흘러 플런저를 잡아당기고 플런저는 시프트레버를 잡아당겨 피니언 기어를 링 기어에 물린다.

③ 풀인 코일(Pull-In Coil)

플런저와 접촉판을 닫힘 위치로 당기는 전자력을 형성 기동모터 솔레노이드 B단자와 M단자에 접촉이 이루어진다.

④ 홀드인 코일(Hold-In Coil)

솔레노이드 ST단자를 통하여 에너지를 받아 기동모터로 흐르고 시스템 전압이 떨어질 때 접촉판을 맞물린 채로 있도록 추가 전자력을 공급한다.

⑤ 계자 코일(Field Coil)

계자철심에 감겨져 전류가 흐르면 자력을 일으켜 철심을 자화한다. 계자 코일과 전기자 코일은 직류직권식이기 때문에 전기자 전류와 같은 크기의 큰 전류가 계자 코일에도 흐른다.

⑥ 전기자 코일(Armature Coil)

전기자 코일은 큰 전류가 흐를 수 있도록 평각동선을 운모, 종이, 파이버, 합성수지 등으로 절연하여 코일의 한쪽은 자극 쪽에 다른 한 쪽 끝은 S극이 되도록 철심의 홈에 끼워져 있다. 코일의 양끝은 정류자편에 납땜되어 모든 코일에 동시에 전류가 흘러 각각에 생기는 전자력이 합해져서 전기자를 회전시킨다. 전기자 코일은 하나의 홈에 2개씩 설치되어 있다.

⑦ 정류자

정류자는 브러시에서의 전류를 일정한 방향으로만 흐르게 하는 것으로 경동판을 절연체로 싸서 원형으로 한 것이다. 정류자편 사이는 1mm 정도 두께의 운모로 절연되어 있고 운모의 언더컷은 0.5~0.8mm(한계치 0.2mm)이다.

⑧ 브러시

브러시는 정류자에 미끄럼 접촉을 하면서 전기자 코일에 흐르는 전류의 방향을 바꾸어 준다. 브러시는 브러시 홀더에 조립되어 끼워진다.

⑨ 오버 러닝 클러치

오버 러닝 클러치는 피니언 기어가 링 기어에 의해 회전하면 전기자를 보호하는 역할을 한다.

7 충전장치

(1) 충전장치의 개요

① 전자 유도 작용

엔진의 크랭크축 풀리와 발전기의 풀리가 벨트로 연결되어 엔진의 구동력에 의해 발전기가 회전하게 되면 발전기에서 전기가 발생되는데, 이는 전자 유도 작용에 기인한다. 전자 유도 작용은 아래 그림처럼 자력선이 작용하고 있는 두 자석 사이에 있는 전선이 회전력에 의해 움직이게 되어 자석 사이에 작용하고 있는 자력선을 자르면 전선에 전류가 발생하게 되는 현상을 말한다. 그리고 전기가 발생하는 방향은 플레밍의 오른손 법칙에 따른다.

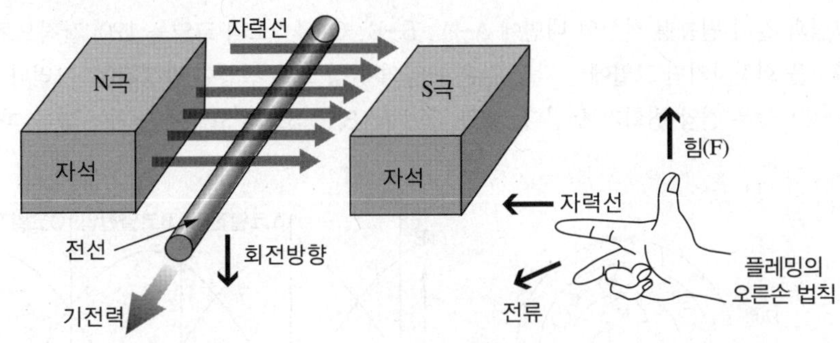

[전자 유도 작용]

② 교류발전기의 특징

㉠ 소형 · 경량이고, 저속에서도 충전이 가능하다.

㉡ 출력이 크고, 고속회전에 잘 견딘다.

㉢ 속도변화에 따른 적용 범위가 넓고 소형 · 경량이다.

㉣ 다이오드를 사용하기 때문에 정류 특성이 좋다.

㉤ 컷 아웃 릴레이 및 전류제한기를 필요로 하지 않는다. 즉 전압 조정기만 사용한다.

(2) 단상 교류

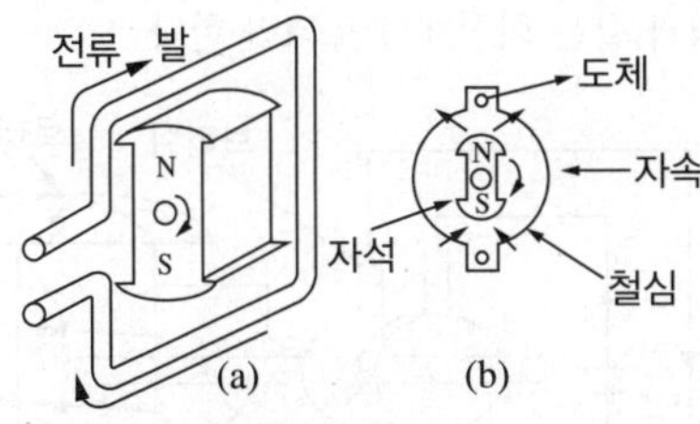

[단상 교류 발생 원리]

고정된 코일 가운데에서 자석을 회전시키면 코일에는 플레밍의 오른손 법칙에 따른 방향으로 기전력이 발생한다. 자석이 1회전 하는 사이에 코일에는 단상교류파형과 같은 1사이클의 정현파 교류 전압이 발생하고, 이와 같은 교류를 단상 교류라 한다. 회전하는 자석이 N, S 2극의 경우에는 1회전에 1사이클의 정현파 교류 전압이 발생하지만, 자극의 수를 4극으로 하면 1회전에 2사이클의 교류가 된다. 1초 간 반복되는 사이클 수를 교류의 주파수라 하고 Hz의 단위를 쓴다.

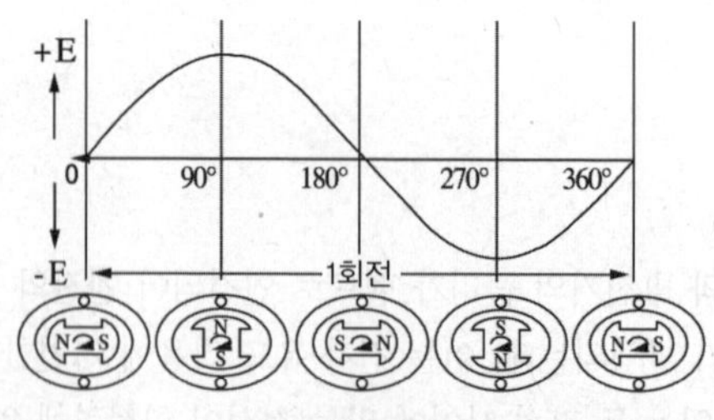

[단상 교류 파형]

(3) 3상 교류

아래 그림과 같이 원통형 철심의 내면에 A-A', B-B', C-C' 3조의 코일을 120° 간격으로 배치하고 그 안에서 자석을 회전시키면 코일에는 각각 같은 모양의 단상 교류 전압이 발생된다. 그러나 B 코일에는 A 코일보다 120° 늦은 전압 변화가 생긴다. 이와 같이 A, B, C 3조의 코일에 생기는 교류 파형을 3상 교류라 한다.

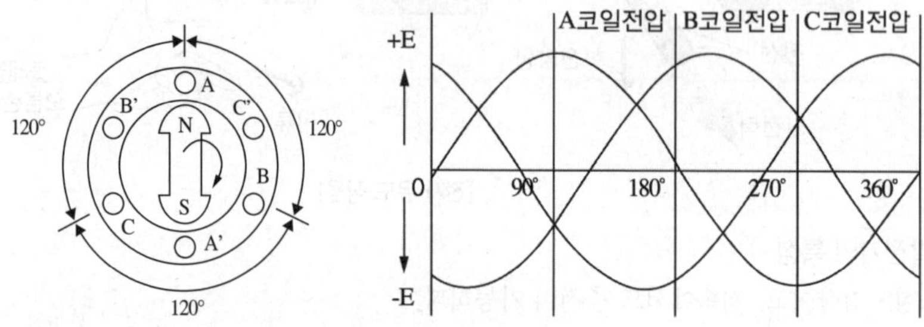

[3상 코일의 배치 형태 및 교류 파형]

(4) 전자석 로터의 원리

실용되는 발전기는 소형인 특수한 발전기 이외에는 로터를 영구 자석으로 사용하지 않고 철심에 코일을 감아서 자속의 크기를 제어하는 전자석이 쓰인다. 즉, 회전하는 전자석에 전류를 흘려주기 위해서는 그림과 같이 회전축에 조립된 2개의 슬립 링에 코일의 단자를 접속시키고, 슬립 링에 접촉된 브러시를 통하여 코일에 전류를 흘려준다. 그림과 같은 회전체를 로터라 한다.

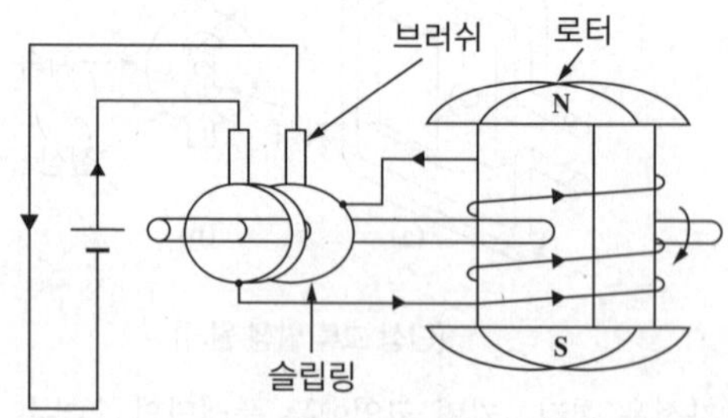

[전자석 로터의 구조]

(5) 정류작용

교류를 직류로 변환시키는 것을 정류라 하며, 정류 방법에는 여러 가지 방식이 있으나, 자동차용 교류발전기에서는 실리콘 다이오드를 이용하여 정류를 한다.

① 단상 교류의 정류

단상 교류 정류작용은 그림 (a)와 같이 단상 교류발전기와 부하 사이에 다이오드를 직렬로 접속하면 다이오드에 정방향 전압이 가해질 때만 전류가 흐르고, 역방향의 경우에는 전류가 흐르지 않는다. 이와 같이 정방향의 반파만을 이용하는 방식을 단상 반파 정류라 한다. 그림 (b)는 다이오드 4개를 브리지 모양으로 접속한 회로인데, 이 경우에는 정방향, 역방향의 교류 전압을 모두 정류하기 때문에 효율이 높은 정류를 할 수 있다. 축전지용 충전기 등은 기본적으로 이 방식의 정류기를 사용하고 있으며, 이것을 단상 전파 정류라 한다.

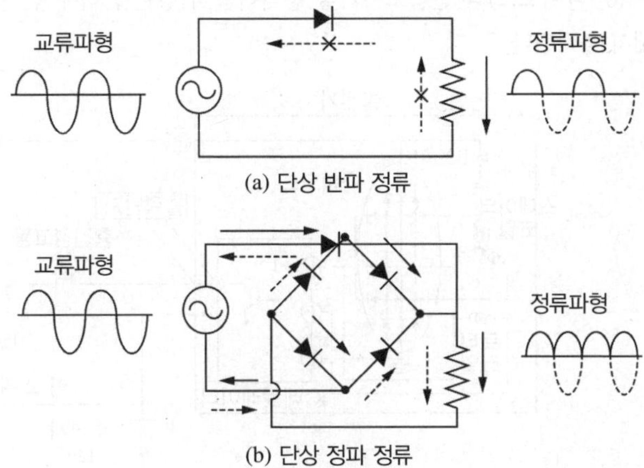

(a) 단상 반파 정류

(b) 단상 정파 정류

② 3상 교류의 정류

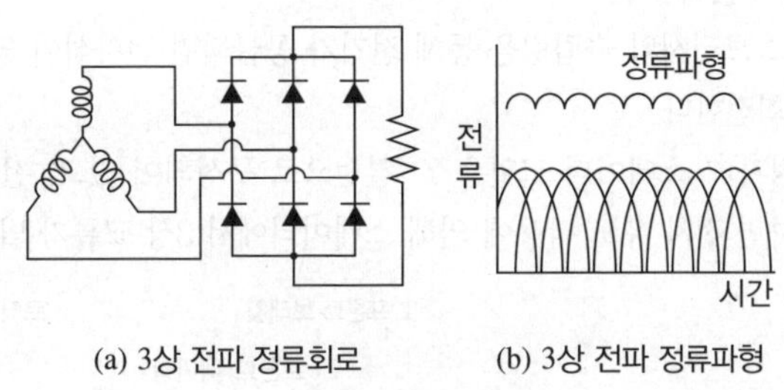

(a) 3상 전파 정류회로 (b) 3상 전파 정류파형

[3상 교류 정류작용]

3상 교류 정류작용은 6개의 다이오드를 브리지 모양으로 연결하여 3상 교류발전기의 출력 단자에 접속한 것인데, 교류발전기는 이 방식으로 3상 교류를 정류하고 있으며, 이것을 3상 전파 정류 회로라 한다. 이와 같은 원리에 의해 3상 교류 전기를 직류 전기로 전환시킬 수 있다.

(6) 발전기의 구성과 작용

① 교류발전기의 구성

교류발전기는 로터(회전자), 스테이터(고정자), 정류기(다이오드), IC전압조정기(브러시부착), 벨트풀리 등으로 구성되어 있다.

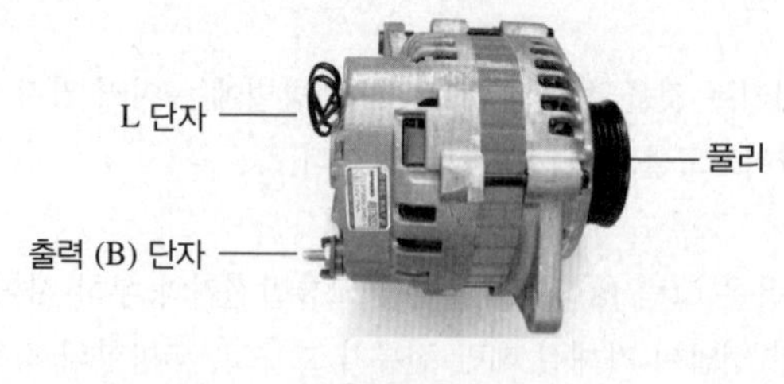

[발전기]

② 교류발전기의 작용

교류발전기에 부착된 벨트풀리를 통해서 엔진의 회전동력을 얻게 되면 회전하는 로터 코일과 스테이터 코일 사이에 전자 유도 현상이 발생하고, 3상 교류전기가 발생하게 된다. 이렇게 발생된 3상 교류전기는 정류기(6-다이오드)와 전압조정기를 통과하면서 정전압 직류 전기로 변환되고 B단자, L단자, R단자를 통해서 출력된다.

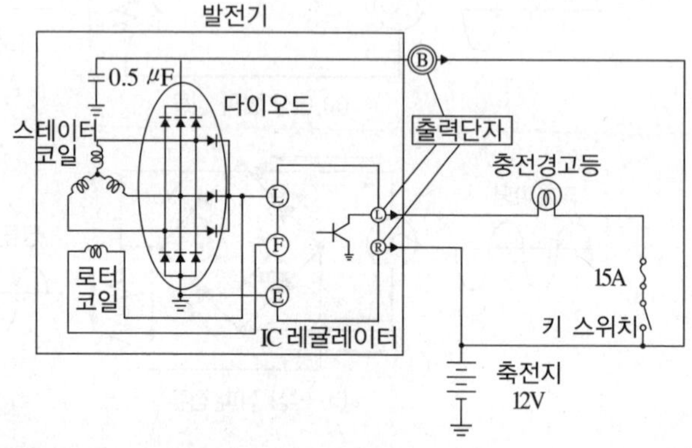

③ 발전기 주요 구성 부품과 역할

㉠ 로터(회전자) : 브러시와 슬립링을 통해 전기가 공급되면 전자석이 되어 스테이터 내부에서 N-S극이 교차되며 회전한다.

㉡ 스테이터(고정자) : 스테이터 코일은 Y-결선으로 구성되어 있고, 전자석이 된 로터가 N-S극을 교차하며 회전하면 전자 유도 작용에 의해 스테이터에서 3상 교류가 발생한다.

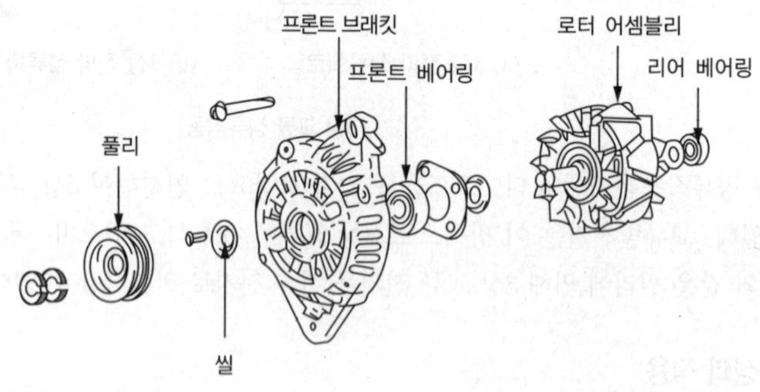

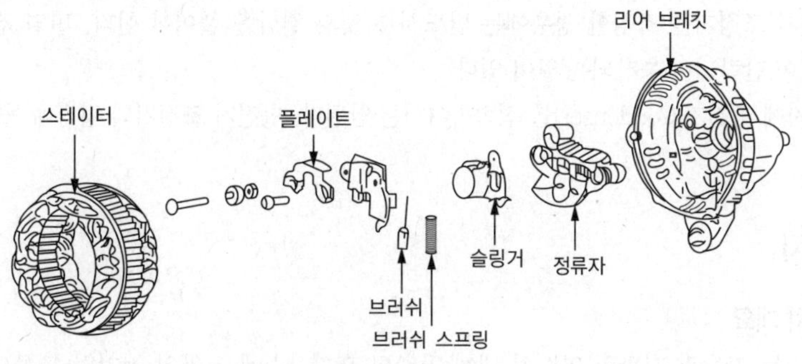

[발전기 분해도 및 구성부품도]

㉢ 브러쉬 : 전압조정기를 통해 나온 전기를 로터에 공급한다.

㉣ 정류기(6-다이오드) : 스테이터에서 발생한 3상 교류 전기를 3상 전파정류 시켜서 직류 전기로 변환시켜주며, 발전기 발생 전압이 축전지 전압보다 낮을 때는 역전류를 차단한다.

㉤ 전압조정기(IC Regulator) : 회전하는 로터와 스테이터의 전자 유도 작용에 의해서 발생하는 전기는, 로터의 회전속도(차속)에 따라 발생하는 전기의 크기와 달라진다. 그래서 전압조정기에서 로터에 공급하는 전기의 양을 조절함으로서 항상 일정한 전압을 발생시킬 수 있도록 한다.

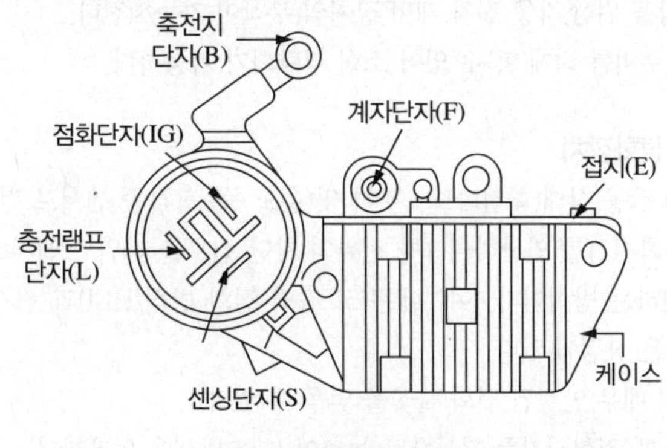

[발전기의 전압 조정기]

(7) 교류(AC) 충전장치를 다룰 때 일반적인 주의사항

① 교류발전기의 B(출력)단자에는 항상 축전지의 (+)단자랑 연결되어 있고, 또 점화 스위치를 ON으로 하였을 경우에는 F(계자)단자에도 축전지 전압이 가해져 있으므로 주의하여야 한다.

② 축전지 극성에 특히 주의하여야 하며 절대로 역접속 하여서는 안 된다. 역접속을 하면 축전지에서 발전기로 대전류가 흘러 실리콘 다이오드가 파손된다.

③ 급속 충전방법으로 축전지를 충전할 때에는 반드시 축전지의 (+)단자의 케이블(축전지와 기동전동기를 접속하는 케이블)을 분리한다. 발전기와 축전지가 접속된 상태에서 급속 충전을 하면 실리콘 다이오드가 손상된다.

④ 발전기 B단자에서의 전선을 떼어내고 기관을 가동시켜서는 안 된다. N(중성점)단자의 전압이 이상 상승되어 발전기 조정기의 전압 릴레이 코일이 소손되는 경우가 있다. 만약 B단자를 풀어야 할 경우에는 F단자의 결선도 풀도록 한다.

⑤ 발전기 조정기를 조정할 경우에는 반드시 소켓의 결합을 풀어야 한다. 만일 접속한 상태로 조정하면 접점이 단락되어 융착되는 일이 있다.

⑥ F단자에 축전기(Condenser)를 접속하여서는 안된다. 발전기 조정기의 접점에 돌기가 생기기 쉽다.

8 점화장치

(1) 점화장치 개요

점화장치는 가솔린 기관의 연소실 내에 압축된 혼합가스에 고압의 전기적 불꽃으로 스파크를 발생하여 연소를 일으키는 일련의 장치들을 말한다. 자동차에는 주로 축전지 점화 방식을 사용하며 최근에는 반도체의 발달로 전 트랜지스터 점화 방식, 고 강력 점화 방식(HEI; High Energy Ignition), 전자 배전 점화 방식(DLI; Distributor Less Ignition)등이 사용 되고 있다. 트랜지스터 점화 방식은 점화코일의 1차 코일에 흐르는 전류를 트랜지스터의 스위칭 작용으로 차단하여 2차 코일에 고전압을 유도시키는 방식이다. 트랜지스터 방식 점화장치의 특징을 들면 다음과 같다.

① 저속 성능이 안정되고 고속 성능이 향상된다.
② 불꽃 에너지를 증가시켜 점화 성능 및 장치의 신뢰성이 향상된다.
③ 엔진 성능 향상을 위한 각종 전자 제어 장치의 부착이 가능해진다.
④ 점화코일의 권수비를 적게 할 수 있어 소형 경량화가 가능하다.

(2) 컴퓨터 제어방식 점화장치

이 방식은 엔진의 작동 상태(회전속도 · 부하 및 온도 등)를 각종 센서로 검출하여 컴퓨터(ECU)에 입력시키면 컴퓨터는 점화시기를 연산하며 1차 전류의 차단 신호를 파워 트랜지스터로 보내어 점화 2차 코일에서 고전압을 유기하는 방식이다. 여기에는 고 강력 점화 방식(HEI)과 전자 배전 점화 방식(DLI, DIS)이 있으며 다음과 같은 장점이 있다.

① 저속, 고속에서 매우 안정된 점화 불꽃을 얻을 수 있다.
② 노크가 발생할 때 점화시기를 자동으로 늦추어 노크 발생을 억제한다.
③ 엔진의 작동 상태를 각종 센서로 감지하여 최적의 점화시기로 제어한다.
④ 고출력의 점화코일을 사용하므로 완벽한 연소가 가능하다.

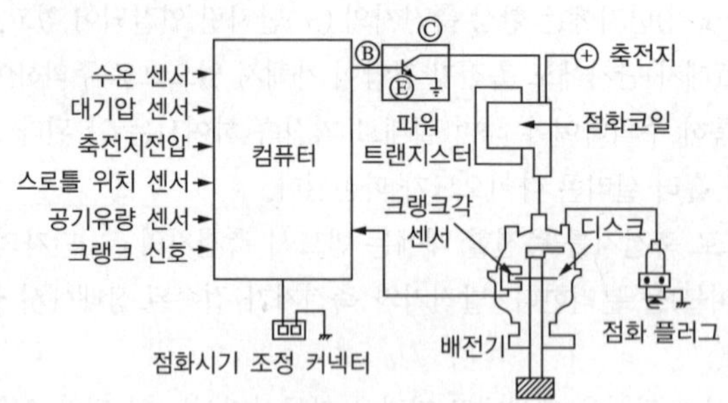

[HEI의 구성도]

(3) 점화장치의 구성

① 점화코일

점화코일의 원리는 자기 유도 작용과 상호 유도 작용을 이용한 것이다. 철심에 감겨져 있는 2개의 코일에서 입력 쪽을 1차 코일, 출력 쪽을 2차 코일이라 부른다. 파워 트랜지스터로 저압 전류를 차단하면 자기 유도 작용으로 1차 코일에 축전지 전압보다 높은 전압이 순간전압(300~400V)으로 발생된다. 1차 쪽에 발생한 전압은 1차 코일의 권수, 전류의 크기, 전류의 변화 속도 및 철심의 재질에 따라 달라진다. 또한 2차 코일에는 상호 유도 작용으로 거의 권수비에 비례하는 전압(약 20,000~25,000V)이 발생 한다.

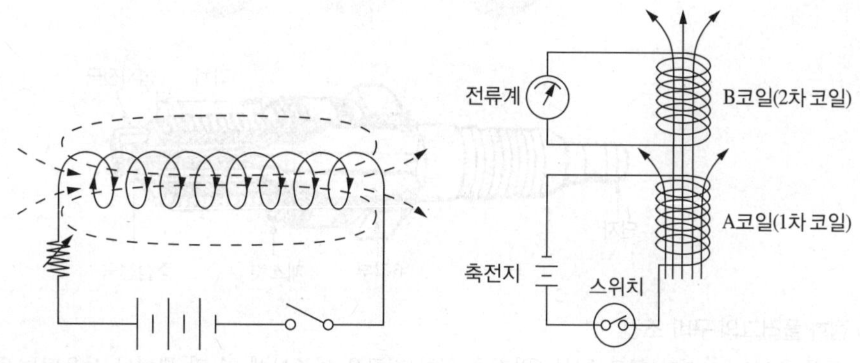

② 점화코일의 구조

점화코일은 몰드형을 철심을 이용하여 자기 유도 작용에 의하여 생성되는 자속이 외부로 방출되는 것을 방지하기 위해 철심을 통하며 자속이 흐르도록 하였으며, 1차 코일의 지름을 굵게 하여 저항을 감소시켜 큰 자속이 형성될 수 있도록 하여 고전압을 발생시킬 수 있다. 몰드형은 구조가 간단하고 내열성이 우수하므로 성능 저하가 없다.

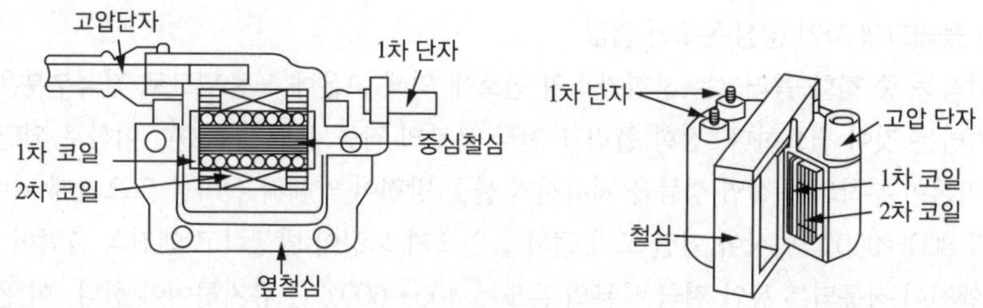

③ 파워 트랜지스터(Power TR)

파워 트랜지스터는 ECU로부터 제어 신호를 받아 점화코일에 흐르는 1차 전류를 단속하는 역할을 하며 구조는 컴퓨터에 의해 제어되는 베이스, 점화코일 1차 코일의 (−)단자와 연결되는 컬렉터, 그리고 접지되는 이미터로 구성된 NPN형이다.

④ 점화 플러그(Spark Plug)

점화 플러그는 실린더 헤드의 연소실에 설치되어 점화코일의 2차 코일에서 발생한 고전압에 의해 중심 전극과 접지 전극 사이에서 전기 불꽃을 발생시켜 실린더 내의 혼합가스를 점화하는 역할을 한다. 점화 플러그는 그림에 나타낸 것과 같이 전극부분(Electrode), 절연체(Insulator) 및 셀(Shell)의 3주요부로 구성되어 있다.

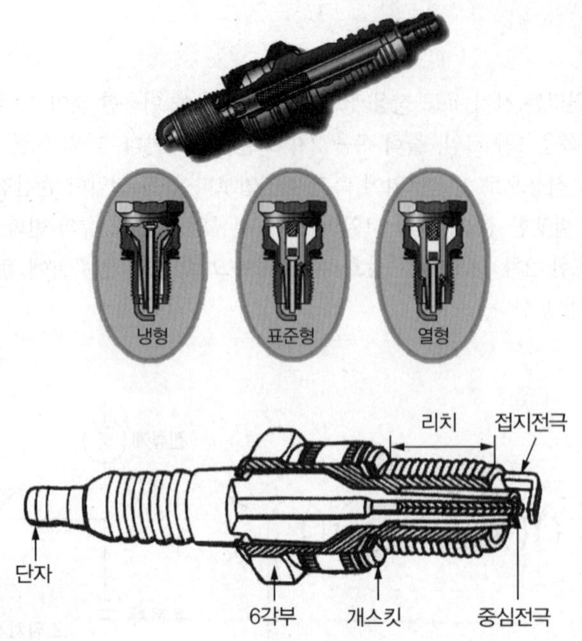

⑤ 점화 플러그의 구비 조건

점화 플러그는 점화 회로에서는 방전을 위한 전극을 마주보게 한 것 뿐이나 사용되는 주위의 조건이 매우 가혹하여 다음과 같은 조건을 만족시키는 성능이 필요하다.

㉠ 내열성이 크고 기계적 강도가 클 것
㉡ 내부식 성능이 크고 기밀 유지 성능이 양호할 것
㉢ 자기 청정 온도를 유지하고 전기적 절연 성능이 양호할 것
㉣ 강력한 불꽃이 발생하고 점화 성능이 좋을 것

⑥ 점화 플러그의 자기 청정 온도와 열값

엔진작동 중 점화 플러그는 혼합가스의 연소에 의해 고온에 노출되므로 전극부분은 항상 적정온도를 유지하는 것이 필요하다. 점화 플러그 전극 부분의 작동 온도가 400℃ 이하로 되면 연소에서 생성되는 카본이 부착되어 절연 성능을 저하시켜 불꽃 방전이 약해져 실화를 일으키게 되며, 전극 부분의 온도가 800~950℃ 이상이 되면 조기 점화를 일으켜 노킹이 발생하고 엔진의 출력이 저하된다. 이에 따라 엔진이 작동되는 동안 전극 부분의 온도는 400~600℃를 유지하여야 한다. 이 온도를 점화 플러그의 자기 청정 온도(Self Cleaning Temperature)라고 한다.

또한 점화 플러그는 사용 엔진에 따라 열방산 성능이 다르므로 엔진에 적합한 것을 선택하여야 한다. 점화 플러그의 열방산 정도를 수치로 나타낸 것을 열값(Heat Value)이라 하고 일반적으로 절연체 아랫부분의 끝에서부터 아래 실(Lower Seal)까지의 길이에 따라 정해진다. 따라서 저속, 저부하 엔진은 열형 점화 플러그를 장착하고 고속, 고부하 엔진으로 갈수록 냉형 점화 플러그를 장착하여 자기청정온도 및 엔진의 작동성능을 최적으로 유지할 수 있다.

(4) DLI 점화장치의 종류 및 특징

DLI를 전자 제어 방법에 따라 분류하면 점화코일 분배 방식과 다이오드 분배 방식이 있다. 점화코일 분배 방식은 고전압을 점화코일에서 점화 플러그로 직접 배전하는 방식이며, 그 종류에는 동시 점화 방식과 독립 점화 방식이 있다. DLI는 다음과 같은 장점을 지니고 있다.

① 배전기의 누전이 없다.
② 배전기의 로터와 캡 사이의 고전압 에너지 손실이 없다.
③ 배전기 캡에서 발생하는 전파 잡음이 없다.
④ 점화 진각 폭에 제한이 없다.
⑤ 고전압의 출력이 감소되어도 방전 유효에너지 감소가 없다.
⑥ 내구성이 크다.
⑦ 전파 방해가 없어 다른 전자 제어장치에도 유리하다.

(5) 동시 점화 방식

DLI 동시 점화 방식은 2개의 실린더에 1개의 점화코일을 이용하여 압축 상사점과 배기 상사점에서 동시에 점화시키는 장치이다. DLI의 동시 점화 방식은 다음과 같은 특징이 있다.

① 배전기에 의한 배전 누전이 없다.
② 배전기가 없기 때문에 로터와 접지전극 사이의 고전압 에너지 손실이 없다.
③ 배전기 캡에서 발생하는 전파잡음이 없다.
④ 배전기식은 로터와 접지전극 사이로부터 진각 폭의 제한을 받지만 DLI는 진각 폭에 따른 제한이 없다.

(6) 독립 점화 방식

이 방식은 각 실린더마다 하나의 코일과 하나의 스파크 플러그 방식에 의해 직접 점화하는 장치이며, 이 점화 방식도 동시 점화의 특징과 같고, 다음 사항의 특징이 추가된다.

① 중심고압 케이블과 플러그 고압 케이블이 없기 때문에 점화 에너지의 손실이 거의 없다.
② 각 실린더별로 점화시기의 제어가 가능하기 때문에 연소 조절이 아주 쉽다.
③ 탑재성 자유도 향상된다.
④ 점화 진각 범위에 제한이 없다.
⑤ 보수유지가 용이하고 신뢰성이 높다.
⑥ 전파 및 소음이 저감된다.

다음은 점화장치의 형식별 특징을 나타낸다.

접점식	무 접점식	전자제어식
• 고속에서 채터링 현상으로 인한 부조 현상 • 스파크 발생으로 인한 포인트 훼손으로 잦은 간극 조정 • 원심 진각장치의 비정상적인 동작으로 인한 기관성능의 부조화 • 엔진상태에 따른 적절한 점화시기 부여 불가능	• 고속, 저속에서 안정 • 간극조정 불가능(단, 초기 조정은 필요) • 원심 진각장치의 비정상적인 동작으로 인한 기관성능의 부조화 • 엔진상태에 따른 적절한 점화시기 부여 불가능	• 고속, 저속 성능의 탁월한 안정성 • 조정이 불필요 • 각종 진각 장치가 컴퓨터에 의하여 자동으로 진각됨 • 엔진의 상태를 항상 감지하여 최적의 점화시기를 자동적으로 조정

9 등화장치

등화장치에는 야간에 전방을 확인하는 전조등과 보안등으로서의 안개등, 방향지시등, 제동등, 미등, 번호판등 등이 있고, 경고용으로는 유압등, 충전등, 연료등 등이 있다.

(1) 배선 색 표시방법

R : 빨간, L : 청색, O : 오렌지, G : 녹색, Lg : 연두색, Y : 노란색, W : 흰색, Br : 갈색, P : 보라, B : 검정, Gr : 회색 등 이러한 색들은 도면상에 또는 회로상에 표시된다.

(2) 회로 구성방식

배선 방식에는 단선식과, 복선식이 있으며, 단선식은 부하의 한끝을 자동차 차체에 접지하는 방식이며, 접지 쪽에서 접촉 불량이 생기거나 큰 전류가 흐르면 전압 강하가 발생하므로 작은 전류가 흐르는 부분에 사용한다. 복선식은 접지 쪽에서도 전선을 사용하는 방식으로 주로 전조등과 같이 큰 전류가 흐르는 회로에서 사용된다.

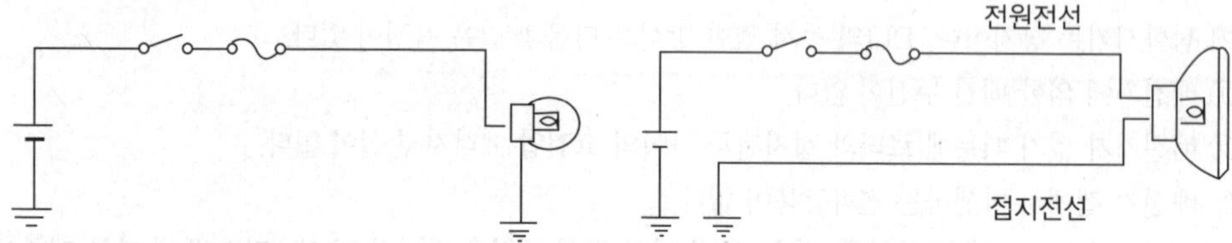

(3) 조명 관련 용어

① 광도

광도는 빛의 강도를 나타내는 정도로 어떤 방향 빛의 세기를 말하며 단위는 칸델라(cd)이다. 1cd는 광원에서 1m 떨어진 $1m^2$ 면에 1lm의 광속이 통과하였을 때 빛의 세기이다.

② 조도

조도는 어떤 면의 단위 면적당에 들어오는 광속 밀도. 즉, 피조면의 밝기를 표시하며 단위는 럭스(lux)를 사용한다.

$$E=\frac{I}{r^2}(\text{lux})$$

- E : 광원으로부터 r(m) 떨어진 빛의 방향과 수직인 피조면의 조도
- I : 그 방향의 광원의 광도(cd)
- r : 광원으로부터 거리(m)

따라서 피조면의 조도는 광원의 광도에 비례하고 광원으로부터 거리의 2승에 반비례한다.

(4) 전조등(Head Light)

전조등은 야간 운행에 안전하게 주행하기 위해 전방을 조명하는 램프로 램프 안에는 두 개의 필라멘트가 있고 먼 곳을 조명하는 하이 빔과 광도를 약하게 하고 빔을 낮추는 로우 빔이 있으며, 하이 빔과 로우 빔은 병렬로 연결되어 접속한다.

① 전조등의 3요소

렌즈, 반사경, 필라멘트

② 전조등의 종류

㉠ 실드 빔형(Sealed Beam Type)

렌즈, 반사경, 전구가 일체로 된 형식으로 대기조건에 따라 반사경이 흐려지지 않고, 광도 변화가 적은 장점이 있으나 필라멘트가 끊어지면 전조등 전체를 교환해야 한다.

㉡ 세미 실드 빔형(Semi Sealed Beam Type)

렌즈와 반사경은 일체로 하고, 전구만 분리 가능하도록 한 형식이다. 그러나 전구 설치 부분은 공기의 유통이 있어 반사경이 흐려지기 쉽다.

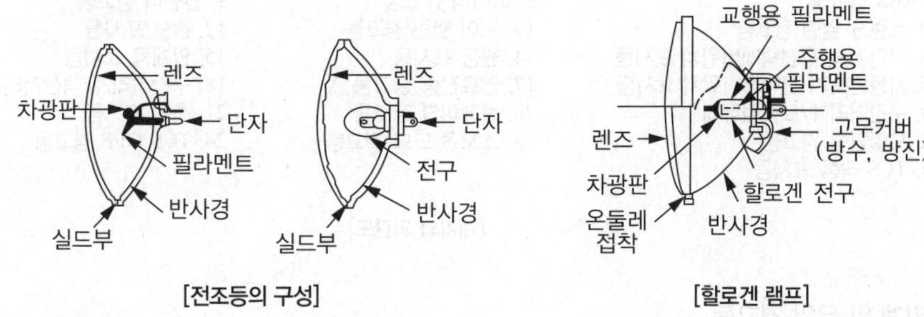

[전조등의 구성] [할로겐 램프]

③ 할로겐 램프의 특징

㉠ 할로겐 사이클로 인하여 흑화현상(필라멘트로 사용되는 텅스텐이 증발하여 전구 내부에 부착되는 것)이 없어 수명을 다할 때까지 밝기의 변화가 없다.

㉡ 색의 온도가 높아 밝은 배광색을 얻을 수 있다.

㉢ 교행용 필라멘트 아래에 차광판이 있어 자동차 쪽 방향으로 반사하는 빛을 없애는 구조로 되어 있어 눈부심이 적다.

㉣ 전구의 효율이 높아 밝기가 크다.

10 계기장치

자동차를 쾌적하게 운전할 수 있고, 또 교통의 안전을 도모하기 위해 운전 중인 자동차의 상황을 쉽게 알 수 있도록 각종의 계기류를 그림에 나타낸 것과 같이 운전석의 계기판에 부착하고 있다. 그 주된 것은 속도계, 전류계(충전 경고등), 유압계(유압 경고등), 연료계, 수온계 등이며 또 이밖에 차종에 따라서는 엔진 회전속도계, 운행 기록계 등이 있다.

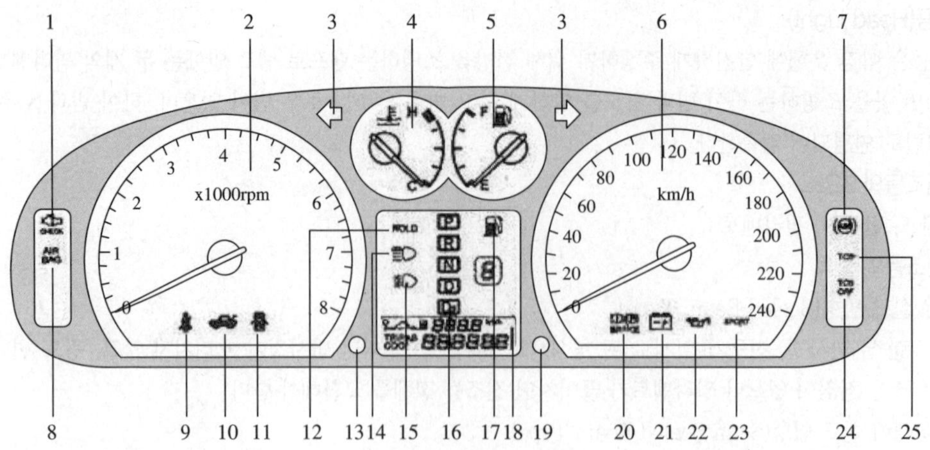

1. 자기 진단 경고등
2. 타코미터(회전계)
3. 방향전환 표시등
4. 냉각수 온도계
5. 연료계
6. 속도계
7. ABS 경고등
8. 에어백 경고등
9. 안전띠 경고등
10. 트렁크 열림 경고등
11. 도어 열림 경고등
12. 홀드 표시등
13. 구간거리계/선택레버위치 표시등
14. 원등 표시등
15. 안개등 표시등
16. 자동변속기 선택레버위치 표시등
17. 연료잔량 경고등
18. 구간거리계/적산거리계/트립컴퓨터
19. 구간거리계/트립컴퓨터
20. 브레이크 경고등
21. 충전 경고등
22. 오일압력 경고등
23. 스포츠 모드 경고등
24. TCS OFF 경고등
25. TCS 작동 표시등

[계기의 외관도]

(1) 유압계 및 유압 경고등

유압계는 엔진의 윤활회로 내의 유압을 측정하기 위한 계기이다. 전기식 유압계에는 바이메탈식, 밸런싱 코일식, 현재 밸런싱 코일식이 많이 사용되고 있으며, 또 승용차에 사용되고 있는 경고등을 점등 또는 소등시켜 나타내는 유압 경고등식이 있다.

① 밸런싱 코일식

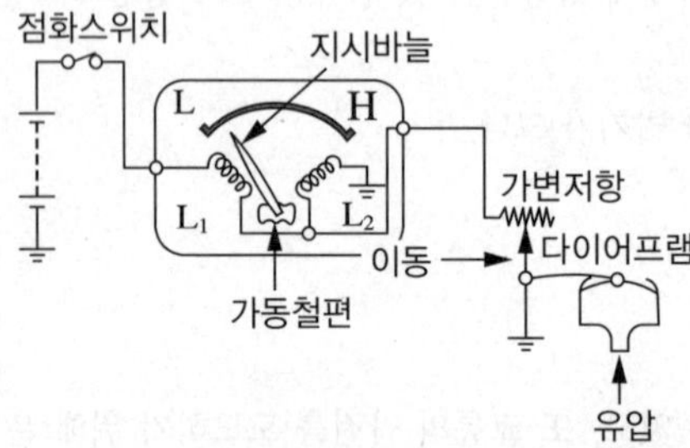

[밸런싱 코일식]

유압이 낮을 때에는 유닛부의 다이어프램의 변형이 적기 때문에 저항 유닛의 이동 암이 오른쪽에 있어 저항이 크므로 코일 L_2에 적은 전류가 흐른다. 이에 따라 가동 철편에는 거의 코일 L_1 만의 흡입력이 작동하여 바늘을 L쪽에 머물도록 한다. 반대로 유압이 높을 때에는 다이어프램의 변형이 크게 되며, 이에 따라 이동 암이 왼쪽으로 움직여 저항이 작아진다. 따라서 코일 L_2의 흡입력이 커져 바늘을 H쪽으로 머물게 한다.

② 유압 경고등식

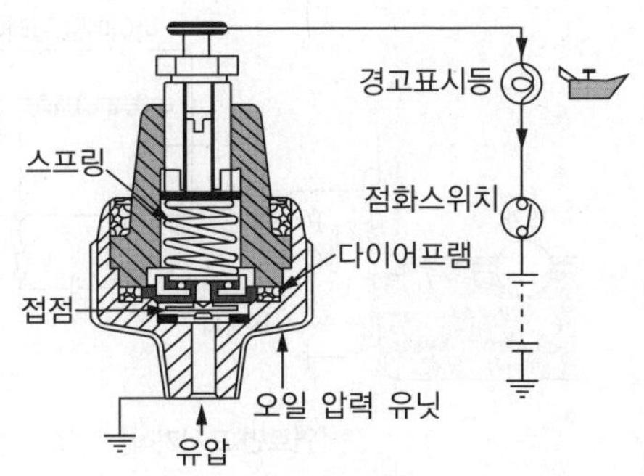

[유압 경고등식]

유압 경고등은 엔진이 작동되는 도중 유압이 규정값 이하로 떨어지면 경고등이 점등되는 방식이다. 작동은 유압이 규정값에 도달하였을 때에는 유압이 다이어프램을 밀어 올려 접점을 열어서 소등되고, 유압이 규정값 이하가 되면 스프링의 장력으로 접점이 닫혀 경고등이 점등된다.

(2) 연료계

연료계는 연료 탱크 내의 연료 보유량을 표시하는 계기이며 밸런싱 코일식, 서모스탯 바이메탈식, 연료면 표시기식 등이 있다.

① 서모스탯 바이메탈식(Bimetal Thermostat Type)

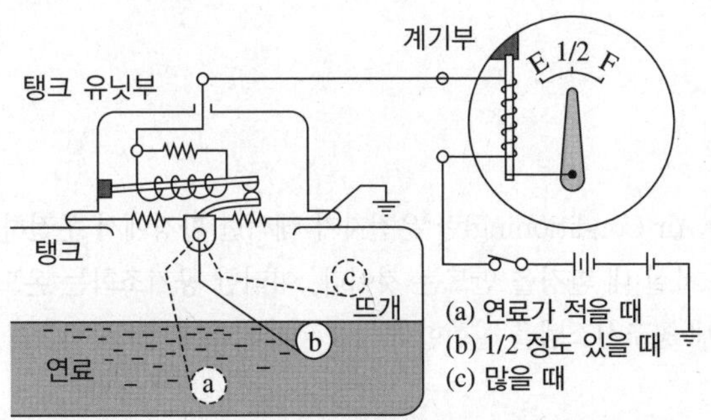

[서모스탯 바이메탈식]

연료보유량이 적을 때는 뜨개가 그림의 a 위치까지 내려간다. 이에 따라 접점이 가볍게 접촉되어 매우 짧은 시간의 전류로 바이메탈이 구부러져 접점이 열린다. 따라서 계기부의 바이메탈은 거의 구부러지지 않아 바늘은 E를 지시한다. 또 뜨개가 맨 밑바닥까지 내려간 상태에서는 접점이 조금 열린다. 연료보유량이 많을 때는 뜨개가 그림의 b, c 위치까지 연료가 들어 있으면 접점이 강력하게 밀어 올려진다. 따라서 바이메탈이 구부러져 접점이 열릴 때까지 오랫동안 전류가 흘러 바이메탈도 유닛부에 비례하여 구부러져 바늘을 F쪽으로 이동시킨다.

② 연료면 표시기식(표시등식)

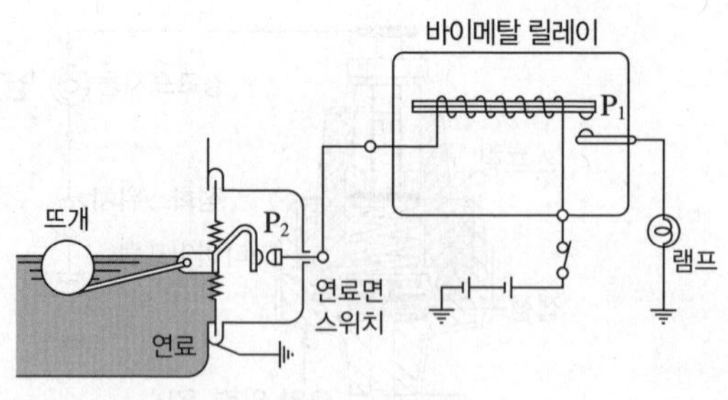

[연료면 표시기식]

연료면 표시기식은 연료 탱크 내의 연료 보유량이 일정 이하가 되면 램프를 점등하여 운전자에게 경고하는 경보기 형식이다. 작동은 연료가 조금 남아 접점 P_2가 닫히면 바이메탈 릴레이의 열선에 전류가 흐르며, 발열로 바이메탈이 구부러져 10~30초 사이에 접점 P_1을 닫아 램프를 점등시킨다. 또 바이메탈 열선에 10~30초간 전류가 흐르지 않으면 접점 P_1이 닫히지 않기 때문에 자동차의 진동으로 순간적으로 접점이 닫혀도 램프가 점등되지 않는다.

(3) 속도계

속도계는 자동차의 속도를 1시간당의 주행거리(km/h)로 나타내는 속도 지시계와 전 주행 거리를 표시하는 적산계, 구간거리계로 표시한다. 맴돌이 전류와 영구 자석의 자속과 상호작용으로 속도계를 표시한다(속도계 오차 : 정 25%, 부 10% 이하여야 한다).

11 공조시스템

자동차용 공기조화(Car Air Conditioning)란 운전자가 쾌적한 환경에서 운전하고 승차원도 보다 안락한 상태에서 여행할 수 있도록 차실 내 환경을 만드는 것이다. 이러한 공기조화는 온도, 습도, 풍속, 청정도의 4요소를 제어하여 쾌적한 실내 공조시스템을 실현한다.

(1) 열 부하

① 인적 부하(승차원의 발열)

인체의 피부 표면에서 발생되는 열로써 실내에 수분을 공급하기도 한다.

② 복사 부하(직사광선)

태양으로부터 복사되는 열 부하로서 자동차의 외부 표면에 직접 받게 된다.

③ 관류 부하(차실 벽, 바닥 또는 창면으로부터의 열 이동)

자동차의 패널(Panel)과 트림(Trim)부, 엔진룸 등에서 대류에 의해 발생하는 열 부하이다.

④ 환기 부하(자연 또는 강제의 환기)

주행 중 도어(Door)나 유리의 틈새로 외기가 들어오거나 실내의 공기가 빠져나가는 자연 환기가 이루어진다. 이러한 환기 시 발생하는 열 부하로서 최근 대부분의 자동차에는 강제 환기장치가 부착되어 있다.

(2) 냉매

냉매는 냉동효과를 얻기 위해 사용되는 물질이며 저온부의 열을 고온부로 옮기는 역할을 하는 매체이다. 저온부에서는 액체상태로부터 기체상태로, 고온부에서는 기체상태에서부터 액체상태로 상변화를 하며 냉방효과를 얻는다.

① 냉매의 구비 조건

㉠ 무색, 무취 및 무미일 것

㉡ 가연성, 폭발성 및 사람이나 동물에 유해성이 없을 것

㉢ 저온과 대기 압력 이상에서 증발하고, 여름철 뜨거운 외부 온도에서도 저압에서 액화가 쉬울 것

㉣ 증발 잠열이 크고, 비체적이 적을 것

㉤ 임계 온도가 높고, 응고점이 낮을 것

㉥ 화학적으로 안정되고, 금속에 대하여 부식성이 없을 것

㉦ 사용 온도 범위가 넓을 것

㉧ 냉매 가스의 누출을 쉽게 발견할 수 있을 것

② R-134a의 장점

㉠ 오존을 파괴하는 염소(Cl)가 없다.

㉡ 다른 물질과 쉽게 반응하지 않는 안정된 분자 구조로 되어 있다.

㉢ R-12와 비슷한 열역학적 성질을 지니고 있다.

㉣ 불연성이고 독성이 없으며, 오존을 파괴하지 않는 물질이다.

(3) 냉방장치의 구성

자동차용 냉방장치는 일반적으로 압축기(Compressor), 응축기(Condenser), 팽창밸브(Expansion Valve), 증발기(Evaporator), 리시버 드라이어(Receiver Drier) 등으로 구성되어 있다.

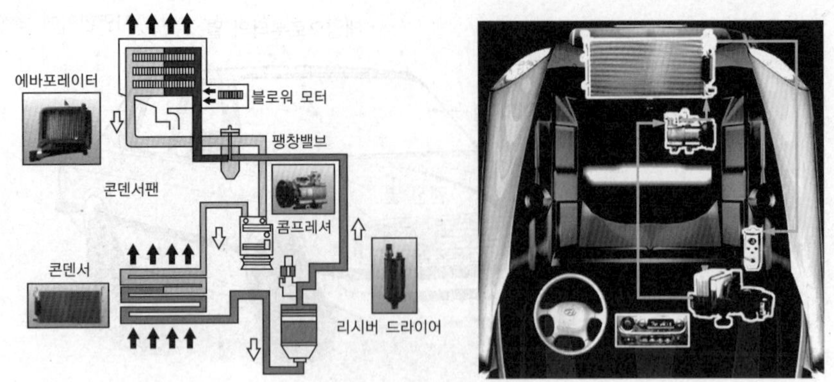

[냉방 사이클의 구성]

① 압축기(Compressor)

증발기 출구의 냉매는 거의 증발이 완료된 저압의 기체 상태이므로 이를 상온에서도 쉽게 액화시킬 수 있도록 냉매를 압축기로 고온, 고압(약 70℃, 15MPa)의 기체 상태로 만들어 응축기로 보낸다.

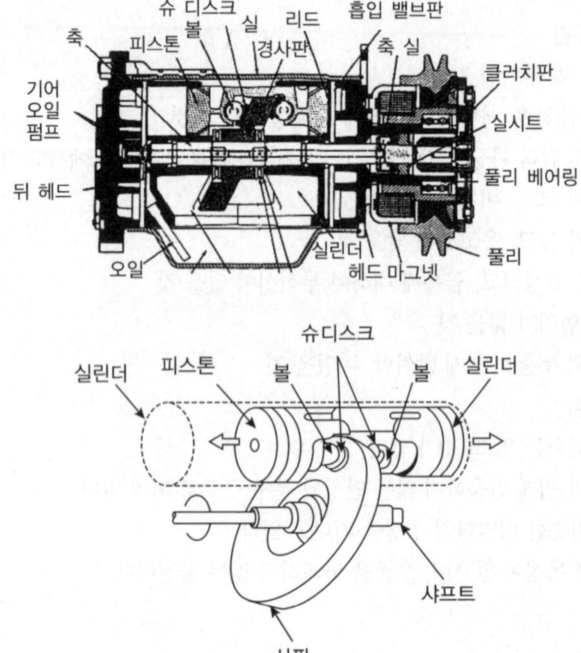

② 응축기(Condenser)

응축기는 라디에이터 앞쪽에 설치되며, 압축기로부터 공급된 고온, 고압의 기체 상태인 냉매의 열을 대기 중으로 방출시켜 액체 상태의 냉매로 변화시킨다.

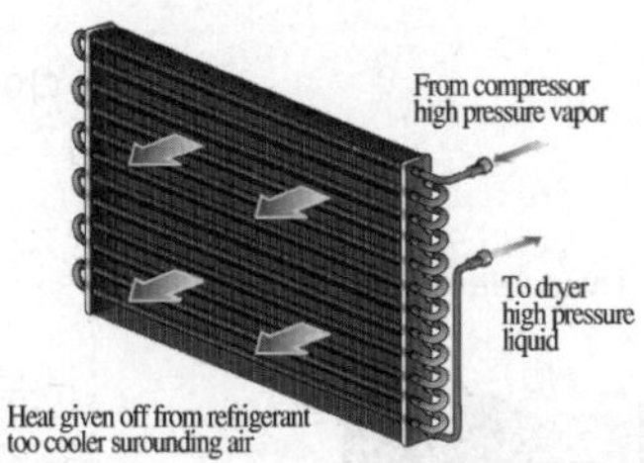

③ 건조기(리시버 드라이어; Receiver Drier)

건조기는 용기, 여과기, 튜브, 건조제, 사이드 글라스 등으로 구성되어 있다. 건조제는 용기 내부에 내장되어 있고, 이물질이 냉매회로에 유입되는 것을 방지하기 위해 여과기가 설치되어 있다. 건조기의 기능은 다음과 같다.

㉠ 저장 기능
㉡ 수분 제거 기능
㉢ 압력 조정 기능
㉣ 냉매량 점검 기능
㉤ 기포 분리 기능

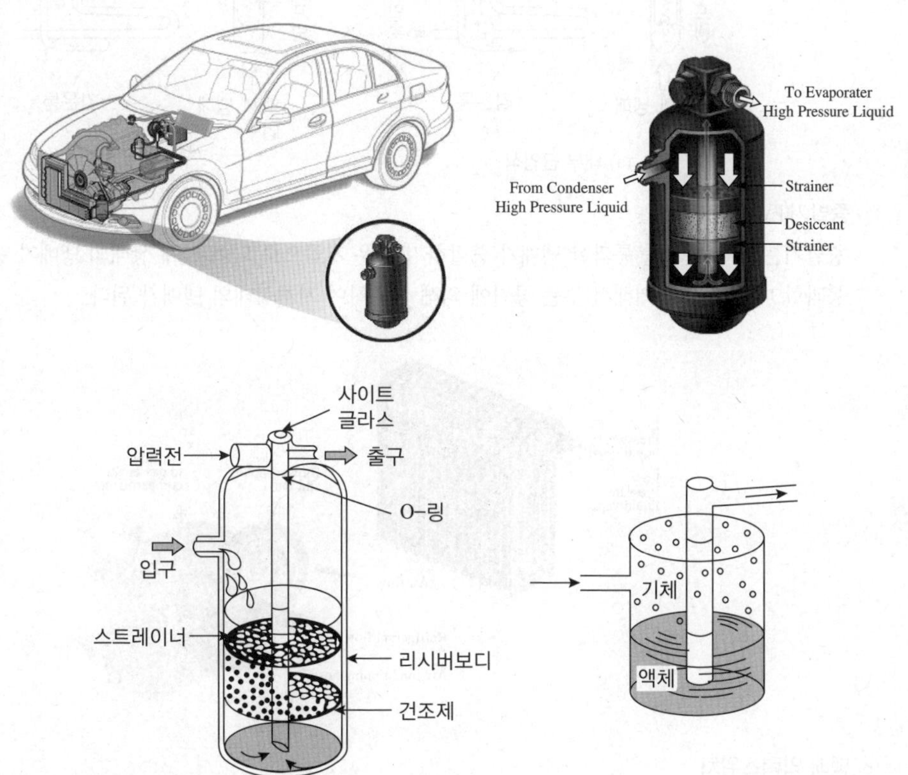

④ 팽창 밸브(Expansion Valve)

팽창 밸브는 증발기 입구에 설치되며, 냉방장치가 정상적으로 작동하는 동안 냉매는 중간 정도의 온도와 고압의 액체 상태에서 팽창 밸브로 유입되어 오리피스 밸브를 통과함으로서 저온, 저압의 냉매가 된다.

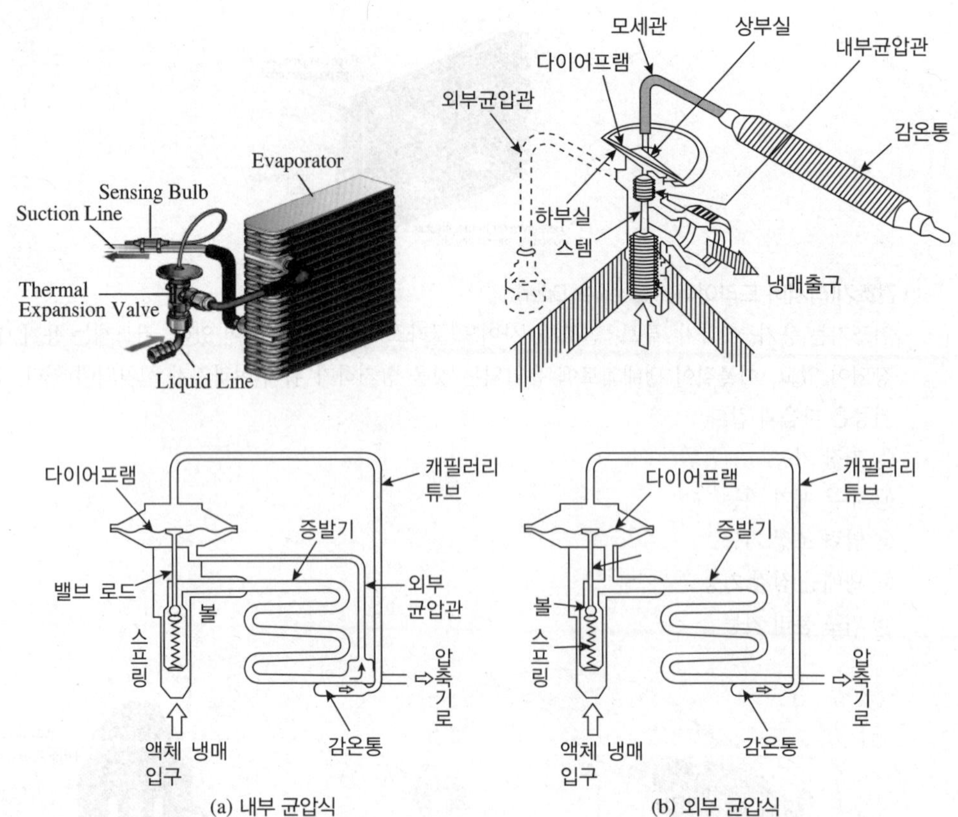

(a) 내부 균압식　　　　　(b) 외부 균압식

⑤ 증발기(Evaporator)

증발기는 팽창 밸브를 통과한 냉매가 증발하기 쉬운 저압으로 되어 안개 상태의 냉매가 증발기 튜브를 통과할 때 송풍기에 의해서 부는 공기에 의해 증발하여 기체상태의 냉매가 된다.

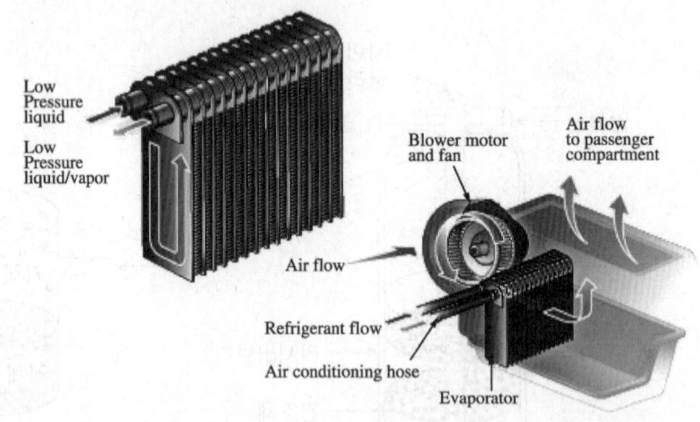

⑥ 냉매 압력스위치

압력스위치는 리시버 드라이어에 설치되어 에어컨 라인 압력을 측정하며 에어컨 시스템의 냉매 압력을 검출하여 시스템의 작동 및 비작동의 신호로서 사용된다.

㉠ 듀얼 압력스위치 : 일반적으로 고압측의 리시버 드라이어에 설치되며 두 개의 압력 설정치(저압 및 고압)를 가지고 한 개의 스위치로 두 가지 기능을 수행한다.

㉡ 트리플 스위치 : 세 개의 압력 설정치를 갖고 있으며, 듀얼 스위치 기능에 팬 스피드 스위치를 고압 스위치 기능에 접목시킨 것이다.

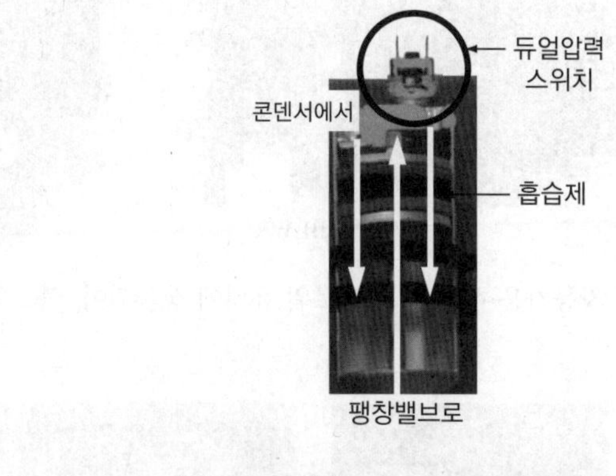

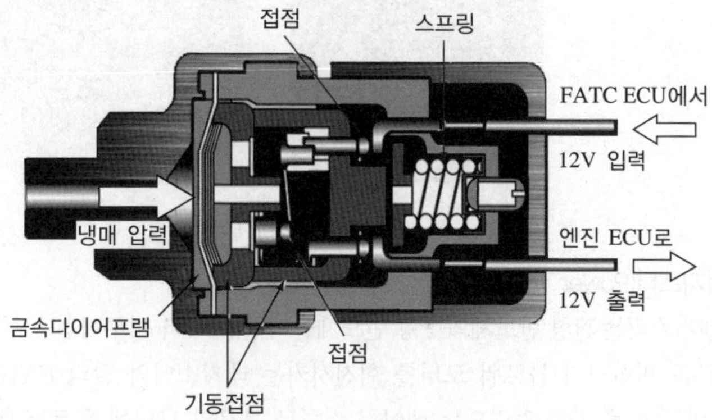

⑦ 핀 서모 센서(Fin Thermo Sensor)

핀 서모 센서는 증발기의 빙결로 인한 냉방능력의 저하를 막기 위해 증발기 표면의 평균 온도를 측정하여 압축기의 작동을 제어하는 신호로 사용된다.

[핀 서모 센서의 위치]

⑧ 블로워 유닛(Blower Unit)

블로워 유닛은 공기를 증발기의 핀 사이로 통과시켜 차 실내로 공기를 불어 넣는 기능을 수행하며 난방장치 회로에서도 동일한 송풍역할을 수행한다.

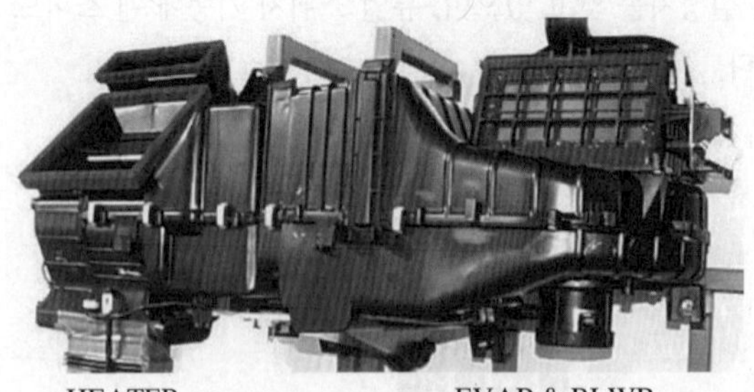

㉠ 레지스터(Resister) : 자동차용 히터 또는 블로워 유닛에 장착되어, 블로워 모터의 회전수를 조절하는 데 사용한다.

[레지스터]

⑨ 파워 트랜지스터(Power Transistor)

파워 트랜지스터는 N형 반도체와 P형 반도체를 접합시켜서 이루어진 능동소자이다. 정해진 저항값에 따라 전류를 변화시켜 블로워 모터를 회전시키는 레지스터와 달리 FATC(Full Auto Temperature Control)의 출력에 따라 입력되는 베이스 전류로 블로워 모터에 흐르는 대전류를 제어함으로써 모터의 스피드를 조절할 수 있는 소자이다.

[파워 트랜지스터]

(4) 전자동 에어컨(Full Auto Temperature Control)

전자동 에어컨은 FATC(Full Automatic Temperature Control) 탑승객이 희망하는 설정 온도 및 각종 센서(내기 온도 센서, 외기 온도 센서, 일사 센서, 수온 센서, 덕트 센서, 차속 센서 등)의 상태가 컴퓨터로 입력되면 컴퓨터(ACU)에서 필요한 토출량과 온도를 산출하여 이를 각 액추에이터에 신호를 보내어 제어하는 방식이다.

① 토출 온도 제어

② 센서 보정

③ 온도 도어(Door)의 제어
④ 송풍기용 전동기(Blower Motor) 속도 제어
⑤ 기동 풍량 제어
⑥ 일사 보상
⑦ 모드 도어 보상
⑧ 최대 냉 · 난방 기능
⑨ 난방 기동 제어
⑩ 냉방 기동 제어
⑪ 자동차 실내의 습도 제어

(5) 전자동 에어컨 부품의 구조와 작동

① 컴퓨터(ACU)

컴퓨터는 각종 센서들로부터 신호를 받아 연산 · 비교하여 액추에이터 팬 변속 및 압축기 ON, OFF를 종합적으로 제어한다.

② 외기 온도 센서

외기 센서는 외부의 온도를 검출하는 작용을 한다.

③ 일사 센서

일사 센서는 일사에 의한 실온 변화에 대하여 보정값 적용을 위한 신호를 컴퓨터로 입력시킨다.

④ 파워 트랜지스터

파워 트랜지스터는 컴퓨터로부터 베이스 전류를 받아서 팬 전동기를 무단 변속시킨다.

⑤ 실내온도 센서

실내온도 센서는 자동차 실내의 온도를 검출하여 컴퓨터로 입력시킨다.

⑥ 핀 서모 센서

핀 서모 센서는 압축기의 ON, OFF 및 흡기 도어(Intake Door)의 내 · 외기 변환에 의해 발생하는 증발기 출구 쪽의 온도 변화를 검출하는 작용을 한다.

⑦ 냉각 수온 센서

냉각 수온 센서는 히터 코어의 수온을 검출하며, 수온에 따라 ON, OFF되는 바이메탈 형식의 스위치이다.

입력부	제어부	출력부
• 실내온도 센서 • 외기 온도 센서 • 일사 센서 • 핀 서모 센서 • 냉각 수온 센서 • 온도조절 액츄에이터 위치 센서 • AQS 센서 • 스위치입력 • 전원공급	FATC 컴퓨터	• 온도조절 액츄에이터 • 풍향조절 액츄에이터 • 내외기조절 액츄에이터 • 파워 T/R • HI 블로워 릴레이 • 에어컨 출력 • 콘트롤판넬 화면 DISPLAY • 센서전원 • 자기진단 출력

12 편의 시스템

에탁스는 과거 각종 타이머 기능과 알람 기능을 집중 제어하는 시스템을 말하였다. 그러나 현재는 운전편의상 관계된 모든 영역의 제어를 하고 있으며 계속적으로 발전되고 있다. 일반 차량의 경우 간헐 와이퍼의 타이머, 비상 경보등, 룸램프 및 도어스위치등의 제어를 하고 있으나 고급형의 차량으로 갈수록 차량의 정속주행 및 Auto Light Control System, Advanced Memory System 등의 더욱 발전된 운전 편의 제어를 하고 있다.

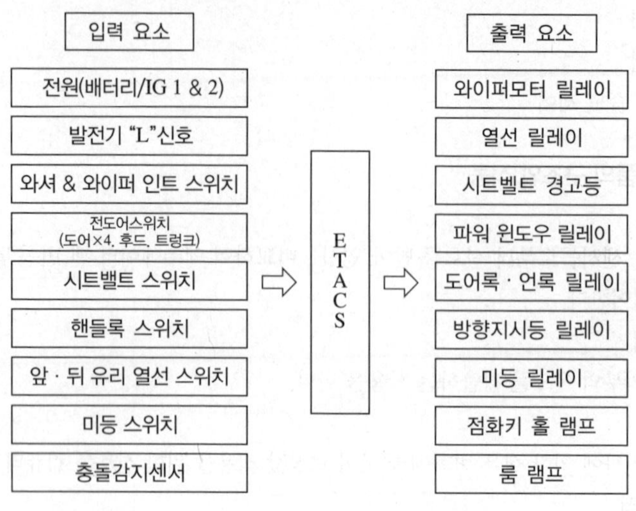

[ETACS의 주요기능]

(1) 키(Key) 뽑기 잊음 경고

키 스위치가 로크위치(ACC → LOCK)또는 ACC에서 운전석 도어를 열면 경고음이 울린다.

(2) 라이트 미소등 경고

이 경고는 운전자가 라이트를 끄지 않은 상태에서 주차 시 배터리 방전을 막기 위한 기능으로 라이트 스위치 ON 상태에서 운전석 도어를 열었을 때 부저를 울려 운전자에게 라이트 끄는 것을 잊었다고 경고하는 시스템이다.

(3) 시트벨트 미착용 경고

키 스위치가 ON 상태에서 운전석 시트벨트를 착용하지 않으면 6초 동안 경고음이 울린다. 이때 미터세트 내의 경고등도 점등되며 경고음이 울리는 도중에 시트벨트를 착용하면 경고음은 중지되나 경고등은 6초 동안 계속 점등된다.

(4) 와이퍼 컨트롤

키 스위치가 ON일 때 와이퍼 노브를 Ⅰ, Ⅱ단으로 하면 와이퍼가 LO, HI 스피드로 작동되고, 와이퍼 노브를 INT로 하면 와이퍼가 간헐 작동된다. 또한 와셔 연동 기능으로 와이퍼 노브를 위로 당기면 2회 이상 작동된다.

① 간헐 와이퍼&워셔 연동

이 기능은 일반 시스템으로서 동작 과정을 보면 휴지시간은 5±1초의 간헐 작동과 워셔 스위치, OFF 후 2.6±1초 동안 와이퍼가 2회 정도를 작동한다.

② 차속 감응 간헐 와이퍼

이 시스템은 차속에 따라 와이퍼의 간헐 시간이 자동적으로 변화하는 기능으로 간헐 시간 설정용 볼륨을 조작함에 따라 1초 단위로 간헐 시간의 변경이 가능하다.

(5) 도어 로크 컨트롤

운전석 도어의 키로 외부 및 암레스트 파워스위치에서 로크/언로크할 때 모든 도어가 로크/언로크 되며 차속이 20km/h 이상일때도 하나의 도어라도 언로크되어 있으면 로크시키며 모든 도어가 로크되어 있으면 로크 신호를 출력하지 않는다.

(6) 원터치&타임래그 파워 윈도우

키 스위치를 ON한 후에 다시 키를 OFF 하여도 30초 동안 파워 윈도우를 작동시킬 수 있다.

(7) 뒷 유리 열선 타이머

뒷 유리 열선 타이머는 에탁스 내에 약 20분의 타이머를 내장하여 리어 디포그 스위치를 자동적으로 OFF 시키는 것으로 스위치의 OFF를 잊는 것을 방지하는 시스템이다.

(8) 키 홀 조명

키가 꽂혀 있지 않은 상태에서 운전석 도어의 바깥쪽 손잡이를 당기거나 운전석 도어를 열면 도어 및 IG 키의 홀 조명이 30초 동안 점등된다.

(9) 룸 램프 컨트롤

이 기능은 도어를 닫은 후에 룸 램프 및 커티시 램프가 시간이 흐름에 따라 서서히 감광되면서 소등하는 룸 램프 컨트롤 시스템이다.

03 섀시

1 차체와 기본구조

(1) 차체(Body)

차체는 섀시의 프레임 위에 설치되거나 현가장치에 직접 연결되어 사람이나 화물을 실을 수 있는 부분이며 일반승용차의 경우 엔진룸, 승객실, 트렁크로 구성되고 프레임과 별도로 차체를 구성한 프레임 형식과 프레임과 차체를 일체화 시킨 프레임 리스 형식이 있다.

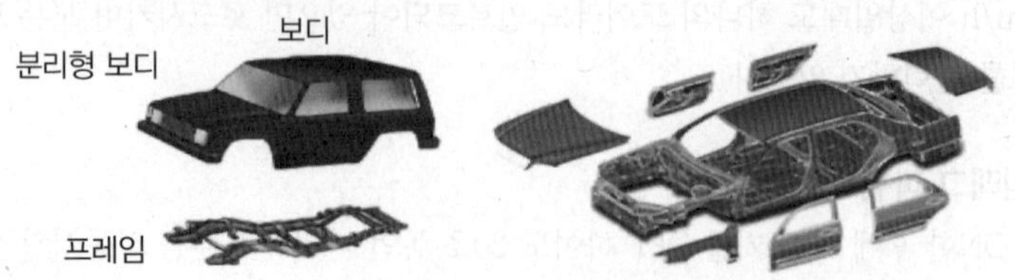

[프레임 형식과 프레임 리스 형식]

(2) 섀시의 기본구조

섀시는 차체를 제외한 나머지 부분을 말하며 자동차의 핵심장치인 동력발생장치(엔진), 동력전달장치, 조향장치, 제동장치, 현가장치, 프레임, 타이어 및 휠 등이 여기에 속한다. 자동차의 골격에 해당하는 보디에 기관, 주행 장치 동력전달 장치를 장착한 섀시만으로도 자동차는 주행이 가능하다.

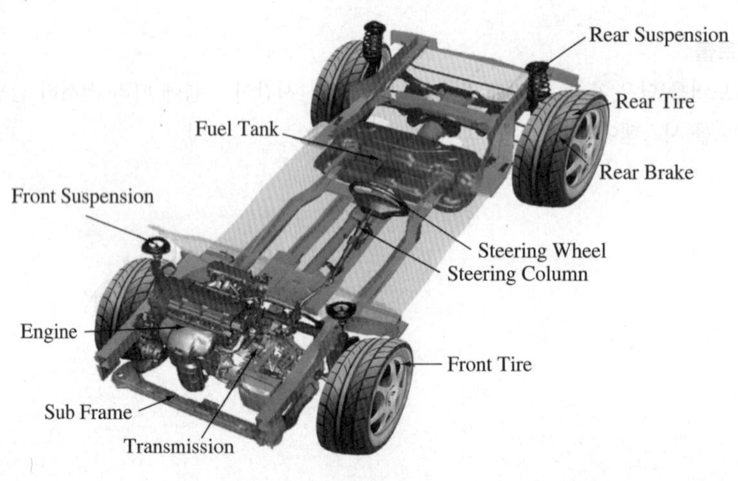

[섀시의 구조]

① 동력발생장치(Power Generation)

자동차에서 동력발생장치는 엔진을 말하며 자동차의 주행에 필요한 동력을 발생시키는 장치로써 엔진 본체와 부속장치로 구성되어 있다. 자동차의 사용연료별 동력 발생장치로는 가솔린 엔진(Gasoline Engine), 디젤 엔진(Diesel Engine), 가스 엔진(LPG, LNG, CNG 등), 로터리 엔진(Rotary Engine) 등이 있으며 일반적인 승용차에는 가솔린 및 LPG 엔진을 사용하고 트럭이나 버스와 같은 대형차에는 디젤 엔진을 주로 사용하고 있다. 또한 엔진에 관련된 부속장치로는 연료장치, 냉각장치, 윤활장치, 흡·배기장치, 시동 및 점화장치, 배기가스 정화장치 등이 있다.

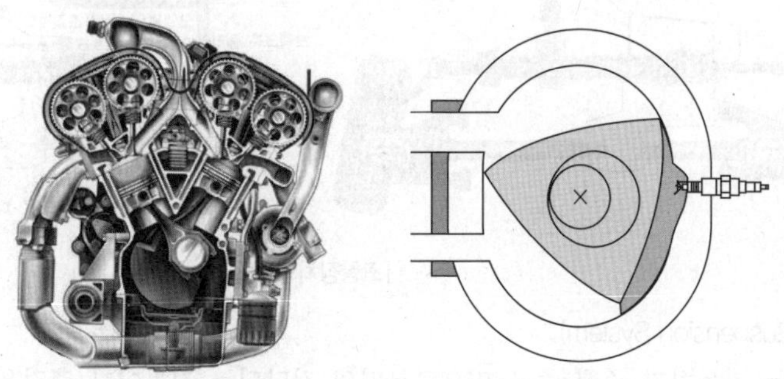

[왕복형 엔진과 로터리 엔진]

② 동력전달장치(Power Train)

동력전달장치는 엔진에서 발생된 구동력을 자동차의 주행, 부하조건에 따라 구동 바퀴까지 전달하는 계통의 장치를 말하며 클러치(Clutch), 변속기(Transmission), 종 감속 및 차동기어(Final Reduction & Differential Gear), 추진축(Drive Shaft), 차축(Axle), 휠(Wheel) 등으로 구성되어 있다.

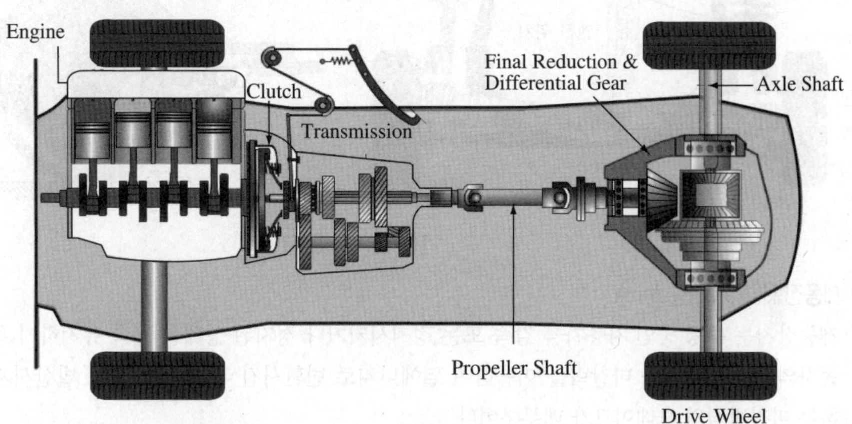

[동력 전달 계통]

③ 조향장치(Steering System)

조향장치는 자동차의 진행방향을 운전자의 의도에 따라 바꾸어 주는 장치로 조향핸들(Steering Wheel), 조향축(Steering Shaft), 조향 기어(Steering Gear), 조향 링크(Steering Linkage)의 계통을 거쳐 조타력이 전달되며 운전자의 힘을 보조하기 위한 동력 조향장치 등이 있다.

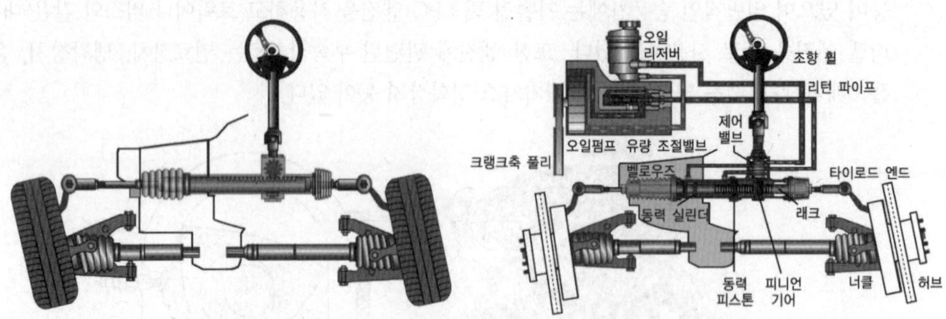

[조향장치의 구조]

④ 현가장치(Suspension System)

현가장치는 자동차가 주행 중 노면으로부터의 전달되는 진동이나 충격을 흡수하기 위하여 차체(또는 프레임)와 차축사이에 설치한 장치로써 쇽 업쇼버(Shock Absorber), 코일 스프링(Coil Spring), 판 스프링(Leaf Spring) 등으로 구성되어 있다. 자동차의 승차감은 현가장치의 성능에 따라 크게 좌우되며 충격에 의한 자동차 각 부분의 변형이나 손상을 방지시킬 수 있다.

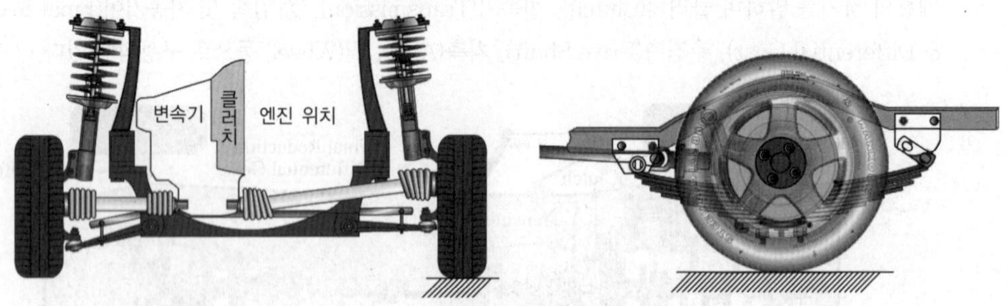

[현가장치의 종류]

⑤ 제동장치(Brake System)

제동장치는 주행 중인 자동차를 감속 또는 정지시키거나 정지된 상태를 계속 유지하기 위한 장치로 자동차의 운동에너지를 마찰력을 이용하여 열에너지로 변환시킨 후 공기 중으로 발산시켜 제동 작용을 하는 마찰방식의 브레이크가 대부분이다.

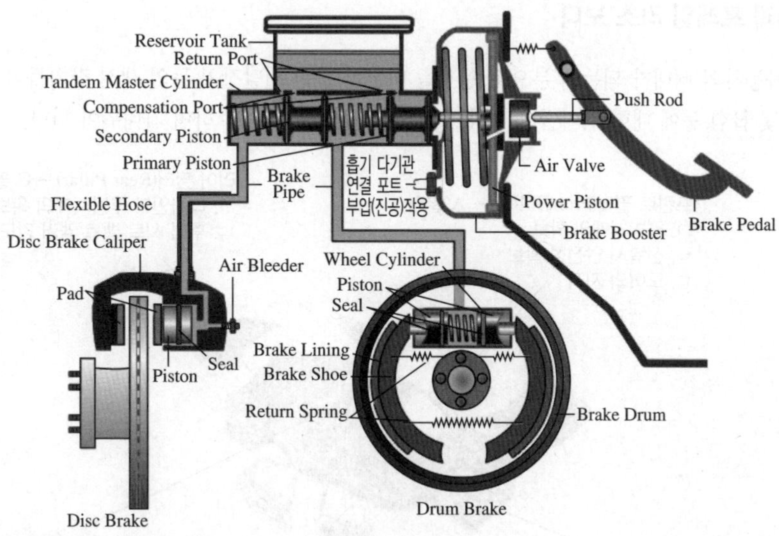

[제동 계통의 구조]

⑥ 휠 및 타이어(Wheel and Tire)

휠과 타이어는 자동차가 진행하기 위한 구름운동을 유지하고, 구동력과 제동력을 전달하며, 노면으로부터 발생되는 1차 충격을 흡수하는 역할을 한다. 또한 자동차의 하중을 부담하며, 양호한 조향성과 안정성을 유지하도록 한다.

[휠과 타이어]

⑦ 기타장치

기타장치는 조명이나 신호를 위한 등화장치(Lamp), 엔진의 운전 상태나 차량의 주행속도를 운전자에게 알려주는 인스트루먼트 패널(계기류; Instrument Panel), 윈드 실드 와이퍼(Wind Shield Wiper) 등이 있다.

2 프레임과 프레임 리스 보디

프레임은 자동차의 뼈대가 되는 부분으로 엔진을 비롯한 동력 전달장치 등의 섀시 장치들이 조립된다. 프레임은 비틀림 및 굽힘 등에 대한 뛰어난 강성과 충격 흡수 구조를 가져야 하며 가벼워야 한다.

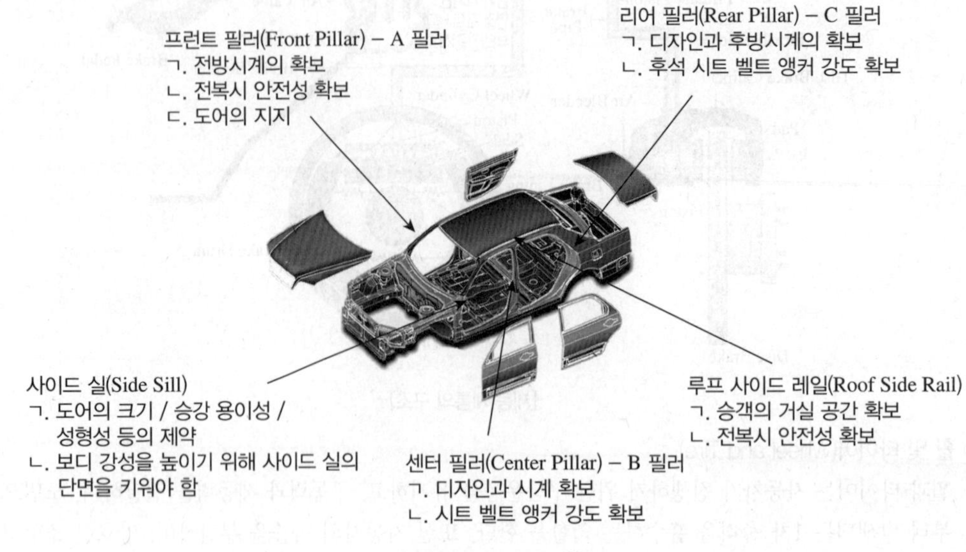

[프레임 리스 보디의 구조]

(1) 보통 프레임

보통 프레임은 2개의 사이드 멤버(Side Member)와 사이드 멤버를 연결하는 몇 개의 크로스 멤버(Cross Member)를 조합한 것으로 사이드 멤버와 크로스 멤버를 수직으로 결합한 것을 H형 프레임이라 하고, 크로스 멤버를 X형으로 배열한 것을 X형 프레임이라 한다.

[H형과 X형 프레임]

① H형 프레임의 특징 : H형 프레임은 제작이 용이하고 굽힘에 대한 강도가 크기 때문에 많이 사용되고 있으나 비틀림에 대한 강도가 X형 프레임에 비해 약한 결점이 있어 크로스 멤버의 설치 방법이나 단면 형상 등에 대한 보강 및 설계가 고려되어야 한다.

② X형 프레임의 특징 : X형 프레임은 비틀림을 받았을 때 X멤버가 굽힘 응력을 받도록 하여 프레임 전체의 강성을 높이도록 한 것이며 X형 프레임은 구조가 복잡하고 섀시 각 부품과 보디 설치가 어려운 공간상의 단점이 있다.

(2) 특수형 프레임

보통 프레임은 굽힘에 대해서는 알맞은 구조로 되어 있으나 비틀림 등에 대해서는 비교적 약하며 경량화하기 어렵다. 따라서 무게를 가볍게 하고 자동차의 중심을 낮게 할 목적으로 만들어진 것이 특수형 프레임이며 종류는 다음과 같다.

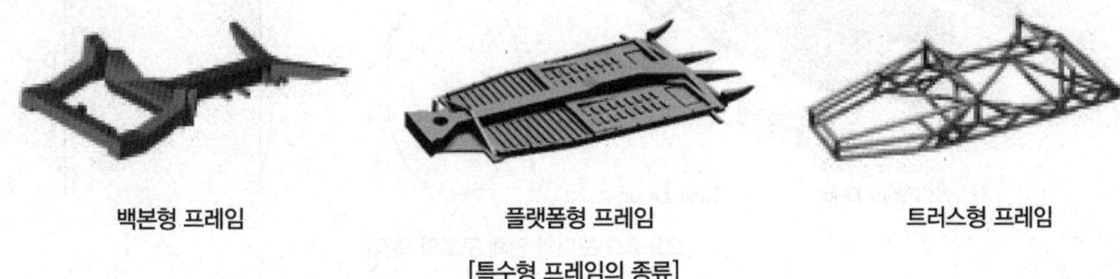

[특수형 프레임의 종류]

① 백본형(Back Bone Type)

백본형 프레임은 1개의 두꺼운 강철 파이프를 뼈대로 하고 여기에 엔진이나 보디를 설치하기 위한 크로스 멤버나 브래킷(Bracket)을 고정한 것이며 뼈대를 이루는 사이드 멤버의 단면은 일반적으로 원형으로 되어 있다. 이 프레임을 사용하면 바닥 중앙 부분에 터널(Tunnel)이 생기는 단점이 있으나 사이드 멤버가 없기 때문에 바닥을 낮게 할 수 있어 자동차의 전고 및 무게 중심이 낮아진다.

② 플랫폼형(Platform Type)

플랫폼형 프레임은 프레임과 차체의 바닥을 일체로 만든 것으로 외관상으로는 H형 프레임과 비슷하나 차체와 조합되면 상자 모양의 단면이 형성되어 차체와 함께 비틀림이나 굽힘에 대해 큰 강성을 보인다.

③ 트러스형(Truss Type)

트러스형 프레임은 스페이스 프레임(Space Frame)이라고도 부르며 강철 파이프를 용접한 트러스 구조로 되어 있다. 트러스형은 무게가 가볍고 강성도 크나 대량생산에는 부적합하여 스포츠카, 경주용 자동차와 같이 소량생산에 대해 적용하고 있고 고성능이 요구되는 자동차에 사용된다.

(3) 프레임 리스 보디

프레임 리스 보디는 모노코크 보디(Monocoque Body)라고도 부르며 이것은 프레임과 차체를 일체로 제작한 것으로 프레임의 멤버를 두지 않고 차체 전체가 하중을 분담하여 프레임 역할을 동시에 수행하도록 한 구조이다. 모노코크 방식은 차체의 경량화 및 강도를 증가시키며 차체 바닥높이를 낮출 수 있어 현재 대부분의 승용자동차에서 사용하고 있다. 프레임 리스 보디에서는 차체 단면이 상자형으로 제작되며 곡면을 이용하여 강도가 증가되도록 조립되어 있다. 또한 현가장치나 엔진 설치부분과 같이 하중이 집중되는 부분은 작은 프레임을 두어 이것을 통하여 차체 전체로 분산이 되도록 하는 단체 구조로 되어있다. 모노코크 보디의 특징은 다음과 같다.

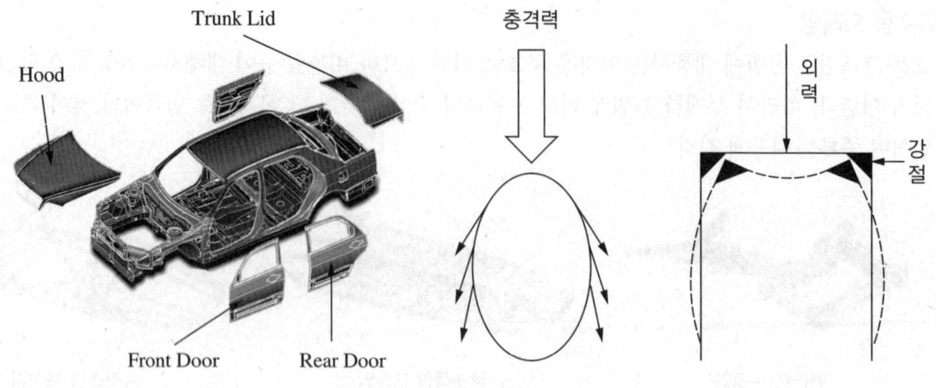

[모노코크 보디와 단체 구조의 특징]

① 일체구조로 구성되어 있기 때문에 경량이다.
② 별도의 프레임이 없기 때문에 차고를 낮게 하고, 차량의 무게중심을 낮출 수 있어 주행안전성이 우수하다.
③ 프레임과 같은 후판의 프레스나 용접가공이 필요 없고, 작업성이 우수한 박판 가공과 열 변형이 거의 없는 스포트 용접으로 가공이 가능하여 정밀도가 높고 생산성이 좋다.
④ 충돌 시 충격에너지 흡수율이 좋고 안전성이 높다.
⑤ 엔진이나 서스펜션 등이 직접적으로 차체에 부착되어 소음이나 진동의 영향을 받기 쉽다.
⑥ 일체구조이기 때문에 충돌에 의한 손상의 영향이 복잡하여, 복원수리가 비교적 어렵다.
⑦ 박판강판을 사용하고 있기 때문에 부식으로 인한 강도의 저하 등에 대한 대책이 필요하다.

(4) 프런트 보디의 요구 성능

① 프런트 엔드(Front End)
㉠ 외관성, 공력 및 냉각특성과 각 취부의 서비스성과 강도/강성
㉡ 손상부위의 복구성이 우수해야 함

② 사이드 멤버(Side Member)
㉠ 충돌에너지 흡수성 – 엔진/파워트레인을 지지하는 강도/강성
㉡ 엔진 점검을 위한 공간부여 및 취부강도
㉢ 체인 장착 타이어와의 간섭
㉣ 현가장치를 지지하는 어퍼 사이드 멤버구조

③ 데크(Deck)
㉠ 프런트 필러(Front Pillar)부를 연결하는 부재의 강도/강성
㉡ 조향컬럼을 지지하는 강도/강성
㉢ 엔진의 소음을 차단
㉣ 공조성능에 우수한 덕트기능

(5) 언더 보디

언더 보디는 서스펜션, 구동계, 제동계, 배기계, 연료계, 시트 어셈블리 등 차량을 구성하는 부품을 지지한다.

(6) 프런트 사이드 멤버(Front Side Member)

프런트 보디를 구성하는 가장 중요한 골격부재로 대쉬패널 아랫부분에서부터 프런트 플로어 아랫면과 결합하여 강도/강성을 확보한다. 저속 충돌 시에는 변형이 없어야 하며 고속 충돌 시에는 좌굴변형을 통하여 에너지를 흡수하는 구조를 가져야 한다.

(7) 휠 에이프런(Wheel Apron)

프런트 사이드 멤버와 같이 서스펜션의 입력을 지탱한다. 또한 노면으로부터의 먼지, 물 등이 엔진 룸에 침입하는 것을 방지한다.

(8) 에어박스 패널

좌우 프런트 필라(Front Pillar)를 연결하는 부재이며 전체 차체 강성에서 큰 비중을 차지하며 에어박스 패널로 구성된 부위를 프런트 데크(Deck)라 한다.

(9) 대시 패널(Dash Panel)

엔진룸과 차실을 분리하는 격벽으로 엔진 소음이 실내로 유입되는 것을 막고 공조장치의 관류부하를 차단한다.

(10) 후드 패널(Hood Panel)의 요구성능

① 장강성(張剛性)

② 내덴트성(耐dent性)

③ 후드 전체의 굽힘, 비틀림 강성, 충돌 시의 적절한 소성변형

(11) 프런트 펜더 패널(Front Fender Panel)의 요구성능

① 장강성(張剛性)

② 내덴트성(耐dent性)

(12) 사이드 보디(Side Body)

① 사이드 보디는 차체 전체의 굽힘 강성을 지배하므로 사이드 보디를 구성하는 개개의 부재는 부재 단독의 설계요건과 전체 강성의 균형을 고려하여 설계할 필요가 있다.

② 일체형 사이드 보디 : 외판을 프론트 필러, 센터 필러, 리어 필러, 루프 사이드 레일 및 실을 포함한 대형 일체 프레스 제품으로 만드는 형식이다.

(13) 루프(Roof)

루프 레일(Roof Rail)과 루프보강용 패널(Roof Reinforcement Panel) 등으로 이루어져 있으며 필러류(Pillar)는 시계의 확보와 전복 시 안정성 확보를 위해 매우 중요한 역할을 한다.

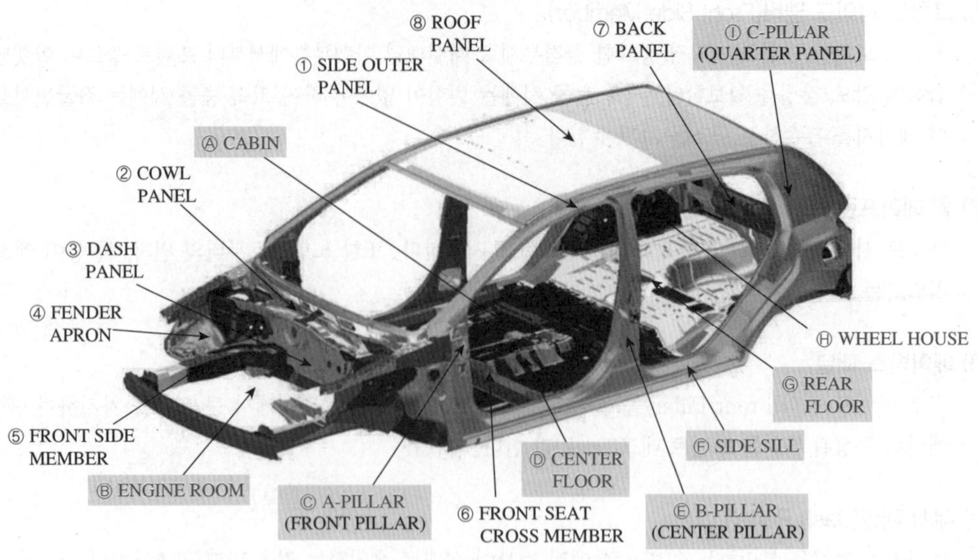

[프레임 리스 보디의 명칭]

3 클러치

클러치는 엔진과 변속기 사이에 장착되며 변속기에 전달되는 엔진의 동력을 연결 또는 차단하는 장치이다. 이러한 클러치는 다음과 같은 기능을 갖는다.

(1) 클러치의 기능

① 엔진 운전 시 동력을 차단하여 엔진의 무부하 운전 가능
② 변속기의 기어를 변속할 때 엔진의 동력 차단
③ 자동차의 관성 운전 가능

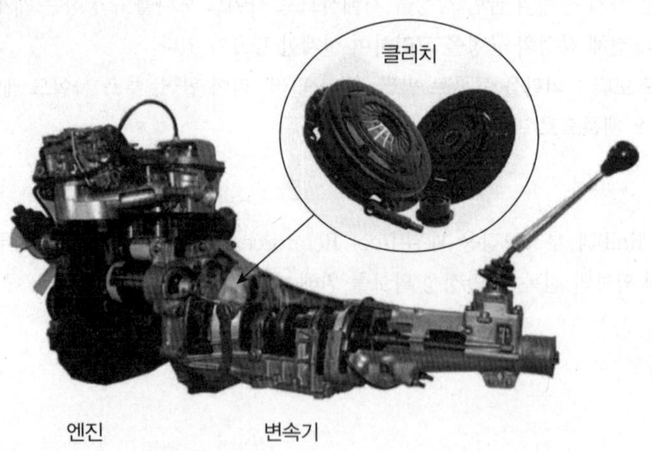

(2) 클러치의 종류

① **마찰클러치** : 건식클러치, 습식클러치, 원추클러치, 단판클러치, 다판클러치

② **자동클러치**

㉠ 유체클러치 : 힘의 전달매체로 오일을 사용하여 엔진으로 펌프를 회전시키면 그 속에 들어 있는 오일의 흐름에 의하여 기계적 연결 없이 터빈이 회전하여 동력을 전달

- 구성 : 펌프, 터빈, 가이드링
- 장점 : 조작이 쉽고 클러치 조작기구가 필요 없으며 과부하를 방지하고 충격을 흡수
- 유체클러치 오일의 구비조건
  - 점도가 낮을 것
  - 비중이 클 것
  - 착화점이 높을 것
  - 내산성이 클 것
  - 비등점이 높을 것
  - 응고점이 낮을 것
  - 윤활성이 좋을 것
  - 유성이 좋을 것

㉡ 토크컨버터(Torque Converter) : 기본구성은 유체클러치와 동일하나 스테이터가 추가되어 유체클러치 토크변환율이 1 : 1인데 비해 토크컨버터는 2~3 : 1까지 전달토크를 증가시킬 수 있다.

③ **전자식 클러치** : 자성을 띠기 쉬운 자성입자를 구동축과 피동축 사이에 넣고 자화시켰을 때 결합력을 이용한 클러치이다.

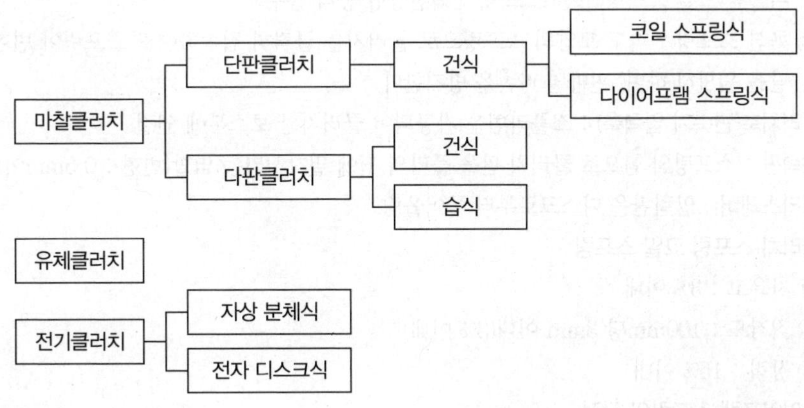

(3) 클러치의 구비 조건

① 동력차단 시 신속하고 확실할 것

② 동력전달 시 미끄러지면서 서서히 전달될 것

③ 일단 접속되면 미끄럼 없이 동력을 확실히 전달할 것

④ 회전부분의 동적, 정적 밸런스가 좋고 회전관성이 좋을 것

⑤ 방열성능이 좋고 내구성이 좋을 것

⑥ 구조가 간단하고 취급이 용이하며 고장이 적을 것

(4) 마찰클러치

클러치 본체는 직접 동력을 단속하는 부분으로, 그 구조는 그림과 같이 클러치 디스크, 압력판, 클러치 스프링, 릴리스 커버 등이 있으며, 이러한 부품은 플라이휠과 클러치 하우징에 부착되어 있다. 압력판은 클러치 스프링에 의해 플라이휠 쪽으로 밀려 클러치 디스크를 플라이휠에 압착시키고 있다. 마찰 클러치는 일반적으로 다이어프램식 클러치시스템이 적용되고 있다.

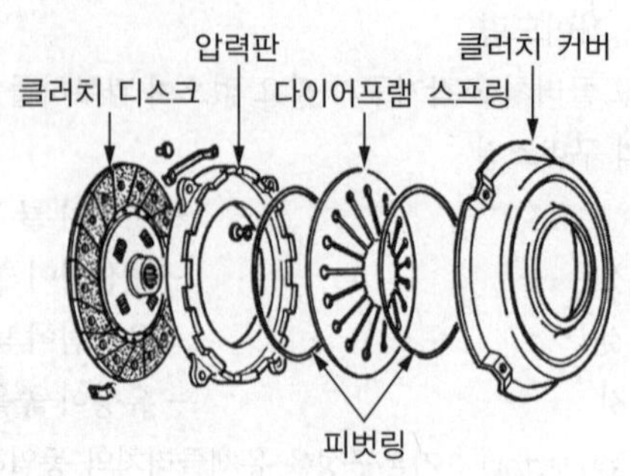

[다이어프램식 클러치 구조]

① 클러치판

㉠ 라이닝 마찰계수 : 0.3~0.5μ

㉡ 비틀림 코일 스프링(토션 스프링) : 회전방향 충격 흡수

㉢ 쿠션 스프링 : 파도 모양의 스프링으로 클러치를 급격히 접속하여도 스프링이 변형되어 동력의 전달을 원활히 하며, 편마멸 파손을 방지한다.

② 클러치축(변속기 입력축) : 스플라인은 가공되어 클러치판 보스부에 연결

③ 압력판 : 스프링의 힘으로 클러치 판을 플라의 휠에 밀착시키는 역할(변형 : 0.5mm이내)

④ 릴리스레버 : 압력판을 디스크로부터 들어올림

⑤ 클러치 스프링 코일 스프링

㉠ 자유고 : 3% 이내

㉡ 직각도 : 100mm당 3mm 이내(3% 이내)

㉢ 장력 : 15% 이내

⑥ 다이어프램 스프링의 장점

㉠ 부품이 원형판이기 때문에 압력판에 작용하는 압력이 균일하다.

㉡ 스프링이 원판이기 때문에 평형을 잘 이룬다.

㉢ 클러치 페달을 밟는 힘이 적게 들며 구조가 간단하다.

㉣ 클러치 디스크가 어느 정도 마멸되어도 압력판에 가해지는 압력의 변화가 작다.

㉤ 원심력에 의한 스프링의 장력변화가 없다.

⑦ 릴리스 베어링

㉠ 릴리스 레버를 누름

㉡ 영구 주유식으로 제작되었기 때문에 솔벤트 세척 금지

㉢ 앵귤러접촉형, 볼베어링형, 카본형

⑧ 동력전달경로

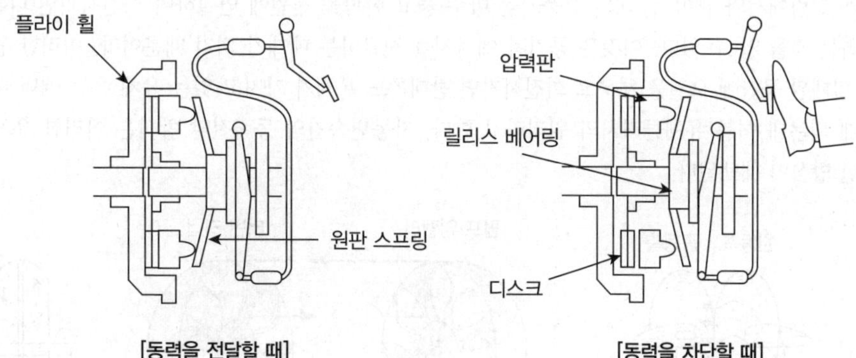

[동력을 전달할 때] [동력을 차단할 때]

㉠ 동력전달 시 : 다이어프램 스프링의 장력에 의해 압력판을 디스크에 압착시켜 플라이 휠의 동력을 변속기로 전달

㉡ 동력차단 시 : 페달력이 작용하여 릴리스레버를 누르고 릴리스 베어링이 전진하여 압력판을 디스크에서 분리시키며 디스크와 플라이 휠의 접촉을 해제하여 동력을 차단시킴

⑨ 클러치 스프링의 영향

㉠ 장력이 크다 : 용량 증대, 수직충격 증대, 조작력 증대

㉡ 장력이 작다 : 용량 저하, 라이닝 마모, 미끄럼 발생

⑩ 자유 유격(자유간극)

㉠ 릴리스 베어링이 릴리스 레버에 닿을 때까지 움직인 거리

㉡ 규정값 : 0.3 ~ 0.5mm

㉢ 조정 : 푸시로드의 길이, 링케이지의 조정나사

㉣ 유격이 클 때 : 동력전달은 되나 클러치의 차단이 불량

㉤ 유격이 작을 때 : 동력차단은 되나 동력전달 시 클러치의 미끄러짐, 마멸증대 → 클러치 라이닝이 마모되면 유격은 작아진다.

⑪ 클러치의 성능

㉠ 클러치의 조건

$$T \times f \times r \geq C$$

• T=스프링의 장력	• f=클러치판의 마찰계수
• r=클러치판의 유효반경	• C=엔진의 회전력

㉡ 클러치 용량 : 기관 회전력의 1.5~2.3배

⑫ 클러치 미끄러짐의 원인

㉠ 페이싱의 심한 마모

㉡ 이물질 및 오일부착

㉢ 압력 스프링의 약화

㉣ 클러치 유격이 작을 경우

㉤ 플라이 휠 및 압력판의 손상

(5) 유체클러치

아래 그림에서와 같이 두 대의 선풍기를 마주 놓고 한쪽을 전원에 연결하여 회전시키면 다른 한 쪽도 회전하는 것을 알 수 있다. 이것은 공기가 에너지를 전달하는 매개가 되기 때문이다. 이러한 원리를 이용하여 밀폐된 공간에 오일을 채우고 회전시키면 반대쪽도 유체가 가지고 있는 유체 운동 에너지에 의해 회전하게 되는데 이를 유체클러치의 원리라고 한다. 자동변속기의 동력전달 방식은 이러한 유체클러치를 이용한 방식이 채택된다.

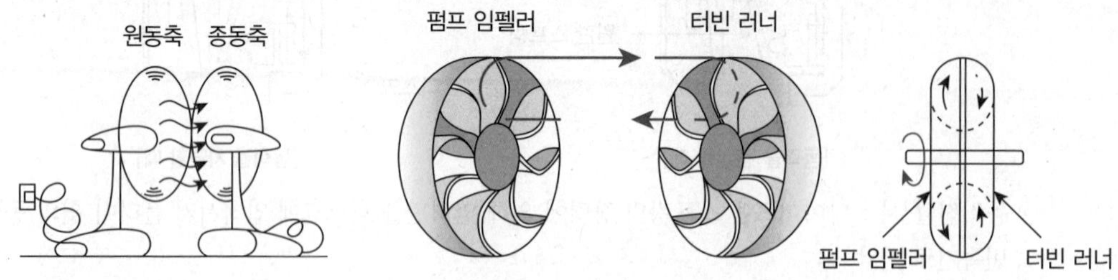

[토크컨버터의 원리]

① 유체클러치와 토크컨버터의 비교

구분	유체클러치	토크컨버터
구성 부품	펌프임펠러, 터빈러너, 가이드링	펌프임펠러, 터빈러너, 스테이터
작용	와류감소	유체의 흐름 방향을 전환
날개	방사선형	곡선으로 설치
토크변환율	1 : 1	2 ~ 3 : 1
전달 효율	97 ~ 98 %	92 ~ 93 %

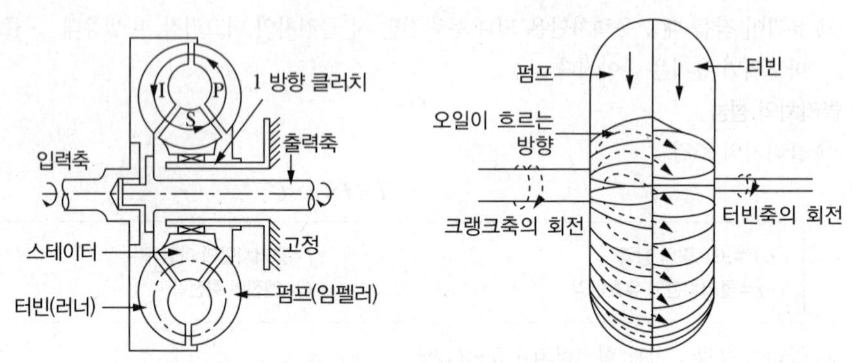

[토크컨버터의 구성 및 작동]

② 작동 : 엔진에 의해 펌프가 회전을 시작하면 펌프 속에 가득 찬 오일은 원심력에 의해 밖으로 튀어 나간다. 그런데 펌프와 터빈은 서로 마주보고 있으므로 펌프에서 나온 오일은 그 운동 에너지를 터빈의 날개 차에 주고 다시 펌프 쪽으로 되돌아오며, 이에 따라서 터빈도 회전하게 된다.

㉠ 클러치 포인트 : 펌프와 터빈의 속도가 같아지는 지점

㉡ 스톨 포인트 : 펌프와 터빈의 속도비가 최대인 지점으로 자동차가 정지되어 있는 상태

(6) 토크컨버터

① **토크컨버터의 특징** : 토크컨버터는 그 내부에 오일을 가득 채우고 자동차의 주행 저항에 따라 자동적이고 연속적으로 구동력을 변환시킬 수 있으며, 다음과 같은 특징을 가진다.

㉠ 토크를 변환, 증대 시키는 기능을 한다(2~3 : 1).

㉡ 엔진의 토크를 변속기에 원활하게 전달하는 기능을 한다.

㉢ 토크의 전달 때 충격 및 크랭크축의 비틀림을 완화하는 기능을 한다. 자동차에서 사용되는 토크컨버터는 대부분 3요소 1단 2상형을 사용한다. 여기서 3요소란 펌프, 터빈 및 스테이터이며, 2상이란 토크 증대 기능과 유체 커플링 기능을, 그리고 1단이란 터빈 수를 말한다.

② **토크컨버터의 구조** : 토크컨버터는 펌프 임펠러(Pump Impeller), 스테이터(Stator), 터빈러너(Turbine Runner)로 구성되어 있으며 내부에는 오일이 가득 차 있는 비분해 방식이다.

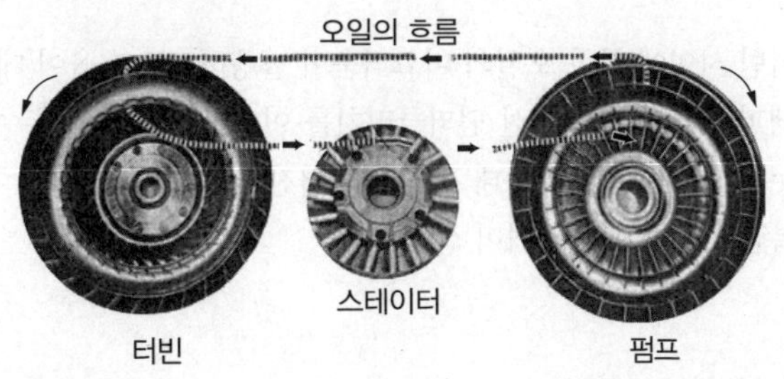

[토크컨버터의 구조]

③ **토크컨버터의 작동**

㉠ 엔진의 동력을 오일을 통해 변속기로 원활하게 전달하는 유체 커플링의 기능(클러치포인트 이후, 즉 고속회전 시 스테이터가 프리 휠링하면서 유체커플링으로 전환)

㉡ 엔진으로부터 출력된 토크를 증가시켜 주는 기능(클러치 포인트 이전, 즉 저 · 중속영역에서 스테이터가 일방향 클러치에 의해 멈춰 오일의 흐름방향을 전환)

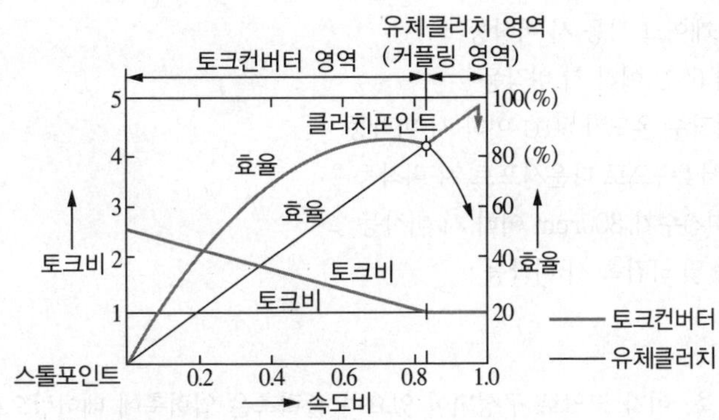

[토크컨버터와 유체클러치의 속도비와 토크비]

④ 토크컨버터의 장단점

㉠ 장점

• 자동차가 정지하였을 때 오일의 미끄러움에 의해 엔진이 정지되지 않는다. 따라서 수동 변속기와 같이 클러치와 같은 별도의 동력 차단 장치가 필요 없다.
• 엔진의 동력을 차단하지 않고도 변속이 가능하므로 변속 중에 발생하는 급격한 토크의 변동과 구동축에서의 급격한 하중 변화도 부드럽게 흡수할 수 있다.
• 토크컨버터의 고유 기능인 토크 증대 작용에 있어 저속에서의 출발 성능을 향상시켜 언덕 출발에서와 같은 경우 운전을 매우 용이하게 해준다.
• 펌프로 입력되는 엔진의 동력이 오일을 매개로 변속기에 전달되므로 엔진으로부터 비틀림 진동을 흡수하기 때문에 비틀림 댐퍼(Torsional Damper)를 설치하지 않아도 된다.

㉡ 단점

• 펌프와 터빈 사이에 항상 오일의 미끄러움이 발생하므로 효율이 매우 저하된다.
• 비틀림 댐퍼를 설치하는 대신 댐퍼클러치를 이용하여 진동을 흡수하게 되면 댐퍼클러치가 작동하고 있는 상태에서는 토크증대 작용이 없어진다.
• 구조가 복잡하고 무게와 가격이 상승한다.

(7) 댐퍼클러치

댐퍼클러치는 자동차의 주행속도가 일정 값에 도달하면 토크컨버터의 펌프와 터빈을 기계적으로 직결시켜 미끄러짐에 의한 손실을 최소화하여 정숙성을 도모하는 장치이다.

① 댐퍼클러치의 특징

㉠ 엔진의 동력을 기계적으로 직결시켜 변속기 입력축에 전달한다.

㉡ 펌프 임펠러와 터빈러너를 기계적으로 직결시켜 미끄럼이 방지되어 연비가 향상된다.

② 댐퍼클러치의 비작동 범위

㉠ 1속 및 후진 시 비작동

㉡ 엔진브레이크 작동 시 비작동

㉢ 유온이 60℃ 이하 시 비작동

㉣ 엔진냉각수 온도가 50℃ 이하 시 비작동

㉤ 3속에서 2속으로 다운시프트 시 비작동

㉥ 엔진 회전수가 800rpm 이하 시 비작동

㉦ 급가속 및 급감속 시 비작동

(8) 전자클러치

입력축, 출력축, 여자 코일로 구성되어 있으며 출력축은 입력축에 베어링으로 지지되어 있다. 입력축과 출력축 사이에는 철, 알루미늄, 크롬합금의 구상분말 파우더가 들어있어 내열성, 내산화성, 내식성, 내마모성이 우수하다. 작동원리는 여자전류를 무 여자로 입력축 드럼이 회전하고 있으면, 파우더는 원심력에 의해 입력측 드럼 작동면에 달라붙어 입력드럼과 출력드럼은 떨어져서 연결되지 않는다. 이때 코일에 전류를 가하면 발생된 자속에 의해 파우다의 결속 및 파우다와 동작면과의 마찰력에 의해 토크가 전달되게 된다.

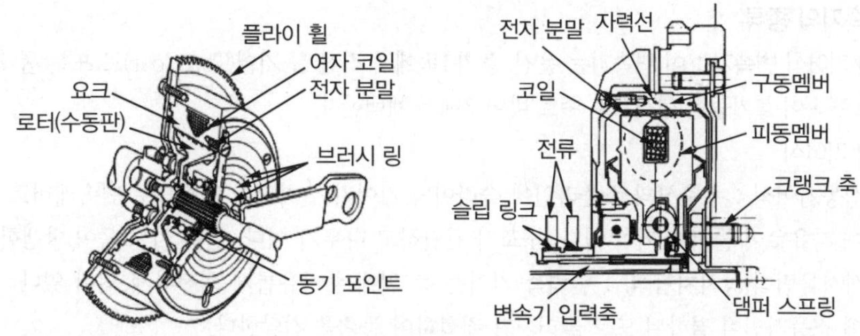

[전자클러치의 구조]

4 수동변속기

기관과 추진축 사이에 위치하며 기관의 회전력을 자동차 주행상태에 알맞도록 회전력과 속도를 바꾸어 구동 바퀴에 전달하는 장치이다.

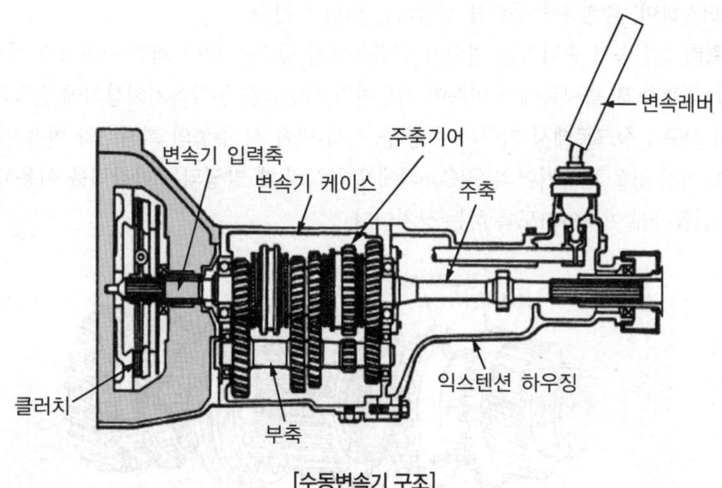

[수동변속기 구조]

(1) 변속기의 필요성

① 회전력을 증대시키기 위해
② 기관의 시동 시 무부하 상태로 두기 위해
③ 후진하기 위해

(2) 구비 조건

① 연속적 또는 단계적으로 변속될 것
② 조작이 용이하고 작동이 신속, 확실, 정확, 정숙하게 행해질 것
③ 소형, 경량이고 고장이 없으며 정비가 용이할 것
④ 전달효율이 좋을 것

(3) 수동변속기의 종류

① **점진 기어식 변속기** : 이 변속기는 운전 중 제1속에서 직접 톱 기어(Top Gear)로 또는 톱 기어에서 제1속으로 변속이 불가능한 형식으로 주로 바이크에서 채택한다.

② **선택 기어식**

㉠ 섭동기어식 : 주축상의 스플라인에 슬라이딩 기어가 설치되어 있으므로 변속레버로 부축위의 기어에 자유로이 물리게 되어 있다. 구조가 간단하고 다루기 쉽다. 변속 시 소음이 발생한다.

㉡ 상시물림식(상시치합식) : 출력축 기어는 축 위에서 자유롭게 회전하게 되어 있다. 따로 고출력축에 스플라인이 결합된 도그 클러치가 결합하여 동력을 전달한다.

㉢ 동기물림식 : 상시물림식과 비슷한데 출력축과 도그클러치 사이에 일종의 클러치(싱크로메시 기구)를 사용하여 더 부드러운 변속을 할 수 있게 만든 것이다. 기어가 물리기 전에 먼저 동기 기구(싱크로메시 기구)를 접촉시켜 출력기어의 속도를 동기화한 후 접속한다(현재 대부분의 수동변속기에 적용).

(4) 동기물림식 변속기의 구조

① **변속기 입력축** : 트랜스 액슬의 경우 엔진의 동력이 입력축의 스플라인에 설치된 클러치 판에 의해서 전달되어 회전하며, 출력축에 동력을 전달하는 역할을 한다.

② **변속기 출력축** : 변속기 출력축은 변속기 입력축에서 동력을 받아 회전하며(고속 기어의 변속에 의한 동력 포함), 입력축 및 출력축에서 변속이 이루어진 회전력을 종감속기어장치에 전달하는 역할을 한다.

③ **싱크로메시 기구** : 싱크로메시 기구는 주행 중 기어 변속 시 주축의 회전수와 변속기어의 회전수 차이를 싱크로나이저 링을 변속기어의 콘(Cone)에 압착시킬 때 발생되는 마찰력을 이용하여 동기시킴으로써 변속이 원활하게 이루어지도록 하는 장치이다.

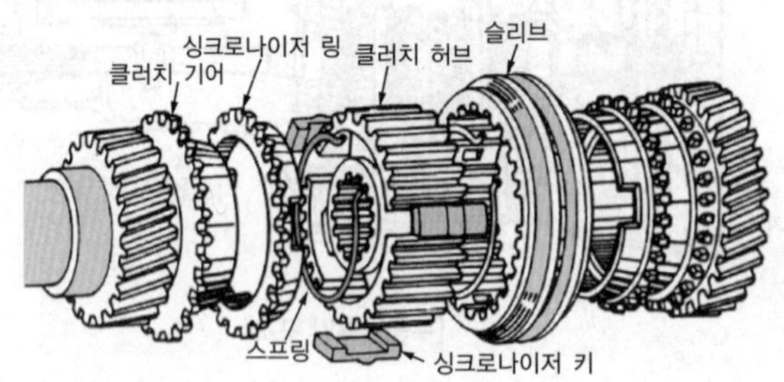

[싱크로메시 기구]

(5) 변속기 조작기구

① **직접조작식** : 직접 시프트 포크를 움직여 변속을 행하는 방식

② **간접조작식** : 셀렉터 케이블과 변속 케이블을 통해 원격으로 조작하는 방식

③ **고정장치(록킹 볼)** : 접속된 기어의 이탈방지, 기어의 자리잡음을 위해 설치 된다.

④ **2중 물림 방지장치(인터록 기구)** : 하나의 기어가 접속될 때 다른 기어는 중립의 위치에서 움직이지 못하도록 한 장치이다.

(6) 수동변속기의 점검

① 기어가 잘 물리지 않고 빠지는 원인

㉠ 각 기어가 지나치게 마멸되었다.

㉡ 각 축의 베어링 또는 부시가 마모되었다.

㉢ 기어 시프트 포크가 마멸되었다.

㉣ 싱크로나이저 허브가 마모되었다.

㉤ 싱크로나이저 슬리브 스플라인이 마모되었다.

㉥ 록킹볼의 스프링 장력이 약하다.

② 변속이 잘되지 않는 원인

㉠ 클러치 차단이 불량하다.

㉡ 각 기어가 마모되었다.

㉢ 싱크로메시 기구가 불량하다.

㉣ 싱크로나이저 링이 마모되었다.

㉤ 기어오일이 응고되었다.

㉥ 컨트롤 케이블 조정이 불량하다.

③ 변속기에서 소음이 발생 되는 원인

㉠ 기어오일이 부족하거나 질이 나쁘다.

㉡ 기어 또는 주축의 베어링이 마모되었다.

㉢ 주축의 스플라인 또는 부싱이 마모되었다.

5 자동변속기

자동변속기는 클러치와 변속기의 작동이 자동차의 주행속도나 부하에 따라 자동적으로 이루어지는 장치이다. 자동변속기에는 변속 조작 방법에 따라 여러 가지 형식이 있으나 주로 토크컨버터와 유성 기어 변속기에 유압 조절 장치를 두며, 최근에는 컴퓨터로 조절하는 전자 제어 자동변속기가 사용되고 있다.

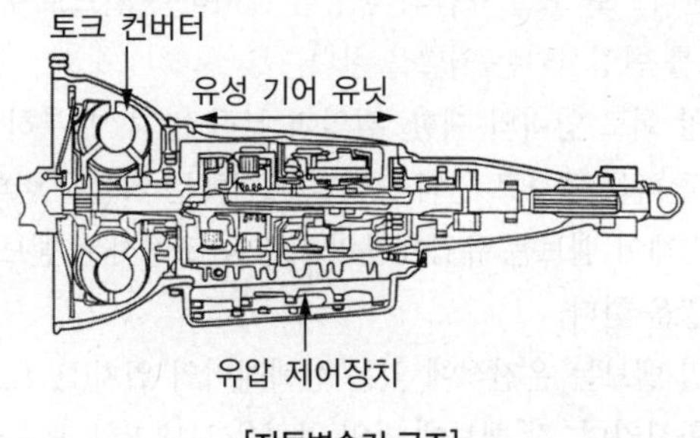

[자동변속기 구조]

(1) 자동변속기의 특징

① 기어 변속 중 엔진 스톨(Engine Stall)이 줄어들어 안전 운전이 가능하다.

② 저속 쪽의 구동력이 크기 때문에 등판 발진(登板發進)이 쉽고 최대 등판 능력도 크다.

③ 오일이 댐퍼(Damper)로 작동하므로 충격이 적고, 엔진 보호에 의한 수명이 길어진다.

④ 클러치 조작이 필요 없이 자동 출발이 된다.
⑤ 조작 미숙으로 인한 엔진 가동 정지가 없다.
⑥ 엔진의 토크(Torque)를 오일을 통하여 전달하므로 연료 소비율이 증대하므로 비경제적이다.

(2) 자동변속기의 개요

① 토크컨버터, 유성기어, 유압제어 장치 등으로 구성되어 있다.
② 각 요소의 제어에 의해 변속시기 및 조작이 자동으로 이루어진다.
③ 토크컨버터 내에 댐퍼클러치가 설치되고 유체클러치와 토크컨버터의 2개의 영역에 모두 적용한다.

(3) 자동변속기의 장단점

① 장점
㉠ 운전조작이 간단하고 피로가 경감된다.
㉡ 엔진과 변속장치 사이에 기계적인 연결이 없어 출발, 감속, 가속이 원활하여 승차감이 향상되고 안전운전에 도움이 된다.
㉢ 엔진과 변속장치의 진동이나 충격을 유체가 흡수하여 엔진보호 및 각부의 수명을 연장할 수 있다.

② 단점
㉠ 구조가 복잡하고 고가이다.
㉡ 자동차를 밀거나 끌어서 시동할 수 없다.
㉢ 10% 가량 연료소비가 증가한다.

(4) 자동변속기의 구조

① **오일펌프** : 자동변속기 오일을 흡입하여 변속기 내의 각 요소에서 필요한 유량과 유압을 생성하여 공급하는 역할을 한다.
② **밸브보디** : 밸브 보디에는 솔레노이드 밸브가 조립되어 유압 계통에 오일 흐름의 정지, 유량의 조정, 압력 조정, 방향 변환 등의 기능을 하는 밸브를 보호함과 동시에 유로가 설치되어 있다. 밸브의 기능에 따라 방향제어 밸브, 유량제어 밸브, 압력제어 밸브로 분류된다.
㉠ 방향제어 밸브 : 일반적으로 오일 흐름의 방향을 제어하는 밸브로 유압의 평형 또는 수동으로서 왕복 이동을 통해 유로를 변경시키는 역할을 한다.
㉡ 압력제어 밸브 : 유압 회로 압력의 제한, 감압과 부하 방지, 무부하 작동, 조작의 순서 작동, 외부 부하와의 평형 작동을 하는 밸브로 일의 크기를 제어하는 역할을 한다.
㉢ 유량제어 밸브 : 유량제어 밸브는 유압계통의 유량을 조절하는 밸브로 유압 모터나 유압 실린더의 속도를 제어하는 역할을 한다.
㉣ 매뉴얼 밸브 : 매뉴얼 밸브는 운전석에 있는 선택레버의 위치(P, R, N, D, 2, L)에 따라 연동되어 작동하여 유로를 변환시키며, 각 밸브에 라인 압력을 보내거나 배출시키는 기능을 한다.
㉤ 감압 밸브 : 감압 밸브는 로워 밸브 보디에 조립되어 있으며, 이 밸브는 라인 압력을 근원으로 하여 항상 라인 압력보다 낮은 일정 압력을 만들기 위한 밸브이다.
㉥ 어큐뮬레이터 : 브레이크나 클러치가 작동할 때 변속 충격을 흡수하는 역할을 한다.

③ 유성기어 : 자동변속기는 토크컨버터를 통하여 엔진에서 출력되는 동력을 변속하여 구동축에 전달하는 과정에서 유성기어는 가장 중요한 역할을 하며, 단순 유성기어식과 복합 유성기어식(심프슨형, 라비뇨형)으로 분류된다.

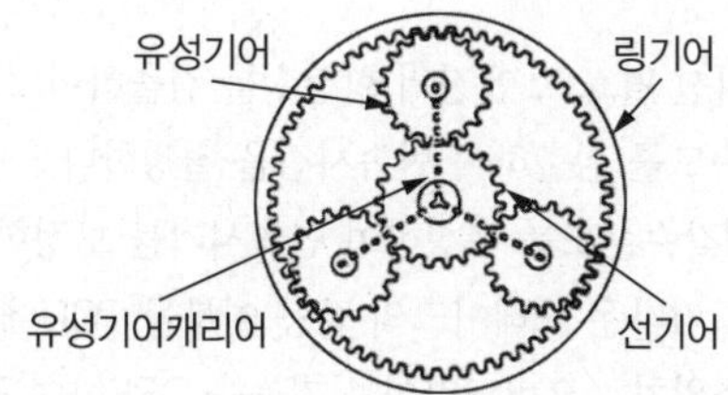

[유성기어 구성]

㉠ 라비뇨식 유성기어 장치 : 2세트의 유성기어 장치를 연이어 접속시킨 방식에서 링 기어와 유성기어 캐리어를 각각 1개씩만 사용한 형식으로 1차 선 기어는 쇼트 피니언 기어와 결합되어 있고 2차 선 기어는 롱 피니언 기어와 결합되어 있다.

㉡ 심프슨식 유성기어 장치 : 2세트의 유성기어 장치를 연이어 접속시킨 형식으로 선 기어는 1개를 공통으로 사용한다. 전 · 후 유성기어장치의 선 기어는 일체식이며, 각각 직경과 이수가 동일한 2개의 링 기어, 동일한 6개의 유성기어 및 2개의 유성기어 캐리어로 구성된다.

㉢ 오버드라이브 장치 : 오버드라이브 장치는 엔진의 회전수를 변속기 내부에서 더욱 증가시켜 토크는 감소하나 회전속도가 빠르게 전달되는 기어 단수를 말한다. 즉 변속비가 1보다 작은 경우의 변속단수를 오버드라이브라 말하며 특징은 다음과 같다.

- 엔진의 회전속도를 30% 정도 낮추어도 자동차의 주행 속도는 증가한다.
- 엔진의 회전속도가 동일할 경우 자동차의 속도가 약 30% 정도 더 빠르다.
- 평탄로 주행 시 연비가 약 20% 정도 좋아진다.
- 엔진의 운전이 정숙하고 수명이 연장된다.

(5) 전자제어 자동변속기

자동변속기에 전자제어 시스템을 적용하여 운전자의 습성과 운전 조건에 따른 최적의 변속단 제어를 실현한다. 또한 변속 느낌 및 내구성이 향상되고 연료 소비율 감소와 정숙성을 향상시켜 운전성 및 안전성 등을 추구하는 자동변속기 시스템이다.

① 전자제어 장치 구성부품의 기능 및 특징

㉠ 입력축 속도 센서(펄스제너레이터-A) : 변속할 때 유압 제어를 위해 입력축 회전수(터빈 회전수)를 킥다운 드럼부 쪽에서 검출한다.

㉡ 출력축 속도 센서(펄스제너레이터-B) : 출력축 회전수(트랜스 액슬 구동 기어 회전수)를 트랜스 드리븐 기어 쪽에서 검출한다.

㉢ 인히비터 스위치 : 변속 레버의 위치를 접점 스위치로 검출하여 P와 N 레인지에서만 엔진 시동이 가능하도록 한다.

㉣ 오일 온도 센서 : 오일 온도 센서는 자동변속기 오일(ATF)의 온도를 부특성 서미스터로 검출하여 댐퍼클러치 작동 및 비작용 영역 및 오일 온도의 가변 제어, 변속할 때 유압 제어 정보 등으로 사용한다.

㉤ 모드선택 스위치 : 운전자 요구에 알맞은 변속 패턴을 설정하기 위하여 변속시점 및 차량속도에 대한 변속단 등을 결정한다.

㉥ 스로틀 포지션 센서 : 운전자의 가속 페달의 밟은 양을 검출하여 차속 센서와 연동되어 변속시점을 결정한다.

㉦ 점화코일 신호(이그니션 펄스) : 엔진의 회전수를 검출하여 스로틀 밸브의 개도량을 보정한다.

㉧ 차속 센서 : 차량의 속도를 검출하여 변속시점을 결정한다.

㉨ 수온센서 : 엔진의 냉각수온도를 측정하여 변속시기를 보정한다.

㉩ 킥다운 서보 스위치 : 킥다운 브레이크의 작동 여부를 TCU에 전달한다.

㉪ 오버드라이브 OFF 스위치 : 오버드라이브 기능을 OFF하여 구동력을 증대시킨다.

㉫ 가속 스위치 : 가속페달의 작동 상태를 파악하기 위하여 장착되어 스로틀밸브가 닫히고 차량의 주행속도가 7km/h 이하에서 크리프량이 적은 2단으로 이어주기 위한 신호이다.

㉬ 에어컨 릴레이 : 에어컨 작동신호를 감지하여 엔진 회전수 보상에 따른 변속시기를 보정한다.

(6) 자동변속기의 변속 특성

① 시프트업 : 저속기어에서 고속기어로 변속되는 것을 말한다.

② 시프트 다운 : 고속기어에서 저속기어로 변속되는 것을 말한다.

③ 킥 다운 : 급가속이 필요한 경우 가속페달을 밟으면 다운 시프트되어 요구하는 구동력을 확보하는 것을 말한다.

④ 히스테리시스 : 업시프트와 다운시프트의 변속점에 대하여 7~15km/h 정도의 차이를 두는 것을 말한다.

(7) 자동변속기 오일의 구비 조건

① 점도가 낮을 것

② 비중이 클 것

③ 착화점이 높을 것

④ 내산성이 클 것

⑤ 유성이 좋을 것

⑥ 비점이 높을 것

⑦ 기포가 생기지 않을 것

⑧ 저온 유동성이 우수할 것

⑨ 점도지수 변화가 적을 것

⑩ 방청성이 있을 것

⑪ 마찰계수가 클 것

(8) 자동변속기 스톨 테스트

스톨 테스트란 시프트 레버 D와 R 레인지에서 엔진의 최대 회전속도를 측정하여 자동변속기와 엔진의 종합적인 성능을 점검하는 시험이며 시험 시간은 5초 이내여야 한다. 또한 시험 시 정상적인 엔진회전수는 대략 2,200~2,500rpm이다.

① 엔진의 회전속도가 규정값보다 낮을 경우 다음과 같은 요소의 작동이 불량해진다.
   ㉠ 엔진 출력이 부족하다.
   ㉡ 토크컨버터의 일방향 클러치(프리 휠) 작동이 불량하다.
   ㉢ 규정값보다 600rpm 이상 낮으면 토크컨버터의 결함일 수도 있다.

② D 레인지에서 스톨 속도가 규정값보다 높으면 D 레인지 제1속에서 작동되는 요소의 결함이며, 다음과 같은 요소의 작동이 불량해진다.
   ㉠ 오버 드라이브 클러치 또는 전진 클러치가 미끄러진다.
   ㉡ 일방향 클러치(프리휠) 작동이 불량해진다.
   ㉢ 라인압력이 낮아진다.

③ R 레인지에서 스톨 속도가 규정값보다 높으면 R 레인지에서 작동되는 요소의 결함이며 다음과 같은 요소의 작동이 불량해진다.
   ㉠ 오버 드라이브 클러치 또는 후진 클러치가 미끄러진다.
   ㉡ 라인 압력이 낮아진다.
   ㉢ 브레이크가 미끄러진다.

(9) 자동변속기의 오일량 점검 방법

① 자동차를 평탄한 지면에 주차시킨다.
② 오일 레벨 게이지를 빼내기 전에 게이지 주위를 깨끗이 청소한다.
③ 시프트 레버를 P 레인지로 선택한 후 주차 브레이크를 걸고 엔진을 기동시킨다.
④ 변속기 내의 유온이 70~80℃에 이를 때까지 엔진을 공전 상태로 한다.
⑤ 시프트 레버를 차례로 각 레인지로 이동시켜 토크컨버터와 유압 회로에 오일을 채운 후 시프트 레버를 N 레인지로 선택한다. 이 작업은 오일량을 정확히 판단하기 위해 필히 하여야 한다.
⑥ 게이지를 빼내어 오일량이 "MAX" 범위에 있는가를 확인하고, 오일이 부족하면 "MAX" 범위까지 채운다. 자동변속기용 오일을 ATF라고 부르기도 한다.

(10) 자동변속기의 오일 색깔 상태

① **정상** : 정상 상태의 오일은 투명도가 높은 붉은 색이다.
② **갈색을 띨 때** : 자동변속기가 가혹한 상태에서 사용되었음을 의미한다.
③ **투명도가 없어지고 검은 색을 띨 때** : 자동변속기 내부의 클러치 디스크의 마멸 분말에 의한 오손, 부싱 및 기어의 마멸을 생각할 수 있다.
④ **니스 모양으로 된 경우** : 오일이 매우 고온에 노출되어 바니시화 된 상태이다.
⑤ **백색을 띨 때** : 오일에 수분이 많이 유입된 경우이다.

6 무단변속기(CVT)

연료 소비율 및 가속 성능 향상을 위해서는 변속이 연속적으로 이루어져야 하며 이를 위해 최대 · 최소 변속비의 사이를 무한대로 변속시킬 수 있는 것이 무단변속기(Continuously Variable Transmission)이다.

(1) 무단변속기의 특징

① 엔진의 출력 활용도가 높다.
② 유단 변속기에 비하여 연료 소비율 및 가속 성능을 향상시킬 수 있다.
③ 기존의 자동변속기에 비해 구조가 간단하며, 무게가 가볍다.
④ 변속할 때 충격(Shock)이 없다.
⑤ 장치의 특성상 높은 출력의 차량, 즉 배기량이 큰 차량에는 적용이 어렵다.

(2) 무단변속기의 종류 및 특성

① 트랙션 구동 방식

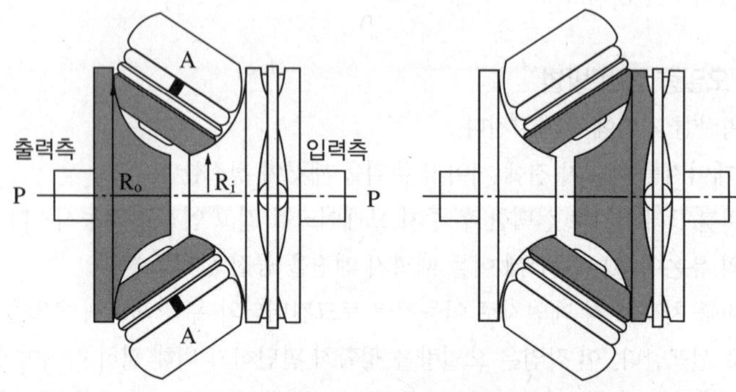

[트로이덜형 CVT]

㉠ 변속 범위가 넓고, 높은 효율을 낼 수 있으며, 작동 상태가 정숙하다.
㉡ 큰 추력 및 회전면의 높은 정밀도와 강성이 필요하다.
㉢ 무게가 무겁고, 전용 오일을 사용하여야 한다.
㉣ 마멸에 따른 출력 부족(Power Failure) 가능성이 크다.

② 벨트 구동 방식(Belt Drive Type)

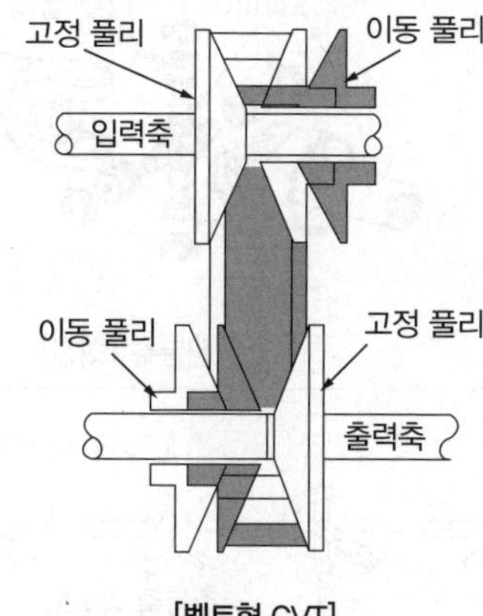

[벨트형 CVT]

이 방식은 축에 고정된 풀리(Pulley)와 축을 따라 이동할 수 있는 이동 풀리가 입력축과 출력축에 조합되어 풀리의 유효 피치를 변화시켜 동력 전달 매체(체인 또는 벨트)가 풀리 면을 따라 이동하여 변속하는 것이다.

7 드라이브 라인

드라이브 라인은 변속기의 출력을 종감속기어로 전달하는 부분이며, 슬립 이음, 자재 이음, 추진축 등으로 구성되어 있다.

(1) 슬립 이음

슬립 이음은 변속기 주축 뒤끝에 스플라인을 통하여 설치되며, 뒷차축의 상하 운동에 따라 변속기와 종감속기어 사이에서 길이 변화를 수반하게 되는데 이때 추진축의 길이 변화를 가능하도록 하기 위해 설치되어 있다.

(2) 자재 이음

자재 이음은 변속기와 종감속기어 사이의 구동각 변화를 주는 장치이며, 종류에는 십자형 자재 이음, 플렉시블 이음, 볼 엔드 트러니언 자재 이음, 등속도(CV) 자재 이음 등이 있다.

① 십자형 자재 이음(훅 조인트)

이 형식은 중심부의 십자축과 2개의 요크(Yoke)로 구성되어 있으며, 십자축과 요크는 니들 롤러 베어링을 사이에 두고 연결되어 있다. 그리고 십자형 자재이음은 변속기 주축이 1회전하면 추진축도 1회전하지만 그 요크의 각속도는 변속기 주축이 등속도 회전하여도 추진축은 90°마다 변동하여 진동을 일으킨다. 이 진동을 감소시키려면 각도를 12~18° 이하로 하여야 하며 추진축의 앞 · 뒤에 자재 이음을 두어 회전속도 변화를 상쇄시켜야 한다.

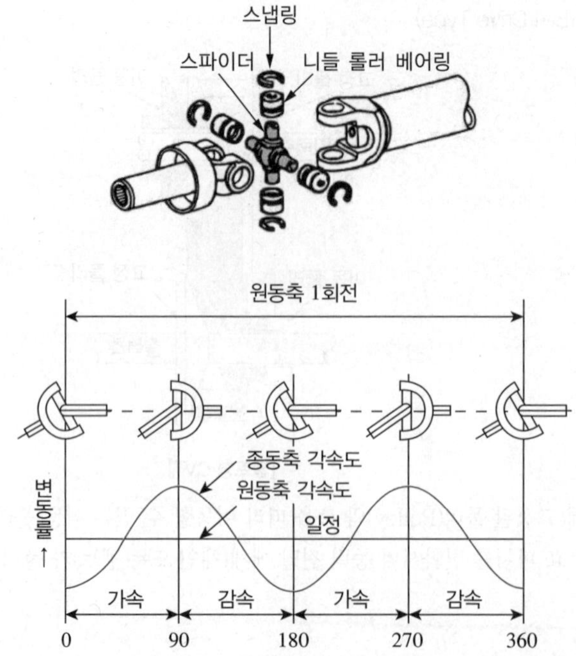

[십자축 자재이음 및 속도 변화]

② 등속도(CV) 자재 이음

일반적인 자재 이음에서는 동력 전달 각도 때문에 추진축 회전의 각 속도가 일정하지 않아 진동을 수반하는 데 이 진동을 방지하기 위해 개발된 것이 등속도 자재 이음이다. 드라이브 라인의 각도 변화가 큰 경우에는 동력 전달 효율이 높으나 구조가 복잡하다. 이 형식은 주로 앞바퀴 구동 방식(FF) 차량의 차축에서 이용된다. 종류에는 트랙터형, 벤딕스 와이스형, 제파형, 파르빌레형, 이중 십자 이음이 있다.

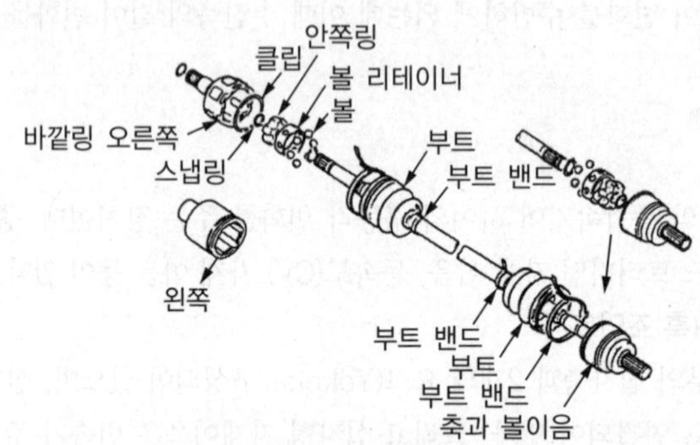

[더블 옵셋 조인트]

(3) 추진축

추진축은 강한 비틀림을 받으면서 고속 회전하므로 이에 견딜 수 있도록 속이 빈 강관을 사용한다. 회전 평형을 유지하기 위해 평형추가 부착되어 있으며, 또 그 양쪽에는 자재 이음의 요크가 있다. 축간 거리가 긴 차량에서는 추진축을 2~3개로 분할하고, 각 축의 뒷부분을 센터 베어링으로 프레임에 지지하고, 또 대형 차량의 추진축에는 비틀림 진동을 방지하기 위한 토션 댐퍼를 두고 있다.

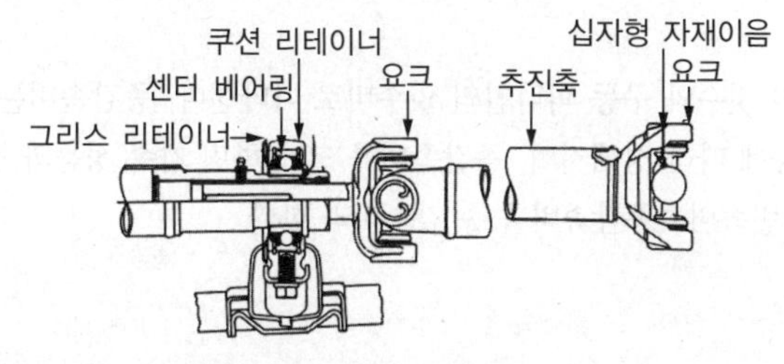

[추진축의 구조]

8 종감속 및 차동장치

(1) 종감속기어

종감속기어는 추진축의 회전력을 직각으로 전달하며, 엔진의 회전력을 최종적으로 감속시켜 구동력을 증가시킨다. 구조는 구동 피니언과 링 기어로 되어 있으며, 종류에는 웜과 웜기어, 베벨 기어, 하이포이드 기어가 있다.

① 하이포이드 기어

하이포이드 기어는 링 기어의 중심보다 구동 피니언의 중심이 10~20% 정도 낮게 설치된 스파이럴 베벨기어의 전위(Off-Set)기어이다.

㉠ 장점

- 구동 피니언의 오프셋에 의해 추진축 높이를 낮출 수 있어 자동차의 중심이 낮아져 안전성이 증대된다.
- 동일 감속비, 동일 치수의 링 기어인 경우에 스파이럴 베벨 기어에 비해 구동 피니언을 크게 할 수 있어 강도가 증대된다.
- 기어 물림률이 커 회전이 정숙하다.

㉡ 단점

- 기어의 폭 방향으로 미끄럼 접촉을 하므로 압력이 커 극압성 윤활유를 사용하여야 한다.
- 제작이 조금 어렵다.

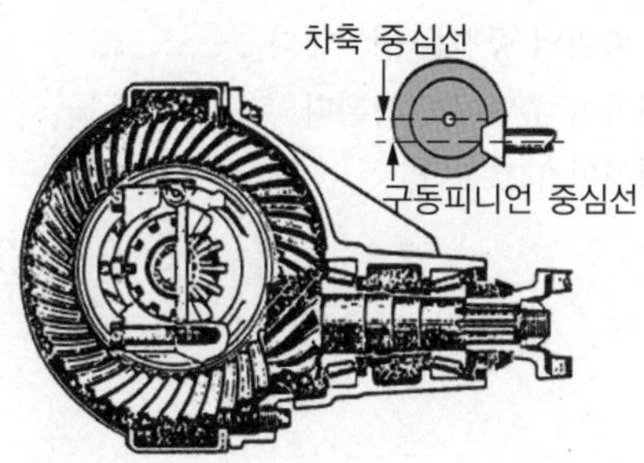

[하이포이드 종감속기어]

(2) 종감속비

종감속비는 링 기어의 잇수와 구동 피니언의 잇수비로 나타낸다. 종감속비는 엔진의 출력, 차량 중량, 가속 성능, 등판 능력 등에 따라 정해지며, 종감속비를 크게 하면 가속 성능과 등판능력은 향상되나 고속 성능이 저하된다. 한편 변속비×종감속비를 총 감속비라 한다.

(3) 차동장치

자동차가 선회할 때 양쪽 바퀴가 미끄러지지 않고 원활하게 선회하려면 바깥쪽 바퀴가 안쪽 바퀴보다 더 많이 회전하여야 하며, 또 요철 노면을 주행할 때에도 양쪽 바퀴의 회전속도가 달라져야 한다. 차동장치는 이러한 구동륜 양 바퀴의 회전수 보상을 위하여 장착된다(래크와 피니언의 원리).

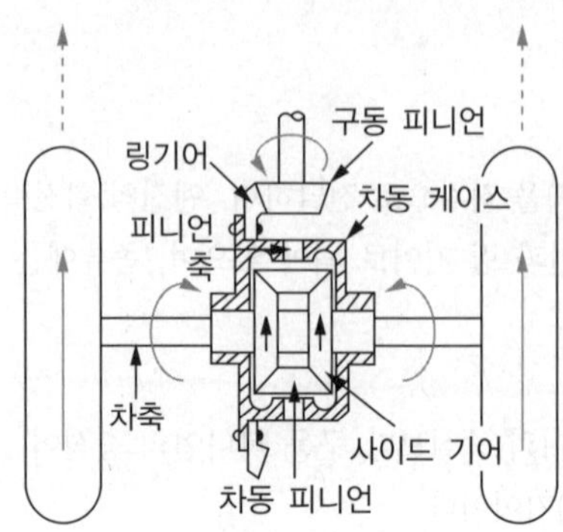

[차동기어의 원리]

(4) 자동 제한 차동기어(LSD)

주행중 한쪽 바퀴가 진흙에 빠지거나 저항이 매우 적을 경우 차동기어에 의하여 반대쪽 바퀴는 회전하지 않고 저항이 적은 바퀴에 회전력이 집중되어 탈출하기 어렵다. 이러한 차동장치의 문제점을 해결하기 위해 차동기어 내부에서 적당한 저항을 발생시켜 빠지지 않은 반대쪽 구동륜에도 회전력을 부여하는 장치가 자동 제한 차동장치이다. 이러한 자동 제한 차동장치의 특징은 다음과 같다.

① 미끄러운 노면에서 출발이 용이하다.

② 요철노면을 주행 시 자동차의 후부 흔들림이 방지된다.

③ 가속, 커브길 선회 시 바퀴의 공전을 방지한다.

④ 타이어의 슬립을 방지하여 수명이 연장된다.

⑤ 급속직진 주행에 안정성이 양호하다.

9 차축

차축은 바퀴를 통하여 차량의 중량을 지지하는 축이며, 구동축은 종감속기어에서 전달된 동력을 바퀴로 전달하고 노면에서 받는 힘을 지지하는 일을 한다.

(1) 앞바퀴 구동(FF)식의 앞 차축

이 형식은 앞바퀴 구동방식 승용차나 4WD의 구동축으로 사용되며, 등속도(CV)자재 이음을 설치한 구동축과 조향 너클, 차축 허브, 허브 베어링 등으로 구성되어 있다.

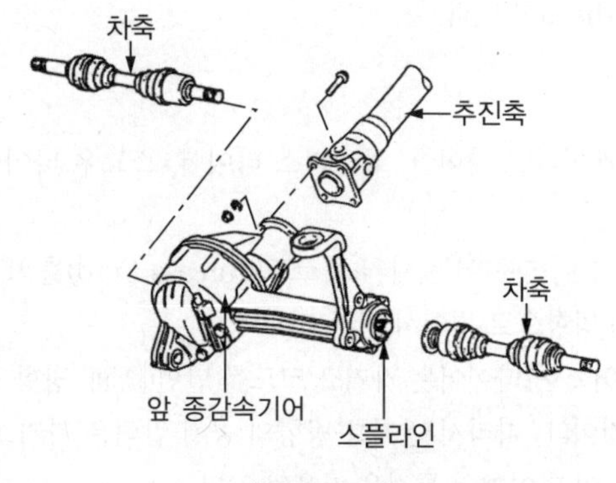

[차축의 구성]

(2) 뒷바퀴 구동(FR)식의 뒤차축과 차축 하우징

이 방식은 차동장치를 거쳐 전달된 동력을 뒷바퀴로 전달한다. 차축의 끝 부분은 스플라인을 통하여 차동 사이드 기어에 끼워지고, 바깥쪽 끝에는 구동 바퀴가 설치된다. 뒤차축의 지지 방식에는 전부동식, 반부동식, 3/4부동식 등 세 가지가 있다.

① **전부동식** : 이 형식은 안쪽은 차동 사이드 기어와 스플라인으로 결합되고, 바깥쪽은 차축 허브와 결합되어 차축 허브에 브레이크 드럼과 바퀴가 설치된다. 이에 따라 바퀴를 빼지 않고도 차축을 빼낼 수 있으며, 버스, 대형 트럭에 사용된다.

② **반부동식** : 이 형식은 구동 바퀴가 직접 차축 바깥에 설치되며, 차축의 안쪽은 차동 사이드 기어와 스플라인으로 결합되고 바깥쪽은 리테이너(Retainer)로 고정시킨 허브 베어링(Hub Bearing)과 결합된다. 반부동식은 차량 하중의 1/2을 차축이 지지한다.

③ **3/4 부동식** : 이 형식은 차축 바깥 끝에 차축 허브를 두고, 차축 하우징에 1개의 베어링을 두고 허브를 지지하는 방식이다. 3/4 부동식은 차축이 차량 하중의 1/3을 지지한다.

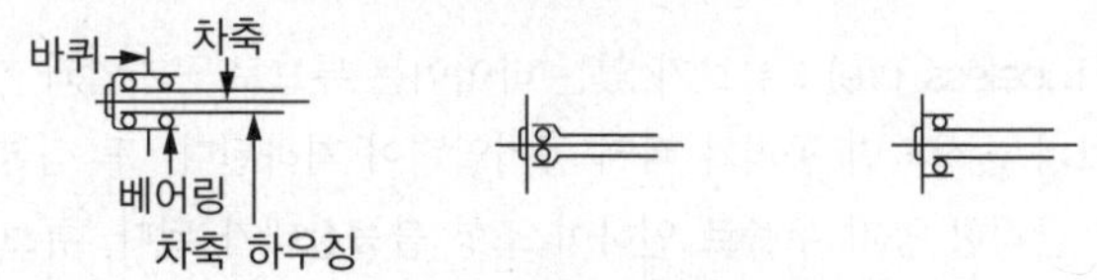

[전부동식, 반부동식, 3/4 부동식]

10 휠 및 타이어

바퀴는 휠(Wheel)과 타이어(Tire)로 구성되어 있다. 바퀴는 차량의 하중을 지지하고, 제동 및 주행할 때의 회전력, 노면에서의 충격, 선회할 때 원심력, 차량이 경사졌을 때의 옆 방향 작용을 지지한다.

(1) 휠의 종류와 구조

휠의 종류에는 연강 판을 프레스 성형한 디스크를 림과 리벳이나 용접으로 접합한 디스크 휠(Disc Wheel), 림과 허브를 강철 선의 스포크로 연결한 스포크 휠(Spoke Wheel) 및 방사선 상의 림 지지대를 둔 스파이더 휠(Spider Wheel)이 있다.

(2) 타이어(Tire)

보통(바이어스) 타이어, 레이디얼 타이어, 튜브리스 타이어, 스노우 타이어, 편평 타이어 등이 있으며 그 특징은 다음과 같다.

① **보통(바이어스) 타이어** : 이 타이어는 카커스 코드(Carcass Cord)를 빗금(Bias) 방향으로 하고, 브레이커(Breaker)를 원둘레 방향으로 넣어서 만든 것이다.

② **레이디얼(Radial) 타이어** : 이 타이어는 카커스 코드를 단면(斷面) 방향으로 하고, 브레이커를 원둘레 방향으로 넣어서 만든 것이다. 따라서 반지름 방향의 공기 압력은 카커스가 받고, 원둘레 방향의 압력은 브레이커가 지지한다. 이 타이어의 특징은 다음과 같다.

㉠ 타이어의 편평율을 크게 할 수 있어 접지 면적이 크다.

㉡ 특수 배합한 고무와 발열에 따른 성장이 적은 레이온(Rayon)코드로 만든 강력한 브레이커를 사용함으로 타이어 수명이 길다.

㉢ 브레이커가 튼튼해 트레드가 하중에 의한 변형이 적다.

㉣ 선회할 때 사이드 슬립이 적어 코너링 포스가 좋다.

㉤ 전동 저항이 적고, 로드 홀딩이 향상되며, 스탠딩 웨이브가 잘 일어나지 않는다.

㉥ 고속으로 주행할 때 안전성이 크다.

㉦ 브레이커가 튼튼해 충격 흡수가 불량하므로 승차감이 나쁘다.

㉧ 저속에서 조향 핸들이 다소 무겁다.

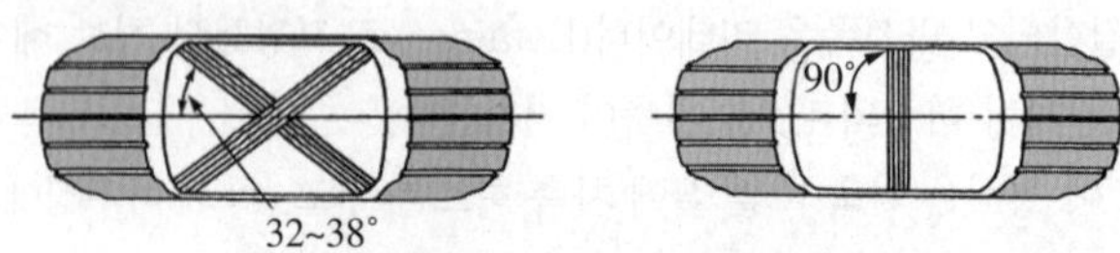

[바이어스(보통) 타이어와 레이디얼 타이어]

③ **튜브리스 타이어(Tubeless Tire)** : 튜브가 있는 타이어는 튜브로 공기압과 기밀을 유지하므로 노면의 못 등에 의하여 튜브가 손상되면 공기가 빠져 공기압력이 저하된다. 또 심한 충격이나 과대한 하중으로 튜브가 파손되면 급격한 공기 누출로 인하여 조향 불능상태가 된다. 튜브리스 타이어는 튜브가 없고 타이어의 내면에 공기 투과성이 적은 특수 고무층을 붙이고 다시 비드부에 공기가 누설되지 않는 재료를 사용하여 림과의 밀착을 확실하게 하기 위하여 비드 부분의 내경을 림의 외경보다 약간 작게 하고 있다. 튜브리스 타이어의 특징은 다음과 같다.

㉠ 못 등에 찔려도 공기가 급격히 새지 않는다.

㉡ 펑크 수리가 쉽다.

㉢ 림의 일부분이 타이어 속의 공기와 접속하기 때문에 주행 중 방열이 잘 된다.

㉣ 림이 변형되면 공기가 새기 쉽다.

㉤ 공기압력이 너무 낮으면 공기가 새기 쉽다.

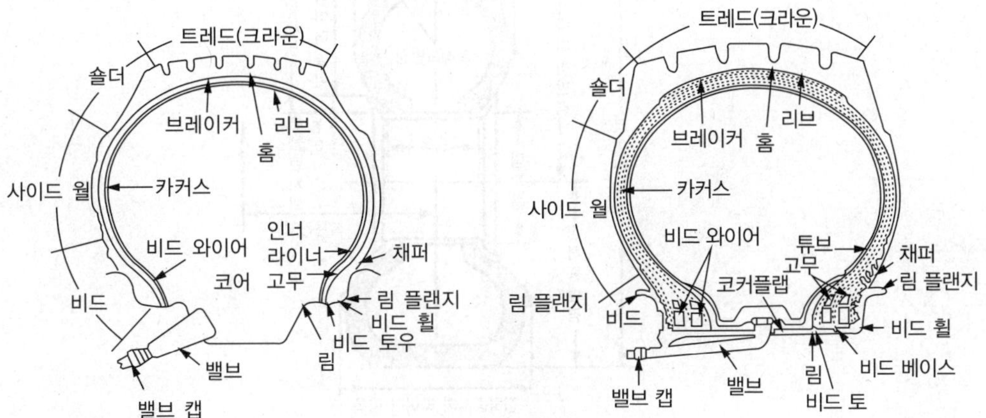

[튜브타이어와 튜브리스 타이어]

④ **스노우(Snow) 타이어** : 이 타이어는 눈길에서 체인을 감지 않고 주행할 수 있도록 제작한 것이며, 중앙부의 깊은 리브 패턴이 방향성을 주고, 러그 및 블록 패턴이 견인력을 확보해준다. 스노타이어는 제동성능과 구동력을 발휘하도록 다음과 같이 설계되어 있다.

㉠ 접지 면적을 크게 하기 위해 트레드 폭이 보통 타이어보다 10~20% 정도 넓다.

㉡ 홈이 보통 타이어보다 승용차용은 50~70% 정도 깊고, 트럭 및 버스용은 10~40% 정도 깊다.

㉢ 내마멸성, 조향성, 타이어 소음 및 돌 등이 끼워지는 것에 대해 고려되어 있다.

⑤ **편평 타이어** : 이 타이어는 타이어 단면의 가로, 세로 비율을 적게 한 것이며, 타이어 단면을 편평하게 하면 접지 면적이 증가하여 옆 방향 강도가 증가한다. 또 제동, 출발 및 가속할 때 등에서 내 미끄럼 성능과 선회 성능이 좋아진다. 편평 타이어의 장점은 다음과 같다.

㉠ 보통 타이어보다 코너링 포스가 15% 정도 향상된다.

㉡ 제동 성능과 승차감이 향상된다.

㉢ 펑크가 났을 때 공기가 급격히 빠지지 않는다.

㉣ 타이어 폭이 넓어 타이어 수명이 길다.

(3) 타이어의 호칭 치수

타이어의 호칭 치수는 바깥지름과 폭을 표준 공기 압력과 무부하 상태에서 측정하며, 정하중 반지름은 타이어를 수직으로 하여 규정의 하중을 가하였을 때 타이어의 축 중심에서 접지면까지의 가장 짧은 거리를 측정하며 타이어의 호칭 치수는 다음과 같이 표시한다.

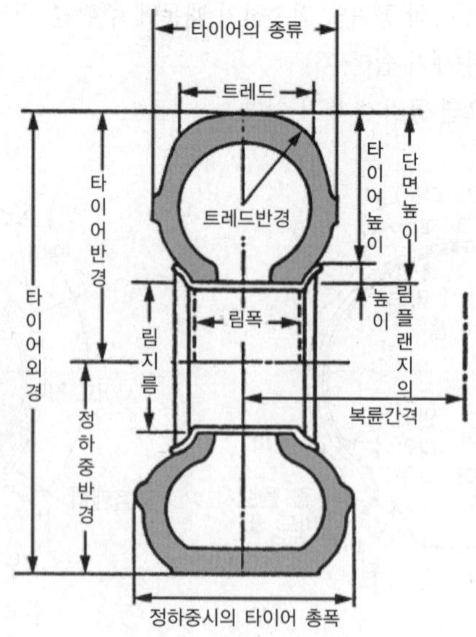

[타이어의 호칭]

(4) 타이어에서 발생하는 이상 현상

① 스탠딩 웨이브 현상 : 이 현상은 타이어 접지 면에서의 찌그러짐이 생기는데 이 찌그러짐은 공기 압력에 의해 곧 회복이 된다. 이 회복력은 저속에서는 공기 압력에 의해 지배되지만, 고속에서는 트레드가 받는 원심력으로 말미암아 큰 영향을 준다. 또 타이어 내부의 고열로 인해 트레드부가 원심력을 견디지 못하고 분리되며 파손된다. 이러한 스탠딩 웨이브 현상을 방지하기 위한 조건은 다음과 같다.

㉠ 타이어의 편평비가 적은 타이어를 사용한다.

㉡ 타이어의 공기압을 10~20% 높여준다.

㉢ 레이디얼 타이어를 사용한다.

㉣ 접지부의 타이어 두께를 감소시킨다.

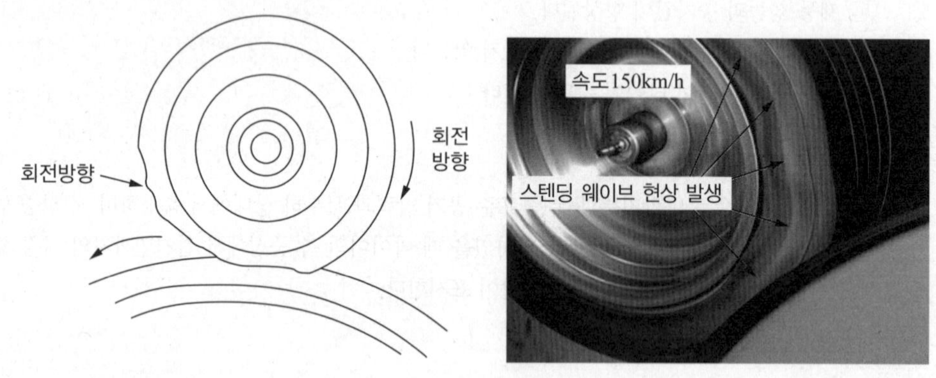

[스탠딩 웨이브]

② **하이드로 플래닝(수막 현상)** : 이 현상은 물이 고인 도로를 고속으로 주행할 때 일정 속도 이상이 되면 타이어의 트레드가 노면의 물을 완전히 밀어내지 못하고 타이어는 얇은 수막에 의해 노면으로부터 떨어져 제동력 및 조향력을 상실하는 현상이다. 따라서 하이드로 플래닝을 방지하기 위한 조건은 다음과 같다.

㉠ 트레드의 마모가 적은 타이어를 사용한다.

㉡ 타이어의 공기압을 높인다.

㉢ 배수성이 좋은 타이어를 사용한다.

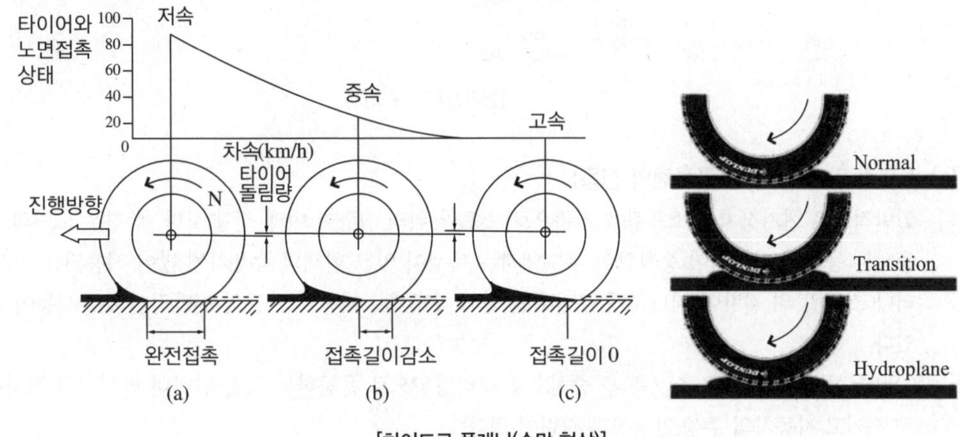

[하이드로 플래닝(수막 현상)]

(5) 바퀴 평형(Wheel Balance)

바퀴 평형에는 정적 평형과 동적 평형이 있다.

① **정적 평형** : 이것은 타이어가 정지된 상태의 평형이며, 정적 불평형일 경우에는 바퀴가 상하로 진동하는 트램핑 현상을 일으킨다.

② **동적 평형** : 이것은 회전 중심축을 옆에서 보았을 때의 평형, 즉, 회전하고 있는 상태의 평형이다. 동적 불평형이 있으면 바퀴가 좌우로 흔들리는 시미현상이 발생한다.

11 현가장치

현가장치는 자동차가 주행 중 노면으로부터 바퀴를 통하여 받게 되는 충격이나 진동을 흡수하여 차체나 화물의 손상을 방지하고 승차감을 좋게 하며, 차축을 차체 또는 프레임에 연결하는 장치이다. 현가장치는 일반적으로 스프링과 쇽 업쇼버(Shock Absorber)의 조합으로 이루어지며 노면에서 발생하는 1차 충격을 스프링에서 흡수하게 되고 충격에 의한 스프링의 자유진동을 쇽 업쇼버가 감쇄시켜 승차감을 향상시킨다.

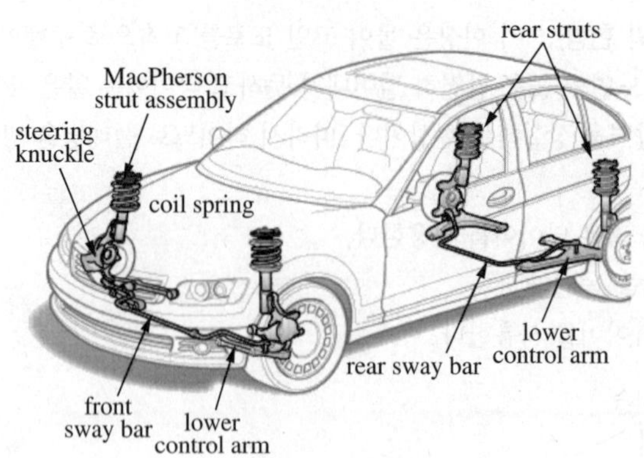

[현가장치의 구조]

(1) 스프링 위 질량의 진동(차체의 진동)

일반적으로 현가장치의 스프링을 기준으로 스프링 위의 질량이 아래 질량 보다 클 경우 노면의 진동을 완충하는 능력이 향상되어 승차감이 우수해지는 특성이 있고 현재의 승용차에 많이 적용되는 방식이다. 그러나 스프링 위 질량이 지나치게 무거우면 연비, 조종성, 제동성능 등의 전반적인 주행성능이 저하될 수 있다.

① **바운싱:** 차체가 수직축(Z축)을 중심으로 상하방향으로 운동하는 것을 말하며 타이어의 접지력을 변화시키고 자동차의 주행 안정성과 관련이 있다.

② **롤링 :** 자동차 정면의 가운데로 통하는 앞뒤축을 중심으로 한 회전 작용의 모멘트를 말하며 항력 방향 축(X축)을 중심으로 회전하려는 움직임이다.

③ **피칭 :** 자동차의 중심을 지나는 좌우 축 옆으로의 회전 작용의 모멘트를 말하며 횡력(측면) 방향 축(Y축)을 중심으로 회전하려는 움직임이다.

④ **요잉 :** 자동차 상부의 가운데로 통하는 상하 축을 중심으로 한 회전 작용의 모멘트로서 양력(수직) 방향 축(Z축)을 중심으로 회전하려는 움직임이다.

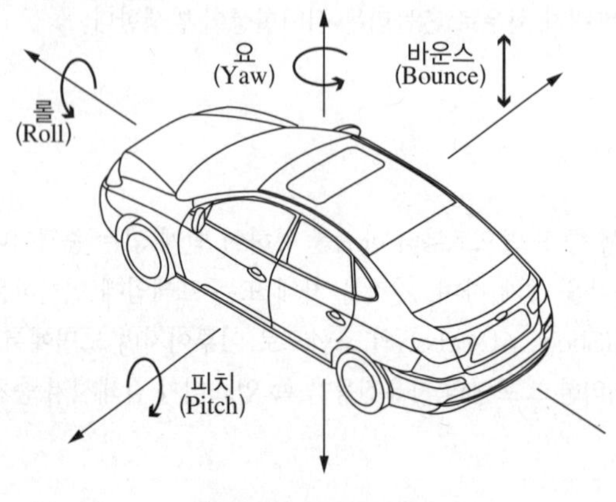

[스프링 위 질량의 진동]

(2) 스프링 아래 질량의 진동(차축의 진동)

스프링 아래 질량의 진동은 승차감 및 주행 안전성과 관계가 깊으며 스프링 아래 질량이 무거울 경우 승차감이 떨어지는 현상이 발생한다. 스프링 아래 질량의 운동은 다음과 같다.

① **휠 홉** : 차축에 대하여 수직인 축(Z축)을 기준으로 상하 평행 운동을 하는 진동을 말한다.

② **휠 트램프** : 차축에 대하여 앞뒤 방향(X축)을 중심으로 회전 운동을 하는 진동을 말한다.

③ **와인드 업** : 차축에 대하여 좌우 방향(Y축)을 중심으로 회전 운동을 하는 진동을 말한다.

④ **스키딩** : 차축에 대하여 수직인 축(Z축)을 기준으로 타이어가 슬립하며 동시에 요잉 운동을 하는 것을 말한다.

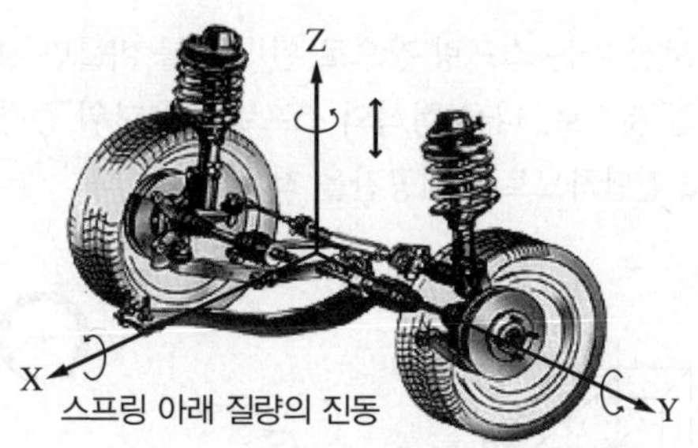

[스프링 아래 질량의 진동]

(3) 현가장치의 구성

① **스프링** : 스프링은 노면에서 발생하는 충격 및 진동을 완충시켜주는 역할을 하며 종류에는 판 스프링, 코일 스프링, 토션 바 스프링 등의 금속제 스프링과 고무 스프링, 공기 스프링 등의 비금속제 스프링 등이 있다.

㉠ 판 스프링 : 판 스프링은 스프링 강을 적당히 구부린 뒤 여러 장을 적층하여 탄성효과에 의한 스프링 역할을 할 수 있도록 만든 것으로 강성이 강하고 구조가 간단하다. 미세한 진동을 흡수하기가 곤란하고 내구성이 커서 대부분 화물 및 대형차에 적용하고 있다.

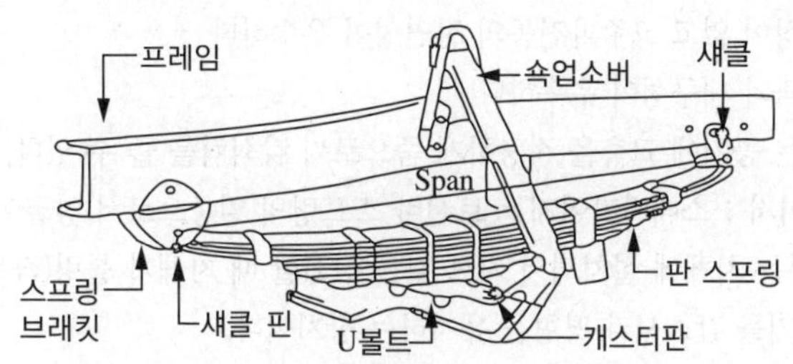

[판 스프링의 구성]

㉡ 코일 스프링 : 코일 스프링은 스프링 강선을 코일 형으로 감아 비틀림 탄성을 이용한 것이다. 판 스프링보다 탄성도 좋고, 미세한 진동흡수가 좋지만 강도가 약하여 주로 승용차의 앞뒤 차축에 사용된다. 코일 스프링의 특징은 단위 중량당 에너지 흡수율이 크고, 제작비가 저렴하고 스프링의 작용이 효과적이며 다른 스프링에 비하여 손상률이 적은 장점이 있다.

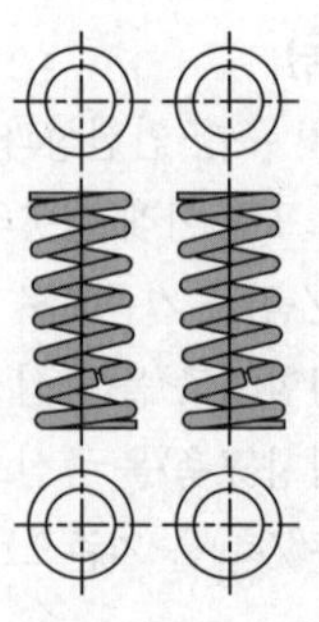

[코일 스프링]

㉢ 토션 바 스프링 : 토션 바는 스프링 강으로 된 막대를 비틀면 강성에 의해 원래의 모양으로 되돌아가는 탄성을 이용한 것으로, 다른 형식의 스프링보다 단위 중량당 에너지 흡수율이 크므로 경량화할 수 있고, 구조도 간단하므로 설치공간을 적게 차지한다.

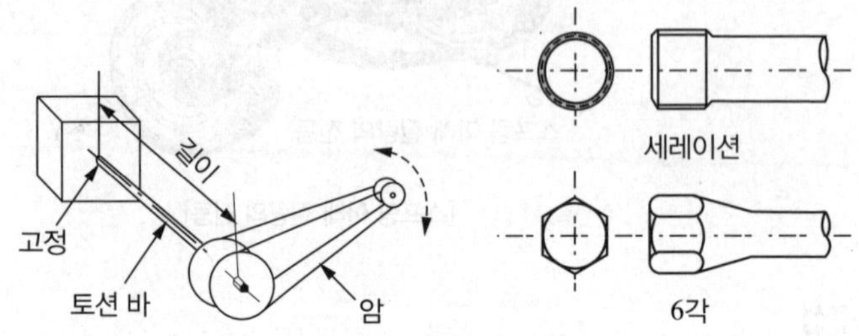

[토션바 스프링의 작동]

㉣ 에어 스프링 : 에어 스프링은 압축성 유체인 공기의 탄성을 이용하여 스프링 효과를 얻는 것으로 금속 스프링과 비교하면 다음과 같은 특징이 있다.

- 스프링 상수를 하중에 관계없이 임의로 정할 수 있으며 적차 시나 공차 시 승차감의 변화가 거의 없다.
- 하중에 관계없이 스프링의 높이를 일정하게 유지시킬 수 있다.
- 서징현상이 없고 고주파진동의 절연성이 우수하다.
- 방음효과와 내구성이 우수하다.
- 유동하는 공기에 교축을 적당하게 줌으로써 감쇠력을 줄 수 있다.

㉤ 스태빌라이저 : 스태빌라이저는 토션바 스프링의 일종으로서 양끝이 좌 · 우의 컨트롤 암에 연결되며, 중앙부는 차체에 설치되어 커브 길을 선회할 때 차체가 롤링(좌우 진동)하는 것을 방지하며, 차체의 기울기를 감소시켜 평형을 유지하는 장치이다.

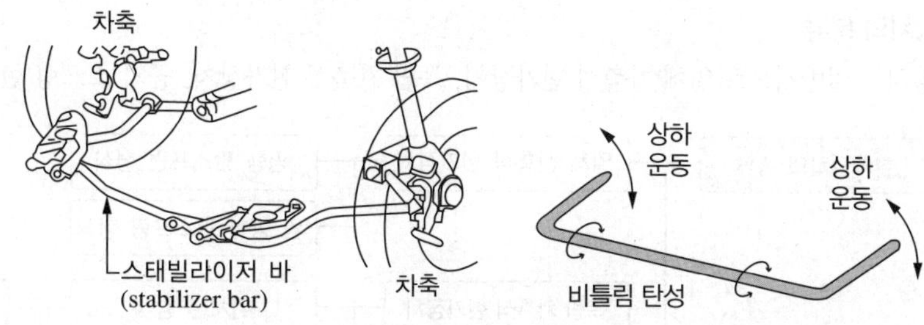

[스태빌라이저의 작동]

② 쇽 업쇼버 : 쇽 업쇼버는 완충기 또는 댐퍼(Damper)라고도 하며 자동차가 주행 중 노면으로부터의 충격에 의한 스프링의 진동을 억제, 감쇠시켜 승차감 향상, 스프링의 수명을 연장시킴과 동시에 주행 및 제동할 때 안정성을 높이는 장치로서 차체와 바퀴 사이에 장착된다.

㉠ 유압식 쇽 업쇼버 : 유압식 쇽 업쇼버는 텔레스코핑형과 레버형이 있으며 일반적으로 실린더와 피스톤, 오일통로로 구성되어 감쇠작용을 한다. 유압식 쇽 업쇼버는 피스톤부의 오일 통로(오리피스)를 통과하는 오일의 작용으로 감쇠력을 조절하며 피스톤의 상승과 하강에 따라 압력이 가해지는 복동식과 한쪽 방향으로만 압력이 가해지는 단동식으로 나눌 수 있다.

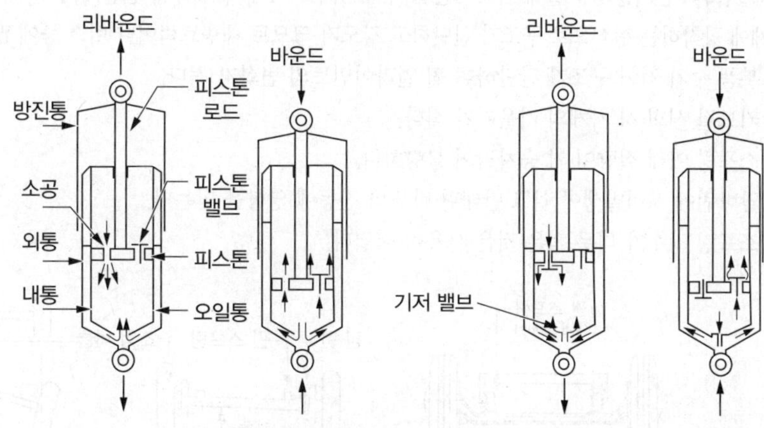

[유압식 쇽 업쇼버의 작동]

㉡ 가스봉입 쇽 업쇼버(드가르봉식) : 이 형식은 유압식의 일종이며 프리 피스톤을 장착하여 프리 피스톤의 위쪽에는 오일이, 아래쪽에는 고압(30kgf/cm^2)의 불활성 가스(질소가스)가 봉입되어 내부에 압력이 형성되어 있는 타입으로 작동 중 오일에 기포가 생기지 않으며, 부식이나 오일 유동에 의한 문제(에어레이션 및 캐비테이션)가 발생하지 않으며 진동흡수성능 및 냉각성능이 우수하다.

(4) 현가장치의 분류

현가장치는 일반적으로 일체 차축식 현가장치, 독립 차축식 현가장치, 공기 스프링 현가장치 등이 있다.

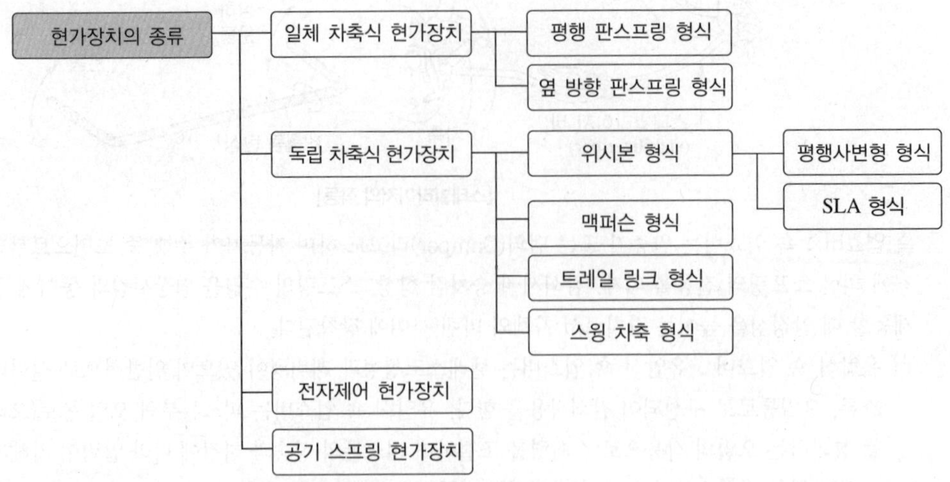

① **일체 차축식 현가장치** : 일체 차축식은 좌우의 바퀴가 1개의 차축에 연결되며 그 차축을 스프링을 거쳐 차체에 장착하는 형식으로 구조가 간단하고 강도가 크므로 대형트럭이나 버스 등에 많이 적용되고 있다.

㉠ 부품 수가 적어 구조가 간단하며 휠 얼라이먼트의 변화가 적다.

㉡ 커브길 선회 시 차체의 기울기가 적다.

㉢ 스프링 아래 질량이 커 승차감이 불량하다.

㉣ 앞바퀴에 시미발생이 쉽고 반대편 바퀴의 진동에 영향을 받는다.

㉤ 스프링 정수가 너무 적은 것은 사용이 어렵다.

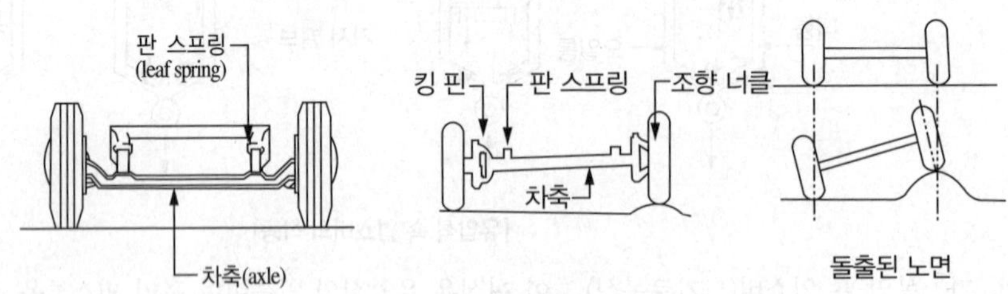

[일체 차축식 현가장치의 구조]

② **독립 차축식 현가장치** : 이 방식은 차축이 연결된 일체 차축식 방식과는 달리 차축을 각각 분할하여 양쪽 휠이 서로 관계없이 운동하도록 설계한 것이며, 승차감과 주행 안정성이 향상되게 한 것이다.

㉠ 차고를 낮게 할 수 있으므로 주행 안전성이 향상된다.

㉡ 스프링 아래 질량이 가벼워 승차감이 좋아진다.

㉢ 조향바퀴에 옆 방향으로 요동하는 진동(Shimmy)발생이 적고 타이어의 접지성(Road Holding)이 우수하다.

㉣ 스프링 정수가 적은 스프링을 사용할 수 있다.

㉤ 구조가 복잡하게 되고, 이음부가 많아 각 바퀴의 휠 얼라인먼트가 변하기 쉽다.

㉥ 주행 시 바퀴가 상하로 움직임에 따라 윤거나 얼라인먼트가 변하여 타이어의 마모가 촉진된다.

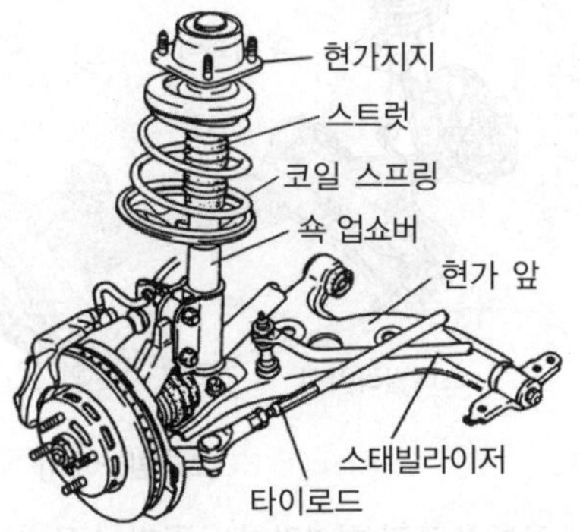

[독립현가장치(맥퍼슨)의 구조]

③ **위시본 형식** : 이 형식은 위아래 컨트롤 암이 설치되고 암의 길이에 따라 평행사변형 형식과 SLA 형식으로 구분되며 평행사변형 형식은 위아래 컨트롤암의 길이가 같고 SLA 형식은 아래 컨트롤 암이 위 컨트롤 암보다 길다. SLA 형식은 바퀴의 상하 진동 시 위 컨트롤 암보다 아래 컨트롤 암의 길이가 길어 캠버의 변화가 발생한다.

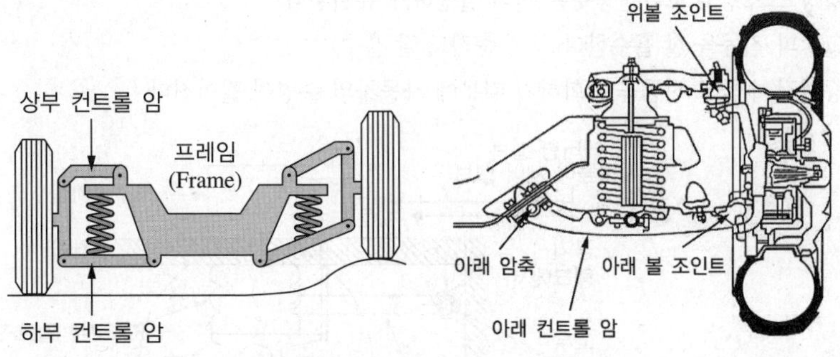

[위시본 형식(평행사변형 및 SLA)]

④ **맥퍼슨 형식** : 맥퍼슨 형은 위시본 형식으로부터 개발된 것으로, 위시본 형식에서 위 컨트롤 암은 없으며 그 대신 쇽 업쇼버를 내장한 스트럿의 하단을 조향 너클의 상단부에 결합시킨 형식으로 현재 승용차에 가장 많이 적용되고 있는 형식이다.

㉠ 위시본형에 비해 구조가 간단하고 부품이 적어 정비가 용이하다.

㉡ 스프링 아래 질량을 가볍게 할 수 있고 로드 홀딩 및 승차감이 좋다.

㉢ 엔진룸의 유효공간을 크게 제작할 수 있다.

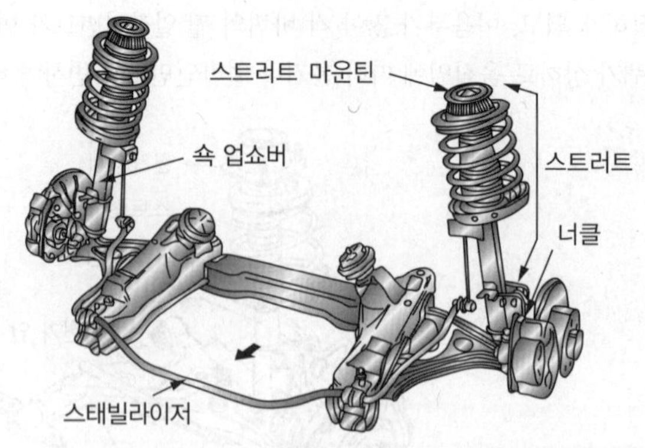

[스태빌라이저]

⑤ 공기 스프링 현가장치 : 공기 스프링 현가장치는 공기 스프링, 서지탱크, 레벨링 밸브 등으로 구성되어 있으며, 하중에 따라 스프링 상수를 변화시킬 수 있고, 차고 조정이 가능하므로 승차감과 차체 안정성을 향상시킬 수 있어 대형 버스 등에 많이 사용된다.
　㉠ 차체의 하중 증감과 관계없이 차고가 항상 일정하게 유지되며 차량이 전후, 좌우로 기우는 것을 방지한다.
　㉡ 공기 압력을 이용하여 하중의 변화에 따라 스프링 상수가 자동적으로 변한다.
　㉢ 항상 스프링의 고유진동수는 거의 일정하게 유지된다.
　㉣ 고주파 진동을 잘 흡수한다(작은 충격도 잘 흡수).
　㉤ 승차감이 좋고 진동을 완화하기 때문에 자동차의 수명이 길어진다.

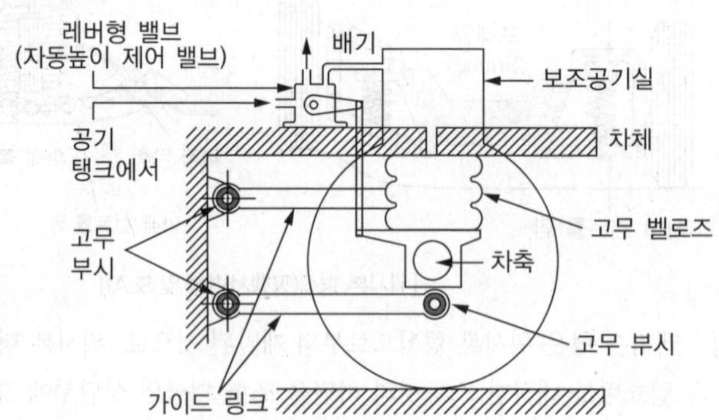

[공기 스프링 현가장치의 구조]

⑥ 공기 스프링 현가장치의 구성
　㉠ 공기 압축기 : 엔진에 의해 벨트로 구동되며 압축 공기를 생산하여 저장 탱크로 보낸다.
　㉡ 서지 탱크 : 공기 스프링 내부의 압력 변화를 완화하여 스프링 작용을 유연하게 해주는 장치이며, 각 공기 스프링마다 설치되어 있다.
　㉢ 공기 스프링 : 공기 스프링에는 벨로즈형과 다이어프램형이 있으며, 공기 저장 탱크와 스프링 사이의 공기 통로를 조정하여 도로 상태와 주행속도에 가장 적합한 스프링 효과를 얻도록 한다.
　㉣ 레벨링 밸브 : 공기 저장 탱크와 서지 탱크를 연결하는 파이프 도중에 설치된 것이며, 자동차의 높이가 변화하면 압축 공기를 스프링으로 공급하여 차고를 일정하게 유지시킨다.

12 전자제어 현가장치

ECS(Electronic Control Suspension System)는 ECU, 각종 센서, 액추에이터 등을 설치하고 노면의 상태, 주행 조건 및 운전자의 조작 등과 같은 요소에 따라서 차고와 현가특성(감쇠력 조절)이 자동적으로 조절되는 현가장치이다. 주행 조건 및 노면의 상태에 따라 감쇠력 및 현가 특성을 조절하는 것이 전자제어 현가장치이며 이러한 현가 시스템은 차고조절 기능도 함께 수행한다.

① 전자제어 현가장치의 특징

㉠ 선회 시 감쇠력을 조절하여 자동차의 롤링 방지(앤티 롤)

㉡ 불규칙한 노면 주행 시 감쇠력을 조절하여 자동차의 피칭 방지(앤티 피치)

㉢ 급출발 시 감쇠력을 조정하여 자동차의 스쿼트 방지(앤티 스쿼트)

㉣ 주행 중 급제동 시 감쇠력을 조절하여 자동차의 다이브 방지(앤티 다이브)

㉤ 도로의 조건에 따라 감쇠력을 조절하여 자동차의 바운싱 방지(앤티 바운싱)

㉥ 고속 주행 시 감쇠력을 조절하여 자동차의 주행 안정성 향상(주행속도 감응제어)

㉦ 감쇠력을 조절하여 하중변화에 따라 차체가 흔들리는 셰이크 방지(앤티 셰이크)

㉧ 적재량 및 노면의 상태에 관계없이 자동차의 자세 안정

㉨ 조향 시 언더 스티어링 및 오버 스티어링 특성에 영향을 주는 롤링제어 및 강성배분 최적화

㉩ 노면에서 전달되는 진동을 흡수하여 차체의 흔들림 및 차체의 진동 감소

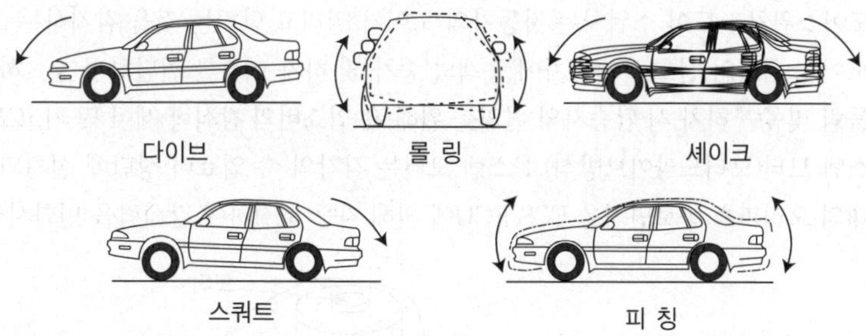

[차체의 운동]

② 전자제어 현가장치의 구성

㉠ 차속 센서 : 스피드미터 내에 설치되어 변속기 출력축의 회전수를 전기적인 펄스 신호로 변환하여 ECS ECU에 입력한다. ECU는 이 신호를 기초로 선회할 때 롤(Roll)량을 예측하며, 앤티 다이브, 앤티 스쿼트제어 및 고속 주행 안정성을 제어할 때 입력 신호로 사용한다.

㉡ G 센서(중력 센서) : 엔진 룸 내에 설치되어 있고 바운싱 및 롤(Roll) 제어용 센서이며, 자동차가 선회할 때 G 센서 내부의 철심이 자동차가 기울어진 쪽으로 이동하면서 유도되는 전압이 변화한다. ECU는 유도되는 전압의 변화량을 감지하여 차체의 기울어진 방향과 기울기를 검출하여 앤티 롤(Anti Roll)을 제어할 때 보정 신호로 사용한다.

㉢ 차고 센서 : 이 센서는 차량의 전방과 후방에 설치되어 있고 차축과 차체에 연결되어 차체의 높이를 감지하며 차체의 상하 움직임에 따라 센서의 레버가 회전하므로 레버의 회전량을 센서를 통하여 감지한다. 또한 ECS ECU는 차고 센서의 신호에 의해 현재 차고와 목표 차고를 설정하고 제어한다.

㉣ 조향 핸들 각속도 센서 : 이 센서는 핸들이 설치되는 조향 칼럼과 조향축 상부에 설치되며 센서는 핸들 조작 시 홀이 있는 디스크가 회전하게 되고 센서는 홀을 통하여 조향 방향, 조향 각도, 조향속도를 검출한다. 또한 ECS ECU는 조향 핸들 각도 센서 신호를 기준으로 롤링을 예측한다.

㉤ 자동변속기 인히비터 스위치 : 자동변속기의 인히비터 스위치(Inhibitor Switch)는 운전자가 변속 레버를 P, R, N, D 중 어느 위치로 선택 이동하는지를 ECS ECU로 입력시키는 스위치이다. ECU는 이 신호를 기준으로 변속 레버를 이동할 때 발생할 수 있는 진동을 억제하기 위해 감쇠력을 제어한다.

㉥ 스로틀 위치 센서 : 이 센서는 가속페달에 의해 개폐되는 엔진 스로틀개도 검출 센서로서 운전자의 가 · 감속의지를 판단하기 위한 신호로 사용된다. 운전자가 가속페달을 밟는 양을 검출하여 ECS ECU로 입력시킨다. ECS ECU는 이 신호를 기준으로 운전자의 가 · 감속의지를 판단하여 앤티 스쿼트를 제어할 때 기준 신호로 이용한다.

㉦ 전조등 릴레이 : 전조등 릴레이는 전조등 스위치를 작동하면 전조등을 점등하는 역할을 한다. 전조등 릴레이의 신호에 따라 ECS ECU는 고속 주행 중 차고 제어를 통하여 적재물 또는 승차 인원 하중으로 인한 전조등의 광축의 변화를 억제하여 항상 일정한 전조등의 조사 각도를 유지한다.

㉧ 발전기 L 단자 : 엔진의 작동여부를 검출하여 차고를 조절하는 신호로 사용된다.

㉨ 모드 선택 스위치 : ECS 모드 선택 스위치는 운전자가 주행 조건이나 노면 상태에 따라 쇽 업쇼버의 감쇠력 특성과 차고를 선택할 때 사용한다.

㉩ 도어스위치 : 도어 스위치는 자동차의 도어가 열리고 닫히는 것을 감지하는 스위치로 ECS ECU는 도어 스위치의 신호로 자동차에 승객의 승차 및 하차 여부를 판단하여 승 · 하차를 할 때 차체의 흔들림 및 승 · 하차 시 탑승자의 편의를 위해 쇽 업쇼버의 감쇠력 제어 및 차고조절 기능을 수행한다.

㉪ 스텝 모터(모터드라이브방식) : 스텝 모터는 각각의 쇽 업쇼버 상단에 설치되어 있으며, 쇽 업쇼버 내의 오리피스 통로면적을 ECS ECU에 의해 자동 조절하여 감쇠력을 변화시키는 역할을 한다.

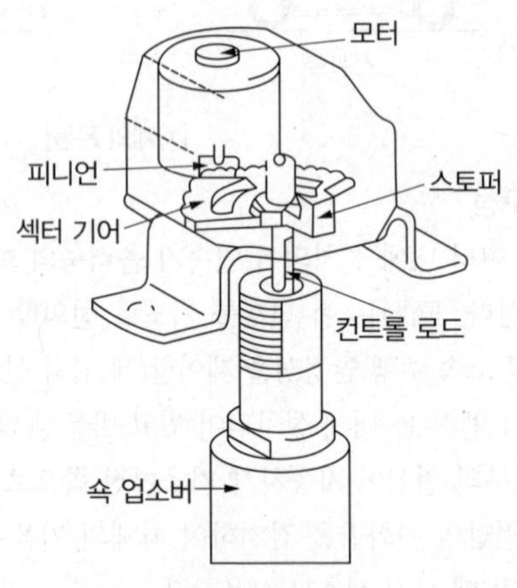

[모터드라이브의 구조]

㉫ 제동등 스위치 : 제동등 스위치는 운전자의 브레이크 페달 조작 여부를 판단하며 ECS ECU는 이 신호를 기준으로 앤티 다이브제어를 실행한다.

㉲ 급 · 배기 밸브 : 급 · 배기 밸브는 차고조절을 위해 현가시스템에 설치된 공기주머니에 공기를 급기 또는 배기하는 역할을 수행하는 밸브이다. 이 밸브는 ECS ECU의 명령에 따라 앞 · 뒤 제어 및 좌 · 우 제어를 통하여 차량의 운전조건 및 노면상태에 따른 차고조절을 제어한다.

③ ECS 제어

㉠ 앤티 롤링 제어 : 선회할 때 자동차의 좌우 방향으로 작용하는 가로 방향 가속도를 G 센서로 감지하여 제어하는 것이다.

㉡ 앤티 스쿼트 제어 : 급출발 또는 급가속할 때에 차체의 앞쪽은 들리고, 뒤쪽이 낮아지는 노스 업(Nose-Up) 현상을 제어하는 것이다.

㉢ 앤티 다이브 제어 : 주행 중에 급제동을 하면 차체의 앞쪽은 낮아지고, 뒤쪽이 높아지는 노스 다운(Nose Down) 현상을 제어하는 것이다.

㉣ 앤티 피칭 제어 : 자동차가 요철 노면을 주행할 때 차고의 변화와 주행속도를 고려하여 쇽 업쇼버의 감쇠력을 증가시킨다.

㉤ 앤티 바운싱 제어 : 차체의 바운싱은 G 센서가 검출하며, 바운싱이 발생하면 쇽 업쇼버의 감쇠력은 Soft에서 Medium이나 Hard로 변환된다.

㉥ 주행속도 감응 제어 : 자동차가 고속으로 주행할 때에는 차체의 안정성이 결여되기 쉬운 상태이므로 쇽 업쇼버의 감쇠력은 Soft에서 Medium이나 Hard로 변환된다.

㉦ 앤티 쉐이크 제어 : 사람이 자동차에 승하차할 때 하중의 변화에 따라 차체가 흔들리는 것을 쉐이크라고 한다. 규정속도 이하가 되면 ECU는 승하차에 대비한다.

13 조향장치

조향장치는 운전자의 의도에 따라 자동차의 진행 방향을 바꾸기 위한 장치로서 조작기구, 기어기구, 링크기구 등으로 구성된다. 조작기구는 운전자가 조작한 조작력을 전달하는 부분으로 조향 핸들, 조향축, 조향칼럼 등으로 이루어진다. 기어기구는 조향축의 회전수를 감소함과 동시에 조작력을 증대시키며 조작기구의 운동방향을 바꾸어 링크기구에 전달하는 부분이며, 링크기구는 기어기구의 움직임을 앞바퀴에 전달함과 동시에 좌우 바퀴의 위치를 올바르게 유지하는 부분이며 피트먼 암, 드래그 링크, 타이 로드, 너클 암 등으로 구성된다.

(1) 조향장치의 구비 조건

① 조향 조작 시 주행 중의 바퀴의 충격에 영향을 받지 않을 것
② 조작이 쉽고, 방향 변환이 용이할 것
③ 회전 반경이 작아서 협소한 도로에서도 방향 변환을 할 수 있을 것
④ 진행 방향을 바꿀 때 섀시 및 보디 각 부에 무리한 힘이 작용되지 않을 것
⑤ 고속 주행에서도 조향 핸들이 안정될 것
⑥ 조향 핸들의 회전과 바퀴 선회 차이가 크지 않을 것
⑦ 수명이 길고 다루기가 쉽고 정비가 쉬울 것

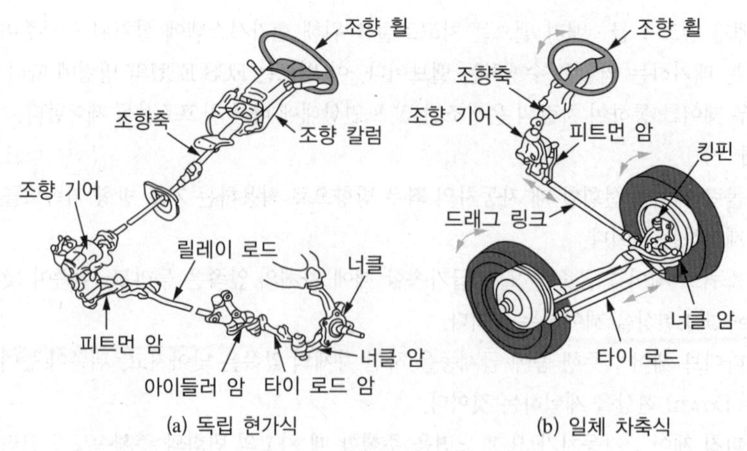

(a) 독립 현가식 (b) 일체 차축식

[독립 현가식과 일체 차축식의 구조]

(2) 선회 특성

조향 핸들을 어느 각도까지 돌리고 일정한 속도로 선회하면, 일정의 원주상을 지나게 되며 다음과 같은 특성이 나타난다.

① 언더 스티어 : 일정한 방향으로 선회하여 속도가 상승했을 때, 선회반경이 커지는 것으로 원운동의 궤적으로부터 벗어나 서서히 바깥쪽으로 커지는 주행상태가 나타난다.

② 오버 스티어 : 일정한 조향각으로 선회하여 속도를 높였을 때 선회 반경이 적어지는 것으로 언더 스티어의 반대의 경우로서 안쪽으로 서서히 적어지는 궤적을 나타낸다.

③ 뉴트럴 스티어 : 차륜이 원주상의 궤적을 거의 정확하게 선회한다.

④ 리버스 스티어 : 최초의 동안은 언더 스티어로 밖으로 커지는데 도중에 급선회로 인하여 갑자기 안쪽으로 적어지는 오버 스티어의 주행 방법을 나타낸다.

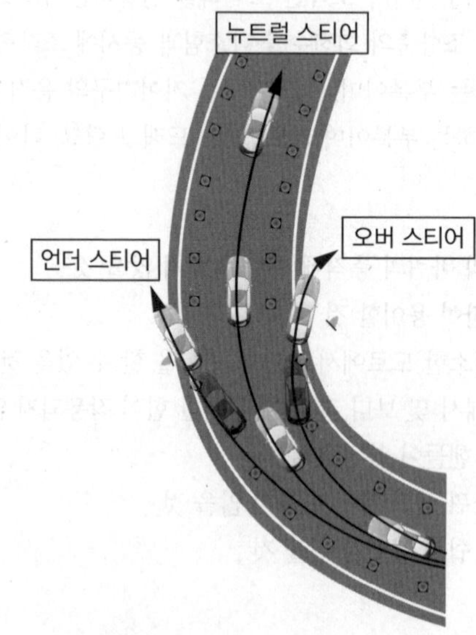

[차량의 선회 특성]

(3) 에커먼 장토식 조향원리

이 원리는 조향 각도를 최대로 하고 선회할 때 선회하는 안쪽 바퀴의 조향각이 바깥쪽 바퀴의 조향각보다 크게 되며, 뒷 차축 연장선상의 한 점을 중심으로 동심원을 그리면서 선회하여 사이드슬립 방지와 조향 핸들 조작에 따른 저항을 감소시킬 수 있는 방식이다.

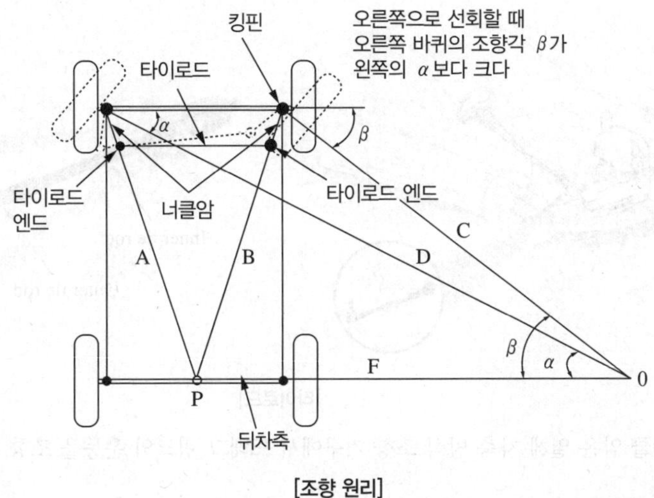

[조향 원리]

(4) 조향기구

① **조향 휠(조향 핸들)** : 조향 핸들은 림, 스포크 및 허브로 구성되어 있으며, 조향 핸들은 조향 축에 테이퍼나 세레이션홈에 끼우고 너트로 고정시킨다.

② **조향 축** : 조향 축은 조향 핸들의 회전을 조향 기어의 웜으로 전달하는 축이며 웜과 스플라인을 통하여 자재 이음으로 연결되어 있다.

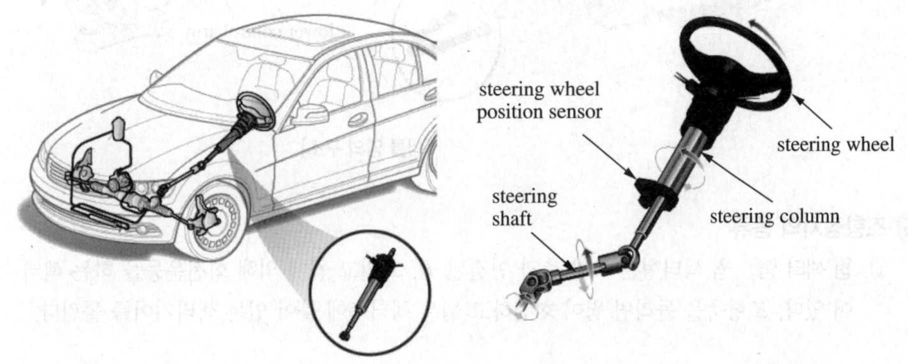

[조향축의 구조]

③ **조향 기어 박스** : 조향 기어는 조향 조작력을 증대시켜 앞바퀴로 전달하는 장치이며, 종류에는 웜 섹터형, 볼 너트형, 래크와 피니언형 등이 있다.

④ **피트먼 암** : 피트먼 암은 조향 핸들의 움직임을 일체 차축 방식 조향 기구에서는 드래그 링크로, 독립 차축 방식 조향 기구에서는 센터 링크로 전달하는 것이며, 한쪽 끝에는 테이퍼의 세레이션을 통하여 섹터축에 설치되고, 다른 한쪽 끝은 드래그 링크나 센터 링크에 연결하기 위한 볼 이음으로 되어 있다.

⑤ **타이로드** : 독립 차축 방식 조향 기구에서는 드래그 링크가 없으며, 타이로드가 둘로 나누어져 있다. 래크와 피니언 형식의 조향 기어에서는 직접 연결되며, 볼트 너트 형식 조향 기어 상자에서는 센터 링크의 운동을 양쪽 너클 암으로 전달하며, 2개로 나누어져 볼 이음으로 각각 연결되어 있다. 또 타이로드의 길이를 조정하여 토인(Toe-In)을 조정할 수 있다.

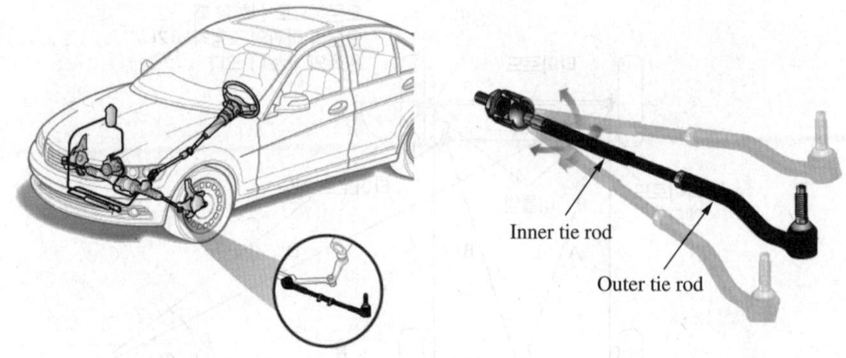

[타이로드]

⑥ **너클 암** : 너클 암은 일체 차축 방식 조향 기구에서 드래그 링크의 운동을 조향 너클에 전달하는 기구이다.

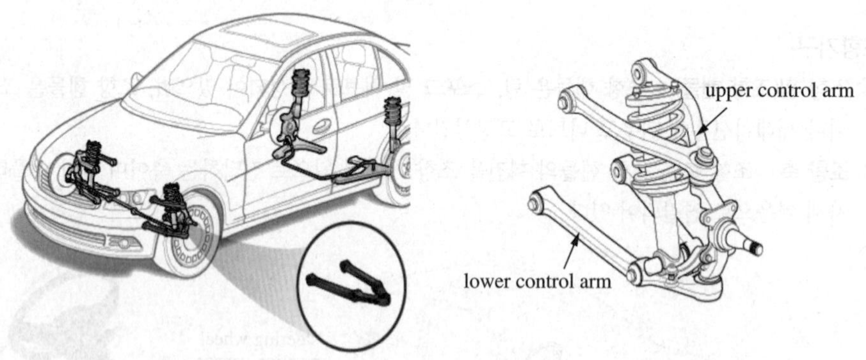

[너클 암의 구조]

(5) 조향장치의 종류

① **웜 섹터 형** : 웜 섹터형은 조향 축과 연결된 웜, 그리고 웜에 의해 회전운동을 하는 섹터 기어로 구성되어 있다. 조향축을 돌리면 웜이 회전하고 웜은 섹터축에 붙어 있는 섹터기어를 돌린다.

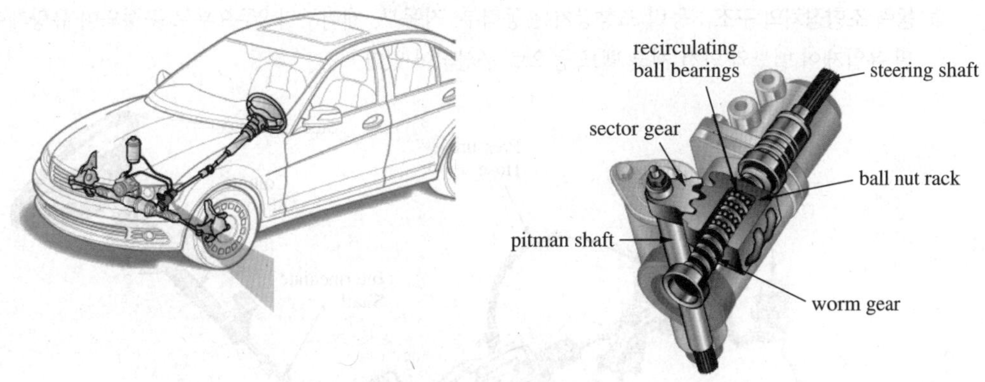

[웜 섹터형 조향장치의 구조]

② 볼 너트형 : 이 형식은 웜과 볼 너트 사이에 여러 개의 강구를 넣어 웜과 볼 너트 사이의 접촉이 볼에 의한 구름접촉이 되도록 한 것이다.

③ 래크와 피니언형 : 래크와 피니언형은 조향축 끝에 피니언을 장착하여 래크와 서로 물리도록 한 것이다. 조향축이 회전되면 피니언 기어가 회전하면서 래크를 좌우로 이동한다.

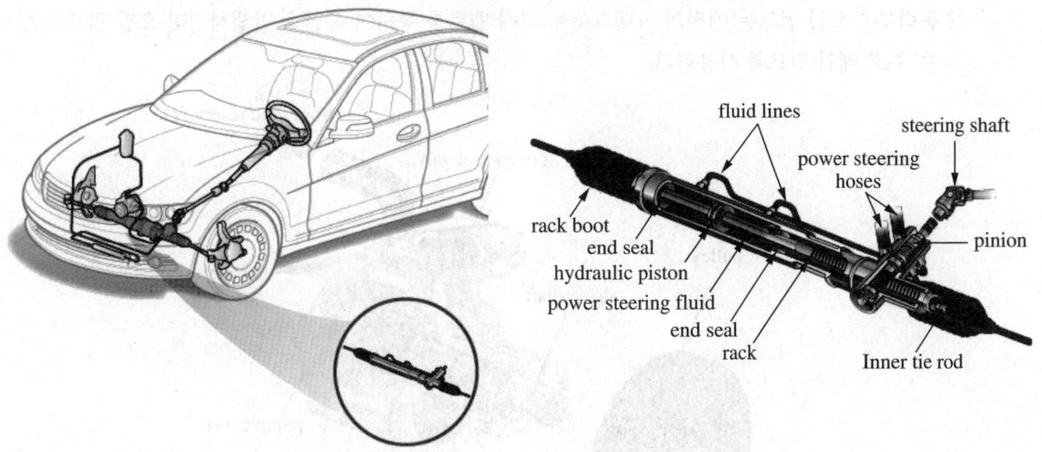

[래크와 피니언 형식의 조향장치 구조]

(6) 유압식 동력 조향장치

동력 조향장치는 엔진에 의해 구동되는 오일펌프의 유압을 이용하여 조향 시 핸들의 조작력을 가볍게 하는 장치이다. 다음은 동력 조향장치의 장단점이다.

동력 조향장치의 장점	동력 조향장치의 단점
• 조향 조작력이 경감된다. • 조향 조작력에 관계없이 조향 기어비를 선정할 수 있다. • 노면의 충격과 진동을 흡수한다(킥 백 방지). • 앞바퀴의 시미운동이 감소하여 주행안정성이 우수해 진다. • 조향 조작이 가볍고 신속하다.	• 유압장치 등의 구조가 복잡하고 고가이다. • 고장이 발생하면 정비가 어렵다. • 엔진출력의 일부가 손실된다.

① **동력 조향장치의 구조** : 동력 조향장치는 동력부, 작동부, 제어부의 3주요부로 구성되며 유량제어 밸브 및 유압제어 밸브와 안전 체크 밸브 등으로 구성되어 있다.

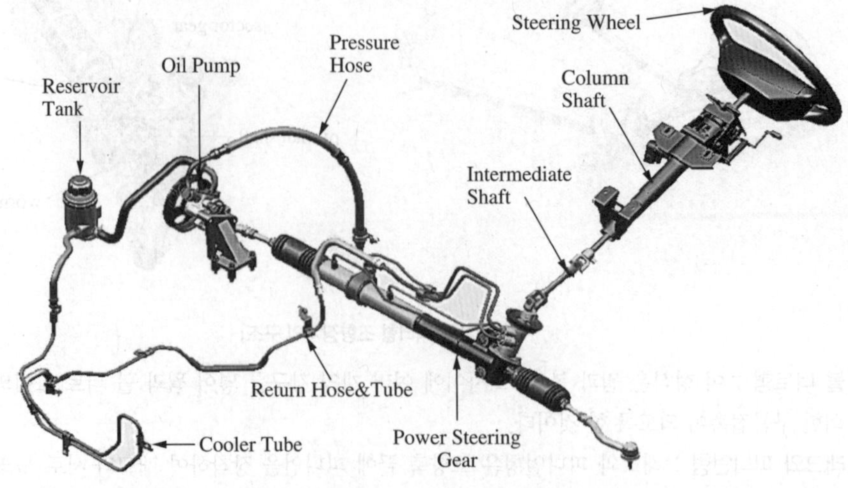

[동력 조향장치의 구성]

㉠ 동력부 : 오일 펌프는 엔진의 크랭크축에 의해 벨트를 통하여 유압을 발생시키며 오일 펌프의 형식은 주로 베인 펌프를 사용한다.

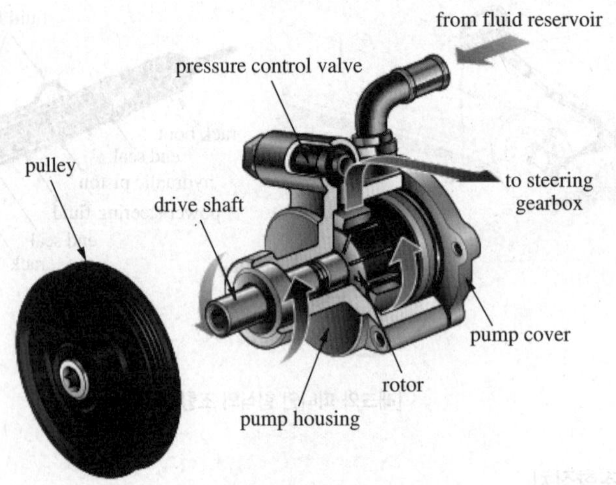

[유압펌프의 구조]

㉡ 작동부 : 동력 실린더는 오일 펌프에서 발생한 유압을 피스톤에 작용시켜서 조향 방향 쪽으로 힘을 가해 주는 장치이다.

㉢ 제어부 : 제어 밸브는 조향 핸들의 조작에 대한 유압통로를 조절하는 기구이며, 조향 핸들을 회전시킬 때 오일 펌프에서 보낸 유압유를 해당 조향 방향으로 보내 동력 실린더의 피스톤이 작동하도록 유로를 변환시킨다.

㉣ 안전 체크 밸브 : 안전 체크 밸브는 제어 밸브 내에 들어 있으며 엔진이 정지되거나 오일 펌프의 고장 또는 회로에서의 오일 누설 등의 원인으로 유압이 발생하지 못할 때 조향핸들의 조작을 수동으로 전환할 수 있도록 작동하는 밸브이다.

㉤ 유량조절 밸브 : 오일 펌프의 로터 회전은 엔진 회전수와 비례하므로 주행 상황에 따라 회전수가 변화하며 오일의 유량이 다르게 토출된다. 오일 펌프로부터 오일 토출량이 규정 이상이 되면, 오일 일부를 저장 탱크(리저버)로 빠져나가게 하여 유량을 유지하는 역할을 한다.

㉥ 유압조절 밸브 : 조향 핸들을 최대로 돌린 상태를 오랫동안 유지하고 있을 때 회로의 유압이 일정 이상이 되면 오일을 저장 탱크로 되돌려 최고 유압을 조정하여 회로를 보호하는 역할을 한다.

14 전자제어식 동력 조향장치(EPS)

EPS(Electronic Power Steering)는 기존의 유압식 조향장치시스템에 차속감응 조타력 조절 등의 기능을 추가하여 조향 안전성 및 고속 안전성 등을 구현하는 시스템이다.

① EPS의 특징

㉠ 기존의 동력 조향장치와 일체형이다.

㉡ 기존의 동력 조향장치에는 변경이 없다.

㉢ 컨트롤밸브에서 직접 입력회로 압력과 복귀회로 압력을 By Pass시킨다.

㉣ 조향회전각 및 횡가속도를 감지하여 고속 시 또는 급조향 시(유량이 적을 때) 조향하는 방향으로 잡아당기려는 현상을 보상한다.

② EPS 구성요소

㉠ 입력요소

- 차속 센서 : 계기판 내의 속도계에 리드 스위치식으로 장착되어 차량속도를 검출하여 ECU로 입력하기 위한 센서이다.
- TPS(Throttle Position Sensor) : 스로틀보디에 장착되어 있고 운전자가 가속페달을 밟는 양을 감지하여 ECU에 입력시켜줌으로서 차속 센서 고장 시 조향력을 적절하게 유지하도록 한다.
- 조향각 센서 : 조향핸들의 다기능 스위치 내에 설치되어 조향속도를 측정하며 기존 동력 조향장치의 Catch Up 현상을 보상하기 위한 센서이다.

㉡ 제어부

- 컴퓨터(ECU) : ECU는 입력부의 조향각 센서 및 차속 센서의 신호를 기초로 하여 출력요소인 유량제어밸브의 전류를 적절히 제어한다. 저속 시는 많은 전류를 보내고 고속 시는 적은 전류를 보내어 유량제어밸브의 상승 및 하강을 제어한다.

㉢ 출력요소

- 유량제어밸브 : 차속과 조향각 신호를 기초값으로 하여 최적상태의 유량을 제어하는 밸브이다. 정차 또는 저속 시는 유량제어밸브의 플런저에 가장 큰 축력이 작용하여 밸브가 상승하고 고속 시는 밸브가 하강하여 입력 및 바이패스통로의 개폐를 조절한다. 유량제어밸브에서 유량을 제어함으로써 조향휠의 답력을 변화시킨다.
- 고장진단 신호 : 전자제어 계통의 고장발생 시 고장진단장비로 차량의 컴퓨터와 통신할 수 있는 신호이다.

15 전동식 동력 조향장치

엔진의 구동력을 이용하지 않고 전기 모터의 힘을 이용해서 조향 핸들의 작동시에만 조향 보조력을 발생시키는 구조로 더욱 효율적이고 능동적인 시스템이다. 이 장치는 전기모터로 유압을 발생시켜 조향력을 보조하는 EHPS 장치와 순수 전기 모터의 구동력으로 조향력을 보조하는 MDPS 형식이 있다.

(1) 전동 유압식 동력 조향장치(EHPS)

EHPS(Electronic Hydraulic Power Steering)는 엔진의 동력으로 유압펌프를 작동시켜 조타력을 보조하는 기존의 유압식 파워 스티어링과 달리 전동모터로 필요 시에만 유압펌프를 작동시켜 차속 및 조향 각속도에 따라 조타력을 보조하는 전동 유압식 파워 스티어링이다.

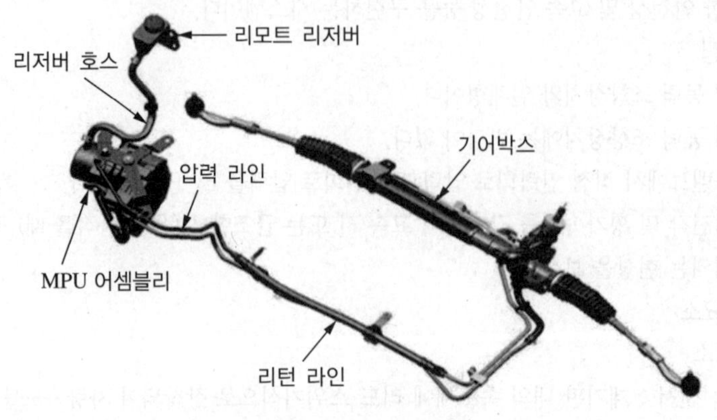

[전동 유압식 동력 조향장치의 구성]

(2) 모터 구동식 동력 조향장치(MDPS)

모터 구동식 동력 조향장치(MDPS; Motor Driven Power Steering)는 전기 모터를 구동시켜 조향 핸들의 조향력을 보조하는 장치로서 기존의 전자제어식 동력 조향장치보다 연비 및 응답성이 향상되어 조종 안전성을 확보할 수 있으며 전기에너지를 이용하므로 친환경적이고 구동소음과 진동 및 설치위치에 대한 설계의 제약이 감소되었다. 이러한 MDPS의 특징은 다음과 같다.

① 전기모터 구동으로 인해 이산화탄소가 저감된다.
② 핸들의 조향력을 저속에서는 가볍고 고속에서는 무겁게 작동하는 차속 감응형 시스템이다.
③ 엔진의 동력을 이용하지 않으므로 연비 향상과 소음, 진동이 감소된다.
④ 부품의 단순화 및 전자화로 부품의 중량이 감소되고 조립 위치에 제약이 적다.
⑤ 차량의 유지비감소 및 조향성이 증가된다.

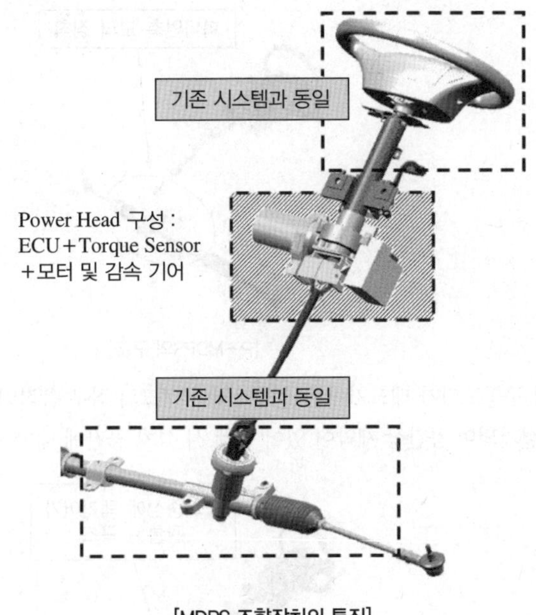

[MDPS 조향장치의 특징]

(3) MDPS의 종류

MDPS는 컴퓨터에 의해 차속과 조향핸들의 조향력에 따라 전동모터에 흐르는 전류를 제어하여 운전자의 조향방향에 대해서 적절한 동력을 발생시켜 조향력을 경감시키는 장치로서 MDPS의 종류로는 모터의 장착위치에 따라서 C-MDPS(칼럼구동 방식), P-MDPS(피니언구동 방식), R-MDPS(래크구동 방식)가 있다. 또한 엔진정지 및 고장 시에 동력을 얻을 수 없으므로 페일 세이프 기능으로 일반 기계식 조향시스템에 의해 조향할 수 있는 구조로 되어 있다.

① C-MDPS : 전기 구동모터가 조향칼럼에 장착되며 조향축의 회전에 대해 보조동력을 발생시킨다. 모터의 초기 구동 시 및 정지 시 조향칼럼을 통해 진동과 소음이 조향핸들로 전달되나 경량화가 가능하여 소형 자동차에 적용하고 있다.

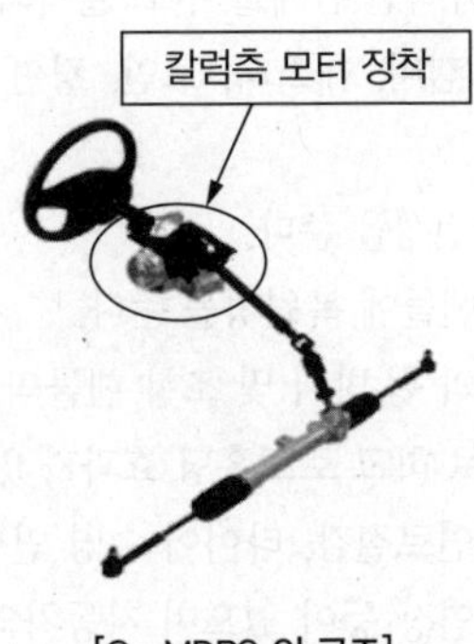

[C-MDPS 의 구조]

② P-MDPS : 전기 구동모터가 조향기어박스에 장착되며 피니언의 회전에 대해서 보조 동력을 발생시킨다. 엔진룸에 설치되며 공간상 제약이 있어 설계 시 설치 공간에 대한 것을 고려해야 한다.

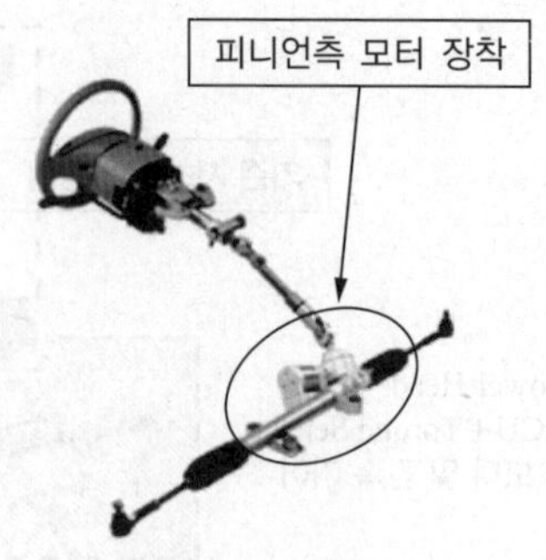

[P-MDPS의 구조]

③ R-MDPS : 전기 구동모터가 래크기어부에 장착되어 래크의 좌우 움직임에 대해서 보조 동력을 발생시킨다. 엔진룸에 설치되며 공간상 제약이 있어 설계 시 설치 공간에 대한 것을 고려해야 한다.

[R-MDPS의 구조]

16 전 차륜 정렬

(1) 휠 얼라인먼트

자동차를 지지하는 바퀴는 기하학적인 관계를 두고 설치되어 있는데 휠 얼라인먼트는 바퀴의 기하학적인 각도 관계를 말하며 일반적으로 캠버, 캐스터, 토인, 킹핀 경사각 등이 있다. 다음은 휠 얼라인먼트의 역할과 기능을 나타낸다.

① 캐스터 : 직진성과 복원성, 안전성을 준다.

② 캐스터와 킹핀 경사각 : 조향 핸들에 복원성을 준다.

③ 캠버와 킹핀 경사각 : 앞 차축의 휨 방지 및 조향 핸들의 조작력을 가볍게 한다.

④ 토인 : 타이어의 마멸을 최소로 하고 로드홀딩 효과가 있다.

이러한 휠 얼라인먼트의 효과는 연료절감, 타이어 수명 연장, 안정성 및 안락성, 현가장치 관련 부품 수명 연장, 조향장치 관련 부품 수명 연장 등이 있으며 자동차의 주행에 대하여 노면과 타이어의 저항을 감소시키는 중요한 요소이다.

(2) 휠 얼라이먼트의 구성요소

① 캠버(Camber) : 자동차를 앞에서 볼 때 앞바퀴가 지면의 수직선에 대해 어떤 각도를 두고 장착되어 있는데 이 각도를 캠버각이라 한다. 캠버각은 일반적으로 0.5~1.5° 정도를 주며 바퀴의 윗부분이 바깥쪽으로 기울어진 상태를 정 캠버, 바퀴의 중심선이 수직일 때를 0(Zero) 캠버 그리고 바퀴의 윗부분이 안쪽으로 기울어진 상태를 부 캠버라 한다.

㉠ 캠버의 역할

- 수직방향 하중에 의한 앞차축의 휨을 방지한다.
- 조향핸들의 조작을 가볍게 한다.
- 하중을 받았을 때 앞바퀴의 아래쪽부의 캠버가 벌어지는 것을 방지한다.

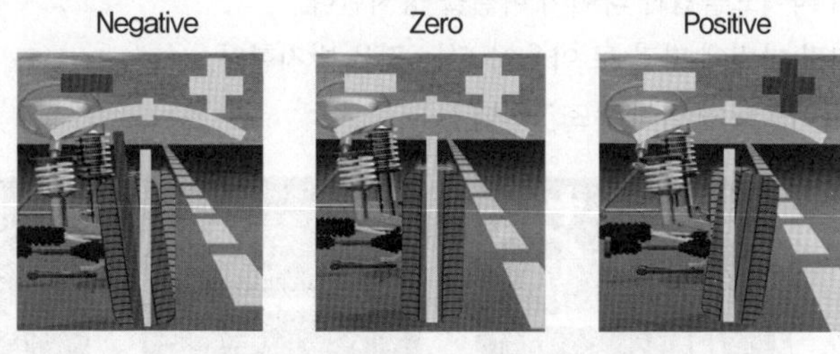

[캠버의 분류]

㉡ 정(+) 캠버 : 정 캠버는 바퀴의 위쪽이 바깥쪽으로 기울어진 상태를 말하며 정 캠버가 클수록 선회할 때 코너링 포스가 감소하고 방향 안전성 및 노면의 충격을 감소시킨다. 일반적으로 앞바퀴에 적용되며 0°30′~1°를 적용한다.

㉢ 부(−) 캠버 : 부 캠버는 바퀴의 위쪽이 안쪽으로 기울어진 상태를 말하며 승용차에서는 뒷바퀴에 −0°30′~1.5° 정도를 두고 있다. 스포츠카 등의 특수한 경우 부 캠버를 사용하며 부 캠버는 선회할 때 코너링 포스를 증가시키며 고정부분 및 너클에 응력이 집중되고 바퀴의 트레드 안쪽의 마모를 촉진시킨다.

② 캐스터(Caster) : 자동차의 앞바퀴를 옆에서 볼 때 너클과 앞 차축을 고정하는 스트럿이 수직선과 어떤 각도를 두고 설치되는데 이를 캐스터 각이라 한다. 캐스터 각은 일반적으로 1~3° 정도이다. 그리고 스트럿이 자동차의 뒤쪽으로 기울어진 상태를 정의 캐스터, 스트럿이 수직선과 일치된 상태를 0(Zero)캐스터, 스트럿이 앞쪽으로 기울어진 상태를 부의 캐스터라 한다.

[캐스터의 분류]

㉠ 정(+)의 캐스터 : 정의 캐스터는 자동차를 옆에서 볼 때 스트럿이 자동차의 뒤쪽으로 기울어져 있는 상태이다. 정의 캐스터는 주행할 때 직진성이 유지되며 시미 현상을 감소시킨다. 또한 정의 캐스터는 선회 후 바퀴가 직진 위치로 복귀하도록 하는 복원력을 발생시킨다.

㉡ 부(−)의 캐스터 : 부의 캐스터는 자동차를 옆에서 볼 때 스트럿이 자동차의 앞쪽으로 기울어져 있는 상태이다. 부의 캐스터를 사용하면 선회 후 바퀴의 복원력이 감소하고 직진성능은 감소하나 사이드 포스에 대한 저항력은 증대된다.

③ **토인(Toe−In)** : 자동차 앞바퀴를 위에서 내려다 볼 때 양 바퀴의 중심선 거리가 앞쪽이 뒤쪽보다 약간 작게 되어 있는데 이것을 토인이라고 하며 일반적으로 2~5mm 정도이다. 토인의 역할은 다음과 같다.

㉠ 앞바퀴를 평행하게 회전시킨다.

㉡ 앞바퀴의 사이드슬립과 타이어 마멸을 방지한다.

㉢ 조향링키지 마멸에 따라 토 아웃이 되는 것을 방지한다.

㉣ 토인은 타이로드의 길이로 조정한다.

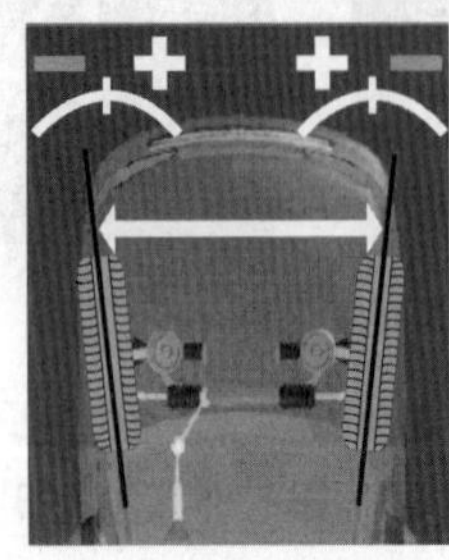

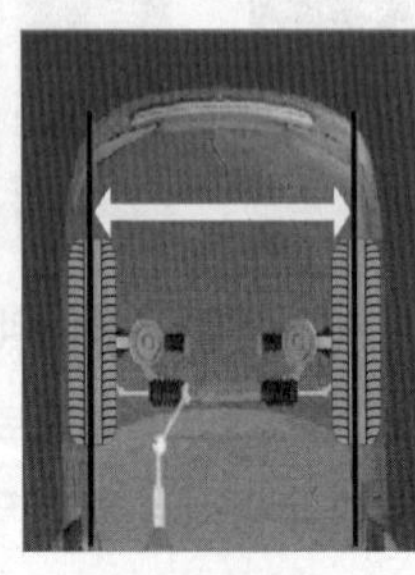
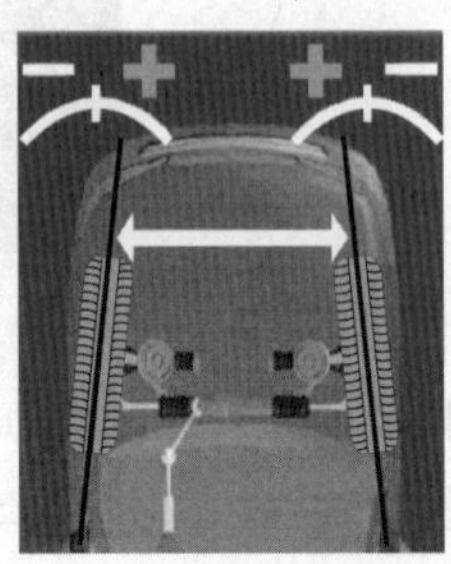

[토의 분류]

④ **킹핀 경사각** : 자동차를 앞에서 보면 독립 차축 방식에서는 위아래 볼이, 일체 차축 방식에서는 킹핀의 중심선이 지면의 수직에 대하여 어떤 각도를 두고 설치되는데 이를 킹핀 경사각이라고 한다. 킹핀 경사각은 일반적으로 7~9° 정도를 준다. 킹핀 경사각의 역할은 다음과 같다.

㉠ 캠버와 함께 조향 핸들의 조작력을 가볍게 한다.

㉡ 캐스터와 함께 앞바퀴에 복원성을 부여한다.

㉢ 앞바퀴가 시미 현상을 일으키지 않도록 한다.

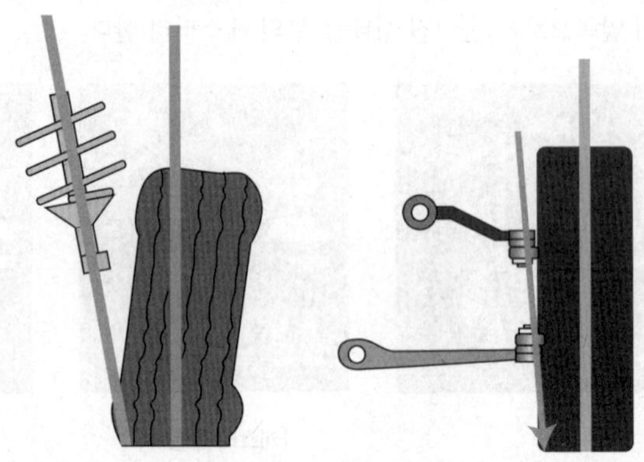

[킹핀 경사각]

17 제동장치

제동장치(Brake System)는 주행 중인 자동차를 감속 또는 정지시키고 주차상태를 유지하기 위하여 사용되는 장치이다. 제동장치는 마찰력을 이용하여 자동차의 운동 에너지를 열에너지로 바꾸어 제동하며 구비 조건은 다음과 같다.

(1) 제동장치의 구비 조건

① 작동이 명확하고 제동효과가 클 것
② 신뢰성과 내구성이 우수할 것
③ 점검 및 정비가 용이할 것

(2) 제동장치의 분류

제동장치는 기계식과 유압식으로 분류되며 기계식은 핸드 브레이크에 유압식은 풋 브레이크로 주로 적용된다. 또한 제동력을 높이기 위한 배력장치는 흡기다기관의 진공을 이용하는 하이드로 백(진공서보식)과 압축공기 압력을 이용하는 공기 브레이크 등이 있으며 감속 및 제동장치의 과열방지를 위하여 사용하는 배기 브레이크, 엔진 브레이크, 와전류 리타더, 하이드롤릭 리타더 등의 감속 브레이크가 있다.

(3) 작동 방식에 따른 분류

① **내부 확장식** : 브레이크 페달을 밟아 마스터 실린더의 유압이 휠 실린더에 전달되면 브레이크슈가 드럼을 밖으로 밀면서 압착되어 제동작용을 하는 방식이다.
② **외부 수축식** : 레버를 당길 때 브레이크 밴드를 브레이크 드럼에 강하게 조여서 제동하는 형식이다.
③ **디스크식** : 마스터 실린더에서 발생한 유압을 캘리퍼로 보내어 바퀴와 같이 회전하는 디스크를 패드로 압착시켜 제동하는 방식이다.

(4) 기구에 따른 분류

① **기계식** : 브레이크 페달이나 브레이크 레버의 조작력을 케이블 또는 로드를 통하여 브레이크슈를 브레이크 드럼에 압착시켜 제동 작용을 한다.
② **유압식** : 파스칼의 원리를 이용하여 브레이크 페달에 가해진 힘이 마스터 실린더에 전달되면 유압을 발생시켜 제동 작용을 하는 형식이다.
③ **공기식** : 압축공기의 압력을 이용하여 브레이크슈를 드럼에 압착시켜 제동 작용을 하는 방식이다.
④ **진공배력식** : 유압브레이크에서 제동력을 증가시키기 위하여 엔진의 흡기다기관(서지탱크)에서 발생하는 진공압과 대기압의 차이를 이용하여 제동력을 증대시키는 브레이크 장치이다.
⑤ **공기배력식** : 엔진의 동력으로 구동되는 공기 압축기를 이용하여 발생되는 압축공기와 대기와의 압력차를 이용하여 제동력을 발생시키는 장치이다.

⑱ 유압식 브레이크

유압식 브레이크는 파스칼의 원리를 이용한 것이며 유압을 발생시키는 마스터 실린더, 휠 실린더, 캘리퍼 유압 파이프, 플렉시블 호스 등으로 구성되어 있다.

(1) 유압 브레이크의 특징

① 제동력이 각 바퀴에 동일하게 작용한다.
② 마찰에 의한 손실이 적다.
③ 페달 조작력이 적어도 작동이 확실하다.
④ 유압회로에서 오일이 누출되면 제동력을 상실한다.
⑤ 유압회로 내에 공기가 침입(베이퍼 록)하면 제동력이 감소한다.

(2) 마스터 실린더(Master Cylinder)

마스터 실린더는 브레이크 페달을 밟는 힘에 의하여 유압을 발생시키며 마스터 실린더의 형식에는 피스톤이 1개인 싱글 마스터 실린더와 피스톤이 2개인 탠덤 마스터 실린더가 있으며 현재는 탠덤 마스터 실린더를 사용하고 있다.

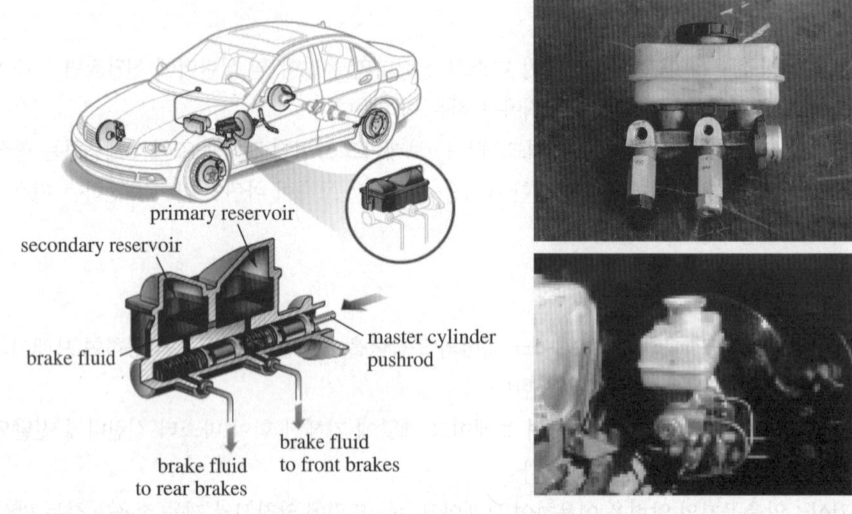

[탠덤 마스터 실린더의 구조 및 설치]

① **실린더 보디** : 실린더 보디의 재질은 주철이나 알루미늄 합금을 사용하며 위쪽에는 리저버 탱크가 설치되어 있다.

② **피스톤** : 피스톤은 실린더 내에 장착되며 페달을 밟으면 푸시 로드가 피스톤을 운동시켜 유압을 발생시킨다.

③ **피스톤 컵** : 피스톤 컵에는 1차 컵과 2차 컵이 있으며 1차 컵은 유압 발생이고 2차 컵은 마스터 실린더 내의 오일이 밖으로 누출되는 것을 방지한다.

④ **체크 밸브** : 브레이크 페달을 밟으면 오일이 마스터 실린더에서 휠 실린더로 나가게 하고 페달을 놓으면 파이프 내의 유압과 피스톤 리턴 스프링을 장력에 의해 일정량만을 마스터 실린더 내로 복귀하도록 하여 회로 내에 잔압을 유지시켜준다. 잔압을 유지시키는 이유는 다음 브레이크 작동 시 신속한 작동과 회로 내의 공기가 침투하는 것을 방지하기 위함이다.

⑤ **피스톤 리턴 스프링** : 페달을 놓았을 때 피스톤이 제자리로 복귀하도록 하고 체크 밸브와 함께 잔압을 형성하는 작용을 한다.

⑥ **파이프(Pipe)** : 브레이크 파이프는 강철 파이프와 유압용 플렉시블 호스를 사용한다. 파이프는 진동에 견디도록 클립으로 고정하고 연결부에는 금속제 피팅이 설치되어 있다.

(3) 휠 실린더(Wheel Cylinder)

휠 실린더는 마스터 실린더에서 압송된 유압에 의하여 브레이크슈를 드럼에 압착시키는 일을 하며 구조는 실린더 보디, 피스톤 스프링, 피스톤 컵, 공기빼기 작업을 하기 위한 에어 블리더가 있다.

[휠 실린더의 구조]

(4) 브레이크슈(Brake Shoe)

브레이크슈는 휠 실린더의 피스톤에 의해 드럼과 마찰을 일으켜 제동력을 발생시키는 부분으로 리턴 스프링을 두어 제동력 해제 시 슈가 제자리로 복귀하도록 하며 홀드다운 스프링에 의해 슈와 드럼의 간극을 유지시킨다. 라이닝은 다음과 같은 구비 조건을 갖추어야 한다.

① 내열성이 크고 열 경화(페이드) 현상이 없을 것
② 강도 및 내마멸성이 클 것
③ 온도에 따른 마찰계수 변화가 적을 것
④ 적당한 마찰계수를 가질 것

(5) 브레이크 드럼(Brake Drum)

드럼은 휠 허브에 볼트로 장착되어 바퀴와 함께 회전하며 슈와의 마찰로 제동을 발생시키는 부분이다. 또한 냉각성능을 크게 하고 강성을 높이기 위해 원주방향에 핀이나 리브를 두고 있으며 제동 시 발생한 열은 드럼을 통하여 발산되므로 드럼의 면적은 마찰면에서 발생한 열 방출량에 따라 결정된다. 드럼의 구비 조건은 다음과 같다.

① 가볍고 강도와 강성이 클 것
② 정적 · 동적 평형이 잡혀 있을 것
③ 냉각이 잘 되어 과열하지 않을 것
④ 내마멸성이 클 것

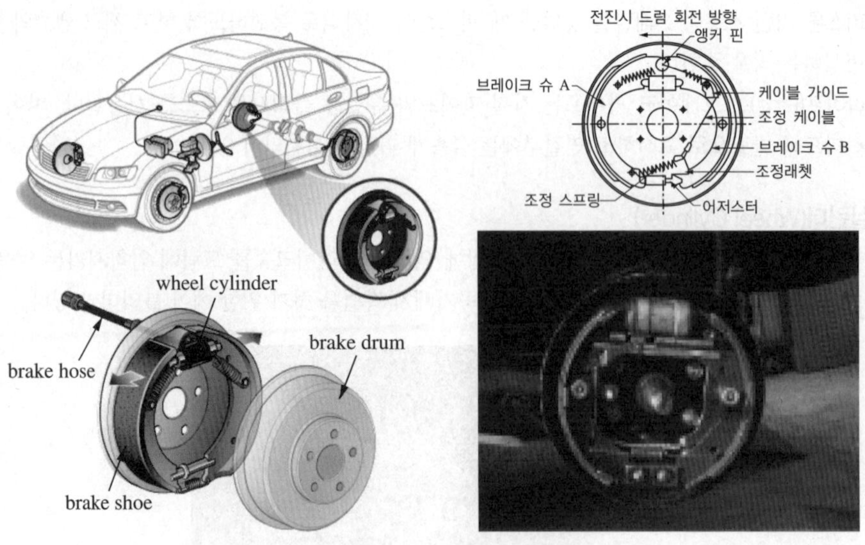

[드럼식 브레이크의 구조]

(6) 베이퍼 록

베이퍼 록 현상은 브레이크 액 내에 기포가 차는 현상으로 패드나 슈의 과열로 인해 브레이크 회로 내에 브레이크액이 비등하여 기포가 차게 되어 제동력이 전달되지 못하는 상태를 말하며 다음과 같은 경우에 발생한다.

① 한여름에 매우 긴 내리막길에서 브레이크를 지속적으로 사용한 경우
② 브레이크 오일을 교환한지 매우 오래된 경우
③ 저질 브레이크 오일을 사용한 경우

(7) 슈의 자기 작동

자기 작동이란 회전 중인 브레이크 드럼에 제동력이 작용하면 회전 방향 쪽의 슈는 마찰력에 의해 드럼과 함께 회전하려는 힘이 발생하여 확장력이 스스로 커져 마찰력이 증대되는 작용이다. 또한 드럼의 회전 반대방향 쪽의 슈는 드럼으로부터 떨어지려는 특성이 발생하여 확장력이 감소된다. 이때 자기 작동작용을 하는 슈를 리딩슈, 자기 작동작용을 하지 못하는 슈를 트레일링 슈라고 한다.

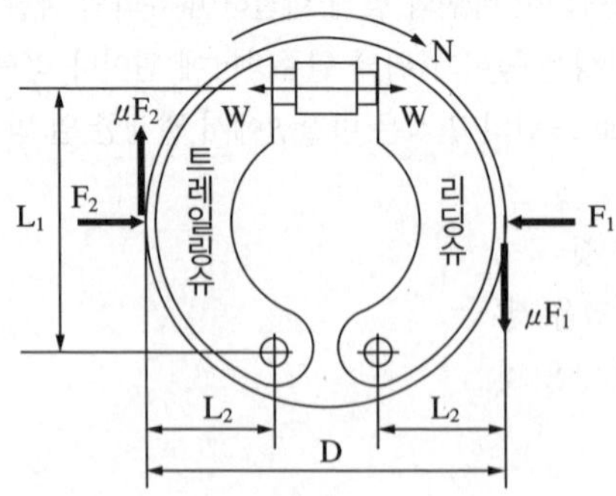

[내부확장 드럼식 브레이크]

(8) 자동 간극조정

브레이크라이닝이 마멸되면 라이닝과 드럼의 간극이 커지게 된다. 이러한 현상으로 인해 브레이크 슈와 드럼의 간극조정이 필요하며 후진 시 브레이크 페달을 밟으면 자동적으로 조정되는 장치이다.

(9) 브레이크 오일

브레이크 오일은 알코올과 피마자유의 화합물이며 식물성 오일이다. 브레이크 오일의 구비 조건은 다음과 같다.

① 점도가 알맞고 점도 지수가 클 것
② 적당한 윤활성이 있을 것
③ 빙점이 낮고 비등점이 높을 것
④ 화학적 안정성이 크고 침전물 발생이 적을 것
⑤ 고무 또는 금속제품을 부식시키지 않을 것

(10) 디스크 브레이크

디스크 브레이크는 마스터 실린더에서 발생한 유압을 캘리퍼로 보내어 바퀴와 함께 회전하는 디스크를 양쪽에서 패드로 압착시켜 제동 작용을 하는 장치이다. 디스크 브레이크는 디스크가 노출되어 있으므로 열 경화(페이드) 현상이 적고 브레이크 간극이 자동조정 되는 브레이크 형식이다. 디스크 브레이크의 장단점은 다음과 같다.

① 디스크가 노출되어 열 방출능력이 크고 제동성능이 우수하다.
② 자기 작동작용이 없어 고속에서 반복적으로 사용하여도 제동력 변화가 적다.
③ 평형성이 좋고 한쪽만 제동되는 일이 없다.
④ 디스크에 이물질이 묻어도 제동력의 회복이 빠르다.
⑤ 구조가 간단하고 점검 및 정비가 용이하다.
⑥ 마찰면적이 적어 패드의 압착력이 커야 하므로 캘리퍼의 압력을 크게 설계해야 한다.
⑦ 자기 작동작용이 없기 때문에 페달 조작력이 커야 한다.
⑧ 패드의 강도가 커야 하며 패드의 마멸이 크다.
⑨ 디스크가 노출되어 이물질이 쉽게 부착된다.

(11) 디스크 브레이크의 구조

디스크 브레이크의 종류는 캘리퍼의 양쪽에 설치된 실린더가 브레이크 패드를 디스크에 접촉시켜 제동력을 발생시키는 고정 캘리퍼형, 실린더가 한쪽에 설치되어 캘리퍼 전체가 이동하여 제동력을 발생시키는 부동 캘리퍼형으로 분류하며 구조는 다음과 같다.

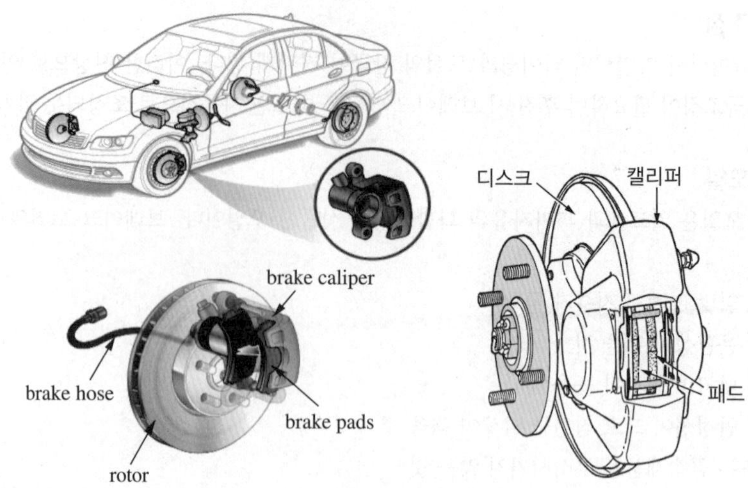

[디스크 브레이크의 구조]

① **디스크** : 디스크는 휠 허브에 설치되어 바퀴와 함께 회전하는 원판으로 제동 시에 발생되는 마찰열을 발산시키기 위하여 내부에 냉각용의 통기구멍이 설치되어 있는 벤틸레이티드 디스크로 제작되어 있다.

② **캘리퍼** : 캘리퍼는 내부에 피스톤과 실린더가 조립되어 있으며 제동력의 반력을 받기 때문에 너클이나 스트럿에 견고하게 고정되어 있다.

③ **실린더 및 피스톤** : 실린더 및 피스톤은 디스크에 끼워지는 캘리퍼 내부에 설치되어 있고 실린더의 끝부분에는 이물질이 유입되는 것을 방지하기 위하여 유연한 고무의 부츠가 설치되어 있으며 안쪽에는 피스톤실이 실린더 내벽의 홈에 설치되어 실린더 내의 유압을 유지함과 동시에 디스크와 패드 사이의 간극을 조절하는 자동조정장치의 역할도 가지고 있다.

④ **패드** : 패드는 두께가 약 10mm 정도의 마찰제로 피스톤과 디스크 사이에 조립되어 있다. 패드의 측면에는 사용한계를 나타내는 인디케이터가 있으며 캘리퍼에 설치된 점검홈에 의해서 패드가 설치된 상태에서 마모상태를 점검할 수 있도록 되어 있다.

(12) 배력식 브레이크

배력식 브레이크는 유압식 브레이크에서 제동력을 증가시키기 위해 흡기다기관에서 발생하는 진공압과 대기압의 차이를 이용하는 진공배력식 하이드로백과 압축공기의 압력과 대기압력 차이를 이용하는 공기배력식 하이드로 에어백이 있다. 공기 배력식은 구조상 공기 압축기와 공기 저장 탱크를 별도로 장착하여야 하기 때문에 대형차량에 많이 적용된다.

① **진공배력식 브레이크** : 진공배력식은 흡기다기관의 진공과 대기압력과의 차이를 이용한 것으로 페달 조작력을 약 8배 증가시켜 제동성능을 향상시키는 장치이다. 또한 배력장치에 이상이 발생하여도 일반적인 유압브레이크로 작동할 수 있는 구조로 되어있다.

② **진공배력식 브레이크의 종류** : 진공배력식 브레이크의 종류에는 마스터 실린더와 배력장치를 일체로 한 일체형 진공배력식과 하이드로백과 마스터실린더를 별도로 설치한 분리형 진공배력식이 있다.

㉠ 일체형 진공배력식 : 이 형식은 진공배력장치가 브레이크 페달과 마스터 실린더 사이에 장착되며, 기관의 흡기다기관 내에서 발생하는 부압과 대기압과의 압력차를 이용하여 배력작용을 발생시키는 것으로 브레이크 부스터(Brake Booster) 또는 마스터 백이라고도 하며, 주로 승용차와 소형 트럭에 사용되고 있다. 동력전달은 브레이크 페달 밟는 힘, 브레이크 페달, 푸시로드, 플런저, 리액션 패드,

리액션 피스톤, 마스터 실린더를 거쳐 유압이 발생한다. 이 과정에서 진공압과 대기압차에 의한 압력이 파워 피스톤에 작용하여 이 힘이 마스터 실린더 푸시로드에 작용하므로 배력작용이 일어난다. 일체형 진공배력식 장치의 특징은 다음과 같다.

- 구조가 간단하고 무게가 가볍다.
- 배력장치 고장 시 페달 조작력은 로드와 푸시로드를 거쳐 마스터 실린더에 작용하므로 유압식 브레이크로 작동을 할 수 있다.
- 페달과 마스터 실린더 사이에 배력장치를 설치하므로 설치 위치에 제한이 있다.

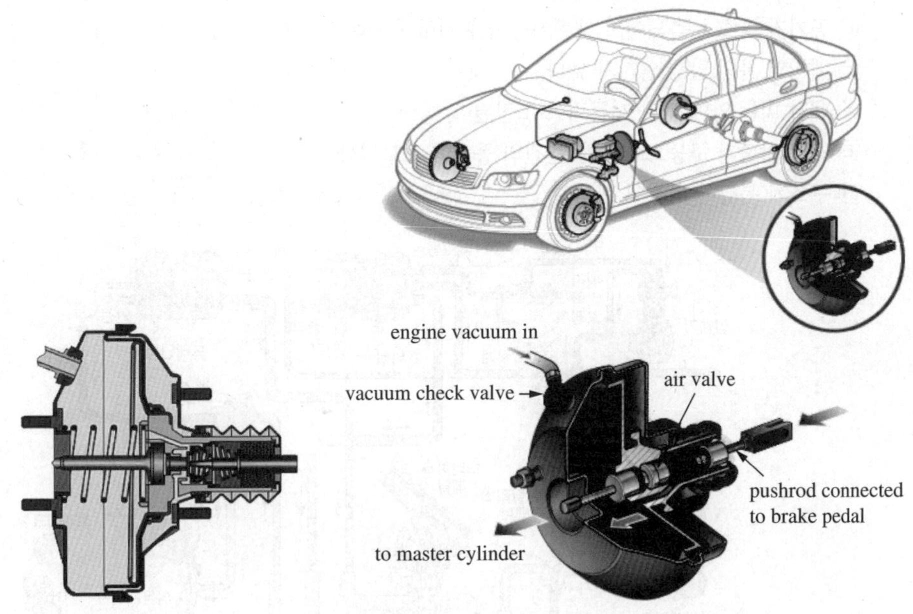

[진공 부스터(하이드로백)의 구조]

㉡ 분리형 진공배력식 : 분리형 진공배력식은 마스터 실린더와 배력장치가 서로 분리되어 있는 형태로, 이때의 배력장치를 하이드로 마스터(Hydro Master)라고도 한다. 구조와 작동원리는 일체형 진공배력식 장치와 비슷하다. 분리형 진공배력식 장치는 대기의 공기가 통하는 곳에 압축공기가 유입되어 파워 피스톤 양쪽의 압력차가 더욱 커지므로 강력한 제동력을 얻을 수 있도록 한 것이며 특징은 다음과 같다.

- 배력장치가 마스터 실린더와 휠실린더 사이를 파이프로 연결하므로 설치 위치가 자유롭다.
- 구조가 복잡하다.
- 회로 내의 잔압이 너무 크면 배력장치가 항상 작동하므로 잔압의 관계에 주의하여야 한다.

19 공압식 브레이크

(1) 공압식 브레이크의 특징

공압식 브레이크는 공기압축 장치의 압력을 이용하여 모든 바퀴의 브레이크슈를 드럼에 압착시켜서 제동 작용을 하는 것이며 브레이크 페달에 의해 밸브를 개폐시켜 브레이크 챔버에 공급되는 공기량으로 제동력을 조절한다.

① 공압식 브레이크의 장단점

㉠ 차량 중량에 제한을 받지 않는다.
㉡ 공기가 다소 누출되어도 제동성능이 현저하게 저하되지 않는다.
㉢ 베이퍼 록의 발생 염려가 없다.
㉣ 페달 밟는 양에 따라 제동력이 조절된다.
㉤ 공기 압축기 구동으로 인해 엔진의 동력이 소모된다.
㉥ 구조가 복잡하고 값이 비싸다.

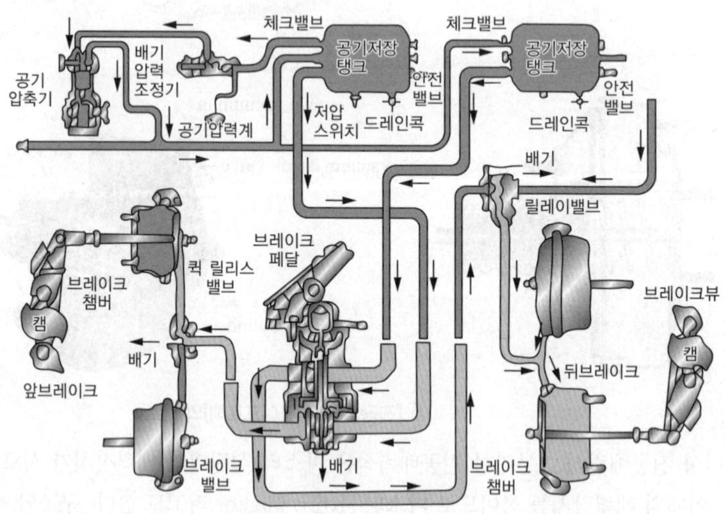

[공기 브레이크 회로]

② **공기 압축기** : 공기 압축기는 엔진의 크랭크축에 의해 구동되며 압축공기를 생산하는 역할을 한다. 공기 압축기 입구에는 언로더 밸브가 설치되어 있고 압력조정기와 함께 공기 압축기가 필요 이상 작동하는 것을 방지하고 공기 저장 탱크 내의 공기 압력을 일정하게 조정한다.

③ **압력조정기와 언로더 밸브(Air Pressure Regulator & Unloader Valve)** : 압력조정기는 공기 저장 탱크 내의 압력이 약 7kgf/cm^2 이상 되면 공기탱크에서 공기 입구로 유입된 압축공기가 압력조정 밸브를 밀어 올린다. 이에 따라 언로더 밸브를 열어 압축기의 압축작용이 정지된다. 또한 공기 저장 탱크 내의 압력이 규정값 이하가 되면 언로더 밸브가 다시 복귀되어 공기 압축작용이 다시 시작된다.

④ **공기탱크와 안전밸브** : 공기 저장 탱크는 공기 압축기에서 보내온 압축공기를 저장하며 탱크 내의 공기 압력이 규정값 이상이 되면 공기를 배출시키는 안전밸브와 공기 압축기로 공기가 역류하는 것을 방지하는 체크밸브 및 탱크 내의 수분 등을 제거하기 위한 드레인콕이 있다.

(2) 공압식 브레이크 계통

① 브레이크 밸브(Brake Valve) : 브레이크 밸브는 페달에 의해 개폐되며 페달을 밟는 양에 따라 공기 탱크 내의 압축공기량을 제어하여 제동력을 조절한다. 페달을 놓으면 플런저가 제자리로 복귀하여 배출밸브가 열리며 브레이크 챔버 내의 공기를 대기 중으로 배출시켜 제동력을 해제한다.

② 퀵 릴리스 밸브(Quick Release Valve) : 퀵 릴리스 밸브는 페달을 밟아 브레이크 밸브로부터 압축공기가 입구를 통하여 공급되면 밸브가 열려 브레이크 챔버에 압축공기가 작동하여 제동된다.

③ 릴레이 밸브(Relay Valve) : 릴레이 밸브는 페달을 밟아 브레이크 밸브로부터 공기 압력이 들어오면 다이어프램이 아래쪽으로 내려가 배출 밸브를 닫고 공급밸브를 열어 공기 저장 탱크 내의 공기를 직접 브레이크 챔버로 보내어 제동시킨다.

④ 브레이크 챔버(Brake Chamber) : 페달을 밟아 브레이크 밸브에서 조절된 압축공기가 챔버 내로 유입되면 다이어프램은 스프링을 누르고 이동하며 푸시로드가 슬랙 조정기를 거쳐 캠을 회전시켜 브레이크슈가 확장되고 드럼에 압착되어 제동 작용을 한다.

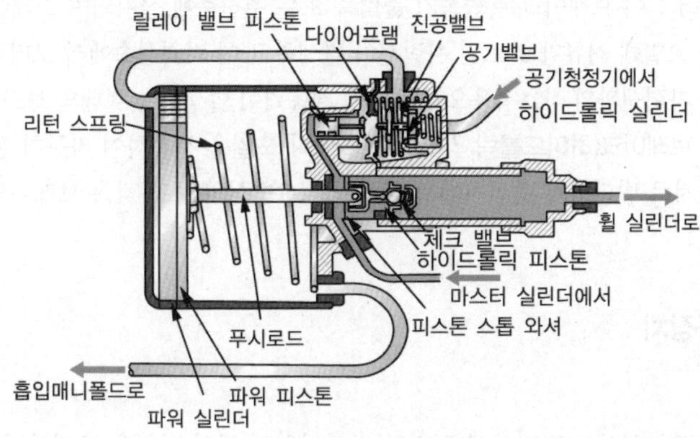

[브레이크 챔버의 구조]

⑤ 슬랙조정기 : 슬랙조정기는 캠축을 회전시키는 역할과 브레이크 드럼 내부의 브레이크슈와 드럼 사이의 간극을 조정하는 역할을 한다.

⑥ 저압표시기 : 브레이크용의 공기탱크 압력이 규정보다 낮은 경우 적색 경고등을 점등하고 동시에 경고음을 울려 브레이크용의 공기 압력이 규정보다 낮은 것을 운전자에게 알려주는 역할을 한다.

⑳ 주차 브레이크 및 보조 감속 브레이크

(1) 주차 브레이크

① 센터 브레이크

㉠ 외부 수축식 : 이 형식은 브레이크 드럼을 변속기 출력축이나 추진축에 설치하여 레버를 당기면 로드가 당겨지며 작동 캠의 작용으로 밴드가 수축하여 드럼을 강하게 조여서 제동이 된다.

㉡ 내부 확장식 : 이 형식은 레버를 당기면 와이어가 당겨지며 이때 브레이크슈가 확장되어 제동작용을 한다.

(2) 보조 감속 브레이크

마찰식 브레이크는 연속적인 제동을 하게 되면 마찰에 의한 온도 상승으로 페이드 현상이나 베이퍼 록(증기폐쇄) 현상이 일어날 수 있다. 따라서 긴 경사 길을 내려갈 때에는 상용 브레이크와 더불어 엔진 브레이크를 작동시켜 주 브레이크를 보호하는 역할을 한다. 그러나 버스나 트럭의 대형화 및 고속화에 따라 상용 브레이크 및 엔진 브레이크만으로는 요구하는 제동력을 얻을 수 없으므로 보조 감속 브레이크를 장착시킨다. 즉 감속 브레이크는 긴 언덕길을 내려갈 때 풋 브레이크와 병용되며 풋 브레이크 혹사에 따른 페이드 현상이나 베이퍼 록을 방지하여 제동장치의 수명을 연장한다. 보조 감속 브레이크의 종류는 다음과 같다.

① **엔진 브레이크** : 변속기 기어단수를 저단으로 놓고 엔진회전에 대한 저항을 증가시켜 감속하는 보조 감속 브레이크이다.

② **배기 브레이크** : 배기라인에 밸브 형태로 설치되어 작동 시 배기 파이프의 통로 면적을 감소시켜 배기 압력을 증가시키고 엔진 출력을 감소시키는 보조 감속 브레이크이다.

③ **와전류 리타더** : 이 브레이크는 변속기 출력축 또는 추진축에 설치되며 스테이터, 로터, 계자 코일로 구성되어 계자 코일에 전류가 흐르면 자력선이 발생하고 이 자력선속에서 로터를 회전시키면 맴돌이 전류가 발생하여 자력선과의 상호작용으로 로터에 제동력이 발생하는 형태의 보조 감속브레이크 장치이다.

④ **유체식 감속 브레이크(하이드롤릭 리타더)** : 물이나 오일을 사용하여 자동차 운동 에너지를 액체 마찰에 의해 열에너지로 변환시켜 방열기에서 감속시키는 방식의 보조 감속 브레이크이다.

21 전자제어 제동장치

(1) ABS의 개요

ABS는 바퀴의 고착현상을 방지하여 노면과 타이어의 최적의 마찰을 유지하며 제동하여 제동성능 및 조향 안전성을 확보하는 전자제어식 브레이크 장치이다.

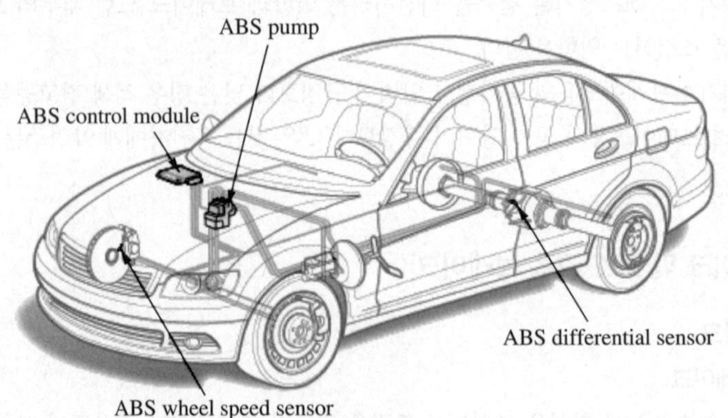

[ABS의 구성]

(2) ABS의 목적

① 조향안정성 및 조종성을 확보한다.

② 노면과 타이어를 최적의 그립력으로 제어하여 제동 거리를 단축시킨다.

(3) ABS 구성 부품

① 휠 스피드 센서 : 휠 스피드 센서는 자동차의 각 바퀴에 설치되어 해당 바퀴의 회전상태를 검출하며 ECU는 이러한 휠 스피드 센서의 주파수를 인식하여 바퀴의 회전속도를 검출한다. 휠 스피드 센서는 전자 유도 작용을 이용한 것이며 톤 휠의 회전에 의해 교류 전압이 발생한다. 이 교류 전압은 회전속도에 비례하여 주파수 변화가 나타나기 때문에 이 주파수를 검출하여 바퀴의 회전속도를 검출한다.

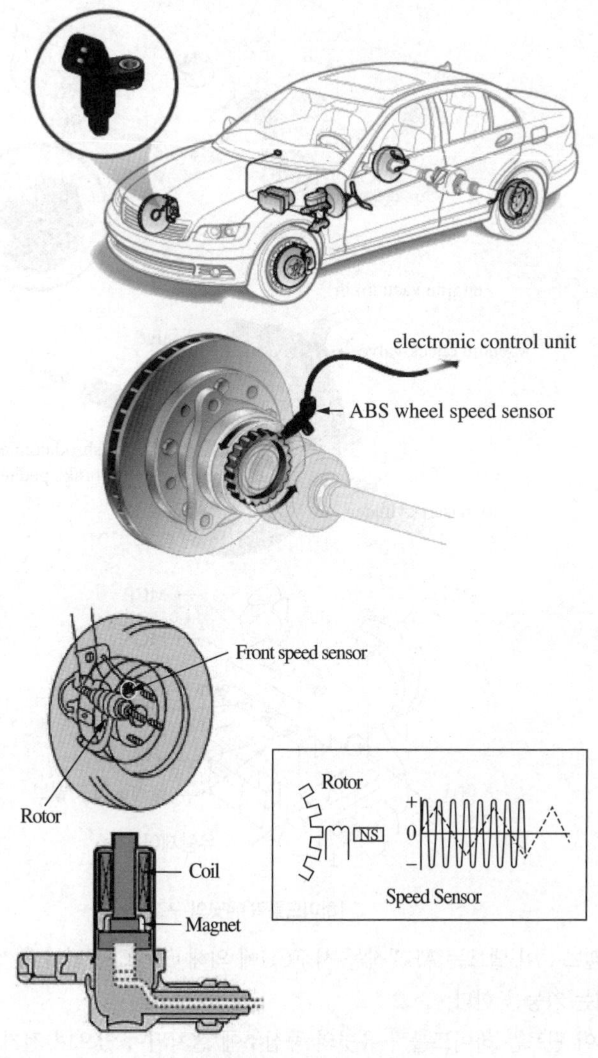

[휠 스피드 센서의 장착 및 작동원리]

② ABS ECU : ABS ECU는 휠 스피드 센서의 신호에 의해 들어온 바퀴의 회전 상황을 인식함과 동시에 급제동 시 바퀴가 고착되지 않도록 하이드롤릭 유닛(유압조절장치) 내의 솔레노이드 밸브 및 전동기 등을 제어한다.

(4) 하이드롤릭 유닛(유압조절장치)

하이드롤릭 유닛은 내부의 전동기에 의해 작동되며 제어 펌프에 의해 공급된다. 또한 밸브 블록에는 각 바퀴의 유압을 제어하기 위해 각 채널에 대한 2개의 솔레노이드 밸브가 들어 있다. ABS 작동 시 ECU의 신호에 따라 리턴 펌프를 작동시켜 휠 실린더에 가해지는 유압을 증압, 유지, 감압 등으로 제어한다.

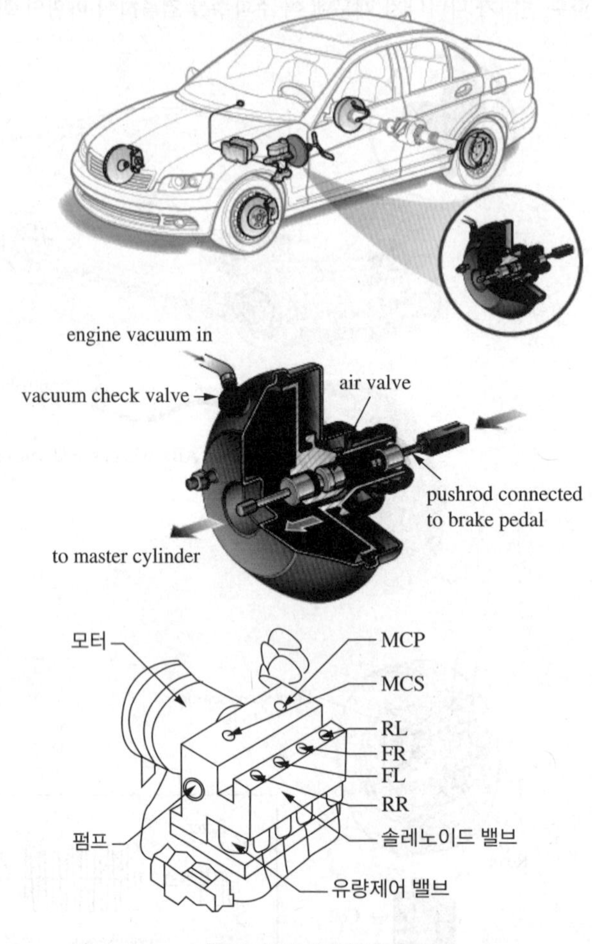

[하이드롤릭 유닛의 구조]

① 솔레노이드 밸브 : 이 밸브는 ABS 작동 시 ECU에 의해 ON, OFF되어 휠 실린더로의 유압을 증압, 유지, 감압시키는 기능을 한다.

② 리턴 펌프 : 이 펌프는 하이드롤릭 유닛의 중심부에 설치되어 있으며 전기 신호로 구동되는 전동기가 편심으로 된 풀리를 회전시켜 증압 시 추가로 유압을 공급하는 기능과 감압할 때 휠 실린더의 유압을 복귀시켜 어큐뮬레이터 및 댐핑챔버에 보내어 저장하도록 하는 기능을 한다.

③ **어큐뮬레이터** : 어큐뮬레이터 및 댐핑챔버는 하이드롤릭 유닛의 아래 부분에 설치되어 있으며 ABS 작동 중 감압 작동할 때 휠 실린더로부터 복귀된 오일을 일시적으로 저장하는 장치이며 증압 사이클에서는 신속한 오일 공급으로 리턴 펌프가 작동되어 ABS가 신속하게 작동하도록 한다. 또한 이 과정에서 발생되는 브레이크 오일의 맥동 및 진동을 흡수하는 기능도 있다.

22 전자제어 구동력 제어장치(TCS)

(1) TCS의 개요

TCS는 구동 및 가속에 대한 미끄러짐 발생 시 엔진의 출력을 감소시키고 ABS 유압 시스템을 통하여 바퀴의 미끄러짐을 억제하여 구동력을 노면에 최적으로 전달할 수 있다. 또한 빠른 속도로 선회 시 자동차의 뒷부분이 밖으로 밀려나가는 테일 아웃 현상이 발생하는데 이런 경우에도 TCS는 엔진의 출력을 제어하여 안전한 선회가 가능하다. 즉, TCS는 가속 및 구동 시 부분적 제동력을 발생하여 구동 바퀴의 슬립을 방지하고 엔진 토크를 감소시켜 노면과 타이어의 마찰력을 항상 일정한계 내에 있도록 자동적으로 제어하는 것이 TCS의 역할이다.

(2) TCS의 종류

① FTCS : 이 형식은 최적의 구동을 위해 엔진 토크의 감소 및 브레이크 제어를 동시에 구현하는 시스템이다. 브레이크 제어는 ABS ECU가 제어하며 TCS 제어를 함께 수행한다.

② BTCS : 이 형식은 TCS를 제어할 때 브레이크 제어만을 수행하며 ABS 하이드롤릭 유닛 내부의 모터 펌프에서 발생하는 유압으로 구동 바퀴의 제동을 제어한다.

(3) TCS 작동 원리

① **슬립 제어** : 뒷바퀴 휠 스피드 센서의 신호와 앞바퀴 휠 스피드 센서의 신호를 비교하여 구동바퀴의 슬립률을 계산하여 구동바퀴의 유압을 제어한다.

② **트레이스 제어** : 트레이스 제어는 운전자의 조향 핸들 조작량과 가속페달 밟는 양 및 비구동 바퀴의 좌측과 우측의 속도 차이를 검출하여 구동력을 제어하여 안정된 선회가 가능하도록 한다.

23 전자제어제동력 배분 장치(EBD)

제동 시 전륜측과 후륜측의 발생유압 시점을 뒷바퀴가 앞바퀴와 같거나 또는 늦게 고착되도록 ABS ECU가 제동배분을 제어하는 것을 EBD라 한다.

(1) EBD의 제어 원리

EBD는 ABS ECU에서 뒷바퀴의 제동유압을 이상적인 제동배분 곡선에 근접 제어하는 원리이다. 제동할 때 각각의 휠 스피드 센서로부터 슬립률을 연산하여 뒷바퀴 슬립률이 앞바퀴보다 항상 작거나 동일하게 유압을 제어한다.

(2) EBD 제어의 효과

① 후륜의 제동기능 및 제동력을 향상시키므로 제동 거리가 단축된다.

② 뒷바퀴 좌우의 유압을 각각 독립적으로 제어하므로 선회 시 안전성이 확보된다.

③ 브레이크 페달의 작동력이 감소된다.

④ 제동 시 후륜의 제동 효과가 커지므로 전륜측 브레이크 패드의 온도 및 마멸 등이 감소되어 안정된 제동 효과를 얻을 수 있다.

24 차량 자세제어시스템(VDC)

(1) VDC의 개요

VDC(Vehicle Dynamic Control System)는 스핀(Spin), 또는 오버스티어(Over Steer), 언더스티어(Under Steer) 등의 발생을 억제하여 이로 인한 사고를 미연에 방지할 수 있는 시스템이다. VDC는 요 모멘트 제어, 자동 감속 제어, ABS 및 TCS 제어 등에 의하여 스핀방지, 오버스티어 방지, 요잉 발생 방지, 조정 안정성 향상 등의 효과가 있다.

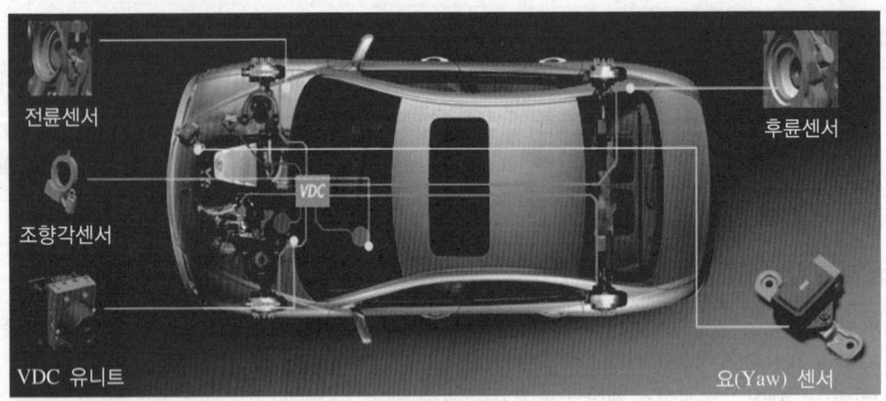

[VDC의 구성]

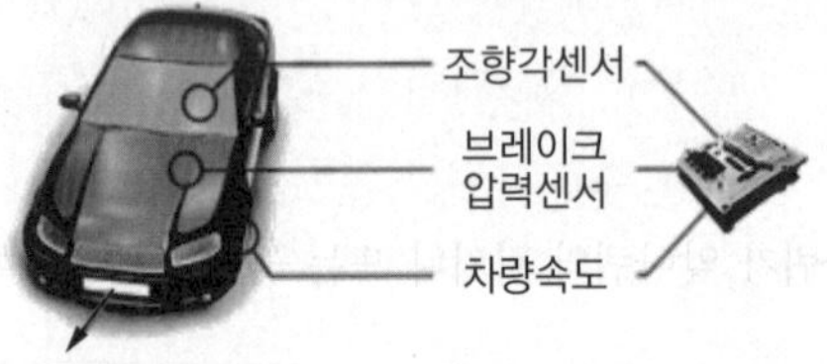

1) 운전자의 조향 의도 분석
- 조향 휠의 위치(Steering Angle)
- 제동 페달(Pressure)
- 차량의 속도(Wheel Speed)

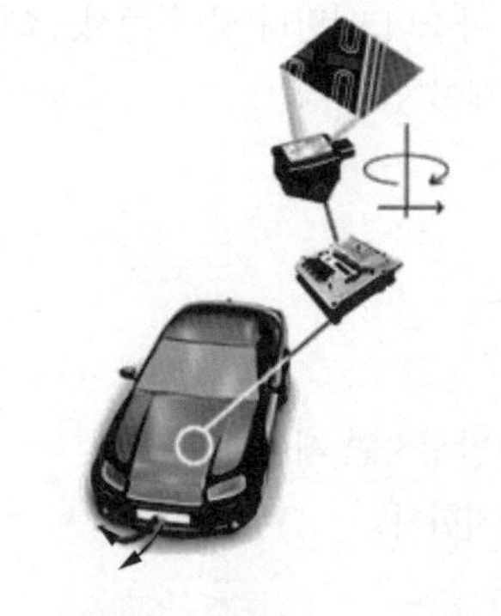

2) 차량의 거동상태 분석
- 차량 회전속도(Yaw Rate)
- 측면으로 작동하는 힘(Lateral-G)

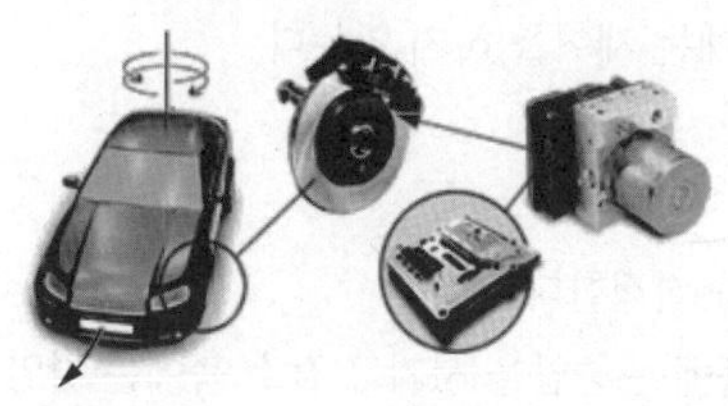

3) 제동력을 통한 자세제어
- ECU는 필요한 대책을 계산
- 각 바퀴의 제동력을 독립적으로 제어
- 엔진출력제어

[VDC의 제어요소]

① **요 모멘트** : 요 모멘트란 차체의 앞뒤가 좌, 우측 또는 선회할 때 안쪽, 바깥쪽 바퀴 쪽으로 이동하려는 힘을 말한다. 요 모멘트로 인하여 언더스티어, 오버스티어, 횡력 등이 발생한다. 이로 인하여 주행 및 선회할 때 자동차의 주행 안정성이 저하된다.

② **VDC 제어의 개요** : 조향각속도 센서, 마스터 실린더 압력 센서, 차속 센서, G 센서 등의 입력값을 연산하여 자세제어의 기준이 되는 요 모멘트와 자동 감속 제어의 기준이 되는 목표 감속도를 산출하여 이를 기초로 4바퀴의 독립적인 제동압, 자동 감속 제어, 요-모멘트 제어, 구동력 제어, 제동력 제어와 엔진 출력을 제어한다.

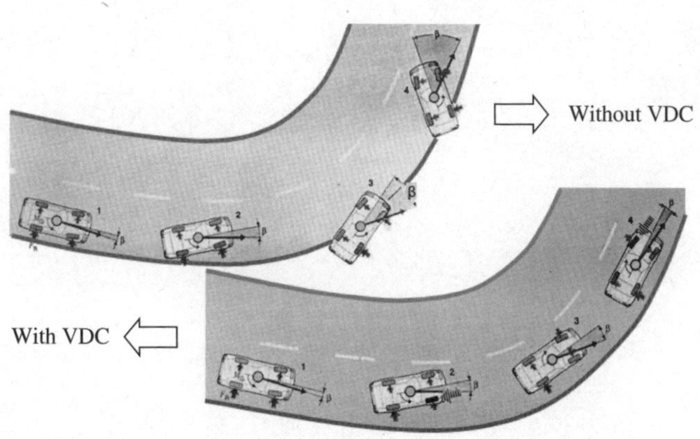

[VDC 장착 비교]

③ 제어의 종류

㉠ ABS/EBD제어 : 4개의 휠 스피드의 가 · 감속을 산출하고 ABS/EBD 작동 여부를 판단하여 제동제어를 한다.

㉡ TCS 제어 : 브레이크 압력제어 및 CAN 통신을 통해 엔진 토크를 저감시켜 구동 방향의 휠 슬립을 방지한다.

㉢ 요(AYC) 제어 : 요레이트 센서, 횡가속도 센서, 마스터 실린더 압력 센서, 조향휠 각속도 센서, 휠 스피드 센서 등의 신호를 연산하여 차량 자세를 제어한다.

④ VDC 제어 조건

㉠ 주행속도가 15km/h 이상 되어야 한다.

㉡ 점화 스위치 ON 후 2초가 지나야 한다.

㉢ 요 모멘트가 일정값 이상 발생하면 제어한다.

㉣ 제동이나 출발할 때 언더스티어나 오버스티어가 발생하면 제어한다.

㉤ 주행속도가 10km/h 이하로 떨어지면 제어를 중지한다.

㉥ 후진할 때에는 제어를 하지 않는다.

㉦ 자기 진단기기 등에 의해 강제구동 중일 때에는 제어를 하지 않는다.

⑤ 제동압력 제어

㉠ 요 모멘트를 기초로 제어 여부를 결정한다.

㉡ 슬립률에 의한 자세제어에 따라 제어 여부를 결정한다.

㉢ 제동압력 제어는 기본적으로 슬립률 증가 측에는 증압을 시키고 감소 측에는 감압제어를 한다.

⑥ ABS 관련 제어 : ABS의 관련 제어는 뒷바퀴의 제어의 경우 셀렉터 로우 제어에서 독립 제어로 변경되었으며 요 모멘트에 따라서 각 바퀴의 슬립률을 판단하여 제어한다. 또한 언더스티어나 오버스티어 제어일 때에는 ABS 제어에 제동압력의 증 · 감압을 추가하여 응답성을 향상시켰다.

⑦ 자동 감속 제어(제동 제어) : 선회할 때 횡 G값에 대하여 엔진의 가속을 제한하는 제어를 실행함으로서 과속의 경우에는 제동제어를 포함하여 선회 안정성을 향상시킨다. 목표 감속도와 실제 감속도의 차이가 발생하면 뒤 바깥쪽 바퀴를 제외한 3바퀴에 제동압력을 가하여 감속 제어를 실행한다.

⑧ TCS 관련 제어 : 슬립 제어는 제동제어에 의해 LSD(Limited Slip Differential) 기능으로 미끄러운 도로에서의 가속성능을 향상시키며 트레이스 제어는 운전 상황에 대하여 엔진의 출력을 감소시킨다.

⑨ 선회 시 제어

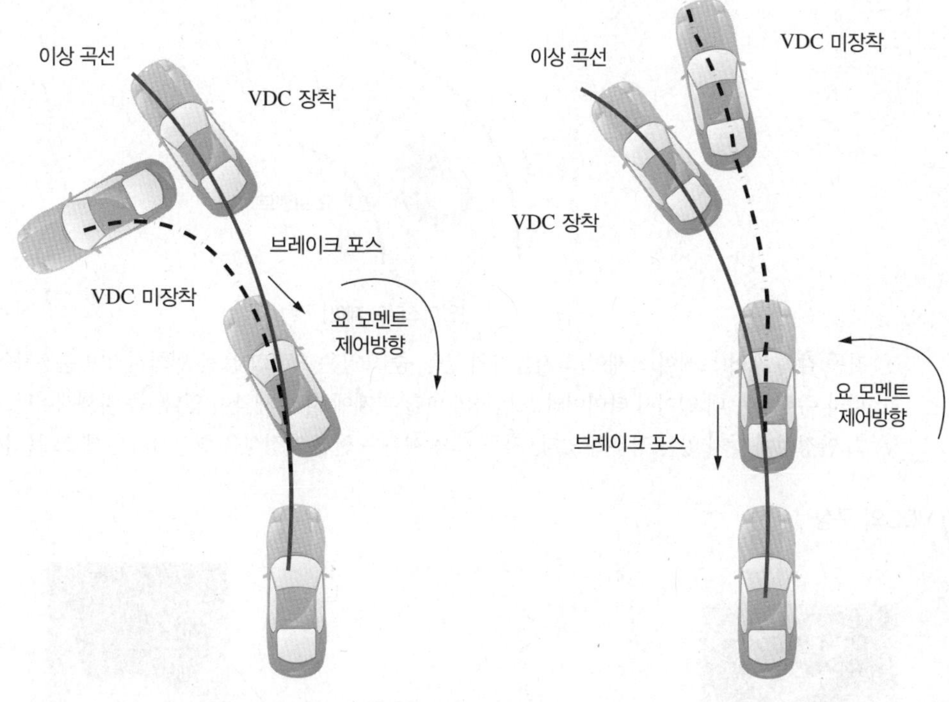

[선회 시 VDC 특성]

㉠ 오버 스티어 발생 : 오버 스티어는 전륜 대비 후륜의 횡 슬립이 커져 과다 조향현상이 발생하며 시계 방향의 요 컨트롤이 필요하게 된다.

㉡ 언더 스티어 발생 : 언더 스티어는 후륜 대비 전륜의 횡 슬립이 커져 조향 부족현상이 발생하며 반시계 방향의 요 컨트롤이 필요하게 된다.

⑩ 요 모멘트 제어(Yaw Moment 제어) : 요 모멘트 제어는 차체의 자세제어이며 선회할 때 또는 주행 중 차체의 옆 방향 미끄러짐 요잉 또는 횡력에 대하여 안쪽 바퀴 또는 바깥쪽 바퀴에 브레이크를 작동시켜 차체제어를 실시한다.

㉠ 오버 스티어 제어(Over Steer Control) : 선회할 때 VDC ECU에서는 조향각과 주행속도 등을 연산하여 안정된 선회 곡선을 설정한다. 설정된 선회 곡선과 비교하여 언더 스티어가 발생되면 오버 스티어 제어를 실행한다.

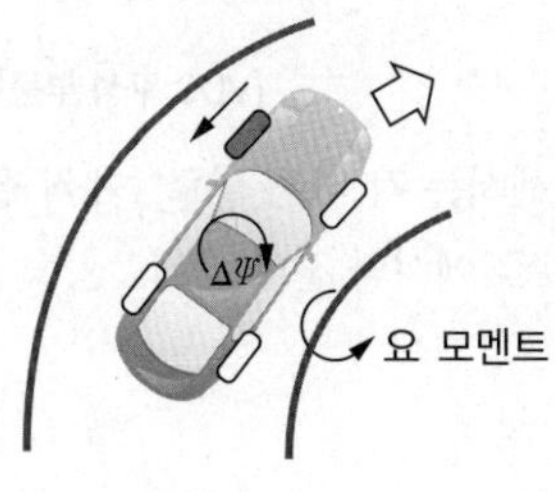

[오버 스티어 제어]

㉡ 언더 스티어 제어(Under Steer Control) : 설정된 선회 곡선과 비교하여 오버 스티어가 발생하면 언더 스티어 제어를 실행한다.

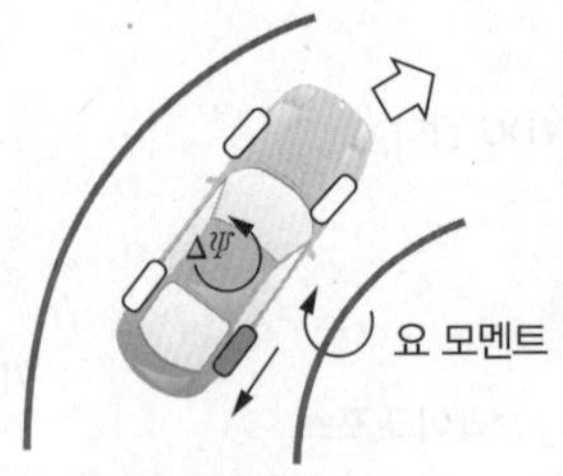

[언더스티어 제어]

㉢ 자동 감속 제어(트레이스 제어) : 자동차의 운동 중 요잉은 요 모멘트를 변화시키며 운전자의 의도에 따라 주행하는 데 있어서 타이어와 노면과의 마찰 한계에 따라 제약이 있다. 즉 자세제어만으로는 선회 안정성에 맞지 않는 경우가 있다. 자동 감속 제어는 선회 안정성을 향상시키는 데 그 목적이 있다.

(2) VDC의 구성

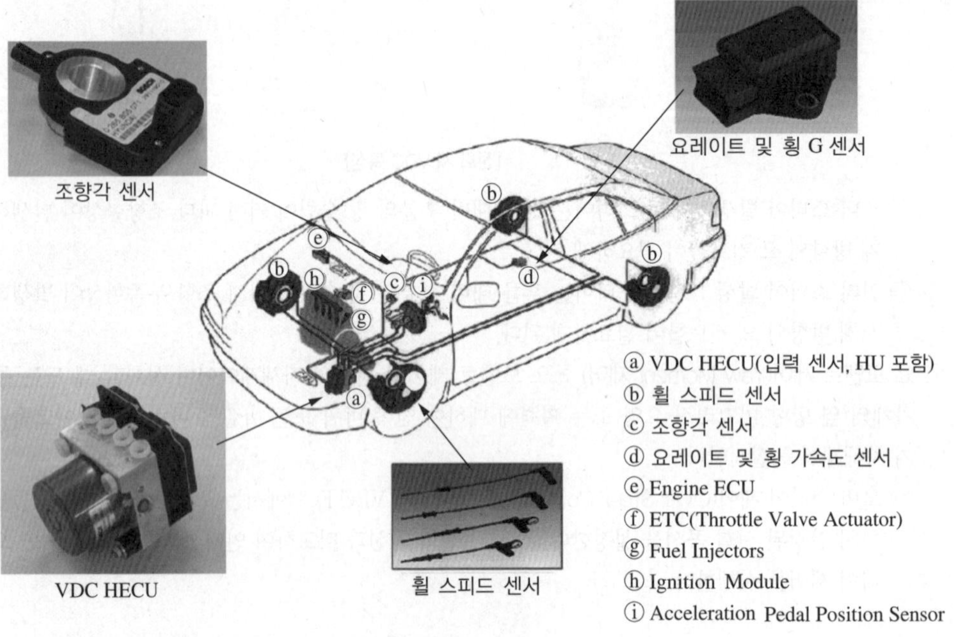

[VDC 구성 부품]

① 휠 스피드 센서 : 휠 스피드 센서는 각 바퀴 별로 1개씩 설치되어 있으며 바퀴 회전속도 및 바퀴의 가속도 슬립률 계산 등은 ABS, TCS에서와 같다.

② **조향휠 각속도 센서** : 조향휠 각속도 센서는 조향 핸들의 조작 속도를 검출하는 것이며 3개의 포토 트랜지스터로 구성되어 있다.

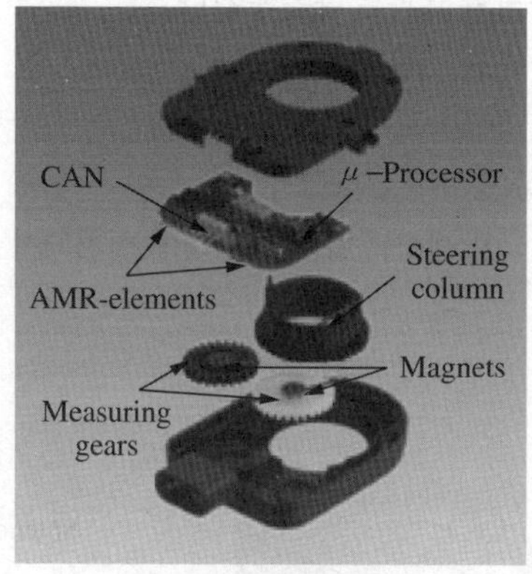

[조향휠 각속도 센서]

③ **요 레이트 센서** : 요 레이트 센서는 센터콘솔 아래쪽에 횡 G 센서와 함께 설치되어 있다.

④ **횡가속도(G) 센서** : 횡 G 센서는 센터콘솔 아래쪽에 요 레이트 센서와 함께 설치되어 있다.

[횡가속도 센서]

⑤ **하이드롤릭 유닛(Hydraulic Unit)** : 하이드롤릭 유닛은 엔진룸 오른쪽에 부착되어 있으며 그 내부에는 12개의 솔레노이드 밸브가 들어있다.

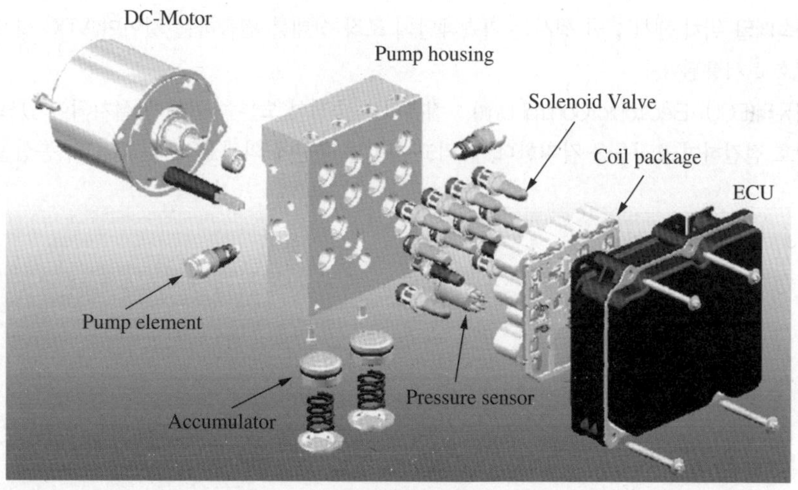

[하이드롤릭 유닛의 구조]

⑥ **유압 부스터(Hydraulic Booster)** : 흡기다기관의 부압을 이용한 기존의 진공배력식 부스터 대신 유압 모터를 이용한 것이며 유압 부스터는 액추에이터와 어큐뮬레이터에서 전동기에 의하여 형성된 중압 유압을 이용한다. 유압 부스터의 효과는 다음과 같다.

㉠ 브레이크 압력에 대한 배력 비율이 크다.

㉡ 브레이크 압력에 대한 응답속도가 빠르다.

㉢ 흡기다기관부압에 대한 영향이 없다.

⑦ **마스터 실린더 압력 센서** : 이 센서는 유압 부스터에 설치되어 있으며 스틸 다이어 프램으로 구성되어 있다.

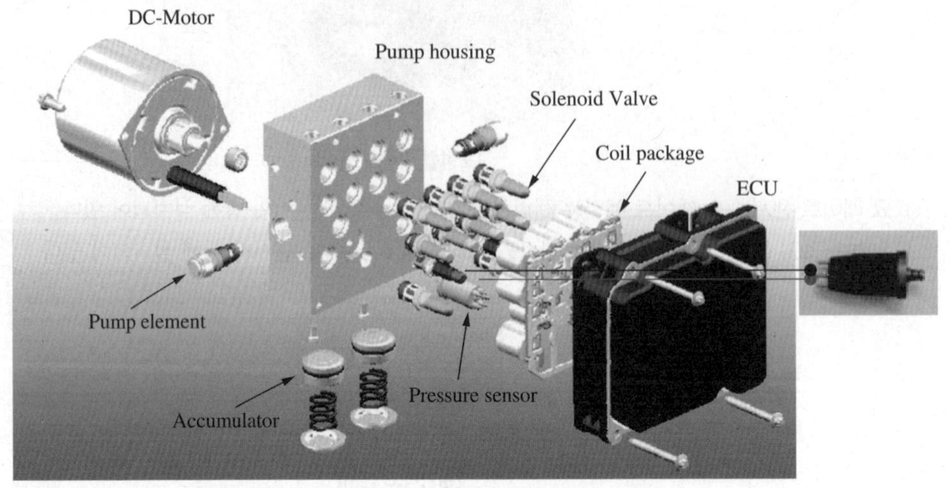

[마스터 실린더 압력 센서]

⑧ **제동등 스위치** : 이 스위치는 브레이크 작동 여부를 ECU에 전달하여 VDC, ABS 제어의 판단여부를 결정하는 역할을 하며 ABS 및 VDC 제어의 기본적인 신호로 사용된다.

⑨ **가속페달 위치 센서** : 이 센서는 가속페달의 조작 상태를 검출하는 것이며 VDC 및 TCS의 제어 기본 신호로 사용된다.

⑩ **컴퓨터(ECU; Electronic Control Unit)** : 컴퓨터는 승객석 오른쪽 아래에 설치되어 있으며 2개의 CPU로 상호 점검하여 오작동을 감지한다. 그리고 시리얼 통신에 의해 ECU 및 TCU와 통신을 한다.

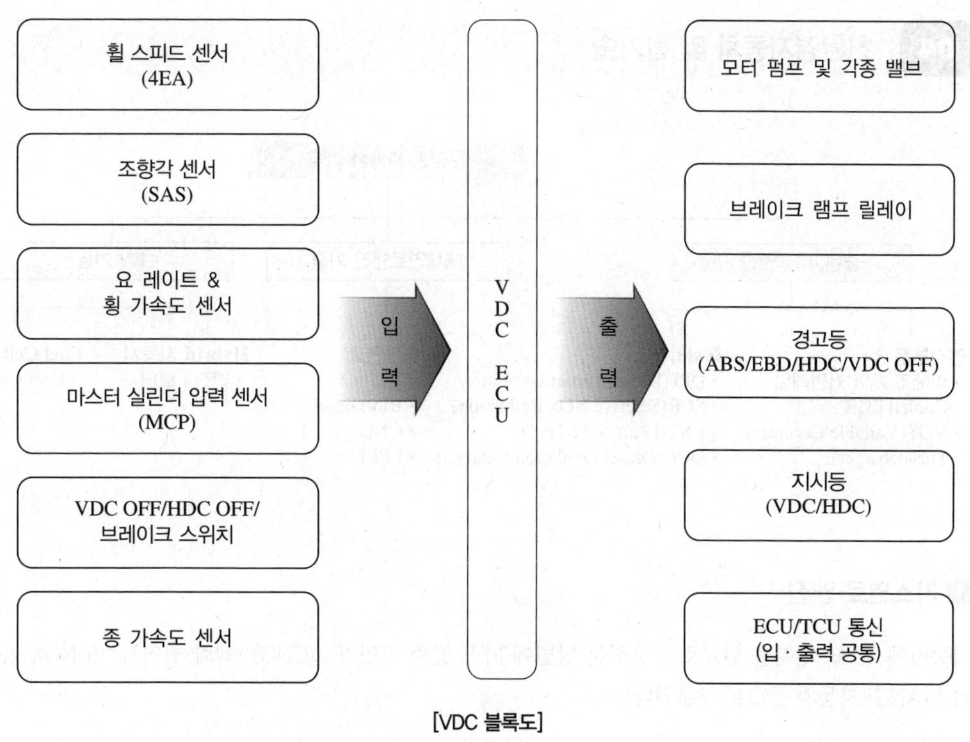
휠 스피드 센서
(4EA)
조향각 센서
(SAS)
요 레이트 &
횡 가속도 센서
마스터 실린더 압력 센서
(MCP)
VDC OFF/HDC OFF/
브레이크 스위치
종 가속도 센서
입
력
VDC ECU
출
력
모터 펌프 및 각종 밸브
브레이크 램프 릴레이
경고등
(ABS/EBD/HDC/VDC OFF)
지시등
(VDC/HDC)
ECU/TCU 통신
(입 · 출력 공통)

[VDC 블록도]

04 친환경자동차 및 신기술

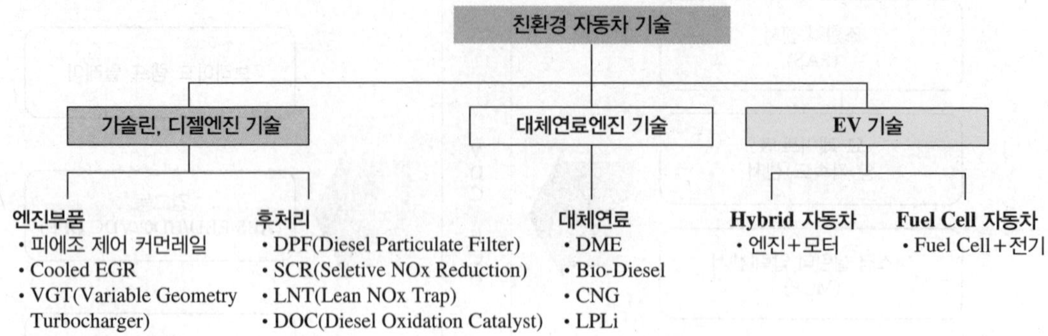

1 가스연료 엔진

자동차에서 가스성분을 연료로 적용하는 방법에 따라 압축 천연가스(CNG), 액화 천연가스(LNG), 흡착 천연가스(ANG) 자동차 등으로 구분된다.

(1) 가스연료 엔진의 장점

① 디젤기관과 비교 시 매연(Smoke)이 100% 감소한다.

② 가솔린엔진에 비해 이산화탄소는 20~30%, 일산화탄소는 30~50% 감소한다.

③ 저온 시동성이 우수하고 옥탄가가 130으로 가솔린보다 높다.

④ 질소산화물 등 오존 영향물질을 70% 이상 감소시킬 수 있다.

⑤ 엔진 소음이 저감된다.

(2) 가스연료 기관 주요구성 부품

① **연료계측밸브** : 8개의 작은 인젝터로 구성되며 ECU의 구동신호를 받아 요구 연료량을 흡기라인에 분사한다.

② **가스압력 센서** : 압력변환기구로서 연료계측밸브에 장착되어 분사직전의 가스압력을 검출한다.

③ **가스온도 센서** : 부특성(Negative Characteristic) 온도측정센서로 연료계측밸브에 장착되며 가스온도를 측정하여 연료농도를 계산한다.

④ **고압차단 밸브** : 탱크와 압력조절기구 사이에 장착되며 엔진 정지 시 고압연료 라인을 차단한다.

⑤ **탱크 압력 센서** : 탱크 내부의 연료밀도 계산을 위해 측정되며 탱크 온도센서와 함께 사용된다.

⑥ **탱크 온도 센서** : 탱크 속의 연료온도를 측정하기 위하여 사용되며 부특성 서미스터이다.

⑦ **열 교환기구** : 열 교환기구는 압력조절기와 연료계측 밸브 사이에 설치되며 가스의 난기온도를 조절하기 위해 냉각수 흐름을 ON/OFF시킨다.

⑧ **압력조절기구** : 탱크 내의 높은 압력을 엔진에 필요한 저압으로 감압하여 조절한다.

2 액티브 에코 드라이빙 시스템

액티브 에코 드라이빙 시스템은 엔진, 변속기, 에어컨 제어 등을 통하여 연료소비율을 향상시키는 운전 시스템을 말한다. 스위치 ON 시 계기판에 녹색등이 점등되며 연비모드 상태로 주행할 수 있는 시스템이다.

(1) 운전자의 스위치 조작으로 작동이 가능하다.

(2) 액티브 에코 모드 주행 시 엔진과 변속기를 우선적으로 제어하며 추가적인 연비 향상 효과를 제공한다.

(3) 기관의 난기운전(워밍업) 이전, 등판 및 가속 시 액티브 에코모드가 비작동 한다.

3 공회전 방지(ISG) 시스템

ISG 시스템은 연료 및 배기가스의 저감을 위하여 자동차 정차 시 엔진의 작동을 정지하고 출발 시 기동전동기를 통하여 다시 시동하는 시스템이다. 연료소비율 효과는 5~30% 정도이며 이산화탄소 절감효과도 약 6% 정도이다.

4 에너지 회생 제동장치

하이브리드 및 전기자동차에서 감속 시 구동모터를 발전기로 작동하여 감속효과를 얻는 동시에 운동에너지를 전기에너지로 전환하여 배터리에 저장하는 제동시스템이다.

5 언덕길 밀림 방지 장치(HAC)

경사로에서 브레이크를 밟지 않아도 차량이 뒤로 밀리지 않도록 브레이크 압력을 자동적으로 제공하는 시스템이다.

6 하이브리드 시스템(Hybrid System)

하이브리드 전기자동차는 차량의 성능 및 연비를 향상시키고 배출가스 오염을 줄이기 위한 방법으로 동작원리가 다른 두 종류 이상의 동력원을 효율적으로 조합해서 동작시키는 시스템을 말한다. 대부분의 경우 연료를 사용하여 동력을 얻는 기관과 전기로 구동시키는 전기모터로 구성된 시스템이 이에 해당한다.

(1) 하이브리드 전기자동차의 특징

① 에너지손실 저감(Idle Stop) : 하이브리드 시스템은 기관의 공회전 상태를 자동적으로 정지시킨다. 이 기능을 통해 에너지손실을 저감한다.

② 모터의 기관 보조(Power Assist) : 모터는 가속 운전을 하는 기관을 보조한다.

③ **고효율 제어** : 하이브리드 시스템은 기관 효율이 낮은 운전조건에서 모터를 사용하고 기관 효율이 높은 운전조건에서 발전을 실행함으로써 자동차의 전체 효율을 극대화시킨다.

④ **회생제동(Regenerative Braking)** : 회생제동시스템은 감속 제동할 때 자동차의 동적 에너지를 브레이크 패드와 디스크의 마찰열로 소산시키지 않고 발전기를 이용하여 전기에너지로 변환하는 것으로 회생 제동량은 차량의 속도, Battery의 충전량 등에 의해서 결정된다.

(2) 운전모드의 작동원리

① **시동모드** : 시동모드는 기관을 가동시켜 발진하는 것인데 하이브리드 자동차에서는 시동을 건다는 것이 꼭 기관을 가동시키는 것을 의미하지 않는다. 직렬식은 전동기로 하기 때문에 기관 시동은 필요 없다. 병렬식은 하이브리드 전동기로 시동을 건다.

② **발진모드** : 발진모드는 자동차를 출발시키는 것으로서 가속페달을 밟아서 정지 상태에 있는 자동차를 움직이게 하는 것인데 기관의 동력만으로는 출발할 수 없기 때문에 하이브리드 전동기를 동시에 같이 구동시켜 발진한다. 직렬식은 발진도 하이브리드 전동기로 하고, 병렬식은 기관이 가동되고 있으나 기관의 동력만으로는 출발할 수 없기 때문에 하이브리드 전동기를 동시에 같이 구동시켜 발진한다.

③ **가속 및 등판모드** : 가속 및 등판모드는 구동력을 증가시켜 자동차의 속도가 올라가는 단계로서 직렬식은 하이브리드 전동기로만 하고, 병렬식은 하이브리드 전동기와 기관을 함께 구동시켜 가속한다.

④ **정속모드** : 정속모드는 일정한 속도를 유지하여 주행하는 상태를 의미하는 것으로서 직렬식은 계속해서 하이브리드 전동기만 구동시켜 정속모드를 유지하고, 병렬식은 정속모드부터 소프트 · 하드 방식 모두 기관의 동력만으로 주행한다. 그 이유는 정속주행의 경우 전동기보다 기관의 효율이 좋기 때문이다.

⑤ **감속모드** : 감속모드는 가장 효율적인 모드로서 감속 시 자동차를 움직이는 데 구동력이 쓰이지 않고 오히려 바퀴의 회전에 제동을 걸어야 하기 때문에 바퀴에서 발생하는 회전 동력을 전기에너지로 전환하여 축전기에 충전하게 된다. 이때 발생하는 에너지를 회생에너지라고 한다(직렬식 및 병렬식 동일함).

⑥ **정지모드** : 정지모드는 앞 단계에서 이미 기관의 시동을 모두 정지시킨 상태이므로 일반 자동차와 같이 공전모드가 없이 바로 정지 상태로 들어가게 된다.

(3) 하이브리드 시스템의 장점

① 연료소비율을 약 50% 정도 절감할 수 있고 친환경적이다.

② 탄화수소, 일산화탄소, 질소산화물 등의 유해배출가스가 90% 정도 감소한다.

③ 이산화탄소 배출량이 50% 정도 감소한다.

(4) 하이브리드 시스템의 단점

① 구조 및 제어 시스템이 복잡하다.

② 정비가 어렵고 수리비가 고가이다.

③ 동력전달계통이 일반 내연기관 자동차와 차이가 있어 복잡하다.

(5) 하이브리드 자동차의 분류

① 직렬형 타입

엔진의 동력은 발전용으로 이용하고 자동차의 구동력은 배터리의 전원으로 회전하는 모터만으로 얻는 하이브리드 자동차 형식이다. 일반적으로 동력전달경로는 엔진, 발전기, 축전지, 전동기, 변속기, 구동바퀴의 순이다.

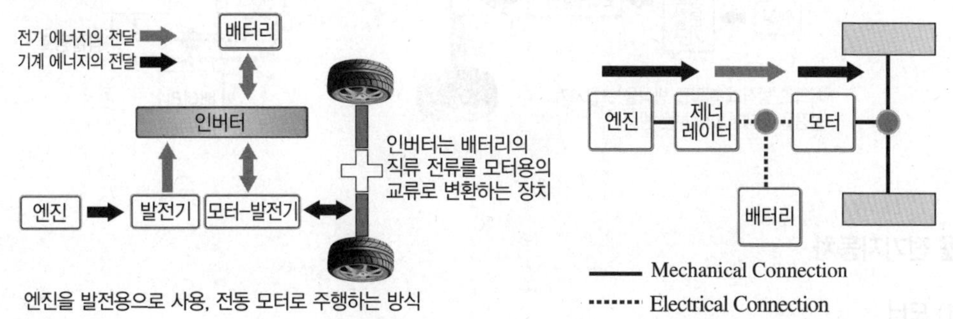

엔진을 발전용으로 사용, 전동 모터로 주행하는 방식

② 병렬형 타입

구동력을 엔진과 모터가 각각 발생을 시키거나 양쪽에서 동시에 얻을 수 있는 하이브리드 전기 자동차이다. 예를 들면 저속주행에서는 모터만을 이용하여 주행하고 고속주행에서는 엔진의 동력으로 주행을 하면서 충전을 하는 방법으로 분리하여 주행할 수 있는 방식이다. 그리고 엔진을 구동력의 메인으로 이용하고 급가속 시에는 모터를 보조 동력으로서 이용하여, 브레이크 시에는 발전기로서 작동시켜 에너지를 회생하거나 일시정지 시의 아이들링 스톱을 실시하여 연비가 향상되도록 하는 방식이다.

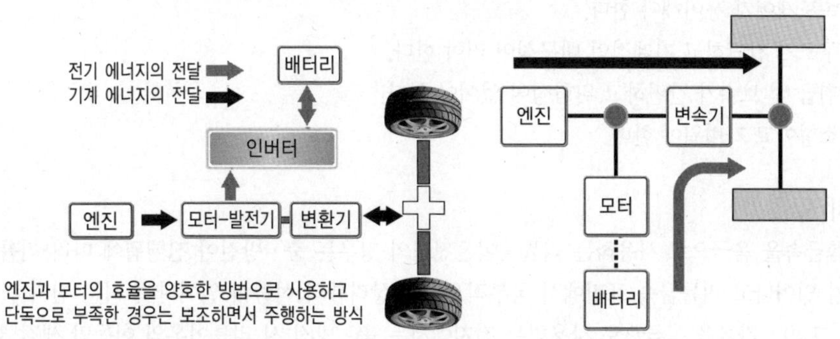

엔진과 모터의 효율을 양호한 방법으로 사용하고 단독으로 부족한 경우는 보조하면서 주행하는 방식

③ 복합형 타입

직렬 방식과 병렬 방식의 양쪽 기구를 배치하고 운전조건에 따라 최적인 운전모드를 선택하여 구동하는 방식이다. 아이들링 시나 저부하 주행에서는 시리즈 방식이 엔진의 열효율이 높기 때문에 전동 모터로 운행하고 엔진은 발전기의 구동에만 사용하며, 고부하 주행에서는 패럴렐 방식이 엔진의 열효율이 높기 때문에 시리즈 방식에서 패럴렐 방식으로 변환하여 모든 영역에서 높은 열효율과 저공해를 실현할 수 있다.

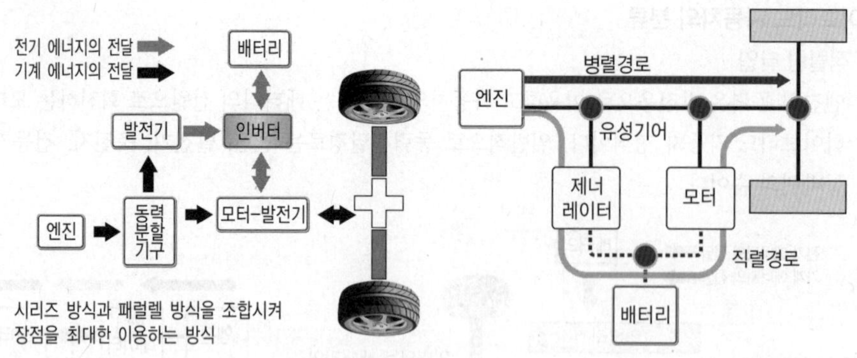

7 전기자동차

(1) 모터

전기자동차용으로 직류(브러쉬) 모터를 많이 사용하였으나, 최근에는 교류 모터나 브러시리스 모터 등도 사용하고 있다. 이러한 교류 모터는 같은 출력을 내는 직류 모터에 비하여 가격이 3배 이상 저렴하고, 크기에 비하여 모터의 효율과 토크가 비교적 크다. 또 보수 유지비용이 상대적으로 저렴하고 수명이 더 길다는 장점을 가지고 있다. 전기자동차용 모터의 조건은 다음과 같다.

① 시동 시의 토크가 커야 한다.

② 전원은 축전지의 직류전원이다.

③ 속도제어가 용이해야 한다.

④ 구조가 간단하고 기계적인 내구성이 커야 한다.

⑤ 취급 및 보수가 간편하고 위험성이 없어야 한다.

⑥ 소형이고 가벼워야 한다.

(2) 전지

리튬금속을 음극으로 사용하는 리튬-이온전지의 경우는 충·방전이 진행됨에 따라 리튬금속의 부피 변화가 일어나고 리튬금속 표면에서 국부적으로 침상리튬의 석출이 일어나며 이는 전지 단락의 원인이 된다. 그러나 카본을 음극으로 사용하는 전지에서는 충·방전 시 리튬이온의 이동만 생길 뿐 전극활물질은 원형을 유지함으로써 전지수명 및 안전성이 향상된다.

(3) 인버터 및 컨버터

인버터(Inverter)는 직류전력을 교류전력으로 변환하는 장치를 말하며 다시 말해 전류의 역변환장치이다. 먼저 전지에서 얻은 직류전압을 조정하는 장치를 컨버터(Converter)라고 한다.

(4) 인버터의 특성 및 작동원리

PWM이란 Pulse Width Modulation의 약칭으로 평활된 직류전압의 크기는 변화시키지 않고 펄스상의 전압 출력시간을 변화시킨 후 등가인 전압을 변화시켜 펄스폭을 변조시킨다.

(5) 모터제어기

엑셀 페달 조작량 및 속도를 검출해서 의도한 구동 토크 변화를 가져올 수 있도록 차속이나 부하 등의 조건에 따라 모터의 토크 및 회전속도를 제어한다.

8 연료전지

연료전지란 화학에너지가 전기에너지로 직접 변환되어 전기를 생산하는 능력을 갖는 전지(Cell)이다. 기존의 전지와는 달리 외부에서 연료와 공기를 공급하여 연속적으로 전기를 생산한다.

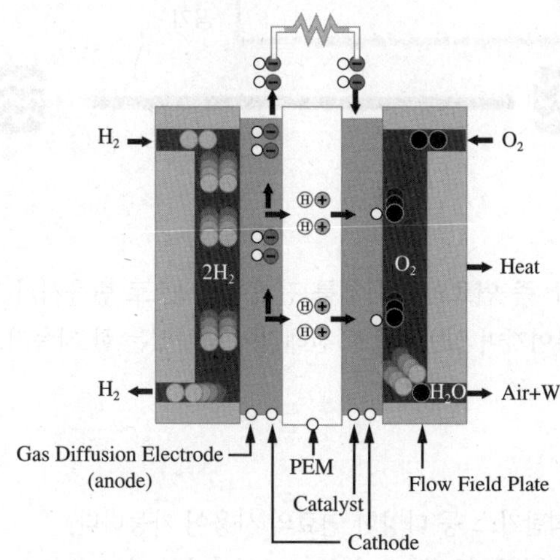

(1) 연료전지의 전기 발생원리

연료전지는 중간 과정 없이 화학에너지에서 바로 전기에너지로 직접 변환된다. 천연가스나 메탄올 등의 연료에서 얻어낸 수소와 공기 중의 산소를 반응시키면 전기에너지를 직접 얻을 수 있다.

(2) 연료전지의 구성

연료전지는 공기극과 연료극의 전극, 두 극 사이에 위치하는 전해질로 구성되어 있다. 연료전지의 구성요소 중 전극은 전기화학반응을 진행시킬 수 있는 일종의 촉매 역할을 하고 전해질은 생성된 이온을 상대극으로 전달시켜주는 매개체 역할을 한다.

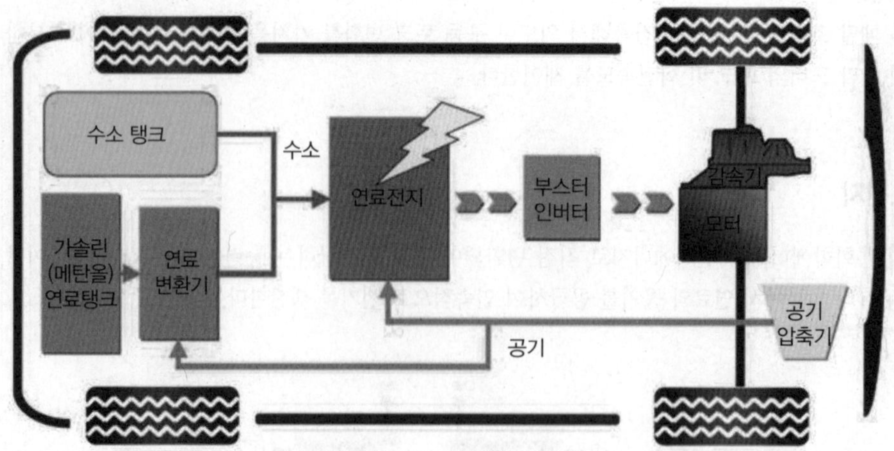

(3) 연료전지의 화학반응

연료전지(Fuel Cell)는 수소 즉 연료와 산화제를 전기화학적으로 반응시켜 전기에너지를 발생시킨다. 이 반응은 전해질 내에서 이루어지며 일반적으로 전해질이 남아있는 한 지속적으로 발전이 가능하다.

(4) 연료전지의 특징

① 장점

㉠ 천연가스, 메탄올, 석탄가스 등 다양한 연료의 사용이 가능하다.

㉡ 발전효율이 40~60%이며, 열병합발전시 80% 이상까지 가능하다.

㉢ 도심부근에 설치가 가능하기 때문에 송 · 배전 시의 설비 및 전력 손실이 적다.

㉣ 회전부위가 없어 소음이 없고 기존 화력발전과 같은 다량의 냉각수가 불필요하다.

㉤ 배기가스 중 NOx, SOx 및 분진이 거의 없으며, CO_2 발생에 있어서도 미분탄 화력발전에 비하여 20~40% 감소되기 때문에 환경공해가 감소된다.

㉥ 부하변동에 따라 신속히 반응하고 설치형태에 따라서 현지 설치용, 중앙 집중형, 분산 배치형과 같은 다양한 용도로 사용이 가능하다.

② 단점

㉠ 초기 설치비용에 따른 부담이 크다.

㉡ 수소공급 및 저장 등과 같은 인프라 구축에 어려움이 따른다.

9 차선 이탈 경보장치(LDWS)

차선 이탈 경보 시스템(Lane Departure Warning System)은 전방의 카메라를 통하여 차선을 인식하고 일정속도 이상에서 차선을 밟거나 이탈할 경우 클러스터 및 경보음을 통하여 운전자에게 알려주는 주행 안전장치이다. 차량의 윈드쉴드에 내장된 카메라를 통하여 차선을 인식한 후, 차량이 차선에서 이탈할 때 경고 신호 및 경보음을 발생시키며 특정 속도 이상으로 주행 시 작동되는 구조이다. 차선 위에서 차량의 자세와 위치를 실시간으로 모니터링하여 운전자가 방향지시등 작동 없이 차선을 이탈할 경우 등 비정상적인 움직임을 보이면 경보 신호를 전달하여 운전자가 위험한 상황을 회피할 수 있도록 제어한다.

⑩ 주행 조향보조 시스템(LKAS; Lane Keeping Assist System)

차선이탈 경보장치(LDWS)의 기능보다 더욱 성능이 향상된 장치로서 차선을 유지할 수 있도록 전자식 동력 조향장치와 연동되어 작동되며 스스로 차선을 유지할 수 있는 시스템이다. 즉 자율주행 시스템의 한 종류로서 차선을 이탈하면 단순히 경보만으로 끝나는 것(LDWS)이 아니라 전동식 동력조향장치(MDPS)를 제어하여 운전자가 차선을 유지할 수 있도록 보조해주는 편의 장치를 말한다. LKAS는 카메라 또는 근거리 레이더 등의 센서를 이용하여 차선을 확인하고 이에 따라 자동차의 방향과 위치를 결정한다. 차량 앞 유리에 장착된 카메라가 전방 차선을 인식하고 레이더를 이용하여 차간거리를 유지할 수 있는 스마트 크루즈 컨트롤 시스템의 융합 기술이라 할 수 있으며 차선 유지를 능동적으로 제어하는 첨단 안전 시스템이다.

11 자동 긴급 제동장치(AEB)

자동 긴급 제동 시스템(AEBS; Advanced Emergency Braking System)은 차량 전면에 탑재된 레이더를 통해 전방에 주행 중인 차량과의 거리를 측정하며, 일정 거리 이상 가까워져서 충돌의 위험을 인식하면 자동으로 제동을 걸어 차량 속도를 감속시키는 기능이다.

AEBS 기능을 통해서 운전자의 부주의, 졸음운전, 시야확보가 힘든 환경 등으로 인해 발생할 수 있는 앞 차량과의 충돌 사고를 최대한 예방하거나 피해를 경감시키는 역할을 할 수 있다. 자동 긴급제동 시스템의 작동 과정은 앞 차량과의 거리 및 속도를 고려한 충돌 가능 위험성을 기준으로 자동 긴급제동 및 전방추돌 방지 감속 기능으로 나눌 수 있다.

12 선택적 환원 촉매장치(SCR)

디젤 자동차의 배기가스에 요소수(UREA) 등을 분사하여 선택적 환원 촉매장치에서 유해 배출가스 중 NOx를 정화하는 시스템을 말한다. 배기가스온도가 낮은 영역에서도 정화효율이 우수하고 질소산화물 정화능력이 60~80%에 이른다.

13 입자상 물질 포집 필터(DPF)

디젤 엔진에서 발생되는 입자상 물질(PM) 등을 정화시키는 필터로서 탄소성분 및 입자상 물질을 정화하여 배출시키는 역할을 하고 일정거리 주행 후 PM의 발화 온도(550~650℃) 이상으로 배기가스 온도를 상승시켜 연소시키는 장치이다.

14 NOx 흡장촉매(LNT)

LNT(Lean NOx Traps, 희박 질소 촉매)는 디젤 엔진의 DOC와 유사하게, 백금 촉매를 쓰고 유해 배기가스인 CO(일산화탄소), HC(탄화수소) 등을 환원제로 이용하는 NOx 정화시스템이다. NOx(질소산화물) 물질을 질소(N_2), 물(H_2O)과 같은 무해한 상태로 환원시켜 NOx(질소산화물)를 정화한다. LNT의 특징은 유독물질을 바로 반응시키는 DOC와는 다르게 NOx(질소산화물)를 잠시 잡아두었다가 반응시키는 것이다. NOx(질소산화물)를 포집 후 반응시키는 이유는, NOx(질소산화물)를 N_2(질소)로 반응시키기 위해서는 '연료 이론 공연비'와 같거나 Rich 상태일 때 배출되는 CO(일산화탄소)와 HC(탄화수소)가 필요하기 때문이다. 이러한 과정을 De-NOx라고 부르며, 적정한 온도는 300~450℃, 20~30초에 걸쳐 이루어진다. 이 과정이 끝나면, 다시 NOx(질소산화물)를 필터에 포집하게 된다.

15 Dual-CVVT 시스템

CVVT는 가변밸브 타이밍 장치를 말하는데 이는 엔진의 흡기 또는 배기 밸브의 타이밍, 즉 밸브가 열리고 닫히는 시기를 운전조건에 맞도록 가변 제어한다는 말이다. 다시 말해 엔진회전수가 느릴 때에는 흡기밸브의 열림시기를 늦춰 밸브오버랩을 최소로 하고, 중속 구간에서는 흡기 밸브의 열림시기를 빠르게 하여 밸브오버랩을 크게 할 수 있도록 한다는 것이다. 타우 엔진의 CVVT 시스템은 흡 · 배기 밸브의 타이밍을 모두 가변제어할 수 있는 시스템이 적용되는데 이러한 방식을 'Dual-CVVT'라고 한다.

16 ETC 시스템

ETC 시스템을 통해 흡입공기량을 최적으로 제어한다는 것은 가솔린엔진에서 매우 큰 의미를 갖는다. 이는 공연비 뿐만 아니라, 배출가스, 연비, 공회전속도, VDC, SCC 등을 제어하는 데 있어서도 중요하게 사용되며, 또한 정교하게 스로틀 밸브를 제어해 운전성능을 최적화할 수 있다는 장점이 있어 케이블 타입의 스로틀 밸브와는 그 성능면에서 큰 차이를 나타내게 된다.

17 발전전류 제한 시스템(SOC)

현재 고급형 차량에서 배터리의 장착위치는 트렁크로 옮겨지게 되었는데, 배터리가 트렁크로 옮겨짐에 따라 엔진 룸과 트렁크 내부의 온도차이로 인해 전압 불균형이 생길 수 있게 되었다. 이러한 배터리 전압의 불일치를 막기 위해 정확하게 배터리 상태를 확인할 수 있도록 배터리 센서가 장착되고 또한 ECM에서는 배터리의 충전 상태를 파악해 보다 더 효율적으로 충전을 실시하게 되었다. 배터리의 충전 상태가 양호해서 더 이상 충전할 필요가 없는 경우, 또는 가속 시와 같이 엔진의 동력을 최대한 발휘해야 하는 경우에는 충전을 하지 않는다. 이와는 반대로 배터리의 상태가 불량하거나, 감속 시와 같이 타력 주행이 가능할 때에는 충분한 충전을 통해 배터리의 상태를 양호하게 하는 등의 가변적인 제어를 하는데, 이것을 발전전류 제어 시스템이라고 부른다. 시스템 구성으로는 배터리와 배터리 센서, 그리고 ECM과 발전기로 구성되어 있다. 배터리 센서는 배터리 상태를 파악하기 위해서 배터리액의 온도(맵핑값을 이용), 전류, 전압을 검출하는 역할을 한다. 그리고 이 정보 LIN통신선(1개의 선으로 구성)을 이용해서 ECM으로 전달된다. ECM에서는 배터리 센서의 신호를 가지고 배터리 충전 상태인 SOC(State Of Charge)를 연산하게 되고, 또한 이렇게 연산된 값을 가지고 필요한 충전량을 C단자를 통해 PWM신호로 보내게 된다. 발전기 상태는 FR단자를 통해서 피드백받는다.

(1) 배터리 센서

배터리는 트렁크 내부에 장착되며, 배터리 센서는 배터리 (-)케이블 끝에 장착된다. 배터리 액의 온도와 전압, 전류를 내부 소자(실리콘 다이오드, 션트 저항)와 맵핑값을 이용해 검출하고 이것을 LIN 통신선을 이용해서 엔진 ECM으로 전송하는 역할을 한다.

(2) ECM

ECM에서는 배터리 센서로부터 받은 정보를 이용해 배터리 충전 상태인 SOC를 연산한다. 이후 발전기에 필요한 충전량을 C단자를 통해서 PWM 신호로 전송하고, 또다시 그 결과를 FR단자를 통해 PWM 신호로 피드백받는다.

(3) SOC(State Of Charge)

SOC는 배터리의 충전상태를 나타내며, 충전상태에 따라 3가지 모드가 있는데, 먼저 Float Charge 모드는 100% 충전이므로 충전할 필요가 없는 상태를 말하며 ECM은 이 상태를 유지하도록 전류를 제어한다. 다음으로 Adsorption Charge 모드는 90% 이상의 충전 상태를 말하는 것으로 경우에 따라 충 · 방전을 하게 된다. Bulk Charge 모드는 SOC가 80% 이하의 상태로 연비보다는 배터리 충전을 위해 발전을 하는 모드이다.

18 SCC 시스템(Smart Cruise Control)

SCC 시스템은 차량 전방에(라디에이터 그릴 후방) 장착된 전파 레이더를 이용하여 선행 차량과의 거리 및 속도를 측정하여 선행 차량과 적절한 거리를 자동으로 유지하는 시스템이다.

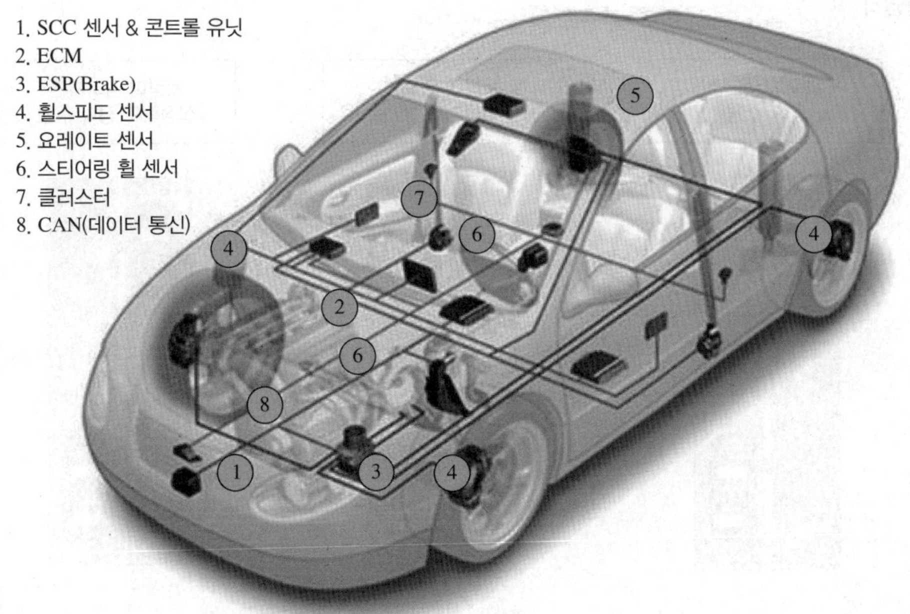

SCC 센서와 콘트롤 유닛은 라디에이터 그릴 안쪽에 장착되어 전방 차량에 대한 정보를 인식하며 주요 제어를 실행하게 된다. ECM은 엔진 콘트롤 유닛으로 SCC 시스템에서 감속 또는 가속에 대한 정보를 보내게 되면 이를 ETC 시스템을 이용해 엔진 RPM과 토크를 제어하는 일을 하게 된다. VDC 시스템에서는 제동장치를 제어해 속도를 저감할 때 작동하고, 휠스피드 센서나 요레이트 센서, 그리고 스티어링 휠 센서 등은 차량의 상태와 운전자의 운전 의도를 파악하기 위해서 사용된다. 클러스터 모듈에서는 현재 SCC 시스템의 상태나 운전 정보 등을 운전자에게 알려주고 이러한 모든 정보들은 CAN 통신 라인을 통해 공유된다.

(1) 제어순서

① 운전자가 스위치를 조작한다.
  ㉠ 목표 속도 조작
  ㉡ 목표 차간 거리
② SCC 센서&모듈에서 아래의 내용을 연산 후 EBS 모듈에 가 · 감속도 제어를 요청한다.
  ㉠ 선행 차량 인식(정지물체는 인식을 하나 제어는 하지 않음)
  ㉡ 목표 속도, 목표 차간 거리, 목표 가 · 감속도 계산
③ 클러스터에 제어 상황을 표시한다.
  ㉠ 설정 속도 표시
  ㉡ 차간 거리 단계 표시
  ㉢ 경보(부저를 울리게 하고, 부저는 클러스터에 장착됨)
④ EBS 모듈은 ECM에 필요한 토크 요청을 하고, 감속도 제어 시 브레이크 토크가 필요하면 토크를 압력으로 변환하여 브레이크 압력을 제어한다. 클러스터, SCC, VDC, ECM은 CAN 통신을 하며, 서로의 정보를 주고받는다. 자동변속기 제어는 하지 않고 TCU에 맵이 반영되어 있다.

(2) 작동원리

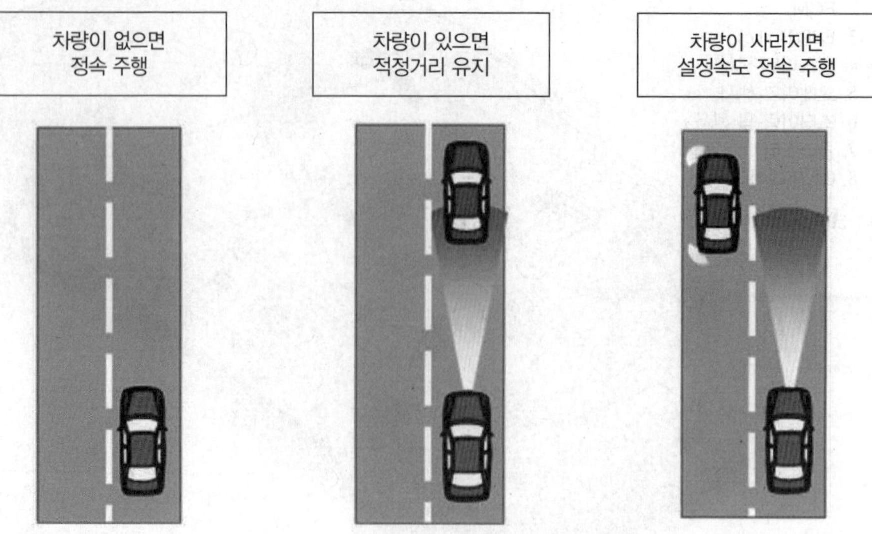

⓳ EHPS(Electronic Hydraulic Power Steering)

EHPS는 엔진의 동력을 이용하지 않고 배터리의 전원을 공급 받아서 전기 모터를 작동시킨다. 모터의 회전에 의해 유압펌프가 작동되고 펌프에서 발생되는 유압을 조향 기어박스에 전달하여 운전자의 조타력을 보조하도록 되어 있다. 따라서 엔진과 연동되는 소음과 진동이 근본적으로 개선되고 조타 시만 에너지가 소모되기 때문에 연비가 향상되는 장점이 있다.

(1) 시스템의 비교

구분	HPS (Hydraulic Power Steering)	EHPS (Electronic Hydraulic Power Steering)
형상	P/S PUMP	MPU (Motor Pump Unit)
개요	• 엔진 크랭크 샤프트와 연결 • 동력원 : 엔진(P/S펌프)	• 엔진과 분리 → STRG 독립적 시스템 • 동력원 : 전기(Battery) → 전기모터가 유압펌프 구동
장단점	• 상대적 저가 · 경량 • 무(無) 조타 시 펌프 상시 구동됨에 따른 소음 · 진동	• 연비 우수(조타 시에만 에너지 소모) • 엔진과 연동된 소음 · 진동 근본적 개선 • 차속별 EFFORT 제어 가능(기존 유압식의 EPS기능) • 상대적 고가

(2) 각종 제어

① 시동 및 정지조건 : EHPS는 IGN ON 신호가 ECU에 입력되면 소프트웨어가 초기화되고 자기 진단 후 결함이 없을 경우 시스템은 운전자의 요구에 따른 조향력을 제공한다.

② 조향력 제어 : 차량 속도, 조향각 속도에 따라 ECU가 모터의 회전속도를 컨트롤하여 조향력을 경감하고 적절한 조향감을 제공한다.

③ 슬립 모드 제어 : 정차나 주행 시 조향 휠의 움직임이 없을 경우 불필요한 에너지 소모를 막기 위해 모터의 회전수를 특정 회전수로 하향시킨다.

④ 모터 전류 제한 : 모터 전류는 설정된 온도에 따라 최대 허용 전류를 제한하여 시스템을 보호한다.

20 EPB 시스템(Electric Parking Brake System)

현재 대부분의 주차 브레이크 시스템은 운전자에 의해 주차 브레이크 페달을 밟거나 레버를 당김으로써 차량을 안정화시키는 역할이 주요 기능이었으나 EPB 시스템은 간단한 스위치 조작으로 주차 제동을 할 수가 있으며 VDC, 엔진 ECU, TCU 등과 연계하여 자동으로 주차 브레이크를 작동시키거나 해제하고 긴급한 상황에서는 제동 안정성을 확보할 수 있도록 구성된 진보된 주차 브레이크 시스템이다. EPB 시스템을 활용하면 주차 케이블의 장력이 항상 일정하게 유지되어 케이블의 장력 조정 등이 불필요하게 되며 시스템에 고장이 발생되었을 때에는 비상 해제레버를 조작함으로써 주행이 가능하도록 되어 있다.

21 TPMS(Tire Pressure Monitoring System)

타이어 공기압 경고 시스템인 TPMS는 안전운전에 영향을 줄 수 있는 타이어의 압력변화를 경고하기 위하여 타이어 압력이 정해진 압력 이하로 저하 시 운전자에게 경고해주는 시스템이다.

(1) 간접 방식

이 방식은 휠 스피드 센서의 신호를 받아 그 변화를 논리적으로 계산하여 타이어의 압력 상태를 간접적으로 계측하는 방법이다. 따라서 실제 타이어의 압력과 차이가 발생하며 계산치 또한 아래 '직접 방식' 대비 정확하지 않은 단점이 있어 현재는 거의 사용하지 않고 있다.

(2) 직접 방식

이 방식은 타이어에 장착된 압력 센서로부터 타이어 압력을 직접 계측하고 이를 바탕으로 운전자에게 경고하는 방식이다. '간접 방식'에 비하여 고가이나 계측값이 정확하고 시스템이 안정적이어서 현재 널리 쓰이고 있는 방식이다.

(3) 주요 구성품

① 리시버(Receiver) : 리시버는 이니시에이터와 시리얼 데이터 통신을 하며 TPMS 시스템의 주된 구성품이다.

② 이니시에이터(Initiator) : 리시버로부터 신호를 받아 타이어 압력 센서를 제어하는 기능을 한다.

③ 압력 센서(Sensor) : 타이어 안쪽에 설치되어 타이어 압력과 온도를 측정하고 리시버모듈에 데이터를 전송시킨다.

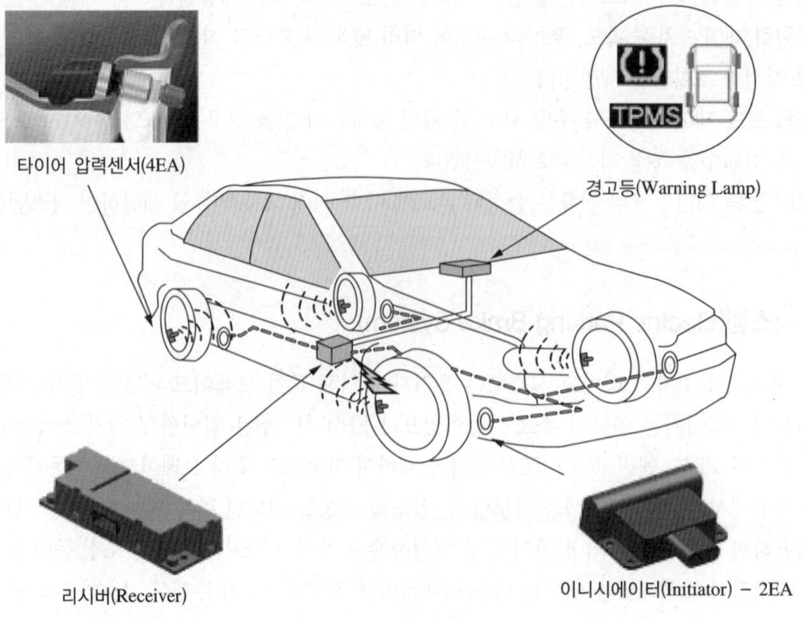

[TPMS 시스템의 구성]

22 PGS(Parking Guide System)

PGS는 주차의 편의성을 향상시키기 위하여 적용되었으며, 다음과 같은 기능을 수행한다.

- 차속 10km/h 이하에서 주행 방향에 따라 전방 또는 후방 카메라 영상을 AV 화면을 통하여 보여준다.
- 후진 주차 시 평행 주차 및 직각 주차에 대하여 보조한다.
- 후진 주차 시 단계별로 주차 보조선 및 조향각에 따라 차량진입이 예상되는 코스를 후방 영상에 표시하여 주차 지원 기능을 수행한다.

23 파워 도어 래치(Power Door Latch)

도어의 크기가 커지면 닫을 때 많은 힘이 필요하다. 특히 노약자나 어린이, 여성 승객은 더욱 많은 힘이 필요하며, 때로는 도어가 살짝 닫힌 상태로 주행하는 차량을 볼 수 있다. 파워 도어 래치는 이러한 문제점을 해결하기 위하여 네 개의 도어에 적용되었으며, 작은 힘으로 도어를 닫기만 하면 파워 도어 래치가 동작하여 완전하게 도어를 닫아준다. 통상적으로 도어를 살짝 닫으면 1단 닫힘, 도어를 완전히 닫으면 2단 닫힘이라 칭한다.

24 HUD 시스템(Head Up Display System)

HUD는 주행 중 운전자가 시선 이동을 최소화하여 차량 정보를 확인할 수 있도록 윈드쉴드글라스 전방에 각종 정보를 디스플레이함으로써 주행 안전성 및 편의성을 제공하는 시스템이다. 차량의 윈드쉴드글라스에 '차량 정보'를 표시하여 운전자의 시선 이동시간을 약 40% 경감할 수 있다(약 0.5초 → 약 0.2초).

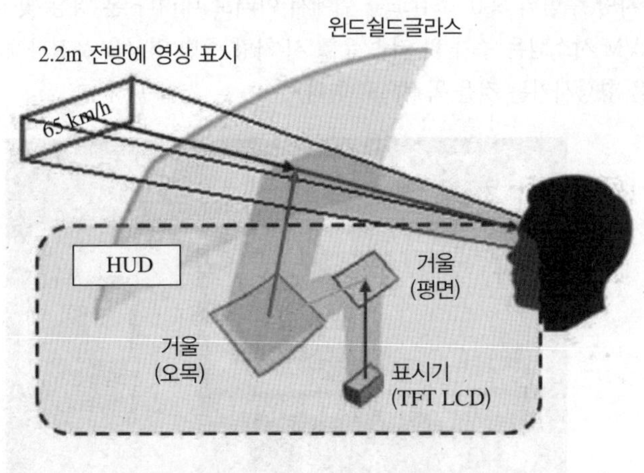

25 BSD & LCA(Blind Spot Detection & Lane Change Assist)

차선 변경 보조 시스템(BSD & LCA, Blind Spot Detection & Lane Change Assistant System)은 차량 후방 좌우측의 사각지대에 대상차량의 존재 여부를 감지하여 경보하는 기능(BSD) 및 차량의 후방 좌우측에서 접근하는 대상 차량에 대해 경보하는 기능(LCA)을 수행한다. 차량 후미의 좌우측에 각각 장착된 2개의 전파 레이더를 이용하여 후행 차량과의 거리 및 속도를 측정하여 경고기능을 구현한다. 운전자에게 BSD, LCA 경보 정보를 제공하여 운전자의 차선변경의 편의성을 증대하는 편의 장치이다.

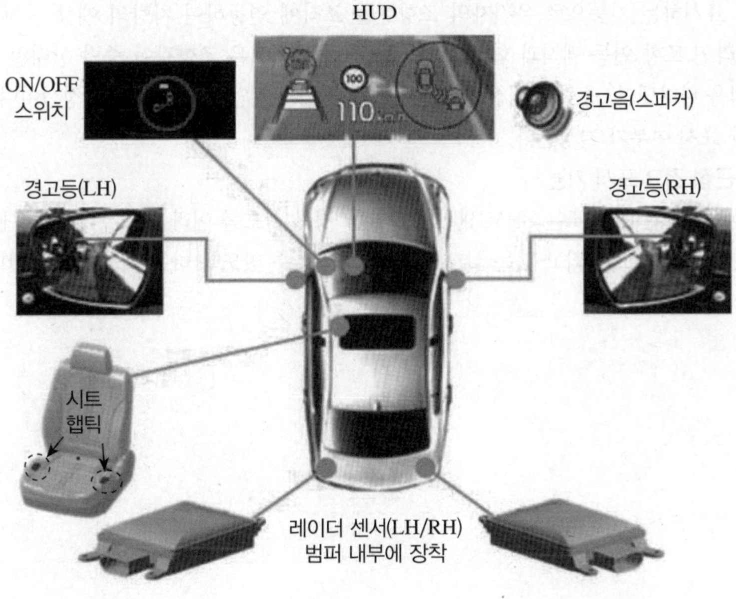

26 AVM(Around View Monitoring)

(1) 개요

차량 전 주위 영상 모니터링 시스템(Around View Monitoring System, 이하 AVM)은 차량의 전방, 양 측면, 후방에 각 1개씩(총 4개)의 초 광각 카메라로부터 입력된 영상을 왜곡 보정, 시점변환 및 영상 합성 기술을 기반으로 차량 주변의 360° 조감도를 위에서 아래로 내려다 본 영상 및 다양한 뷰 모드를 제공하는 시스템이다. AVM 시스템은 주차 및 저속 운행 시 차량 주변 영상을 운전자에게 제공하여 차량 운행의 안전성과 편의성을 향상시키는 것을 목적으로 한다.

(2) AVM 주요 기능

① 차량 주변 영상 표시 기능

차량 주변 영상 표시 기능은 차량이 저속 전진 혹은 후진 시 4개의 카메라로부터 입력된 영상을 차량 주변 360° 조감 영상으로 합성하여 Head Unit을 통해 운전자에게 제공한다. AVM 시스템은 차량 운행 조건 및 운전자 선택에 따라 총 8개의 차량 주변영상을 제공한다.

② 가이드라인 조향 연동 표시 기능

가이드라인 조향 연동 표시 기능은 차량 후진 시 보여지는 후방 영상 화면에 차량의 예상 주차 가이드라인을 표시하는 기능으로 운전자의 조향핸들 조작에 연동하여 차량의 예상 진행 궤적이 움직인다. 가이드라인 조향 연동 궤적과 함께 표시되는 중립 궤적선은 조향각이 중립 상태일 때 차량의 예상 진행 궤적을 나타낸다. 중립 궤적선은 조향핸들 조작에 관계없이 표시되는 고정선이며, 차량의 적용지역에 따라 표시 여부가 결정된다.

③ 전후방 근접 경고 표시 기능

전후방에 장착된 PAS 또는 SPAS센서의 장애물 경보 신호를 어라운드 뷰 영상 내에 표시하여 주차 시 모니터를 보고 경보가 되고 있는 실제 위치를 확인할 수 있도록 하는 기능을 제공한다.

27 AFLS(Adaptive Front Lighting System)

AFLS는 야간 주행 시 발생되는 여러 가지 운전 상황(도로상태, 주행 상태, 승차인원 및 화물 적재량) 변화에 대해 최적의 헤드램프 조명 상태를 제공하기 위한 지능형 전조등 시스템이다. 또한 AFLS 시스템은 기존 차량에서 헤드램프의 상하 각도만 조정하는 방식에서 벗어나 오토 레벨링 기능을 보다 다이내믹하게 제어하고, 라이트를 점등시킨 상태에서 곡선 도로 주행 시 조향각 및 차량 속도에 따라 헤드램프 로우 빔의 좌/우 조사 각도를 실시간으로 제어해 줌으로써 운전자에게 야간 주행 중 최적의 시계를 확보시켜주는 최첨단 라이팅 시스템이다.

기능	Dynamic Bending (좌우 제어)	Auto Leveling (상하 제어)
입력	• 차량 속도 • 조향 핸들 각도 • 변속 레버 위치	• 차량 속도(가감속) • 차량 적재 부하
출력	AFLS 적용 장애물 장애물 일반 헤드램프	조정 전 조정 후 조정 전 BRAKE 조정 후 조정 전
	주행 시 회전 조건에 따른 좌우 구동	로우빔(하향등) 상하 제어

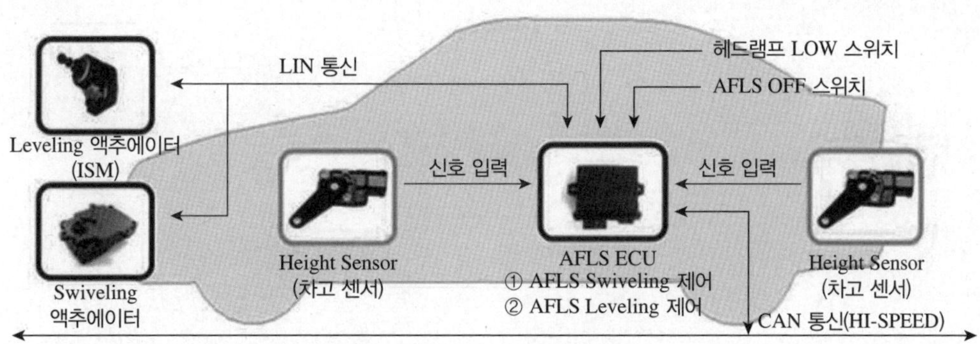

– 조향 각도, 조향각 속도, 변속레버위치(PRND), 엔진 회전수, 가속페달 개도, 요–레이트, 브레이크 신호, 차고센서

(1) AFLS 주요 제어 기능

항목	주요 기능 및 세부내용
Dynamic Bending (Swiveling)	• 곡선 도로에서 차량 진행방향에 보다 강화된 빛을 제공 - 곡선 도로 주행 시인성 향상 - 프로젝션 유닛(헤드램프 로우 빔) 좌우 구동
Class 변환	• 주행 조건에 따른 최적의 빔 패턴 제공 - 저속, 중속, 고속에 따른 빔 패턴 제공 - 우천, 우적 시 대향차 눈부심 방지를 위한 빔 패턴 제공
Auto-Leveling (Dinamic 타입)	• 차량 기울기 조건에 대한 헤드램프 로우 빔의 보상 - 차량 정적 조건에 따른 보상(승차인원, 화물 적재량) - 차량 동적 조건에 따른 보상(급제동, 급가속, 노면 요철) - 프로젝션 유닛(헤드램프 로우 빔) 좌우 구동
Fail-Safe (안전 법규 만족)	시스템 고장 및 오동작 감지 시(센서, 통신 등) 안전모드 동작

(2) AFLS 적용 장점

항목	주요 기능 및 세부내용
주행 안정성 향상	• 차량 운행 중 곡선 도로의 운전자 시인성 확보 → Safety Driving • 차량 속도에 따라 헤드램프 모드, 스위벨링(좌우) 구동 속도 및 각도가 자동 제어되어 최적 운행 조건 만족 • 대향 차량에 대한 눈부심을 고려한 Fail-Safe 기능 적용 → 시스템 고장 발생 시 초기 원점 위치로 자동 복귀
사용 편의성 향상	• 운전자의 선택에 따라 시스템 ON/OFF 가능(오토라이트 스위치) • 기존 차량 헤드램프와의 차이로 운전자의 만족감 증대
기타	• 자가진단 기능으로 DTC 정보 및 센서 입/출력 확인 가능 • CAN&LIN 통신 적용으로 모듈별 배선 수 접속점 감소

28 BAS(Brake Assist System)

브레이크 페달 작동속도를 감지하여 차량의 긴급 상황을 파악하여 운전자가 충분한 브레이크 유압을 가하지 못했을 경우 BAS 기능이 작동하면서 브레이크 유압을 증대시켜 충분한 감속도를 구현한다. 긴급 상황에서 제동거리 감소에 효과가 있다.

29 CBC 시스템(Cornering Brake Control System)

(1) 개요

선회 제동 시 좌/우륜의 제동력을 제어하여 차량 안정성을 확보하고 차량의 Spin을 방지한다.

(2) 주요 특징

① ESC 제어 시점에 앞서 조기 유압 감압 제어를 통해 과도한 ESC 제어를 부드럽게 수행함
② 유압 증대 모드 없이 제어하므로 소음 및 진동 저감
③ 차량 상황(Under－Steer 또는 Over－Steer)에 따라 최적화된 제어를 통해 안전성 극대화
④ 내장된 Pressure Sensor와 Upgrade된 컨트롤 로직을 통해 최적 제어 수행

30 AVH(Auto Hold System)

(1) 개요

차량 주행 중 신호 대기, 정차 시 자동 정차 유지, 출발 시 자동 해제 기능으로 편의성과 안전성을 높인다.

(2) 주요 특징

① 신호 대기 등 정차 시 자동 작동, 출발 시 차량 밀림 방지
② 주행 중 EPB(파킹) 스위치로 비상 제동 시 ESC 제어로직으로 안정적인 정차 가능
③ 경사로 정차 후 출발 시 차량 밀림 방지

05 자동차관리법령 및 산업안전기준

1 자동차 안전기준(자동차관리법령)

(1) 용어의 정의

① **공차상태** : 자동차에 사람이 승차하지 않고 물품(예비부분품 및 공구, 그 밖의 휴대물품을 포함한다)을 적재하지 않은 상태로서 연료 · 냉각수 및 윤활유를 가득 채우고 예비타이어(예비타이어를 장착한 자동차만 해당한다)를 설치하여 운행할 수 있는 상태를 말한다.

② **적차상태** : 공차상태의 자동차에 승차정원의 인원이 승차하고 최대적재량의 물품이 적재된 상태를 말한다. 이 경우 승차정원 1인(13세 미만의 자는 1.5인을 승차정원 1인으로 본다)의 중량은 65kg으로 계산하고, 좌석정원의 인원은 정위치에, 입석정원의 인원은 입석에 균등하게 승차시키며, 물품은 물품적재장치에 균등하게 적재시킨 상태이어야 한다.

③ **윤중** : 자동차가 수평상태에 있을 때에 1개의 바퀴가 수직으로 지면을 누르는 중량, 윤중은 5ton 이하일 것

④ **축하중** : 자동차가 수평상태에 있을 때에 1개의 차축에 연결된 모든 바퀴의 윤중을 합한 것, 10ton 이하일 것

⑤ **차량중량** : 공차상태의 자동차의 중량을 말함

⑥ **차량 총중량** : 적차상태의 자동차의 중량을 말하며 자동차의 차량총중량은 20ton(승합자동차의 경우에는 30ton, 화물자동차 및 특수자동차의 경우에는 40ton)을 초과하여서는 안 됨

⑦ **승차정원** : 자동차에 승차할 수 있도록 허용된 최대인원(운전자 포함)

(2) 자동차 길이, 너비, 높이 기준

① **길이** : 13m 이하(연결자동차의 경우에는 16.7m를 말한다)

② **너비** : 2.5m 이하(단, 승용자동차 : 간접시계장치, 환기장치는 25cm 이내
기타자동차 : 간접시계장치, 환기장치는 30cm 이내
견인차 : 간접시계장치, 피견인차의 가장 바깥쪽으로부터 10cm 이하)

③ **높이** : 4m 이하

④ **최저지상고** : 공차상태의 자동차에 있어서 접지부분 외의 부분은 지면과의 사이에 10cm 이상

(3) 중량분포

조향바퀴의 윤중의 합은 차량중량 및 차량총중량의 각각에 대하여 20%(3륜의 경형 및 소형자동차의 경우에는 18%) 이상

(4) 최대안전경사각도

승용자동차, 화물자동차, 특수자동차 및 승차정원 10명 이하인 승합자동차는 공차상태에서 35° 이상(단, 차량총중량이 차량중량의 1.2배 이하인 자동차는 30° 이상), 승차정원 11명 이상인 승합자동차는 적차상태에서 28° 이상

(5) 최소회전반경

자동차의 최소회전반경은 바깥쪽 앞바퀴자국의 중심선을 따라 측정할 때에 12m 이하, 승합자동차의 경우에는 해당 자동차가 반지름 5.3m와 12.5m의 동심원 사이를 회전하였을 때 그 차체가 각 동심원에 모두 접촉되지 않을 것

(6) 접지부분 및 접지압력

접지부분은 소음의 발생이 적고 도로를 파손할 위험이 없는 구조여야 하며, 무한궤도를 장착한 자동차의 접지 압력은 무한궤도 1cm²당 3kg를 초과하지 아니할 것

(7) 타이어 트레드(노면에 닿는 부분) 깊이 : 1.6mm 이상 유지될 것

(8) 조향장치

① 조향핸들의 유격 : 조향핸들 지름의 12.5% 이하

② 사이드 슬립 : 규정값에서 좌우 방향으로 ±5m/km(±5mm/m) 이내

(9) 제동장치

① 주제동장치의 급제동 정지거리 및 조작력 기준

구분	최고속도 80km/h 이상의 자동차	최고속도 35km/h 이상 80km/h 미만의 자동차	최고속도 35km/h 미만의 자동차
제동초속도	50km/h	35km/h	해당 자동차의 최고속도
급제동 정지거리	22m 이하	14m 이하	5m 이하
측정 시 조작력	발 조작식의 경우 90kg 이하		
	손 조작식의 경우 30kg 이하		
측정자동차의 상태	공차상태의 자동차에 운전자 1인이 승차한 상태		

② 제동력의 판정기준

㉠ 제동능력

- 최고속도가 80km/h 이상이고 차량총중량이 차량중량의 1.2배 이하인 자동차의 각축의 제동력의 합 : 차량총중량의 50% 이상
- 최고속도가 80km/h 미만이고 차량총중량이 차량중량의 1.5배 이하인 자동차의 각축의 제동력의 합 : 차량총중량의 40% 이상
- 기타의 자동차
  - 각 축의 제동력의 합 : 차량중량의 50% 이상
  - 각 축의 제동력 : 각 축하중의 50%(다만, 뒷축의 경우에는 해당 축하중의 20%) 이상

㉡ 좌우바퀴의 제동력 편차 : 해당 축하중의 8% 이하

㉢ 제동력의 복원 : 3초 이내에 해당 축하중의 20% 이하로 감소될 것

③ 주차제동력 : 11° 30' 이상의 경사면에서 정지상태를 유지할 것(차량중량의 20% 이상일 것).

측정 시 조작력	승용자동차	그 밖의 자동차
발	60kg 이하	70kg 이하
손	40kg 이하	50kg 이하

(10) 연료장치

① **연료주입구** : 배기관 끝으로부터 30cm 이상, 노출된 전기단자, 전기 계폐기로부터 20cm 이상 떨어져 있을 것

② 수소가스를 연료로 사용하는 자동차의 기준

㉠ 자동차의 배기구에서 배출되는 가스의 수소농도는 평균 4%, 순간 최대 8%를 초과하지 아니할 것

㉡ 차단밸브(내압용기의 연료공급 자동 차단장치) 이후의 연료장치에서 수소가스 누출 시 승객거주 공간의 공기 중 수소농도는 1% 이하일 것

㉢ 차단밸브 이후의 연료장치에서 수소가스 누출 시 승객거주 공간, 수하물 공간, 후드 하부 등 밀폐 또는 반밀폐 공간의 공기 중 수소농도가 2±1% 초과 시 적색경고등이 점등되고, 3±1% 초과 시 차단밸브가 작동할 것

(11) 차대 및 차체

① 오버행의 기준(축거 : L, 오버행 : C)

㉠ 소형 및 경형 자동차의 오버행 : $\frac{C}{L} \leq \frac{11}{20}$

㉡ 승합자동차, 화물자동차(화물을 차체 밖으로 나오게 적재할 우려가 없는 경우에 한정), 특수자동차의 오버행 : $\frac{C}{L} \leq \frac{2}{3}$

㉢ 일반 자동차의 오버행 : $\frac{C}{L} \leq \frac{1}{2}$

② **측면보호대** : 차량총중량이 8ton 이상, 또는 최대적재량이 5ton 이상인 화물자동차, 특수자동차 및 연결자동차는 측면보호대를 설치하여야 한다(단, 측면보호대의 양쪽 끝과 앞, 뒷바퀴와의 간격은 각 400mm 이내, 가장 아래 부분과 지상과의 간격은 550mm 이하, 가장 윗부분과 지상과의 간격은 950mm 이상일 것).

③ **후부안전판**

㉠ 차량총중량이 3.5ton 이상인 화물자동차 및 특수자동차는 후부안전판을 설치하여야 한다.

- 후부안전판의 양 끝 부분은 뒷차축 중 가장 넓은 차축의 좌우 최외측 타이어 바깥면(지면과 접지되어 발생되는 타이어 부풀림양은 제외한다) 지점을 초과하여서는 아니 되며, 좌우 최외측 타이어 바깥면 지점부터의 간격은 각각 100mm 이내일 것
- 가장 아랫 부분과 지상과의 간격은 550mm 이내일 것
- 차량 수직방향의 단면 최소높이는 100mm 이상일 것

④ **고압가스를 운반하는 자동차의 고압가스 운송용기** : 차체의 뒤 범퍼 안쪽으로 300mm 이상의 간격이 될 것

⑤ **등록번호판의 부착위치** : 차체의 뒤끝으로부터 65cm 이내일 것

⑥ **견인장치** : 자동차(피견인차 제외)의 앞면 또는 뒷면에는 자동차의 길이 방향으로 견인할 때에 당해 자동차 차량 중량의 1/2 이상의 힘에 견딜 수 있는 구조의 견인장치를 갖출 것

(12) 좌석

① 운전자좌석의 규격

승용자동차	승합 · 화물 · 특수자동차
50% 성인 남자 인체모형(엉덩이부터 뒷무릎 464.8±12.7mm, 엉덩이부터 앞무릎 591.8±12.7mm, 발 길이 259.1±7.6mm, 엉덩이 너비 : 363.2±7.6mm)이 착석 가능할 것	가로 · 세로 각각 40cm(23인승 이하의 승합자동차와 좌석의 수보다 입석의 수가 많은 23인승을 초과하는 승합자동차의 좌석의 세로는 35cm) 이상일 것

② 승객 좌석의 규격

승용자동차	승합 · 화물 · 특수자동차 (어린이운송용 제외)	어린이운송용 승합자동차
5% 성인 여자 인체모형(엉덩이부터 뒷무릎 426.72±12.7mm, 엉덩이부터 앞무릎 533.4±12.7mm, 발 길이 226.06±7.6mm, 엉덩이 너비 : 307.34±7.6mm)이 착석 가능할 것	가로 · 세로 각각 40cm(23인승 이하의 승합자동차와 좌석의 수보다 입석의 수가 많은 23인승을 초과하는 승합자동차의 좌석의 세로는 35cm) 이상일 것	5% 성인 여자 인체모형이 착석할 수 있도록 하되, 좌석 등받이(머리지지대를 포함)의 높이는 71cm 이상일 것

③ 입석

㉠ 승합자동차의 입석 공간은 별도 기준에 따른 통로 측정장치(승합자동차 유형별로 높이 1,500~1,900mm)가 통과할 수 있어야 한다.

㉡ 1인의 입석의 면적

구분	1인당 입석 면적(m^2)
승차정원 23인승 이하 승합자동차	0.125 이상
좌석 승객의 수보다 입석 승객의 수가 많은 승차정원 23인승을 초과하는 승합자동차	0.125 이상
입석 승객의 수보다 좌석 승객의 수가 많은 승차정원 23인승을 초과하는 승합자동차	0.15 이상

※ 자동차전용도로 또는 고속국도를 운행하지 아니하는 시내버스 · 농어촌버스 및 마을버스의 승객용 좌석에는 안전띠를 설치하지 않을 수 있다.

(13) 승강구

① 승강구의 규격은 승강구 측정장치 1(너비 55cm, 높이 140~180cm) 또는 측정장치 2(너비 55cm, 높이 165~180cm)가 통과될 것

② 승강구 제1단 발판의 높이는 40cm(어린이운송용 승합자동차의 어린이 승하차를 위한 승강구의 경우 30cm 이하)일 것

(14) 비상구(비상탈출장치)

① 승차정원 16인 이상의 승합자동차에는 승강구를 2개 이상 설치하거나 승강구와 비상문을 각각 1개 이상 설치하여야 한다.

② A형 비상문 : 너비 60cm 이상, 높이 145cm 이상(다만 승차정원 23인승 이하는 너비 55cm 이상, 높이 125cm 이상일 것)

③ B형 비상문 : B형 비상문은 차실의 좌측면 뒤쪽(자동차 길이 방향으로 차실의 중간위치보다 비상문 유효 폭 중심이 뒤쪽에 있는 경우) 또는 차실 뒷면에 설치하여야 하며, 유효 폭 40cm 이상, 유효 높이 120cm 이상이어야 한다.

(15) 통로

① 승차정원 16인승 이상의 승합자동차에는 통로 측정장치가 통과할 수 있는 통로를 갖추어야 한다. 다만, 승강구를 열고 바로 탑승하도록 좌석이 설치된 구조의 자동차는 제외한다.

② 통로 측정장치 기준

승합자동차 유형		너비(cm)	높이(cm)
승차정원 16인승 이상 23인승 이하 승합자동차		55	190
승차정원 16인승 이상 23인승 이하 좌석전용 승합자동차		45	150
좌석 승객의 수보다 입석 승객의 수가 많은 승차정원 23인승을 초과하는 승합자동차		55	190
입석 승객의 수보다 좌석 승객의 수가 많은 승차정원 23인승을 초과하는 승합자동차		55	190
승차정원 23인승을 초과하는 좌석전용 승합자동차		45	190
좌석 승객의 수보다 입석 승객의 수가 많은 2층대형승합자동차	1층	55	180
	2층	55	168
입석 승객의 수보다 좌석 승객의 수가 많은 2층대형승합자동차	1층	55	180
	2층	55	168
좌석 전용 2층대형승합자동차	1층	45	180
	2층	45	168

③ 접이식 좌석이 설치된 자동차의 통로의 경우에는 접이식 좌석을 접은 상태에서 통로 측정장치가 통과되어야 한다.

(16) 창유리

자동차의 앞면창유리는 접합유리 또는 유리 · 플라스틱 조합유리로, 그 밖의 창유리는 강화유리, 접합유리, 복층유리, 플라스틱유리 또는 유리 · 플라스틱 조합유리 중 하나로 하여야 한다. 다만, 컨버터블자동차 및 캠핑용자동차 등 특수한 구조의 자동차의 앞면 외의 창유리와 피견인자동차의 창유리는 그러하지 아니하다.

(17) 배기관

① 자동차 배기관의 열림방향은 자동차의 길이방향에 대해 왼쪽 또는 오른쪽으로 45°를 초과해 열려 있어서는 안 되며, 배기관의 끝은 차체 외측으로 돌출되지 않도록 설치해야 한다.

② 배기관은 자동차 또는 적재물을 발화시키거나 자동차의 다른 기능을 저해할 우려가 없어야 하며, 견고하게 설치하여야 한다.

(18) 전조등

① 주행빔 전조등의 설치 기준

㉠ 좌우에 각각 1개 또는 2개를 설치할 것(단, 너비가 130cm 이하인 초소형자동차에는 1개를 설치할 수 있음)

㉡ 등광색은 백색일 것

㉢ 주행빔 전조등의 설치 및 광도 기준은 별표 6의3에 적합할 것(단, 초소형자동차는 별표 35의 기준을 적용할 수 있음)

② 변환빔 전조등의 설치 기준

㉠ 좌우에 각각 1개를 설치할 것(단, 너비가 130cm 이하인 초소형자동차에는 1개를 설치할 수 있음)

㉡ 등광색은 백색일 것

㉢ 변환빔 전조등의 설치 및 광도 기준은 별표 6의4에 적합할 것(다만, 초소형자동차는 별표 36의 기준을 적용할 수 있음)

③ 적응형 전조등의 설치 기준

㉠ 좌우에 각각 1개를 설치할 것

㉡ 등광색은 백색일 것

㉢ 적응형 전조등의 설치 및 광도 기준은 별표 6의5에 적합할 것

④ 주변환빔 전조등의 광속(光束)이 2,000lm을 초과하는 전조등에는 다음의 기준에 적합한 전조등 닦이기를 설치하여야 한다.

㉠ 130km/h 이하의 속도에서 작동될 것

㉡ 전조등 닦이기 작동 후 광도는 최초 광도값의 70% 이상일 것

(19) 안개등(보조 전조등)

① 앞면에 안개등을 설치할 경우 설치 기준

㉠ 좌우에 각각 1개를 설치할 것(단, 너비가 130cm 이하인 초소형자동차에는 1개를 설치할 수 있음)

㉡ 등광색은 백색 또는 황색일 것

㉢ 앞면안개등의 설치 및 광도 기준은 별표 6의6에 적합할 것(초소형자동차는 별표 37의 기준을 적용할 수 있음)

② 뒷면에 안개등을 설치할 경우 설치 기준

㉠ 2개 이하로 설치할 것

㉡ 등광색은 적색일 것

㉢ 뒷면안개등의 설치 및 광도 기준은 별표 6의7에 적합할 것(초소형자동차는 별표 38의 기준을 적용할 수 있음)

(20) 후퇴등(후진등)

자동차(차량총중량 0.75ton 이하인 피견인자동차는 제외)에는 다음의 기준에 적합한 후퇴등을 설치해야 한다.

① 자동차의 뒷면에는 다음의 구분에 따른 개수를 설치할 것(단, ㉡의 경우에는 뒷면 후방에 2개 또는 양쪽 측면 후방에 각각 1개를 추가로 설치할 수 있음)

㉠ 길이 6m 이하 자동차 : 1개 또는 2개

㉡ 길이 6m 초과 자동차 : 2개

② 등광색은 백색일 것
③ 후퇴등의 설치 및 광도 기준은 별표 6의10에 적합할 것(초소형자동차는 별표 40의 기준을 적용할 수 있음)

(21) 번호등

① 등광색은 백색일 것
② 번호등의 설치 및 휘도(輝度)기준은 별표 6의13에 적합할 것(초소형자동차는 별표 42의 기준을 적용할 수 있음)
③ 번호등은 등록번호판을 잘 비추는 구조일 것

(22) 후미등

① 좌우에 각각 1개를 설치할 것. 다만, 다음의 자동차에는 다음 각 구분에 따른 기준에 따라 후미등을 설치할 수 있다.
  ㉠ 끝단표시등이 설치되지 않은 다음의 어느 하나에 해당하는 자동차 : 좌우에 각각 1개의 후미등 추가 설치 가능
    • 승합자동차
    • 차량 총중량 3.5ton 초과 화물자동차 및 특수자동차(구난형 특수자동차는 제외)
  ㉡ 구난형 특수자동차 : 좌우에 각각 1개의 후미등 추가 설치 가능
  ㉢ 너비가 130cm 이하인 초소형자동차 : 1개의 후미등 설치 가능
② 등광색은 적색일 것
③ 후미등의 설치 및 광도 기준은 별표 6의14에 적합할 것(초소형자동차는 별표 43의 기준을 적용할 수 있음)

(23) 제동등

① 좌우에 각각 1개를 설치할 것. 다만, 다음의 자동차는 다음 각 구분에 따른 기준에 따라 제동등을 설치할 수 있다.
  ㉠ 너비가 130cm 이하인 초소형자동차 : 1개의 제동등 설치 가능
  ㉡ 구난형 특수자동차 : 좌우에 각각 1개의 제동등 추가 설치 가능
② 등광색은 적색일 것
③ 제동등의 설치 및 광도기준은 별표 6의15에 적합할 것(초소형자동차는 별표 44의 기준을 적용할 수 있음)

(24) 방향지시등

① 자동차 앞면 · 뒷면 및 옆면 좌우에 각각 1개를 설치할 것. 다만, 승용자동차와 차량총중량 3.5ton 이하 화물자동차 및 특수자동차(구난형 특수자동차는 제외)를 제외한 자동차에는 2개의 뒷면 방향지시등을 추가로 설치할 수 있다.
② 등광색은 호박색일 것
③ 방향지시등의 설치 및 광도 기준은 별표 6의17에 적합할 것(초소형자동차는 별표 45의 기준을 적용할 수 있음)

(25) 후부반사기

① 좌우에 각각 1개를 설치할 것. 다만, 너비가 130cm 이하인 초소형자동차에는 1개를 설치할 수 있다.

② 반사광은 적색일 것

③ 후부반사기의 설치기준은 별표 6의23에 적합할 것(초소형자동차는 별표 48의 기준을 적용할 수 있음)

(26) 경음기

자동차 전방으로 2m 떨어진 지점으로서 지상높이가 1.2±0.05m인 지점에서 측정한 경적음의 최소크기가 최소 90dB 이상일 것

(27) 속도계 및 주행거리계

① 자동차에는 속도계와 통산 운행거리를 표시할 수 있는 구조의 주행거리계를 설치하여야 한다.

② 다음의 자동차(「도로교통법」에 따른 긴급자동차와 해당 자동차의 최고속도가 ③에서 정한 속도를 초과하지 아니하는 구조의 자동차를 제외한다)에는 최고속도제한장치를 설치하여야 한다.

㉠ 승합자동차(어린이운송용 승합자동차를 포함)

㉡ 차량총중량이 3.5ton을 초과하는 화물자동차 · 특수자동차(피견인자동차를 연결하는 견인자동차를 포함)

㉢ 「고압가스 안전관리법 시행령」의 규정에 의한 고압가스를 운송하기 위하여 필요한 탱크를 설치한 화물자동차(피견인자동차를 연결한 경우에는 이를 연결한 견인자동차를 포함)

㉣ 저속전기자동차

③ ②의 규정에 의한 최고속도제한장치는 자동차의 최고속도가 다음의 기준을 초과하지 아니하는 구조이어야 한다.

㉠ ②의 ㉠에 의한 자동차 : 110km/h

㉡ ②의 ㉡ 및 ㉢에 의한 자동차 : 90km/h

㉢ ②의 ㉣에 따른 저속전기자동차: 60km/h

(28) 소화설비

① 승차정원 7인 이상의 승용자동차 및 경형승합자동차에는 능력단위 1 이상인 소화기를 1개 이상 설치하여야 한다.

② **승차정원 15인 이하의 승합자동차** : 능력단위 2 이상인 소화기 1개 이상 또는 능력단위 1 이상인 소화기를 2개 이상 설치하여야 한다.

③ **승차정원 16인 이상 35인 이하의 승합자동차** : 능력단위 2 이상인 소화기를 2개 이상 설치하여야 한다.

④ **승차정원 36인 이상의 승합자동차** : 능력단위 3 이상인 소화기를 1개 이상 및 능력단위 2 이상인 소화기를 1개 이상 설치하여야 한다. 다만, 2층대형승합자동차의 경우에는 위층 차실에 능력단위 3 이상인 소화기 1개 이상을 추가로 설치하여야 한다.

⑤ 승차정원 23인을 초과하는 승합자동차로서 너비 2.3m를 초과하는 경우에는 운전자의 좌석 부근에 소화기를 설치할 수 있도록 가로 60cm, 세로 20cm 이상의 공간을 확보하여야 한다.

(29) 경광등

① **적색 또는 청색** : 범죄수사, 교통단속, 피수용자의 호송 · 경비, 소방용 자동차 등

② **황색** : 전신 · 전화업무, 전기 · 가스사업, 민방위업무 및 공익사업

③ **녹색** : 구급차 · 혈액 공급차량

(30) 어린이 운송용 승합자동차의 표시등

① 앞면과 뒷면에 분당 60~120회 점멸하는 각각 2개의 적색표시등과 2개의 황색표시등 또는 호박색표시등 설치

② 적색표시등은 바깥쪽에 황색표시등은 안쪽에 설치

③ 도로에 정지하려고 하거나 출발하려고 하는 때에는 다음의 기준에 적합할 것

㉠ 도로에 정지하려는 때에는 황색표시등 또는 호박색표시등이 점멸되도록 운전자가 조작할 수 있어야 할 것

㉡ ㉠의 점멸 이후 어린이의 승하차를 위한 승강구가 열릴 때에는 자동으로 적색표시등이 점멸될 것

㉢ 출발하기 위하여 승강구가 닫혔을 때에는 다시 자동으로 황색표시등 또는 호박색표시등이 점멸될 것

㉣ ㉢의 점멸 시 적색표시등과 황색표시등 또는 호박색표시등이 동시에 점멸되지 아니할 것

2 자동차 검사기준 등

(1) 자동차검사

① 자동차검사의 분류

㉠ 신규검사 : 신규등록을 실시하고자 할 때 실시하는 검사

㉡ 정기검사 : 신규검사 후 일정기간마다 정기적으로 실시하는 검사

② 최초검사와 유효기간

㉠ 비사업용 승용차 : 4년 그 후 2년마다 정기검사 실시

㉡ 사업용 승용차 : 2년 그 후 1년마다 정기검사 실시

㉢ 경형 및 소형의 승합자동차 : 차령이 4년 이하이면 2년마다 정기검사를 실시하고, 차령이 4년 초과하면 1년마다 정기검사를 실시하여야한다.

㉣ 사업용 대형 화물자동차는 차령이 2년 이하이면 1년마다 정기검사를 실시하고, 차령이 2년을 초과하면 6개월마다 정기검사를 실시하여야 한다.

③ 튜닝검사 : 자동차를 튜닝한 경우에 실시하는 검사

④ 임시검사 : 자동차 관리법 또는 자동차 관리법에 따른 명령이나 자동차소유자의 신청에 의해 비정기적으로 실시하는 검사

(2) 시험기의 정밀도 기준

① 제동력 시험기 오차 범위

㉠ 좌우 제동력 지시 오차 : ±5% 이내(차륜 구동형은 ±2% 이내)

㉡ 좌우 합계 제동력 지시 오차 : ±5% 이내

㉢ 좌우 제동력 합계 판정 오차 : ±2% 이내

㉣ 좌우 제동력 차이 판정 오차 : ±2% 이내

② 전조등 시험기 오차 범위

㉠ 광도 지시 오차 : ±15% 이내

㉡ 광축 편차 오차 : ±29/174mm(1/6°) 이내

③ 사이드 슬립 측정기 오차 범위

㉠ 0점 지시 오차 : ±0.2mm/m(m/km) 이내

ⓛ 5mm 지시 오차 : ±0.2mm/m(m/km) 이내

ⓒ 판정오차 : ±0.2mm/m(m/km) 이내

④ 속도계 시험기 오차 범위

㉠ 지시 오차 : 설정속도(35km/h이상)의 ±3% 이내

(3) 자동차 제원의 허용오차

구분 / 차종	길이 (mm)	너비 (mm)	높이 (mm)	윤거 (mm)	축거 (mm)	오버행 (mm)	객실 및 하대(mm)			차량총중량 (kgf)
							길이	너비	높이	
경형 및 소형차	±40	±30	±50	±30	±30	±30	±30	±30	±30	±60
중형 및 대형차	±50	±40	±60	±40	±30	±40	±50	±30	±30	±100 또는 ±3% 중 큰 허용차 적용

① 보도용 자동차 및 규격화된 물품을 운송하는 자동차 또는 최고 속도가 25km/h 미만인 자동차는 다음 표의 제원기준을 적용할 수 있다.

항목	특례기준	대상 차종
길이	19m 이내	• 풀트레일러 연결자동차 • 저상트레일러 연결자동차 • 센터차축트레일러 연결자동차 • 굴절버스
너비	2.75m 이내	• 컨테이너운송용 풀카고트럭, 컨테이너운송용 풀카고트레일러 • 저상트레일러 • 보도용 자동차(TV중계차 등) • 환경측정용 자동차 • 2층대형승합자동차
최대안전경사각도	30°	• 콘크리트 운반전용의 자동차 • 최고속도가 60km/h 이하인 화물 및 특수자동차
최소회전반경	15.5m 이내	• 보도용 자동차(TV중계차 등) • 특수구조자동차 등 국토교통부장관이 해당 자동차의 제작특성상 특히 필요하다고 인정하는 자동차
완충장치	설치 예외	• 노면청소작업차 • 특수구조자동차 등 국토교통부장관이 해당 자동차의 제작특성상 특히 필요하다고 인정하는 자동차
서리 및 안개 제거장치, 환기장치	설치 예외	• 최고속도가 25km/h 미만인 자동차

② 하대 오프셋(Os) $= \frac{\text{하대 내측 길이}}{2} - (A-B)$

(단, A : 뒤 차축 중심에서 차체 최후단까지의 거리, B : 하대 내측의 뒤끝에서 차체 최후단까지의 거리)

(4) 타이어 부하율

$$\text{타이어의 부하율} = \frac{\text{적차(공차) 시 전륜(후륜)의 분담하중}}{\text{전륜(후륜)의 타이어 허용하중} \times \text{전륜(후륜)의 타이어의 갯수} \times 100\%} \times 100\%$$

(5) 조향륜의 하중분포

① 공차 시 조향륜의 하중분포 $= \dfrac{\text{공차 시 조향륜의 윤중의 합}}{\text{차량중량}} \times 100\%$

② 적차 시 조향륜의 하중분포 $= \dfrac{\text{적차 시 조향륜의 윤중의 합}}{\text{차량총중량}} \times 100\%$

(6) 최대안전 경사각도의 산출

① 오른쪽 : $\beta = \tan^{-1}\left(\dfrac{Br}{H}\right)$

② 왼쪽 : $\beta = \tan^{-1}\left(\dfrac{BL}{H}\right)$

- β : 최대안전 경사각도(°)
- H : 무게중심높이(중심고)
- Br : 오른쪽 안정폭
- BL : 왼쪽 안정폭

(7) 자동차 회전조작력 확인방법

① 평탄한 노면에서 반지름 12m의 원둘레를 회전

② 선회속도 : 10km/h

③ 풍속 : 3m/s 이하에서 측정

④ 적차상태에서 측정

(8) 정밀도에 대한 검사기준

① 지시 : 설정속도(35km/h 이상)의 ±3% 이내

② 판정 : 판정 기준값의 1km 이내

(9) 차대번호 표시 및 확인방법

KNH	A382FI	ES123456
제작회사군	자동차특성군	제작회사 일련번호

(10) 적차 시 전축중

$$W_f = w_f + \frac{a_1 p_1 + a_2 p_2 + \cdots\cdots}{L}$$

- W_f : 적차 시 전축중
- $a_1, a_2, \cdots\cdots$: ,후차축에서 하중작용점까지의 거리
- w_f : 공차 시 전축중
- $p_1, p_2, \cdots\cdots$: 적재물의 하중
- L : 축거

(11) 적차 시 후축중

$W_r = W - W_f$ (W : 차량총중량)

(12) 연속좌석의 승차정원(승합 · 화물 · 특수자동차)

$$\text{연속좌석의 승차정원} = \frac{\text{좌석의 너비(cm)}}{\text{40(cm/1인)}}$$

(13) 입석정원

$$\text{입석정원} = \frac{\text{입석면적}(m^2)}{0.14(m^2/\text{1인})}\text{(2019년 7월 1일 이전 제작 · 조립 · 수입된 자동차)}$$

$$= \frac{\text{입석면적}(m^2)}{\text{1인의 입석면적}(m^2)}\text{(2019년 7월 1일 이후 제작 · 조립 · 수입된 자동차)}$$

(14) 덤프형 화물차의 최대적재량

① 소형 자동차 $= \dfrac{\text{최대적재량}}{\text{적재함 용적}} \geq 1.3\text{ton}/m^3$

② 기타 자동차 $= \dfrac{\text{최대적재량}}{\text{적재함 용적}} \geq 1.5\text{ton}/m^3$

(15) 공주거리

$$\text{공주거리} = \frac{V}{3.6} \times t$$

- V : 제동초속도(km/h)
- t : 공주시간(sec)

(16) 제동거리

$$\text{제동거리} = \frac{V^2}{2\mu g}$$

- V : 제동초속도(m/s)
- μ : 마찰계수
- g : 중력가속도(m/s^2)

(17) 정지거리

$$\text{정지거리} = \frac{V}{36} + \frac{V^2}{254} \times \frac{w + W'}{F}\text{(정지거리=공주거리+제동거리)}$$

- V : 제동초속도(km/h)
- w : 차량중량
- W' : 회전부분 상당중량
- F : 각 바퀴의 제동력의 합

(18) 배기가스 기준

① 휘발유(알코올 포함) 사용 자동차 또는 가스 사용 자동차

차종		제작일자	일산화탄소	탄화수소	공기과잉률
경자동차		1997년 12월 31일 이전	4.5% 이하	1,200ppm 이하	1±0.1 이내. 다만, 기화기식 연료공급장치 부착자동차는 1±0.15 이내, 촉매 미부착 자동차는 1±0.20 이내
		1998년 1월 1일부터 2000년 12월 31일까지	2.5% 이하	400ppm 이하	
		2001년 1월 1일부터 2003년 12월 31일까지	1.2% 이하	220ppm 이하	
		2004년 1월 1일 이후	1.0% 이하	150ppm 이하	
승용자동차		1987년 12월 31일 이전	4.5% 이하	1,200ppm 이하	
		1988년 1월 1일부터 2000년 12월 31일까지	1.2% 이하	220ppm 이하 (휘발유 · 알코올 사용 자동차) 400ppm 이하 (가스사용자동차)	
		2001년 1월 1일부터 2005년 12월 31일까지	1.2% 이하	220ppm 이하	
		2006년 1월 1일 이후	1.0% 이하	120ppm 이하	
승합 · 화물 · 특수자동차	소형	1989년 12월 31일 이전	4.5% 이하	1,200ppm 이하	
		1990년 1월 1일부터 2003년 12월 31일까지	2.5% 이하	400ppm 이하	
		2004년 1월 1일 이후	1.2% 이하	220ppm 이하	
	중형 · 대형	2003년 12월 31일 이전	4.5% 이하	1,200ppm 이하	
		2004년 1월 1일 이후	2.5% 이하	400ppm 이하	
이륜자동차	소형 · 중형	2018년 1월 1일 이후	3.0% 이하	1,000ppm 이하	–
	대형	1999년 12월 31일 이전	5.0% 이하	2,000ppm 이하	
		2000년 1월 1일부터 2006년 12월 31일까지	3.5% 이하	1,500ppm 이하	
		2007년 1월 1일부터 2008년 12월 31일까지	3.0% 이하	1,200ppm 이하	
		2009년 1월 1일 이후	3.0% 이하	1,000ppm 이하	

② 경유사용 자동차

<table>
<tr><th colspan="2">차종</th><th colspan="2">제작일자</th><th>매연</th></tr>
<tr><td colspan="2" rowspan="6">경자동차 및
승용자동차</td><td colspan="2">1995년 12월 31일 이전</td><td>60% 이하</td></tr>
<tr><td colspan="2">1996년 1월 1일부터 2000년 12월 21일까지</td><td>55% 이하</td></tr>
<tr><td colspan="2">2001년 1월 1일부터 2003년 12월 31일까지</td><td>45% 이하</td></tr>
<tr><td colspan="2">2004년 1월 1일부터 2007년 12월 31일까지</td><td>40% 이하</td></tr>
<tr><td colspan="2">2008년 1월 1일부터 2016년 8월 31일까지</td><td>20% 이하</td></tr>
<tr><td colspan="2">2016년 9월 1일 이후</td><td>10% 이하</td></tr>
<tr><td rowspan="26">승합 · 화물 ·
특수자동차</td><td rowspan="6">소형</td><td colspan="2">1995년 12월 31일까지</td><td>60% 이하</td></tr>
<tr><td colspan="2">1996년 1월 1일부터 2000년 12월 31일까지</td><td>55% 이하</td></tr>
<tr><td colspan="2">2001년 1월 1일부터 2003년 12월 31일까지</td><td>45% 이하</td></tr>
<tr><td colspan="2">2004년 1월 1일부터 2007년 12월 31일까지</td><td>40% 이하</td></tr>
<tr><td colspan="2">2008년 1월 1일부터 2016년 8월 31일까지</td><td>20% 이하</td></tr>
<tr><td colspan="2">2016년 9월 1일 이후</td><td>10% 이하</td></tr>
<tr><td rowspan="10">중형</td><td colspan="2">1992년 12월 31일 이전</td><td>60% 이하</td></tr>
<tr><td colspan="2">1993년 1월 1일부터 1995년 12월 31일까지</td><td>55% 이하</td></tr>
<tr><td colspan="2">1996년 1월 1일부터 1997년 12월 31일까지</td><td>45% 이하</td></tr>
<tr><td rowspan="2">1998년 1월 1일부터 2000년 12월 31일까지</td><td>시내버스</td><td>40% 이하</td></tr>
<tr><td>시내버스 외</td><td>45% 이하</td></tr>
<tr><td colspan="2">2001년 1월 1일부터 2004년 9월 30일까지</td><td>45% 이하</td></tr>
<tr><td colspan="2">2004년 10월 1일부터 2007년 12월 31일까지</td><td>40% 이하</td></tr>
<tr><td colspan="2">2008년 1월 1일부터 2016년 8월 31일까지</td><td>20% 이하</td></tr>
<tr><td colspan="2">2016년 9월 1일 이후</td><td>10% 이하</td></tr>
<tr><td colspan="2"></td><td></td></tr>
<tr><td rowspan="10">대형</td><td colspan="2">1992년 12월 31일 이전</td><td>60% 이하</td></tr>
<tr><td colspan="2">1993년 1월 1일부터 1995년 12월 31일까지</td><td>55% 이하</td></tr>
<tr><td colspan="2">1996년 1월 1일부터 1997년 12월 31일까지</td><td>45% 이하</td></tr>
<tr><td rowspan="2">1998년 1월 1일부터 2000년 12월 31일까지</td><td>시내버스</td><td>40% 이하</td></tr>
<tr><td>시내버스 외</td><td>45% 이하</td></tr>
<tr><td colspan="2">2001년 1월 1일부터 2004년 9월 30일까지</td><td>45% 이하</td></tr>
<tr><td colspan="2">2004년 10월 1일부터 2007년 12월 31일까지</td><td>40% 이하</td></tr>
<tr><td colspan="2">2008년 1월 1일부터 2016년 8월 31일까지</td><td>20% 이하</td></tr>
<tr><td colspan="2">2016년 9월 1일 이후</td><td>10% 이하</td></tr>
</table>

3 산업안전기준

(1) 산업안전

① 사고예방

㉠ 사고예방 5단계

- 제1단계 : 안전관리조직(조직)
- 제2단계 : 현상 파악(사실의 발견)
- 제3단계 : 원인 규명(분석평가)
- 제4단계 : 대책 선정(시정방법의 선정)
- 제5단계 : 목표 달성(시정책의 적용)

㉡ 재해 예방의 4원칙

- 예방가능의 원칙
- 손실우연의 원칙
- 원인연계의 원칙
- 대책선정의 원칙

② 안전점검

㉠ 인적인 면 : 건강상태, 보호구 착용, 기능상태, 자격 적정배치 등

㉡ 물리적인 면 : 기계기구의 설비, 공구, 재료 적치보관상태, 준비상태, 전기시설, 작업발판

㉢ 관리적인 면 : 작업 내용, 작업 순서 기준, 직종 간 조정, 긴급 시 조치, 작업방법, 안전수칙, 작업 중임을 알리는 표시

㉣ 환경적인 면 : 작업 장소, 환기, 조명, 온도, 습도, 분진, 청결상태

㉤ 불안전한 행위

- 불안전한 자세 및 행동, 잡담, 장난을 하는 경우
- 안전장치의 제거 및 불안전한 속도를 조절하는 경우
- 작동중인 기계에 주유, 수리, 점검, 청소 등을 하는 경우
- 불안전한 기계의 사용 및 공구 대신 손을 사용하는 경우
- 안전 복장을 착용하지 않았거나 보호구를 착용하지 않은 경우
- 위험한 장소의 출입

(2) 산업재해

① 재해조사의 목적 : 재해의 원인과 자체의 결함 등을 규명함으로써 동종의 재해 및 유사 재해의 발생을 방지하기 위한 예방대책을 강구하기 위해서 실시한다.

② 재해율의 정의

㉠ 연천인율 : 1,000명의 근로자가 1년을 작업하는 동안에 발생한 재해 빈도를 나타내는 것

$$\text{연천인율} = \frac{\text{재해자 수}}{\text{연평균 근로자 수}} \times 1,000$$

㉡ 강도율 : 근로시간 1,000시간당 재해로 인하여 근무하지 않는 근로 손실 일수로서 산업재해의 경·중의 정도를 알기 위한 재해율로 이용된다.

$$\text{강도율} = \frac{\text{근로 손실 일수}}{\text{연 근로시간}} \times 1,000$$

㉢ 도수율 : 연 근로시간 100만 시간 동안에 발생한 재해 빈도를 나타내는 것

$$도수율 = \frac{재해\ 발생\ 건수}{연\ 근로시간\ 수} \times 1,000,000$$

㉣ 천인율 : 평균 재적근로자 1,000명에 대하여 발생한 재해자 수를 나타내는 것

$$천인율 = \frac{재해자\ 수}{평균\ 근로자\ 수} \times 1,000$$

③ 안전점검을 실시할 때 유의사항

㉠ 점검한 내용은 상호 이해하고 협조하여 시정책을 강구할 것

㉡ 안전 점검이 끝나면 강평을 실시하고 사소한 사항이라도 묵인하지 말 것

㉢ 과거에 재해가 발생한 곳에는 그 요인이 없어졌는지 확인할 것

㉣ 점검자의 능력에 적응하는 점검내용을 활용할 것

④ 사고가 발생하는 원인

㉠ 기계 및 기계장치가 너무 좁은 장소에 설치되어 있을 때

㉡ 안전장치 및 보호 장치가 잘되어 있지 않을 때

㉢ 적합한 공구를 사용하지 않을 때

㉣ 정리 정돈 및 조명장치가 잘되어 있지 않을 때

(3) 화재

① 연소의 3요소 : 공기(산소), 점화원, 가연성 물질

② 화재의 분류

㉠ A급 화재 : 고체 연료성 화재로 목재, 종이, 섬유 등의 재를 남기는 일반 가연물 화재, 물

㉡ B급 화재 : 액체 또는 기체상의 연료관련 화재로서 가솔린, 알코올, 석유 등의 유류 화재, 모래

㉢ C급 화재 : 전기 기계, 전기 기구 등의 전기화재

㉣ D급 화재 : 마그네슘 등의 금속 화재

㉤ E급 화재 : 가스 화재

③ 소화기의 종류

㉠ 분말소화기 : ABC급

㉡ 포말소화기 : AB급

㉢ 이산화탄소(CO_2)소화기 : BC급, 전기화재에 가장 적합

④ 소화 작업

㉠ 화재가 일어나면 화재 경보를 한다.

㉡ 배선의 부근에 물을 공급할 때에는 전기가 통하는지의 여부를 알아본 후에 한다.

㉢ 가스 밸브를 잠그고 전기 스위치를 끈다.

㉣ 카바이드 및 유류(기름)에는 물을 끼얹어서는 안 된다.

㉤ 물 분무 소화 설비에서 화재의 진화 및 연소를 억제시키는 요인

- 연소물의 온도를 인화점 이하로 냉각시키는 효과
- 발생된 수증기에 의한 질식 효과
- 연소물의 물에 의한 희석 효과

(4) 안전 · 보건조치

① 안전 · 보건표지의 종류

안전 · 보건표지의 종류에는 금지표지, 경고표지, 지시표지, 안내표지, 유해물질 표지, 소방표지가 있다.

㉠ 금지표지 : 흰색 바탕에 기본모형은 빨강, 관련부호, 그림은 검정색이다.

문열고 들어가지마시오	관계자외 출입금지	다니지마시오	지나가지마시오	승용차통행금지	화물자동차통행금지
이륜자동차통행금지	지게차통행금지	작동시키지마시오	작동시키지마시오	작동시키지마시오	압축공기로 몸을털지마시오
휴대전화사용금지	자석휴대금지	사용금지	화물용승강기탑승금지	화물용승강기탑승금지	탑승금지
금연	용접작업금지	불사용금지	굴림금지	넘어뜨리지마시오	혼자들지마시오
물건옮기지마시오	잠그지마시오	장갑착용금지	합성섬유입은자 출입금지	가연성물질놓지마시오	인화성물질놓지마시오

㉡ 경고표지 : 노란색 바탕에 기본모형, 관련부호, 그림은 검정색이다.

인화성물질	산화성물질	폭발	독극물	부식성물질	방사능폐기물
방사성물질	접지	미사용스위치차단	고압전기주의	크레인작업주의	크레인작업주의
크레인작업주의	매달린물체주의	낙하물주의	낙하물주의	저온주의	온도유지
뜨거움주의	뜨거움주의	뜨거움주의	고온주의	넘어짐주의	추락주의
계단주의	불규칙노면주의	미끄럼주의	몸균형상실주의	레이저광선	유해물질

㉢ 지시표지 : 청색 바탕에 기본모형은 흰색, 관련 부호, 관련 그림은 청색이다.

밀착보안경착용	보안경착용	보안경, 안전모착용	보안경, 귀덮개착용	보안경, 귀덮개, 안전모착용	보안경착용
방진마스크착용	보안면착용	보안면착용	안전모착용	작업모착용	머리망착용
귀덮개착용	귀덮개착용	귀마개착용	귀덮개착용	덧신착용	안전장갑, 안전화착용
안전장갑착용	방한복착용	방열복착용	안전복착용	안전대착용	안전띠착용
안전대착용	넘어지지않게하시오	통로확보	공기호흡기착용	손을씻으시오	바른자세로드시오

㉣ 안내표지 : 녹색 바탕에 기본모형은 녹색, 관련부호, 그림은 흰색이다.

안전제일	들것	들것	눈씻는장치	눈씻는장치	눈씻는장치
비상샤워기	비상샤워기	응급구호	비상구	좌측비상구	우측비상구
상부비상구	하부비상구	우측비상계단	좌측비상계단	우측비상사다리	좌측비상사다리
사다리	마시는물	마시는물	엘리베이터	하강에스컬레이터	상승에스컬레이터
공중전화	건널다리	비상정지스위치	휴지통		

② 작업복

㉠ 작업에 따라 보호구 및 기타 물건을 착용할 수 있어야 한다.

㉡ 소매나 바지자락이 조여질 수 있어야 한다.

㉢ 화기사용 직장에서는 방염성, 불연성의 것을 사용하도록 한다.

㉣ 작업복은 몸에 맞고 동작이 편하도록 제작한다.

㉤ 상의의 끝이나 바지자락 등이 기계에 말려 들어갈 위험이 없도록 한다.

㉥ 옷소매는 폭이 좁게 된 것으로, 단추가 달린 것은 되도록 피한다.

③ 작업장의 조명

㉠ 초정밀 작업 : 750lux 이상

㉡ 정밀작업 : 300lux 이상

㉢ 보통작업 : 150lux 이상

㉣ 기타작업 : 75lux 이상

㉤ 통로 : 보행에 지장이 없는 정도의 밝기

4 자동차 장치 취급 시 주의사항

(1) 엔진 취급 시 주의사항

① 실린더 블록과 실린더

㉠ 보링 : 마모된 실린더를 절삭하는 작업으로 보링머신을 이용한다.

㉡ 호닝 : 엔진을 보링한 후에는 바이트 자국을 없애기 위한 작업으로 호닝머신을 이용한다.

㉢ 리머 : 드릴 구멍보다 더 정밀도가 높은 구멍을 가공하는 데 사용한다.

※ 칩을 제거할 때는 절삭유를 충분히 써서 유출시키는 것이 안전하다.

② 실린더 헤드

㉠ 실린더 헤드 볼트를 풀 때는 바깥쪽에서 안쪽을 향하여 대각선 방향으로 푼다.

㉡ 실린더 헤드를 조일 때는 2~3회에 나누어 토크 렌치를 사용하여 규정값으로 조인다.

㉢ 실린더 헤드가 고착되었을 경우 떼어 내는데 안전한 작업 방법

- 나무 해머나 플라스틱 해머 등의 연질해머로 가볍게 두드린다.
- 압축 공기를 사용한다.
- 헤드를 호이스트로 들어서 블록 자중으로 떼어 낸다.

③ 크랭크축

㉠ 기관의 크랭크축 분해 정비 시 주의사항

- 축받이 캡을 탈거 후 조립 시에는 제자리 방향으로 끼워야 한다.
- 뒤 축받이 캡에는 오일 실이 있으므로 주위를 요한다.
- 스러스트 판이 있을 때에는 변형이나 손상이 없도록 한다.

㉡ 크랭크축의 휨 측정

- V블록에 크랭크축을 올려놓고 중앙의 저널에 다이얼 게이지를 설치한다.
- 크랭크축을 서서히 1회전시켰을 때 나타난 값이 1/2 휨 값이다.

④ 밸브장치

㉠ 밸브장치 정비 시 작업 방법

- 밸브 탈착 시 스프링이 튀어 나가지 않도록 한다.
- 분해된 밸브에 표시를 하여 바뀌지 않도록 한다.
- 분해 조립 시 밸브 스프링 전용 공구를 이용한다.

㉡ 밸브 래핑 작업을 할 때는 래퍼를 양손에 끼고 좌우로 돌리면서 가끔 가볍게 충격을 준다.

(2) 윤활 및 냉각장치 취급 시 주의사항

① 윤활장치 취급 시 주의사항

㉠ 기관오일의 점검 시 작업 방법

- 계절 및 기관에 알맞은 오일을 사용한다.
- 기관을 수평으로 한 상태에서 한다.
- 오일은 정기적으로 점검, 교환한다.
- 오일의 보충 또는 교환 시에는 점도가 다른 것은 서로 섞어서 사용하지 않는다.

② 냉각장치 취급 시 주의사항

㉠ 냉각장치 점검 시 작업 방법

- 방열기는 상부온도가 하부온도보다 높다.
- 팬벨트의 장력이 약하면 과열의 원인이 된다.
- 물 펌프 부싱이 마모되면 물의 누수 원인이 된다.
- 실린더 블록에 물때(Scale)가 끼면 엔진과열의 원인이 된다.
- 과열된 기관에 냉각수를 보충할 때는 기관 시동을 끄고 완전히 냉각시킨 후 물을 보충한다.

(3) 연료장치 취급 시 주의사항

① 연료를 공급할 때의 주의사항

㉠ 차량의 모든 전원을 OFF하고 주유한다.

㉡ 소화기를 비치한 후 주유한다.

㉢ 엔진 시동을 끈 후 주유한다.

② 연료장치 점검 시 주의사항

㉠ 깨끗하고 먼지가 없는 곳에서 실시한다.

㉡ 작업장 가까이에 소화기를 준비한다.

㉢ 기관의 회전부분에 손이나 옷이 닿지 않도록 한다.

(4) LPG 연료 취급 시 주의사항

① LPG 충전 사업의 시설에서 저장 탱크와 가스 충전 장소의 사이에는 방호벽을 설치해야 한다.

② LPG 자동차 관리에 대한 주의사항

㉠ LPG는 고압이고, 누설이 쉬우며 공기보다 무겁다.

㉡ LPG는 온도상승에 의한 압력상승이 있다.

㉢ 가스 충전 시에는 합격 용기 여부를 확인하고, 과충전되지 않도록 해야 한다.

㉣ 용기는 직사광선 등을 피하는 곳에 설치하고 과열되지 않아야 한다.

㉤ 엔진 룸이나 트렁크 실 내부 등을 점검할 때는 가스 누출 탐지기를 이용하여야 한다.

(5) 내연기관의 가동

① 기관을 시동하기 전 윤활유, 냉각수, 축전지 등을 점검한다.

② 기관 운전 상태에서 점검사항

㉠ 배기가스의 색을 관찰

㉡ 윤활유는 규정 양을 보충

㉢ 벨트 장력 조정 시는 기관을 정지

(6) 섀시계통 취급 시 주의사항

① 동력 전달장치 취급 시 주의사항

㉠ 기어가 회전하고 있는 곳은 뚜껑으로 잘 덮어 위험을 방지해야 한다.

㉡ 천천히 움직이는 벨트라도 손으로 잡지 말아야 한다.

㉢ 회전하고 있는 벨트나 기어에 필요 없는 접근을 금해야 한다.

② 유압 라인 내의 공기빼기 작업

㉠ 마스터 실린더의 오일 저장 탱크에 오일을 채우고 공기빼기 작업을 해야 한다.

㉡ 작동오일이 차체의 도장 부분에 묻지 않도록 주의해야 한다.

㉢ 블리더 스크류 주변을 청결히 하여 이물질 유입이 되지 않도록 해야 한다.

③ 변속기 작업 시 자동차 밑에서 작업할 때에는 보안경을 써야 한다.

(7) 자동변속기 취급 시 주의사항

① 자동차는 평지에 완전하게 세우고 바퀴는 고임목으로 고여야 한다.

② 변속기를 탈착하기 위해서는 차량을 승강기(리프트)로 들어 올린 후 변속기 스탠드를 지지한 후 작업한다.

③ 자동변속기 분해 조립 시 유의사항

㉠ 작업 시 청결을 유지하고 작업한다.

㉡ 클러치판, 브레이크 디스크는 자동변속기 오일로 세척한다.

㉢ 조립 시 개스킷, 오일 실 등은 새 것으로 교환한다.

㉣ 해머가 필요할 경우 나무 또는 플라스틱 등의 연질해머를 사용한다.

(8) 제동장치 취급 시 주의사항

① 브레이크 정비 시 주의사항

㉠ 라이닝의 교환은 반드시 세트(조)로 한다.

㉡ 패드를 지지하는 록 핀에는 그리스를 도포한다.

㉢ 마스터 실린더의 분해조립은 바이스에 물려 지지한다.

② 공기 브레이크 장치 취급 시 주의사항

㉠ 라이닝의 교환은 반드시 세트(조)로 한다.

㉡ 매일 공기 압축기의 물을 빼낸다.

㉢ 규정 공기압을 확인한 다음 출발해야 한다.

(9) 전장품 취급 시 주의사항

① 축전지 취급 시 주의사항

㉠ 전해액이 옷이나 피부에 닿지 않도록 한다.

㉡ 중탄산소다수와 같은 중화제를 항상 준비해 두어야 한다.

㉢ 황산 액이 담긴 병을 옮길 때는 보호 상자에 넣어 운반해야 한다.

㉣ 축전지 전해액량은 정기적으로 점검한다.

㉤ 충전지 육안검사는 벤트 플러그의 공기구멍 막힘 상태, 케이스의 균열점검, 단자의 부식상태 등을 검사한다.

㉥ 축전지 케이스의 균열에 대하여 점검하고 정도에 따라 수리 또는 교환한다.

㉦ 전해액을 혼합할 때에는 증류수에 황산을 천천히 붓는다.

② 축전지 충전 시 주의사항

㉠ 전해액 비중 점검결과 방전되었으면 보충한다.

㉡ 충전기로 충전할 때에는 극성에 주의한다.

㉢ 축전지의 충전실은 항상 환기장치가 잘 되어 있어야 한다.

㉣ 충전 중 전해액의 온도가 45℃가 넘지 않도록 한다.
㉤ 충전 중인 배터리에 화기를 가까이해서는 안 된다.
㉥ 축전지를 과충전하여서는 안 된다.

③ 충전장치 취급 시 주의사항
㉠ 발전기 출력전압 점검 시 배터리(-)케이블을 분리하지 않는다.
㉡ 배터리를 단락시키지 않는다.
㉢ 회로를 단락시키거나 극성을 바꾸어 연결하지 않는다.

④ 회로시험기 사용 시 주의사항
㉠ 고온, 다습, 직사광선을 피한다.
㉡ 0점 위치를 확인하고 측정한다.
㉢ 선택 스위치는 확인하고 측정한다.
㉣ 지침은 정면 위에서 읽는다.
㉤ 테스터 리드의 적색은 (+)단자에, 흑색은 (-)단자에 꽂는다.
㉥ 전류 측정 시 회로를 연결하고 그 회로에 직렬로 테스터를 연결하여야 한다.
㉦ 각 측정 범위의 변경은 큰 쪽부터 작은 쪽으로 하고 역으로는 하지 않는다.
㉧ 중앙 손잡이 위치를 측정 단자에 합치시켜야 한다.
㉨ 회로 시험기의 0점 조절은 측정 범위가 변경될 때마다 실시하여야 한다.

(10) 기계 및 기기 취급 시 주의사항

① 측정공구 사용 시 안전사항
㉠ 다이얼 게이지를 취급할 때의 안전사항
- 다이얼 게이지로 측정할 때 측정부분의 위치는 공작물에 수직으로 놓는다.
- 분해 소제나 조정은 하지 않는다.
- 다이얼 인디케이터에 어떤 충격이라도 가해서는 안 된다.
- 측정할 때에는 측정물에 스핀들을 직각으로 설치하고 무리한 접촉은 피한다.

㉡ 마이크로미터를 보관할 때 주의사항
- 깨끗하게 하여 보관함에 넣어 보관한다.
- 앤빌과 스핀들을 접촉시키지 않는다.
- 습기가 없는 곳에 보관한다.
- 사용 중 떨어뜨리거나 큰 충격을 주지 않도록 한다.
- 래칫 스톱을 돌려 1회전~2회전 정도의 측정력을 가한다.
- 기름, 쇳가루, 먼지 등에 의한 오차 발생에 주의한다.

㉢ 버니어캘리퍼스 : 부품의 바깥지름, 안지름, 길이, 깊이 등을 측정

② 정비작업 시 안전사항
㉠ 작업에 맞는 공구를 사용한다.
㉡ 부품을 분해할 때에는 앞에서부터 순서대로 푼다.
㉢ 전기장치는 기름기 없이 작업을 한다.
㉣ 잭(Jack)을 사용할 때 손잡이를 빼놓는다.
㉤ 사용 목적에 적합한 공구를 사용한다.

㉥ 연료를 공급할 때는 소화기를 비치한다.

㉦ 차축을 정비할 때는 잭과 스탠드로 고정하고 작업한다.

㉧ 전기장치의 시험기를 사용할 때 정전이 되면 즉시 스위치는 OFF에 놓는다.

③ 리프트 작업 시 안전사항

㉠ 차축, 차륜을 정비할 때는 잭과 안전스탠드로 고정하고 작업한다.

㉡ 잭(Jack)으로 차체를 들어 올리는 방법

- 차체를 올리고 난 후 잭 손잡이를 뺀다.
- 잭을 올리고 나서 받침대(스탠드)로 받친다.
- 잭은 물체의 중심위치에 설치한다.
- 잭은 중앙 밑 부분에 놓아야 한다.
- 잭만 받쳐진 중앙 밑 부분에는 들어가지 않는 것이 좋다.
- 잭은 밑바닥이 견고하면서 수평이 되는 곳에 놓고 작업하여야 한다.

(11) 기기 취급

① 차량 시험기기의 취급

㉠ 시험기기 전원의 종류와 용량을 확인한 후 전원 플러그를 연결한다.

㉡ 눈금의 정확도는 수시로 점검해서 0점을 조정해 준다.

㉢ 시험기기의 누전 여부를 확인한다.

② 전조등 시험

㉠ 차량을 수평인 지면에 세운다.

㉡ 적절히 예비운전이 된 공차 상태의 자동차에 운전자 1인이 승차한 상태로 한다.

㉢ 시험기에 차량을 마주보고 진행한다.

㉣ 타이어 공기압은 표준 공기압으로 한다.

㉤ 자동차의 축전지는 충전한 상태로 한다.

㉥ 4등식 전조등의 경우 측정하지 아니하는 등화에서 발신하는 빛을 차단한 상태로 한다.

③ 속도계 시험

㉠ 롤러에 묻은 기름, 흙을 닦아낸다.

㉡ 시험차량의 타이어 공기압이 정상인가 확인한다.

㉢ 시험차량은 공차상태로 하고 운전자 1인이 탑승한다.

④ 휠 밸런스 시험

㉠ 시험기 사용 순서를 숙지 후 사용한다.

㉡ 휠의 탈 · 부착 시에는 무리한 힘을 가하지 않는다.

㉢ 시험하고자 하는 바퀴 규격에 맞는 테이퍼콘을 선택한다.

㉣ 타이어를 과속으로 돌리거나 진동이 일어나게 해서는 안 된다.

㉤ 타이어의 회전 방향에 서지 말아야 한다.

㉥ 회전하는 휠에 손을 대지 않는다.

㉦ 점검 후 테스터 스위치를 끈 다음 자연히 정지하도록 한다.

㉧ 균형추를 정확히 부착한다.

⑤ 사이드슬립 시험

㉠ 시험기의 운동부분은 항상 청결하여야 한다.

㉡ 시험기의 답판 및 타이어에 부착된 수분, 오일, 흙 등을 제거한다.

㉢ 시험기에 대하여 직각으로 서서히 진입시켜야 한다.

㉣ 답판 상에서는 브레이크 페달을 밟지 않는다.

㉤ 답판 상에서는 조향 핸들을 좌우로 틀지 않는다.

㉥ 답판을 통과하는 속도는 5km/h로 직진 상태로 통과하여야 한다.

⑥ 측정공구 사용 시 안전사항

㉠ 타이어 트레드의 표면에 습기를 제거한다.

㉡ 브레이크 페달을 확실히 밟은 상태에서 측정한다.

㉢ 시험 중 타이어와 가이드 롤러와의 접촉이 없도록 한다.

㉣ 주 제동장치와 주차 제동장치의 제동력의 크기를 시험한다.

(12) 전동 및 공기공구

① 선반 작업

㉠ 선반의 베드 위나 공구대 위에 직접 측정기나 공구를 올려놓지 않는다.

㉡ 돌리개는 적당한 크기의 것을 사용한다.

㉢ 공작물을 고정한 후 렌치 종류는 제거해야 한다.

㉣ 치수를 측정할 때는 기계를 정지시키고 측정을 한다.

㉤ 내경 작업 중에는 구멍 속에 손가락을 넣어 청소하거나 점검하려고 하면 안 된다.

② 드릴 작업 : 드릴 작업 때 칩의 제거는 회전을 중지시킨 후 솔로 제거한다.

㉠ 드릴 작업을 할 때의 안전대책

- 드릴은 사용 전에 균열이 있는가를 점검한다.
- 드릴의 탈 · 부착은 회전이 멈춘 다음 행한다.
- 가공물이 관통될 즈음에는 알맞게 힘을 가하여야 한다.
- 드릴 끝이 가공물을 관통하였는지를 손으로 확인해서는 안 된다.
- 공작물은 단단히 고정시켜 따라 돌지 않게 한다.
- 작업복을 입고 작업한다.
- 테이블 위에 고정시켜서 작업한다.
- 드릴 작업은 장갑을 끼고 작업해서는 안 된다.
- 머리가 긴 사람은 안전모를 쓴다.
- 작업 중 쇳가루를 입으로 불어서는 안 된다.
- 드릴 작업에서 둥근 공작물에 구멍을 뚫을 때는 공작물을 V블록과 클램프로 잡는다.
- 드릴 작업을 하고자 할 때 재료 밑의 받침은 나무판이 적당하다.

③ 그라인더(연삭 숫돌) 작업

㉠ 숫돌의 교체 및 시험운전은 담당자만이 하여야 한다.

㉡ 그라인더 작업에는 반드시 보안경을 착용하여야 한다.

㉢ 숫돌의 받침대는 3mm 이상 열렸을 때에는 사용하지 않는다.

㉣ 숫돌작업은 측면에 서서 숫돌의 정면을 이용하여 연삭한다.

ⓜ 안전커버를 떼고서 작업해서는 안 된다.
ⓗ 숫돌 차를 고정하기 전에 균열이 있는지 확인한다.
ⓢ 숫돌 차의 회전은 규정 이상 빠르게 회전시켜서는 안 된다.
ⓞ 플랜지가 숫돌 차에 일정하게 밀착하도록 고정시킨다.
ⓙ 그라인더 작업에서 숫돌 차와 받침대 사이의 표준간격은 2~3mm 정도가 가장 적당하다.
ⓒ 탁상용 연삭기의 덮개 노출각도는 90°이거나 전체 원주의 1/4을 초과해서는 안 된다.

④ 기계작업에서의 주의사항
ㄱ 구멍 깎기 작업을 할 때에는 운전도중 구멍 속을 청소해서는 안 된다.
ㄴ 치수측정은 운전을 멈춘 후 측정토록 한다.
ㄷ 운전 중에는 다듬면 검사를 절대로 금한다.
ㄹ 베드 및 테이블의 면을 공구대 대용으로 쓰지 않는다.
ㅁ 주유를 할 때에는 지정된 기름 외에 다른 것은 사용하지 말고 기계는 운전을 정지시킨다.
ㅂ 고장의 수리, 청소 및 조정을 할 때에는 동력을 끊고 다른 사람이 작동시키지 않도록 표시해 둔다.
ㅅ 운전 중 기계로부터 이탈할 때는 운전을 정지시킨다.
ㅇ 기계 운전 중 정전이 발생되었을 때는 각종 모터의 스위치를 꺼둔다(OFF).

⑤ 안전장치를 선정할 때의 고려사항
ㄱ 안전장치의 사용에 따라 방호가 완전할 것
ㄴ 안전장치의 기능 면에서 신뢰도가 클 것
ㄷ 정기 점검 이외에는 사람의 손으로 조정할 필요가 없을 것

(13) 공기 공구

① 공기 압축기
ㄱ 각 부의 조임 상태를 확인한다.
ㄴ 윤활유의 상태를 수시로 점검한다.
ㄷ 압력계 및 안전밸브의 이상 유무를 확인한다.
ㄹ 규정 공기압력을 유지한다.
ㅁ 압축공기 중의 수분을 제거하여 준다.

② 공기 압축기 운전 시 점검사항
ㄱ 압력계, 안전밸브 등의 이상 유무
ㄴ 이상소음 및 진동
ㄷ 이상온도 상승

③ 공기 공구 사용방법
ㄱ 공구의 교체 시에는 반드시 밸브를 꼭 잠그고 하여야 한다.
ㄴ 활동 부분은 항상 윤활유 또는 그리스로 급유한다.
ㄷ 사용 시에는 반드시 보호구를 착용해야 한다.
ㄹ 공기 공구를 사용하는 경우에는 밸브를 서서히 열고 닫아야 한다.
ㅁ 공기 기구를 사용할 때는 보안경을 사용한다.
ㅂ 고무 호스가 꺾여 공기가 새는 일이 없도록 한다.

ⓢ 공기 기구의 반동으로 생길 수 있는 사고를 미연에 방지해야 한다.
ⓞ 에어 그라인더는 회전 수를 점검한 후 사용한다.

(14) 수공구

① 수공구 사용에서 안전사고 원인

㉠ 사용법이 미숙하다.
㉡ 수공구의 성능을 잘 알지 못하고 선택하였다.
㉢ 힘에 맞지 않는 공구를 사용하였다.
㉣ 사용공구의 점검 · 정비를 잘하지 않았다.

② 수공구를 사용할 때 일반적 유의사항

㉠ 수공구를 사용하기 전에 이상 유무를 확인 후 사용한다.
㉡ 작업자는 필요한 보호구를 착용한 후 작업한다.
㉢ 공구는 규정대로 사용해야 한다.
㉣ 용도 이외의 수공구는 사용하지 않는다.
㉤ 수공구 사용 후에는 정해진 장소에 보관한다.
㉥ 작업대 위에서 떨어지지 않게 안전한 곳에 둔다.
㉦ 공구를 사용한 후 제자리에 정리하여 둔다.
㉧ 예리한 공구 등을 주머니에 넣고 작업을 하여서는 안 된다.
㉨ 사용 전에 손잡이에 묻은 기름 등은 닦아내어야 한다.
㉩ 공구를 던져서 전달해서는 안 된다.

③ 펀치 및 정 작업할 때의 유의사항

㉠ 펀치 작업을 할 경우에는 타격하는 지점에 시선을 두어야 한다.
㉡ 정 작업을 할 때에는 서로 마주 보고 작업하지 말아야 한다.
㉢ 열처리한(담금질한) 재료에는 사용하지 말아야 한다.
㉣ 정 작업은 시작과 끝을 조심해야 한다.
㉤ 정 작업에서 버섯머리는 그라인더로 갈아서 사용해야 한다.
㉥ 쪼아내기 작업은 방진안경을 쓰고 작업해야 한다.
㉦ 정의 머리 부분은 기름이 묻지 않도록 해야 한다.
㉧ 금속 깎기를 할 때는 보안경을 착용해야 한다.
㉨ 정의 날을 몸 바깥쪽으로 하고 해머로 타격해야 한다.
㉩ 정의 생크나 해머에 오일이 묻지 않도록 한다.
㉪ 보관을 할 때에는 날이 부딪쳐서 무디어지지 않도록 한다.

④ 렌치를 사용할 때 주의사항

㉠ 너트에 맞는 것을 사용한다[볼트 및 너트 머리 크기와 같은 조(Jaw)의 오픈렌치를 사용].
㉡ 렌치를 몸 안으로 잡아 당겨 움직이게 한다.
㉢ 해머의 대용으로 사용하지 않는다.
㉣ 파이프 렌치를 사용할 때는 정지상태를 확실히 한다.
㉤ 너트에 렌치를 깊이 물린다.
㉥ 높거나 좁은 장소에서는 몸을 안전하게 한 다음 작업한다.

㉦ 힘의 전달을 크게 하기 위하여 한쪽 렌치 조에 파이프 등을 끼워서 사용해서는 안 된다.
㉧ 복스 렌치를 오픈엔드 렌치보다 더 많이 사용하는 이유는 볼트 · 너트 주위를 완전히 싸게 되어 있어 사용 중에 미끄러지지 않기 때문이다.

⑤ 조정 렌치를 취급하는 방법
㉠ 고정 조 부분에 렌치의 힘이 가해지도록 한다(조정 렌치를 사용할 때에는 고정 조에 힘이 걸리도록 하여야만 렌치의 파손을 방지할 수 있으며 안전한 자세임).
㉡ 렌치에 파이프 등을 끼워서 사용하지 않는다.
㉢ 작업할 때 몸 쪽으로 당기면서 작업한다.
㉣ 볼트 또는 너트의 치수에 알맞게 밀착되도록 크기를 조절한다.

⑥ 토크 렌치를 사용할 때 주의사항
㉠ 핸들을 잡고 몸 안쪽으로 잡아당긴다.
㉡ 조임력은 규정값에 정확히 맞도록 한다.
㉢ 볼트나 너트를 조일 때 조임력을 측정한다.
㉣ 손잡이에 파이프를 끼우고 돌리지 않도록 한다.

⑦ 해머 작업을 할 때 주의할 점
㉠ 녹슨 것을 칠 때는 주의한다(해머로 녹슨 것을 때릴 때에는 반드시 보안경을 쓸 것).
㉡ 기름이 묻은 손이나 장갑을 끼고 작업하지 않는다.
㉢ 해머는 처음부터 힘을 주어 치지 않는다.
㉣ 해머 대용으로 다른 것을 사용하지 않는다.
㉤ 타격면이 평탄한 것을 사용하지 않는다.
㉥ 손잡이는 튼튼한 것을 사용한다.
㉦ 타격 가공하려는 것을 보면서 작업한다.
㉧ 해머를 휘두르기 전에 반드시 주위를 살핀다.
㉨ 사용 중에 자루 등을 자주 조사한다.
㉩ 좁은 곳에서는 작업을 금한다.

⑧ 줄 작업을 할 때의 주의사항
㉠ 사용 전 줄의 균열 유무를 점검한다.
㉡ 줄 작업은 전신을 이용할 수 있게 하여야 한다.
㉢ 줄에 오일 등을 칠해서는 안 된다.
㉣ 작업대 높이는 작업자의 허리 높이로 한다.
㉤ 허리는 펴고 몸의 안정을 유지한다.
㉥ 목은 수직으로 하고 눈은 일감을 주시한다.
㉦ 줄 작업 높이는 팔꿈치 높이로 한다.

06 자동차 공학 및 성능

1 단위계 및 환산

(1) 단위계

구분	길이	무게(힘)	시간
M.K.S 단위계	m	kgf	sec
C.G.S 단위계	cm	gf	sec
F.P.S 단위계(영국단위계)	ft	lb	sec
S.I 단위계(국제표준 단위계)	힘의 단위인 kgf, gf를 N, dyne으로 환산하여 나타낸 것		

(2) S.I 단위계

1N · m=1J
$1kJ=10^3J$
$1MJ=10^6J$
$1GJ=10^9J$

$1N/m^2=1Pa$
$1kPa=10^3Pa$
$1MPa=10^6Pa$
$1GPa=10^9Pa$

(3) 단위의 환산

① 길이

㉠ 1m=100cm

㉡ 1cm=0.01m

㉢ 1inch=2.54cm

㉣ 1ft=12inch=30.48cm

② 무게(힘)

㉠ 1kgf=1,000gf

㉡ 1gf=0.001kgf

㉢ 1lb(pound)=0.4536kgf

2 힘과 운동

(1) 힘

물체의 모양이나 운동 상태를 변화시키는 요인으로 단위는 kgf, N, dyne, lb 등의 단위가 사용된다. 여기서 중력공학 단위인 kgf는 N으로 환산할 수 있다. 뉴턴의 운동 2법칙에 의하여 1kgf=9.8N의 관계가 성립된다. 즉, 힘의 단위에 대한 관계는 $1kgf=9.8N=9.8\times10^5dyne$이 성립된다.

(2) 일량

단위시간 동안 이루어진 일의 크기를 말하며 단위는 kgf · m, N · m, J 등의 단위가 사용된다. 일량을 구하는 공식은 다음과 같다.

$$일(kgf \cdot m) = 힘(kgf) \times 거리(m)$$

3 속도와 가속도

(1) 속도

단위시간당 움직인 거리를 말하며 단위는 m/s, km/h, m/min 등의 단위가 사용된다.
속도를 구하는 공식은 다음과 같다.

$$V(m/s) = \frac{S(m)}{t(sec)} = \frac{움직인\ 거리}{시간}$$

(2) 가속도

단위시간당 속도의 변위량을 말하며 단위는 일반적으로 m/s^2을 사용하며 구하는 공식은 다음과 같다.

$$a(m/s^2) = \frac{V_2(m/s) - V_1(m/s)}{t(sec)} = \frac{속도의\ 변화량}{시간}$$

• V_2 : 나중속도	• V_1 : 처음속도

감속도의 경우에도 위와 같은 방법으로 산출한다.

4 온도와 열량

온도는 일반적으로 섭씨온도(℃)와 화씨온도(℉)로 나뉘며 각 온도에 대한 절대온도가 있다.

(1) 섭씨온도

단위는 ℃를 사용하며 순수한 물을 기준으로 어는점(빙점)은 0℃이고, 끓는점(비등점)은 100℃이다.

(2) 화씨온도

단위는 ℉를 사용하며 순수한 물을 기준으로 어는점(빙점)은 32℉이고, 끓는점(비등점)은 212℉이다.

(3) 켈빈온도

섭씨의 절대온도는 켈빈온도라 하며 단위는 K를 사용하고 섭씨온도에 273을 더한다.

예 0℃+273=273K

(4) 랭킨온도

화씨의 절대온도는 랭킨온도라 하며 단위는 °R을 사용하고 화씨온도에 460을 더한다.

예 32°F+460=492°R

섭씨온도와 화씨온도의 환산은 물을 기준으로 할 때 섭씨온도는 0~100℃까지 100등분이며 화씨온도는 32~212°F로 180등분이다. 이러한 관계로 다음의 환산식이 도출된다.

$$℃=\frac{5}{9}(°F-32),\ °F=\frac{5}{9}℃+32$$

위의 관계식에서 섭씨온도와 화씨온도가 같아지는 온도는 −40℃=−40°F이다.

(5) 열량과 비열

① 구분

㉠ 1kcal : 표준 대기압하에서 순수한 물 1kgf의 온도를 14.5℃~15.5℃까지 1℃ 상승시키는 데 필요한 열량

㉡ 1BTU : 순수한 물 1lb를 1°F 올리는 데 필요한 열량

㉢ 비열 : 어떤 물질 1gf 의 온도를 1℃ 올리는 데 필요한 열량

5 압력

압력의 정의는 단위 면적당 작용하는 힘을 말하며 고체역학에서는 응력이라 표현한다. 압력의 단위는 kgf/cm^2, lb/in^2, N/m^2, Pa, mmHg, mAq, bar 등의 단위가 주로 사용되며 주요 압력단위별 관계는 다음과 같다.

$$1atm=1.0332kgf/cm^2=10.332mAq=1.01325bar=101325Pa=760mmHg$$

압력은 위의 정의로부터 다음과 같이 산출한다.

$$P(kgf/cm^2)=\frac{F(kgf)}{A(cm^2)}=\frac{\text{작용하는 힘}}{\text{면적}}$$

(1) 게이지압(정압)

정압부분에 해당하는 게이지압은 대기압보다 높은 영역에서 측정된 게이지압력을 말한다. 정압을 측정하는 게이지는 압력이 게이지에 작용하지 않을 때 지침이 0을 지침하고 있다. 따라서 현재 대기압상태를 0으로 기준한다.

(2) 진공 게이지압(부압)

진공상태의 압력을 측정하는 게이지압을 말하여 부압을 측정하는 게이지는 부압(진공)이 게이지에 작용하지 않을 때 지침이 0을 지침하고 있다. 따라서 현재 대기압상태를 0으로 기준한다.

(3) 절대압력

완전진공(100%) 상태를 기준으로 하는 압력이다.

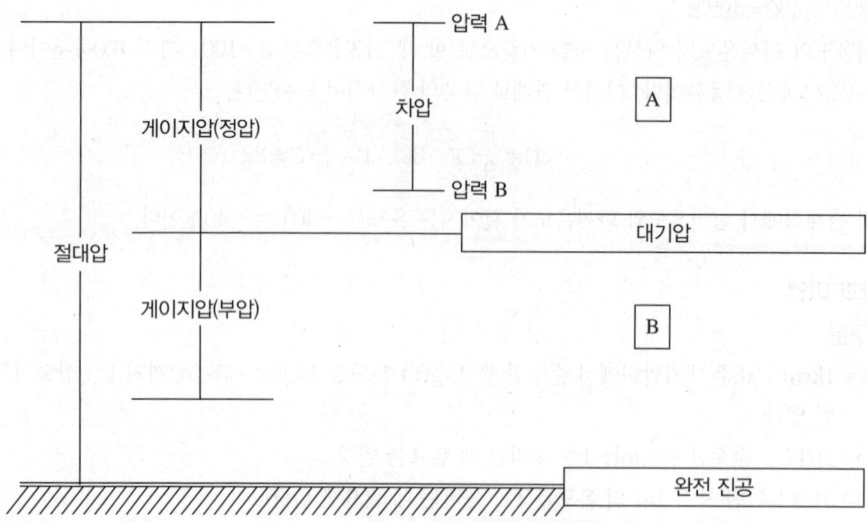

위의 그림에서 A점의 절대압력과 B점의 절대압력은 다음과 같이 구한다.

① A 지점의 절대압력=대기압+게이지압(정압)

② B 지점의 절대압력=대기압−진공 게이지압(부압)

6 동력

동력은 단위시간당 행한 일량을 말하며 힘×속도, 일량/시간으로 표현할 수 있다.

(1) 마력

마력은 일반적으로 75kgf의 물체를 1초(sec) 동안 1m 옮기는 마력을 1마력이라 하며 영마력과 불마력이 있다. 일반적으로 PS 단위를 쓰고 SI 단위계의 kW와 동일한 개념이며 아래와 같이 정의된다.

$1PS = 75\text{kgf}\cdot\text{m/sec} = 75\times9.81\text{N}\cdot\text{m/sec} = 736\text{J/sec}$

$1\text{kW} = 102\text{kgf}\cdot\text{m/sec} = 102\times9.81\text{N}\cdot\text{m/sec} = 1{,}000\text{J/sec} = 1\text{kJ/sec}$

위의 정의에서 PS와 kW의 관계는 다음과 같다.

$$1PS = 0.736\text{kW} = 736\text{W}$$

엔진공학에서 지시마력(도시마력; IPS)은 엔진의 연소 가스 자체의 폭발 동력을 말하며 엔진에서의 폭발 동력이 크랭크축에 전달되는 과정에서 손실되는 마력을 손실마력(FPS)이라 한다. 또한 최종적으로 사용되는 크랭크축 동력을 제동마력(축마력, 실마력, 정미마력; BPS)이라 한다. 이러한 마력의 개념은 다음과 같다.

$$IPS = FPS + BPS,\ BPS = IPS - FPS$$

엔진의 기계효율은 $\eta_m = \dfrac{BPS}{IPS}$이고, $BPS = \eta_m \times IPS$이다.

(2) 지시마력(도시마력; IPS)

지시마력은 엔진의 연소실에서 연소가스 자체의 폭발 동력을 말하며 실제 엔진 마력과는 차이가 있다. 그 이유는 연소실에서 폭발한 가스의 동력이 엔진 각부(커넥팅로드, 크랭크축 등)를 지나며 손실이 발생되며 동시에 냉각손실, 마찰손실 등의 이유로 실제 엔진 출력과 차이가 발생하기 때문이다. 산출 공식은 다음과 같다.

$$IPS = \frac{P_{mi} \times v}{75} = \frac{P_{mi} \times A \times L \times Z \times N(/2)}{75\text{kgf}} = \frac{P_{mi} \times A \times L \times Z \times N}{75 \times 60 \times 100 \times (2)}$$

- P_{mi} : 지시평균유효압력(kgf/cm^2)
- A : 실린더 단면적(cm^2)
- L : 행정(cm)
- Z : 실린더 수
- N : 엔진 회전 수 $\left(\text{4행정의 경우 } \frac{N}{2}, \text{ 2행정의 경우 } N\right)$
- v : 분당 배기량($A \times L \times Z \times N$)

(3) 마찰 손실 마력(FPS)

폭발 동력이 크랭크축까지 전달되는 과정에서 마찰로 손실되는 마력을 말하며 일반적으로 다음과 같이 구한다.

$$FPS = \frac{F \times V}{75} = \frac{F_r \times Z \times N \times V_p}{75}$$

$$V_p = \frac{2 \times L \times N}{60} = \frac{L \times N}{30}$$

- F : 실린더 내 피스톤 링의 마찰력 총합
- F_r : 링 1개당 마찰력
- V_p : 피스톤 평균속도

(4) 정미마력(제동마력, 실마력, 축마력, 실제사용마력, BPS; Brake PS)

연소된 열에너지가 기계적 에너지로 변화된 에너지 중에서 마찰에 의해 손실된 손실 마력을 제외한 크랭크축에서 실제 활용될 수 있는 마력으로 엔진의 정격속도에서 전달할 수 있는 동력의 양을 말한다. 즉 크랭크축에서 직접 측정하므로 축마력이라고도 한다.

$$BPS = \frac{P_{mb} \times v}{75} = \frac{P_{mb} \times A \times L \times Z \times N}{75 \times 60 \times 100 \times (2)}$$

또한 토크와 엔진 회전 수에 대한 식은

$PS = \frac{T \times N}{716}$과 같다.

- P_{mb} : 제동평균유효압력(kgf/cm²)
- A : 실린더 단면적(cm²)
- L : 행정(cm)
- Z : 실린더 수
- N : 엔진 회전 수$\left(\text{4행정의 경우 } \frac{N}{2}, \text{ 2행정의 경우 } N\right)$
- v : 분당 배기량($A \times L \times Z \times N$)

(5) 연료마력(PPS)

엔진의 성능을 시험할 때 소비되는 연료의 연소과정에서 발생된 열에너지를 마력으로 환산한 것으로 시간당 연료 소모에 의하여 측정되고 최대출력으로 산출한다.

$$PPS = \frac{60 \times C \times W}{632.3 \times t} = \frac{C \times W}{10.5 \times t}$$

- C : 저위 발열량(kcal/kg)
- W : 사용연료 중량(kg)
- t : 시험시간(분)

$$\begin{aligned} 1PS &= 75\text{kgf} \cdot \text{m/s} = 75 \times 9.8\text{N} \cdot \text{m/s} \\ &= 75 \times 9.8\text{J/s} \\ &= 75 \times 9.8 \times 0.24\text{cal/s} \\ &= 75 \times 9.8 \times 0.24 \times \frac{\text{cal}}{\text{s}} \times \frac{3{,}600\text{sec}}{1\text{h}} \times \frac{1\text{ kcal}}{1{,}000\text{cal}} \\ &= 75 \times 9.8 \times 0.24 \times 3{,}600 \times \frac{1}{1{,}000}\text{kcal/h} \\ &= 632.3\text{kcal/h} \end{aligned}$$

(6) 과세마력(공칭마력, SAE 마력)

단순하게 실린더 직경과 기통 수에 대하여 설정하는 마력으로 인치계와 미터계로 나눈다.

$$SAE\ PS = \frac{D^2 \times N}{2.5}(\text{인치계})$$

$$= \frac{D^2 \times N}{1{,}613}(\text{미터계})$$

- D : 직경(실린더)
- N : 기통 수

7 압축비

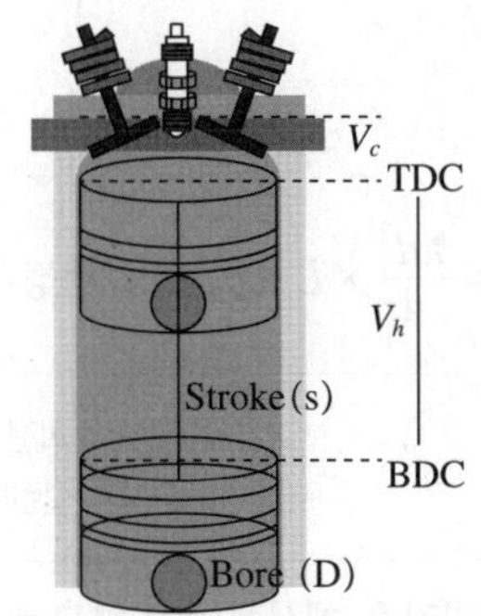

압축비는 엔진 실린더의 연소실 체적에 대한 실린더 총 체적(Total Volume)을 말하며 엔진의 출력 성능과 연료소비율, 노킹 등에 영향을 주는 매우 중요한 요소이다. 일반적으로 디젤 기관의 압축비(15~22:1)가 가솔린 기관(7~12:1)보다 높다. 엔진의 운동에서 피스톤이 가장 높은 위치에 있을 때를 상사점(TDC; Top Dead Center)이라 하고 반대로 피스톤이 가장 아래에 위치할 때를 하사점(BDC; Bottom Dead Center)이라 한다. 또한 상사점과 하사점의 구간을 행정(Stroke)이라 하며 피스톤이 상사점에 위치할 때 피스톤 윗부분의 실린더 헤드의 공간을 연소실이라 하고 그때의 체적을 연소실 체적 또는 간극체적(Clearance Volume)이라 한다. 압축비를 구하는 공식은 다음과 같다.

$$\varepsilon=\frac{\text{실린더 최대 체적 } V(\text{max})}{\text{실린더 최소 체적 } V(\text{min})}=\frac{\text{총 체적}}{\text{연소실 체적}}$$

$$=\frac{\text{연소실 체적}+\text{행정 체적}}{\text{연소실 체적}}=\frac{V_c+V_h}{V_c}=1+\frac{V_h}{V_c}$$

$$V_h=V_c(\varepsilon-1) \qquad V_c=\frac{V_h}{\varepsilon-1}$$

8 배기량

피스톤이 1사이클을 마치고 배기라인을 통하여 배출한 가스의 용적을 말하며 이론상 상사점에서 하사점 까지 이동한 실린더 원기둥의 체적이 여기에 해당된다. 단일 실린더의 배기량과 총 배기량, 분당 배기량으로 산출한다.

(1) 실린더 1개의 배기량

$$V=A\times L=\frac{\pi d^2}{4}\times L$$

- V : 배기량
- A : 단면적
- L : 행정
- Z : 실린더 수
- N : 엔진 회전 수

(2) 총 배기량

$$V=A\times L\times Z=\frac{\pi d^2}{4}\times L\times Z$$

(3) 분당 배기량

$$V=A\times L\times Z\times N=\frac{\pi d^2}{4}\times L\times Z\times N\ (\text{2행정 기관}=N,\ \text{4행정 기관}=N/2)$$

• d : 실린더 내경	• N : 회전 수
• L : 행정	• Z : 실린더 수

분당 배기량의 산출에서는 실제 배기량을 계산하여야 하므로 4행정기관의 경우 크랭크축 2회전에 1번의 배기를 하고 2행정기관의 경우는 크랭크축 1회전당 1번의 배기를 하기 때문에 rpm 대입 시 4행정은 N/2으로 대입하고, 2행정인 경우에는 N으로 대입한다.

9 엔진의 효율

효율은 공급과 수급의 비이며, 이론상 발생하는 동력에 대한 실제 얻은 동력과의 비이다. 엔진에서 열효율은 크게 열역학적 사이클에 의한 열효율과 정미 열효율, 기계효율 등에 대하여 산출한다.

(1) 이론 열효율

엔진의 이론 열효율은 열역학적 사이클의 분류별로 산출하는 열효율이며 공식은 다음과 같다.

① 오토 사이클(Otto Cycle)의 이론 열효율

$$\eta_o=1-\frac{1}{\varepsilon^{k-1}}$$

• ε : 압축비	• k : 공기 비열비

② 디젤 사이클(Diesel Cycle)의 이론 열효율

$$\eta_D=1-\frac{1}{\varepsilon^{k-1}}\times\frac{\sigma^{k-1}}{k(\sigma-1)}$$

• ε : 압축비	• k : 공기 비열비	• σ : 체절비

③ 복합 사이클(Sabathe Cycle)의 이론 열효율

$$\eta_s=1-\frac{1}{\varepsilon^{k-1}}\times\frac{\rho\sigma^{k-1}}{(\rho-1)+k\rho(\sigma-1)}$$

• ε : 압축비	• k : 공기 비열비
• σ : 체절비	• ρ : 폭발비

④ 열역학적 사이클의 비교

㉠ 기본 사이클은 모두 압축비 증가에 따라 열효율이 증가한다.

㉡ 오토 사이클은 압축비의 증가만으로 열효율을 높일 수 있으나, 노킹으로 인하여 제한된다.

㉢ 디젤 사이클의 열효율은 공급 열량의 증감에 따른다.

㉣ 사바테 사이클의 열효율 증가도 역시 디젤 사이클과 같이 공급 열량의 증감에 따른다.

- 공급 열량 및 압축비가 일정할 때의 열효율 비교

  $\eta_o > \eta_s > \eta_d$ (오토>사바테>디젤)

- 공급 열량 및 최대압력이 일정할 때의 열효율 비교

  $\eta_o < \eta_s < \eta_d$ (오토<사바테<디젤)

- 열량 공급과 기관수명 및 최고 압력 억제에 의한 열효율 비교

  $\eta_o < \eta_d < \eta_s$ (오토<디젤<사바테)

(2) 정미 열효율

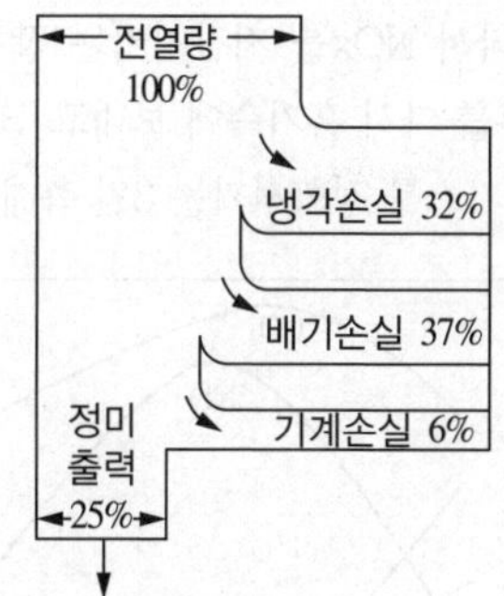

$$\eta_b = \frac{\text{수급}}{\text{공급}} = \frac{\text{실제}}{\text{이론}} = \frac{\text{실제 일로 변환된 에너지}}{\text{공급된 에너지}} \times 100 = \frac{BPS}{Fuel} = \frac{BPS \times 632.3}{B \times C} \times 100$$

($1PS = 632.3\text{kcal/h}$)

- BPS : 제동마력
- B : 연료의 저위 발열량(kcal/kg)
- C : 연료 소비량(kg/h)

(3) 기계효율

실린더 내에서 발생한 지시마력에서 엔진의 운전 중 각 부의 마찰 등에 의하여 손실되어 발생한 제동마력과의 상호 관계이다.

$$\eta_m = \frac{BPS}{IPS} = \frac{\frac{P_{mb} \times A \times L \times N \times Z}{75 \times 60 \times 100}}{\frac{P_{mi} \times A \times L \times N \times Z}{75 \times 60 \times 100}} = \frac{P_{mb}}{P_{mi}}$$

10 연소공학

엔진의 혼합비는 완전연소조건으로 볼 때 가솔린의 경우 이론상 14.7~15 : 1 정도의 혼합비를 이뤄야 한다. 연소촉진에 도움을 주는 공기의 요소는 산소이며 액체연료 1kg을 완전연소시키기 위해서는 $\frac{8}{3}C+8H+S-O$kg/kg만큼의 산소를 공급해야 한다. 따라서 연소에 필요한 이론 공기량은 공기 중 산소 비율 $L\times0.232=\frac{8}{3}C+8H+S-O$이다.

(1) 가솔린의 완전연소식

$$\text{가솔린(kg)} : \text{산소(kg)}=212 : 736$$

$$C_{15}H_{32}+23O_2 \rightarrow 15CO_2+16H_2O$$

완전연소, 즉 효율이 100%라면 CO_2와 H_2O만 배기가스로서 발생하지만 실제에 있어서는 CO, HC, NOx라는 유해 배기가스가 발생하며 혼합비를 14.7 : 1(이론 혼합비)에 맞추면 CO, HC는 어느 정도 제어가 되나 NOx는 다량으로 발생된다. 따라서 NOx를 저감시키는 장치가 EGR(Exhaust Gas Recirculation) 밸브이다. EGR 밸브는 배기가스 일부를 다시 흡기측에 보내고 연소 시 연소온도를 낮추어 NOx를 저감시킨다. 또한 배기라인에 장착되어 배기가스를 정화시키는 3원 촉매장치가 있다.

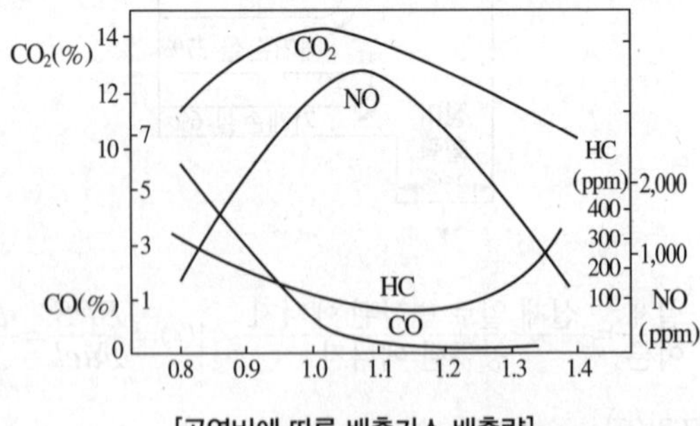

[공연비에 따른 배출가스 배출량]

(2) 옥탄가(Octane Number)

가솔린 연료의 내폭성을 수치로 나타낸 것(표준 옥탄가=80)으로 가솔린 기관에서 이소옥탄의 항노크성을 옥탄가 0으로 하여 제정한 앤티 노크성의 척도이다.

$$ON=\frac{\text{이소옥탄}}{\text{이소옥탄}+\text{정헵탄}}\times100$$

① 옥탄가를 측정할 수 있는 엔진=CFR기관(압축비를 조절할 수 있음)

② 내폭성 향상제

• 4 에틸납(Tetra Ethyl Lead : T · E · L)	• 에틸 아이오다이드(Ethyle Iodide)
• 벤젠	• 티탄 테트라 클로라이드
• 에틸 알코올	• 테트라 에틸 주석
• 크실롤(Xylol)	• 니켈 카보닐
• 아날린	• 철 카보닐

(3) 세탄가(Cetane Number)

디젤연료의 착화성을 나타내는 수치로 디젤연료의 앤티 노크성의 척도이다.

$$\text{CN} = \frac{\text{세탄}}{\text{세탄} + \alpha\text{메틸나프탈렌}} \times 100$$

① 착화성 향상제

초산 에틸($C_2H_5NO_3$), 초산 아밀($C_5H_{11}NO_3$), 아초산 에틸($C_2H_5NO_2$), 아초산 아밀($C_5H_{11}NO_2$) 등의 NO_3 또는 NO_2의 화합물

11 노킹과 방지법

(1) 가솔린 노킹(Knocking)

연료가 균일하게 혼합되어 있는 예혼합기의 연소는 화염전파에 의해 이루어진다. 화염전파 도중에 화염면에서 떨어진 미연소 혼합기의 잔류가스가 자발화를 하여 고주파의 압력진동(데토네이션파)과 소음이 발생하는 현상을 노킹이라 한다. 노킹이 발생하면 화염전파 속도는 300~2,500m/s(정상 연소속도는 20~30m/s) 정도 된다.

(2) 가솔린 노킹의 발생원인

① 엔진에 과부하가 걸렸을 때
② 엔진이 과열 또는 연소실에 열점이 있을 때
③ 점화시기가 너무 빠를 때
④ 혼합비가 희박할 때
⑤ 저옥탄가의 가솔린을 사용할 때
⑥ 엔진 회전속도가 낮아 화염전파 속도가 느릴 때
⑦ 흡기 온도 및 압력이 높을 때
⑧ 제동 평균 유효압력이 높을 때(압축비가 높을 때)

(3) 노킹이 엔진에 미치는 영향

① 연소실 내의 온도는 상승하고 배기가스 온도는 낮아진다.
② 최고압력은 상승하고 평균 유효압력은 낮아진다.
③ 엔진의 과열 및 출력이 저하된다.
④ 타격음이 발생하며, 엔진 각부의 응력(Stress)이 증가한다.
⑤ 배기가스 색이 황색에서 흑색으로 변한다.
⑥ 실린더와 피스톤의 손상 및 고착이 발생한다.

(4) 가솔린 노킹의 방지법

① 고옥탄가의 가솔린(내폭성이 큰 가솔린)을 사용한다.
② 점화시기를 늦춘다.
③ 혼합비를 농후하게 한다.

④ 압축비, 혼합가스 및 냉각수 온도를 낮춘다.
⑤ 화염전파 속도를 빠르게 한다.
⑥ 혼합가스에 와류를 증대시킨다.
⑦ 연소실에 카본이 퇴적된 경우에는 카본을 제거한다.
⑧ 화염전파 거리를 짧게 한다.

(5) 가솔린과 디젤 엔진의 노킹 방지법 비교

구분	착화점	착화지연	압축비	흡입온도	흡입압력	실린더 벽 온도	실린더 체적	회전 수	와류
가솔린	높게	길게	낮게	낮게	낮게	낮게	작게	높게	많이
디젤	낮게	짧게	높게	높게	높게	높게	크게	낮게	많이

⑫ 연료 소비율

연료 소비율은 시간 마력당 연료 소비율과 주행거리에 대한 연료 소모량으로 산출하며 다음과 같다.

(1) 시간 마력당 연료 소비율(SFC ; Specific Fuel Consumption)

$$SFC = \frac{B}{PS}(\text{kg/ps}\cdot\text{h})(\text{g/ps}\cdot\text{h})$$

(2) 연료 소비율

$$\text{km/l} = \frac{\text{주행거리(km)}}{\text{소모연료(l)}}$$

⑬ 라디에이터 코어 막힘율

라디에이터 코어는 냉각수가 흐르는 통로이며 엔진의 열을 흡수하여 라디에이터에서 냉각시켜 다시 엔진으로 순환하는 시스템이다. 이러한 라디에이터는 일반적으로 알루미늄으로 제작하며 내부의 냉각수 통로에 스케일 등이 쌓여 라디에이터의 신품 용량 대비 20% 이상의 막힘율이 산출되면 라디에이터를 교환한다. 또한 라디에이터의 입구와 출구의 온도차이는 5~7℃ 내외이다.

$$\text{라디에이터 코어 막힘률} = \frac{\text{신품 용량} - \text{구품 용량}}{\text{신품 용량}} \times 100$$

14 밸브 및 피스톤

(1) 밸브양정

밸브양정은 캠축의 노즈부에 의해서 밸브 리프터를 통하여 밸브가 작동하는 양을 말하며 다음과 같이 산출한다.

$$h=\frac{\alpha\times l'}{l}-\beta$$

- h : 밸브의 양정
- α : 캠의 양정
- l : 로커암의 캠쪽 길이
- l' : 로커암의 밸브쪽 길이
- β : 밸브 간극

(2) 밸브지름

$$d=D\sqrt{\frac{V_p}{V}}$$

- D : 실린더 내경(mm)
- V_p : 피스톤 평균속도(m/s)
- V : 밸브공을 통과하는 가스속도(m/s)

(3) 피스톤 평균속도

크랭크축이 상하 왕복 운동함에 따라 상사점과 하사점에서는 운동의 방향이 바뀌어 속도가 0인 지점이 생기며, 그때 피스톤의 평균속도를 구하는 방법은 다음과 같다.

$$S=\frac{2LN}{60}=\frac{LN}{30}$$

- N : 엔진 회전 수(rpm)
- S : 피스톤 평균속도(m/s)
- L : 행정(m)

15 실린더 벽 두께

엔진의 폭발압력에서 발생하는 응력에 대하여 파괴가 발생하지 않는 실린더의 벽 두께를 산출하는 것을 말하며 일반적으로 다음과 같이 구한다.

$$t=\frac{p\times D}{2\sigma}$$

- p : 폭발압력(kg/cm^2)
- D : 실린더 내경(cm)
- t : 실린더 벽 두께(cm)
- σ : 실린더 벽 허용응력(kg/cm^2)

16 크랭크 회전속도

일반적으로 원형의 물체가 회전하는 속도를 구하는 일반식으로 차륜의 속도, 크랭크축의 회전속도, 공작기계의 회전속도 등을 구할 때 적용된다.

$$V(\mathrm{m/s}) = \frac{\pi DN}{1{,}000 \times 60}$$

- D(mm) : 크랭크핀의 회전직경 = 피스톤 행정
  = 크랭크 암 길이×2

$$(\mathrm{m/s}) = \frac{\pi DN}{1{,}000 \times 60}$$

$$(\mathrm{m/min}) = \frac{\pi DN}{1{,}000}$$

- N(rpm) : 크랭크축 회전 수

17 점화시기

엔진의 크랭크축의 운동은 연소실의 폭발압력이 전달되는 각도에 의해서 결정된다. 따라서 엔진의 출력성능은 상사점 후(ATDC) 13~15° 지점에서 연소실의 폭발 압력이 강력하게 피스톤에 작용하여 크랭크축을 회전시켜야 한다. 이 압력 발생점을 최고폭발 압력점이라 하고 엔진회전속도와 관계없이 항상 ATDC 13~15°를 유지해야 하므로 엔진의 스파크 플러그에서 불꽃이 발생하는 점화시점을 변경하여 최고 폭발 압력점에 근접하도록 하는 것이 점화시기이다. 따라서 엔진의 회전 수가 빨라지면 피스톤의 운동속도도 증가하게 되어 점화시기를 빠르게(진각) 하여야 하고 엔진의 회전속도가 늦을 경우에는 점화시기를 늦추어(지각) 항상 최고 폭발 압력점에서 연소가 일어나도록 제어한다.

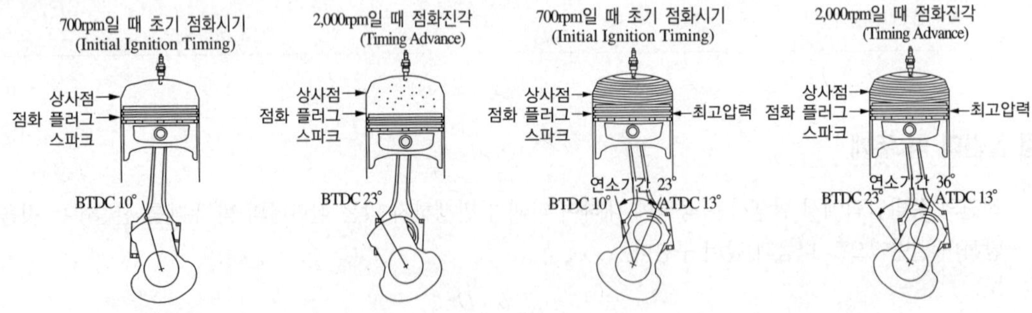

(1) 크랭크 각도(Crank Angle)

점화되어 실린더 내 최대 연소압에 도달하기까지 소요된 각도

$$CA=360^{\circ}\times\frac{R}{60}\times T=6RT$$

• R : rpm	• T : 화염전파 시간(초)

(2) 점화시기(Ignition Timming)

점화를 해주는 시기(각도)

$$IT=360^{\circ}\times\frac{R}{60}\times T-F=CA-F$$

• F : 최대 폭발압이 가해지는 때의 크랭크 각도

18 자동차의 주행저항

자동차의 주행 시 노면과의 마찰, 경사로의 등판, 공기에 의한 저항 및 가속 시 발생하는 저항 등을 자동차의 주행저항이라 하며 각각의 모든 저항의 합을 전 주행저항(총 주행저항)이라 한다. 각 저항은 다음과 같이 산출한다.

$$R_t(\text{전체 주행저항})=R_1+R_2+R_3+R_4$$

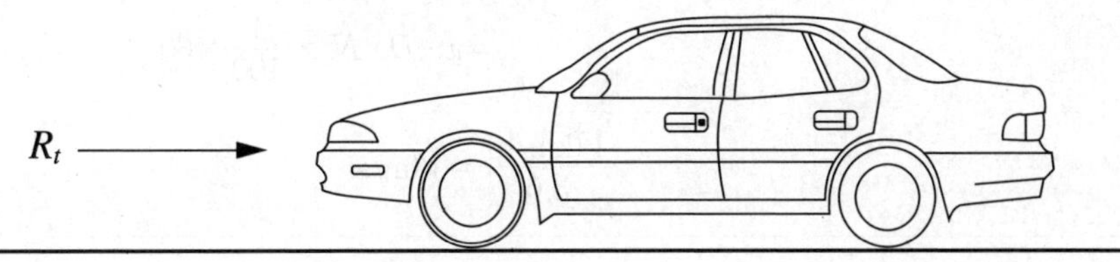

$$R_1(\text{구름저항})=f_1\times W=f_1\times\cos\theta$$

• W : 차량중량(kg)
• f_1 : 구름저항계수(kg/t)
• θ : 도로경사각(°)

$$R_2(\text{공기저항})=f_2\times A\times V^2$$

• A : 자동차 전면 투영 면적(m^2)
• V : 속도(m/s)
• f_2 : 공기저항계수

$$R_3(\text{구배저항}) = W \times \sin\theta$$
$$= W \times \tan\theta$$
$$= W \times \frac{G}{100}$$

- θ : 경사각(°)
- G : 도로구배율(%)
- W : 차량중량(kg)

$$R_4(\text{가속저항}) = ma = \frac{w}{g}a$$
$$= \frac{w+w'}{g}a$$

- w : 차량중량
- w' : 회전부분 관성상당중량
- a : 가속도

19 자동차의 주행속도

단위시간당 움직인 거리를 말하며 다음과 같이 산출한다.

$$V(\text{km/h}) = \pi \cdot D \cdot N_w$$
$$= \pi \cdot D \cdot N_w \times \frac{1}{100} \times 60$$

$$\frac{V(\text{km/h})}{3.6} = V(\text{m/s})$$

- D : 바퀴의 직경(m)
- πD : 바퀴가 1회전했을 때 진행거리

$$N_w : \text{바퀴의 회전 수}\left(\frac{r}{\text{min}}\right) = \frac{N_e}{r_t \times r_f} = \frac{N_e}{r_f}$$

20 클러치 성능

엔진의 동력을 변속기로 전달 또는 차단하는 역할을 하며 전달 토크는 다음과 같이 산출한다.

(1) 전달효율

$$\eta=\frac{\text{수급}}{\text{공급}}\times\frac{\text{변속기의 입력축}}{\text{입력축}}$$

(2) 전달토크

$$T=\mu\times F\times r$$

- μ : 압력판, 플라이휠, 디스크 사이의 마찰계수(0.3~0.5)
- F : 압력판이 디스크를 누르는 힘(압력판에는 스프링의 힘이 작용)
- r : 디스크 접촉면 유효반경

(3) 압력판의 압력

$$P=\frac{F}{A}=\frac{F}{\frac{\pi(D^2-d^2)}{4}}(\text{kg/cm}^2)$$

- A : 클러치 디스크 유효 면적
- F : 디스크에 작용하는 작용력

(4) 구동력

$$T=F\cdot r\rightarrow F=\frac{T}{r}$$

- T : 구동토크 • F : 구동력 • r : 반경

21 변속비(감속비)

엔진의 회전력을 주행조건에 맞도록 적절하게 감속 또는 증속하는 장치를 변속장치라 하며 변속비(감속비)란 변속장치에 기어 또는 풀리를 이용하여 감속, 증속비를 얻는 것을 말한다. 또한 자동차에서는 변속장치를 통하여 나온 출력을 종감속기어 장치를 통하여 최종 감속하여 더욱 증대된 감속비를 얻어 구동능력을 향상시킨다.

(1) 변속비(r_t)

$$r_t=\frac{\text{피동 잇수}}{\text{구동 잇수}}=\frac{\text{구동회전 수}}{\text{피동회전 수}}$$

$$r_t=\frac{Z_2}{Z_1}\times\frac{Z_4}{Z_3}=\frac{\text{입력축 카운터 기어 잇수}}{\text{변속기 입력축 잇수}}\times\frac{\text{출력축 기어 잇수}}{\text{출력축 카운터 기어 잇수}}$$

(2) 종감속비(r_f)

$$r_f = \frac{\text{링 기어 잇수}}{\text{피니언 기어 잇수}} = \frac{\text{피니언의 회전 수}}{\text{링 기어의 회전 수}}$$

(3) 총감속비(R_t)

$$R_t = r_t \times r_f$$

• r_t : 변속기의 변속비	• r_f : 종감속비의 감속비

22 차동장치

차동기어는 자동차가 선회할 때 동력은 전달되면서 양쪽 바퀴의 회전 수 차이를 보상하여 원활하게 회전할 수 있도록 좌우 바퀴의 회전 수의 차이를 자동적으로 조정하는 장치이다.

$$N_w = \frac{L+R}{2}$$

$$N_w = \frac{N_3}{r_f} = \frac{N_e}{r_t + r_f}$$

• N_w : 직진 시 바퀴의 회전 수	• L : 좌측 바퀴 회전 수	• R : 우측 바퀴 회전 수
• N_3 : 추진축 회전 수	• N_e : 기관(엔진)의 회전 수	

차동장치가 달린 자동차의 한쪽바퀴를 들어올리면 땅에 지지되어 있는 바퀴는 회전 수가 0이 되고 들어올려진 바퀴는 N_w의 2배로 회전한다.

23 최소회전반경

조향각도를 최대로 하고 선회하였을 때 바퀴에 의해 그려지는 동심원 가운데 가장 바깥쪽 원의 반경을 자동차의 최소회전반경이라 한다. 최소회전반경을 산출하는 공식은 다음과 같다.

$$R = \frac{L}{\sin \alpha} + r$$

• L : 축거(Wheel Base)	• α : 외측륜조향각	• r : 캠버옵셋

24 조향기어비

조향핸들이 움직인 각과 바퀴, 피트먼 암, 너클 암이 움직인 각도와의 관계이다.

$$조향기어비 = \frac{조향\ 핸들\ 회전각(^\circ)}{피트먼\ 암,\ 너클\ 암,\ 바퀴\ 선회각(^\circ)}$$

25 브레이크

(1) 마스터 실린더에 작용하는 힘(F′)

$$F' = \frac{A+B}{A} \times F$$

- F : 브레이크를 밟는 힘

(2) 작동압

$$P_1 = \frac{F'}{A} = \frac{F'}{\frac{\pi d^2}{4}}$$

- d : 마스터 실린더의 직경

(3) 제동압

$$P_2 = \frac{W}{A} = \frac{W}{S \cdot t}$$

- W : 슈를 드럼에 미는 힘
- S : 라이닝의 길이
- t : 라이닝의 폭

(4) 제동토크

$$T = \mu \times F \times r$$

26 자동차의 정지거리

정지거리 = 공주거리 + 제동거리

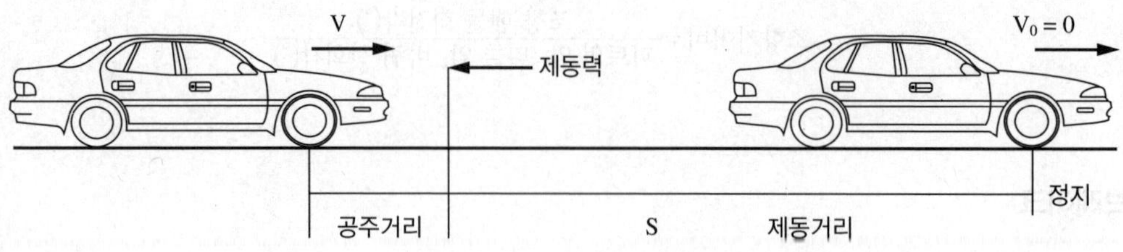

(1) 공주거리

장애물을 발견하고 브레이크 페달로 발을 옮겨 힘을 가하기 전까지의 자동차 진행거리를 말한다 $\left(\text{보통사람의 공주시간은 } \frac{1}{10}\text{초}\right)$.

$$S_L = \frac{V}{3.6}(\text{km/h}) \times \frac{1}{10}(\text{sec}) = \frac{V}{36}(\text{m})$$

(2) 제동거리

브레이크 페달에 힘을 가하여 제동시켜 자동차가 완전 정지할 때까지의 진행거리를 말한다.

$$S_b = \frac{V^2}{254\mu}$$

(3) 정지거리

$$S = \frac{V}{36} + \frac{V^2}{254\mu}$$

THEME

02 도로교통법

※ 해당 내용은 다음의 법령을 반영하였습니다. 학습 시 참고해주시기 바랍니다.
- 도로교통법 : 2024년 1월 1일 시행(2023년 4월 18일 개정)
- 도로교통법 시행령 : 2023년 12월 21일 시행(2023년 6월 20일 개정)
- 도로교통법 시행규칙 : 2023년 11월 17일 시행(2023년 10월 19일 개정)

01 도로교통법의 이해

1 목적 및 정의

(1) 목적(법 제1조)

도로에서 일어나는 교통상의 모든 위험과 장해를 방지하고 제거하여 안전하고 원활한 교통을 확보함을 목적으로 한다.

(2) 용어의 정의(법 제2조)

① 도로

㉠「도로법」에 따른 도로

㉡「유료도로법」에 따른 유료도로

㉢「농어촌도로 정비법」에 따른 농어촌도로

㉣ 그 밖에 현실적으로 불특정 다수의 사람 또는 차마가 통행할 수 있도록 공개된 장소로서 안전하고 원활한 교통을 확보할 필요가 있는 장소

② **자동차전용도로** : 자동차만이 다닐 수 있도록 설치된 도로를 말한다.

③ **고속도로** : 자동차의 고속운행에만 사용하기 위하여 지정된 도로를 말한다.

④ **차도** : 연석선(차도와 보도를 구분하는 돌 등으로 이어진 선), 안전표지 또는 그와 비슷한 인공구조물을 이용하여 경계를 표시하여 모든 차가 통행할 수 있도록 설치된 도로의 부분을 말한다.

⑤ **중앙선** : 차마의 통행 방향을 명확하게 구분하기 위하여 도로에 황색실선이나 황색점선 등의 안전표지로 표시한 선 또는 중앙분리대나 울타리 등으로 설치한 시설물을 말한다. 다만, 가변차로가 설치된 경우에는 신호기가 지시하는 진행방향의 가장 왼쪽에 있는 황색점선을 말한다.

⑥ **차로** : 차마가 한 줄로 도로의 정하여진 부분을 통행하도록 차선으로 구분한 차도의 부분을 말한다.

⑦ **차선** : 차로와 차로를 구분하기 위하여 그 경계지점을 안전표지로 표시한 선을 말한다.

⑧ **노면전차 전용로** : 도로에서 궤도를 설치하고, 안전표지 또는 인공구조물로 경계를 표시하여 설치한 「도시철도법」 제18조의2 제1항 각 호에 따른 도로 또는 차로

⑨ **자전거도로** : 안전표지, 위험방지용 울타리나 그와 비슷한 인공구조물로 경계를 표시하여 자전거 및 개인형 이동장치가 통행할 수 있도록 설치된 '자전거 전용도로, 자전거 · 보행자 겸용도로, 자전거 전용차로, 자전거 우선도로'를 말한다.

⑩ **자전거횡단도** : 자전거 및 개인형 이동장치가 일반도로를 횡단할 수 있도록 안전표지로 표시한 도로의 부분을 말한다.

⑪ **보도** : 연석선, 안전표지나 그와 비슷한 인공구조물로 경계를 표시하여 보행자(유모차, 보행보조용 의자차, 노약자용 보행기 등 행정안전부령으로 정하는 기구 · 장치를 이용하여 통행하는 사람 및 실외이동로봇을 포함)가 통행할 수 있도록 한 도로의 부분을 말한다.

⑫ **길가장자리구역** : 보도와 차도가 구분되지 아니한 도로에서 보행자의 안전을 확보하기 위하여 안전표지 등으로 경계를 표시한 도로의 가장자리 부분을 말한다.

⑬ **횡단보도** : 보행자가 도로를 횡단할 수 있도록 안전표지로 표시한 도로의 부분을 말한다.

⑭ **교차로** : 십자로, T자로나 그 밖에 둘 이상의 도로(보도와 차도가 구분되어 있는 도로에서는 차도)가 교차하는 부분을 말한다.

⑮ **회전교차로** : 교차로 중 차마가 원형의 교통섬(차마의 안전하고 원활한 교통처리나 보행자 도로횡단의 안전을 확보하기 위하여 교차로 또는 차도의 분기점 등에 설치하는 섬 모양의 시설)을 중심으로 반시계방향으로 통행하도록 한 원형의 도로를 말한다.

⑯ **안전지대** : 도로를 횡단하는 보행자나 통행하는 차마의 안전을 위하여 안전표지나 이와 비슷한 인공구조물로 표시한 도로의 부분을 말한다.

⑰ **신호기** : 도로교통에서 문자 · 기호 또는 등화를 사용하여 진행 · 정지 · 방향전환 · 주의 등의 신호를 표시하기 위하여 사람이나 전기의 힘으로 조작하는 장치를 말한다.

⑱ **안전표지** : 교통안전에 필요한 주의 · 규제 · 지시 등을 표시하는 표지판이나 도로의 바닥에 표시하는 기호 · 문자 또는 선 등을 말한다.

⑲ **차마(車馬)** : 다음의 차와 우마를 말한다.

㉠ 차 : 다음의 어느 하나에 해당하는 것을 말한다.

- 자동차
- 건설기계
- 원동기장치자전거
- 자전거
- 사람 또는 가축의 힘이나 그 밖의 동력으로 도로에서 운전되는 것. 다만, 철길이나 가설된 선을 이용하여 운전되는 것, 유모차, 보행보조용 의자차, 노약자용 보행기, 실외이동로봇 등 행정안전부령으로 정하는 기구 · 장치는 제외한다.

㉡ 우마 : 교통이나 운수에 사용되는 가축을 말한다.

⑳ **노면전차** : 「도시철도법」 제2조 제2호에 따른 노면전차로서 도로에서 궤도를 이용하여 운행되는 차를 말한다.

㉑ **자동차** : 철길이나 가설된 선을 이용하지 아니하고 원동기를 사용하여 운전되는 차(견인되는 자동차도 자동차의 일부로 본다)로서 다음의 어느 하나에 해당하는 것을 말한다.

㉠ 「자동차관리법」 제3조의 규정에 의한 다음의 자동차. 다만, 원동기장치자전거는 제외

- 승용자동차
- 승합자동차
- 이륜자동차
- 화물자동차
- 특수자동차

㉡ 「건설기계관리법」 제26조 제1항 단서에 따른 건설기계

㉒ **자율주행시스템** : 「자율주행자동차 상용화 촉진 및 지원에 관한 법률」 제2조 제1항 제2호에 따른 자율주행시스템을 말한다. 이 경우 그 종류는 완전 자율주행시스템, 부분 자율주행시스템 등 행정안전부령으로 정하는 바에 따라 세분할 수 있다.

㉓ **자율주행자동차** : 「자동차관리법」 제2조 제1호의3에 따른 자율주행자동차로서 자율주행시스템을 갖추고 있는 자동차를 말한다.

㉔ **원동기장치자전거** : 다음의 어느 하나에 해당하는 차를 말한다.

㉠ 「자동차관리법」 제3조에 따른 이륜자동차 가운데 배기량 125cc 이하(전기를 동력으로 하는 경우에는 최고성격출력 11kW 이하)의 이륜자동차

㉡ 그 밖에 배기량 125cc 이하(전기를 동력으로 하는 경우에는 최고정격출력 11kW 이하)의 원동기를 단 차(「자전거 이용 활성화에 관한 법률」 제2조 제1호의2에 따른 전기자전거 및 실외이동로봇은 제외한다)

㉕ **개인형 이동장치** : 제19호 나목의 원동기장치자전거 중 25km/h 이상으로 운행할 경우 전동기가 작동하지 아니하고 차체 중량이 30kg 미만인 것으로서 행정안전부령으로 정하는 것을 말한다.

㉖ **자전거** : 「자전거이용 활성화에 관한 법률」 제2조 제1호 및 제1호의2에 따른 자전거를 말한다.

㉗ **자동차 등** : 자동차와 원동기장치자전거를 말한다.

㉘ **자전거 등** : 자전거와 개인형 이동장치를 말한다.

㉙ **실외이동로봇** : 「지능형 로봇 개발 및 보급 촉진법」에 따른 지능형 로봇 중 행정안전부령으로 정하는 것을 말한다.

㉚ **긴급자동차** : 다음의 자동차로서 그 본래의 긴급한 용도로 사용되고 있는 자동차를 말한다.

㉠ 소방차

㉡ 구급차

㉢ 혈액공급차량

㉣ 그 밖에 대통령령으로 정하는 자동차 : 긴급한 용도로 사용되는 다음의 어느 하나에 해당하는 자동차를 말한다.

- 경찰용 자동차 중 범죄수사 · 교통단속, 그 밖에 긴급한 경찰업무수행에 사용되는 자동차
- 국군 및 주한국제연합군용 자동차 중 군 내부의 질서유지나 부대의 질서 있는 이동을 유도하는 데 사용되는 자동차
- 수사기관의 자동차 중 범죄수사를 위하여 사용되는 자동차
- 다음의 어느 하나에 해당하는 시설 또는 기관의 자동차 중 도주자의 체포 또는 수용자, 보호관찰 대상자의 호송 · 경비를 위하여 사용되는 자동차
  - 교도소 · 소년교도소 또는 구치소
  - 소년원 또는 소년분류심사원
  - 보호관찰소
- 국내외 요인에 대한 경호업무수행에 공무로 사용되는 자동차
- 전기사업 · 가스사업 그 밖의 공익사업을 하는 기관에서 위험방지를 위한 응급작업에 사용되는 자동차
- 민방위업무를 수행하는 기관에서 긴급예방 또는 복구를 위한 출동에 사용되는 자동차
- 도로관리를 위하여 사용되는 자동차 중 도로상의 위험을 방지하기 위한 응급작업에 사용되거나 운행이 제한되는 자동차를 단속하기 위하여 사용되는 자동차
- 전신 · 전화의 수리공사 등 응급작업에 사용되는 자동차
- 긴급우편물의 운송에 사용되는 자동차
- 전파감시업무에 사용되는 자동차

㉛ **어린이통학버스** : 다음의 시설 가운데 어린이(13세 미만의 사람)를 교육대상으로 하는 시설에서 어린이의 통학 등에 이용되는 자동차와 「여객자동차 운수사업법」 제4조 제3항에 따른 여객자동차 운송사업의 한정면허를 받아 어린이를 여객대상으로 하여 운행되는 운송사업용 자동차를 말한다.

㉠ 「유아교육법」에 따른 유치원 및 유아교육진흥원, 「초 · 중등교육법」에 의한 초등학교 및 특수학교, 대안학교 및 외국인학교
㉡ 「영유아보육법」에 따른 어린이집
㉢ 「학원의 설립 · 운영 및 과외교습에 관한 법률」에 따라 설립된 학원 및 교습소
㉣ 「체육시설의 설치 · 이용에 관한 법률」에 따라 설립된 체육시설
㉤ 「아동복지법」에 따른 아동복지시설(아동보호전문기관은 제외)
㉥ 「청소년활동 진흥법」에 따른 청소년수련시설
㉦ 「장애인복지법」에 따른 장애인복지시설(장애인 직업재활시설은 제외한다)
㉧ 「도서관법」에 따른 공공도서관
㉨ 「평생교육법」에 따른 시 · 도평생교육진흥원 및 시 · 군 · 구평생학습관
㉩ 「사회복지사업법」에 따른 사회복지시설 및 사회복지관

㉜ **주차** : 운전자가 승객을 기다리거나 화물을 싣거나 차가 고장 나거나 그 밖의 사유로 차를 계속 정지상태에 두는 것 또는 운전자가 차에서 떠나서 즉시 그 차를 운전할 수 없는 상태에 두는 것을 말한다.

㉝ **정차** : 운전자가 5분을 초과하지 아니하고 차를 정지시키는 것으로서 주차 외의 정지상태를 말한다.

㉞ **운전** : 도로(제27조 제6항 제3호 · 제44조 · 제45조 · 제54조 제1항 · 제148조 · 제148조의2 및 제156조 제10호의 경우에는 도로 외의 곳을 포함)에서 차마 또는 노면전차를 그 본래의 사용방법에 따라 사용하는 것(조종 또는 자율주행시스템을 사용하는 것을 포함)을 말한다.

㉟ **초보운전자** : 처음 운전면허를 받은 날(처음 운전면허를 받은 날부터 2년이 지나기 전에 운전면허의 취소처분을 받은 경우에는 그 후 다시 운전면허를 받은 날을 말한다)부터 2년이 지나지 아니한 사람을 말한다. 이 경우 원동기장치자전거면허만 받은 사람이 원동기장치자전거면허 외의 운전면허를 받은 경우에는 처음 운전면허를 받은 것으로 본다.

㊱ **서행** : 운전자가 차 또는 노면전차를 즉시 정지시킬 수 있는 정도의 느린 속도로 진행하는 것을 말한다.

㊲ **앞지르기** : 차의 운전자가 앞서가는 다른 차의 옆을 지나서 그 차의 앞으로 나가는 것을 말한다.

㊳ **일시정지** : 차 또는 노면전차의 운전자가 그 차 또는 노면전차의 바퀴를 일시적으로 완전히 정지시키는 것을 말한다.

㊴ **보행자전용도로** : 보행자만 다닐 수 있도록 안전표지나 그와 비슷한 인공구조물로 표시한 도로를 말한다.

㊵ **보행자우선도로** : 「보행안전 및 편의증진에 관한 법률」에 따른 보행자우선도로를 말한다.

㊶ **자동차운전학원** : 자동차 등의 운전에 관한 지식 · 기능을 교육하는 시설로서 다음의 시설 외의 시설

㉠ 교육관계 법령에 따른 학교에서 소속 학생 및 교직원의 연수를 위하여 설치한 시설
㉡ 사업장 등의 시설로서 소속 직원의 연수를 위한 시설
㉢ 전산장치에 의한 모의운전 연습시설
㉣ 지방자치단체 등이 신체장애인의 운전교육을 위하여 설치하는 시설 가운데 시 · 도경찰청장이 인정하는 시설
㉤ 대가(代價)를 받지 아니하고 운전교육을 하는 시설
㉥ 운전면허를 받은 사람을 대상으로 다양한 운전경험을 체험할 수 있도록 하기 위하여 도로가 아닌 장소에서 운전교육을 하는 시설

㊷ 모범운전자 : 무사고운전자 또는 유공운전자의 표시장을 받거나 2년 이상 사업용 자동차 운전에 종사하면서 교통사고를 일으킨 전력이 없는 사람으로서 경찰청장이 정하는 바에 따라 선발되어 교통안전 봉사활동에 종사하는 사람을 말한다.

2 신호기 및 안전표지

(1) 신호기 등의 설치 및 관리(법 제3조)

① 특별시장 · 광역시장 · 제주특별자치도지사 또는 시장 · 군수는 도로에서의 위험을 방지하고 교통의 안전과 원활한 소통을 확보하기 위하여 필요하다고 인정하는 경우에는 신호기 및 안전표지를 설치 · 관리하여야 한다. 다만, 「유료도로법」 제6조에 따른 유료도로에서는 시장 등의 지시에 따라 그 도로관리자가 교통안전시설을 설치 · 관리하여야 한다.

② 시장 등 및 도로관리자는 ①에 따라 교통안전시설을 설치 · 관리할 때에는 제4조에 따른 교통안전시설의 설치 · 관리기준에 적합하도록 하여야 한다.

③ 도는 ①에 따라 시장이나 군수가 교통안전시설을 설치 · 관리하는 데에 드는 비용의 전부 또는 일부를 시나 군에 보조할 수 있다.

④ 시장 등은 대통령령으로 정하는 사유로 도로에 설치된 교통안전시설을 철거하거나 원상회복이 필요한 경우에는 그 사유를 유발한 사람으로 하여금 해당 공사에 드는 비용의 전부 또는 일부를 부담하게 할 수 있다.

더 알아보기

대통령령이 정하는 교통안전시설 관련 비용 부담의 사유(「도로교통법 시행령」 제4조)
- 차 또는 노면전차의 운전 등 교통으로 인하여 사람을 사상(死傷)하거나 물건을 손괴하는 사고가 발생한 경우
- 분할할 수 없는 화물의 수송 등을 위하여 신호기 및 안전표지(이하 교통안전시설)를 이전하거나 철거하는 경우
- 교통안전시설을 철거 · 이전하거나 손괴한 경우
- 도로관리청 등에서 도로공사 등을 위하여 무인(無人) 교통단속용 장비를 이전하거나 철거하는 경우
- 그 밖에 고의 또는 과실로 무인 교통단속용 장비를 철거 · 이전하거나 손괴한 경우

⑤ 부담금의 부과기준 및 환급(시행령 제5조)

㉠ 특별시장 · 광역시장 · 제주특별자치도지사 또는 시장 · 군수(광역시의 군수는 제외)는 법 제3조 제4항에 따른 교통안전시설의 철거나 원상회복을 위한 공사 비용 부담금의 금액을 교통안전시설의 파손 정도 및 내구연한 경과 정도 등을 고려하여 산출하고, 그 사유를 유발한 사람이 여러 명인 경우에는 그 유발 정도에 따라 부담금을 분담하게 할 수 있다. 다만, 파손된 정도가 경미하거나 일상 보수작업만으로 수리할 수 있는 경우 또는 부담금 총액이 20만 원 미만인 경우에는 부담금 부과를 면제할 수 있다.

㉡ 시장 등은 ㉠에 따라 부과한 부담금이 교통안전시설의 철거나 원상회복을 위한 공사에 드는 비용을 초과한 경우에는 그 차액을 환급하여야 한다. 이 경우 환급에 필요한 사항은 시장 등이 정한다.

㉢ 무인 교통단속용 장비의 철거나 원상회복을 위한 부담금의 부과 기준 및 환급에 대해서는 ㉠과 ㉡을 준용한다. 이 경우 '교통안전시설'은 '무인 교통단속용 장비'로, '시장 등'은 '시 · 도경찰청장, 경찰서장 또는 시장 등'으로 본다.

⑥ 시장 등은 ④에 따라 부담금을 납부하여야 하는 사람이 지정된 기간에 이를 납부하지 아니하면 지방세 체납처분의 예에 따라 징수한다.

(2) 교통안전시설의 종류 및 설치 · 관리 기준 등

① 신호기의 종류(시행규칙 별표 1) : 현수식, 옆기둥식 세로형, 옆기둥식 가로형, 중앙주식, 문형식

② 신호기가 표시하는 신호의 종류 및 신호의 뜻(시행규칙 별표 2)

구분		신호의 종류	신호의 뜻
차량 신호등	원형 등화	녹색의 등화	1. 차마는 직진 또는 우회전할 수 있다. 2. 비보호좌회전표지 또는 비보호좌회전표시가 있는 곳에서는 좌회전할 수 있다.
		황색의 등화	1. 차마는 정지선이 있거나 횡단보도가 있을 때에는 그 직전이나 교차로의 직전에 정지하여야 하며, 이미 교차로에 차마의 일부라도 진입한 경우에는 신속히 교차로 밖으로 진행하여야 한다. 2. 차마는 우회전할 수 있고 우회전하는 경우에는 보행자의 횡단을 방해하지 못한다.
		적색의 등화	1. 차마는 정지선, 횡단보도 및 교차로의 직전에서 정지해야 한다. 2. 차마는 우회전하려는 경우 정지선, 횡단보도 및 교차로의 직전에서 정지한 후 신호에 따라 진행하는 다른 차마의 교통을 방해하지 않고 우회전할 수 있다. 3. 2.에도 불구하고 차마는 우회전 삼색등이 적색의 등화인 경우 우회전할 수 없다.
		황색등화의 점멸	차마는 다른 교통 또는 안전표지의 표시에 주의하면서 진행할 수 있다.
		적색등화의 점멸	차마는 정지선이나 횡단보도가 있을 때에는 그 직전이나 교차로의 직전에 일시정지한 후 다른 교통에 주의하면서 진행할 수 있다.
	화살표 등화	녹색화살표의 등화	차마는 화살표시 방향으로 진행할 수 있다.
		황색화살표의 등화	화살표시 방향으로 진행하려는 차마는 정지선이 있거나 횡단보도가 있을 때에는 그 직전이나 교차로의 직전에 정지하여야 하며, 이미 교차로에 차마의 일부라도 진입한 경우에는 신속히 교차로 밖으로 진행하여야 한다.
		적색화살표의 등화	화살표시 방향으로 진행하려는 차마는 정지선, 횡단보도 및 교차로의 직전에서 정지하여야 한다.
		황색화살표등화의 점멸	차마는 다른 교통 또는 안전표지의 표시에 주의하면서 화살표시 방향으로 진행할 수 있다.
		적색화살표등화의 점멸	차마는 정지선이나 횡단보도가 있을 때에는 그 직전이나 교차로의 직전에 일시정지한 후 다른 교통에 주의하면서 화살표시 방향으로 진행할 수 있다.
	사각형 등화	녹색화살표의 등화(하향)	차마는 화살표로 지정한 차로로 진행할 수 있다.
		적색×표 표시의 등화	차마는 ×표가 있는 차로로 진행할 수 없다.
		적색×표 표시 등화의 점멸	차마는 ×표가 있는 차로로 진입할 수 없고, 이미 차마의 일부라도 진입한 경우에는 신속히 그 차로 밖으로 진로를 변경하여야 한다.

③ 신호등의 종류(시행규칙 별표 3)

㉠ 차량신호등 : 가로형삼색등, 가로형화살표삼색등, 가로형사색등(A, B), 세로형삼색등, 세로형화살표삼색등, 세로형사색등, 우회전삼색등, 가로형이색등, 가변등, 경보형경보등

㉡ 보행신호등 : 보행이색등

㉢ 자전거신호등 : 세로형이색등(A, B), 세로형삼색등(A, B)

㉣ 차량보조등 : 세로형삼색등, 세로형사색등

④ 신호등의 등화의 배열순서(시행규칙 별표 4)

신호등 \ 배열	가로형 신호등	세로형 신호등
적색 · 황색 · 녹색화살표 · 녹색의 사색등화로 표시되는 신호등	• 좌로부터 적색 → 황색 → 녹색화살표 → 녹색의 순서로 한다. • 좌로부터 적색 → 황색 → 녹색의 순서로 하고, 적색등화 아래에 녹색화살표 등화를 배열한다.	위로부터 적색 → 황색 → 녹색화살표 → 녹색의 순서로 한다.
적색 · 황색 및 녹색(녹색화살표)의 삼색등화로 표시되는 신호등	좌로부터 적색 → 황색 → 녹색(녹색화살표)의 순서로 한다.	위로부터 적색 → 황색 → 녹색(녹색화살표)의 순서로 한다.
적색화살표 · 황색화살표 및 녹색화살표의 삼색등화로 표시되는 신호등	좌로부터 적색화살표 → 황색화살표 → 녹색화살표의 순서로 한다.	위로부터 적색화살표 → 황색화살표 → 녹색화살표의 순서로 한다.
적색X표 및 녹색하향화살표의 이색등화로 표시되는 신호등	좌로부터 적색X표 → 녹색하향화살표의 순서로 한다.	–
적색 및 녹색의 이색등화로 표시되는 신호등	–	위로부터 적색 → 녹색의 순서로 한다.
황색T자형 · 백색가로막대형 · 백색점형 · 백색세로막대형 · 백색사선막대형의 등화로 표시되는 신호등	–	위로부터 황색T자형 → 백색가로막대형 → 백색점형 → 백색세로막대형의 순서로 배열하며, 필요 시 백색세로막대형의 좌우측에 백색사선막대형을 배열한다.

⑤ 신호등의 신호순서(시행규칙 별표 5)

신호등	신호 순서
적색 · 황색 · 녹색화살표 · 녹색의 사색등화로 표시되는 신호등	녹색등화 → 황색등화 → 적색 및 녹색화살표등화 → 적색 및 황색등화 → 적색등화의 순서로 한다.
적색 · 황색 · 녹색(녹색화살표)의 삼색등화로 표시되는 신호등	녹색(적색 및 녹색화살표)등화 → 황색등화 → 적색등화의 순서로 한다.
적색화살표 · 황색화살표 · 녹색화살표의 삼색등화로 표시되는 신호등	녹색화살표등화 → 황색화살표등화 → 적색화살표등화의 순서로 한다.
적색 및 녹색의 이색등화로 표시되는 신호등	녹색등화 → 녹색등화의 점멸 → 적색등화의 순서로 한다.
황색T자형 · 백색가로막대형 · 백색점형 · 백색세로막대형의 등화로 표시되는 신호등	백색세로막대형등화 → 백색점형등화 → 백색가로막대형등화 → 백색가로막대형등화 및 황색T자형등화 → 백색가로막대형등화 및 황색T자형등화의 점멸의 순서로 한다.
황색T자형 · 백색가로막대형 · 백색점형 · 백색세로막대형 · 백색사선막대형의 등화로 표시되는 신호등	백색세로막대형등화 또는 백색사선막대형등화 → 백색점형등화 → 백색가로막대형등화 → 백색가로막대형등화 및 황색T자형등화 → 백색가로막대형등화 및 황색T자형등화의 점멸의 순서로 한다.

※ 교차로와 교통 여건을 고려하여 특별히 필요하다고 인정되는 장소에서는 신호의 순서를 달리하거나 녹색화살표 및 녹색등화를 동시에 표시하거나, 적색 및 녹색화살표 등화를 동시에 표시하지 않을 수 있다.

⑥ 신호등의 성능(시행규칙 제7조 제3항)

㉠ 등화의 밝기는 낮에 150m 앞쪽에서 식별할 수 있도록 할 것

㉡ 등화의 빛의 발산각도는 사방으로 각각 45° 이상으로 할 것

㉢ 태양광선이나 주위의 다른 빛에 의하여 그 표시가 방해받지 아니하도록 할 것

⑦ 안전표지의 종류(시행규칙 제8조)

㉠ 주의표지 : 도로상태가 위험하거나 도로 또는 그 부근에 위험물이 있는 경우에 필요한 안전조치를 할 수 있도록 이를 도로 사용자에게 알리는 표지

㉡ 규제표지 : 도로교통의 안전을 위하여 각종 제한 · 금지 등의 규제를 하는 경우에 이를 도로사용자에게 알리는 표지

㉢ 지시표지 : 도로의 통행방법 · 통행구분 등 도로 교통의 안전을 위하여 필요한 지시를 하는 경우에 도로 사용자가 이를 따르도록 알리는 표지

㉣ 보조표지 : 주의표지 · 규제표지 또는 지시표지의 주기능을 보충하여 도로 사용자에게 알리는 표지

여기부터 500m

차로엄수

㉤ 노면표시 : 도로 교통의 안전을 위하여 각종 주의 · 규제 · 지시 등의 내용을 노면에 기호 · 문자 또는 선으로 도로 사용자에게 알리는 표지

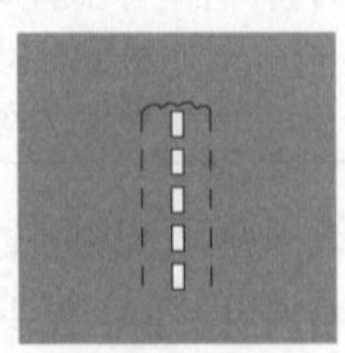  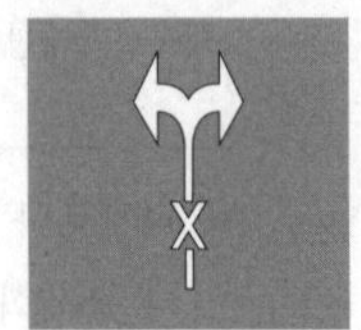

⑧ 교통안전시설의 설치 · 관리기준의 결정(법 제4조) : 주 · 야간이나 기상상태 등에 관계없이 교통안전시설이 운전자 및 보행자의 눈에 잘 띄도록 정한다.

(3) 무인교통단속용장비의 설치 및 관리(법 제4조의2)

① 시 · 도경찰청장, 경찰서장 또는 시장 등은 이 법을 위반한 사실을 기록 · 증명하기 위하여 무인교통단속용장비를 설치 · 관리할 수 있다.

② 무인 교통단속용 장비의 설치 · 관리기준, 그 밖에 필요한 사항은 행정안전부령으로 정한다.

③ 무인교통단속용장비의 철거 또는 원상회복 등에 대하여는 제3조 제4항부터 제6항까지의 규정을 준용한다. 이 경우 '교통안전시설'은 '무인교통단속용장비'로 본다.

(4) 신호 또는 지시에 따를 의무(법 제5조)

① 도로를 통행하는 보행자, 차마 또는 노면전차의 운전자는 교통안전시설이 표시하는 신호 또는 지시와 교통정리를 하는 경찰공무원(의무경찰 포함) 및 제주특별자치도의 자치경찰공무원이나 경찰공무원(자치경찰공무원 포함)을 보조하는 사람으로서 대통령령으로 정하는 사람이 하는 신호 또는 지시를 따라야 한다.

더 알아보기

경찰공무원을 보조하는 사람의 범위(「도로교통법 시행령」 제6조)

- 모범운전자
- 군사훈련 및 작전에 동원되는 부대의 이동을 유도하는 군사경찰
- 본래의 긴급한 용도로 운행하는 소방차 · 구급차를 유도하는 소방공무원

② 도로를 통행하는 보행자 및 차마 또는 노면전차의 운전자는 교통안전시설이 표시하는 신호 또는 지시와 교통정리를 하는 경찰공무원 또는 경찰보조자의 신호 또는 지시가 서로 다른 경우에는 경찰공무원 등의 신호 또는 지시에 따라야 한다.

(5) 통행의 금지 및 제한(법 제6조, 시행규칙 제10조)

① 시 · 도경찰청장은 도로에서의 위험을 방지하고 교통의 안전과 원활한 소통을 확보하기 위하여 필요하다고 인정할 때에는 구간을 정하여 보행자나 차마 또는 노면전차의 통행을 금지하거나 제한할 수 있다. 이 경우 시 · 도경찰청장은 보행자나 차마의 통행을 금지하거나 제한한 도로의 관리청에 그 사실을 알려야 한다.

② 경찰서장은 도로에서의 위험을 방지하고 교통의 안전과 원활한 소통을 확보하기 위하여 필요하다고 인정할 때에는 우선 보행자나 차마 또는 노면전차의 통행을 금지하거나 제한한 후 그 도로관리자와 협의하여 금지 또는 제한의 대상과 구간 및 기간을 정하여 도로의 통행을 금지하거나 제한할 수 있다.

③ 시 · 도경찰청장이나 경찰서장은 금지 또는 제한을 하려는 경우에는 행정안전부령이 정하는 바에 따라 그 사실을 공고하여야 한다.

㉠ 시 · 도경찰청장 또는 경찰서장은 통행을 금지 또는 제한하는 때에는 알림판을 설치하여야 한다.

㉡ 알림판은 통행을 금지 또는 제한하고자 하는 지점 또는 그 지점 바로 앞의 우회로 입구에 설치하여야 한다.

㉢ 시 · 도경찰청장 또는 경찰서장이 통행을 금지 또는 제한하고자 하는 경우 우회로 입구가 다른 시 · 도경찰청 또는 경찰서의 관할에 속하는 때에는 그 시 · 도경찰청장 또는 경찰서장에게 그 뜻을 통보하여야 하며, 통보를 받은 시 · 도경찰청장 또는 경찰서장은 지체없이 알림판을 그 우회로 입구에 설치하여야 한다.

㉣ 시 · 도경찰청장 또는 경찰서장은 알림판을 설치할 수 없는 때에는 신문 · 방송 등을 통하여 이를 공고하거나 그 밖의 적당한 방법에 의하여 그 사실을 널리 알려야 한다.

④ 경찰공무원은 도로의 파손, 화재의 발생이나 그 밖의 사정으로 인한 도로에서의 위험을 방지하기 위하여 긴급히 조치할 필요가 있을 때에는 필요한 범위에서 보행자나 차마 또는 노면전차의 통행을 일시 금지하거나 제한할 수 있다.

(6) 교통 혼잡을 완화시키기 위한 조치(법 제7조)

경찰공무원은 보행자나 차마 또는 노면전차의 통행이 밀려서 교통혼잡이 뚜렷하게 우려될 때에는 혼잡을 덜기 위하여 필요한 조치를 할 수 있다.

02 보행자 및 차마의 통행방법

1 보행자의 통행방법

(1) 보행자의 통행(법 제8조)

① 보행자는 보도와 차도가 구분된 도로에서는 언제나 보도로 통행하여야 한다. 다만, 차도를 횡단하는 경우, 도로공사 등으로 보도의 통행이 금지된 경우나 그 밖의 부득이한 경우에는 그러하지 아니하다.

② 보행자는 보도와 차도가 구분되지 아니한 도로 중 중앙선이 있는 도로(일방통행인 경우에는 차선으로 구분된 도로를 포함)에서는 길가장자리 또는 길가장자리구역으로 통행하여야 한다.

③ 보행자는 보도와 차도가 구분되지 아니한 도로 중 중앙선이 없는 도로(일방통행인 경우에는 차선으로 구분되지 아니한 도로에 한정)와 보행자우선도로에서는 도로의 전 부분으로 통행할 수 있다. 이 경우 보행자는 고의로 차마의 진행을 방해하여서는 아니 된다.

④ 보행자는 보도에서는 우측통행을 원칙으로 한다.

(2) 행렬 등의 통행(법 제9조)

① 학생의 대열과 그 밖에 보행자의 통행에 지장을 줄 우려가 있다고 인정하여 대통령령이 정하는 사람이나 행렬은 차도로 통행할 수 있다. 이 경우 행렬 등은 차도의 우측으로 통행하여야 한다.

더 알아보기

차도를 통행할 수 있는 사람 또는 행렬(「도로교통법 시행령」 제7조)

- 말 · 소 등의 큰 동물을 몰고 가는 사람
- 사다리, 목재, 그 밖에 보행자의 통행에 지장을 줄 우려가 있는 물건을 운반 중인 사람
- 도로에서 청소나 보수 등의 작업을 하고 있는 사람
- 군부대나 그 밖에 이에 준하는 단체의 행렬
- 기(旗) 또는 현수막 등을 휴대한 행렬
- 장의(葬儀) 행렬

② 행렬 등은 사회적으로 중요한 행사에 따라 시가를 행진하는 경우에는 도로의 중앙을 통행할 수 있다.

③ 경찰공무원은 도로에서의 위험을 방지하고 교통의 안전과 원활한 소통을 확보하기 위하여 필요하다고 인정할 때에는 행렬 등에 대하여 구간을 정하고 그 구간에서 행렬 등이 도로 또는 차도의 우측(자전거도로가 설치되어 있는 차도에서는 자전거도로를 제외한 부분의 우측을 말한다)으로 붙어서 통행할 것을 명하는 등 필요한 조치를 할 수 있다.

(3) 도로의 횡단(법 제10조)

① 시 · 도경찰청장은 도로를 횡단하는 보행자의 안전을 위하여 행정안전부령으로 정하는 기준에 따라 횡단보도를 설치할 수 있다.

더 알아보기

횡단보도의 설치기준(「도로교통법 시행규칙」 제11조)

- 횡단보도에는 횡단보도표시와 횡단보도표지판을 설치할 것
- 횡단보도를 설치하고자 하는 장소에 횡단보행자용 신호기가 설치되어 있는 경우에는 횡단보도표시를 설치할 것
- 횡단보도를 설치하고자 하는 도로의 표면이 포장이 되지 아니하여 횡단보도표시를 할 수 없는 때에는 횡단보도표지판을 설치할 것. 이 경우 그 횡단보도표지판에 횡단보도의 너비를 표시하는 보조표지를 설치하여야 한다.
- 횡단보도는 육교 · 지하도 및 다른 횡단보도로부터 각 목에 따른 거리 이내에는 설치하지 아니할 것. 다만, 어린이보호구역, 노인보호구역 또는 장애인보호구역으로 지정된 구간인 경우 또는 보행자의 안전이나 통행을 위하여 특히 필요하다고 인정되는 경우에는 그러하지 아니하다.
  - 법 제2조 제1호에 따른 도로로서 「도로의 구조 · 시설기준에 관한 규칙」 제3조 제1항에 따른 도로 중 집산도로 및 국지도로 : 100m
  - 법 제2조 제1호에 따른 도로로서 가목에 따른 도로 외의 도로 : 200m

② 보행자는 횡단보도, 지하도, 육교나 그 밖의 도로횡단시설이 설치되어 있는 도로에서는 그 곳으로 횡단하여야 한다. 다만, 지하도나 육교 등의 도로횡단시설을 이용할 수 없는 지체장애인의 경우에는 다른 교통에 방해가 되지 아니하는 방법으로 도로횡단시설을 이용하지 아니하고 도로를 횡단할 수 있다.

③ 보행자는 횡단보도가 설치되어 있지 아니한 도로에서는 가장 짧은 거리로 횡단하여야 한다.

④ 보행자는 차와 노면전차의 바로 앞이나 뒤로 횡단하여서는 아니 된다. 다만, 횡단보도를 횡단하거나 신호기 또는 경찰공무원 등의 신호나 지시에 따라 도로를 횡단하는 경우에는 그러하지 아니하다.

⑤ 보행자는 안전표지 등에 의하여 횡단이 금지되어 있는 도로의 부분에서는 그 도로를 횡단하여서는 아니 된다.

(4) 어린이 등에 대한 보호(법 제11조)

① 어린이의 보호자는 교통이 빈번한 도로에서 어린이를 놀게 하여서는 아니 되며, 영유아(6세 미만인 사람)의 보호자는 교통이 빈번한 도로에서 영유아가 혼자 보행하게 하여서는 아니 된다.

② 앞을 보지 못하는 사람(이에 준하는 사람을 포함)의 보호자는 그 사람이 도로를 보행할 때에는 흰색 지팡이를 갖고 다니도록 하거나 앞을 보지 못하는 사람에게 길을 안내하는 개로서 행정안전부령으로 정하는 개(이하 '장애인 보조견'이라 한다)를 동반하도록 하는 등 필요한 조치를 하여야 한다.

더 알아보기

앞을 보지 못하는 사람에 준하는 사람의 범위(「도로교통법 시행령」 제8조)
- 듣지 못하는 사람
- 신체의 평형기능에 장애가 있는 사람
- 의족 등을 사용하지 아니하고는 보행을 할 수 없는 사람

③ 어린이의 보호자는 도로에서 어린이가 자전거를 타거나 행정안전부령으로 정하는 위험성이 큰 움직이는 놀이기구를 타는 경우에는 어린이의 안전을 위하여 행정안전부령으로 정하는 인명보호장구를 착용하도록 하여야 한다.

④ 어린이의 보호자는 도로에서 어린이가 개인형 이동장치를 운전하게 하여서는 아니 된다.

⑤ 경찰공무원은 신체에 장애가 있는 사람이 도로를 통행하거나 횡단하기 위하여 도움을 요청하거나 도움이 필요하다고 인정하는 경우에는 그 사람이 안전하게 통행하거나 횡단할 수 있도록 필요한 조치를 하여야 한다.

⑥ 경찰공무원은 다음의 어느 하나에 해당하는 사람을 발견한 경우에는 그들의 안전을 위하여 적절한 조치를 하여야 한다.
㉠ 교통이 빈번한 도로에서 놀고 있는 어린이
㉡ 보호자 없이 도로를 보행하는 영유아
㉢ 앞을 보지 못하는 사람으로서 흰색 지팡이를 가지지 아니하거나 장애인보조견을 동반하지 아니하는 등 필요한 조치를 하지 아니하고 다니는 사람
㉣ 횡단보도나 교통이 빈번한 도로에서 보행에 어려움을 겪고 있는 노인(65세 이상인 사람을 말한다. 이하 같다)

(5) 어린이 보호구역의 지정 · 해제 및 관리(법 제12조)

① 시장 등은 교통사고의 위험으로부터 어린이를 보호하기 위하여 필요하다고 인정하는 경우에는 다음의 어느 하나에 해당하는 시설이나 장소의 주변도로 가운데 일정구간을 어린이 보호구역으로 지정하여 자동차 등과 노면전차의 통행속도를 30km/h 이내로 제한할 수 있다.
㉠ 유치원, 초등학교 또는 특수학교
㉡ 어린이집 가운데 행정안전부령으로 정하는 어린이집
㉢ 학원 가운데 행정안전부령으로 정하는 학원
㉣ 외국인학교 또는 대안학교, 대안교육기관, 국제학교 및 외국교육기관 중 유치원 · 초등학교 교과과정이 있는 학교
㉤ 그 밖에 어린이가 자주 왕래하는 곳으로서 조례로 정하는 시설 또는 장소

② 어린이 보호구역의 지정 · 해제절차 및 기준 등에 관하여 필요한 사항은 교육부 · 행정안전부 및 국토교통부의 공동부령으로 정한다.

③ 차마 또는 노면전차의 운전자는 어린이 보호구역에서 ①에 따른 조치를 준수하고 어린이의 안전에 유의하면서 운행하여야 한다.

④ 시 · 도경찰청장, 경찰서장 또는 시장 등은 ③을 위반하는 행위 등의 단속을 위하여 어린이 보호구역의 도로 중에서 행정안전부령으로 정하는 곳에 우선적으로 제4조의2에 따른 무인 교통단속용 장비를 설치하여야 한다.

⑤ 시장 등은 ①에 따라 지정한 어린이 보호구역에 어린이의 안전을 위하여 다음에 따른 시설 또는 장비를 우선적으로 설치하거나 관할 도로관리청에 해당 시설 또는 장비의 설치를 요청하여야 한다.

㉠ 어린이 보호구역으로 지정한 시설의 주 출입문과 가장 가까운 거리에 있는 간선도로상 횡단보도의 신호기

㉡ 속도 제한 및 횡단보도, 기점 및 종점에 관한 안전표지

㉢ 「도로법」 제2조 제2호에 따른 도로의 부속물 중 과속방지시설 및 차마의 미끄럼을 방지하기 위한 시설

㉣ 그 밖에 교육부, 행정안전부 및 국토교통부의 공동부령으로 정하는 시설 또는 장비

(6) 노인 및 장애인 보호구역의 지정 · 해제 및 관리(법 제12조의2)

① 시장 등은 교통사고의 위험으로부터 노인 또는 장애인을 보호하기 위하여 필요하다고 인정하는 경우에는 ㉠부터 ㉣에 따른 시설 또는 장소의 주변도로 가운데 일정 구간을 노인보호구역으로, ㉤에 따른 시설의 주변도로 가운데 일정 구간을 장애인보호구역으로 각각 지정하여 차마와 노면전차의 통행을 제한하거나 금지하는 등 필요한 조치를 할 수 있다.

㉠ 「노인복지법」에 따른 노인복지시설

㉡ 「자연공원법」에 따른 자연공원 또는 「도시공원 및 녹지 등에 관한 법률」에 따른 도시공원

㉢ 「체육시설의 설치 · 이용에 관한 법률」에 따른 생활체육시설

㉣ 그 밖에 노인이 자주 왕래하는 곳으로서 조례로 정하는 시설 또는 장소

㉤ 「장애인복지법」에 따른 장애인복지시설

② 노인보호구역 또는 장애인보호구역의 지정 · 해제절차 및 기준 등에 관하여 필요한 사항은 보건복지부 · 행정안전부 및 국토교통부의 공동부령으로 정한다.

③ 차마 또는 노면전차의 운전자는 노인보호구역 또는 장애인보호구역에서 ①에 따른 조치를 준수하고 노인 또는 장애인의 안전에 유의하면서 운행하여야 한다.

2 차마 및 노면전차의 통행방법 등

(1) 차마의 통행(법 제13조)

① 차마의 운전자는 보도와 차도가 구분된 도로에서는 차도로 통행하여야 한다. 다만, 도로 외의 곳으로 출입할 때에는 보도를 횡단하여 통행할 수 있다.

② 차마의 운전자는 보도를 횡단하기 직전에 일시정지하여 좌측과 우측 부분 등을 살핀 후 보행자의 통행을 방해하지 아니하도록 횡단하여야 한다.

③ 차마의 운전자는 도로(보도와 차도가 구분된 도로에서는 차도를 말한다)의 중앙(중앙선이 설치되어 있는 경우에는 그 중앙선을 말한다) 우측 부분을 통행하여야 한다.

④ 차마의 운전자는 다음의 어느 하나에 해당하는 경우에는 도로의 중앙이나 좌측부분을 통행할 수 있다.

㉠ 도로가 일방통행인 경우

㉡ 도로의 파손, 도로공사나 그 밖의 장애 등으로 도로의 우측 부분을 통행할 수 없는 경우

㉢ 도로 우측 부분의 폭이 6m가 되지 아니하는 도로에서 다른 차를 앞지르려는 경우. 다만, 다음의 어느 하나에 해당하는 경우에는 그러하지 아니하다.

- 도로의 좌측 부분을 확인할 수 없는 경우
- 반대 방향의 교통을 방해할 우려가 있는 경우
- 안전표지 등으로 앞지르기를 금지하거나 제한하고 있는 경우

㉣ 도로 우측 부분의 폭이 차마의 통행에 충분하지 아니한 경우

㉤ 가파른 비탈길의 구부러진 곳에서 교통의 위험을 방지하기 위하여 시 · 도경찰청장이 필요하다고 인정하여 구간 및 통행방법을 지정하고 있는 경우에 그 지정에 따라 통행하는 경우

⑤ 차마의 운전자는 안전지대 등 안전표지에 의하여 진입이 금지된 장소에 들어가서는 아니 된다.

⑥ 차마(자전거 등은 제외한다)의 운전자는 안전표지로 통행이 허용된 장소를 제외하고는 자전거도로 또는 길가장자리구역으로 통행해서는 아니 된다. 다만, 자전거우선도로의 경우에는 그러하지 아니하다.

(2) 자전거 등의 통행방법의 특례(법 제13조의2)

① 자전거 등의 운전자는 자전거도로(자전거만이 통행할 수 있도록 설치된 전용차로를 포함한다)가 따로 있는 곳에서는 그 자전거도로로 통행하여야 한다.

② 자전거 등의 운전자는 자전거도로가 설치되지 아니한 곳에서는 도로 우측 가장자리에 붙어서 통행하여야 한다.

③ 자전거 등의 운전자는 길가장자리구역(안전표지로 자전거 등의 통행을 금지한 구간을 제외한다)을 통행할 수 있다. 이 경우 자전거 등의 운전자는 보행자의 통행에 방해가 될 때에는 서행하거나 일시정지하여야 한다.

④ 자전거 등의 운전자는 다음의 어느 하나에 해당하는 경우에는 보도를 통행할 수 있다. 이 경우 자전거 등의 운전자는 보도의 중앙으로부터 차도쪽 또는 안전표지로 지정된 곳으로 서행하여야 하며, 보행자의 통행에 방해가 될 때에는 일시정지하여야 한다.

㉠ 어린이, 노인, 그 밖에 행정안전부령으로 정하는 신체장애인이 자전거를 운전하는 경우. 다만, 「자전거 이용 활성화에 관한 법률」 제2조 제1호의2에 따른 전기자전거의 원동기를 끄지 아니하고 운전하는 경우는 제외

㉡ 안전표지로 자전거 등의 통행이 허용된 경우

㉢ 도로의 파손, 도로공사나 그 밖의 장애 등으로 도로를 통행할 수 없는 경우

⑤ 자전거 등의 운전자는 안전표지로 통행이 허용된 경우를 제외하고는 2대 이상이 나란히 차도를 통행하여서는 아니된다.

⑥ 자전거 등의 운전자가 횡단보도를 이용하여 도로를 횡단할 때에는 자전거 등에서 내려서 자전거 등을 끌거나 들고 보행하여야 한다.

(3) 차로의 설치 등(법 제14조 제1항)

시 · 도경찰청장은 차마의 교통을 원활하게 하기 위하여 필요한 경우에는 도로에 행정안전부령으로 정하는 차로를 설치할 수 있다. 이 경우 시 · 도경찰청장은 시간대에 따라 양방향의 통행량이 뚜렷하게 다른 도로에는 교통량이 많은 쪽으로 차로의 수가 확대될 수 있도록 신호기에 의하여 차로의 진행방향을 지시하는 가변차로를 설치할 수 있다.

① 차로의 설치(시행규칙 제15조)

㉠ 시 · 도경찰청장은 도로에 차로를 설치하고자 하는 때에는 노면표시로 표시하여야 한다.

㉡ ㉠에 따라 설치되는 차로의 너비는 3m 이상으로 하여야 한다. 다만, 좌회전전용차로의 설치 등 부득이하다고 인정되는 때에는 275cm 이상으로 할 수 있다.

㉢ 차로는 횡단보도 · 교차로 및 철길건널목에는 설치할 수 없다.

㉣ 보도와 차도의 구분이 없는 도로에 차로를 설치하는 때에는 보행자가 안전하게 통행할 수 있도록 그 도로의 양쪽에 길가장자리구역을 설치하여야 한다.

② 차로에 따른 통행구분(시행규칙 제16조, 별표 9) : 차로를 설치한 경우 그 도로의 중앙에서 오른쪽으로 2 이상의 차로(전용차로가 설치되어 운용되고 있는 도로에서는 전용차로 제외)가 설치된 도로 및 일방통행도로에 있어서 그 차로에 따른 통행차의 기준은 다음과 같다.

<table>
<tr><th colspan="2">도로</th><th>차로 구분</th><th>통행할 수 있는 차종</th></tr>
<tr><td colspan="2" rowspan="2">고속도로 외의 도로</td><td>왼쪽 차로</td><td>승용자동차 및 경형 · 소형 · 중형 승합자동차</td></tr>
<tr><td>오른쪽 차로</td><td>대형승합자동차, 화물자동차, 특수자동차, 건설기계, 이륜자동차, 원동기장치자전거(개인형 이동장치는 제외)</td></tr>
<tr><td rowspan="5">고속도로</td><td rowspan="2">편도 2차로</td><td>1차로</td><td>앞지르기를 하려는 모든 자동차. 다만, 차량통행량 증가 등 도로상황으로 인하여 부득이하게 80km/h 미만으로 통행할 수밖에 없는 경우에는 앞지르기를 하는 경우가 아니라도 통행할 수 있다.</td></tr>
<tr><td>2차로</td><td>모든 자동차</td></tr>
<tr><td rowspan="3">편도 3차로 이상</td><td>1차로</td><td>앞지르기를 하려는 승용자동차 및 앞지르기를 하려는 경형 · 소형 · 중형 승합자동차. 다만, 차량통행량 증가 등 도로상황으로 인하여 부득이하게 80km/h 미만으로 통행할 수밖에 없는 경우에는 앞지르기를 하는 경우가 아니라도 통행할 수 있다.</td></tr>
<tr><td>왼쪽 차로</td><td>승용자동차 및 경형 · 소형 · 중형 승합자동차</td></tr>
<tr><td>오른쪽 차로</td><td>대형 승합자동차, 화물자동차, 특수자동차, 건설기계</td></tr>
</table>

(4) 전용차로의 설치(법 제15조)

① 시장 등은 원활한 교통을 확보하기 위하여 특히 필요한 경우에는 시 · 도경찰청장이나 경찰서장과 협의하여 도로에 전용차로(차의 종류나 승차인원에 따라 지정된 차만 통행할 수 있는 차로)를 설치할 수 있다.

② 전용차로의 종류, 전용차로로 통행할 수 있는 차와 그 밖에 전용차로의 운영에 필요한 사항은 대통령령으로 정한다.

③ ②에 따라 전용차로로 통행할 수 있는 차가 아니면 전용차로로 통행하여서는 아니 된다. 다만, 긴급자동차가 그 본래의 긴급한 용도로 운행되고 있는 경우 등 대통령령으로 정하는 경우에는 그러하지 아니하다.

더 알아보기

전용차로 통행차 외에 전용차로로 통행할 수 있는 경우(「도로교통법 시행령」 제10조)

- 긴급자동차가 그 본래의 긴급한 용도로 운행되고 있는 경우
- 전용차로 통행차의 통행에 장해를 주지 아니하는 범위에서 택시가 승객을 태우거나 내려주기 위하여 일시 통행하는 경우. 이 경우 택시운전자는 승객이 타거나 내린 즉시 전용차로를 벗어나야 한다.
- 도로의 파손, 공사, 그 밖의 부득이한 장애로 인하여 전용차로가 아니면 통행할 수 없는 경우

④ 전용차로의 종류와 전용차로로 통행할 수 있는 차(시행령 별표 1)

<table>
<tr><th rowspan="2">전용차로의 종류</th><th colspan="2">통행할 수 있는 차</th></tr>
<tr><th>고속도로</th><th>고속도로 외의 도로</th></tr>
<tr><td>버스
전용차로</td><td>9인승 이상 승용자동차 및 승합자동차(승용자동차 또는 12인승 이하의 승합자동차는 6명 이상이 승차한 경우로 한정한다)</td><td>가. 「자동차관리법」 제3조에 따른 36인승 이상의 대형승합자동차
나. 「여객자동차 운수사업법」 제3조 및 동법 시행령 제3조 제1호에 따른 36인승 미만의 사업용 승합자동차
다. 법 제52조에 따라 증명서를 발급받아 어린이를 운송할 목적으로 운행 중인 어린이통학버스
라. 대중교통수단으로 이용하기 위한 자율주행자동차로서 「자동차관리법」 제27조 제1항 단서에 따라 시험 · 연구 목적으로 운행하기 위하여 국토교통부장관의 임시운행허가를 받은 자율주행자동차
마. 가.부터 라.까지에서 규정한 차 외의 차로서 도로에서의 원활한 통행을 위하여 시 · 도경찰청장이 지정한 다음의 어느 하나에 해당하는 승합자동차
1) 노선을 지정하여 운행하는 통학 · 통근용 승합자동차 중 16인승 이상 승합자동차
2) 국제행사 참가인원 수송 등 특히 필요하다고 인정되는 승합자동차(지방경찰청장이 정한 기간 이내로 한정한다)
3) 「관광진흥법」 제3조 제1항 제2호에 따른 관광숙박업자 또는 「여객자동차 운수사업법 시행령」 제3조 제2호 가목에 따른 전세버스운송사업자가 운행하는 25인승 이상의 외국인 관광객 수송용 승합자동차(외국인 관광객이 승차한 경우만 해당한다)</td></tr>
<tr><td>다인승
전용차로</td><td colspan="2">3명 이상 승차한 승용 · 승합자동차(다인승전용차로와 버스전용차로가 동시에 설치되는 경우에는 버스전용차로를 통행할 수 있는 차는 제외한다)</td></tr>
<tr><td>자전거
전용차로</td><td colspan="2">자전거 등</td></tr>
</table>

(5) 자전거횡단도의 설치 등(법 제15조의2)

① 시 · 도경찰청장은 도로를 횡단하는 자전거운전자의 안전을 위하여 행정안전부령으로 정하는 기준에 따라 자전거횡단도를 설치할 수 있다.

② 자전거 등의 운전자가 자전거 등을 타고 자전거횡단도가 따로 있는 도로를 횡단할 때에는 자전거횡단도를 이용하여야 한다.

③ 차마의 운전자는 자전거 등이 자전거횡단도를 통행하고 있을 때에는 자전거 등의 횡단을 방해하거나 위험하게 하지 아니하도록 그 자전거횡단도 앞(정지선이 설치되어 있는 곳에서는 그 정지선을 말한다)에서 일시정지하여야 한다.

(6) 노면전차 전용로의 설치 등(법 제16조)

① 시장 등은 교통을 원활하게 하기 위하여 노면전차 전용도로 또는 전용차로를 설치하려는 경우에는 「도시철도법」 제7조 제1항에 따른 도시철도사업계획의 승인 전에 다음의 사항에 대하여 시 · 도경찰청장과 협의하여야 한다. 사업 계획을 변경하려는 경우에도 또한 같다.

㉠ 노면전차의 설치 방법 및 구간

㉡ 노면전차 전용로 내 교통안전시설의 설치

㉢ 그 밖에 노면전차 전용로의 관리에 관한 사항

② 노면전차의 운전자는 ①에 따른 노면전차 전용도로 또는 전용차로로 통행하여야 하며, 차마의 운전자는 노면전차 전용도로 또는 전용차로를 다음의 경우를 제외하고는 통행하여서는 아니 된다.

㉠ 좌회전, 우회전, 횡단 또는 회전하기 위하여 궤도부지를 가로지르는 경우
㉡ 도로, 교통안전시설, 도로의 부속물 등의 보수를 위하여 진입이 불가피한 경우
㉢ 노면전차 전용차로에서 긴급자동차가 그 본래의 긴급한 용도로 운행되고 있는 경우

(7) 자동차 등과 노면전차의 속도(법 제17조, 시행규칙 제19조 제1항)

자동차 등(개인형 이동장치는 제외)과 노면전차의 도로 통행 속도는 행정안전부령으로 정한다.

① 일반도로(고속도로 및 자동차전용도로 외의 모든 도로)
㉠ 주거지역 · 상업지역 및 공업지역의 일반도로에서는 50km/h 이내. 다만, 시 · 도경찰청장이 원활한 소통을 위하여 특히 필요하다고 인정하여 지정한 노선 또는 구간에서는 60km/h 이내
㉡ ㉠ 외의 일반도로에서는 60km/h 이내. 다만, 편도 2차로 이상의 도로에서는 80km/h 이내

② 자동차전용도로 : 최고속도는 90km/h, 최저속도는 30km/h

③ 고속도로
㉠ 편도 1차로 고속도로에서의 최고속도는 80km/h, 최저속도는 50km/h
㉡ 편도 2차로 이상 고속도로에서의 최고속도는 100km/h[화물자동차(적재중량 1.5ton을 초과하는 경우에 한함) · 특수자동차 · 위험물운반자동차(별표9 (주)6에 따른 위험물 등을 운반하는 자동차를 말함) 및 건설기계의 최고속도는 80km/h], 최저속도는 50km/h
㉢ ㉡에도 불구하고 편도 2차로 이상의 고속도로로서 경찰청장이 고속도로의 원활한 소통을 위하여 특히 필요하다고 인정하여 지정 · 고시한 노선 또는 구간의 최고속도는 120km/h(화물자동차 · 특수자동차 · 위험물운반자동차 및 건설기계의 최고속도는 90km/h) 이내, 최저속도는 50km/h

④ 비 · 안개 · 눈 등으로 인한 거친 날씨에는 다음의 기준에 의하여 감속운행하여야 한다. 다만, 경찰청장 또는 시 · 도경찰청장이 가변형 속도제한표지로 최고속도를 정한 경우에는 이에 따라야 하며, 가변형 속도제한표지로 정한 최고속도와 그 밖의 안전표지로 정한 최고속도가 다를 때에는 가변형 속도제한표지에 따라야 한다.
㉠ 최고속도의 100분의 20을 줄인 속도로 운행하여야 하는 경우
- 비가 내려 노면이 젖어있는 경우
- 눈이 20mm 미만 쌓인 경우

㉡ 최고속도의 100분의 50을 줄인 속도로 운행하여야 하는 경우
- 폭우 · 폭설 · 안개 등으로 가시거리가 100m 이내인 경우
- 노면이 얼어 붙은 경우
- 눈이 20mm 이상 쌓인 경우

⑤ 경찰청장 또는 시 · 도경찰청장이 구역 또는 구간을 지정하여 자동차 등과 노면전차의 속도를 제한하려는 경우에는 「도로의 구조 · 시설기준에 관한 규칙」 제8조에 따른 설계속도, 실제 주행속도, 교통사고 발생 위험성, 도로 주변 여건 등을 고려하여야 한다.

(8) 횡단 등의 금지(법 제18조)

① 차마의 운전자는 보행자나 다른 차마의 정상적인 통행을 방해할 우려가 있는 경우에는 차마를 운전하여 도로를 횡단하거나 유턴 또는 후진하여서는 아니 된다.

② 시 · 도경찰청장은 도로에서의 위험을 방지하고 교통의 안전과 원활한 소통을 확보하기 위하여 특히 필요하다고 인정하는 경우에는 도로의 구간을 지정하여 차마의 횡단이나 유턴 또는 후진을 금지할 수 있다.

③ 차마의 운전자는 길가의 건물이나 주차장 등에서 도로에 들어갈 때에는 일단 정지한 후에 안전한지 확인하면서 서행하여야 한다.

(9) 안전거리확보 등(법 제19조)

① 모든 차의 운전자는 같은 방향으로 가고 있는 앞차의 뒤를 따르는 경우에는 앞차가 갑자기 정지하게 되는 경우 그 앞차와의 충돌을 피할 수 있는 필요한 거리를 확보하여야 한다.

② 자동차 등의 운전자는 같은 방향으로 가고 있는 자전거 등의 운전자에 주의하여야 하며, 그 옆을 지날 때에는 자전거 등과의 충돌을 피할 수 있는 필요한 거리를 확보하여야 한다.

③ 모든 차의 운전자는 차의 진로를 변경하려는 경우에 그 변경하려는 방향으로 오고 있는 다른 차의 정상적인 통행에 장애를 줄 우려가 있을 때에는 진로를 변경하여서는 아니 된다.

④ 모든 차의 운전자는 위험방지를 위한 경우와 그 밖의 부득이한 경우가 아니면 운전하는 차를 갑자기 정지시키거나 속도를 줄이는 등의 급제동을 하여서는 아니 된다.

(10) 진로양보의 의무(법 제20조)

① 모든 차(긴급자동차 제외)의 운전자는 뒤에서 따라오는 차보다 느린 속도로 가려는 경우에는 도로의 우측 가장자리로 피하여 진로를 양보하여야 한다. 다만, 통행구분이 설치된 도로의 경우에는 그러하지 아니하다.

② 좁은 도로에서 긴급자동차 외의 자동차가 서로 마주보고 진행할 때에는 다음의 구분에 따른 자동차가 도로의 우측 가장자리로 피하여 진로를 양보하여야 한다.

㉠ 비탈진 좁은 도로에서 자동차가 서로 마주보고 진행하는 경우에는 올라가는 자동차

㉡ 비탈진 좁은 도로 외의 좁은 도로에서 사람을 태웠거나 물건을 실은 자동차와 동승자가 없고 물건을 싣지 아니한 자동차가 서로 마주보고 진행하는 경우에는 동승자가 없고 물건을 싣지 아니한 자동차

(11) 앞지르기 방법 등(법 제21조)

① 모든 차의 운전자는 다른 차를 앞지르려면 앞차의 좌측으로 통행하여야 한다.

② 자전거 등의 운전자는 서행하거나 정지한 다른 차를 앞지르려면 ①에도 불구하고 앞차의 우측으로 통행할 수 있다. 이 경우 자전거 등의 운전자는 정지한 차에서 승차하거나 하차하는 사람의 안전에 유의하여 서행하거나 필요한 경우 일시정지하여야 한다.

③ ①과 ②의 경우 앞지르려고 하는 모든 차의 운전자는 반대방향의 교통과 앞차 앞쪽의 교통에도 주의를 충분히 기울여야 하며, 앞차의 속도 · 진로와 그 밖의 도로상황에 따라 방향지시기 · 등화 또는 경음기를 사용하는 등 안전한 속도와 방법으로 앞지르기를 하여야 한다.

④ 모든 차의 운전자는 ①부터 ③까지 또는 법 제60조 제2항에 따른 방법으로 앞지르기를 하는 차가 있을 때에는 속도를 높여 경쟁하거나 그 차의 앞을 가로막는 등의 방법으로 앞지르기를 방해하여서는 아니 된다.

(12) 앞지르기 금지의 시기 및 장소(법 제22조)

① 모든 차의 운전자는 다음의 어느 하나에 해당하는 경우에는 앞차를 앞지르지 못한다.

㉠ 앞차의 좌측에 다른 차가 앞차와 나란히 가고 있는 경우

㉡ 앞차가 다른 차를 앞지르고 있거나 앞지르려고 하는 경우

② 모든 차의 운전자는 다음의 어느 하나에 해당하는 다른 차를 앞지르지 못한다.

㉠ 이 법이나 이 법에 따른 명령에 따라 정지하거나 서행하고 있는 차

㉡ 경찰공무원의 지시에 따라 정지하거나 서행하고 있는 차

㉢ 위험을 방지하기 위하여 정지하거나 서행하고 있는 차

③ 모든 차의 운전자는 다음의 어느 하나에 해당하는 곳에서는 다른 차를 앞지르지 못한다.

㉠ 교차로

㉡ 터널 안

㉢ 다리 위

㉣ 도로의 구부러진 곳, 비탈길의 고갯마루 부근 또는 가파른 비탈길의 내리막 등 시 · 도경찰청장이 도로에서의 위험을 방지하고 교통의 안전과 원활한 소통을 확보하기 위하여 필요하다고 인정하는 곳으로서 안전표지로 지정한 곳

(13) 끼어들기의 금지(법 제23조)

모든 차의 운전자는 (12)의 ②에서 어느 하나에 해당하는 다른 차 앞으로 끼어들지 못한다.

(14) 철길 건널목의 통과(법 제24조)

① 모든 차 또는 노면전차의 운전자는 철길 건널목을 통과하려는 경우에는 건널목 앞에서 일시정지하여 안전한지 확인한 후에 통과하여야 한다. 다만, 신호기 등이 표시하는 신호에 따르는 경우에는 정지하지 아니하고 통과할 수 있다.

② 모든 차 또는 노면전차의 운전자는 건널목의 차단기가 내려져 있거나 내려지려고 하는 경우 또는 건널목의 경보기가 울리고 있는 동안에는 그 건널목으로 들어가서는 아니 된다.

③ 모든 차 또는 노면전차의 운전자는 건널목을 통과하다가 고장 등의 사유로 건널목 안에서 차 또는 노면전차를 운행할 수 없게 된 경우에는 즉시 승객을 대피시키고 비상 신호기 등을 사용하거나 그 밖의 방법으로 철도공무원이나 경찰공무원에게 그 사실을 알려야 한다.

(15) 교차로 통행방법(법 제25조)

① 모든 차의 운전자는 교차로에서 우회전을 하려는 경우에는 미리 도로의 우측 가장자리를 서행하면서 우회전하여야 한다. 이 경우 우회전하는 차의 운전자는 신호에 따라 정지하거나 진행하는 보행자 또는 자전거 등에 주의하여야 한다.

② 모든 차의 운전자는 교차로에서 좌회전을 하려는 경우에는 미리 도로의 중앙선을 따라 서행하면서 교차로의 중심 안쪽을 이용하여 좌회전하여야 한다. 다만, 시 · 도경찰청장이 교차로의 상황에 따라 특히 필요하다고 인정하여 지정한 곳에서는 교차로의 중심 바깥쪽을 통과할 수 있다.

③ ②에도 불구하고 자전거 등의 운전자는 교차로에서 좌회전하려는 경우에는 미리 도로의 우측 가장자리로 붙어 서행하면서 교차로의 가장자리 부분을 이용하여 좌회전하여야 한다.

④ ①부터 ③까지의 규정에 의하여 우회전이나 좌회전하기 위하여 손이나 방향지시기 또는 등화로써 신호를 하는 차가 있는 경우에 그 뒤차의 운전자는 신호를 한 앞차의 진행을 방해하여서는 아니 된다.

⑤ 모든 차 또는 노면전차의 운전자는 신호기로 교통정리를 하고 있는 교차로에 들어가려는 경우에는 진행하려는 진로의 앞쪽에 있는 차 또는 노면전차의 상황에 따라 교차로(정지선이 설치되어 있는 경우에는 그 정지선을 넘은 부분)에 정지하게 되어 다른 차 또는 노면전차의 통행에 방해가 될 우려가 있는 경우에는 그 교차로에 들어가서는 아니 된다.

⑥ 모든 차의 운전자는 교통정리를 하고 있지 아니하고 일시정지나 양보를 표시하는 안전표지가 설치되어 있는 교차로에 들어가려고 할 때에는 다른 차의 진행을 방해하지 아니하도록 일시정지하거나 양보하여야 한다.

(16) 교통정리가 없는 교차로에서의 양보운전(법 제26조)

① 교통정리를 하고 있지 아니하는 교차로에 들어가려고 하는 차의 운전자는 이미 교차로에 들어가 있는 다른 차가 있을 때에는 그 차에 진로를 양보하여야 한다.

② 교통정리를 하고 있지 아니하는 교차로에 들어가려고 하는 차의 운전자는 그 차가 통행하고 있는 도로의 폭보다 교차하는 도로의 폭이 넓은 경우에는 서행하여야 하며, 폭이 넓은 도로로부터 교차로에 들어가려고 하는 다른 차가 있을 때에는 그 차에 진로를 양보하여야 한다.

③ 교통정리를 하고 있지 아니하는 교차로에 동시에 들어가려고 하는 차의 운전자는 우측 도로의 차에 진로를 양보하여야 한다.

④ 교통정리를 하고 있지 아니하는 교차로에서 좌회전하려고 하는 차의 운전자는 그 교차로에서 직진하거나 우회전하려는 다른 차가 있을 때에는 그 차에 진로를 양보하여야 한다.

(17) 보행자의 보호(법 제27조)

① 모든 차 또는 노면전차의 운전자는 보행자(자전거 등에서 내려서 자전거 등을 끌거나 들고 통행하는 자전거 등의 운전자를 포함한다)가 횡단보도를 통행하고 있거나 통행하려고 하는 때에는 보행자의 횡단을 방해하거나 위험을 주지 아니하도록 그 횡단보도 앞(정지선이 설치되어 있는 곳에서는 그 정지선을 말한다)에서 일시정지하여야 한다.

② 모든 차 또는 노면전차의 운전자는 교통정리를 하고 있는 교차로에서 좌회전이나 우회전을 하려는 경우에는 신호기 또는 경찰공무원 등의 신호나 지시에 따라 도로를 횡단하는 보행자의 통행을 방해하여서는 아니 된다.

③ 모든 차의 운전자는 교통정리를 하고 있지 아니하는 교차로 또는 그 부근의 도로를 횡단하는 보행자의 통행을 방해하여서는 아니 된다.

④ 모든 차의 운전자는 도로에 설치된 안전지대에 보행자가 있는 경우와 차로가 설치되지 아니한 좁은 도로에서 보행자의 옆을 지나는 경우에는 안전한 거리를 두고 서행하여야 한다.

⑤ 모든 차 또는 노면전차의 운전자는 보행자가 횡단보도가 설치되어 있지 아니한 도로를 횡단하고 있을 때에는 안전거리를 두고 일시정지하여 보행자가 안전하게 횡단할 수 있도록 하여야 한다.

⑥ 모든 차의 운전자는 보도와 차도가 구분되지 아니한 도로 중 중앙선이 없는 도로, 보행자우선도로, 도로 외의 곳에서 보행자의 옆을 지나는 경우에는 안전한 거리를 두고 서행하여야 하며, 보행자의 통행에 방해가 될 때에는 서행하거나 일시정지하여 보행자가 안전하게 통행할 수 있도록 하여야 한다.

⑦ 모든 차 또는 노면전차의 운전자는 어린이 보호구역 내에 설치된 횡단보도 중 신호기가 설치되지 아니한 횡단보도 앞(정지선이 설치된 경우에는 그 정지선)에서는 보행자의 횡단 여부와 관계없이 일시정지하여야 한다.

(18) 보행자전용도로의 설치(법 제28조)

① 시 · 도경찰청장이나 경찰서장은 보행자의 통행을 보호하기 위하여 특히 필요한 경우에는 도로에 보행자전용도로를 설치할 수 있다.

② 차마 또는 노면전차의 운전자는 보행자전용도로를 통행하여서는 아니 된다. 다만, 시 · 도경찰청장이나 경찰서장은 특히 필요하다고 인정하는 경우에는 보행자전용도로에 차마의 통행을 허용할 수 있다.

③ ②에 따라 보행자전용도로의 통행이 허용된 차마의 운전자는 보행자를 위험하게 하거나 보행자의 통행을 방해하지 아니하도록 차마를 보행자의 걸음속도로 운행하거나 일시정지하여야 한다.

(19) 긴급자동차의 우선 통행(법 제29조)

① 긴급자동차는 긴급하고 부득이한 경우에는 도로의 중앙이나 좌측부분을 통행할 수 있다.

② 긴급자동차는 정지하여야 하는 경우에도 불구하고 긴급하고 부득이한 경우에는 정지하지 아니할 수 있다.

③ 긴급자동차의 운전자는 ①이나 ②의 경우에 교통안전에 특히 주의하면서 통행하여야 한다.

④ 교차로나 그 부근에서 긴급자동차가 접근하는 경우에는 차마와 노면전차의 운전자는 교차로를 피하여 일시정지하여야 한다.

⑤ 모든 차와 노면전차의 운전자는 ④에 따른 곳 외의 곳에서 긴급자동차가 접근한 경우에는 긴급자동차가 우선통행할 수 있도록 진로를 양보하여야 한다.

⑥ 소방차, 구급차, 혈액공급차량, 그 밖에 대통령령으로 정하는 긴급자동차 운전자는 해당 자동차를 그 본래의 긴급한 용도로 운행하지 아니하는 경우에는 설치된 경광등을 켜거나 사이렌을 작동하면 안 된다. 다만, 대통령령으로 정하는 바에 따라 범죄 및 화재 예방 등을 위한 순찰·훈련 등을 실시하는 경우에는 그렇지 않다.

더 알아보기

긴급한 용도 외에 경광등 등을 사용할 수 있는 경우(「도로교통법 시행령」 제10조의2)

긴급자동차(「도로교통법」 제2조 제22호)에 해당하는 자동차의 운전자는 법 제29조 제6항 단서에 따라 해당 자동차를 그 본래의 긴급한 용도로 운행하지 아니하는 경우에도 다음의 어느 하나에 해당하는 경우에는 설치된 경광등을 켜거나 사이렌을 작동할 수 있다.

- 소방차가 화재 예방 및 구조·구급활동을 위하여 순찰을 하는 경우
- 긴급자동차(「도로교통법」 제2조 제22호)에 해당하는 자동차가 그 본래의 긴급한 용도와 관련된 훈련에 참여하는 경우
- 긴급자동차(「도로교통법 시행령」 제2조 제1항 제1호)에 따른 자동차가 범죄 예방 및 단속을 위하여 순찰을 하는 경우

(20) 긴급자동차에 대한 특례(법 제30조)

긴급자동차에 대하여는 다음의 사항을 적용하지 아니한다. 다만, 아래 ④부터 ⑫까지의 사항은 본래의 긴급한 용도로 사용되고 있는 소방차, 구급차, 혈액 공급차량과 대통령령으로 정하는 경찰용 자동차에 대해서만 적용하지 아니한다.

① 자동차 등의 속도 제한. 다만, 규정에 따라 긴급자동차에 대하여 속도를 제한한 경우에는 규정을 적용한다.

② 앞지르기의 금지

③ 끼어들기의 금지

④ 신호위반

⑤ 보도침범

⑥ 중앙선 침범

⑦ 횡단 등의 금지

⑧ 안전거리 확보 등

⑨ 앞지르기 방법 등

⑩ 정차 및 주차의 금지

⑪ 주차금지

⑫ 고장 등의 조치

(21) 서행 또는 일시정지할 장소(법 제31조)

① 서행하여야 할 장소

㉠ 교통정리를 하고 있지 아니하는 교차로

㉡ 도로가 구부러진 부근

㉢ 비탈길의 고갯마루 부근

㉣ 가파른 비탈길의 내리막

㉤ 시 · 도경찰청장이 도로에서의 위험을 방지하고 교통의 안전과 원활한 소통을 확보하기 위하여 필요하다고 인정하여 안전표지로 지정한 곳

② 일시정지하여야 할 장소

㉠ 교통정리를 하고 있지 아니하고 좌우를 확인할 수 없거나 교통이 빈번한 교차로

㉡ 시 · 도경찰청장이 도로에서의 위험을 방지하고 교통의 안전과 원활한 소통을 확보하기 위하여 필요하다고 인정하여 안전표지로 지정한 곳

(22) 정차 및 주차의 금지(법 제32조)

모든 차의 운전자는 다음의 어느 하나에 해당하는 곳에서는 차를 정차하거나 주차하여서는 아니 된다. 다만, 이 법이나 이 법에 따른 명령 또는 경찰공무원의 지시를 따르는 경우와 위험방지를 위하여 일시정지하는 경우에는 그러하지 아니하다.

① 교차로 · 횡단보도 · 건널목이나 보도와 차도가 구분된 도로의 보도(「주차장법」에 따라 차도와 보도에 걸쳐서 설치된 노상주차장은 제외)

② 교차로의 가장자리나 도로의 모퉁이로부터 5m 이내인 곳

③ 안전지대가 설치된 도로에서는 그 안전지대의 사방으로부터 각각 10m 이내인 곳

④ 버스여객자동차의 정류지임을 표시하는 기둥이나 표지판 또는 선이 설치된 곳으로부터 10m 이내인 곳. 다만, 버스여객자동차의 운전자가 그 버스여객자동차의 운행시간 중에 운행노선에 따르는 정류장에서 승객을 태우거나 내리기 위하여 차를 정차하거나 주차하는 경우에는 그러하지 아니하다.

⑤ 건널목의 가장자리 또는 횡단보도로부터 10m 이내인 곳

⑥ 다음의 곳으로부터 5m 이내인 곳

㉠ 「소방기본법」 제10조에 따른 소방용수시설 또는 비상소화장치가 설치된 곳

㉡ 「소방시설 설치 및 관리에 관한 법률」 제2조 제1항 제1호에 따른 소방시설로서 대통령령으로 정하는 시설이 설치된 곳

⑦ 시 · 도경찰청장이 도로에서의 위험을 방지하고 교통의 안전과 원활한 소통을 확보하기 위하여 필요하다고 인정하여 지정한 곳

⑧ 시장 등이 규정에 따라 지정한 어린이 보호구역

(23) 주차금지의 장소(법 제33조)

모든 차의 운전자는 다음의 어느 하나에 해당하는 곳에 차를 주차해서는 아니 된다.

① 터널 안 및 다리 위

② 다음 각 곳으로부터 5m 이내인 곳

㉠ 도로공사를 하고 있는 경우에는 그 공사구역의 양쪽 가장자리

㉡ 「다중이용업소의 안전관리에 관한 특별법」에 따른 다중이용업소의 영업장이 속한 건축물로 소방본부장의 요청에 의하여 시 · 도경찰청장이 지정한 곳

③ 시 · 도경찰청장이 도로에서의 위험을 방지하고 교통의 안전과 원활한 소통을 확보하기 위하여 필요하다고 인정하여 지정한 곳

(24) 정차 또는 주차의 방법 및 시간의 제한(법 제34조, 시행령 제11조)

① 도로 또는 노상주차장에 정차하거나 주차하려고 하는 차의 운전자는 차를 차도의 우측 가장자리에 정차하는 등 대통령령으로 정하는 정차 또는 주차의 방법 · 시간과 금지사항 등을 지켜야 한다.

② 정차 또는 주차의 방법 및 시간

㉠ 모든 차의 운전자는 도로에서 정차할 때에는 차도의 오른쪽 가장자리에 정차할 것. 다만, 차도와 보도의 구별이 없는 도로의 경우에는 도로의 오른쪽 가장자리로부터 중앙으로 50cm 이상의 거리를 두어야 한다.

㉡ 여객자동차의 운전자는 승객을 태우거나 내려주기 위하여 정류소 또는 이에 준하는 장소에서 정차하였을 때에는 승객이 타거나 내린 즉시 출발하여야 하며 뒤따르는 다른 차의 정차를 방해하지 아니할 것

㉢ 모든 차의 운전자는 도로에서 주차할 때에는 시 · 도경찰청장이 정하는 주차의 장소 · 시간 및 방법에 따를 것

③ 모든 차의 운전자는 ②에 따라 정차하거나 주차할 때에는 다른 교통에 방해가 되지 아니하도록 하여야 한다. 다만, 다음의 어느 하나에 해당하는 경우에는 그러하지 아니하다.

㉠ 안전표지 또는 다음의 어느 하나에 해당하는 사람의 지시에 따르는 경우

- 경찰공무원(의무경찰을 포함)
- 제주특별자치도의 자치경찰공무원
- 경찰공무원(자치경찰공무원을 포함)을 보조하는 사람(모범운전자, 군사훈련 및 작전에 동원되는 부대의 이동을 유도하는 군사경찰, 본래의 긴급한 용도로 운행하는 소방차 · 구급차를 유도하는 소방공무원)

㉡ 고장으로 인하여 부득이하게 주차하는 경우

(25) 정차 또는 주차를 금지하는 장소의 특례(법 제34조의2)

① 다음 어느 하나에 해당하는 경우에는 (22)의 ①, ④, ⑤, ⑦, ⑧ 또는 (23)의 ③에도 불구하고 정차하거나 주차할 수 있다.

㉠ 자전거이용시설 중 전기자전거 충전소 및 자전거주차장치에 자전거를 정차 또는 주차하는 경우

㉡ 시장 등의 요청에 따라 시 · 도경찰청장이 안전표지로 자전거 등의 정차 또는 주차를 허용한 경우

② 시 · 도경찰청장이 안전표지로 구역 · 시간 · 방법 및 차의 종류를 정하여 정차나 주차를 허용한 곳에서는 (22)의 ⑦, ⑧ 또는 (23)의 ③에도 불구하고 정차하거나 주차할 수 있다.

(26) 경사진 곳에서의 정차 또는 주차의 방법(법 제34조의3)

경사진 곳에 정차하거나 주차(도로 외의 경사진 곳에서 정차하거나 주차하는 경우를 포함한다)하려는 자동차의 운전자는 대통령령으로 정하는 바에 따라 고임목을 설치하거나 조향장치를 도로의 가장자리 방향으로 돌려놓는 등 미끄럼 사고의 발생을 방지하기 위한 조치를 취하여야 한다.

(27) 주차위반에 대한 조치(법 제35조)

① 다음의 어느 하나에 해당하는 사람은 (22) · (23) 또는 (24)의 ①을 위반하여 주차하고 있는 차가 교통에 위험을 일으키게 하거나 방해될 우려가 있을 때에는 차의 운전자 또는 관리 책임이 있는 사람에게 주차 방법을 변경하거나 그곳으로부터 이동할 것을 명할 수 있다.

㉠ 경찰공무원

㉡ 시장 등(도지사를 포함)이 대통령령으로 정하는 바에 따라 임명하는 공무원

② 경찰서장이나 시장 등은 ①의 경우 운전자나 관리 책임이 있는 사람이 현장에 없을 때에는 도로에서 일어나는 위험을 방지하고 교통의 안전과 원활한 소통을 확보하기 위하여 필요한 범위에서 그 차의 주차방법을 직접 변경하거나 변경에 필요한 조치를 할 수 있으며, 부득이한 경우에는 관할 경찰서나 경찰서장 또는 시장 등이 지정하는 곳으로 이동하게 할 수 있다.

③ 경찰서장이나 시장 등은 ②에 따라 주차위반 차를 관할 경찰서나 경찰서장 또는 시장 등이 지정하는 곳으로 이동시킨 경우에는 선량한 관리자로서의 주의의무를 다하여 보관하여야 하며, 그 사실을 차의 사용자(소유자 또는 소유자로부터 차의 관리에 관한 위탁을 받은 사람을 말한다. 이하 같다)나 운전자에게 신속히 알리는 등 반환에 필요한 조치를 하여야 한다.

④ ③의 경우 차의 사용자나 운전자의 성명 · 주소를 알 수 없을 때에는 대통령령이 정하는 방법에 따라 공고하여야 한다.

⑤ 경찰서장이나 시장 등은 ③과 ④에 따라 차의 반환에 필요한 조치 또는 공고를 하였음에도 불구하고 그 차의 사용자나 운전자가 조치 또는 공고를 한 날부터 1개월 이내에 그 반환을 요구하지 아니할 때에는 대통령령으로 정하는 바에 따라 그 차를 매각하거나 폐차할 수 있다.

⑥ ②부터 ⑤까지의 규정에 따른 주차위반 차의 이동 · 보관 · 공고 · 매각 또는 폐차 등에 들어간 비용은 그 차의 사용자가 부담한다. 이 경우 그 비용의 징수에 관하여는 「행정대집행법」 제5조 및 제6조를 적용한다.

⑦ ⑤에 따라 차를 매각하거나 폐차한 경우 그 차의 이동 · 보관 · 공고 · 매각 또는 폐차 등에 들어간 비용을 충당하고 남은 금액이 있는 경우에는 그 금액을 그 차의 사용자에게 지급하여야 한다. 다만, 그 차의 사용자에게 지급할 수 없는 경우에는 「공탁법」에 따라 그 금액을 공탁하여야 한다.

(28) 차의 견인 및 보관업무 등의 대행(법 제36조 제1항)

경찰서장이나 시장 등은 견인하도록 한 차의 견인 · 보관 및 반환업무의 전부 또는 일부를 그에 필요한 인력 · 시설 · 장비 등 자격요건을 갖춘 법인 · 단체 또는 개인으로 하여금 대행하게 할 수 있다.

(29) 차와 노면전차의 등화(법 제37조, 시행령 제19 · 20조)

① 모든 차 또는 노면전차의 운전자는 다음의 어느 하나에 해당하는 경우에는 대통령령으로 정하는 바에 따라 전조등 · 차폭등 · 미등(尾燈)과 그 밖의 등화를 켜야 한다.

㉠ 밤(해가 진 후부터 해가 뜨기 전까지)에 도로에서 차 또는 노면전차를 운행하거나 고장이나 그 밖의 부득이한 사유로 도로에서 차 또는 노면전차를 정차 또는 주차하는 경우

㉡ 안개가 끼거나 비 또는 눈이 올 때에 도로에서 차 또는 노면전차를 운행하거나 고장이나 그 밖의 부득이한 사유로 도로에서 차 또는 노면전차를 정차 또는 주차하는 경우

㉢ 터널 안을 운행하거나 고장 또는 그 밖의 부득이한 사유로 터널 안 도로에서 차 또는 노면전차를 정차 또는 주차하는 경우

② 차 또는 노면전차의 운전자가 ①에 따라 도로에서 차 또는 노면전차를 운행할 때 켜야 하는 등화의 종류는 다음의 구분에 따른다.

㉠ 자동차 : 자동차안전기준에서 정하는 전조등, 차폭등, 미등, 번호등과 실내조명등(실내조명등은 승합자동차와 「여객자동차 운수사업법」에 따른 여객자동차운송사업용 승용자동차만 해당)
㉡ 원동기장치자전거 : 전조등 및 미등
㉢ 견인되는 차 : 미등 · 차폭등 및 번호등
㉣ 노면전차 : 전조등, 차폭등, 미등 및 실내조명등
㉤ ㉠부터 ㉣까지의 규정 외의 차 : 시 · 도경찰청장이 정하여 고시하는 등화

③ 차 또는 노면전차의 운전자가 ①에 따라 도로에서 정차하거나 주차할 때 켜야 하는 등화의 종류는 다음의 구분에 따른다.
㉠ 자동차(이륜자동차는 제외) : 자동차안전기준에서 정하는 미등 및 차폭등
㉡ 이륜자동차 및 원동기장치자전거 : 미등(후부 반사기를 포함)
㉢ 노면전차 : 차폭등 및 미등
㉣ ㉠부터 ㉢까지의 규정 외의 차 : 시 · 도경찰청장이 정하여 고시하는 등화

④ 모든 차 또는 노면전차의 운전자는 밤에 차 또는 노면전차가 서로 마주보고 진행하거나 앞차의 바로 뒤를 따라가는 경우에는 다음의 방법으로 필요한 조작을 하여야 한다.
㉠ 서로 마주보고 진행할 때에는 전조등의 밝기를 줄이거나 불빛의 방향을 아래로 향하게 하거나 잠시 전조등을 끌 것. 다만, 도로의 상황으로 보아 마주보고 진행하는 차 또는 노면전차의 교통을 방해할 우려가 없는 경우에는 그러하지 아니하다.
㉡ 앞의 차 또는 노면전차 바로 뒤를 따라갈 때에는 전조등 불빛의 방향을 아래로 향하게 하고, 전조등 불빛의 밝기를 함부로 조작하여 앞의 차 또는 노면전차 운전을 방해하지 아니할 것
㉢ 모든 차 또는 노면전차의 운전자는 교통이 빈번한 곳에서 운행할 때에는 전조등 불빛의 방향을 계속 아래로 유지하여야 한다. 다만, 시 · 도경찰청장이 교통의 안전과 원활한 소통을 확보하기 위하여 필요하다고 인정하여 지정한 지역에서는 그러하지 아니하다.

(30) 차의 신호(법 제38조)

① 모든 차의 운전자는 좌회전 · 우회전 · 횡단 · 유턴 · 서행 · 정지 또는 후진을 하거나 같은 방향으로 진행하면서 진로를 바꾸려고 하는 경우와 회전교차로에 진입하거나 회전교차로에서 진출하는 경우에는 손이나 방향지시기 또는 등화로써 그 행위가 끝날 때까지 신호를 하여야 한다.
② 신호의 시기 및 방법(시행령 별표 2)

신호를 하는 경우	신호를 하는 시기	신호의 방법
좌회전 · 횡단 · 유턴 또는 같은 방향으로 진행하면서 진로를 왼쪽으로 바꾸려는 때	그 행위를 하려는 지점(좌회전할 경우에는 그 교차로의 가장자리)에 이르기 전 30m(고속도로에서는 100m) 이상의 지점에 이르렀을 때	왼팔을 수평으로 펴서 차체의 왼쪽 밖으로 내밀거나 오른팔을 차체의 오른쪽 밖으로 내어 팔꿈치를 굽혀 수직으로 올리거나 왼쪽의 방향지시기 또는 등화를 조작할 것
우회전 또는 같은 방향으로 진행하면서 진로를 오른쪽으로 바꾸려는 때	그 행위를 하려는 지점(우회전할 경우에는 그 교차로의 가장자리)에 이르기 전 30m(고속도로에서는 100m) 이상의 지점에 이르렀을 때	오른팔을 수평으로 펴서 차체의 오른쪽 밖으로 내밀거나 왼팔을 차체의 왼쪽 밖으로 내어 팔꿈치를 굽혀 수직으로 올리거나 오른쪽의 방향지시기 또는 등화를 조작할 것
정지할 때	그 행위를 하려는 때	팔을 차체의 밖으로 내어 45° 밑으로 펴거나 자동차안전기준에 따라 장치된 제동등을 켤 것
후진할 때	그 행위를 하려는 때	팔을 차체의 밖으로 내어 45° 밑으로 펴서 손바닥을 뒤로 향하게 하여 그 팔을 앞뒤로 흔들거나 자동차안전기준에 따라 장치된 후진등을 켤 것

신호를 하는 경우	신호를 하는 시기	신호의 방법
뒤차에게 앞지르기를 시키려는 때	그 행위를 시키려는 때	오른팔 또는 왼팔을 차체의 왼쪽 또는 오른쪽 밖으로 수평으로 펴서 손을 앞뒤로 흔들 것
서행할 때	그 행위를 하려는 때	팔을 차체의 밖으로 내어 45° 밑으로 펴서 위아래로 흔들거나 자동차안전기준에 따라 장치된 제동등을 깜박일 것
회전교차로에 진입하려는 때	그 행위를 하려는 지점에 이르기 전 30m 이상의 지점에 이르렀을 때	왼팔을 수평으로 펴서 차체의 왼쪽 밖으로 내밀거나 오른팔을 차체의 오른쪽 밖으로 내어 팔꿈치를 굽혀 수직으로 올리거나 왼쪽의 방향지시기 또는 등화를 조작할 것
회전교차로에서 진출하려는 때	그 행위를 하려는 때	오른팔을 수평으로 펴서 차체의 오른쪽 밖으로 내밀거나 왼팔을 차체의 왼쪽 밖으로 내어 팔꿈치를 굽혀 수직으로 올리거나 오른쪽의 방향지시기 또는 등화를 조작할 것

(31) 승차 또는 적재의 방법과 제한(법 제39조)

① 모든 차의 운전자는 승차 인원, 적재중량 및 적재용량에 관하여 대통령령으로 정하는 운행상의 안전기준을 넘어서 승차시키거나 적재한 상태로 운전하여서는 아니 된다. 다만, 출발지를 관할하는 경찰서장의 허가를 받은 경우에는 그러하지 아니하다.

② ①에 따른 허가를 받으려는 차가 「도로법」 제77조 제1항 단서에 따른 운행허가를 받아야 하는 차에 해당하는 경우에는 법 제14조 제4항을 준용한다.

③ 모든 차 또는 노면전차의 운전자는 운전 중 타고 있는 사람 또는 타고 내리는 사람이 떨어지지 아니하도록 하기 위하여 문을 정확히 여닫는 등 필요한 조치를 하여야 한다.

④ 모든 차의 운전자는 운전 중 실은 화물이 떨어지지 아니하도록 덮개를 씌우거나 묶는 등 확실하게 고정될 수 있도록 필요한 조치를 하여야 한다.

⑤ 모든 차의 운전자는 영유아나 동물을 안고 운전 장치를 조작하거나 운전석 주위에 물건을 싣는 등 안전에 지장을 줄 우려가 있는 상태로 운전하여서는 아니 된다.

⑥ 시 · 도경찰청장은 도로에서의 위험을 방지하고 교통의 안전과 원활한 소통을 확보하기 위하여 필요하다고 인정하는 경우에는 차의 운전자에 대하여 승차 인원, 적재중량 또는 적재용량을 제한할 수 있다.

더 알아보기

운행상의 안전기준(「도로교통법 시행령」 제22조)

- 자동차의 승차인원은 승차정원 이내일 것
- 화물자동차의 적재중량은 구조 및 성능에 따르는 적재중량의 110% 이내일 것
- 자동차(화물자동차, 이륜자동차 및 소형 3륜자동차만 해당한다)의 적재용량은 다음의 구분에 따른 기준을 넘지 아니할 것
  - 길이 : 자동차 길이에 그 길이의 10분의 1을 더한 길이. 다만, 이륜자동차는 그 승차장치의 길이 또는 적재장치의 길이에 30cm를 더한 길이를 말한다.
  - 너비 : 자동차의 후사경(後寫鏡)으로 뒤쪽을 확인할 수 있는 범위(후사경의 높이보다 화물을 낮게 적재한 경우에는 그 화물을, 후사경의 높이보다 화물을 높게 적재한 경우에는 뒤쪽을 확인할 수 있는 범위를 말한다)의 너비
  - 높이 : 화물자동차는 지상으로부터 4m(도로구조의 보전과 통행의 안전에 지장이 없다고 인정하여 고시한 도로노선의 경우에는 4m 20cm), 소형 3륜자동차는 지상으로부터 2m 50cm, 이륜자동차는 지상으로부터 2m의 높이

더 알아보기

안전기준을 넘는 승차 및 적재의 허가신청(「도로교통법 시행규칙」 제26조 제3항)
안전기준을 넘는 화물의 적재허가를 받은 사람은 그 길이 또는 폭의 양끝에 너비 30cm, 길이 50cm 이상의 빨간 헝겊으로 된 표지를 달아야 한다. 다만, 밤에 운행하는 경우에는 반사체로 된 표지를 달아야 한다.

(32) 정비불량차의 운전금지(법 제40조)

모든 차의 사용자, 정비책임자 또는 운전자는 「자동차관리법」, 「건설기계관리법」이나 그 법에 따른 명령에 의한 장치가 정비되어 있지 아니한 차(이하 '정비불량차'라 한다)를 운전하도록 시키거나 운전하여서는 아니 된다.

(33) 정비불량차의 점검(법 제41조)

① 경찰공무원은 정비불량차에 해당한다고 인정하는 차가 운행되고 있는 경우에는 우선 그 차를 정지시킨 후, 운전자에게 그 차의 자동차등록증 또는 자동차 운전면허증을 제시하도록 요구하고 그 차의 장치를 점검할 수 있다.
② 경찰공무원은 ①에 따라 점검한 결과 정비불량 사항이 발견된 경우에는 그 정비불량 상태의 정도에 따라 그 차의 운전자로 하여금 응급조치를 하게 한 후에 운전을 하도록 하거나 도로 또는 교통 상황을 고려하여 통행구간, 통행로와 위험방지를 위한 필요한 조건을 정한 후 그에 따라 운전을 계속하게 할 수 있다.
③ 시 · 도경찰청장은 ②에도 불구하고 정비 상태가 매우 불량하여 위험발생의 우려가 있는 경우에는 그 차의 자동차등록증을 보관하고 운전의 일시정지를 명할 수 있다. 이 경우 필요하면 10일의 범위에서 정비기간을 정하여 그 차의 사용을 정지시킬 수 있다.
④ ①부터 ③까지의 규정에 따른 장치의 점검 및 사용의 정지에 필요한 사항은 대통령령으로 정한다.

(34) 유사표지의 제한 및 운행금지(법 제42조, 시행령 제27조)

① 누구든지 자동차 등(개인형 이동장치는 제외)에 교통단속용자동차 · 범죄수사용자동차나 그 밖의 긴급자동차와 유사하거나 혐오감을 주는 도색이나 표지 등을 하거나 그러한 도색이나 표지 등을 한 자동차 등을 운전하여서는 아니 된다.
② 제한되는 도색이나 표지 등의 범위
㉠ 긴급자동차로 오인할 수 있는 색칠 또는 표지
㉡ 욕설을 표시하거나 음란한 행위를 묘사하는 등 다른 사람에게 혐오감을 주는 그림 · 기호 또는 문자

03 운전자의 의무

1 운전자의 의무

(1) 무면허운전 등의 금지(법 제43조)

누구든지 시 · 도경찰청장으로부터 운전면허를 받지 아니하거나 운전면허의 효력이 정지된 경우에는 자동차 등을 운전하여서는 아니 된다.

(2) 술에 취한 상태에서의 운전금지(법 제44조)

① 누구든지 술에 취한 상태에서 자동차 등, 노면전차 또는 자전거를 운전하여서는 아니 된다.

② 경찰공무원은 교통의 안전과 위험방지를 위하여 필요하다고 인정하거나 ①을 위반하여 술에 취한 상태에서 자동차 등, 노면전차 또는 자전거를 운전하였다고 인정할 만한 상당한 이유가 있는 경우에는 운전자가 술에 취하였는지를 호흡조사로 측정할 수 있다. 이 경우 운전자는 경찰공무원의 측정에 응하여야 한다.

③ ②에 따른 측정결과에 불복하는 운전자에 대하여는 그 운전자의 동의를 받아 혈액채취 등의 방법으로 다시 측정할 수 있다.

④ ①에 따라 운전이 금지되는 술에 취한 상태의 기준은 운전자의 혈중알코올농도가 0.03% 이상인 경우로 한다.

⑤ ② 및 ③에 따른 측정의 방법, 절차 등 필요한 사항은 행정안전부령으로 정한다.

(3) 과로한 때 등의 운전금지(법 제45조)

자동차 등(개인형 이동장치는 제외) 또는 노면전차의 운전자는 술에 취한 상태 외에 과로, 질병 또는 약물(마약, 대마 및 향정신성의약품과 그 밖에 행정안전부령으로 정하는 것)의 영향과 그 밖의 사유로 정상적으로 운전하지 못할 우려가 있는 상태에서 자동차 등 또는 노면전차를 운전하여서는 아니 된다.

(4) 공동위험행위의 금지(법 제46조)

① 자동차 등(개인형 이동장치는 제외)의 운전자는 도로에서 2명 이상이 공동으로 2대 이상의 자동차 등을 정당한 사유 없이 앞뒤로 또는 좌우로 줄지어 통행하면서 다른 사람에게 위해를 끼치거나 교통상의 위험을 발생하게 하여서는 아니 된다.

② 자동차 등의 동승자는 ①에 따른 공동 위험행위를 주도하여서는 아니 된다.

(5) 위험방지를 위한 조치(법 제47조)

① 경찰공무원은 자동차 등 또는 노면전차의 운전자가 (1)부터 (3)까지의 규정을 위반하여 자동차 등 또는 노면전차를 운전하고 있다고 인정되는 경우에는 자동차 등 또는 노면전차를 일시정지시키고 그 운전자에게 자동차 운전면허증(이하 '운전면허증'이라 한다)을 제시할 것을 요구할 수 있다.

② 경찰공무원은 (2) 및 (3)을 위반하여 자동차 등 또는 노면전차를 운전하는 사람이나 (2)를 위반하여 자전거 등을 운전하는 사람에 대하여는 정상적으로 운전할 수 있는 상태가 될 때까지 운전의 금지를 명하고 차를 이동시키는 등 필요한 조치를 할 수 있다.

③ ②에 따른 차의 이동조치에 대해서는 제35조 제3항부터 제7항까지 및 제36조의 규정을 준용한다.

(6) 안전운전 및 친환경 경제운전의 의무(법 제48조)

① 모든 차 또는 노면전차의 운전자는 차 또는 노면전차의 조향장치와 제동장치, 그 밖의 장치를 정확하게 조작하여야 하며, 도로의 교통상황과 차 또는 노면전차의 구조 및 성능에 따라 다른 사람에게 위험과 장해를 주는 속도나 방법으로 운전하여서는 아니된다.

② 모든 차의 운전자는 차를 친환경적이고 경제적인 방법으로 운전하여 연료소모와 탄소배출을 줄이도록 노력하여야 한다.

(7) 모든 운전자의 준수사항 등(법 제49조 제1항)

모든 차 또는 노면전차의 운전자는 다음의 사항을 지켜야 한다.

① 물이 고인 곳을 운행할 때에는 고인 물을 튀게 하여 다른 사람에게 피해를 주는 일이 없도록 할 것

② 다음의 어느 하나에 해당하는 경우 일시정지할 것

㉠ 어린이가 보호자 없이 도로를 횡단할 때, 어린이가 도로에서 앉아 있거나 서 있을 때 또는 어린이가 도로에서 놀이를 할 때 등 어린이에 대한 교통사고의 위험이 있는 것을 발견한 경우

㉡ 앞을 보지 못하는 사람이 흰색 지팡이를 가지거나 장애인 보조견을 동반하는 등의 조치를 하고 도로를 횡단하고 있는 경우

㉢ 지하도나 육교 등 도로 횡단시설을 이용할 수 없는 지체장애인이나 노인 등이 도로를 횡단하고 있는 경우

③ 자동차의 앞면 창유리와 운전석 좌우 옆면 창유리의 가시광선의 투과율이 대통령령으로 정하는 기준보다 낮아 교통안전 등에 지장을 줄 수 있는 차를 운전하지 아니할 것. 다만, 요인 경호용, 구급용 및 장의용(葬儀用) 자동차는 제외한다.

더 알아보기

자동차 창유리 가시광선 투과율의 기준(「도로교통법 시행령」 제28조)

- 앞면 창유리 : 70% 미만
- 운전석 좌우 옆면 창유리 : 40% 미만

④ 교통단속용 장비의 기능을 방해하는 장치를 한 차나 그 밖에 안전운전에 지장을 줄 수 있는 것으로서 행정안전부령으로 정하는 기준에 적합하지 아니한 장치를 한 차를 운전하지 아니할 것. 다만, 자율주행자동차의 신기술 개발을 위한 장치를 장착하는 경우에는 그러하지 아니하다.

⑤ 도로에서 자동차 등(개인형 이동장치는 제외, 이하 이 조에서 같음) 또는 노면전차를 세워둔 채 시비·다툼 등의 행위를 하여 다른 차마의 통행을 방해하지 아니할 것

⑥ 운전자가 차 또는 노면전차를 떠나는 경우에는 교통사고를 방지하고 다른 사람이 함부로 운전하지 못하도록 필요한 조치를 할 것

⑦ 운전자는 안전을 확인하지 아니하고 차 또는 노면전차의 문을 열거나 내려서는 아니 되며, 동승자가 교통의 위험을 일으키지 아니하도록 필요한 조치를 할 것

⑧ 운전자는 정당한 사유 없이 다음의 어느 하나에 해당하는 행위를 하여 다른 사람에게 피해를 주는 소음을 발생시키지 아니할 것

㉠ 자동차 등을 급히 출발시키거나 속도를 급격히 높이는 행위

㉡ 자동차 등의 원동기 동력을 차의 바퀴에 전달시키지 아니하고 원동기의 회전수를 증가시키는 행위

㉢ 반복적이거나 연속적으로 경음기를 울리는 행위

⑨ 운전자는 승객이 차 안에서 안전운전에 현저히 장해가 될 정도로 춤을 추는 등 소란행위를 하도록 내버려두고 차를 운행하지 아니할 것

⑩ 운전자는 자동차 등 또는 노면전차의 운전 중에는 휴대용 전화(자동차용 전화를 포함)를 사용하지 아니할 것. 다만, 다음의 어느 하나에 해당하는 경우에는 그러하지 아니하다.

㉠ 자동차 등 또는 노면전차가 정지하고 있는 경우

㉡ 긴급자동차를 운전하는 경우

㉢ 각종 범죄 및 재해신고 등 긴급한 필요가 있는 경우

㉣ 안전운전에 장애를 주지 아니하는 장치로서 대통령령으로 정하는 장치[손으로 잡지 아니하고도 휴대용전화(자동차용 전화 포함)를 사용할 수 있도록 해주는 장치]를 이용하는 경우

⑪ 자동차 등 또는 노면전차의 운전 중에는 방송 등 영상물을 수신하거나 재생하는 장치(운전자가 휴대하는 것을 포함, 이하 영상표시장치)를 통하여 운전자가 운전 중 볼 수 있는 위치에 영상이 표시되지 아니하도록 할 것. 다만, 다음의 어느 하나에 해당하는 경우에는 그러하지 아니하다.

㉠ 자동차 등 또는 노면전차가 정지하고 있는 경우

㉡ 자동차 등 또는 노면전차에 장착하거나 거치하여 놓은 영상표시장치에 다음의 영상이 표시되는 경우

- 지리안내 영상 또는 교통정보안내 영상
- 국가비상사태 · 재난상황 등 긴급한 상황을 안내하는 영상
- 운전을 할 때 자동차 등 또는 노면전차의 좌우 또는 전후방을 볼 수 있도록 도움을 주는 영상

⑫ 자동차 등 또는 노면전차의 운전 중(자동차 등과 노면전차가 정지하고 있는 경우 혹은 노면전차 운전자가 운전에 필요한 영상표시장치를 조작하는 경우에는 제외)에는 영상표시장치를 조작하지 아니할 것

⑬ 운전자는 자동차의 화물 적재함에 사람을 태우고 운행하지 아니할 것

⑭ 그 밖에 시 · 도경찰청장이 교통안전과 교통질서 유지에 필요하다고 인정하여 지정 · 공고한 사항에 따를 것

(8) 특정 운전자의 준수사항(법 제50조 제 1 · 5 · 6항)

① 이륜자동차를 제외한 자동차의 운전자가 자동차를 운전할 때에는 좌석안전띠를 매어야 하며, 모든 좌석의 동승자에게도 좌석안전띠(영유아인 경우에는 유아보호용 장구를 장착한 후 좌석안전띠)를 매도록 해야 한다. 다만, 질병 등으로 인하여 좌석안전띠를 매는 것이 곤란하거나 행정안전부령으로 정하는 사유가 있는 경우에는 그러하지 아니하다.

더 알아보기

좌석안전띠 미착용 사유(「도로교통법 시행규칙」 제31조)

1. 부상 · 질병 · 장애 또는 임신 등으로 인하여 좌석안전띠의 착용이 적당하지 아니하다고 인정되는 자가 자동차를 운전하거나 승차하는 때
2. 자동차를 후진시키기 위하여 운전하는 때
3. 신장 · 비만, 그 밖의 신체의 상태에 의하여 좌석안전띠의 착용이 적당하지 아니하다고 인정되는 자가 자동차를 운전하거나 승차하는 때
4. 긴급자동차가 그 본래의 용도로 운행되고 있는 때
5. 경호 등을 위한 경찰용 자동차에 의하여 호위되거나 유도되고 있는 자동차를 운전하거나 승차하는 때
6. 「국민투표법」 및 공직선거관계법령에 의하여 국민투표운동 · 선거운동 및 국민투표 · 선거관리업무에 사용되는 자동차를 운전하거나 승차하는 때
7. 우편물의 집배, 폐기물의 수집 그 밖에 빈번히 승강하는 것을 필요로 하는 업무에 종사하는 자가 해당 업무를 위하여 자동차를 운전하거나 승차하는 때
8. 「여객자동차 운수사업법」에 의한 여객자동차운송사업용 자동차의 운전자가 승객의 주취 · 약물복용 등으로 좌석안전띠를 매도록 할 수 없거나 승객에게 좌석안전띠 착용을 안내하였음에도 불구하고 승객이 착용하지 않는 때

② 운송사업용 자동차, 화물자동차 및 노면전차 등으로서 행정안전부령으로 정하는 자동차 또는 노면전차의 운전자는 다음에 해당하는 행위를 하여서는 아니 된다.

㉠ 운행기록계가 설치되어 있지 아니하거나 고장 등으로 사용할 수 없는 운행기록계가 설치된 자동차를 운전하는 행위

㉡ 운행기록계를 원래의 목적대로 사용하지 아니하고 자동차를 운전하는 행위
㉢ 승차를 거부하는 행위(사업용 승합자동차와 노면전차의 운전자에 한정)

③ 사업용 승용자동차의 운전자는 합승행위 또는 승차거부를 하거나 신고한 요금을 초과하는 요금을 받아서는 아니 된다.

(9) 자율주행자동차 운전자의 준수사항 등(법 제50조의2)

① 행정안전부령으로 정하는 완전 자율주행시스템에 해당하지 아니하는 자율주행시스템을 갖춘 자동차의 운전자는 자율주행시스템의 직접 운전 요구에 지체 없이 대응하여 조향장치, 제동장치 및 그 밖의 장치를 직접 조작하여 운전하여야 한다.

② 운전자가 자율주행시스템을 사용하여 운전하는 경우에는 (7)의 ⑩, ⑪ 및 ⑫의 규정을 적용하지 아니한다.

2 어린이통학버스

(1) 어린이통학버스의 특별보호(법 제51조)

① 어린이통학버스가 도로에 정차하여 어린이나 영유아가 타고 내리는 중임을 표시하는 점멸등 등의 장치를 작동 중일 때에는 어린이통학버스가 정차한 차로와 그 차로의 바로 옆 차로로 통행하는 차의 운전자는 어린이통학버스에 이르기 전에 일시정지하여 안전을 확인한 후 서행하여야 한다.

② ①의 경우 중앙선이 설치되지 아니한 도로와 편도 1차로인 도로에서는 반대방향에서 진행하는 차의 운전자도 어린이통학버스에 이르기 전에 일시정지하여 안전을 확인한 후 서행하여야 한다.

③ 모든 차의 운전자는 어린이나 영유아를 태우고 있다는 표시를 한 상태로 도로를 통행하는 어린이통학버스를 앞지르지 못한다.

(2) 어린이통학버스 운전자 및 운영자 등의 의무(법 제53조)

① 어린이통학버스를 운전하는 사람은 어린이나 영유아가 타고 내리는 경우에만 어린이나 영유아가 타고 내리는 중임을 표시하는 점멸등 등의 장치를 작동하여야 하며, 어린이나 영유아를 태우고 운행 중인 경우에만 어린이나 영유아를 태우고 있다는 표시를 하여야 한다.

② 어린이통학버스를 운전하는 사람은 어린이나 영유아가 어린이통학버스를 탈 때에는 승차한 모든 어린이나 영유아가 좌석안전띠를 매도록 한 후에 출발하여야 하며, 내릴 때에는 보도나 길가장자리구역 등 자동차로부터 안전한 장소에 도착한 것을 확인한 후에 출발하여야 한다. 다만, 좌석안전띠 착용과 관련하여 질병 등으로 인하여 좌석안전띠를 매는 것이 곤란하거나 행정안전부령으로 정하는 사유가 있는 경우에는 그러하지 아니하다.

③ 어린이통학버스를 운영하는 자는 어린이통학버스에 어린이나 영유아를 태울 때에는 성년인 사람 중 어린이통학버스를 운영하는 자가 지명한 보호자를 함께 태우고 운행하여야 하며, 동승한 보호자는 어린이나 영유아가 승차 또는 하차하는 때에는 자동차에서 내려서 어린이나 영유아가 안전하게 승하차하는 것을 확인하고 운행 중에는 어린이나 영유아가 좌석에 앉아 좌석안전띠를 매고 있도록 하는 등 어린이 보호에 필요한 조치를 하여야 한다.

④ 어린이통학버스를 운전하는 사람은 어린이통학버스 운행을 마친 후 어린이나 영유아가 모두 하차하였는지를 확인하여야 한다.

⑤ 어린이통학버스를 운전하는 사람이 ④에 따라 어린이나 영유아의 하차 여부를 확인할 때에는 행정안전부령으로 정하는 어린이나 영유아의 하차를 확인할 수 있는 장치(이하 '어린이 하차확인장치')를 작동하여야 한다.

⑥ 어린이통학버스를 운영하는 자는 ③에 따라 보호자를 함께 태우고 운행하는 경우에는 행정안전부령으로 정하는 보호자 동승을 표시하는 표지(이하 '보호자 동승표지')를 부착할 수 있으며, 누구든지 보호자를 함께 태우지 아니하고 운행하는 경우에는 보호자 동승표지를 부착하여서는 아니된다.

⑦ 어린이통학버스를 운영하는 자는 좌석안전띠 착용 및 보호자 동승 확인 기록(이하 '안전운행기록')을 작성 · 보관하고 매 분기 어린이통학버스를 운영하는 시설을 감독하는 주무기관의 장에게 안전운행기록을 제출하여야 한다.

3 사고발생 시의 조치

(1) 사고발생 시의 조치(법 제54조)

① 차 또는 노면전차의 운전 등 교통으로 인하여 사람을 사상하거나 물건을 손괴(이하 '교통사고'라 한다)한 경우에는 그 차 또는 노면전차 운전자나 그 밖의 승무원(이하 '운전자 등'이라 한다)은 즉시 정차하여 다음의 조치를 하여야 한다.

㉠ 사상자를 구호하는 등 필요한 조치

㉡ 피해자에게 인적 사항(성명 · 전화번호 · 주소 등) 제공

② ①의 경우 그 차 또는 노면전차의 운전자 등은 경찰공무원이 현장에 있을 때에는 그 경찰공무원에게, 경찰공무원이 현장에 없을 때에는 가장 가까운 국가경찰관서(지구대, 파출소 및 출장소)에 다음을 지체 없이 신고하여야 한다. 다만, 차 또는 노면전차만 손괴된 것이 분명하고 도로에서의 위험방지와 원활한 소통을 위하여 필요한 조치를 한 경우에는 그러하지 아니하다.

㉠ 사고가 일어난 곳

㉡ 사상자 수 및 부상 정도

㉢ 손괴한 물건 및 손괴 정도

㉣ 그 밖의 조치사항 등

(2) 사고발생 시 조치에 대한 방해의 금지(법 제55조)

교통사고가 일어난 경우에는 누구든지 (1)에 따른 운전자 등의 조치 또는 신고행위를 방해하여서는 아니된다.

04 고속도로 및 자동차전용도로에서의 특례

(1) 위험방지 등의 조치(법 제58조)

경찰공무원(자치경찰공무원은 제외한다)은 도로의 손괴, 교통사고의 발생이나 그 밖의 사정으로 고속도로 등에서 교통이 위험 또는 혼잡하거나 그러할 우려가 있을 때에는 교통의 위험 또는 혼잡을 방지하고 교통의 안전 및 원활한 소통을 확보하기 위하여 필요한 범위에서 진행 중인 자동차의 통행을 일시 금지 또는 제한하거나 그 자동차의 운전자에게 필요한 조치를 명할 수 있다.

(2) 교통안전시설의 설치 및 관리(법 제59조)

① 고속도로의 관리자는 고속도로에서 일어나는 위험을 방지하고 교통의 안전과 원활한 소통을 확보하기 위하여 교통안전시설을 설치·관리하여야 한다. 이 경우 고속도로의 관리자가 교통안전시설을 설치하려면 경찰청장과 협의하여야 한다.

② 경찰청장은 고속도로의 관리자에게 교통안전시설의 관리에 필요한 사항을 지시할 수 있다.

(3) 갓길 통행금지 등(법 제60조)

① 자동차의 운전자는 고속도로 등에서 자동차의 고장 등 부득이한 사정이 있는 경우를 제외하고는 행정안전부령으로 정하는 차로에 따라 통행하여야 하며, 갓길(「도로법」에 따른 길어깨를 말함)로 통행하여서는 아니 된다. 다만, 다음의 어느 하나에 해당하는 경우에는 그러하지 아니하다.

㉠ 긴급자동차와 고속도로 등의 보수·유지 등의 작업을 하는 자동차를 운전하는 경우

㉡ 차량정체 시 신호기 또는 경찰공무원 등의 신호나 지시에 따라 갓길에서 자동차를 운전하는 경우

② 자동차의 운전자는 고속도로에서 다른 차를 앞지르려면 방향지시기, 등화 또는 경음기를 사용하여 행정안전부령으로 정하는 차로로 안전하게 통행하여야 한다.

(4) 고속도로 전용차로의 설치(법 제61조 제1항)

경찰청장은 고속도로의 원활한 소통을 위하여 특히 필요한 경우에는 고속도로에 전용차로를 설치할 수 있다.

(5) 횡단 등의 금지(법 제62조)

자동차의 운전자는 그 차를 운전하여 고속도로 등을 횡단하거나 유턴 또는 후진하여서는 아니 된다. 다만, 긴급자동차 또는 도로의 보수·유지 등의 작업을 하는 자동차 가운데 고속도로 등에서의 위험을 방지·제거하거나 교통사고에 대한 응급조치작업을 위한 자동차로서 그 목적을 위하여 반드시 필요한 경우에는 그러하지 아니하다.

(6) 통행 등의 금지(법 제63조)

자동차(이륜자동차는 긴급자동차만 해당) 외의 차마의 운전자 또는 보행자는 고속도로 등을 통행하거나 횡단하여서는 아니 된다.

(7) 고속도로 등에서의 정차 및 주차의 금지(법 제64조)

자동차 등의 운전자는 고속도로 등에서 차를 정차하거나 주차시켜서는 아니 된다. 다만, 다음의 어느 하나에 해당하는 경우에는 그러하지 아니하다.

① 법령의 규정 또는 경찰공무원(자치경찰공무원은 제외)의 지시에 따르거나 위험을 방지하기 위하여 일시 정차 또는 주차시키는 경우
② 정차 또는 주차할 수 있도록 안전표지를 설치한 곳이나 정류장에서 정차 또는 주차시키는 경우
③ 고장이나 그 밖의 부득이한 사유로 길가장자리구역(갓길을 포함)에 정차 또는 주차시키는 경우
④ 통행료를 내기 위하여 통행료를 받는 곳에서 정차하는 경우
⑤ 도로의 관리자가 고속도로 등을 보수 · 유지 또는 순회하기 위하여 정차 또는 주차시키는 경우
⑥ 경찰용 긴급자동차가 고속도로 등에서 범죄수사, 교통단속이나 그 밖의 경찰임무를 수행하기 위하여 정차 또는 주차시키는 경우
⑦ 소방차가 고속도로 등에서 화재진압 및 인명 구조 · 구급 등 소방활동, 소방지원활동 및 생활안전활동을 수행하기 위하여 정차 또는 주차시키는 경우
⑧ 경찰용 긴급자동차 및 소방차를 제외한 긴급자동차가 사용 목적을 달성하기 위하여 정차 또는 주차시키는 경우
⑨ 교통이 밀리거나 그 밖의 부득이한 사유로 움직일 수 없을 때에 고속도로 등의 차로에 일시 정차 또는 주차시키는 경우

(8) 고속도로 진입 시의 우선순위(법 제65조)

① 자동차(긴급자동차는 제외)의 운전자는 고속도로에 들어가려고 하는 경우에는 그 고속도로를 통행하고 있는 다른 자동차의 통행을 방해하여서는 아니 된다.
② 긴급자동차 외의 자동차의 운전자는 긴급자동차가 고속도로에 들어가는 경우에는 그 진입을 방해하여서는 아니 된다.

(9) 고장 등의 조치(법 제66조)

자동차의 운전자는 고장이나 그 밖의 사유로 고속도로 등에서 자동차를 운행할 수 없게 되었을 때에는 행정안전부령으로 정하는 표지(고장자동차의 표지)를 설치하여야 하며, 그 자동차를 고속도로 등이 아닌 다른 곳으로 옮겨 놓는 등의 필요한 조치를 하여야 한다.

더 알아보기

고장자동차의 표지(「도로교통법 시행규칙」 제40조)

1. 법 제66조에 따라 자동차의 운전자는 고장이나 그 밖의 사유로 고속도로 또는 자동차전용도로(이하 "고속도로 등"이라 한다)에서 자동차를 운행할 수 없게 되었을 때에는 다음의 표지를 설치하여야 한다.
   • 안전삼각대
   • 사방 500m 지점에서 식별할 수 있는 적색의 섬광신호 · 전기제등 또는 불꽃신호. 다만, 밤에 고장이나 그 밖의 사유로 고속도로 등에서 자동차를 운행할 수 없게 되었을 때로 한정한다.
2. 자동차의 운전자는 1.에 따른 표지를 설치하는 경우 그 자동차의 후방에서 접근하는 자동차의 운전자가 확인할 수 있는 위치에 설치하여야 한다.

(10) 운전자의 고속도로 등에서의 준수사항(법 제67조)

고속도로 등을 운행하는 자동차의 운전자는 교통의 안전과 원활한 소통을 확보하기 위하여 고장자동차의 표지를 항상 비치하며, 고장이나 그 밖의 부득이한 사유로 자동차를 운행할 수 없게 되었을 때에는 자동차를 도로의 우측 가장자리에 정지시키고 행정안전부령으로 정하는 바에 따라 그 표지를 설치하여야 한다.

05 도로의 사용

(1) 도로에서의 금지행위 등(법 제68조)

① 누구든지 함부로 신호기를 조작하거나 교통안전시설을 철거·이전하거나 손괴하여서는 아니 되며, 교통안전시설이나 그와 비슷한 인공구조물을 도로에 설치하여서는 아니 된다.

② 누구든지 교통에 방해가 될 만한 물건을 도로에 함부로 내버려두어서는 아니 된다.

③ 누구든지 다음의 어느 하나에 해당하는 행위를 하여서는 아니 된다.

㉠ 술에 취하여 도로에서 갈팡질팡하는 행위

㉡ 도로에서 교통에 방해되는 방법으로 눕거나 앉거나 서있는 행위

㉢ 교통이 빈번한 도로에서 공놀이 또는 썰매타기 등의 놀이를 하는 행위

㉣ 돌·유리병·쇳조각이나 그 밖에 도로에 있는 사람이나 차마를 손상시킬 우려가 있는 물건을 던지거나 발사하는 행위

㉤ 도로를 통행하고 있는 차마에서 밖으로 물건을 던지는 행위

㉥ 도로를 통행하고 있는 차마에 뛰어오르거나 매달리거나 차마에서 뛰어내리는 행위

㉦ 그 밖에 시·도경찰청장이 교통상의 위험을 방지하기 위하여 필요하다고 인정하여 지정·공고한 행위

(2) 도로공사의 신고 및 안전조치 등(법 제69조)

① 도로관리청 또는 공사시행청의 명령에 따라 도로를 파거나 뚫는 등 공사를 하려는 사람(이하 '공사시행자'라 한다)은 공사시행 3일 전에 그 일시, 공사구간, 공사기간 및 시행방법, 그 밖에 필요한 사항을 관할 경찰서장에게 신고하여야 한다. 다만, 산사태나 수도관 파열 등으로 긴급히 시공할 필요가 있는 경우에는 그에 알맞은 안전조치를 하고 공사를 시작한 후에 지체 없이 신고하여야 한다.

② 관할 경찰서장은 공사장 주변의 교통정체가 예상하지 못한 수준까지 현저히 증가하고, 교통의 안전과 원활한 소통에 미치는 영향이 중대하다고 판단하면 해당 도로관리청과 사전 협의하여 ①에 따른 공사시행자에 대하여 공사시간의 제한 등 필요한 조치를 할 수 있다.

③ 공사시행자는 공사기간 중 차마의 통행을 유도하거나 지시 등을 할 필요가 있을 때에는 관할 경찰서장의 지시에 따라 교통안전시설을 설치하여야 한다.

④ 공사시행자는 공사기간 중 공사의 규모, 주변 교통환경 등을 고려하여 필요한 경우 관할 경찰서장의 지시에 따라 안전요원 또는 안전유도 장비를 배치하여야 한다.

⑤ ③에 따른 교통안전시설 설치 및 ④에 따른 안전요원 또는 안전유도 장비 배치에 필요한 사항은 행정안전부령으로 정한다.

⑥ 공사시행자는 공사로 인하여 교통안전시설을 훼손한 경우에는 행정안전부령으로 정하는 바에 따라 원상회복하고 그 결과를 관할 경찰서장에게 신고하여야 한다.

(3) 도로의 점용허가 등에 관한 통보 등(법 제70조)

① 도로관리청이 도로에서 다음의 어느 하나에 해당하는 행위를 하였을 때에는 고속도로의 경우에는 경찰청장에게 그 내용을 즉시 통보하고, 고속도로 외의 도로의 경우에는 관할 경찰서장에게 그 내용을 즉시 통보하여야 한다.

㉠ 「도로법」 제61조에 따른 도로의 점용허가

㉡ 「도로법」 제76조에 따른 통행의 금지나 제한 또는 같은 법 제77조에 따른 차량의 운행제한

② ①에 따라 통보를 받은 경찰청장이나 관할 경찰서장은 교통의 안전과 원활한 소통을 확보하기 위하여 필요하다고 인정하면 도로관리청에 필요한 조치를 요구할 수 있다. 이 경우 도로관리청은 정당한 사유가 없으면 그 조치를 하여야 한다.

(4) 도로의 위법 인공구조물에 대한 조치(법 제71조)

① 경찰서장은 다음의 어느 하나에 해당하는 사람에 대하여 위반행위를 시정하도록 하거나 그 위반행위로 인하여 생긴 교통장해를 제거할 것을 명할 수 있다.

㉠ 교통안전시설이나 그 밖에 이와 비슷한 인공구조물을 함부로 설치한 사람

㉡ 교통에 방해가 될 만한 물건을 도로에 내버려 둔 사람

㉢ 교통에 방해가 될 만한 인공구조물 등을 설치하거나 그 공사 등을 한 사람

② 경찰서장은 ①의 어느 하나에 해당하는 사람의 성명 · 주소를 알지 못하여 ①에 따른 조치를 명할 수 없을 때에는 스스로 그 인공구조물 등을 제거하는 등 조치를 한 후 보관하여야 한다. 이 경우 닳아 없어지거나 파괴될 우려가 있거나 보관하는 것이 매우 곤란한 인공구조물 등은 매각하여 그 대금을 보관할 수 있다.

(5) 도로의 지상 인공구조물 등에 대한 위험방지 조치(법 제72조)

① 경찰서장은 도로의 지상 인공구조물이나 그 밖의 시설 또는 물건이 교통에 위험을 일으키게 하거나 교통에 뚜렷이 방해될 우려가 있으면 그 인공구조물 등의 소유자 · 점유자 또는 관리자에게 그것을 제거하도록 하거나 그 밖에 교통안전에 필요한 조치를 명할 수 있다.

② 경찰서장은 인공구조물 등의 소유자 · 점유자 또는 관리자의 성명 · 주소를 알지 못하여 ①에 따른 조치를 명할 수 없을 때에는 스스로 그 인공구조물 등을 제거하는 등 조치를 한 후 보관하여야 한다. 이 경우 닳아 없어지거나 파괴될 우려가 있거나 보관하는 것이 매우 곤란한 인공구조물 등은 매각하여 그 대금을 보관할 수 있다.

06 운전면허 및 국제운전면허증

1 운전면허 및 운전면허시험 등

(1) 운전면허(법 제80조)

① 자동차 등을 운전하려는 사람은 시 · 도경찰청장으로부터 운전면허를 받아야 한다. 다만, 원동기를 단 차 중 교통약자가 최고속도 20km/h 이하로만 운행될 수 있는 차를 운전하는 경우에는 그러하지 아니하다.

② 시 · 도경찰청장은 운전을 할 수 있는 차의 종류를 기준으로 다음과 같이 운전면허의 범위를 구분하고 관리하여야 한다. 이 경우 운전면허의 범위에 따라 운전할 수 있는 차의 종류는 행정안전부령으로 정한다.

㉠ 제1종 운전면허 : 대형면허, 보통면허, 소형면허, 특수면허(대형견인차면허, 소형견인차면허, 구난차면허)

㉡ 제2종 운전면허 : 보통면허, 소형면허, 원동기장치자전거면허

㉢ 연습운전면허 : 제1종 보통연습면허, 제2종 보통연습면허

더 알아보기

운전면허의 범위 구분

운전면허는 제1종 운전면허, 제2종 운전면허, 연습운전면허로 구분된다. 운전면허의 범위 구분은 시험에 자주 출제되므로 정확하게 숙지하도록 한다.

〈운전할 수 있는 차의 종류(「도로교통법」 시행규칙 별표 18)〉

<table>
<tr><th colspan="2">운전면허</th><th colspan="2" rowspan="2">운전할 수 있는 차량</th></tr>
<tr><th>종별</th><th>구분</th></tr>
<tr><td rowspan="6">제1종</td><td>대형면허</td><td colspan="2">• 승용자동차, 승합자동차, 화물자동차
• 건설기계
– 덤프트럭, 아스팔트살포기, 노상안정기
– 콘크리트믹서트럭, 콘크리트펌프, 천공기(트럭 적재식)
– 콘크리트믹서트레일러, 아스팔트 콘크리트재생기
– 도로보수트럭, 3ton 미만의 지게차
• 특수자동차[대형견인차, 소형견인차 및 구난차(이하 '구난차 등') 제외]
• 원동기장치자전거</td></tr>
<tr><td>보통면허</td><td colspan="2">• 승용자동차
• 승차정원 15명 이하의 승합자동차
• 적재중량 12ton 미만의 화물자동차
• 건설기계(도로를 운행하는 3ton 미만의 지게차로 한정함)
• 총중량 10ton 미만의 특수자동차(구난차 등은 제외함)
• 원동기장치자전거</td></tr>
<tr><td>소형면허</td><td colspan="2">• 3륜화물자동차
• 3륜승용자동차
• 원동기장치자전거</td></tr>
<tr><td rowspan="3">특수면허</td><td>대형견인차</td><td>• 견인형 특수자동차
• 제2종 보통면허로 운전할 수 있는 차량</td></tr>
<tr><td>소형견인차</td><td>• 총중량 3.5ton 이하의 견인형 특수자동차
• 제2종 보통면허로 운전할 수 있는 차량</td></tr>
<tr><td>구난차</td><td>• 구난형 특수자동차
• 제2종 보통면허로 운전할 수 있는 차량</td></tr>
<tr><td rowspan="3">제2종</td><td>보통면허</td><td colspan="2">• 승용자동차
• 승차정원 10명 이하의 승합자동차
• 적재중량 4ton 이하의 화물자동차
• 총중량 3.5ton 이하의 특수자동차(구난차 등은 제외함)
• 원동기장치자전거</td></tr>
<tr><td>소형면허</td><td colspan="2">• 이륜자동차(운반차 포함)
• 원동기장치자전거</td></tr>
<tr><td>원동기장치
자전거면허</td><td colspan="2">• 원동기장치자전거</td></tr>
<tr><td rowspan="2">연습면허</td><td>제1종 보통</td><td colspan="2">• 승용자동차
• 승차정원 15명 이하의 승합자동차
• 적재중량 12ton 미만의 화물자동차</td></tr>
<tr><td>제2종 보통</td><td colspan="2">• 승용자동차
• 승차정원 10명 이하의 승합자동차
• 적재중량 4ton 이하의 화물자동차</td></tr>
</table>

③ 시 · 도경찰청장은 운전면허를 받을 사람의 신체 상태 또는 운전 능력에 따라 행정안전부령으로 정하는 바에 따라 운전할 수 있는 자동차 등의 구조를 한정하는 등 운전면허에 필요한 조건을 붙일 수 있다.

더 알아보기

운전면허의 조건 등(「도로교통법 시행규칙」 제54조)
도로교통공단으로부터 통보를 받은 시 · 도경찰청장이 운전면허를 받을 사람 또는 적성검사를 받은 사람에게 붙이거나 바꿀 수 있는 조건은 다음과 같이 구분한다.

- 자동차 등의 구조를 한정하는 조건
  - 자동변속기장치 자동차만을 운전하도록 하는 조건
  - 삼륜 이상의 원동기장치자전거(다륜형 원동기장치자전거)만을 운전하도록 하는 조건
  - 가속페달 또는 브레이크를 손으로 조작하는 장치, 오른쪽 방향지시기 또는 왼쪽 엑셀러레이터를 부착하도록 하는 조건
  - 신체장애 정도에 적합하게 제작 · 승인된 자동차 등만을 운전하도록 하는 조건
- 의수 · 의족 · 보청기 등 신체상의 장애를 보완하는 보조수단을 사용하도록 하는 조건
- 청각장애인이 운전하는 자동차에는 청각장애인표지와 충분한 시야를 확보할 수 있는 볼록거울을 별도로 부착하도록 하는 조건

④ 시 · 도경찰청장은 적성검사를 받은 사람의 신체 상태 또는 운전 능력에 따라 ③에 따른 조건을 새로 붙이거나 바꿀 수 있다.

(2) 연습운전면허의 효력(법 제81조)

연습운전면허는 그 면허를 받은 날부터 1년 동안 효력을 가진다. 다만, 연습운전면허를 받은 날부터 1년 이전이라도 연습운전면허를 받은 사람이 제1종 보통면허 또는 제2종 보통면허를 받은 경우 연습운전면허는 그 효력을 잃는다.

(3) 운전면허의 결격사유(법 제82조)

① 다음의 어느 하나에 해당하는 사람은 운전면허를 받을 수 없다.

㉠ 18세 미만(원동기장치자전거의 경우에는 16세 미만)인 사람

㉡ 교통상의 위험과 장해를 일으킬 수 있는 정신질환자 또는 뇌전증 환자로서 대통령령으로 정하는 사람

㉢ 듣지 못하는 사람(제1종 운전면허 중 대형면허 · 특수면허만 해당), 앞을 보지 못하는 사람(한쪽 눈만 보지 못하는 사람의 경우에는 제1종 운전면허 중 대형면허 · 특수면허만 해당)이나 그 밖에 대통령령으로 정하는 신체장애인

㉣ 양쪽 팔의 팔꿈치관절 이상을 잃은 사람이나 양쪽 팔을 전혀 쓸 수 없는 사람. 다만, 본인의 신체장애 정도에 적합하게 제작된 자동차를 이용하여 정상적인 운전을 할 수 있는 경우에는 그러하지 아니하다.

㉤ 교통상의 위험과 장해를 일으킬 수 있는 마약 · 대마 · 향정신성의약품 또는 알코올 중독자로서 대통령령으로 정하는 사람

㉥ 제1종 대형면허 또는 제1종 특수면허를 받으려는 경우로서 19세 미만이거나 자동차(이륜자동차는 제외한다)의 운전경험이 1년 미만인 사람

㉦ 대한민국의 국적을 가지지 아니한 사람 중 「출입국관리법」 제31조에 따라 외국인등록을 하지 아니한 사람(외국인등록이 면제된 사람은 제외한다)이나 「재외동포의 출입국과 법적 지위에 관한 법률」 제6조 제1항에 따라 국내거소신고를 하지 아니한 사람

② 다음의 어느 하나의 경우에 해당하는 사람은 각각에 규정된 기간이 지나지 아니하면 운전면허를 받을 수 없다. 다만, 다음 각 사유로 인하여 벌금 미만의 형이 확정되거나 선고유예의 판결이 확정된 경우 또는 기소유예나 「소년법」 제32조에 따른 보호처분의 결정이 있는 경우에는 각 규정된 기간 내라도 운전면허를 받을 수 있다.

㉠ 제43조 또는 제96조 제3항을 위반하여 자동차 등을 운전한 경우에는 그 위반한 날부터 1년으로 한다.

- 위반한 날이란 운전면허효력 정지기간에 운전하여 취소된 경우에는 그 취소된 날을 말한다.
- 다만, 사람을 사상한 후 구호하는 등 필요한 조치와 경찰에 신고를 하지 아니한 경우에는 그 위반한 날부터 5년으로 한다.
- 원동기장치자전거면허를 받으려는 경우에는 6개월로 하되, 제46조를 위반한 경우에는 그 위반한 날부터 1년으로 한다.

㉡ 제43조 또는 제96조 제3항을 3회 이상 위반하여 자동차 등을 운전한 경우에는 그 위반한 날부터 2년으로 한다.

㉢ 다음의 경우에는 운전면허가 취소된 날(제43조 또는 제96조 제3항을 함께 위반한 경우에는 그 위반한 날)부터 5년으로 한다.

- 제44조, 제45조 또는 제46조를 위반(제43조 또는 제96조 제3항을 함께 위반한 경우도 포함)하여 운전을 하다가 사람을 사상한 후 제54조 제1항 및 제2항에 따른 필요한 조치 및 신고를 하지 아니한 경우
- 제44조를 위반(제43조 또는 제96조 제3항을 함께 위반한 경우도 포함)하여 운전을 하다가 사람을 사망에 이르게 한 경우

㉣ 제43조부터 제46조까지의 규정에 따른 사유가 아닌 다른 사유로 사람을 사상한 후 제54조 제1항 및 제2항에 따른 필요한 조치 및 신고를 하지 아니한 경우에는 운전면허가 취소된 날부터 4년으로 한다.

㉤ 제44조 제1항 또는 제2항을 위반(제43조 또는 제96조 제3항을 함께 위반한 경우도 포함)하여 운전을 하다가 2회 이상 교통사고를 일으킨 경우에는 운전면허가 취소된 날(제43조 또는 제96조 제3항을 함께 위반한 경우에는 그 위반한 날)부터 3년으로 한다.

㉥ 자동차 등을 이용하여 범죄행위를 하거나 다른 사람의 자동차 등을 훔치거나 빼앗은 사람이 제43조를 위반하여 그 자동차 등을 운전한 경우에는 그 위반한 날부터 3년으로 한다.

㉦ 다음의 경우에는 운전면허가 취소된 날(제43조 또는 제96조 제3항을 함께 위반한 경우에는 그 위반한 날)부터 2년으로 한다.

- 제44조 제1항 또는 제2항을 2회 이상 위반(제43조 또는 제96조 제3항을 함께 위반한 경우도 포함)한 경우
- 제44조 제1항 또는 제2항을 위반(제43조 또는 제96조 제3항을 함께 위반한 경우도 포함)하여 운전을 하다가 교통사고를 일으킨 경우
- 제46조를 2회 이상 위반(제43조 또는 제96조 제3항을 함께 위반한 경우도 포함)한 경우
- 제93조 제1항 제8호 · 제12호 또는 제13호의 사유로 운전면허가 취소된 경우

㉧ ㉠부터 ㉦까지의 규정에 따른 경우가 아닌 다른 사유로 운전면허가 취소된 경우에는 운전면허가 취소된 날부터 1년으로 한다.

- 원동기장치자전거면허를 받으려는 경우에는 6개월로 하되, 제46조를 위반하여 운전면허가 취소된 경우에는 1년으로 한다.
- 다만, 제93조 제1항 제9호의 사유로 운전면허가 취소된 경우에는 그러하지 아니하다.

㉧ 운전면허효력 정지처분을 받고 있는 경우에는 그 정지기간

㉨ 제96조에 따른 국제운전면허증 또는 상호인정외국면허증으로 운전하는 운전자가 운전금지 처분을 받은 경우에는 그 금지기간

③ 제93조에 따라 운전면허 취소처분을 받은 사람은 ②에 따른 운전면허 결격기간이 끝났다 하여도 그 취소처분을 받은 이후에 제73조 제2항에 따른 특별교통안전 의무교육을 받지 아니하면 운전면허를 받을 수 없다.

(4) 운전면허시험 부정행위자에 대한 조치(법 제84조의2)

① 경찰청장은 전문학원의 강사자격시험 및 기능검정원 자격시험에서, 시 · 도경찰청장 또는 도로교통공단은 운전면허시험에서 부정행위를 한 사람에 대하여는 해당 시험을 각각 무효로 처리한다.

② ①에 따라 시험이 무효로 처리된 사람은 그 처분이 있은 날부터 2년간 해당 시험에 응시하지 못한다.

(5) 운전면허증의 갱신과 정기적성검사(법 제87조)

① 운전면허를 받은 사람은 다음의 구분에 따른 기간 이내에 대통령령으로 정하는 바에 따라 시 · 도경찰청장으로부터 운전면허증을 갱신하여 발급받아야 한다.

㉠ 최초의 운전면허증 갱신기간은 운전면허시험에 합격한 날부터 기산하여 10년(운전면허시험 합격일에 65세 이상 75세 미만인 사람은 5년, 75세 이상인 사람은 3년, 한쪽 눈만 보지 못하는 사람으로서 제1종 운전면허 중 보통면허를 취득한 사람은 3년)이 되는 날이 속하는 해의 1월 1일부터 12월 31일까지

㉡ ㉠ 외에 운전면허증 갱신기간은 직전의 운전면허증 갱신일부터 기산하여 매 10년(직전의 운전면허증 갱신일에 65세 이상 75세 미만인 사람은 5년, 75세 이상인 사람은 3년, 한쪽 눈만 보지 못하는 사람으로서 제1종 운전면허 중 보통면허를 취득한 사람은 3년)이 되는 날이 속하는 해의 1월 1일부터 12월 31일까지

② 다음의 어느 하나에 해당하는 사람은 ①에 따른 운전면허증 갱신기간에 대통령령으로 정하는 바에 따라 도로교통공단이 실시하는 정기적성검사를 받아야 한다.

㉠ 제1종 운전면허를 받은 사람

㉡ 제2종 운전면허를 받은 사람 중 운전면허증 갱신기간에 70세 이상인 사람

③ 다음에 해당하는 사람은 운전면허증을 갱신하여 받을 수 없다.

㉠ 제73조 제5항에 따른 교통안전교육을 받지 아니한 사람

㉡ ②에 따른 정기적성검사를 받지 아니하거나 이에 합격하지 못한 사람

④ ① 또는 ②에 따라 운전면허증을 갱신하여 발급받거나 정기 적성검사를 받아야 하는 사람이 해외여행 또는 군 복무 등 대통령령으로 정하는 사유로 그 기간 이내에 운전면허증을 갱신하여 발급받거나 정기적성검사를 받을 수 없는 때에는 대통령령으로 정하는 바에 따라 이를 미리 받거나 그 연기를 받을 수 있다.

(6) 운전면허증 발급 대상자 본인 확인(법 제87조의2)

① 시 · 도경찰청장은 운전면허증을 발급하려는 경우에는 운전면허증 발급을 받으려는 사람의 주민등록증이나 여권, 그 밖에 행정안전부령으로 정하는 신분증명서의 사진 등을 통하여 본인인지를 확인할 수 있다.

② 시 · 도경찰청장은 ①에 따른 방법으로 본인인지를 확인하기 어려운 경우에는 운전면허증 발급을 받으려는 사람의 동의를 받아 전자적 방법으로 지문정보를 대조하여 확인할 수 있다.

③ 시 · 도경찰청장은 운전면허증 발급을 받으려는 사람이 ②에 따른 본인 확인 절차를 따르지 아니하는 경우에는 운전면허증 발급을 거부할 수 있다.

(7) 운전면허의 취소 · 정지(법 제93조)

① 시 · 도경찰청장은 운전면허(연습운전면허는 제외)를 받은 사람이 다음 어느 하나에 해당하면 행정안전부령으로 정하는 기준에 따라 운전면허(운전자가 받은 모든 범위의 운전면허를 포함)를 취소하거나 1년 이내의 범위에서 운전면허의 효력을 정지시킬 수 있다. 다만, 제2호, 제3호, 제7호, 제8호, 제8호의2, 제9호(정기 적성검사 기간이 지난 경우는 제외), 제14호, 제16호, 제17호, 제20호의 규정에 해당하는 경우에는 운전면허를 취소하여야 하고(제8호의2에 해당하는 경우 취소하여야 하는 운전면허의 범위는 운전자가 거짓이나 그 밖의 부정한 수단으로 받은 그 운전면허로 한정한다), 제18호의 규정에 해당하는 경우에는 정당한 사유가 없으면 관계 행정기관의 장의 요청에 따라 운전면허를 취소하거나 1년 이내의 범위에서 정지하여야 한다.

㉠ 술에 취한 상태에서 자동차 등을 운전한 경우

㉡ 술에 취한 상태에서 자동차 등을 운전하거나 술에 취한 상태에서 자동차 등을 운전하였다고 인정할 만한 상당한 이유가 있음에도 불구하고 경찰공무원의 측정에 응하지 아니한 사람이 다시 술에 취한 상태에서 자동차 등을 운전하여 운전면허 정지 사유에 해당된 경우

㉢ 술에 취한 상태에 있다고 인정할 만한 상당한 이유가 있음에도 불구하고 경찰공무원의 측정에 응하지 아니한 경우

㉣ 약물의 영향으로 인하여 정상적으로 운전하지 못할 우려가 있는 상태에서 자동차 등을 운전한 경우

㉤ 공동 위험행위를 한 경우

㉥ 난폭운전을 한 경우

㉦ 최고속도보다 100km/h를 초과한 속도로 3회 이상 자동차 등을 운전한 경우

㉧ 교통사고로 사람을 사상한 후 필요한 조치 또는 신고를 하지 아니한 경우

㉨ 제82조 제1항 제2호부터 제5호까지의 규정에 따른 운전면허를 받을 수 없는 사람에 해당된 경우

㉩ 운전면허를 받을 수 없는 사람이 운전면허를 받거나 운전면허효력의 정지기간 중 운전면허증 또는 운전면허증을 갈음하는 증명서를 발급받은 사실이 드러난 경우

㉪ 거짓이나 그 밖의 부정한 수단으로 운전면허를 받은 경우

㉫ 적성검사를 받지 아니하거나 그 적성검사에 불합격한 경우

㉬ 운전 중 고의 또는 과실로 교통사고를 일으킨 경우

㉭ 운전면허를 받은 사람이 자동차 등을 이용하여 「형법」 제258조의2(특수상해), 제261조(특수폭행), 제284조(특수협박) 또는 제369조(특수손괴)를 위반하는 행위를 한 경우

㉮ 운전면허를 받은 사람이 자동차등을 범죄의 도구나 장소로 이용하여 다음의 어느 하나의 죄를 범한 경우

- 「국가보안법」 중 제4조부터 제9조까지의 죄 및 같은 법 제12조 중 증거를 날조 · 인멸 · 은닉한 죄
- 「형법」 중 다음 어느 하나의 범죄
  - 살인 · 사체유기 또는 방화
  - 강도 · 강간 또는 강제추행

– 약취 · 유인 또는 감금
– 상습절도(절취한 물건을 운반한 경우에 한정)
– 교통방해(단체 또는 다중의 위력으로써 위반한 경우에 한정)

㉯ 다른 사람의 자동차 등을 훔치거나 빼앗은 경우

㉰ 다른 사람이 부정하게 운전면허를 받도록 하기 위하여 운전면허시험에 대신 응시한 경우

㉱ 교통단속 임무를 수행하는 경찰공무원 등 및 시 · 군공무원을 폭행한 경우

㉲ 운전면허증을 다른 사람에게 빌려주어 운전하게 하거나 다른 사람의 운전면허증을 빌려서 사용한 경우

㉳ 「자동차관리법」에 따라 등록되지 아니하거나 임시운행허가를 받지 아니한 자동차(이륜자동차는 제외한다)를 운전한 경우

㉴ 제1종 보통면허 및 제2종 보통면허를 받기 전에 연습운전면허의 취소 사유가 있었던 경우

㉵ 다른 법률에 따라 관계 행정기관의 장이 운전면허의 취소처분 또는 정지처분을 요청한 경우

㉶ 승차 인원, 적재중량 및 적재용량에 관하여 대통령령으로 정하는 운행상의 안전기준을 넘어서 승차시키거나 적재한 상태로 운전하거나 운전 중 실은 화물이 확실하게 고정될 수 있도록 필요한 조치를 하지 않고 화물자동차를 운전한 경우

㉷ 이 법이나 이 법에 따른 명령 또는 처분을 위반한 경우

㉸ 운전면허를 받은 사람이 자신의 운전면허를 실효(失效)시킬 목적으로 시 · 도경찰청장에게 자진하여 운전면허를 반납하는 경우. 다만, 실효시키려는 운전면허가 취소처분 또는 정지처분의 대상이거나 효력정지 기간 중인 경우는 제외

② 시 · 도경찰청장은 ①에 따라 운전면허를 취소하거나 운전면허의 효력을 정지하려고 할 때 그 기준으로 활용하기 위하여 교통법규를 위반하거나 교통사고를 일으킨 사람에 대하여는 행정안전부령으로 정하는 바에 따라 위반 및 피해의 정도 등에 따라 벌점을 부과할 수 있으며, 그 벌점이 행정안전부령으로 정하는 기간 동안 일정한 점수를 초과하는 경우에는 행정안전부령으로 정하는 바에 따라 운전면허를 취소 또는 정지할 수 있다.

③ 시 · 도경찰청장은 연습운전면허를 발급받은 사람이 운전 중 고의 또는 과실로 교통사고를 일으키거나 이 법이나 이 법에 따른 명령 또는 처분을 위반한 경우에는 연습운전면허를 취소하여야 한다. 다만, 본인에게 귀책사유가 없는 경우 등 대통령령으로 정하는 경우에는 그러하지 아니하다.

④ 시 · 도경찰청장은 ① 또는 ②에 따라 운전면허의 취소처분 또는 정지처분을 하려고 하거나 ③에 따라 연습운전면허 취소처분을 하려면 그 처분을 하기 전에 미리 행정안전부령으로 정하는 바에 따라 처분의 당사자에게 처분 내용과 의견제출 기한 등을 통지하여야 하며, 그 처분을 하는 때에는 행정안전부령으로 정하는 바에 따라 처분의 이유와 행정심판을 제기할 수 있는 기간 등을 통지하여야 한다. 다만, 적성검사를 받지 아니하였다는 이유로 운전면허를 취소하려면 행정안전부령으로 정하는 바에 따라 처분의 당사자에게 적성검사를 할 수 있는 날의 만료일 전까지 적성검사를 받지 아니하면 운전면허가 취소된다는 사실의 조건부 통지를 함으로써 처분의 사전 및 사후 통지를 갈음할 수 있다.

2 국제운전면허증

(1) 국제운전면허증 또는 상호인정외국인면허증에 의한 자동차 등의 운전(법 제96조)

① 외국의 권한 있는 기관에서 ㉠부터 ㉢까지의 어느 하나에 해당하는 협약 · 협정 또는 약정에 따른 운전면허증(이하 '국제운전면허증') 또는 ㉣에 따라 인정되는 외국면허증(이하 '상호인정외국면허증')을 발급받은 사람은 제80조제1항에도 불구하고 국내에 입국한 날부터 1년 동안 그 국제운전면허증 또는 상호인정외국면허증으로 자동차 등을 운전할 수 있다. 이 경우 운전할 수 있는 자동차의 종류는 그 국제운전면허증 또는 상호인정외국면허증에 기재된 것으로 한정한다.

㉠ 1949년 제네바에서 체결된 「도로교통에 관한 협약」

㉡ 1968년 비엔나에서 체결된 「도로교통에 관한 협약」

㉢ 우리나라와 외국 간에 국제운전면허증을 상호 인정하는 협약, 협정 또는 약정

㉣ 우리나라와 외국 간에 상대방 국가에서 발급한 운전면허증을 상호 인정하는 협약 · 협정 또는 약정

② 국제운전면허증을 외국에서 발급받은 사람 또는 상호인정외국면허증으로 운전하는 사람은 「여객자동차 운수사업법」 또는 「화물자동차 운수사업법」에 따른 사업용 자동차를 운전할 수 없다. 다만, 「여객자동차 운수사업법」에 따른 대여사업용 자동차를 임차(賃借)하여 운전하는 경우에는 그러하지 아니하다.

③ 제82조제2항에 따른 운전면허 결격사유에 해당하는 사람으로서 같은 항 각 호의 구분에 따른 기간이 지나지 아니한 사람은 ①에도 불구하고 자동차 등을 운전하여서는 아니 된다.

(2) 자동차 등의 운전 금지(법 제97조)

① 국제운전면허증 또는 상호인정외국인면허증을 가지고 국내에서 자동차 등을 운전하는 사람이 다음 중 어느 하나에 해당하는 경우에는 그 사람의 주소지를 관할하는 시 · 도경찰청장은 행정안전부령으로 정한 기준에 따라 1년을 넘지 아니하는 범위에서 국제운전면허증 또는 상호인정외국인면허증에 의한 자동차 등의 운전을 금지할 수 있다.

㉠ 적성검사를 받지 아니하였거나 적성검사에 불합격한 경우

㉡ 운전 중 고의 또는 과실로 교통사고를 일으킨 경우

㉢ 대한민국 국적을 가진 사람이 운전면허가 취소되거나 효력이 정지된 후 제82조 제2항 각 호에 규정된 기간이 지나지 아니한 경우

㉣ 자동차 등의 운전에 관하여 이 법이나 이 법에 따른 명령 또는 처분을 위반한 경우

② ①에 따라 자동차 등의 운전이 금지된 사람은 지체 없이 국제운전면허증 또는 상호인정외국인면허증에 의한 운전을 금지한 시 · 도경찰청장에게 그 국제운전면허증 또는 상호인정외국면허증을 제출하여야 한다.

③ 시 · 도경찰청장은 ①에 따른 금지기간이 끝난 경우 또는 금지처분을 받은 사람이 그 금지기간 중에 출국하는 경우에는 그 사람의 반환청구가 있으면 지체 없이 보관 중인 국제운전면허증 또는 상호인정외국면허증을 돌려주어야 한다.

(3) 국제운전면허증의 발급 등(법 제98조)

① 운전면허를 받은 사람이 국외에서 운전을 하기 위하여 국제운전면허증을 발급받으려면 시 · 도경찰청장에게 신청하여야 한다.

② ①에 따른 국제운전면허증의 유효기간은 발급받은 날부터 1년으로 한다.

③ ①에 따른 국제운전면허증은 이를 발급받은 사람의 국내운전면허의 효력이 없어지거나 취소된 때에는 그 효력을 잃는다.

④ ①에 따른 국제운전면허증을 발급받은 사람의 국내운전면허의 효력이 정지된 때에는 그 정지기간 동안 그 효력이 정지된다.

⑤ ①에 따른 국제운전면허증의 발급에 필요한 사항은 행정안전부령으로 정한다.

(4) 국제운전면허증 발급의 제한(법 제98조의2)

시 · 도경찰청장은 (3)에 따라 국제운전면허증을 발급받으려는 사람이 납부하지 아니한 범칙금 또는 과태료(이 법을 위반하여 부과된 범칙금 또는 과태료를 말한다)가 있는 경우 국제운전면허증의 발급을 거부할 수 있다. 다만, 제164조 제1항 · 제2항에 따른 범칙금 납부기간 또는 제160조에 따른 과태료로서 대통령령으로 정하는 납부기간 중에 있는 경우에는 그러하지 아니하다.

07 벌칙

1 징역 및 벌금 기준 등

(1) 교통사고 관련 벌칙(법 제148조)

교통사고 발생 시의 조치를 하지 아니한 사람(주 · 정차된 차만 손괴한 것이 분명한 경우에 제54조 제1항 제2호에 따라 피해자에게 인적 사항을 제공하지 아니한 사람은 제외)은 5년 이하의 징역이나 1천 500만원 이하의 벌금에 처한다.

(2) 음주운전 관련 벌칙(법 제148조의2)

1년 이상 6년 이하의 징역이나 500만원 이상 3천만원 이하의 벌금	제44조 제1항 또는 제2항을 위반하여 벌금 이상의 형을 선고받고 그 형이 확정된 날부터 10년 내에 제44조 제2항을 위반한 사람
2년 이상 6년 이하의 징역이나 1천만원 이상 3천만원 이하의 벌금	제44조 제1항 또는 제2항을 위반하여 벌금 이상의 형을 선고받고 그 형이 확정된 날부터 10년 내에 제44조 제1항을 위반한 사람 중 혈중알코올농도가 0.2% 이상인 사람
1년 이상 5년 이하의 징역이나 500만원 이상 2천만원 이하의 벌금	제44조 제1항 또는 제2항을 위반하여 벌금 이상의 형을 선고받고 그 형이 확정된 날부터 10년 내에 제44조 제1항을 위반한 사람 중 혈중알코올농도가 0.03% 이상 0.2% 미만인 사람
1년 이상 5년 이하의 징역이나 500만원 이상 2천만원 이하의 벌금	술에 취한 상태에 있다고 인정할 만한 상당한 이유가 있는 사람으로서 제44조 제2항에 따른 경찰공무원의 측정에 응하지 아니하는 사람
2년 이상 5년 이하의 징역이나 1천만원 이상 2천만원 이하의 벌금	제44조 제1항을 위반하여 술에 취한 상태에서 자동차 등 또는 노면전차를 운전하여 혈중알코올농도가 0.2% 이상인 사람
1년 이상 2년 이하의 징역이나 500만원 이상 1천만원 이하의 벌금	제44조 제1항을 위반하여 술에 취한 상태에서 자동차등 또는 노면전차를 운전하여 혈중알코올농도가 0.08% 이상 0.2%미만인 사람
1년 이하의 징역이나 500만원 이하의 벌금	제44조제1항을 위반하여 술에 취한 상태에서 자동차 등 또는 노면전차를 운전하여 혈중알코올농도가 0.03% 이상 0.08% 미만인 사람
3년 이하의 징역이나 1천만원 이하의 벌금	제45조를 위반하여 약물로 인하여 정상적으로 운전하지 못할 우려가 있는 상태에서 자동차 등 또는 노면전차를 운전한 사람

(3) 신호기 조작 관련 벌칙(법 제149조)

3년 이하의 징역이나 700만 원 이하의 벌금	함부로 신호기를 조작하거나 교통안전시설을 철거 · 이전하거나 손괴한 사람
5년 이하의 징역이나 1천 500만 원 이하의 벌금	함부로 신호기를 조작하거나 교통안전시설을 철거 · 이전하거나 손괴하여 도로에서 교통위험을 일으키게 한 사람

(4) 기타 벌칙(법 제150조~법 제156조)

2년 이하의 징역이나 500만 원 이하의 벌금	공동 위험행위를 하거나 주도한 사람
2년 이하의 금고나 500만 원 이하의 벌금	차 또는 노면전차의 운전자가 업무상 필요한 주의를 게을리하거나 중대한 과실로 다른 사람의 건조물이나 그 밖의 재물을 손괴한 경우
1년 이하의 징역이나 500만 원 이하의 벌금	1. 자동차 등의 운전자가 제46조의3을 위반하여 난폭운전을 한 경우 2. 제17조 제3항을 위반하여 제17조 제1항 및 제2항에 따른 최고속도보다 100km/h를 초과한 속도로 3회 이상 자동차 등을 운전한 사람
1년 이하의 징역이나 300만 원 이하의 벌금	1. 운전면허(원동기장치자전거면허는 제외)를 받지 아니하거나(운전면허의 효력이 정지된 경우를 포함한다) 또는 제96조에 따른 국제운전면허증 또는 상호인정외국면허증을 받지 아니하고(운전이 금지된 경우와 유효기간이 지난 경우를 포함한다) 자동차를 운전한 사람 2. 거짓이나 그 밖의 부정한 수단으로 운전면허를 받거나 운전면허증 또는 운전면허증을 갈음하는 증명서를 발급받은 사람 3. 교통에 방해가 될 만한 물건을 함부로 도로에 내버려둔 사람
6개월 이하의 징역이나 200만 원 이하의 벌금 또는 구류	1. 정비불량차를 운전하도록 시키거나 운전한 사람 2. 제41조, 제47조 또는 제58조에 따른 경찰공무원의 요구 · 조치 또는 명령에 따르지 아니하거나 이를 거부 또는 방해한 사람 3. 교통단속을 회피할 목적으로 교통단속용 장비의 기능을 방해하는 장치를 제작 · 수입 · 판매 또는 장착한 사람 4. 교통단속용 장비의 기능을 방해하는 장치를 한 차를 운전한 사람 5. 교통사고 발생 시의 조치 또는 신고행위를 방해한 사람 6. 함부로 교통안전시설이나 그 밖에 그와 비슷한 인공구조물을 설치한 사람 7. 제80조 제3항 또는 제4항에 따른 조건을 위반하여 운전한 사람
100만 원 이하의 벌금 또는 구류	1. 고속도로, 자동차전용도로, 중앙분리대가 있는 도로에서 고의로 중앙선 우측 부분으로 통행하지 않은 운전자 2. 제17조 제3항을 위반하여 제17조 제1항 및 제2항에 따른 최고속도보다 100km/h를 초과한 속도로 자동차 등을 운전한 사람
30만 원 이하의 벌금이나 구류	1. 교통단속용자동차 · 범죄수사용자동차나 그 밖의 긴급자동차와 유사하거나 혐오감을 주는 도색 · 표지 등을 자동차 등에 하거나 그러한 자동차 등을 운전한 사람 2. 원동기장치자전거를 운전할 수 있는 운전면허를 받지 아니하거나(원동기장치자전거를 운전할 수 있는 운전면허의 효력이 정지된 경우를 포함) 국제운전면허증 또는 상호인정외국면허증 중 원동기장치자전거를 운전할 수 있는 것으로 기재된 국제운전면허증 또는 상호인정외국면허증을 발급받지 아니하고(운전이 금지된 경우와 유효기간이 지난 경우를 포함) 원동기장치자전거를 운전한 사람(다만, 개인형 이동장치를 운전하는 경우는 제외) 3. 과로 · 질병으로 인하여 정상적으로 운전하지 못할 우려가 있는 상태에서 자동차 등 또는 노면전차를 운전한 사람(다만, 개인형 이동장치를 운전하는 경우는 제외) 4. 교통사고발생 시 조치상황 등의 신고를 하지 아니한 사람 5. 원동기장치자전거를 운전할 수 있는 운전면허를 받지 아니하거나(원동기장치자전거를 운전할 수 있는 운전면허의 효력이 정지된 경우를 포함) 국제운전면허증 또는 상호인정외국면허증 중 원동기장치자전거를 운전할 수 있는 것으로 기재된 국제운전면허증 또는 상호인정외국면허증을 발급받지 아니한 사람(운전이 금지된 경우와 유효기간이 지난 경우를 포함)에게 원동기장치자전거를 운전하도록 시킨 고용주 등

30만 원 이하의 벌금이나 구류	6. 고속도로 등을 통행하거나 횡단한 사람 7. 도로공사의 신고를 하지 아니하거나 안전조치를 위반한 사람, 교통안전시설을 설치하지 아니하거나 안전요원 또는 안전유도 장비를 배치하지 아니한 사람 또는 교통안전시설을 원상회복하지 아니한 사람 8. 도로의 위법 인공구조물에 대한 경찰서장의 시정 · 제거 명령을 위반한 사람 9. 제17조 제3항을 위반하여 제17조 제1항 및 제2항에 따른 최고속도보다 80km/h를 초과한 속도로 자동차 등을 운전한 사람(제151조의2 제2호 및 제153조 제2항 제2호에 해당하는 사람은 제외)
20만 원 이하의 벌금 또는 구류	제92조 제2항을 위반하여 경찰공무원의 운전면허증 등의 제시 요구나 운전자 확인을 위한 진술 요구에 따르지 아니한 사람
20만 원 이하의 벌금이나 구류 또는 과료	1. 제5조, 제13조 제1항부터 제3항(제13조 제3항의 경우 고속도로, 자동차전용도로, 중앙분리대가 있는 도로에서 고의로 위반하여 운전한 사람은 제외한다)까지 및 제5항, 제14조 제2항 · 제3항 · 제5항, 제15조 제3항(제61조 제2항에서 준용하는 경우를 포함한다), 제15조의2 제3항, 제16조 제2항, 제17조 제3항(제151조의2 제2호, 제153조 제2항 제2호 및 제154조 제9호에 해당하는 사람은 제외한다), 제18조, 제19조 제1항 · 제3항 및 제4항, 제21조 제1항 · 제3항 및 제4항, 제24조, 제25조, 제25조의2, 제26조부터 제28조까지, 제32조, 제33조, 제34조의3, 제37조(제1항 제2호는 제외한다), 제38조 제1항, 제39조 제1항 · 제3항 · 제4항 · 제5항, 제48조 제1항, 제49조(같은 조 제1항 제1호 · 제3호를 위반하여 차 또는 노면전차를 운전한 사람과 같은 항 제4호의 위반행위 중 교통단속용 장비의 기능을 방해하는 장치를 한 차를 운전한 사람은 제외한다), 제50조 제5항부터 제10항(같은 조 제9항을 위반하여 자전거를 운전한 사람은 제외)까지, 제51조, 제53조 제1항 및 제2항(좌석안전띠를 매도록 하지 아니한 운전자는 제외한다), 제62조 또는 제73조 제2항(같은 항 제1호는 제외한다)을 위반한 차마 또는 노면전차의 운전자 2. 제6조 제1항 · 제2항 · 제4항 또는 제7조에 따른 금지 · 제한 또는 조치를 위반한 차 또는 노면전차의 운전자 3. 제22조, 제23조, 제29조 제4항부터 제6항까지, 제53조의5, 제60조, 제64조, 제65조 또는 제66조를 위반한 사람 4. 제31조, 제34조 또는 제52조 제4항을 위반하거나 제35조 제1항에 따른 명령을 위반한 사람 5. 제39조 제6항에 따른 시 · 도경찰청장의 제한을 위반한 사람 6. 제50조 제1항, 제3항 및 제4항을 위반하여 좌석안전띠를 매지 아니하거나 인명보호 장구를 착용하지 아니한 운전자(자전거 운전자는 제외) 7. 제50조의2 제1항을 위반하여 자율주행시스템의 직접 운전 요구에 지체 없이 대응하지 아니한 자율주행자동차의 운전자 8. 제95조 제2항에 따른 경찰공무원의 운전면허증 회수를 거부하거나 방해한 사람 9. 주 · 정차된 차만 손괴한 것이 분명한 경우에 제54조 제1항 제2호에 따라 피해자에게 인적사항을 제공하지 아니한 사람 10. 제44조 제1항을 위반하여 술에 취한 상태에서 자전거 등을 운전한 사람 11. 술에 취한 상태에 있다고 인정할 만한 상당한 이유가 있는 사람으로서 제44조 제2항에 따른 경찰공무원의 측정에 응하지 아니한 사람(자전거 등을 운전한 사람으로 한정한다) 12. 제43조를 위반하여 제80조에 따른 원동기장치자전거를 운전할 수 있는 운전면허를 받지 아니하거나(원동기장치자전거를 운전할 수 있는 운전면허의 효력이 정지된 경우를 포함) 국제운전면허증 또는 상호인정외국면허증 중 원동기장치자전거를 운전할 수 있는 것으로 기재된 국제운전면허증 또는 상호인정외국면허증을 발급받지 아니하고(운전이 금지된 경우와 유효기간이 지난 경우를 포함) 개인형 이동장치를 운전한 사람

(5) 형의 병과 및 감면(법 제158조, 법 제158조의2)

① 죄를 범한 사람에 대하여는 정상에 따라 벌금 또는 과료와 구류의 형을 병과할 수 있다.

② 긴급자동차(소방차, 구급차, 혈액 공급차량과 대통령령으로 정하는 경찰용 자동차만 해당)의 운전자가 그 차를 본래의 긴급한 용도로 운행하는 중에 교통사고를 일으킨 경우에는 그 긴급활동의 시급성과 불가피성 등 정상을 참작하여 형을 감경하거나 면제할 수 있다.

2 과태료

(1) 과태료 부과(법 제160조)

500만 원 이하의 과태료	1. 제78조를 위반하여 교통안전교육기관 운영의 정지 또는 폐지 신고를 하지 아니한 사람 2. 제109조 제2항을 위반하여 강사의 인적 사항과 교육 과목을 게시하지 아니한 사람 3. 제110조 제2항을 위반하여 수강료 등을 게시하지 아니하거나 같은 조 제3항을 위반하여 게시된 수강료 등을 초과한 금액을 받은 사람 4. 제111조를 위반하여 수강료 등의 반환 등 교육생 보호를 위하여 필요한 조치를 하지 아니한 사람 5. 제112조를 위반하여 학원이나 전문학원의 휴원 또는 폐원 신고를 하지 아니한 사람 6. 제115조 제1항에 따른 간판이나 그 밖의 표지물 제거, 시설물의 설치 또는 게시문의 부착을 거부 · 방해 또는 기피하거나 게시문이나 설치한 시설물을 임의로 제거하거나 못쓰게 만든 사람 7. 제52조 제1항에 따라 어린이통학버스를 신고하지 아니하고 운행한 운영자 8. 제52조 제3항에 따른 요건을 갖추지 아니하고 어린이통학버스를 운행한 운영자
20만 원 이하의 과태료	1. 제49조 제1항(같은 항 제1호 및 제3호만 해당)을 위반한 차 또는 노면전차의 운전자 2. 제50조 제1항을 위반하여 동승자에게 좌석안전띠를 매도록 하지 아니한 운전자 3. 제50조 제3항 및 제4항을 위반하여 동승자에게 인명보호 장구를 착용하도록 하지 아니한 운전자(자전거 운전자는 제외) 4. 제52조 제2항을 위반하여 어린이통학버스 안에 신고증명서를 갖추어 두지 아니한 어린이통학버스의 운영자 5. 제53조 제2항을 위반하여 어린이통학버스에 탑승한 어린이나 영유아의 좌석안전띠를 매도록 하지 아니한 운전자 6. 제53조의3 제1항을 위반하여 어린이통학버스 안전교육을 받지 아니한 사람 7. 제53조의3 제3항을 위반하여 어린이통학버스 안전교육을 받지 아니한 사람에게 어린이통학버스를 운전하게 하거나 어린이통학버스에 동승하게 한 어린이통학버스의 운영자 8. 제53조 제7항을 위반하여 안전운행기록을 제출하지 아니한 어린이통학버스의 운영자 9. 제67조 제2항에 따른 고속도로 등에서의 준수사항을 위반한 운전자 10. 제73조 제4항을 위반하여 긴급자동차의 안전운전 등에 관한 교육을 받지 아니한 사람 11. 제87조 제1항을 위반하여 운전면허증 갱신기간에 운전면허를 갱신하지 아니한 사람 12. 제87조 제2항 또는 제88조 제1항을 위반하여 정기 적성검사 또는 수시 적성검사를 받지 아니한 사람 13. 제11조 제4항을 위반하여 어린이가 개인형 이동장치를 운전하게 한 어린이의 보호자

(2) 과태료 · 범칙금수납정보시스템 운영계획의 수립 · 시행(법 제161조의3, 시행령 제90조)

경찰청장은 누구든지 과태료 및 범칙금의 내용을 편리하게 조회하고 전자납부할 수 있도록 하기 위하여 다음의 사항을 포함하는 과태료 · 범칙금수납정보시스템 운영계획을 수립 · 시행할 수 있다.

① 과태료 · 범칙금 납부대행기관 정보통신망과 수납통합처리시스템의 연계

② 과태료 및 범칙금 납부의 실시간 처리 및 안전한 관리와 수납통합처리시스템의 운영

③ 그 밖에 대통령령으로 정하는 운영계획의 수립 · 시행에 필요한 사항

㉠ 과태료 · 범칙금의 조회, 납부 및 수납처리 절차 관련 시스템의 성능개선과 안전성 제고에 관한 사항

㉡ 과태료 · 범칙금 납부의 편의성 제고를 위한 각종 서식의 개선에 관한 사항

08 범칙행위의 처리에 관한 특례

(1) 통고처분(법 제163조)

① 경찰서장이나 제주특별자치도지사는 범칙자로 인정하는 사람에 대하여는 이유를 분명하게 밝힌 범칙금 납부통고서로 범칙금을 낼 것을 통고할 수 있다.

㉠ 제주특별자치도지사의 경우에는 제6조 제1항 · 제2항, 제61조 제2항에 따라 준용되는 제15조 제3항, 제39조 제6항, 제60조, 제62조, 제64조부터 제66조까지, 제73조 제2항 제2호부터 제5호까지 및 제95조 제1항의 위반행위는 제외한다.

㉡ 다음에 해당하는 사람에 대하여는 납부통고서로 범칙금을 낼 것을 통고하지 않는다.

- 성명이나 주소가 확실하지 아니한 사람
- 달아날 우려가 있는 사람
- 범칙금 납부통고서 받기를 거부한 사람

② 제주특별자치도지사가 ①에 따라 통고처분을 한 경우에는 관할 경찰서장에게 그 사실을 통보하여야 한다.

(2) 범칙금의 납부(법 제164조)

① (1)에 따라 범칙금 납부통고서를 받은 사람은 10일 이내에 경찰청장이 지정하는 국고은행, 지점, 대리점, 우체국 또는 제주특별자치도지사가 지정하는 금융회사 등이나 그 지점에 범칙금을 내야 한다. 다만, 천재지변이나 그 밖의 부득이한 사유로 말미암아 그 기간에 범칙금을 낼 수 없는 경우에는 부득이한 사유가 없어지게 된 날부터 5일 이내에 내야 한다.

② ①에 따른 납부기간에 범칙금을 내지 아니한 사람은 납부기간이 끝나는 날의 다음 날부터 20일 이내에 통고받은 범칙금에 100분의 20을 더한 금액을 내야 한다.

③ ①이나 ②에 따라 범칙금을 낸 사람은 범칙행위에 대하여 다시 벌 받지 아니한다.

(3) 범칙금 납부방법(법 제164조의2)

범칙금 납부방법에 대해서는 제161조의2의 규정을 준용한다. 이 경우 "과태료"는 "범칙금"으로 본다.

(4) 통고처분 불이행자 등의 처리(법 제165조)

① 경찰서장 또는 제주특별자치도지사는 다음에 해당하는 사람에 대해서 지체 없이 즉결심판을 청구하여야 한다.

㉠ (1)의 ①에 ㉡의 어느 하나에 해당하는 사람

㉡ (2)의 ②에 따른 납부기간에 범칙금을 납부하지 아니한 사람. 다만, 즉결심판이 청구되기 전까지 통고받은 범칙금액에 100분의 50을 더한 금액을 납부한 사람에 대해서 그러하지 아니하다.

② ①의 ㉡에 따라 즉결심판이 청구된 피고인이 즉결심판의 선고 전까지 통고받은 범칙금액에 100분의 50을 더한 금액을 내고 납부를 증명하는 서류를 제출하면 경찰서장 또는 제주특별자치도지사는 피고인에 대한 즉결심판 청구를 취소하여야 한다.

③ ①의 ㉡의 단서에 따라 또는 ②에 따라 범칙금을 납부한 사람은 그 범칙행위에 대하여 다시 벌 받지 아니한다.

(5) 음주운전 관련 면허취소 · 정지처분 기준(시행규칙 별표 28)

구분	혈중알코올 농도	
	0.03% 이상~0.08% 미만	0.08% 이상
술에 취한 상태의 기준을 넘어서 운전한 때	면허정지	면허취소
술에 취한 상태의 기준을 넘어서 운전을 하다가 교통사고로 사람을 죽게 하거나 다치게 한 때	면허취소	
술에 취한 상태의 기준을 넘어 운전하거나 술에 취한 상태의 측정에 불응한 사람이 다시 술에 취한 상태에서 운전한 때	면허취소	

(6) 범칙행위 및 범칙금액(시행령 별표 8, 10)

위반행위		승합자동차		승용자동차		이륜자동차		자전거	
		일반도로	보호구역	일반도로	보호구역	일반도로	보호구역	일반도로	보호구역
속도위반	20km/h 이하	3만 원	6만 원	3만 원	6만 원	2만 원	4만 원	1만 원	-
	20~40 km/h	7만 원	10만 원	6만 원	9만 원	4만 원	6만 원	3만 원	-
	40~60 km/h	10만 원	13만 원	9만 원	12만 원	6만 원	8만 원	-	-
	60km/h 초과	13만 원	16만 원	12만 원	15만 원	8만 원	10만 원	-	-
신호, 지시위반		7만 원	13만 원	6만 원	12만 원	4만 원	8만 원	3만 원	6만 원
통행금지, 제한위반		5만 원	9만 원	4만 원	8만 원	3만 원	6만 원	2만 원	4만 원
정차 · 주차 금지위반		5만 원	13만 원 (어린이)	4만 원	12만 원 (어린이)	3만 원	9만 원 (어린이)	2만 원	6만 원 (어린이)
			9만 원 (노인 · 장애인)		8만 원 (노인 · 장애인)		6만 원 (노인 · 장애인)		4만 원 (노인 · 장애인)
보행자 통행 방해 또는 보호 불이행		5만 원	9만 원	4만 원	8만 원	3만 원	6만 원	2만 원	4만 원
횡단보도 보행자 횡단 방해		7만 원	13만 원	6만 원	12만 원	4만 원	8만 원	3만 원	6만 원

(7) 운전면허벌점

위반행위		일반도로	보호구역(어린이, 노인 · 장애인)
속도위반	100km/h 초과	100	120
	80km/h 초과 100km/h 이하	80	120
	60km/h 초과 80km/h 이하	60	120
	40km/h 초과 60km/h 이하	30	60
	20km/h 초과 40km/h 이하	15	30
	20km/h 이내에서 초과	없음	15(어린이)
신호 · 지시위반		15	30
보행자 보호 의무 불이행(정지선위반 포함)		10	20

(8) 벌점으로 구분한 대표 위반행위

벌점 100점	음주운전(혈중 알코올 농도 0.03% 이상 0.08% 미만)
벌점 30점	통행구분 위반(중앙선 침범에 한함)
	고속도로 갓길통행 또는 버스전용차로 다인승전용차로 통행위반
벌점 15점	신호, 지시 위반
	앞지르기 금지시기 · 장소 위반
	운전 중 휴대용 전화 사용
벌점 10점	앞지르기 방법 위반
	보행자 보호 불이행(정지선 위반 포함)
	일반도로 전용차로 통행위반
	안전거리 미확보(진로변경 방법위반 포함)
	안전운전 의무 위반

※ 벌점 등 초과로 인한 운전면허의 취소 · 정지

- 벌점 40점 초과 시 – 면허정지(원칙적으로 1점을 1일로 계산하여 집행)
- 1년간 누산벌점 121점 초과 시 – 면허취소
- 2년간 누산벌점 201점 초과 시 – 면허취소
- 3년간 누산벌점 271점 초과 시 – 면허취소

※ 벌점 감면방법

- 40점 미만의 운전자 : 벌점감경교육 – 20점 감경
- 40점 이상으로 면허가 정지된 운전자 : 특별교통안전 의무교육(or 법규준수교육(권장)) – 면허정지 20일 감경
- 특별교통안전 의무교육(or 법규준수교육(권장))을 마친 후에 현장참여교육을 마친 면허정지처분 운전자 : 면허정지 30일 추가 감경

THEME

03 교통사고처리특례법 및 특정범죄가중처벌 등에 관한 법률

※ 해당 내용은 다음의 법률을 반영하였습니다. 학습 시 참고해주시기 바랍니다.
- 교통사고처리특례법 : 2017년 12월 3일 시행(2016년 12월 2일 개정)
- 특정범죄가중처벌 등에 관한 법률 : 2022년 12월 27일 시행(2022년 12월 27일 개정)

01 교통사고처리특례법

1 목적(법 제1조)

이 법은 업무상 과실 또는 중대한 과실로 교통사고를 일으킨 운전자에 관한 형사처벌 등의 특례를 정함으로써 교통사고로 인한 피해의 신속한 회복을 촉진하고 국민생활의 편익을 증진함을 목적으로 한다.

교통사고로 인한 피해의 신속한 회복 + 국민생활의 편익증진

2 용어의 정의(법 제2조)

(1) 차

「도로교통법」 제2조 제17호 가목에 따른 차(車)와 「건설기계관리법」 제2조 제1항 제1호에 따른 건설기계를 말한다.

① 「도로교통법」 제2조 제17호의 규정에 의한 차
- ㉠ 자동차
- ㉡ 건설기계
- ㉢ 원동기장치자전거
- ㉣ 자전거
- ㉤ 사람 또는 가축의 힘이나 그 밖의 동력으로 도로에서 운전되는 것. 다만, 철길이나 가설된 선을 이용하여 운전되는 것, 유모차, 보행보조용 의자차, 노약자용 보행기 등 행정안전부령으로 정하는 기구·장치는 제외

② 「건설기계관리법」 제2조 제1호의 규정에 의한 건설기계 : 건설기계란 건설공사에 사용할 수 있는 기계로서 대통령령으로 정하는 것을 말한다.

(2) 교통사고

차의 교통으로 인하여 사람을 사상하거나 물건을 손괴하는 것을 말한다.

3 처벌의 특례(법 제3조 제1항)

차의 운전자가 교통사고로 인하여 「형법」 제268조의 죄(업무상 과실 또는 중대한 과실로 인하여 사람을 사상에 이르게 한 자)를 범한 경우에는 5년 이하의 금고 또는 2천만 원 이하의 벌금에 처한다.

4 특례예외단서 12개항(12대 중과실 항목, 법 제3조 제2항)

차의 교통으로 업무상 과실치상죄 또는 중과실치상죄와 차 또는 노면전차의 운전자가 업무상 필요한 주의를 게을리하거나 중대한 과실로 다른 사람의 건조물이나 그 밖의 재물을 손괴한(「도로교통법」 제151조) 죄를 범한 운전자에 대하여는 피해자의 명시적인 의사에 반하여 공소를 제기할 수 없다. 다만, 차의 운전자가 업무상 과실치상죄 또는 중과실치상죄를 범하고도 피해자를 구호하는 등 필요한 조치를 하지 아니하고 도주하거나 피해자를 사고 장소로부터 옮겨 유기하고 도주한 경우, 같은 죄를 범하고 「도로교통법」 제44조 제2항(술에 취한 상태에서의 운전 금지)을 위반하여 음주측정요구에 따르지 아니한 경우(운전자가 채혈 측정을 요청하거나 동의한 경우는 제외한다)와 다음의 하나에 해당하는 행위로 인하여 같은 죄를 범한 경우에는 그러하지 아니하다.

(1) 「도로교통법」 제5조에 따른 신호기가 표시하는 신호 또는 교통정리를 하는 경찰공무원 등의 신호를 위반하거나 통행금지 또는 일시정지를 내용으로 하는 안전표지가 표시하는 지시를 위반하여 운전한 경우

(2) 「도로교통법」 제13조 제3항을 위반하여 중앙선을 침범하거나 같은 법 제62조를 위반하여 횡단, 유턴 또는 후진한 경우

(3) 「도로교통법」 제17조 제1항 또는 제2항에 따른 제한속도를 20km/h 초과하여 운전한 경우

(4) 「도로교통법」 제21조 제1항, 제22조, 제23조에 따른 앞지르기의 방법 · 금지시기 · 금지장소 또는 끼어들기의 금지를 위반하거나 같은 법 제60조 제2항에 따른 고속도로에서의 앞지르기 방법을 위반하여 운전한 경우

(5) 「도로교통법」 제24조에 따른 철길건널목 통과방법을 위반하여 운전한 경우

(6) 「도로교통법」 제27조 제1항에 따른 횡단보도에서의 보행자 보호의무를 위반하여 운전한 경우

(7) 「도로교통법」 제43조, 「건설기계관리법」 제26조 또는 「도로교통법」 제96조를 위반하여 운전면허 또는 건설기계조종사면허를 받지 아니하거나 국제운전면허증을 소지하지 아니하고 운전한 경우. 이 경우 운전면허 또는 건설기계조종사면허의 효력이 정지중이거나 운전의 금지 중인 때에는 운전면허 또는 건설기계조종사면허를 받지 아니하거나 국제운전면허증을 소지하지 아니한 것으로 본다.

(8) 「도로교통법」 제44조 제1항을 위반하여 술에 취한 상태에서 운전을 하거나 같은 법 제45조를 위반하여 약물의 영향으로 정상적으로 운전하지 못할 우려가 있는 상태에서 운전한 경우

(9) 「도로교통법」 제13조 제1항을 위반하여 보도(步道)가 설치된 도로의 보도를 침범하거나 같은 법 제13조 제2항에 따른 보도횡단방법을 위반하여 운전한 경우

(10) 「도로교통법」 제39조 제3항에 따른 승객의 추락 방지의무를 위반하여 운전한 경우

(11)「도로교통법」 제12조 제3항에 따른 어린이 보호구역에서 같은 조 제1항에 따른 조치를 준수하고 어린이의 안전에 유의하면서 운전하여야 할 의무를 위반하여 어린이의 신체를 상해(傷害)에 이르게 한 경우

(12)「도로교통법」 제39조 제4항을 위반하여 자동차의 화물이 떨어지지 아니하도록 필요한 조치를 하지 아니하고 운전한 경우

더 알아보기

일반적인 교통사고의 경우에는 당사자 간에 합의되거나 종합보험 또는 공제조합에 가입되어 있으면 형사처벌을 받지 않는데 사망사고, 사고야기 후 도주(뺑소니), 특례예외단서 12개항에 해당이 될 때는 피해자와 합의를 하더라도 형사입건이 되어 처벌된다. 문제에서 '공소권이 있는 것은' 이라고 자주 묻고 있는데 공소권이 있다는 것은 소가 제기되어 형사입건된다는 말이다. 특례사항은 아주 중요하므로 반드시 암기하도록 한다.

5 보험 등에 가입된 경우의 특례(법 제4조)

교통사고를 일으킨 차가 보험 또는 공제에 가입된 경우에는 해당 차의 운전자에 대하여 공소를 제기할 수 없다. 다만, 법 제3조 제2항의 특례예외단서에 해당하는 경우나 피해자가 신체의 상해로 인하여 생명에 대한 위험이 발생하거나 불구가 되거나 불치 또는 난치의 질병이 생긴 경우나 보험계약 또는 공제계약이 무효로 되거나 해지되거나 계약상의 면책 규정 등으로 인하여 보험회사, 공제조합 또는 공제사업자의 보험금 또는 공제금 지급의무가 없어진 경우에는 그러하지 아니하다.

더 알아보기

- 2009.2.26 헌법재판소 결정(2005헌마764, 2008헌마118 병합)
  「교통사고처리특례법」 제4조 제1항 본문 중 업무상 과실 또는 중대한 과실로 인한 교통사고로 말미암아 피해자로 하여금 중상해에 이르게 한 경우에 공소를 제기할 수 없도록 규정한 부분은 청구인들의 재판절차진술권 및 평등권을 침해하여 헌법에 위반된다.
- 대검찰청 「교통사고처리특례법」 위헌 결정에 따른 업무처리 지침
  - 2009.2.26. 헌법재판소가 「교통사고처리특례법」 제4조 제1항 본문 중 '중상해' 발생의 경우에도 자동차종합보험가입 등을 이유로 공소를 제기할 수 없도록 규정한 부분이 헌법에 위반된다고 선고
  - 위 결정의 적용 시점과 관련해서는, 선고시각인 2009.2.26. 14:36 이후 발생한 교통사고로서 중상해에 해당되는 경우에만 공소를 제기할 수 있도록 함
  - '중상해' 해당 여부에 대하여는 ① 인간의 생명 유지에 불가결한 뇌 또는 주요 장기에 대한 중대한 손상, ② 사지절단 등 신체 중요부분의 상실 · 중대변형 또는 시각 · 청각 · 언어 · 생식 기능 등 중요한 신체 기능의 영구적 상실, ③ 사고 후유증으로 인한 중증의 정신장애, 하반신 마비 등 완치 가능성이 없거나 희박한 중대 질병을 초래한 경우를 우선 '중상해'에 해당하는 것으로 보되, 치료 기간, 노동력 상실률, 의학전문가의 의견, 사회통념 등을 종합적으로 고려하여 개별 사안에 따라 합리적으로 판단하도록 지시하였음
  - 치료가 끝나기 전에 중상해 여부를 판단하기 어려운 사건은 원칙적으로 치료 종료 후 공소제기 여부를 결정하고, 다만 치료가 지나치게 장기화되는 경우에는 중상해의 개연성이 낮으면 공소권 없음 처리 후 추후 중상해에 해당하는 것으로 판명될 경우 재기하여 공소제기토록 하고, 중상해의 개연성이 높은 경우는 시한부 기소중지 제도를 적절히 활용토록 하였음

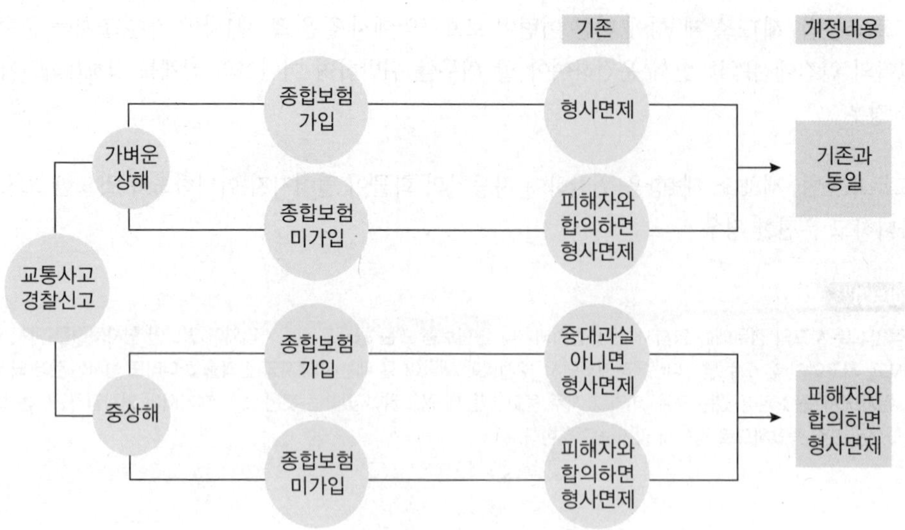

[교통사고 가해자 형사책임]

(1) 보험계약의 체결(「보험업법」 제3조, 동법 시행령 제7조)

누구든지 보험회사가 아닌 자와 보험계약을 체결하거나 중개 또는 대리하지 못한다. 보험회사가 아닌 자와 보험계약을 체결할 수 있는 경우는 다음과 같다.

① 외국보험회사와 생명보험계약 · 수출적하보험계약 · 수입적하보험계약 · 항공보험계약 · 여행보험계약 · 선박보험계약 · 장기상해보험계약 또는 재보험계약을 체결하는 경우

② ① 외의 경우로서 대한민국에서 취급되는 보험종목에 관하여 셋 이상의 보험회사로부터 가입이 거절되어 외국보험회사와 보험계약을 체결하는 경우

③ 대한민국에서 취급되지 아니하는 보험종목에 관하여 외국보험회사와 보험계약을 체결하는 경우

④ 외국에서 보험계약을 체결하고, 보험기간이 지나기 전에 대한민국에서 그 계약을 지속시키는 경우

⑤ 그 외에 보험회사와 보험계약을 체결하기 곤란한 경우로서 금융위원회의 승인을 받은 경우

(2) 공제사업(「화물자동차운수사업법」 제51조)

① 운수사업자가 설립한 협회의 연합회는 대통령령으로 정하는 바에 따라 국토교통부장관의 허가를 받아 운수사업자의 자동차 사고로 인한 손해배상 책임의 보장사업 및 적재물배상 공제사업 등을 할 수 있다.

② ①에 따른 공제사업의 분담금, 운영위원회, 공제사업의 범위, 공제규정, 보고 · 검사, 개선명령, 공제사업을 관리 · 운영하는 연합회의 임직원에 대한 제재, 재무건전성의 유지 등에 관하여는 별도의 규정을 준용한다.

6 벌칙(법 제5조)

3년 이하의 징역 또는 1천만 원 이하의 벌금	• 보험회사 · 공제조합 또는 공제사업자의 사무를 처리하는 사람이 서면을 거짓으로 작성한 경우 • 거짓으로 작성된 문서를 그 정황을 알고 행사한 사람
1년 이하의 징역 또는 300만 원 이하의 벌금	보험회사 · 공제조합 또는 공제사업자가 정당한 사유 없이 서면을 발급하지 아니한 경우

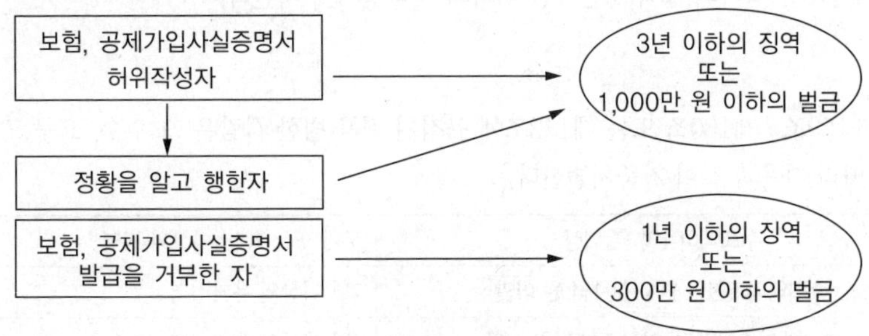

7 양벌규정(법 제6조)

법인의 대표자 · 대리인 · 사용인, 그 밖의 종업원이 그 법인의 업무에 관하여 제5조의 위반행위를 하면 그 행위자를 벌하는 외에 그 법인에도 해당 조문의 벌금형을 과한다. 다만, 법인이 그 위반행위를 방지하기 위하여 해당 업무에 관하여 상당한 주의와 감독을 게을리하지 아니한 경우에는 그러하지 아니하다.

02 특정범죄가중처벌 등에 관한 법률

1 목적(법 제1조)

「형법」 · 「관세법」 · 「조세범처벌법」 · 「지방세기본법」 · 「산림자원의 조성 및 관리에 관한 법률」 및 「마약류관리에 관한 법률」에 규정된 특정범죄에 대한 가중처벌 등을 규정함으로써 건전한 사회질서의 유지와 국민경제의 발전에 이바지함을 목적으로 한다.

2 뇌물죄의 가중처벌(법 제2조)

(1) 수뢰, 사전수뢰(「형법」 제129조)

① 공무원 또는 중재인이 그 직무에 관하여 뇌물을 수수, 요구 또는 약속한 때에는 5년 이하의 징역 또는 10년 이하의 자격정지에 처한다.

② 공무원 또는 중재인이 될 자가 그 담당할 직무에 관하여 청탁을 받고 뇌물을 수수, 요구 또는 약속한 후 공무원 또는 중재인이 된 때에는 3년 이하의 징역 또는 7년 이하의 자격정지에 처한다.

(2) 제3자 뇌물제공(「형법」 제130조)

공무원 또는 중재인이 그 직무에 관하여 부정한 청탁을 받고 제3자에게 뇌물을 공여하게 하거나 공여를 요구 또는 약속한 때에는 5년 이하의 징역 또는 10년 이하의 자격정지에 처한다.

(3) 알선수뢰(「형법」 제132조)

공무원이 그 지위를 이용하여 다른 공무원의 직무에 속한 사항의 알선에 관하여 뇌물을 수수, 요구 또는 약속한 때에는 3년 이하의 징역 또는 7년 이하의 자격정지에 처한다.

(4) 가중처벌

① 「형법」 제129조 · 제130조 또는 제132조에 규정된 죄를 범한 사람은 그 수수, 요구 또는 약속한 뇌물의 가액에 따라 다음과 같이 가중처벌한다.

수뢰액이 1억 원 이상	무기 또는 10년 이상의 징역
수뢰액이 5천만 원 이상 1억 원 미만	7년 이상의 유기징역
수뢰액이 3천만 원 이상 5천만 원 미만	5년 이상의 유기징역

② 「형법」 제129조, 제130조 또는 제132조에 규정된 죄를 범한 사람은 그 죄에 대하여 정한 형(①의 경우를 포함한다)에 수뢰액의 2배 이상 5배 이하의 벌금을 병과(併科)한다.

3 알선수재(법 제3조)

공무원의 직무에 속한 사항의 알선에 관하여 금품이나 이익을 수수, 요구 또는 약속한 사람은 5년 이하의 징역 또는 1천만 원 이하의 벌금에 처한다.

4 도주차량운전자의 가중처벌(법 제5조의3)

(1) 피해자를 구호하는 등의 조치를 취하지 아니하고 도주한 경우

「도로교통법」 제2조에 규정된 자동차 · 원동기장치자전거 또는 「건설기계관리법」 제26조제1항 단서에 따른 건설기계 외의 건설기계의 교통으로 인하여 업무상과실 · 중과실치사상(「형법」 제268조)의 죄를 범한 해당 차량의 운전자(사고운전자라 함)가 피해자를 구호하는 등의 조치를 하지 아니하고 도주한 경우에는 다음의 구분에 따라 가중처벌한다.

피해자를 사망에 이르게 하고 도주하거나, 도주 후에 피해자가 사망한 경우	무기 또는 5년 이상의 징역
피해자를 상해에 이르게 한 경우	1년 이상의 유기징역 또는 500만 원 이상 3천만 원 이하의 벌금

(2) 피해자를 사고장소로부터 옮겨 유기하고 도주한 경우

사고운전자가 피해자를 사고 장소로부터 옮겨 유기하고 도주한 경우에는 다음의 구분에 따라 가중처벌한다.

피해자를 사망에 이르게 하고 도주하거나, 도주 후에 피해자가 사망한 경우	사형 · 무기 또는 5년 이상의 징역
피해자를 상해에 이르게 한 경우	3년 이상의 유기징역

5 운행 중인 자동차 운전자에 대한 폭행 등의 가중처벌(법 제5조의10)

(1) 운행 중(「여객자동차 운수사업법」 제2조 제3호에 따른 여객자동차운송사업을 위하여 사용되는 자동차를 운행하는 중 운전자가 여객의 승차 · 하차 등을 위하여 일시 정차한 경우를 포함한다)인 자동차의 운전자를 폭행하거나 협박한 사람은 5년 이하의 징역 또는 2천만 원 이하의 벌금에 처한다.

(2) 운행 중인 자동차의 운전자를 폭행하거나 협박하여 사람을 상해에 이르게 한 경우에는 3년 이상의 유기징역에 처하고, 사망에 이르게 한 경우에는 무기 또는 5년 이상의 징역에 처한다.

6 위험운전 등 치사상(법 제5조의11)

(1) 음주 또는 약물의 영향으로 정상적인 운전이 곤란한 상태에서 자동차 등을 운전하여 사람을 상해에 이르게 한 사람은 1년 이상 15년 이하의 징역 또는 1천만 원 이상 3천만 원 이하의 벌금에 처하고, 사망에 이르게 한 사람은 무기 또는 3년 이상의 징역에 처한다.

(2) 음주 또는 약물의 영향으로 정상적인 운항이 곤란한 상태에서 운항의 목적으로 「해상교통안전법」 제39조 제1항에 따른 선박의 조타기를 조작, 조작 지시 또는 도선하여 사람을 상해에 이르게 한 사람은 1년 이상 15년 이하의 징역 또는 1천만 원 이상 3천만 원 이하의 벌금에 처하고, 사망에 이르게 한 사람은 무기 또는 3년 이상의 징역에 처한다.

7 어린이 보호구역에서 어린이 치사상의 가중처벌(법 제5조의13)

자동차 등의 운전자가 「도로교통법」 제12조 제3항에 따른 어린이 보호구역에서 같은 조 제1항에 따른 조치를 준수하고 어린이의 안전에 유의하면서 운전하여야 할 의무를 위반하여 어린이(13세 미만인 사람을 말함)에게 「교통사고처리 특례법」 제3조 제1항의 죄를 범한 경우에는 다음의 구분에 따라 가중처벌한다.

(1) 어린이를 사망에 이르게 한 경우에는 무기 또는 3년 이상의 징역에 처한다.

(2) 어린이를 상해에 이르게 한 경우에는 1년 이상 15년 이하의 징역 또는 500만 원 이상 3천만 원 이하의 벌금에 처한다.

우리 인생의 가장 큰 영광은
결코 넘어지지 않는 데 있는 것이 아니라
넘어질 때마다 일어서는 데 있다
-넬슨 만델라-

문제편

제1과목 사회

제2과목 자동차구조원리 및 도로교통법규

교육이란 사람이 학교에서 배운 것을
잊어버린 후에 남은 것을 말한다.

–알버트 아인슈타인–

제1과목

사회

9급 | 사회 예상문제

01 정치와 법

001 다음은 근대 정치사상가 갑과 을의 주장이다. 이들의 견해에 대한 진술로 옳은 것은?

> 갑 : 인간은 자유롭게 태어났지만 어디에서나 쇠사슬에 얽매여 있다. 따라서 인간은 자유와 평등을 제도적으로 보장받기 위하여 계약을 통해 일반의지에 입각한 국가를 구성한다.
> 을 : 자연상태에서 인간은 만인에 대한 만인의 투쟁으로 인하여 야수적이며 단명하는 삶을 영위한다. 이러한 상태에서 벗어나기 위하여 인간은 자신의 권리를 양도하는 계약을 맺고 국가를 수립한다.

① 갑 : 일반의지는 소수의 이익을 대변한다.
② 갑 : 이상적인 정치형태는 입헌군주정이다.
③ 을 : 국가는 수단이 아니라 목적이다.
④ 을 : 정치권력의 정당성은 구성원의 동의에 근거한다.

해설
갑은 루소, 을은 홉스의 사회계약설에 대한 내용이다.
④ 사회계약설은 국가의 정치권력의 정당성이 구성원의 동의에 근거한다고 주장한다.
① 루소가 말하는 일반의지는 공동체의 이익을 대변하는 것이다.
② 루소는 직접민주정치를 주장하였다.
③ 사회계약설은 국가를 기본권 실현의 수단으로 본다.

정답 ④

더 알아보기

사회계약설

구분	홉스	로크	루소
인간의 본성	성악설	환경, 선택에 따라 결정	성선설
자연상태	만인의 만인에 대한 투쟁 상태	극단적 투쟁은 없으나 갈등 상존	자유와 평등 존재
사회계약의 형태	전부 양도설	일부 양도설	양도 불가설
주권이론	군주주권론	국민주권론 (대의제)	국민주권론 (직접 민주주의)
국가형태	절대군주국 (전제군주 정치)	입헌군주국 (대의 민주 정치)	민주공화국 (직접 민주 정치)
저항권	인정하지 않음	인정	언급 없음

002 다음 문서에 대한 설명으로 옳은 것은?

- 국왕은 의회의 동의를 받지 않고 왕권으로 법의 효력을 정지하거나 법의 집행을 정지할 수 있는 권력이 있다는 주장은 위법하다.
- 국왕에게 청원을 하는 것은 국민의 권리이므로 청원을 했다고 해서 구금하거나 박해를 가하는 것은 위법이다.
- 의원 선거는 자유롭게 이루어져야 한다.

① 프랑스 인권 선언의 영향을 받았다.
② 봉건제의 모순을 극복하고 신분제 타파의 계기가 되었다.
③ 전제군주제에서 입헌군주제로 변화하는 기틀을 마련하였다.
④ 보통선거와 평등선거의 원칙을 제시하였다.

해설

제시문은 영국의 명예혁명의 결과물인 권리장전이다.
③ 명예혁명으로 인해 영국은 입헌군주제 및 의회 정치의 기반을 다지게 되었다.
① 명예혁명(1688년)이 프랑스 혁명(1789년)보다 먼저 발생하였다. 따라서 프랑스 인권 선언의 영향을 받을 수 없다.
② 영국의 명예혁명으로 신분제가 타파된 것은 아니다.
④ 영국의 보통선거는 5차 선거법 개정이 이루어진 1928년에 이루어진다.

정답 ③

003 다음 표는 시대별 민주 정치의 일반적인 특징을 나타낸 것이다. (가)~(다)에 대한 설명으로 옳은 것은? (단, (가)~(다)는 각각 고대 아테네, 근대, 현대 민주 정치 중 하나이다)

질문	답변		
	(가)	(나)	(다)
보통 선거권이 보장되는가?	아니요	아니요	예
대의제를 바탕으로 정치가 이루어지는가?	예	아니요	예

① (가)에서는 공직자를 추첨이나 윤번제 등으로 충원하였다.
② (나)에서는 입헌주의와 직접 민주주의가 시행되었다.
③ 영국의 차티스트 운동은 (나)에서 (가)로 발전하는 데 기여하였다.
④ (다)에서는 (가)에서와 달리 여성의 참정권을 인정하였다.

해설
(가)는 근대 민주 정치, (나)는 고대 아테네, (다)는 현대 민주 정치이다.
④ 여성 참정권은 (다) 현대 민주 정치에서 인정되었다.
① 공직자를 추첨이나 윤번제 등으로 충원하는 것은 (나) 고대 아테네 민주 정치이다.
② (나) 고대 아테네는 직접 민주주의이다. 하지만 입헌주의는 시민 혁명 이후에 나타났다.
③ 영국의 차티스트 운동은 (가) 근대 민주 정치에서 (다) 현대 민주 정치로 발전하는 데 기여하였다.

정답 ④

004 (가)와 (나)는 서로 다른 유형의 법치주의이다. 이에 대한 설명으로 옳은 것은?

(가) 법을 통치자의 의사를 실현하는 도구나 수단으로 사용할 수 있다는 점에서 진정한 의미의 법치주의라고 볼 수 없다. 절대 왕정 시대의 법은 곧 왕의 의지를 의미하였고 중국의 법가 사상은 법을 전제 군주의 통치 수단으로 보았다.
(나) 누구도 법과 동등한 권위를 지닐 수 없고, 통치자를 비롯한 모든 사람이 법에 종속된다는 의미를 지니므로 진정한 의미의 법치주의에 해당한다. 여기서 법은 국민의 대표 기관인 의회를 통해 법률로 구체화되므로, 법은 곧 국민의 뜻으로 보았다.

① (가)의 논리는 독재 정부의 지배를 정당화할 수 있다.
② (나)의 논리는 '악법도 법이다.'라는 주장을 지지한다.
③ (가)는 자연법 사상, (나)는 실정법 사상에 입각한 것이다.
④ (가)와 (나)는 모두 정치권력의 합법성과 정당성을 강조한다.

해설

(가)는 형식적 법치주의, (나)는 실질적 법치주의이다.

① (가) 형식적 법치주의는 통치의 합법성만을 강조하는 것으로 독재 정치를 정당화할 수 있다.

② "악법도 법이다."는 법의 제정만 적법하다면 그 내용을 문제 삼지 않는다는 것으로 (가) 형식적 법치주의에 해당한다.

③ 정의에 부합하는 (나) 실질적 법치주의가 자연법 사상에 입각한 것이다.

④ (가) 형식적 법치주의와 (나) 실질적 법치주의 모두 정치권력의 합법성을 강조한다. 하지만 정당성을 강조하는 것은 (나) 실질적 법치주의이다.

정답 ①

005 다음에 제시된 자료와 관련된 설명으로 가장 옳은 것은?

> 제1조 라이히 법률은 라이히 헌법이 규정하고 있는 절차에 의하는 외에, 라이히 정부에 의해서도 의결될 수 있다.
>
> 제2조 라이히 정부가 의결하는 법률에는 라이히 헌법과는 다른 규정을 둘 수 있다.
>
> – 1933년 3월 24일, 국민 및 국가의 위기 극복에 관한 법률 –

① 실질적 법치주의에 대한 설명이다.

② 국민의 자유와 권리 보장이 목적이었다.

③ 사법권의 독립, 탄핵 심판 제도 등은 위 법률과 관계 깊은 제도이다.

④ 통치의 합법성만을 강조하였고, 독재자의 전제를 견제할 수 없었다.

해설

④ 형식적 법치주의는 통치의 합법성, 즉 의회에서의 법률 통과라는 절차만을 강조하고 법의 내용 및 입법 취지 등은 고려하지 않는 것으로 합법적 독재를 가능하게 한다. 이에 히틀러가 이끌던 독일 나치 정권처럼 통치가 합법적이기만 하면 독재 정치도 정당화될 수 있다는 논리로 악용될 수 있다.

① 수권법은 통치 절차가 법률에 근거하여 합법적이기만 하면 그 법의 목적이나 내용에 관계없이 정당화될 수 있다는 형식적 법치주의의 대표적인 예에 해당한다.

② 형식적 법치주의는 국민의 자유와 권리가 침해될 가능성이 높으며, 합법적 독재를 가능하게 한다.

③ 사법권의 독립과 탄핵 심판 제도, 위헌법률심판 등은 실질적 법치주의의 내용이다.

정답 ④

006 다음 법치주의와 민주 정치의 관계에 대한 설명으로 가장 적절한 것은?

> 민주 국가에서 권력 행사의 근거가 되는 법률은 국민의 대표로 구성된 입법부에서 제정하므로 국민의 의사는 입법부를 통해 법률로 구체화된다. 따라서 국민의 의사인 법률에 의거한 지배는 국민의 지배이므로 법치주의는 민주 정치를 실현하는 구체적 방식이다.

① 민주 정치와 법치주의는 상호 보완적인 관계에 있다.
② 법치주의는 민주 정치 이념보다 우선하는 가치이다.
③ 민주 정치를 통해서만 법치주의의 실현이 가능하다.
④ 민주 정치의 이념은 법을 통해서만 보장받을 수 있다.

해설

① 민주 국가에서 권력 행사의 근거가 되는 법률은 국민의 대표로 구성된 입법부에서 제정하므로 국민의 의사는 입법부를 통해 법률로 구체화된다. 따라서 국민의 의사인 법률에 의거한 지배는 국민의 지배이므로 법치주의는 민주 정치를 실현하는 구체적 방식이다. 즉 민주 정치와 법치주의는 상호 보완적인 관계로, 민주 정치의 발전 과정이 곧 법치주의의 확립 과정이다.
② 법치주의는 민주 정치의 이념보다 우선하는 것이 아니라 민주 정치 이념을 실현하기 위한 수단이 된다.
③ 법치주의는 합법적이라는 명분으로 독재를 정당화할 수도 있으므로 민주 정치를 통해서만 실현되는 것은 아니다.
④ 형식적 법치주의의 경우 합법적 독재를 가능하게 하여 민주주의의 이념을 보장받지 못하는 경우가 나타나기도 한다.

정답 ①

007 알몬드(Gabriel Almond)와 버바(Sidney Verba)의 정치문화에 대한 설명으로 옳은 것은?

① 향리형 혹은 신민형 정치문화에서는 시민들이 정책 결정 과정에 참여하려는 의지가 약하다.
② 향리형 정치문화에서는 시민들이 지역뿐만 아니라, 지역을 초월한 국가의 정치 체제를 인식할 수 있다.
③ 신민형 정치문화에서는 시민들이 정부의 권위에 쉽게 복종하지 않는 새로운 유형의 민주적 정치문화가 나타난다.
④ 참여형 정치문화에서는 시민들이 정치 과정의 투입에 활발하게 참여하지만, 정치적 대상에 대한 비판과 지지가 불분명한 경우가 많다.

해설

① 향리형과 신민형 정치문화는 모두 정치 과정의 투입 기능에 대한 인식이 약하다.
② 향리형 정치문화는 정치 체제에 대한 인식이 약하다.
③ 신민형 정치문화는 정치 체제와 산출에 대한 인식이 있으며 권위주의 체제에서 흔히 발견된다.
④ 참여형 정치문화는 시민들이 정치 주체로서의 인식이 강하며, 정치적 대상에 대한 요구와 지지가 분명한 경우가 많다.

정답 ①

008 다음의 자료는 갑(甲)국의 t기와 t+1기의 선거 결과를 나타낸 것이다. 이에 대한 분석 및 추론으로 가장 옳은 것은?(단, 갑국은 전형적인 대통령제 국가이다)

구분	t기	t+1기
A당	40%	60%
B당	32%	37%
C당	25%	2%
기타	3%	1%

※ 두 시기 모두 행정부 수반은 A당 소속임

① t기에 비해 t+1기에는 다수당의 횡포가 감소할 것이다.
② t+1기와 달리 t기에는 연립 정부가 구성되었을 것이다.
③ t기에 비해 t+1기에는 행정부 수반의 법적 권한이 많아졌을 것이다.
④ t+1기에 비해 t기에는 국민의 다양한 의견이 국정에 반영될 가능성이 클 것이다.

해설
전형적인 대통령제 국가라는 전제에서 t기는 A당이 다수당이나 과반수를 넘지 못했으므로 일종의 여소야대 상태로 볼 수 있다.
④ t기는 t+1기와 달리 A당이 과반수를 확보하지 못한 상태이다. 때문에 다른 당과의 협의를 통해서 법률안 등을 만들어야 하는데 이 경우 각 정당에서 모인 국민의 다양한 의견이 국정에 반영될 가능성이 크다.
① t+1기는 A당이 과반수 이상의 의석을 확보했기 때문에 법률안 제정과 개정을 단독으로 진행할 수 있는 상태가 되었다. 따라서 다수당의 횡포가 t기에 비해 증가할 것이다.
② 만약 갑국이 의원내각제였다면 제시된 표의 t기는 과반수를 확보한 정당이 없으므로 연립 정부가 구성되었을 것이다. 그러나 전제로 설정된 전형적인 대통령제 국가에서는 연립 정부가 구성되지 않는다.
③ 대통령제에서 행정부 수반의 권한은 대통령에게 있고, 법적 권한의 범위는 헌법이 정하고 있다. 따라서 대통령이 속한 정당인 A의 의석 비율이 늘어났다고 해서 대통령의 법적 권한이 늘어나지는 않는다.

정답 ④

009 다음의 국가들은 전형적인 대통령제와 의원내각제를 각각 채택하고 있다. 이에 대한 설명으로 옳지 않은 것은?

> 갑국 : 국민의 직접선거로 선출된 행정부 수반인 A가 행정부 각료를 임명하였다.
> 을국 : B가 수반으로 있는 내각이 의회의 불신임의결로 총사퇴하였다.

① A는 국가원수로서의 지위를 가진다.
② B는 의회에서 통과된 법률안에 대한 거부권이 있다.
③ 갑국과 달리 을국의 의회 의원은 내각의 각료를 겸할 수 있다.
④ 갑국의 정부 형태는 권력 분립형이고 을국은 권력 융합형이다.

해설

갑국은 대통령제, 을국은 의원내각제이다.

② 법률안 거부권은 대통령제에 해당한다. 의원내각제의 경우 법률안 거부권이 없고, 내각의 법률안 제출권이 있다.

① 대통령제의 대통령은 행정부 수반이자 국가원수이다.

③ 의원과 각료의 겸직이 가능한 것은 의원내각제이다.

④ 대통령제는 권력 분립형 정부 형태이고, 의원내각제는 권력 융합형 정부 형태이다.

정답 ②

010 **표는 대표 선출 방식 A~C를 나타낸 것이다. 이에 대한 설명으로 옳은 것은?(단, A~C는 각각 다수대표제, 소수대표제, 비례대표제 중 하나이다)**

질문 \ 대표 선출 방식	A	B	C
각 정당의 유효 득표 비율에 따라 의석을 배분하는가?	예	아니요	아니요
소수당의 의회 진출 가능성을 높일 수 있는가?	예	아니요	예

① A는 B에 비해 선거 절차와 방법이 복잡하다.

② B는 A에 비해 정당 득표율과 의석률 간의 차이가 적다.

③ B는 C와 달리 다당제를 촉진한다.

④ C는 B에 비해 사표가 많이 발생한다.

해설

A는 비례대표제, B는 다수대표제, C는 소수대표제이다.

① 비례대표제는 선거구의 규모, 입후보 방식, 선거인의 투표 방법, 유효 투표의 의석 배분 등에 따라 다양한 방식이 존재한다. 이에 절차가 복잡하여 당선인의 결정까지 어려움이 있다. 반면 다수대표제는 한 선거구에서 최다 득표자 한 명만이 당선되기 때문에 선거 절차와 방법이 간단하다. 따라서 일반적으로 비례대표제(A)가 다수대표제(B)에 비해 선거 절차와 방법이 복잡하다.

② 득표율과 의석률 간의 차이가 적은 것, 즉 비례성이 높은 제도는 비례대표제(A)이다.

③ 소수대표제(C)는 최다 득표를 하지 않더라도 당선의 가능성이 있으므로 상대적으로 소수파의 의회 진출에 유리하여 다당제를 촉진하게 된다. 다수대표제(B)는 한 선거구에서 최다 득표를 해야 당선이 될 수 있으므로 상대적으로 거대 정당에게 유리하여 양당제를 촉진하는 경향이 있다.

④ 다수대표제는 최다 득표를 한 후보 이외의 후보에게 투표한 유권자의 표는 모두 사표가 된다. 반면, 소수대표제는 한 선거구에서 복수의 후보가 당선되므로 최다 득표를 한 후보 이외의 후보에게 투표한 유권자의 표도 당선에 기여할 수 있는 가능성이 있기 때문에 사표가 상대적으로 적게 발생한다. 따라서 사표가 많이 발생하는 것은 다수대표제(B)의 특징이다.

정답 ①

011 다음 표는 1인 2표제를 시행하고 있는 A국의 의원 선거 결과이다. A국의 선거 및 정당제도에 대한 일반적인 추론으로 옳은 것은?(단, 지역구는 단순 다수대표제에 의해, 비례대표는 정당의 총 득표수에 비례해서 당선자가 결정된다)

구분	지역구		비례 대표	
전국	선거구 수	의원 정수	선거구 수	의원 정수
	500	500	1	50

① 지역구 선거에서는 현직 의원보다 정치 신인의 당선 가능성이 더 높다.
② 정당별 총 의석수가 정당 득표율만으로 결정된다.
③ 다당제보다 양당제일 가능성이 더 높다.
④ 지역구 의원은 결선 투표로 선출된다.

해설

③ 단순 다수대표제는 양당제 형성을 촉진한다.
① 지역구 선거는 단순 다수대표제이다. 단순 다수대표제는 정치 신인에게 불리하다.
② 정당별 총 의석은 지역구 의석과 비례대표 의석으로 구성된다.
④ 단순 다수대표제는 한 표라도 더 많은 1위 후보자가 당선되는 것이다. 결선 투표는 절대 다수대표제이다.

정답 ③

012 다음은 갑국의 2017년 국회의원선거 결과이다. 이에 대한 설명으로 옳지 않은 것은?

〈지역구 당선자 수 및 정당 득표율〉

정당	지역구 당선자 수(명)	정당 득표율(%)
A	98	43
B	42	32
C	24	15
D	36	10

〈조 건〉

- A, B, C, D 소속 후보들만 국회의원선거에 참가하였다.
- 1인 2표제를 통하여 지역구 의원 200명과 비례대표 의원 100명을 선출하였다.
- 지역구별로 최소 2명에서 최대 4명까지 득표가 많은 순으로 당선자를 확정하였다.
- 정당 득표율에 비례하여 비례대표 의석을 배분하였으며, 정당 득표율은 소수점 첫째 자리에서 반올림하여 산정하였다.

① 2017년 갑국의 지역구 국회의원선거 선거구제는 2014년 우리나라 지역구 기초의회선거 선거구제와 동일하다.

② 2017년 갑국의 지역구 국회의원선거 선거구제는 2016년 우리나라 지역구 국회의원선거 선거구제에 비해 군소정당이 의석을 확보하는 데 더 유리하다.

③ 2017년 갑국의 국회의원선거에서 A~D 중 어느 정당도 과반수 의석을 차지하지 못하였다.

④ 2017년 갑국의 국회의원선거에서 B와 D의 지역구 의석 점유율 합은 B와 D의 정당 득표율 합보다 더 크다.

해설

④ 2017년 갑국의 국회의원선거에서 B당의 지역구의 의석 점유율은 21%(200석 중 42석), D당의 지역구 의석 점유율은 18%(200석 중 36석)이고, 이들의 합은 39%이다. 따라서 B당과 D당의 정당 득표율의 합인 42%보다 작다.

① 세 번째 조건에서 갑국의 지역구 국회의원선거 선거구제는 중선거구제임을 알 수 있고, 이는 2014년 우리나라 지역구 기초의회선거 선거구제와 동일하다.

② 2017년 갑국은 중선거구제이고, 2016년 우리나라 지역구 국회의원선거 선거구는 소선거구제이다. 중선거구제는 소선거구제보다 군소정당이 의석수를 확보하는 데 유리하다.

③ A~D 중 의석수를 가장 많이 확보한 A당은 지역구 98석, 정당 득표율에 따른 43석을 합한 141석을 차지했고 이는 과반수에 미치지 못한다.

정답 ④

013 선거구 제도에 대한 설명으로 옳지 않은 것은?

① 소선거구제는 대표 결정 방식 중 다수대표제와 결합하여 시행되는 것이 일반적이다.

② 우리나라는 국회의원 지역구 선거, 지방자치단체장 및 기초의회의원 선거에서 소선거구제를 적용하고 있다.

③ 소선거구제는 중 · 대선거구제에 비해 선거 비용이 적게 들고, 인기가 높은 후보나 주요 정당 후보에게 유리할 수 있다.

④ 소선거구제는 중 · 대선거구제에 비해 사표(死票)가 많이 발생할 수 있으며, 정당 득표율과 정당 의석률의 불일치가 심화될 수 있다.

해설

② 우리나라는 국회의원 지역구 선거, 지방자치단체장, 광역의회의원 선거에서 소선거구제를 적용하고 있다. 기초의회의원 선거는 2~4명을 선출하는 중선거구제를 적용하고 있다.

① 일반적으로 소선거구제는 다수대표제와 결합하여 시행된다.

③ 소선거구제는 선거 비용이 적게 들고, 인기가 높은 후보나 기존 대정당 후보에게 유리할 수 있다.

④ 소선거구제는 사표(死票)가 가장 많이 발생하는 선거 제도로, 정당 득표율과 정당 의석률의 불일치가 심화되는, 즉 비례성이 낮은 선거구 제도이다.

정답 ②

014 밑줄 친 (가), (나)에 대한 설명으로 가장 옳은 것은?

> 영국 총선이 단독 과반을 얻은 보수당의 압승으로 끝난 가운데 영국의 군소 정당들이 선거 제도 개혁을 촉구하였다. 대부분의 유럽 국가들은 (가) 비례대표 선거 제도를 채택하고 있지만, 영국의 선거 제도는 (나) 각 지역구에서 1표라도 더 많은 표를 획득한 후보가 당선되는 시스템이다. 영국의 군소 정당 중 하나인 UKIP(영국 독립당)는 지난 7일 치러진 총선에서 전국적으로 400만 표(13%의 득표율)를 얻어 보수당과 노동당에 이어 3위를 차지했지만, 전체 650개 의석 중 단 1석을 얻는 데 그쳤다.

① (가)를 통해 우리나라 국회의원, 광역지방자치단체의 장이 선출된다.

② (가)는 군소 정당들의 국회 진출에 부정적 영향을 미친다.

③ (나)는 사회의 다원적인 정치적 의사를 충분히 반영한다.

④ (가)보다 (나)에서 사표 발생 가능성이 더 높다.

해설

(가)는 비례대표제, (나)는 상대 다수대표제이다.

④ 사표 발생의 가능성이 높은 것은 상대 다수대표제이다.

① 우리나라 국회의원은 지역구 소선거구제 · 상대 다수대표제와 전국구 비례대표제로 선출되며, 광역지방자치단체장은 상대 다수대표제로 선출된다.

② 비례대표제는 군소 정당들의 국회 진출에 유리한 선거 제도이다.

③ 1표라도 많은 표를 획득한 후보가 당선되는 시스템은 상대 다수대표제이다. 상대 다수대표제는 사회의 다양한 의사를 반영하는 데 어려움이 있다.

정답 ④

015 다음은 2010년 우리나라 어느 선거구의 기초의원 선거 개표 결과이다. 이 표에 나타난 선거구제에 대한 설명으로 옳은 것은?

선거인 수	투표 수	결과	당선	당선	3등	4등	5등
		후보자	송OO	김OO	김OO	나OO	박OO
39,899	22,375	득표수	6,451	5,383	4,810	3,099	1,348
		득표율(%)	28.83	24.06	21.50	13.85	6.02

※ 6등 이하는 생략함

① 정당에 대한 투표율과 의석 비율이 일치하도록 만든 제도이다.

② 국회의원 선거도 동일한 선거구제를 운용하고 있다.

③ 광역의원 선거보다 사표(死票)가 줄어든다.

④ 절대 다수대표제와 연결된 선거구제이다.

해설

우리나라의 기초의원 선거는 중선거구제이다.

③ 광역의원 선거의 경우 소선거구제이다. 일반적으로 소선거구제가 중선거구제에 비해 사표가 많이 발생한다.

① 정당에 대한 투표율과 의석 비율이 일치하도록 만든 제도는 비례대표 제도이다.

② 국회의원 선거는 정당 명부식 비례대표제를 통한 전국구와 소선거구제를 통한 지역구로 구성된다.

④ 중선거구제는 소수대표제이다.

정답 ③

016 우리나라 선거 제도에 대한 설명으로 옳지 않은 것은?

① 헌법에 선거 공영제를 명시적으로 규정하고 있다.

② 국회의원 선거구는 법률로 정해야 하고, 이를 중립적으로 획정하기 위해 국회에 선거구 획정위원회를 두고 있다.

③ 국회의원 선거에서는 소선거구 다수대표제 이외에 소수 의견을 존중하기 위해 정당명부식 비례대표제를 병행하여 1인 2표제를 시행하고 있다.

④ 19세 이상의 국민에게 대통령 및 국회의원의 선거권을 부여하여 보통선거 제도를 보장하고 있다.

해설

② 선거구 획정위원회의 경우 과거 국회에 두는 것이 맞으나 2015년 6월부터는 중앙선거관리위원회에 선거구 획정위원회를 두는 것으로 변경되었다.

① 대한민국 헌법 제7장 선거 관리(제114조~제116조)는 대한민국 헌법에서 선거 관리에 대해 기술하고 있는 장이다. 즉 헌법은 선거 관리에 대해 규정하고 있다.

③ 우리나라 총선은 소선거구 다수대표제의 지역구와 정당명부식 비례대표의 전국구 선거로 구성되며 1인 2표제이다.

④ 성별, 재산, 인종, 종교 등의 차별 없이 일정 연령 이상의 모든 국민에게 선거권을 부여하는 것을 보통선거라 한다.

정답 ②

017 우리나라 국회의원 선거에서의 표 등가성 원리에 대한 설명으로 옳은 것만을 모두 고른 것은?

<보 기>

ㄱ. 평등선거 원칙에 따라 일정 연령 이상의 모든 국민에게 선거권을 부여한다.

ㄴ. 게리맨더링이란 용어는 1812년 미국 매사추세츠 주지사 게리가 표 등가성 원리에 위배된 선거구를 획정한 데에서 나왔다.

ㄷ. 소선거구제에서 인구수가 선거구 간에 크게 다르다면 표 등가성 원리에 어긋날 수 있다.

ㄹ. 현행 국회의원 선출 방식에서 한 유권자가 행사하는 지역구 1표의 가치는 그가 행사하는 비례대표 1표의 가치보다 작다.

ㅁ. 표 등가성 원리에 어긋난 선거구는 헌법재판소가 다시 획정한다.

① ㄷ
② ㄷ, ㄹ
③ ㄱ, ㄷ, ㄹ
④ ㄴ, ㄷ, ㅁ

해설

표의 등가성이란 1표의 투표 가치가 대표자 선정이라는 선거의 결과에 대하여 기여한 정도에 있어서 평등해야 함을 의미한다.

ㄷ. 선거구 간 인구수 편차를 고려하는 것은 평등선거와 관련된다. 우리나라 헌법재판소는 "지역구별 인구 편차는 2대1을 넘지 않게 변경하는 것이 타당하다."라고 밝혔다.

ㄱ. 일정 연령 이상의 모든 국민에게 선거권을 부여하는 것은 보통선거의 원칙에 관한 내용이다.

ㄴ. 특정 정당이나 특정 인물에 유리하도록 자의적으로 선거구를 획정하는 것을 가리켜 게리맨더링이라고 한다. 1812년 미국의 매사추세츠 주지사였던 게리(E. Gerry)가 자기 소속 정당인 공화당에 유리하게 의원 선거구를 조정하였는데, 그리스 신화에 나온 '샐러맨더'와 같은 모양의 기형적인 선거구가 만들어진 것을 풍자하여 게리맨더링이라는 이름이 붙게 되었다. 이후 게리맨더링을 극복하기 위해 법률로 선거구를 획정하는 선거구 법정주의가 등장하였다.

ㄹ. 우리나라 비례대표는 전국을 단위로 투표하며 47명의 국회의원이 선출된다. 이에 비해 지역구는 253개의 선거구에서 253명의 국회의원이 선출된다. 따라서 현행 국회의원 선출 방식에서 한 유권자가 행사하는 지역구 1표의 가치는 그가 행사하는 비례대표 1표의 가치보다 크다.

ㅁ. 우리나라 국회의원 선거구 획정은 중앙선거관리위원회 산하 국회의원 선거구 획정위원회에서 이루어진다.

정답 ①

018 우리나라의 정당 제도에 대한 설명으로 옳지 않은 것은?

① 정당은 공직 선거에 참여하거나 여론을 형성하고 주도하는 등 국민의 정치적 의사 형성에 참여할 수 있다.

② 정당의 목적이나 활동이 민주적 기본 질서에 위배될 때에는 국회는 헌법재판소에 정당의 해산을 제소할 수 있다.

③ 정당은 법률이 정하는 바에 의하여 그 운영에 필요한 자금을 국가로부터 보조받을 수 있다.

④ 정당의 설립은 자유이고, 복수 정당제는 헌법에서도 보장된다.

해설

② 헌법재판소에 정당의 해산을 제소할 수 있는 기관은 정부이다.

① 정당은 후보자 공천 등을 통해 공직 선거에 참여하고, 여론 형성을 통해 국민의 정치적 의사 형성에 참여할 수 있다.

③ 「정치자금법」 제25조에 따라 국가는 정당에 대한 보조금으로 최근 실시한 임기 만료에 의한 국회의원 선거의 선거권자 총수에 보조금 계상 단가를 곱한 금액을 매년 예산에 계상하여야 한다. 이 경우 임기 만료에 의한 국회의원 선거의 실시로 선거권자 총수에 변경이 있는 때에는 당해 선거가 종료된 이후에 지급되는 보조금은 변경된 선거권자 총수를 기준으로 계상하여야 한다.

④ 헌법 제8조 제1항에 따르면 정당의 설립은 자유이며, 복수 정당제는 보장된다.

정답 ②

019 다음의 헌법 조항에 나타난 헌법의 기본원리를 실현하기 위한 방안에 해당하는 것만을 〈보기〉에서 모두 고른 것은?

> 제1조
> ① 대한민국은 민주 공화국이다.
> ② 대한민국의 주권은 국민에게 있고, 모든 권력은 국민으로부터 나온다.

> 〈보 기〉
> ㄱ. 선거권과 공무담임권의 보장
> ㄴ. 언론 · 출판 · 집회 · 결사의 자유 보장
> ㄷ. 대의제의 채택
> ㄹ. 최저임금제의 실시

① ㄱ, ㄴ
② ㄷ, ㄹ
③ ㄱ, ㄴ, ㄷ
④ ㄴ, ㄷ, ㄹ

해설
제시문에 나타난 헌법의 기본원리는 국민 주권주의이다.
ㄱ. 선거권과 공무담임권의 보장은 국민 주권을 실현하기 위한 제도이다.
ㄴ. 언론 · 출판 · 집회 · 결사의 자유는 국민 주권을 실현하기 위한 제도이다.
ㄷ. 대의제의 채택은 국민 주권주의를 실현하기 위한 제도이다.
ㄹ. 최저임금제 실시는 복지 국가의 원리를 실현하기 위한 제도이다.

정답 ③

020 다음 법률 조항에서 강조되는 우리나라 헌법의 기본원리에 대한 설명으로 옳은 것은?

> • 이 법은 환경 보전에 관한 국민의 권리 · 의무와 국가의 책무를 명확히 하고 환경 정책의 기본 사항을 정하여 환경오염과 환경 훼손을 예방하고 환경을 적정하고 지속 가능하게 관리 · 보전함으로써 모든 국민이 건강하고 쾌적한 삶을 누릴 수 있도록 함을 목적으로 한다.
> – 환경 정책 기본법 제1조 –
> • 이 법은 헌법에 의한 근로자의 단결권 · 단체 교섭권 및 단체 행동권을 보장하여 근로 조건의 유지 · 개선과 근로자의 경제적 · 사회적 지위의 향상을 도모하고, 노동관계를 공정하게 조정하여 노동 쟁의를 예방 · 해결함으로써 산업 평화의 유지와 국민 경제의 발전에 이바지함을 목적으로 한다.
> – 노동조합 및 노동관계 조정법 제1조 –

① 국가로부터의 자유를 실현하기 위한 원리이다.
② 실질적 평등보다 형식적 평등을 실현하기 위한 것이다.
③ 국가가 문화 활동의 자유를 보장해야 한다는 원리이다.
④ 모든 국민의 인간다운 생활을 보장하기 위한 국가의 적극적인 역할을 강조한다.

해설

제시된 글에 나타난 헌법의 기본원리는 복지 국가의 원리이다.

④ 국민의 인간다운 생활을 보장하기 위해 국가의 적극적인 역할을 강조하는 것은 복지 국가의 원리에 해당한다.

① 국가로부터의 자유는 자유권을 의미한다.

② 복지 국가의 원리는 실질적 평등을 실현하기 위한 것이다.

③ 국가가 문화 활동의 자유를 보장해야 한다는 원리는 문화 국가의 원리이다.

정답 ④

021 기본권에 대한 설명 중 가장 적절한 것은?

① 평등권이란 선천적 · 후천적 차이를 인정하는 상대적 · 비례적 평등을 보장받을 권리이다.

② 자유권은 가장 역사가 오래된 기본권으로, 국가에 대해 구체적인 것을 요구하는 적극적 성격의 권리이다.

③ 참정권은 다른 기본권과는 달리 국가 의사 결정에 참여할 수는 있지만 국가 기관의 구성에는 참여할 수 없는 수단적 권리이다.

④ 사회권은 사회 내에서 인간의 존엄을 지키기 위해 최소한의 생활 유지에 필요한 조건을 요구할 수 있는 소극적 권리이다.

해설

① 평등권은 국가에 대하여 합리적인 이유 없이 불평등한 대우를 받지 않고, 정의의 관점에서 평등한 대우를 요구할 수 있는 권리이다. 평등이란 일체의 차별적 대우를 부정하는 절대적 · 형식적 평등이 아니라, 각 사람이 처한 상황이나 여건이 다르면 그 차이에 따라 적절하게 대우해 주는 상대적 · 실질적 평등을 의미한다. 즉, 평등권은 무조건적 평등이 아닌 선천적 · 후천적 차이를 인정하는 상대적 · 비례적 평등을 보장받을 권리이다.

② 자유권은 역사적으로 가장 오래된 기본권이지만 소극적 · 방어적 성격의 권리이다. 자유권은 국가에 대해 무엇인가를 적극 요구하는 것이 아니라 국가 권력이 행사되지 않음으로써 보장되는 소극적 권리이다.

③ 참정권은 국민이 국가의 정치 과정에 참여할 수 있는 능동적 권리이다. 수단적 권리는 국가나 개인에 의하여 기본권이 침해당했을 때, 이를 구제받을 수 있도록 하는 기본권으로, 기본권 보장을 위한 기본권인 청구권을 의미한다.

④ 사회권은 모든 사회 구성원들에게 최소한의 인간다운 생활을 보장하고 실질적 평등을 누릴 수 있도록 하는 기본권이다. 이는 국가에 적극적으로 요구할 수 있는 권리이다.

정답 ①

022 **헌법상 기본권에 대한 설명으로 옳지 <u>않은</u> 것은?**

① 국민의 기본권을 제한하는 경우에도 기본권의 본질적인 내용을 침해할 수 없다.
② 과잉금지의 원칙에서 수단의 적합성을 충족하지 못하더라도 침해의 최소성과 법익의 균형성을 충족한 국가작용은 합헌적인 국가작용이다.
③ 국민의 자유와 권리는 헌법에 열거되지 아니한 이유로 경시되지 아니한다.
④ 참정권은 국정에 참여할 수 있는 능동적 권리로 선거권, 공무담임권 등이 이에 속한다.

해설

② 헌법 제37조 제2항에서 기본권 제한의 수단으로 비례원칙을 규정하고 있으며, 헌법재판소는 비례원칙의 내용으로 목적의 정당성, 방법의 적정성, 침해(피해)의 최소성, 법익의 균형성을 들고 있다. 헌법재판소는 단계적 심사를 하며, 수단의 적합성을 충족하지 못한 경우에는 침해의 최소성과 법익의 균형성을 충족한다고 하더라도 위헌적인 국가작용에 해당한다.
① 국민의 모든 자유와 권리는 국가안전보장 · 질서유지 또는 공공복리를 위하여 필요한 경우에 한하여 법률로써 제한할 수 있으며, 제한하는 경우에도 자유와 권리의 본질적인 내용을 침해할 수 없다.
③ 국민의 자유와 권리는 헌법에 열거되지 아니한 이유로 경시되지 아니한다.
④ 참정권은 능동적인 성격을 지니며, 이에는 선거권과 피선거권(공무담임권) 등이 있다.

정답 ②

023 **다음은 어떤 기본권에 대한 설명이다. 이에 대한 옳은 설명을 〈보기〉에서 고른 것은?**

> 타인의 범죄 행위로 말미암아 생명을 잃거나 신체상의 피해를 입은 국민이나 그 유족이 가해자로부터 충분한 피해 보상을 받지 못한 경우에 국가에 대하여 일정한 보상을 청구할 수 있는 권리이다. 이를 정하는 이유는 국가가 범죄로부터 국민을 보호할 의무를 다하지 못하였다는 점과 그 범죄피해자들에 대한 최소한의 구제가 필요하다는 데 있다.

〈보 기〉

ㄱ. 소극적이고 방어적인 특성이 있다.
ㄴ. 명예 회복에 필요한 조치도 함께 요청할 수 있는 권리이다.
ㄷ. 실체적 권리를 실현하는 적극적 권리이다.
ㄹ. 다른 기본권이 그 자체가 목적인 것과는 달리 이 기본권은 수단적 권리이다.

① ㄱ, ㄴ　　② ㄱ, ㄹ
③ ㄴ, ㄷ　　④ ㄷ, ㄹ

해설

범죄피해자구조 청구권으로 청구권에 해당한다.

ㄷ. 청구권은 국민이 국가에 대하여 적극적으로 일정한 행위(작위 또는 부작위)를 청구할 수 있는 적극적 권리이다.

ㄹ. 청구권은 다른 기본권 보장을 위한 수단적 권리이다.

ㄱ. 소극적이고 방어적인 특성을 가지는 것은 자유권이다.

ㄴ. 청구권의 내용과는 관련이 없다.

정답 ④

024 (가)~(다)와 이에 해당하는 구체적인 권리가 옳게 짝지어진 것은?

> (가) 국민이 국가 권력에 의한 간섭을 받지 않을 소극적 방어권
> (나) 국민이 국가의 정치 과정에 적극적으로 참여할 수 있는 권리
> (다) 국민이 인간다운 생활을 누리기 위해 필요한 조건을 국가에 요구할 수 있는 권리

	(가)	(나)	(다)
①	집회 · 결사의 자유	손실보상 청구권	환경권
②	양심의 자유	국민투표권	교육을 받을 권리
③	언론 · 출판의 자유	근로자의 단결권	선거권
④	재판청구권	공무담임권	재산권

해설

(가)는 자유권, (나)는 참정권, (다)는 사회권에 해당한다.

② 양심의 자유는 정신적 자유로 자유권에 해당한다. 국민투표권은 참정권이며, 교육을 받을 권리는 사회권에 해당한다.

① 집회 · 결사의 자유는 자유권에 해당하며, 환경권은 사회권에 해당한다. 하지만 손실보상 청구권은 청구권이다.

③ 언론 · 출판의 자유는 자유권이다. 하지만 근로자의 단결권은 사회권이며, 선거권은 참정권의 내용이다.

④ 공무담임권은 참정권이다. 재판청구권은 청구권이며, 재산권은 자유권에 해당한다.

정답 ②

025 **표는 현재 우리나라 정치에서 발생할 수 있는 정치적 쟁점에 대한 A, B 정당의 입장을 정리한 것이다. 이에 대한 설명으로 옳은 것은?**

쟁점	A당 입장	B당 입장
헌법 개정 논의	시기상조이므로 반대	㉠ 개헌안 발의
㉡ ○○ 정책에 대한 국민투표	찬성	반대
㉢ ○○법 개정안 재의	㉣ 본회의 표결 처리	국민적 합의 필요

① ㉠은 국회 재적 의원 10명 이상이 동의하면 가능하다.
② ㉡은 국회 재적 의원 2/3 이상의 찬성으로 실시 가능하다.
③ ㉢은 국회에서 부결된 법안을 대상으로 한다.
④ ㉢이 ㉣을 통과하여 이송되면 대통령은 지체 없이 공포해야 한다.

해설

④ 대통령은 국회의 재의에 의하여 확정된 법률을 지체 없이 공포하여야 한다. 하지만 국회에서 재의결되어 확정된 법률이 정부에 이송된 후 5일 이내에 대통령이 공포하지 아니할 때에는 국회의장이 이를 공포한다.
① 국회의 개헌안 발의는 재적 의원 과반수의 찬성이 있어야 한다.
② 대통령은 필요하다고 인정할 때에는 외교 · 국방 · 통일 기타 국가 안위에 관한 중요 정책을 국민투표에 붙일 수 있다. 이는 임의적 국민투표이다. 국회 재적 의원 2/3 이상의 찬성과는 무관하다.
③ 국회에서 부결된 안건은 동일 회기 중 다시 발의 또는 제출되지 못한다. 재의결은 대통령의 거부권 행사에 따른 것이다.

정답 ④

026 **〈보기〉는 헌법 개정 절차이다. 밑줄 친 ㉠~㉣에 대한 설명으로 가장 옳은 것은?**

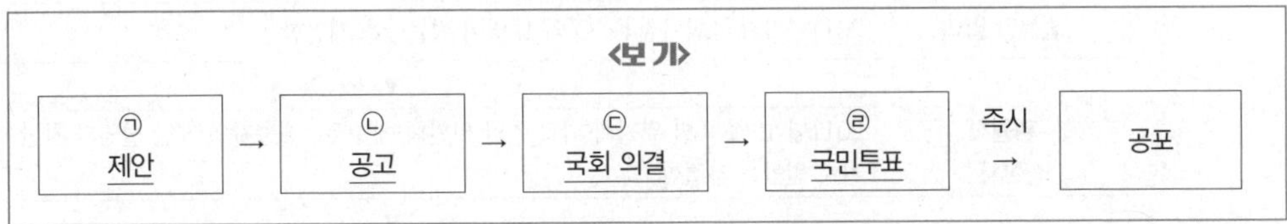

① 국회에서 ㉠을 하기 위해서는 국회 재적 의원 과반수의 찬성을 얻고, 국무회의 심의를 거쳐야 한다.
② ㉡은 20일 이상의 기간 동안 국회의장이 한다.
③ ㉢은 헌법 개정안이 공고된 날로부터 90일 이내에 이루어져야 하며, 국회 재적 의원 2/3 이상의 찬성을 얻어야 한다.
④ ㉣은 헌법 개정안을 국회가 의결한 후 30일 이내에 이루어져야 하며, 국회의원선거권자 과반수의 투표와 투표자 과반수의 찬성을 얻으면 헌법 개정안은 확정된다.

해설

④ 헌법 개정안은 국회가 의결한 후 30일 이내에 국민투표에 붙여 국회의원선거권자 과반수의 투표와 투표자 과반수의 찬성을 얻어야 한다.

① 헌법 개정은 국회 재적 의원 과반수 또는 대통령의 발의로 제안된다. 따라서 국무회의의 심의는 필요하지 않다.

② 제안된 헌법 개정안은 대통령이 20일 이상의 기간 동안 공고하여야 한다.

③ 국회는 헌법 개정안이 공고된 날로부터 60일 이내에 의결하여야 하며, 국회의 의결은 재적 의원 3분의 2 이상의 찬성을 얻어야 한다.

정답 ④

더 알아보기

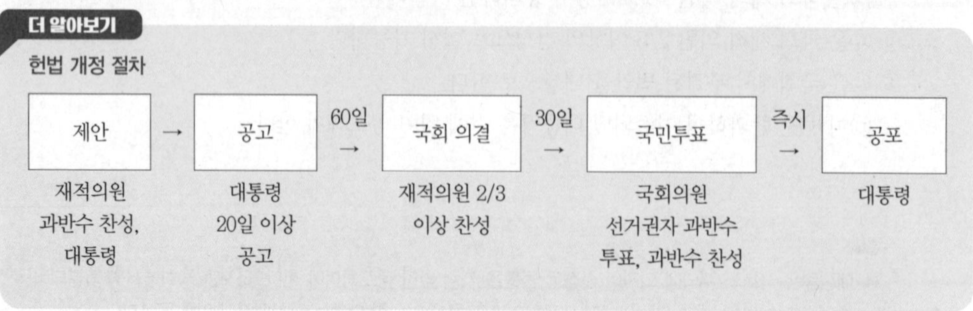

027 학교 폭력 예방 및 대책에 관한 법률이라는 법률 제정 및 개정 절차이다. 이에 대한 설명으로 가장 적절하지 않은 것은?

	구분	내용
①	법률안 발의	2011년 6월 국회의원 OOO 외 12명이 법률안을 제안함
②	위원회 심사	2011년 12월 특별 위원회(외교 통일 위원회)에 회부, 제출자의 제안 설명과 찬반 토론을 거쳐 원안을 가결함
		…(중략)…
③	본회의 상정 및 가결	2011년 12월 국회 재적 의원 과반수 출석과 출석 의원 과반수 찬성으로 원안을 가결함
④	공포	국회에서 의결된 법률안은 정부로 이송되어 15일 이내에 대통령이 공포함

해설

② 법률안은 관련 상임 위원회에서 심사한다. 외교 통일 위원회는 외교 통일 관련 상임 위원회에 해당한다.

① 법률안 발의는 국회의원 10명 이상으로 이루어진다.

③ 법률안의 가결은 재적 의원 과반수 출석과 출석 의원 과반수 찬성으로 가결한다.

④ 국회에서 의결된 법률안은 정부 이송 후 15일 이내에 대통령이 공포한다.

정답 ②

028 우리나라 국회에 대한 설명으로 옳지 않은 것은?

① 국회의원의 수는 법률로 정하되, 200인 이상으로 한다.

② 국회는 대통령의 일반 사면에 대한 동의권을 갖지만, 특별 사면에 대하여는 동의권을 갖지 않는다.

③ 국회는 의사 결정의 효율화를 위하여 위원회 제도와 교섭 단체 제도를 두고 있다.

④ 휴회 중인 경우 대통령의 요구로 재개되지 않지만, 국회 재적 의원 4분의 1 이상의 요구로는 재개된다.

해설

④ 대통령의 요구로도 가능하다. 대통령 또는 국회 재적 의원 4분의 1 이상 요구 시, 국회의 회의를 재개한다.

① 국회의원의 수는 법률로 정하되, 200인 이상으로 한다. 국회의원의 헌법상 정수는 200인 이상이고, 공직선거법상 정수는 300명이며 임기는 4년이다.

② 대통령의 사면권에 대한 국회 동의는 일반 사면에 한한다. 특별 사면은 대통령의 고유 권한이다.

③ 위원회 제도와 교섭 단체는 국회 운영의 원활화와 관련된다. 교섭 단체는 국회에서 일정한 정당 또는 원내 단체에 소속하는 의원들의 의사를 사전에 통합 · 조정하여 정파 간 교섭의 창구 역할을 하도록 함으로써 국회의 의사를 원활하게 운영하려는 데 있다.

정답 ④

029 국회의원의 면책 특권과 불체포 특권에 대한 설명으로 옳지 않은 것은?

① 국회의원이 직무상 행한 표결은 면책 특권의 대상이 되지 않는다.

② 국회의원이 국회에서 직무상 행한 발언에 대해 국회 내에서의 책임이 면제되는 것은 아니다.

③ 헌법은 국회의 회기 중에 한하여 불체포 특권을 인정하고 있다.

④ 현행 범인인 경우에는 국회의원의 불체포 특권이 인정되지 않는다.

해설

① 국회의원이 직무상 행한 표결과 발언은 면책의 대상이다.

② 국회의원의 면책 특권은 법률적 책임의 면책으로 민사상 손해 배상의 책임과 형사상 소추가 되지 않는 것이다. 이때 정치적 책임은 면책의 대상이 되지 않는다.

③ 국회의원은 회기 중 국회의 동의 없이 체포 또는 구금되지 않는다고 할 때 회기 중이란 집회일로부터 폐회일까지를 말한다.

④ 현행 범인인 경우에는 불체포 특권이 적용되지 않는다.

정답 ①

030 우리나라 대통령과 행정부에 대한 설명으로 옳은 것끼리 묶인 것은?

ㄱ. 행정 각부의 장은 국무위원 중에서 국무총리의 제청으로 대통령이 임명한다.
ㄴ. 감사원장은 국회의 동의를 얻어 대통령이 임명하고 그 임기는 4년이다.
ㄷ. 대통령은 긴급 재정 · 경제 처분 및 명령을 발포 후 국회에 보고하여 동의를 얻어야 한다.
ㄹ. 국무회의는 정부의 권한에 속하는 중요한 정책을 의결한다.

① ㄱ, ㄴ
② ㄱ, ㄷ
③ ㄴ, ㄷ
④ ㄴ, ㄹ

해설

ㄱ. 행정 각부의 장은 국무위원 중에서 국무총리의 제청으로 대통령이 임명한다.

ㄴ. (감사)원장은 국회의 동의를 얻어 대통령이 임명하고, 그 임기는 4년으로 하며, 1차에 한하여 중임할 수 있다.

ㄷ. • 대통령은 내우 · 외환 · 천재 · 지변 또는 중대한 재정 · 경제상의 위기에 있어서 국가의 안전보장 또는 공공의 안녕 질서를 유지하기 위하여 긴급한 조치가 필요하고 국회의 집회를 기다릴 여유가 없을 때에 한하여 최소한으로 필요한 재정 · 경제상의 처분을 하거나 이에 관하여 법률의 효력을 가지는 명령을 발할 수 있다.
• 대통령은 국가의 안위에 관계되는 중대한 교전 상태에 있어서 국가를 보위하기 위하여 긴급한 조치가 필요하고 국회의 집회가 불가능한 때에 한하여 법률의 효력을 가지는 명령을 발할 수 있다.
• 대통령은 위의 처분 또는 명령을 한 때에는 지체 없이 국회에 보고하여 그 승인을 얻어야 한다.

ㄹ. 국무회의는 정부의 권한에 속하는 중요한 정책을 결정하는 것이 아니라 심의한다.

정답 ①

031 헌법 기관 (A)에 대한 설명으로 옳은 것은?

> 과거에는 '개인의 성과 본관이 같은 사람끼리 결혼을 할 수 없다.'는 민법 조항으로 인해 동성동본(同姓同本) 사이에 혼인을 할 수 없었다. 이에 대해 (A)은/는 동성동본 혼인을 일괄적으로 금지하는 민법 조항에 대해 '인간으로서의 존엄과 가치 및 행복 추구권'을 정한 헌법의 이념과 평등의 원칙에 어긋난다며 헌법에 합치하지 않는다는 결정을 내렸다.

① 사법부의 최고 기관이다.
② 위헌법률심판 제청권을 가진다.
③ 국가 기관 상호 간의 권한에 대한 다툼을 심판한다.
④ 법률이 정한 공무원에 대한 탄핵 소추를 의결한다.

해설

자료에서 설명하고 있는 (A)는 헌법재판소이다.

③ 국가 기관 상호 간의 권한에 대한 다툼을 심판하는 것은 권한쟁의 심판으로 헌법재판소가 담당한다.
① 사법부의 최고 기관은 대법원이다.
② 위헌법률심판 제청권을 가지는 것은 법원이다. 헌법재판소는 법원의 위헌법률심판 제청이 있을 경우 이를 심판할 수 있는 권한인 위헌법률심판권을 가진다.
④ 탄핵 소추를 의결하는 기관은 국회이다. 헌법재판소는 국회에서 탄핵 소추를 의결하면 이에 대하여 심판할 수 있는 권한인 탄핵심판권을 가진다.

정답 ③

032 **헌법재판소의 심판 절차에 대한 설명으로 옳지 않은 것은?**

① 지방자치단체인 자치구도 권한쟁의심판을 청구할 수 있다.
② 권리구제형 헌법소원심판은 다른 법률에 구제 절차가 있는 경우 그 절차를 모두 거친 후가 아니면 청구할 수 없다.
③ 법률이 헌법에 위반되는지 여부가 재판의 전제가 된 경우에는 당해 사건의 당사자는 헌법재판소에 위헌법률심판을 제청할 수 있다.
④ 정당의 목적이나 활동이 민주적 기본 질서에 위배될 때에는 정부는 국무회의의 심의를 거쳐 정당해산심판을 청구할 수 있다.

해설

③ 재판의 당사자는 법원을 상대로 헌법재판소에 위헌법률심판의 제청을 해줄 것을 신청할 수 있을 뿐이며, 위헌법률심판의 제청은 법원이 헌법재판소에 하는 것이다. 즉, 당해 사건의 당사자가 직접 헌법재판소에 위헌법률심판의 제청을 할 수는 없다.
① 권한쟁의심판은 국가 기관 상호 간의 권한쟁의심판, 국가 기관과 지방자치단체 간의 권한쟁의심판, 지방자치단체 상호 간의 권한쟁의심판 등이 있다. 이러한 다툼이 있는 국가 기관 또는 지방자치단체는 헌법재판소에 권한쟁의심판을 청구할 수 있다.
② 공권력의 행사 또는 불행사로 인하여 헌법상 보장된 기본권을 침해받은 자는 법원의 재판을 제외하고는 헌법재판소에 헌법소원심판을 청구할 수 있다. 다만, 다른 법률에 구제 절차가 있는 경우에는 그 절차를 모두 거친 후가 아니면 청구할 수 없다.
④ 정당의 목적이나 활동이 민주적 기본 질서에 위배될 때에는 정부는 국무회의의 심의를 거쳐 헌법재판소에 정당해산심판을 청구할 수 있다. 정당해산심판 청구에는 해산을 요구하는 정당의 표시와 청구의 이유를 기재한 청구서를 헌법재판소에 제출하여야 한다. 헌법재판소가 정당해산심판의 청구를 받은 때에는 그 사실을 국회와 중앙선거관리위원회에 통지하고 그 청구서의 등본을 피청구인에게 송달하여야 한다.

정답 ③

033 **다음은 간통죄에 대한 헌법재판소 결정문의 일부분이다. 밑줄 친 (가)~(라)에 대한 법적 분석으로 옳지 않은 것은?**

- 사건 : 2014헌바53 · 464(병합)
- 사건 개요
  청구인들은 간통하였다는 범죄 사실로 기소되어 해당 사건이 진행되던 중 형법 제241조가 위헌이라며 (가) 위헌법률심판 제청 신청을 하였으나 그 신청이 기각되자 (나) 헌법소원심판을 청구하였다. 〈이하 생략〉
- 위헌 여부에 대한 판단
  헌법 제10조에서 보장하는 인격권과 (다) 은(는) 개인의 자기 운명 결정권을 전제로 한다. 이 자기 운명 결정권에는 성적 자기 결정권이 포함되어 있으므로, 심판대상 조항은 개인의 성적 자기 결정권을 제한한다. 또한, 심판 대상 조항은 개인의 성생활이라는 내밀한 사적 생활 영역에서의 행위를 제한하므로 헌법 제17조가 보장하는 (라) 사생활의 비밀과 자유 역시 제한한다. 〈이하 생략〉

① (가)의 권한은 법원에 있다.
② (나)는 위헌심사형 헌법소원이다.
③ (다)에 해당하는 기본권은 행복 추구권이다.
④ (라)는 국가에 의한 자유를 주된 내용으로 하는 기본권이다.

해설

④ (라) 사생활의 비밀과 자유는 자유권에 해당하며, 자유권은 국가로부터의 자유이다. 국가에 의한 자유를 주된 내용으로 하는 기본권은 사회권이다.
① (가) 위헌법률심판 제청은 법원의 권한이다.
② (가) 위헌법률심판 제청을 신청하였으나 기각되었으므로 청구인은 헌법재판소에 위헌심사형 헌법소원을 제기할 수 있다.
③ 헌법 제10조는 개인의 인격권과 행복 추구권을 보장하고 있고, 인격권과 행복 추구권은 개인의 자기 운명 결정권을 전제로 한다.

정답 ④

034 지방자치의 두 요소인 주민자치와 단체자치에 대한 설명으로 가장 옳은 것은?

① 주민자치의 원리는 주로 영국과 미국에서 발달하였으며, 단체자치의 원리는 주로 독일과 프랑스에서 발달하였다.
② 주민자치가 지방자치의 형식적 · 법제적 요소라고 한다면, 단체자치는 지방자치를 실현하기 위한 내용적 · 본질적 요소라고 할 수 있다.
③ 단체자치에서는 법률에 의해 권한이 명시적 · 한시적으로 규정되어 사무를 자주적으로 처리할 수 있는 재량의 범위가 크다.
④ 단체자치에서는 입법통제와 사법통제가 주된 통제방식이다.

해설

① 주민자치는 영국과 미국에서 발달하였고, 단체자치는 프랑스와 독일 등의 대륙계 국가에서 발전하였다.
② 반대로 설명되어 있다. 단체자치가 지방자치의 형식적 · 법제적 요소라고 한다면, 주민자치는 지방자치를 실현하기 위한 내용적 · 본질적 요소라고 할 수 있다.
③ 주민자치에서는 법률에 의해 권한이 명시적 · 한시적으로 규정되어 사무를 자주적으로 처리할 수 있는 재량의 범위가 크다.
④ 주민자치에서는 입법통제와 사법통제가 주된 통제방식이며, 단체자치는 행정통제가 주된 통제장치이다.

정답 ①

035 주민참여제도에 대한 설명으로 옳지 않은 것은?

① 주민참여제도에는 주민투표, 주민소환, 주민소송 등이 있다.
② 지방자치법에서는 주민소송에 관한 사항을 명시하고 있다.
③ 지역구지방의회의원에 대한 주민소환투표는 당해 지방의회의원의 지역선거구를 대상으로 한다.
④ 지방자치단체가 조례를 제정하면 해당 지역에 거주하는 17세 이상의 외국인에게도 주민투표권이 부여된다.

해설

④ 18세 이상의 주민 중 투표인명부 작성기준일 현재 그 지방자치단체의 관할 구역에 주민등록이 되어 있는 사람 및 출입국관리 관계 법령에 따라 대한민국에 계속 거주할 수 있는 자격(체류자격변경허가 또는 체류기간연장허가를 통하여 계속 거주할 수 있는 경우를 포함한다)을 갖춘 외국인으로서 지방자치단체의 조례로 정한 사람에게는 주민투표권이 있다. 다만, 「공직선거법」에 따라 선거권이 없는 사람에게는 주민투표권이 없다(주민투표법 제5조 제1항).
② 지방자치법에서는 주민감사청구, 조례제정개폐청구, 주민투표, 주민소송, 주민소환에 관한 사항을 명시하고 있다.

정답 ④

036 다음 (가)~(다)는 근대 민법의 3대 원칙에 대한 설명이다. 이에 대해 옳은 설명을 〈보기〉에서 고른 것은?

(가) 개인은 자율적인 판단에 기초하여 법률관계를 형성해 나갈 수 있다.
(나) 자신의 고의나 과실에 따른 행위로 타인에게 손해를 끼친 경우에만 책임을 진다.
(다) 개인이 소유하는 재산에 대해 국가나 다른 개인은 이를 함부로 간섭하거나 침해할 수 없다.

〈보 기〉

ㄱ. (가)는 현대 사회에서 계약 자유의 원칙으로 수정되었다.
ㄴ. (나)의 원칙은 무과실 책임의 원칙이라는 예외를 인정하게 되었다.
ㄷ. (가)와 (다)의 원칙은 다수의 경제적 약자들을 지배하는 수단으로 악용되기도 하였다.
ㄹ. 근대 민법의 원칙이었던 (가), (나), (다)는 현대 자본주의의 문제점을 경험하면서 모두 폐기되고 각각 새로운 원칙으로 대체되었다.

① ㄱ, ㄴ
② ㄴ, ㄷ
③ ㄴ, ㄹ
④ ㄷ, ㄹ

해설

(가)는 사적 자치의 원칙(계약 자유의 원칙), (나)는 자기 책임의 원칙(과실 책임의 원칙), (다)는 사유 재산권 존중의 원칙(소유권 절대의 원칙)에 해당한다.

ㄴ. 현대 민법은 과실 책임에 대한 보완으로 자신에게 직접적인 고의나 과실이 없는 경우에도 일정한 요건에 따라 배상 책임을 질 수 있는 무과실 책임을 인정하고 있다.

ㄷ. 근대 민법은 자본주의의 발달로 빈부 격차, 대기업의 독점 등의 경제적 불평등이 법률관계에서도 계속되는 문제점을 안고 있다.

ㄱ. 현대 사회에서는 계약 공정의 원칙으로 수정되었다.

ㄹ. 현대 민법은 근대 민법 원칙을 기본으로 하며, 예외적 상황에 수정 원칙들이 적용되는 것이다.

정답 ②

037 **다음은 민법상의 제한 능력자 중 하나를 나타낸 것이다. 갑의 법률 행위에 대한 설명으로 옳은 것은?**

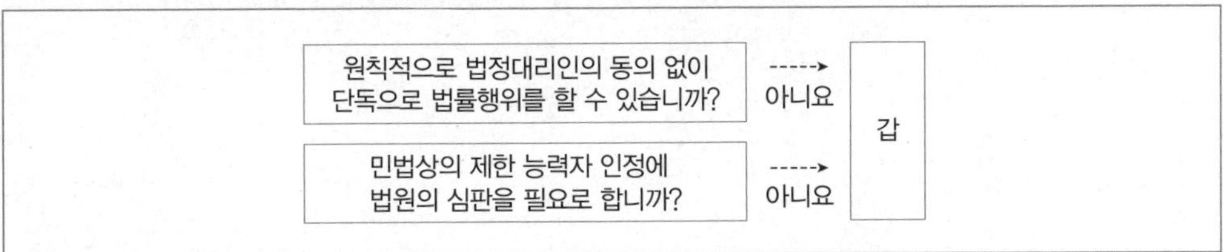

① 갑이 단독으로 한 행위는 처음부터 무효이다.

② 갑이 속임수로써 법정대리인의 동의가 있었던 것처럼 꾸며서 계약을 한 때에는, 법정대리인이 그 계약을 취소할 수 있다.

③ 권리만 얻는 행위는 갑이 법정대리인의 동의 없이 단독으로 할 수 있지만, 의무만 면하는 행위는 할 수 없다.

④ 갑이 단독으로 거래한 상대방은 갑의 법정대리인에게 그 거래 행위를 추인할 것인지 여부의 확답을 촉구할 권리가 있다.

해설

갑은 미성년자이다.

④ 미성년자와 거래한 상대방은 미성년자의 법정대리인에게 계약을 취소할 것인지 아닌지를 확정하도록 요구할 수 있다.

① 원칙적으로 무효인 법률행위는 의사 무능력자에 해당한다.

② 미성년자가 거짓말을 하거나 속임수를 써서 자신이 행위 능력자인 것처럼 속이거나 법정대리인의 동의를 받은 것처럼 속인 경우에는 취소권이 배제된다.

③ 단순히 권리만을 얻거나 의무만을 면하는 행위는 미성년자 단독으로 할 수 있다.

정답 ④

038 다음 사례에서 甲에 관련된 설명으로 옳은 것은?

> 장래 희망이 대통령인 甲은 현재 만 18세이다. 甲은 양가 부모의 동의를 얻어 동갑내기와 결혼하고 혼인 신고를 하였으나 결혼 6개월 만에 이혼하였다. 이혼한 甲은 결혼할 때 甲의 부모가 甲 명의로 사준 주택에 살면서 乙이 운영하는 편의점에서 아르바이트를 하며 지내고 있다. 甲은 지난달에 길에서 어깨를 부딪친 행인을 폭행하여 재판을 받을 처지에 있다. 甲은 급히 합의금을 마련하려고 甲의 부모의 동의 없이 甲 명의의 주택을 처분하려고 한다.

① 甲은 차기 대통령 선거에서 피선거권을 가질 수 있다.
② 甲은 乙에게 독자적으로 임금을 청구할 수 있다.
③ 甲은 형사 미성년자이기 때문에 가정법원 소년부에서 재판을 받을 수 있다.
④ 甲이 甲의 부모의 동의 없이 甲 명의의 주택을 처분한다면 甲의 부모는 이를 취소할 수 있다.

해설
② 임금은 독자적으로 청구할 수 있다.
① 성년 의제는 민법 영역에서만 적용된다. 대통령의 피선거권은 선거일 현재 40세에 달하여야 한다.
③ 갑은 18세이다. 형사 미성년자는 만 14세 미만의 자이다.
④ 성년 의제는 이혼 후에도 그 효과가 유지된다. 따라서 부모는 이를 취소할 수 없다.

정답 ②

039 다음 사례에 대한 법적 판단으로 옳은 것은?

> A씨는 온라인에서 온수매트를 구입하였고 사용 설명서에 기재된 내용에 따라 정상적으로 온수매트를 사용하고 있었다. 그런데 온수 조절 밸브의 고장으로 인하여 물이 새어나와 거실의 원목마루가 들뜨고 뒤틀리는 피해를 입게 되었다. 그는 제조사를 상대로 손해배상을 요구했지만 제조사는 사용상의 잘못이 있었을 것이라며 손해배상을 거부하고 있다.

ㄱ. 제조사가 당시 기술적 수준으로 결함의 존재를 발견할 수 없었어도 제조사에게 책임을 물을 수 있다.
ㄴ. 제조물 책임법에 의하면 소비자가 제조업자의 과실을 입증하지 않고도 피해를 보상받을 수 있다.
ㄷ. 손해를 배상받기 위해 피해자는 피해 사실 및 손해배상 책임자를 알게 된 때로부터 3년 이내에 청구해야 한다.
ㄹ. 제조사에게 있어 배상 의무의 범위에는 제조물 자체 및 피해자의 손해가 해당된다.

① ㄱ, ㄴ　② ㄱ, ㄷ
③ ㄴ, ㄷ　④ ㄴ, ㄹ

해설

ㄴ. 현대 과학기술의 발달에 따라 소비자가 제조업자의 과실을 입증하는 것이 쉽지 않으므로 제조물 책임법이 제정되었다. 입증책임을 전환시킴으로써 소비자가 제조업자의 과실을 입증하지 않고도 피해를 보상받을 수 있다.

ㄷ. 손해를 배상받기 위해 피해자는 피해 사실 및 손해배상 책임자를 알게 된 때로부터 3년 이내에 청구해야 한다.

ㄱ. 「제조물 책임법」 제4조에 따라 제조업자가 해당 제조물을 공급한 당시의 과학 · 기술 수준으로는 결함의 존재를 발견할 수 없었다는 사실을 입증하면 면책된다.

ㄹ. 「제조물 책임법」 제3조 제1항에서 제조업자는 제조물의 결함으로 생명 · 신체 또는 재산에 손해(그 제조물에 대하여만 발생한 손해는 제외한다)를 입은 자에게 그 손해를 배상하여야 한다고 명시되어 있으므로 제조물 자체는 배상의무의 범위에서 제외된다. 즉, 생명, 신체, 재산에 관한 손해에 국한된다.

정답 ③

040 다음 사례에 대한 법적 판단으로 옳은 것은?

- 갑이 운영하는 커피 전문점에서 아르바이트를 하던 을은 실수로 뜨거운 음료를 쏟아 손님에게 화상을 입혔다.
- 병 소유의 상가를 빌려 피자 가게를 운영하던 정의 가게 간판이 떨어져 행인이 크게 다쳤다.

① 을의 행위에 고의가 없었으므로 불법행위가 성립하지 않는다.
② 갑의 불법행위 책임이 인정되더라도 을은 불법행위 책임을 진다.
③ 병과 정은 공동 불법행위 책임을 진다.
④ 을과 정의 불법행위에 대하여 갑과 병은 과실 책임을 진다.

해설

② 을은 사무 집행에 관하여 제3자에게 과실로 손해를 가한 것으로서 일반 불법행위 책임이 인정된다. 이때 피용자(직원)인 을이 업무와 관련하여 타인에게 손해를 가한 경우 사용자(업주)인 갑은 피용자의 선임 및 사무 감독상의 과실에 대해 배상 책임을 지게 된다. 이를 사용자 배상 책임이라 한다. 따라서 갑은 사용자 배상 책임, 을은 일반 불법행위에 따른 책임이 있다.

① 고의란 일정한 결과가 발생할 것을 알면서도 행하는 것을, 과실이란 부주의로 이를 알지 못하고 행하는 것을 의미한다. 가해 행위는 고의만을 따지는 것이 아니라 과실 역시 성립 요건이 된다. 을은 실수(과실)로 뜨거운 음료를 쏟아 손님에게 화상을 입히는 손해를 발생시켰으므로 불법행위가 성립할 수 있다.

③ 병은 건물의 소유자, 정은 건물의 점유자이다. 따라서 병과 정은 공동 불법행위의 책임이 아니라 공작물 등의 점유자 및 소유자 책임에 해당한다. 공작물의 설치 또는 보존의 하자로 인하여 타인에게 손해를 가한 때에는 공작물 점유자가 손해를 배상할 책임이 있다. 그러나 점유자가 손해 방지를 위한 주의를 다하였음을 증명하면 책임이 면제된다. 점유자의 책임이 면제되는 경우 공작물 등의 소유자가 배상 책임을 지게 된다.

④ 갑은 사용자 배상 책임, 병은 공작물 소유자 책임을 진다. 공작물 소유자 책임은 면책이 인정되지 않는 무과실 책임이다.

정답 ②

041 다음 사례에 대한 설명으로 옳지 않은 것은?

> • 갑은 만 18세이다. 갑에게는 할아버지로부터 증여받은 3억 원 상당의 주택이 있다. 갑은 ㉠ 부모의 동의를 얻어 만 21세의 을과 결혼식을 올린 후 혼인 신고를 마쳤으나, 같이 살고 있지는 않다.
> • 병과 정은 모두 만 32세이다. 병에게는 그동안 회사 생활을 하면서 모아둔 돈으로 마련한 ㉡ 2억 원 상당의 주택이 있다. 혼인 의사가 있는 병과 정은 ㉢ 결혼식을 올리고 ㉣ 공동생활을 하고 있지만, 아직 혼인 신고는 하지 않았다.

① 갑은 ㉠ 없이 을과 이혼할 수 있다.
② 병이 사망한 경우에도 정은 ㉡에 대한 상속권을 취득하지 못한다.
③ ㉢과 ㉣에도 불구하고 ㉡은 병과 정의 공동 재산으로 추정되지 않는다.
④ 병이 정의 이혼 요구에 동의하지 않는 경우, 병은 법원의 판결을 통해 이혼할 수 있다.

해설

혼인(법률혼)이 성립하기 위해서는 혼인 의사의 합치, 혼인 적령(만 18세 이상)의 충족, 혼인이 금지되는 근친혼이 아닐 것, 중혼이 아닐 것과 같은 실질적 요건과 혼인 신고라는 형식적 요건을 충족해야 한다.

④ 병과 정은 사실혼 관계에 있으므로 이혼이 성립되지 않는다. 사실혼 관계는 법률혼과 달리 일방적 의사 표시로 파기가 가능하며, 별도로 법원의 판결이 필요한 것이 아니다.

① 결혼을 하려면 혼인 적령인 만 18세에 이르러야 하며(민법 제807조), 혼인 적령에 이르렀다 하더라도 미성년자(만 19세)가 결혼하려면 부모 또는 미성년 후견인의 동의를 받아야 한다(민법 제808조 제1항). 갑은 만 18세로 혼인 적령의 요건은 충족하였으나 미성년자이므로 부모의 동의를 받아 성년 의제가 된다. 미성년자가 혼인할 경우에는 부모 또는 후견인의 동의가 있어야 하지만, 혼인하면 성년으로 간주되므로(민법 제826조의2) 이혼할 경우 부모 등의 동의(㉠) 없이 자유롭게 할 수 있다.

② 법률혼이란 결혼의 실질적 요건과 형식적 요건을 모두 갖추어 법에 의해 인정된 결혼을 말한다. 반면, 사실혼이란 결혼의 형식적 요건을 갖추지 않고, 즉 혼인 신고를 하지 않고 부부 공동생활을 하는 것을 말한다. 우리나라는 혼인 신고라는 명시적인 방법에 의해 부부관계를 인정하는 법률혼주의를 채택하고 있어(민법 제812조 제1항), 사실혼 상태의 부부에게는 법률혼에서 인정되는 권리와 의무가 일부 제한된다. 병과 정은 사실혼 상태로 친족 관계가 발생하지 않으므로 사실혼 상태의 배우자가 사망하더라도 상속권이 발생하지 않는다. 따라서 정은 병의 재산(㉡ 2억 원 상당의 주택)에 대한 상속권이 인정되지 않는다.

③ 결혼식을 올리고(㉢) 공동생활을 하고(㉣) 있더라도 혼인 신고를 하지 않으면 사실혼의 상태에 해당한다. 따라서 2억 원 상당의 주택(㉡)은 공동 재산으로 추정되지 않는다.

정답 ④

042 밑줄 친 ㉠~㉣에 대한 설명으로 옳은 것은?

> 갑과 을은 결혼을 하였으나 ㉠ 갑이 딸 A를 출산한 뒤 이혼을 하였고 A는 갑이 양육하기로 하였다. 이후 갑은 병과 재혼을 한 뒤 병과의 사이에서 아들 B를 출산하였고 ㉡ 병은 A를 친양자로 입양하였다. 병의 어머니 C는 시골에 홀로 살고 계신다. 어느 날 ㉢ 병은 교통사고로 사망하게 되었고, 자신의 재산 절반을 장학 재단에 기부하겠다는 ㉣ 병의 유언장이 발견되었다. 사망 당시 병의 재산은 채무 없이 부동산과 예금 7억이 있었다.

① ㉠에 의해 A는 행위능력을 취득하였다.
② ㉡으로 인해 갑과 A와의 법률관계는 소멸된다.
③ ㉢으로 인해 법정 상속이 이루어진다면 상속인은 갑, A, B, C가 된다.
④ ㉣이 유효하다면 갑은 1억 5천만 원을 상속받는다.

해설
④ 상속 재산 3억 5천만 원을 갑과 A, B가 3 : 2 : 2의 비율로 상속받는다. 따라서 1억 5천만 원 : 1억 원 : 1억 원으로 상속받는다.
① A는 출생과 더불어 권리능력을 갖는다.
② A는 어머니 갑과의 관계가 변경되지 않았다.
③ 법정 상속이 이루어진다면 상속인은 배우자 갑, 아들 B, A가 된다.

정답 ④

043 상속법과 관련된 다음 사례에 대한 법적 판단으로 가장 적절한 것은?

> 불치병에 걸린 甲은 두 명의 증인과 공증인이 참석한 자리에서 잔여 재산 10억 원 전액을 전처에게 남긴다는 유언을 하고, 공증인이 이를 필기·낭독하였다. 甲과 증인들은 그 정확함을 승인한 후 각자 이름을 쓰고 도장을 찍었다. 甲은 그로부터 수일 후 사망하였다. 현재 甲과 일정한 신분 관계에 있는 가족으로는 재혼한 아내인 乙(丙의 친 생모), 丙(甲의 친 양자), 丁(甲의 어머니)이 있다.

① 甲의 유언이 유효하다면 丙이 甲의 전처에게 청구할 수 있는 유류분이 乙이 청구할 수 있는 유류분보다 적다.
② 甲의 유언이 유효하다면 丁은 甲의 전처에게 유류분을 청구할 수 있다.
③ 甲의 유언이 무효라면 丁과 乙은 같은 비율로 상속받을 수 있다.
④ 甲의 유언이 무효라면 丙은 3억 원을 상속받을 수 있다.

해설

① 병과 을의 유류분은 법정 상속분의 1/2이다. 따라서 배우자인 을의 유류분이 더 많다.
② 정은 법정 상속의 대상이 아니기 때문에 유류분을 청구할 수 없다.
③ 유언이 무효라도 정은 상속을 받을 수 없다. 상속은 을과 병이 받는다.
④ 유언이 무효일 경우 병과 을이 상속을 받는다. 상속분은 병 : 을 = 2 : 3이므로 병은 4억 원, 을은 6억 원을 상속받게 된다.

정답 ①

044 다음의 범죄 성립 요건에 대한 설명으로 옳지 <u>않은</u> 것은?

> 범죄의 성립 요건에는 A, B, C가 있다. 우선, A를 충족하는지 여부를 검토한 후 B가 조각되는지를 확인한다. 만약, B가 조각되지 않으면 마지막 단계로서 C가 조각되는지를 확인하고, C가 조각되지 않을 경우에 범죄가 성립된다.

① A는 구성 요건 해당성, B는 위법성, C는 책임이다.
② A를 충족하면 B가 있다고 추정된다.
③ 경찰관이 영장 없이 현행범을 체포하는 행위는 B가 조각된다.
④ 강요된 행위와 정당방위는 모두 C가 조각되어 범죄가 성립되지 않는다.

해설

④ 강요된 행위는 책임(C)이 조각된다. 하지만 정당방위는 위법성(B)이 조각된다.
① A는 구성 요건 해당성, B는 위법성, C는 책임이다.
② 구성 요건 해당성(A)을 충족하면 위법성(B)이 추정된다.
③ 현행범을 영장 없이 체포한 경찰관의 행위는 정당행위로 위법성(B)이 조각된다.

정답 ④

045 다음 사례에 대한 설명으로 옳은 것은?

> • 갑은 불법 체포를 면하기 위해 반항하는 과정에서 경찰관에게 상해를 입혔다.
> • 산부인과 의사인 을은 임산부의 생명을 구하기 위해 낙태 수술 행위를 하였다.
> • 채권자 병은 자신의 채무를 변제하지 않고 외국으로 도주하는 채무자를 발견하고 붙잡아 출국을 못 하게 하였다.

① 갑, 을, 병의 행위는 구성 요건에 해당하지 않는다.
② 갑, 을, 병의 행위는 위법성 조각 사유에 해당한다.
③ 갑, 을, 병의 행위는 책임 조각 사유에 해당한다.
④ 갑, 을, 병의 행위는 범죄가 되지만 처벌되지 않는다.

해설

• 갑의 행위는 불법 체포라는 현재의 부당한 침해를 방위하기 위한 상당한 이유가 있는 행위이므로 정당방위에 해당하여 위법성이 조각된다.
• 을의 행위(의사의 치료행위)는 정당행위와 피해자의 승낙 등에 해당하여 위법성이 조각된다.
• 병의 행위는 국가 기관의 법정 절차에 의하여서는 권리 보전이 불가능한 경우에 자력에 의하여 그 권리를 구제 · 보전하는 행위로서 자구행위에 해당하여 위법성이 조각된다.

② 갑은 정당방위, 을은 정당행위, 병은 자구행위로 위법성이 조각된다.
① 갑, 을, 병의 행위는 구성 요건에 해당한다. 위법성 조각 사유에 해당하기 위해서는 구성 요건 해당성이 인정됨을 전제로 한다. 갑의 행위는 상해죄의 구성 요건에 해당하지만, 정당방위에 해당하여 위법성이 조각되고, 을의 행위는 상해죄의 구성 요건에 해당하지만, 정당행위 등에 해당하여 위법성이 조각되는 것이며, 병의 행위는 체포죄의 구성 요건에 해당하지만, 자구행위에 해당하여 위법성이 조각되는 것이다.
③ 갑, 을, 병의 행위는 위법성 조각 사유에 해당한다.
④ 범죄가 성립하기 위해서는 구성 요건 해당성, 위법성, 책임이 인정되어야 한다. 이 가운데 어느 하나라도 충족하지 못할 경우 범죄는 성립하지 않는다. 갑, 을, 병의 행위는 구성 요건에는 해당하지만, 위법성이 조각되어 범죄가 성립되지 않는다.

정답 ②

046 그림은 형사절차를 나타낸 것이다. 이에 대한 설명으로 가장 옳은 것은?

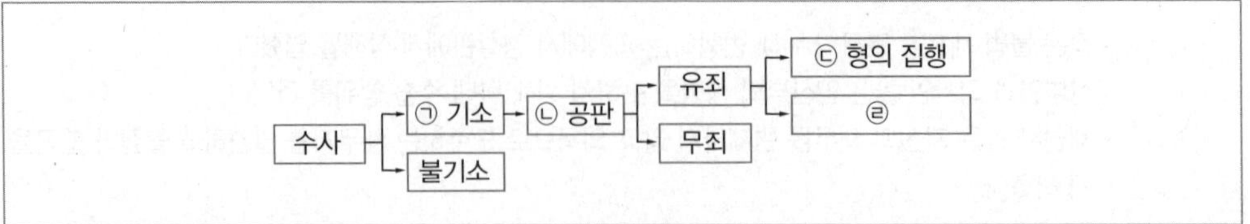

① ㉠은 수사관이 할 수 있다.

② ㉡부터 변호인의 도움을 받을 권리를 갖기 시작한다.

③ ㉢ 단계에서의 지휘권은 판사가 갖는다.

④ ㉣에 해당하는 제도로는 집행 유예가 있다.

해설

④ ㉣에 해당하는 제도로 집행 유예, 선고 유예 등이 있다.

① 기소(㉠)는 검사만이 할 수 있다.

② 누구든지 체포 또는 구속을 당한 때에는 즉시 변호인의 도움을 받을 권리를 가진다.

③ 형의 집행(㉢)은 검사가 담당한다.

정답 ④

047 국민의 형사재판 참여에 관한 법률상 국민참여재판에 대한 내용 중 옳은 것을 고른 것은?

ㄱ. 법정형이 사형 · 무기징역 또는 무기금고에 해당하는 대상사건에 대한 국민참여재판에는 특별한 사정이 없는 한 7인의 배심원이 참여한다.

ㄴ. 배심원은 국민참여재판을 하는 사건에 관하여 사실의 인정, 법령의 적용 및 형의 양정에 관한 의견을 제시할 권한이 있다.

ㄷ. 국민참여재판에 관하여 변호인이 없는 때에는 법원은 직권으로 변호인을 선정하여야 한다.

ㄹ. 배심원은 만 20세 이상의 대한민국 국민은 누구나 선정될 수 있으므로, 변호사 · 경찰공무원도 배심원이 될 수 있다.

ㅁ. 배심원의 평결과 의견은 법원을 기속한다.

① ㄱ, ㄴ
② ㄷ, ㄹ
③ ㄴ, ㅁ
④ ㄴ, ㄷ

해설

ㄴ. 배심원은 국민참여재판을 하는 사건에 관하여 사실의 인정, 법령의 적용 및 형의 양정에 관한 의견을 제시할 권한이 있다(국민참여재판법 제12조 제1항).

ㄷ. 국민참여재판에 관하여 변호인이 없는 때에는 법원은 직권으로 변호인을 선정하여야 한다(국민참여재판법 제7조).

ㄱ. 법정형이 사형 · 무기징역 또는 무기금고에 해당하는 대상사건에 대한 국민참여재판에는 9인의 배심원이 참여하고, 그 외의 대상사건에 대한 국민참여재판에는 7인의 배심원이 참여한다. 다만, 법원은 피고인 또는 변호인이 공판준비절차에서 공소사실의 주요 내용을 인정한 때에는 5인의 배심원이 참여하게 할 수 있다(국민참여재판법 제13조 제1항).

ㄹ. 배심원은 만 20세 이상의 대한민국 국민으로 하되, 변호사, 경찰 등은 배심원으로 선정하여서는 아니 된다(국민참여재판법 제16조 · 제18조).

ㅁ. 평결과 의견은 법원을 기속하지 아니한다(국민참여재판법 제46조 제5항).

정답 ④

048 밑줄 친 ㉠~㉣에 대한 설명으로 옳지 <u>않은</u> 것은?

> 노동조합 전임자에 대한 근로 시간의 면제 종료를 일방적으로 통보한 ㉠ A 회사의 행위가 노동조합의 기본적인 활동을 방해하는 행위라는 ㉡ 판정이 ㉢ 재심에서 내려졌다. 이 판정은 ㉣ 초심인 ○○ 지방노동위원회의 판정을 취소하고 A 회사의 노동조합의 주장을 받아들인 것이다.

① ㉢은 ㉣의 판정에 불복하는 경우에 중앙노동위원회에서 담당한다.
② ㉠은 ㉢에서 부당 노동행위로 인정되었다.
③ ㉢은 A 회사의 노동조합이 신청하였다.
④ A 회사는 ㉡의 취소를 구하는 소송을 제기할 수 없다.

해설

④ A 회사는 중앙노동위원회 위원장을 피고로 하여 판정(㉡)의 취소를 구하는 소송을 제기할 수 있다.
① 지방노동위원회의 판정에 불복할 경우 재심(㉢)은 중앙노동위원회에서 담당한다.
② 중앙노동위원회는 A 회사의 행위(㉠)를 부당 노동행위로 인정하고 있다.
③ 재심(㉢)의 판정은 지방노동위원회의 판정에 대하여 취소를 요구한 노동조합의 주장을 받아들인 결과라는 것을 통해 A 회사 노동조합이 신청했음을 알 수 있다.

정답 ④

049 **국제사회의 변천 과정에 대한 설명으로 옳지 않은 것은?**

① 30년 전쟁을 종결하기 위해 체결된 베스트팔렌 조약으로 민족 단위의 주권 국가가 국제 사회의 주체로 떠올랐다.

② 제1차 세계대전 이후 국제 평화와 안전 및 협력 증진을 위해 국제 연맹이 창설되었으나 실질적인 효과를 거두지 못하였다.

③ 트루먼 독트린은 제국주의와 식민주의의 확산 방지를 위해 미국이 동맹국에 군사 · 경제 원조를 약속한 것으로, 냉전 체제 성립의 계기가 되었다.

④ 지중해의 몰타에서 미 · 소 정상이 만나 동서 대결의 종식을 선언한 후 탈냉전 시기가 도래하였다.

해설

③ 트루먼 독트린은 공산주의의 확산을 방지하기 위한 것이다.

① 1648년 베스트팔렌 조약을 계기로 영토, 주권, 국민을 3요소로 하는 근대 국가가 등장하였다.

② 제1차 세계대전 이후 성립한 국제 연맹은 실효를 거두지 못하고 사라졌다.

④ 1989년 몰타 선언은 냉전의 종결을 선언한 것이다.

정답 ③

050 **국제연합(UN)에 대한 설명으로 옳은 것은?**

① 총회는 모든 안건에 대해 출석 투표국 과반수의 찬성으로 의결한다.

② 사무총장은 국제 평화와 안전에 위협이 된다고 판단한 문제에 대해 안전보장이사회의 주의를 환기할 수 있다.

③ 절차 사항에 관한 안전보장이사회의 결정에서 5개 상임이사국의 거부권이 인정된다.

④ 국제사법재판소는 당사국의 의사와 관계없이 강제적 관할권을 갖는다.

해설

② 사무총장은 국제 평화와 안전의 유지를 위협한다고 그 자신이 인정하는 어떠한 사항에도 안전보장이사회의 주의를 환기할 수 있다.

① 중요 문제에 관한 총회의 결정은 출석하여 투표하는 구성국의 2/3의 다수로 한다. 또한 기타 문제에 관한 결정은 2/3의 다수로 결정될 문제의 추가적 부문의 결정을 포함하여 출석하여 투표하는 구성국의 과반수로 한다.

③ 상임이사국의 거부권이 인정되는 사항은 국제연합의 실질적 문제이고, 절차 사항은 이사국의 3분의 2의 찬성으로 결정된다.

④ 국제사법재판소는 당사국의 신청으로 임의적 관할권을 갖는다.

정답 ②

02 경제

001 다음 민간 경제의 순환에 대한 설명으로 옳은 것은?

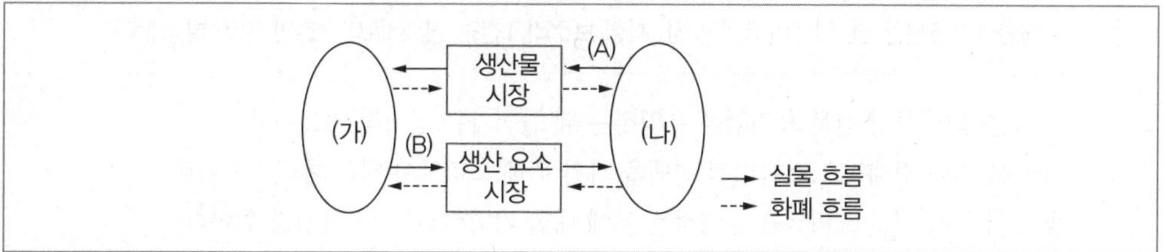

① (가)는 생산 활동의 주체이다.

② (나)는 효용의 극대화를 목적으로 한다.

③ 재화와 서비스는 (A)에 해당된다.

④ (B)에는 국방, 치안, 기상 정보 등이 해당된다.

해설

생산 요소 시장에 실물[(B) 생산 요소 : 노동, 토지, 자본, 경영]을 제공하는 (가)는 가계이고, 생산물 시장에 실물[(A) 생산물 : 재화, 서비스]을 제공하는 (나)는 기업이다.

③ (나) 기업이 생산물 시장에 제공하는 실물인 (A)는 생산물, 즉 재화와 서비스이다.

① (가) 가계는 소비 활동의 주체이다. 생산 활동의 주체는 (나) 기업이다.

② (나) 기업은 이윤의 극대화를 목적으로 한다. 소비를 통해 효용의 극대화를 목적으로 하는 경제 주체는 (가) 가계이다.

④ (가) 가계가 생산 요소 시장에 제공하는 실물인 (B)는 생산 요소, 즉 노동, 토지, 자본, 경영이다. 국방, 치안, 기상 정보 등은 정부가 제공하는 서비스로, (A)와 (B) 중 어디에도 해당되지 않는다. 정부는 조세 수입을 바탕으로 공공재(사회 간접 자본+공공 서비스)를 생산하는 경제 주체이다.

정답 ③

002 다음 자료에 대한 설명으로 옳은 것은?

> 갑은 ㉠ 연봉 6천만 원을 받으며 회사에 근무하고 있다. 그런데 갑은 평소 한식 요리에 관심이 있어 요리 학원에 ㉡ 수강료 1백만 원을 내고 요리를 배워서 한식 조리사 자격증을 취득하였다. 이에 갑은 회사를 사직하고 한식 전문 요리점을 차리려고 한다. 갑이 알아본 결과 1년 간 한식 전문 요리점을 운영할 경우, 매출 1억 5천만 원, 인건비 3천만 원, 시설 보수비 1천만 원, 재료비 7천만 원이 발생한다.

① ㉠은 갑이 한식 전문 요리점을 운영하는 데 들어가는 명시적 비용이다.
② ㉡은 갑이 경제적으로 합리적 선택을 하기 위해 고려해야 하는 매몰비용이다.
③ 갑이 한식 전문 요리점을 운영하는 것에 대한 기회비용은 1억 1천만 원이다.
④ 갑이 한식 전문 요리점을 운영하지 않는 것이 경제적으로 합리적인 선택이다.

해설

④ 갑이 한식 전문 요리점을 운영할 경우의 수입, 명시적 비용, 암묵적 비용, 매몰비용을 정리하면 다음과 같다.

수입	매출 1억 5천만 원	
기회비용	명시적 비용	• 인건비 : 3천만 원 • 시설보수비 : 1천만 원 • 재료비 : 7천만 원
	암묵적 비용	연봉 6천만 원
	명시적 비용(1억 1천만 원)+암묵적 비용(6천만 원)=1억 7천만 원	
매몰비용	수강료 1백만 원	

합리적 선택은 수입(편익)과 기회비용을 비교하여 비용보다 편익이 크거나 같으면 선택하는 것을 의미한다. 갑이 한식 전문 요리점을 운영할 경우 수입은 1억 5천만 원이고, 기회비용은 1억 7천만 원이므로 이 경우 갑은 한식 전문 요리점을 운영하지 않는 것이 합리적인 선택이다.

① 명시적 비용은 대안을 선택함으로써 실제로 지출된 비용을 의미하고, 암묵적 비용은 다른 대안을 선택함에 따라 얻을 수 있었으나 포기한 경제적 이익을 의미한다. 연봉 6천만 원(㉠)은 갑이 한식 전문 요리점을 운영하는 것을 선택하기 위해 실제로 지출한 비용(명시적 비용)이 아니라, 갑이 한식 전문 요리점을 운영하기 위해 포기해야 하는 수입(암묵적 비용)에 해당한다.

② 매몰비용은 이미 지출하여 회수할 수 없는 비용을 말한다. 수강료 1백만 원(㉡)은 갑이 회사에 계속 근무할 것인지, 한식 전문 요리 전문점을 운영할 것인지의 선택 상황과는 무관하게 이미 지출하여 회수할 수 없는 비용이므로 매몰비용에 해당한다. 매몰비용은 어떤 선택을 하더라도 회수할 수 없으므로 합리적 선택을 위해서는 고려하면 안 된다.

③ 기회비용은 '명시적 비용+암묵적 비용'이다. 따라서 갑이 한식 전문 요리점을 운영하는 것에 대한 기회비용은 1억 7천만 원(명시적 비용 1억 1천만 원+암묵적 비용 6천만 원)이다.

정답 ④

003 다음 지문은 경제 정책에 대한 상반된 주장이다. 이에 대한 분석으로 가장 적절한 것을 〈보기〉에서 고른 것은?

> 사회자 : 경기 침체를 벗어나려면 어떻게 해야 할까요?
> 갑 : 그야 당연히 가계가 저축을 줄이고 소비를 늘려야죠. 만일 그게 안 되면 정부가 빚을 얻어서라도 적극적으로 돈을 풀어야 합니다.
> 을 : 그런 정책은 당장은 효과가 있을지 모르지만, 장기적으로는 물가만 인상시킬 뿐 효과가 없습니다. 정부마저 빚을 얻어 지출을 늘리다간 나중에 더 큰 문제가 생깁니다. 정부는 개입을 자제하고 시장이 알아서 문제를 해결하도록 놓아두어야 합니다.

〈보 기〉

ㄱ. 을이 갑보다 수정 자본주의에 부합한다.
ㄴ. 갑이 을보다 경제적 약자를 배려한다.
ㄷ. 을이 갑보다 시장의 조절 기능을 더 신뢰한다.
ㄹ. 갑이 을보다 사람들의 성취 의욕과 기술 개발을 자극한다.

① ㄱ, ㄴ　　② ㄱ, ㄹ
③ ㄴ, ㄷ　　④ ㄷ, ㄹ

해설

갑은 정부의 시장 개입이 긍정적인 영향(개입주의, 큰 정부)을 준다고 보는 반면, 을은 부정적인 영향(비개입주의, 작은 정부)을 준다고 본다.

ㄴ. 갑은 정부의 적극적 개입으로 경제적 약자를 보호하는 정책, 즉 형평성을 추구한다.
ㄷ. 을은 갑보다 시장의 자기 조절 기능을 더 신뢰한다.
ㄱ. 갑이 을보다 수정 자본주의(큰 정부)에 부합한다.
ㄹ. 을은 사람들의 성취 의욕과 기술 개발을 자극한다.

정답 ③

004 다음 밑줄 친 ㉠~㉣에 대한 옳은 설명을 <보기>에서 있는 대로 고른 것은?

> ㉠ 대리운전을 하는 ㉡ 甲은 ㉢ 대리운전 요금이 지나치게 높게 나왔다는 고객 ㉣ 乙과 실랑이를 하였다. 말다툼을 벌이던 중 乙이 화를 참지 못하고 甲이 착용하던 안경을 파손하였다. 결국 경찰서까지 가서야 甲과 乙은 대리운전 요금을 적정한 수준에서 합의하였고, 乙은 甲의 손해에 대해서 배상금을 지불하기로 하였다.

<보 기>

(가) ㉠은 부가가치의 창출을 위해 사용되는 유형의 생산물이다.
(나) ㉡은 노동을 투입한 대가로 소득을 얻는 경제 활동의 주체이다.
(다) ㉢은 ㉡이 ㉣에게 생산 요소를 제공한 대가에 해당한다.
(라) ㉣은 ㉠을 소비하는 경제 활동의 주체이다.

① (가), (나) ② (나), (다)
③ (나), (라) ④ (다), (라)

해설

(나) 甲은 노동을 투입한 대가로 소득을 얻는 경제 활동의 주체이다.
(라) 乙은 대리운전을 소비하는 경제 활동의 주체이다.
(가) 대리운전은 무형의 생산물이다.
(다) 대리운전 요금은 甲이 乙에게 서비스를 제공한 대가이다.

정답 ③

005 표는 한 기업의 X재 생산량 증가에 따른 추가 수입과 추가 비용을 나타낸 것이다. 이에 대한 분석으로 옳은 것은?

(단위 : 만 원)

생산량	1개	2개	3개	4개	5개	6개
추가 수입	10	10	10	10	10	10
추가 비용	7	6	6	7	11	13

① 총이윤은 생산량이 2개일 때와 3개일 때 같다.
② 생산량이 1개씩 증가할 때마다 평균 비용은 증가한다.
③ 평균 비용이 가장 작을 때 이윤은 최대가 된다.
④ 위의 사례에서 최대로 얻을 수 있는 총이윤은 14만 원이다.

해설

④ X재 생산량 증가에 따른 추가 수입과 추가 비용은 각각 한계 수입과 한계 비용을 말한다. 한계 수입은 재화 한 단위를 판매함으로써 발생하는 총수입의 변화분을 의미하며, 한계 비용은 재화 한 단위를 생산함으로써 발생하는 총비용의 변화분을 의미한다. 주어진 자료에 따라 평균 비용, 총수입, 총비용, 총이윤을 계산하면 다음과 같다.

생산량(개)	1	2	3	4	5	6
한계 수입(만 원)	10	10	10	10	10	10
한계 비용(만 원)	7	6	6	7	11	13
총수입(만 원)	10	20	30	40	50	60
총비용(만 원)	7	13	19	26	37	50
평균 비용(만 원)	7	6.5	약 6.3	6.5	7.4	약 8.3
총이윤(만 원)	3	7	11	14	13	10

주어진 사례에서 최대로 얻을 수 있는 총이윤은 14만 원(생산량 4개)이다.

① 총이윤은 '총수입−총비용'으로 구할 수 있다. 생산량이 2개일 때 총이윤은 7만 원, 3개일 때 총이윤은 11만 원으로 다르다.

② 평균 비용은 '총비용÷생산량'으로 구할 수 있다. 평균 비용은 생산량이 증가함에 따라 감소했다가 다시 증가하고 있다(7 → 6.5 → 약 6.3 → 6.5 → 7.4 → 약 8.3).

③ 평균 비용이 가장 작을 때의 생산량은 3개이다. 그러나 이윤이 최대가 되는 생산량은 4개이다.

정답 ④

006 다음 갑, 을, 병, 정의 대화 내용에 대한 설명으로 가장 적절한 것은?(단, 발언은 갑, 을, 병, 정의 순서로 이루어졌다)

> 갑 : 증세 없이 복지를 확충해야 한다고 생각해.
> 을 : 내 생각은 달라. 우리나라의 조세 부담률은 선진국에 비해서 낮은 편이기 때문에 증세가 반드시 필요하다고 생각해.
> 병 : 맞아. 복지 재정 확충을 위해서는 부가가치세율과 개별소비세율을 높여야 해.
> 정 : 내 생각에는 부가가치세율과 개별소비세율보다는 소득세율과 법인세율을 먼저 높여야 한다고 봐.

① 갑은 복지가 경제 성장을 저해한다고 보고 있다.
② 을은 조세 부담의 증가를 우려하고 있다.
③ 병은 소득 재분배 효과가 큰 조세 정책이 필요하다고 보고 있다.
④ 정은 소득 양극화를 완화할 수 있는 조세 정책이 필요하다고 보고 있다.

해설

④ 정이 주장한 소득세율과 법인세율의 인상은 소득 재분배 효과가 크고, 소득 양극화를 완화할 수 있는 조세 정책을 의미한다. 소득세와 법인세는 직접세에 해당하며 누진세가 적용되는 조세이다. 누진세는 고소득자에게 더 높은 세율을 적용하기 때문에 빈부 격차 해소에 기여한다.

① 갑은 복지의 확충을 강조하였지만, 복지가 경제 성장을 저해한다고 주장하지는 않았다. 복지가 경제 성장을 저해한다고 보고 있는지의 여부는 제시된 대화 내용을 통해서는 알 수 없다.

② 을은 우리나라의 조세 부담률이 선진국에 비해 낮은 편이기 때문에 증세가 반드시 필요하다고 주장하므로, 조세 부담의 증가를 우려하고 있지 않다.

③ 병이 주장한 부가가치세율과 개별소비세율의 인상은 소득 재분배 효과가 적은 조세 정책을 의미한다. 부가가치세와 개별소비세는 간접세에 해당하며 비례세가 적용되는 조세이다. 비례세는 역진성이 있기 때문에 빈부 격차를 심화시키는 문제가 발생한다.

정답 ④

007 그래프는 양배추 시장의 균형점 변동을 나타낸 것이다. 이러한 변동을 초래할 수 있는 조합을 〈보기〉에서 고르면?(단, 양배추는 모든 사람에게 열등재이고, 수요 · 공급 법칙을 따르며, 양배추 시장은 완전경쟁 시장이다)

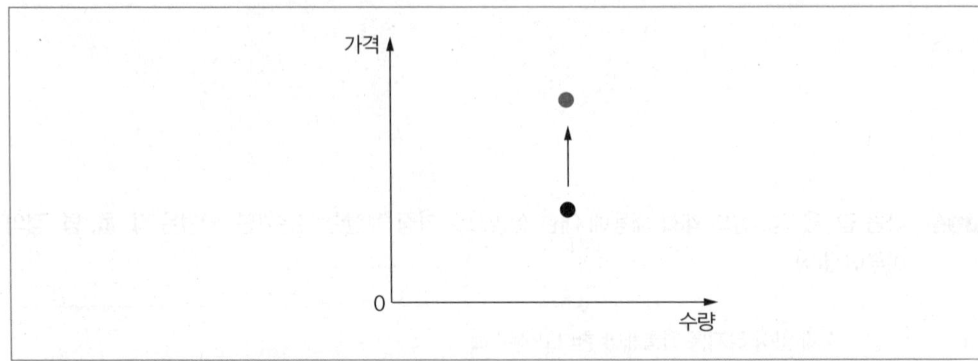

〈보 기〉

ㄱ. 이상 고온 현상으로 양배추 수확이 급감하였다.
ㄴ. 사람들의 실질 소득이 증가하였다.
ㄷ. 채식 붐이 일어나 양배추를 끓는 물에 데쳐 쌈으로 먹는 사람이 늘었다.
ㄹ. 양배추가 갑상선 질환을 유발한다는 뉴스가 대대적으로 보도되었다.

① ㄱ, ㄷ ② ㄱ, ㄹ
③ ㄴ, ㄷ ④ ㄴ, ㄹ

해설

양배추 시장의 균형 거래량은 변하지 않고 균형 가격만 상승하였다. 따라서 동일한 폭으로 수요는 증가하고, 공급은 감소해야 한다.

ㄱ. 이상 고온 현상으로 양배추 수확이 급감하면 양배추의 공급이 감소한다.

ㄷ. 채식 붐이 일어나 양배추를 끓는 물에 데쳐 쌈으로 먹는 사람이 늘어나는 것은 양배추의 수요를 증가시키는 요인이다.

ㄴ. 열등재는 소득이 증가하면 소비가 감소하고, 소득이 감소하면 소비가 증가하는 재화를 말한다. 양배추는 열등재라고 하였으므로, 사람들의 실질 소득이 증가하면 양배추에 대한 수요가 감소할 것이다.

ㄹ. 양배추가 갑상선 질환을 유발한다는 뉴스가 대대적으로 보도될 경우 양배추에 대한 선호가 줄어들어 양배추의 수요가 감소할 것이다.

정답 ①

008 다음에서 설명하고 있는 소형 주택 시장에 생긴 변화를 적절하게 분석한 것은?

갑국에서는 소형 주택에 대한 선호가 높아져서 소형 주택 가격이 상승하였고, 이와 같은 소형 주택의 가격 상승에 따라 건설사들은 공급량을 늘리고 있다.

①
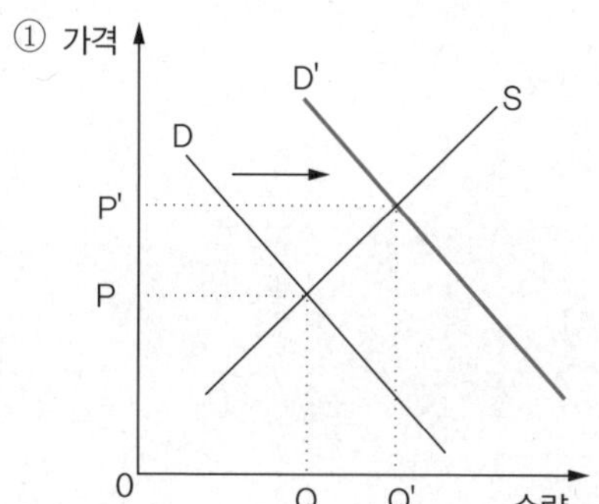

②
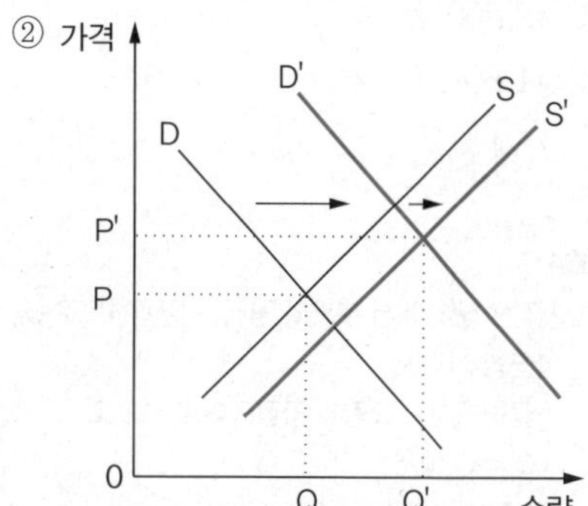

③
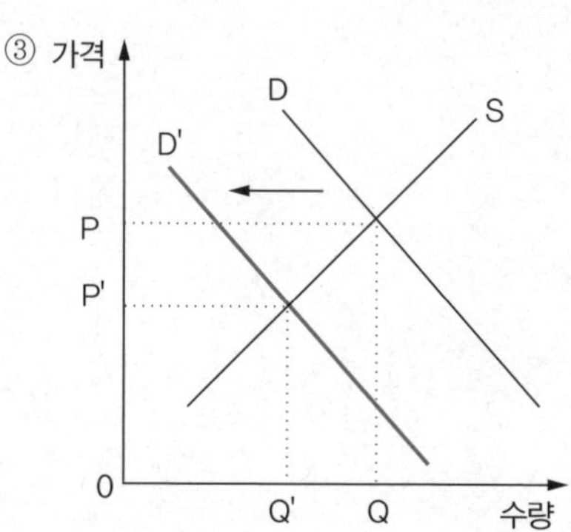

④
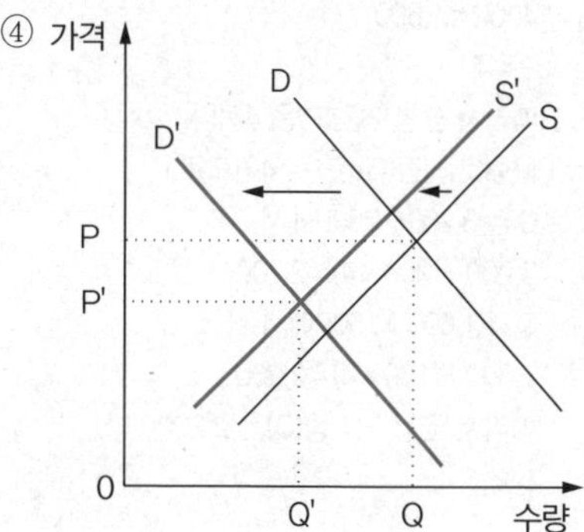

해설

갑국에서 소형 주택에 대한 선호가 높아졌다고 하였으므로 소형 주택에 대한 수요가 증가할 것이다. 수요가 증가할 경우 수요 곡선은 오른쪽으로 이동한다. 수요가 증가하고 공급이 불변일 때 균형 가격은 상승(P → P')하고, 균형 거래량은 증가(Q → Q')한다.

① 소형 주택 시장에 생긴 변화는 수요의 증가이다. 수요의 증가로 인한 소형 주택의 가격 상승에 따라 건설사(생산자)들은 공급량을 증가시키고, 수요자들은 수요량을 감소시킬 것이므로 수요량과 공급량이 일치하는 새로운 균형이 달성된다.

② 소형 주택의 가격 상승에 따른 공급량의 증가를 공급의 증가로 해석하지 않도록 주의해야 한다. 공급량은 해당 재화의 가격 변동에 따라 공급량이 변동하는 것이고, 공급은 해당 재화의 가격 변동 이외의 다른 요인으로 변동하는 것이다.

정답 ①

009 메모리 반도체 시장의 수요 함수가 $Q_D = 3,200 - 250P$이고, 공급 함수가 $Q_S = 1,600 + 150P$이라고 할 때 균형 거래량(Q)과 가격(P)을 각각 구하면?

① Q=2,200, P=2

② Q=1,600, P=4

③ Q=2,200, P=4

④ Q=1,600, P=2

해설

③ 시장의 균형에서 수요와 공급은 일치하므로 $Q_D = Q_S$가 성립한다.

- 균형 가격(P)

  균형에서 수요량과 공급량이 같으므로,

  $Q_D = Q_S$에서

  $3,200 - 250P = 1,600 + 150P$

  $400P = 1,600$

  $P = 4$

  따라서 균형 가격(P)은 4이다.

- 균형 거래량(Q)은 P=4이므로,

  $Q_D = 3,200 - 250P$에서

  $3,200 - (250 \times 4) = 2,200$

  $Q_S = 1,600 + 150P$에서

  $1,600 + (150 \times 4) = 2,200$

  따라서 균형 거래량(Q)은 2,200이다.

정답 ③

010 다음 표는 A~D재의 가격이 현재 수준에서 1% 인상될 경우 수요량의 변화율을 나타낸다. 이에 대한 분석으로 옳은 것은?

재화	A재	B재	C재	D재
수요량 변화율(%)	−0.5	0	−1	1

① A재의 수요는 가격에 대해 탄력적이다.

② B재의 판매량이 변하지 않는다.

③ C재의 수요는 가격에 대해 완전 탄력적이다.

④ D재는 판매 수입이 변하지 않는다.

해설

수요의 가격 탄력성의 공식은 '|수요량의 변동률(%) ÷ 가격의 변동률(%)|'이다. 각 재화를 분석한 결과는 다음과 같다.

구분	가격의 변동률	수요량의 변동률	계산	수요의 가격 탄력성
A재	1% 인상	−0.5%	$\left\lvert\frac{-0.5}{1}\right\rvert=0.5$	비탄력적(0<Ed<1) 가격의 변동률>수요량의 변동률
B재	1% 인상	0%	$\left\lvert\frac{0}{1}\right\rvert=0$	완전 비탄력적(Ed=0) 가격이 변동해도 수요량은 변동없음
C재	1% 인상	−1%	$\left\lvert\frac{-1}{1}\right\rvert=1$	단위 탄력적(Ed=1) 가격의 변동률=수요량의 변동률

② B재의 수요는 가격에 대해 완전 비탄력적이다. B재는 가격이 상승해도 수요량이 변화하지 않으므로, B재의 판매량은 변하지 않는다.

① A재의 수요는 가격에 대해 비탄력적이다.

③ C재의 수요는 가격에 대해 단위 탄력적이다.

④ D재는 가격과 수요량이 정(+)의 관계에 있으므로 수요 법칙이 적용되지 않는 재화이다. D재는 가격이 상승할 때 수요량이 증가하므로 판매 수입이 증가한다.

정답 ②

011 그림은 동질의 상품을 생산하는 기업의 진입 가능성 여부에 따라 시장을 구분한 것이다. A와 B시장에 대한 설명으로 옳은 것만을 〈보기〉에서 모두 고른 것은?

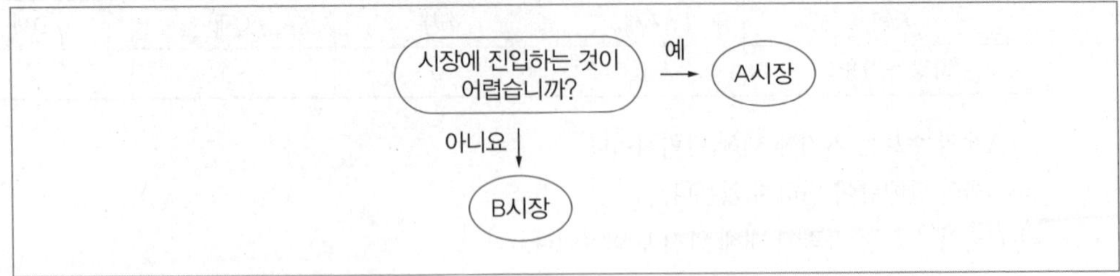

〈보 기〉

ㄱ. 자원 배분의 비효율성은 B시장보다 A시장이 높다.
ㄴ. 기업의 시장 지배력은 B시장보다 A시장이 낮다.
ㄷ. 기업 간 담합 발생 가능성은 A시장보다 B시장이 높다.
ㄹ. 시장 참여자가 가격 수용자가 될 가능성은 A시장보다 B시장이 높다.

① ㄱ, ㄴ
② ㄱ, ㄹ
③ ㄴ, ㄷ
④ ㄷ, ㄹ

해설

동질의 상품을 생산하는 시장은 완전경쟁시장과 독점시장이다. 이를 기업의 진입 가능성 여부에 따라 구분하면 진입 장벽이 자유로운 완전경쟁시장(B시장)과 진입 장벽이 매우 높은 독점시장(A시장)으로 나눌 수 있다.

ㄱ. 완전경쟁시장은 경제학에서 가정하는 가장 이상적인 시장으로 사회의 희소한 자원이 가장 효율적으로 배분되나 독점시장은 생산자 간에 경쟁이 전혀 없기 때문에 자원이 비효율적으로 배분된다. 따라서 자원 배분의 비효율성은 완전경쟁시장(B)보다 독점시장(A)이 높다.

ㄹ. 시장 참여자가 가격 수용자(순응자)가 될 가능성이 높은 시장은 완전경쟁시장(B)이다. 완전경쟁시장은 정보의 완전성으로 인해 시장 지배력이 없기 때문에 개별 공급자는 가격 수용자(순응자)가 된다.

ㄴ. 기업의 시장 지배력이 높은 시장은 독점시장(A)이다. 독점시장은 하나의 공급자가 동질의 상품을 생산하므로 독점적 지위로 인해 시장 지배력이 높고, 완전경쟁시장은 정보의 완전성으로 인해 시장 지배력이 없다.

ㄷ. 기업 간 담합 발생 가능성이 큰 시장은 기업 간 영향력(의존도)이 커서 가격 경쟁을 할 경우 출혈이 심한 과점 시장이다. 독점시장은 담합을 할 다른 기업이 없고, 완전경쟁시장은 담합이 불가능하다.

정답 ②

012 (가), (나)는 시장 실패의 원인에 대한 그래프이다. 이에 대한 설명으로 옳은 것은?

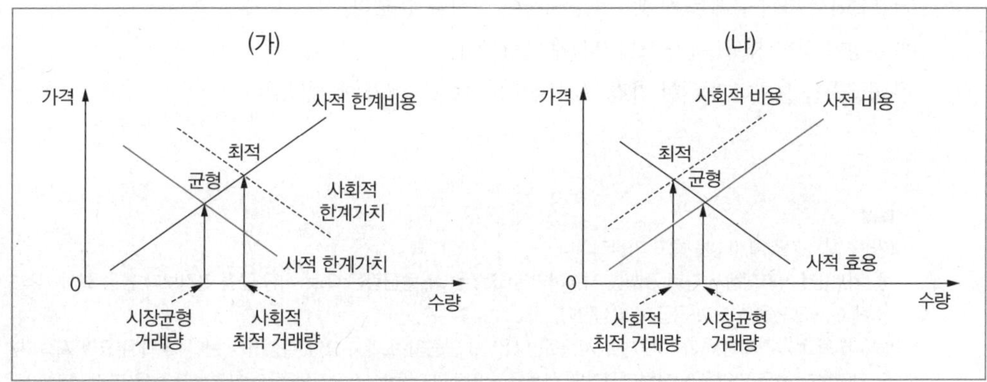

① (가)는 외부 불경제, (나)는 외부 경제에 해당한다.
② 공공재 부족은 (나)보다는 (가)에 해당한다.
③ 공장 가동으로 인한 환경 오염은 (가)보다 (나)에 해당한다.
④ '누이 좋고, 매부 좋다.'라는 속담은 (가)보다 (나)에 해당한다.

해설
③ 공장 가동으로 인한 환경 오염은 생산의 외부 불경제에 해당하는 사례로 (나)에 해당한다.
① (가)는 사회적 편익(사회적 한계 가치)이 사적 편익(사적 한계 가치)에 비해 크게 나타나는 소비의 외부 경제, (나)는 사회적 비용이 사적 비용에 비해 크게 나타나는 생산의 외부 불경제에 해당한다.
② (가)와 (나)는 외부 효과의 그래프로 공공재 부족과는 관련이 없다.
④ '누이 좋고, 매부 좋다.'라는 속담은 서로에게 이익이 발생하는 현상을 의미하므로, 외부 경제에 해당하는 속담에 해당한다. 따라서 (나)보다 (가)에 해당한다.

정답 ③

013 그림은 정부의 가격 규제 정책을 나타낸 것이다. 이에 대한 설명으로 옳지 <u>않은</u> 것은?

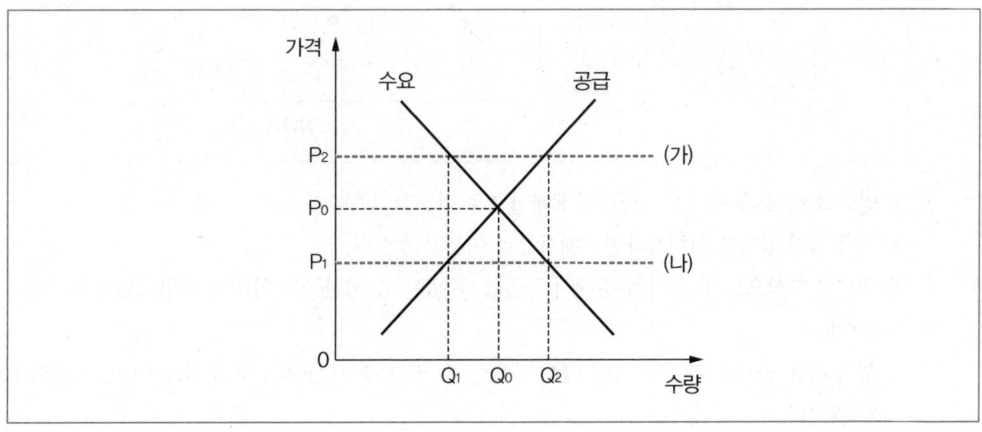

① (가)에서 가격 규제를 시행하면 Q_1~Q_2만큼의 초과 수요가 발생할 것이다.
② (나)에서 가격 규제를 시행하면 암시장이 형성될 수 있다.
③ 분양가 상한 제도는 (가)보다 (나)에 해당한다.
④ 공급자를 보호하기 위한 가격 규제 제도는 (나)보다 (가)에 해당한다.

해설
(가)는 최저 가격제, (나)는 최고 가격제이다.
① (가) 최저 가격제에서 가격 규제를 시행하면 수요량은 Q_1, 공급량은 Q_2로 시장 균형 가격보다 높은 최저 가격으로 인해 Q_1~Q_2만큼의 초과 공급이 발생한다.
② (나) 최고 가격제에서 가격 규제를 시행하면 Q_1~Q_2만큼의 초과 수요가 발생하게 된다. 초과 수요가 지속되면 최고 가격보다 높은 가격을 지불하고서라도 상품을 구입하고자 하는 수요자와 최고 가격보다 높은 가격으로 판매하고자 하는 공급자로 인해 암시장이 발생할 수 있다. 생산량이 Q_1일 때 암시장 최고 가격은 P_2이다.
③ 분양가 상한 제도는 공동 주택의 분양가를 산정할 때 일정한 표준 건축비에 택지비를 더하여 분양가를 산정하고, 그 가격을 초과하는 가격으로 분양하지 못하도록 규제하는 제도이다. 이는 최고 가격제의 사례로 (나)에 해당한다.
④ 공급자를 보호하기 위한 가격 규제 제도는 (가) 최저 가격제이다.

정답 ①

014 다음 그림은 총수요 곡선이 우하향하고, 총공급 곡선이 우상향하는 경우의 물가와 실업률 간의 관계를 나타낸다. 균형점 E의 이동에 대한 설명으로 옳지 않은 것은?(단, 균형점의 이동은 단기적 변동만 고려한다)

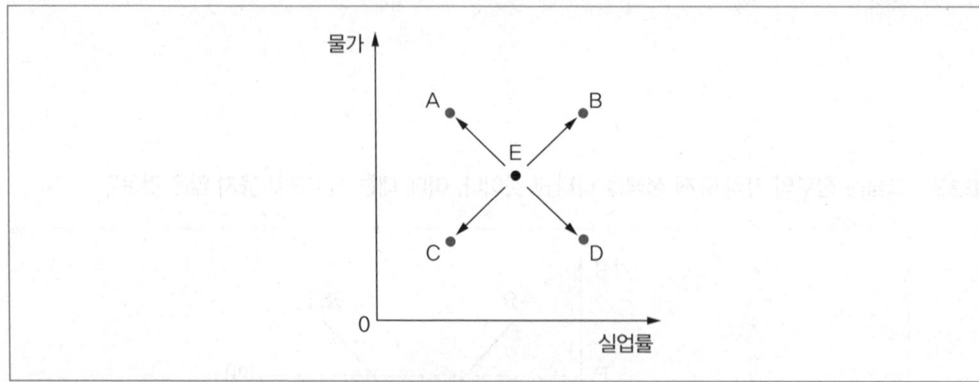

① 민간 소비 및 투자가 증가한다면 E에서 A로 이동할 것이다.
② 확대 재정 정책을 시행한다면 E에서 C로 이동할 것이다.
③ 생산성 향상으로 각 물가 수준에서 공급할 수 있는 총 생산물의 양이 증가한다면 E에서 C로 이동할 것이다.
④ 생산 비용 증가로 각 물가 수준에서 공급할 수 있는 총 생산물의 양이 감소한다면 E에서 B로 이동할 것이다.

해설

제시된 그래프는 y축은 물가의 변동을, x축은 실업률의 변동을 나타내고 있다.

② 확대 재정 정책을 시행하면 총수요가 증가하여, 물가가 상승하고 국민 소득이 증가(실업률 감소)한다. 따라서 확대 재정 정책을 시행한다면 E에서 A로 이동한다.

① 민간 소비와 민간 투자가 증가하면 총수요가 증가하여, 물가가 상승하고 국민 소득이 증가(실업률 감소)한다. 따라서 민간 소비 및 투자가 증가하면 E에서 A로 이동한다.

③ 생산성 향상으로 각 물가 수준에서 공급할 수 있는 총 생산물의 양이 증가, 즉 총공급이 증가한다면 물가는 하락하고 국민 소득은 증가(실업률 감소)한다. 따라서 E에서 C로 이동한다.

④ 생산 비용 증가로 각 물가 수준에서 공급할 수 있는 총 생산물의 양이 감소, 즉 총공급이 감소한다면 물가는 상승하고 국민 소득은 감소(실업률 증가)한다. 따라서 E에서 B로 이동한다.

정답 ②

015 다음 로렌츠 곡선에 대한 설명으로 옳은 것은?

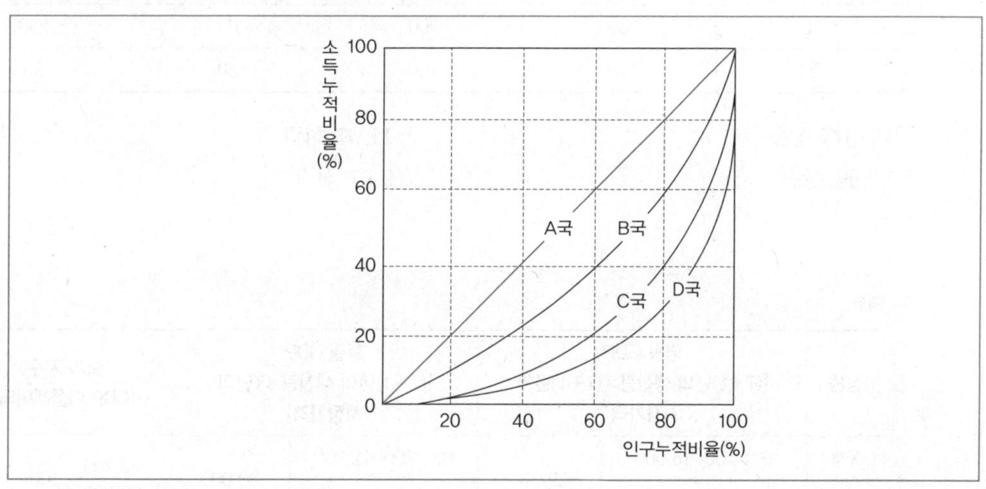

① 4개 국가 중 A국의 소득 분배가 가장 불균등하다.

② B국은 하위 소득 인구의 40%가 약 60%의 소득 누적 비율을 차지한다.

③ C국은 상위 소득 인구의 40%가 약 80%의 소득 점유율을 보인다.

④ 4개 국가 중 D국의 지니 계수 값이 가장 작다.

해설

로렌츠 곡선은 인구 누적 비율과 소득 누적 점유율을 통해 불평등의 정도를 알아보는 지표로 대각선에 가까울수록 평등, 수직선에 가까울수록 불평등하다.

③ C국은 상위 소득 인구 40%가 약 80%의 소득 점유율을 보인다.

① A국의 로렌츠 곡선은 완전 평등선을 나타내므로 소득 분배가 가장 균등하다. 따라서, 4개 국가 중 A국의 소득 분배가 가장 평등하다.

② B국은 하위 소득 인구의 40%가 전체 소득 중 20%가 약간 넘는 소득 누적 비율을 차지하고 있다.

④ 지니 계수는 대각선과 수직선 사이의 면적에서 로렌츠 곡선과 대각선이 차지하는 크기의 비율을 구하는 지표이다. 대각선에 가까울수록 0에 가까운 값, 수직선에 가까울수록 1에 가까운 값이 나온다. 즉, 지니 계수의 값이 작을수록 소득 분배가 평등함을 나타낸다. 따라서 4개의 국가 중 지니 계수가 가장 작은 국가는 A, 가장 큰 국가는 D이다.

정답 ③

016 다음 표에서 기준 연도인 T년 대비 (T+1)년의 GDP 디플레이터 변화에 대한 설명으로 옳은 것은? (단, A국은 X와 Y 두 상품만 생산한다)

상품	T년		(T+1)년	
	생산량(개)	시장 가격(원)	생산량(개)	시장 가격(원)
X	50	200	60	250
Y	70	100	80	90

① 11.0% 상승 ② 11.0% 하락
③ 9.9% 상승 ④ 9.9% 하락

해설

상품	명목 GDP [(T+1)년의 생산량×(T+1)년의 시장가격]		실질 GDP [(T+1)년의 생산량×T년의 시장가격]		물가 지수 (GDP 디플레이터)
X재	60×250=15,000	22,200	60×200=12,000	20,000	$\frac{22,200}{20,000}\times 100=111$
Y재	80×90=7,200		80×100=8,000		

① 물가 지수(GDP 디플레이터)는 111이다. 물가 지수가 111이라는 것은 기준 연도(T년)에 비해 물가가 11% 상승했음을 의미한다.

정답 ①

017 표는 쌀과 닭고기 두 가지 재화만 생산하는 어느 국가의 경제 활동 결과를 나타낸 것이다. 표에 대한 설명으로 옳은 것은?(단, 기준 연도는 2013년이며, 물가 지수는 GDP 디플레이터로, 경제 성장률은 실질 GDP 증가율로 각각 측정한다)

구분 \ 연도		2013	2014	2015
쌀	kg당 가격($)	10	15	17
	생산량(kg)	100	80	100
닭고기	kg당 가격($)	5	10	15
	생산량(kg)	40	40	60

※ GDP 디플레이터=(명목 GDP/실질 GDP)×100

① 2014년의 물가 지수는 150이다.
② 2014년의 경제 성장률은 −20%이다.
③ 2015년의 물가 지수는 200이다.
④ 2015년의 경제 성장률은 20%이다.

해설

명목 GDP는 당해 연도의 가격과 당해 연도의 생산량으로 계산하고, 실질 GDP는 기준 연도의 가격과 당해 연도의 생산량으로 계산한다.

③ GDP 디플레이터는 '명목 GDP/실질 GDP×100'으로 구할 수 있다. 2015년의 명목 GDP는 2,600달러이고, 2015년의 실질 GDP는 1,300달러이다. 따라서 2015년의 GDP 디플레이터(물가지수)는 200[명목 GDP(2,600)/실질 GDP(1,300)×100]이다.

① GDP 디플레이터는 '명목 GDP/실질 GDP×100'으로 구할 수 있다. 2014년의 명목 GDP는 1,600달러이고, 2014년의 실질 GDP는 1,000달러이다. 따라서 2014년의 GDP 디플레이터(물가지수)는 160[명목 GDP(1,600)/실질 GDP(1,000)×100]이다.

② 경제 성장률은 '(금년도 실질 GDP−전년도 실질 GDP)/전년도 실질 GDP×100'으로 구할 수 있다. 2013년의 실질 GDP는 1,200달러이고, 2014년의 실질 GDP는 1,000달러이다. 따라서 2014년의 경제 성장률은 약 −16.67%[{금년도 실질 GDP(1,000)−전년도 실질 GDP(1,200)}/전년도 실질 GDP(1,200)×100]이다.

④ 2014년의 실질 GDP는 1,000달러이고, 2015년의 실질 GDP는 1,300달러이다. 따라서 2015년의 경제 성장률은 30%[{금년도 실질 GDP(1,300)−전년도 실질 GDP(1,000)}/전년도 실질 GDP(1,000)×100]이다.

정답 ③

018 다음은 갑국의 고용 관련 상황이다. 갑국 정부의 정책 시행 결과 고용 지표 관련 인구 중 감소한 것은?

> 갑국의 실업률은 매우 양호하지만, 고용률은 상대적으로 좋지 않았다. 갑국 정부는 고용률을 높이기 위한 여러 정책을 강도 높게 추진하였다. 그 결과 고용률은 상승했지만, 취업률은 오히려 하락한 상황이 되었다. 다만, 15세 이상 인구는 변함이 없었다.

① 취업자 수
② 실업자 수
③ 경제활동인구
④ 비경제활동인구

해설

④ 15세 이상 인구는 '경제활동인구+비경제활동인구'이다. 15세 이상 인구는 변함없이 일정하다고 하였는데 경제활동인구는 증가하고 있으므로, 비경제활동인구는 감소할 것이다.

① 고용률은 '(취업자 수/15세 이상 인구)×100'으로 구할 수 있다. 15세 이상 인구는 변함이 없었는데 고용률은 높아졌으므로, 취업자 수는 증가했다는 것을 알 수 있다.

②·③ 취업자 수는 증가(① 해설)했는데, 취업률은 낮아지고 있다고 하였으므로 경제활동인구는 취업자 수가 증가한 비율보다 더 크게 증가하고 있음을 알 수 있다. 한편 취업률과 실업률의 합은 항상 100%이므로, 취업률이 낮아지면 실업률은 높아진다. 실업률은 '(실업자 수/경제활동인구)×100'으로 구할 수 있다. 경제활동인구가 증가하는 상황에서 실업률이 높아진다는 것은 실업자 수도 증가하고 있다는 것을 의미한다.

정답 ④

019 그림에서 2015년 대비 2016년에 나타난 변화에 대한 분석으로 옳은 것은?(단, 갑국의 15세 이상 인구는 일정하다)

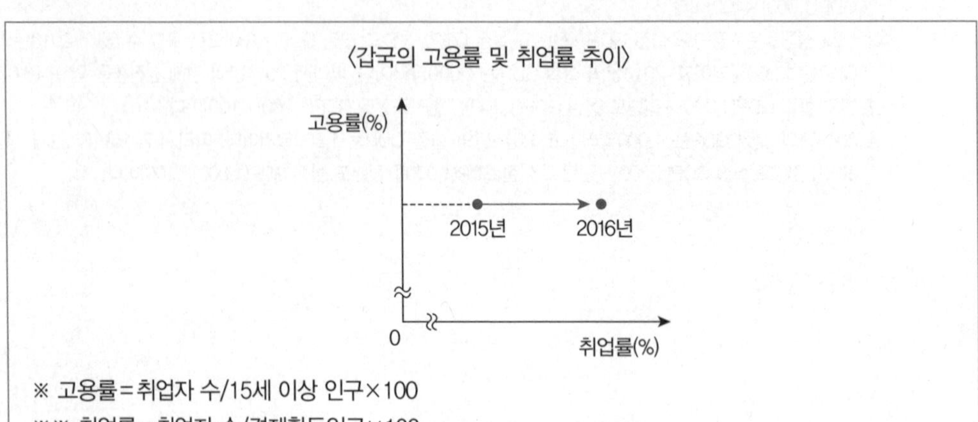

① 실업률이 증가하였다.
② 취업자 수가 증가하였다.
③ 경제활동참가율이 증가하였다.
④ 비경제활동인구가 증가하였다.

해설

주어진 그림에서 고용률은 변함없이 일정하지만, 취업률이 높아지고 있다는 것을 알 수 있다.

④ 15세 이상 인구는 경제활동인구와 비경제활동인구의 합이다. 15세 이상 인구는 변함없이 일정한데 경제활동인구는 감소하고 있으므로, 비경제활동인구는 증가할 것이다.

① 취업률은 경제활동인구에서 차지하는 취업자의 비중이고, 실업률은 경제활동인구에서 차지하는 실업자의 비중이기 때문에 취업률과 실업률의 합은 항상 100%이다. 따라서 취업률이 증가하면, 실업률은 감소한다.

② 고용률은 '(취업자 수/15세 이상 인구)×100'으로 구할 수 있다. 15세 이상 인구가 일정한 상황에서 고용률이 일정하게 유지되고 있으므로 취업자 수도 일정하다.

③ 취업률은 '(취업자 수/경제활동인구)×100'으로 구할 수 있다. 취업자 수가 일정한데 취업률은 높아지고 있으므로 경제활동인구가 감소한다는 것을 알 수 있다. 경제활동참가율은 15세 이상 인구에서 경제활동인구가 차지하는 비율을 의미하므로, 15세 이상 인구가 일정한 상황에서 경제활동인구가 감소한다면 경제활동참가율은 감소한다.

정답 ④

020 밑줄 친 정책에 대한 설명으로 옳지 않은 것은?

> 2007~2009년의 금융 위기 이후 미국은 불황에 빠졌으며, 경기 부양책에도 불구하고 다시 경기가 침체에 빠지는 더블 딥(Double-Dip) 가능성이 제기되었다. 그렇다고 경기 부양을 위해 추가적으로 재정 지출을 하는 것은 부담스러운 상황이었다. 이미 막대한 재정 적자가 누적되어 있었기 때문이다. 이에 따라 미국 연방 준비 제도(Federal Reserve System)는 양적 완화(Quantitative Easing) 정책을 펴왔다.

① 이는 재할인율 인하와 같은 취지의 정책이다.
② 미국 연방 준비 제도의 대규모 국채 매입은 이 정책에 포함된다.
③ 이 정책의 효과가 지나치면 실질 이자율이 증가한다.
④ 이 정책으로 환율의 변화가 일어난다면 미국 달러의 구매력이 낮아진다.

해설

양적 완화 정책은 일종의 금융 확장 정책이다.

③ 양적 완화 정책의 효과로 통화량이 증가하면 물가가 상승하므로 실질 이자율(명목 이자율-물가 상승률)은 감소한다.

① 재할인이란 기업이 발행한 어음을 은행이 할인하고, 이를 다시 중앙은행이 할인하는 것이다. 즉, 재할인율은 중앙은행이 예금 은행에 대하여 적용하는 이자율이라고 할 수 있다. 재할인율을 인하하면 통화량이 증가하면서 수요 및 투자가 증가하여 경기가 부양된다. 양적 완화 정책은 재할인율 인하와 같은 취지의 정책이다.

② 국·공채는 국가나 지방자치단체 혹은 기업이 부족한 자금을 마련하기 위해 발행하는 채권이다. 중앙은행이 국·공채를 매입하면 시중의 통화량이 늘어 경기를 활성화시킨다. 미국 연방 준비 제도의 대규모 국채 매입은 이 정책에 포함된다.

④ 양적 완화 정책으로 달러의 양이 많아지므로 달러 가치가 하락하여 달러의 구매력이 낮아진다.

정답 ③

021 표는 대표적인 증권 상품 (가), (나)를 비교한 것이다. 이에 대한 설명으로 적절한 것을 〈보기〉에서 모두 고른 것은?

구분	(가)	(나)
자본 조달 방법	자기 자본	타인 자본
소유자 권리	의결권	확정 이자 수취
수익의 형태	배당금	이자

<보 기>

ㄱ. (나)보다 (가)의 안정성이 낮다.
ㄴ. (나)는 회사만 발행할 수 있다.
ㄷ. (가)의 소유자는 자신의 의사에 반하여 주주의 지위를 상실할 수 없다.
ㄹ. (가)는 증권의 존속 기간이 정해져 있지만, (나)는 존속 기간이 정해져 있지 않다.

① ㄱ, ㄷ　② ㄱ, ㄹ
③ ㄴ, ㄷ　④ ㄷ, ㄹ

해설

소유자가 의결권의 권리를 가지는 (가)는 주식, 소유자가 확정 이자 수취라는 권리를 가지는 (나)는 채권이다.

ㄱ. (나) 채권은 채권 발행 기관에서 약속한 이자 수익을 얻거나 다른 사람에게 되팔 수 있기 때문에 안전성과 유동성이 높다. 반면 주식은 높은 투자 수익을 기대할 수 있지만, 주식 가격 변동에 따라 원금 손실이 발생할 수 있으므로 채권에 비해 상대적으로 위험하다.

ㄷ. (가) 주식은 원칙적으로 경영 참여권을 가지게 되고 주주의 지위를 가지게 된다. 주주의 의사에 반하여 주주의 지위를 상실할 수 없다.

ㄴ. (나) 채권은 정부, 지방자치단체, 특수 법인, 금융 기관, 주식회사 등에서 발행할 수 있다. 주식회사에서만 발행이 가능한 것은 (가) 주식이다. 채권은 발행 주체에 따라 국채(정부), 공채(지방자치단체 및 공공 기관), 금융채(금융 기관), 회사채(회사) 등으로 구분된다.

ㄹ. (가) 주식은 증권의 존속 기간이 정해져 있지 않지만(무기한, 만기 없음), (나) 채권은 존속 기간이 정해져 있다(영구 채권 제외).

정답 ①

022 다음 표는 A 기업과 B 기업이 동일한 생산 요소로 최대한 생산할 수 있는 각 재화의 양을 나타낸다. 이에 대한 분석으로 가장 적절한 것은?(단, A 기업과 B 기업이 생산하는 제품은 동질적이며 시장에서 상품 1단위를 판매하기 위해서는 스마트폰 1개에 스마트폰 전용 이어폰 1개가 함께 포장되어야 한다)

(단위 : 개)

구분	스마트폰	스마트폰 전용 이어폰
A 기업	100	300
B 기업	10	100

① 스마트폰과 스마트폰 전용 이어폰 모두 A 기업이 비교 우위를 갖는다.

② B 기업이 독자적으로 생산하여 시장에서 판매할 수 있는 상품은 최대 10단위이다.

③ 특화 후 교환한다면, A 기업이 제시하는 거래 조건은 스마트폰 1개에 스마트폰 전용 이어폰 3개 이상이다.

④ 특화 후 스마트폰 10개를 스마트폰 전용 이어폰 90개와 교환한다면, B 기업은 교환의 이익을 누릴 수 없다.

해설

주어진 표를 통해 A 기업과 B 기업의 스마트폰과 스마트폰 전용 이어폰의 기회비용을 계산하면 다음과 같다.

구분	스마트폰 생산에 따른 기회비용	스마트폰 전용 이어폰 생산에 따른 기회비용
A 기업	스마트폰 전용 이어폰 3개(=300/100)	스마트폰 1/3개(=100/300)
B 기업	스마트폰 전용 이어폰 10개(=100/10)	스마트폰 1/10개(=10/100)

③ A 기업은 스마트폰 생산에 비교 우위가 있으므로 B 기업에게 스마트폰을 제공하면서 스마트폰 1개 생산의 기회비용인 스마트폰 전용 이어폰 3개보다 더 많이 받는 조건을 요구할 것이다. A 기업은 B 기업과 거래를 하지 않더라도 스마트폰 1개는 스마트폰 전용 이어폰 3개의 가치를 가지고 있으므로 만약 특화 후 B 기업과 교환한다면 스마트폰 1개에 스마트폰 전용 이어폰 3개 이상과 바꾸어야 이득이 된다.

① 스마트폰과 스마트폰 전용 이어폰 모두 A 기업이 절대 우위를 갖는다. 하지만 생산의 기회비용이 작을수록 해당 재화의 생산에 비교 우위를 가지므로 A 기업은 스마트폰 생산에, B 기업은 스마트폰 전용 이어폰 생산에 비교 우위를 갖는다.

② B 기업이 독자적으로 생산하여 시장에 판매할 수 있는 상품을 계산하기 위해(스마트폰, 스마트폰 전용 이어폰)의 순서쌍을 생각해 보면, (0, 100), (1, 90), (2, 80) … (7, 30), (8, 20), (9, 10), (10, 0)이다. 상품 1단위가 되기 위해서는 스마트폰과 스마트폰 전용 이어폰이 1 : 1 대응이 되어야 하므로 최대 9개까지 판매할 수 있다.

④ A 기업과 B 기업의 거래 조건은 '스마트폰 전용 이어폰 3개<스마트폰 1개<스마트폰 전용 이어폰 10개'이므로 스마트폰 10개와 이어폰 90개를 교환한다면 B 기업은 교환의 이익을 누릴 수 있다.

정답 ③

023 다음 자료에 나타난 변화의 영향에 대한 분석 및 추론으로 옳은 것은?

> (가) 최근 미국 중앙은행이 금리 인상을 시사하면서 외국 자본의 이동에 귀추가 주목되고 있다.
> (나) 경기 침체에 대한 우려가 세계적으로 확산되면서 안전 자산이 선호됨에 따라 미국 국채에 대한 수요가 증가했다.

① (가)는 우리나라에 외국 자본이 유입되는 요인이다.
② (나)는 외환 시장에서 원/달러 환율이 하락하는 요인이다.
③ (가)에 의한 환율 변화는 우리나라의 대미 수출이 감소하는 요인이다.
④ (나)에 의한 환율 변화는 우리나라 국민의 미국 여행 경비 부담이 증가하는 요인이다.

해설

④ 원/달러 환율이 상승하면 우리나라 국민의 미국 여행 경비 부담이 증가하여 미국 여행이 감소한다. 예를 들어 미국을 여행하는 데 1달러가 필요한데 원/달러 환율이 1달러당 1,000원에서 1달러당 2,000원으로 상승한다면, 미국 여행에 필요한 금액은 1,000원에서 2,000원으로 증가한다.

① 미국 금리가 인상되면 미국 금융 상품의 수익률이 상승하여 미국 금융 상품에 대한 투자가 증가한다. 이는 우리나라로부터 외국 자본이 유출되는 요인이다. 예를 들어 우리나라 금융 상품과 미국 금융 상품의 금리가 동일하게 5%인데, 미국 금리가 상승하여 미국 금융 상품의 금리가 10%가 된다면, 미국 금융 상품에 대한 수요가 증가하여 우리나라의 외국 자본이 미국으로 유출된다.

② 미국 국채를 구입하기 위해서는 달러화(외화)가 필요하다. 따라서 미국 국채에 대한 수요가 증가하면, 외환 시장에서 외화(달러화)에 대한 수요도 증가한다. 외화 수요의 증가는 원/달러 환율을 상승시키는 요인으로 작용한다.

③ 원/달러 환율이 상승하면 우리나라 수출품의 달러 표시 가격이 하락하여 우리나라의 대미 수출이 증가한다. 예를 들어 수출품의 가격이 2,000원인데 원/달러 환율이 1달러당 1,000원에서 1달러당 2,000원으로 상승한다면, 수출품의 달러 표시 가격은 2달러에서 1달러로 하락하여 수출이 증가한다.

정답 ④

024 다음은 환율의 변동을 표로 정리한 것이다. (가)~(라)의 영향으로 옳은 것을 〈보기〉에서 모두 고르면? (단, 환율 이외의 다른 요건은 고려하지 않는다)

구분		원/달러 환율	
		상승	하락
원/유로 환율	상승	(가)	(나)
	하락	(다)	(라)

〈보 기〉

ㄱ. (가) – 미국과 EU에 대한 한국 기업들의 수출이 증가한다.
ㄴ. (나) – 미국 부품을 수입하여 완제품을 EU에 수출하는 한국 기업들은 불리해진다.
ㄷ. (다) – 한국 시장에서 미국산 자동차보다 EU산 자동차의 가격 경쟁력이 높아진다.
ㄹ. (라) – 미국 회사나 EU 회사의 주식에 대한 배당금의 원화 환산 금액이 증가한다.

① ㄱ, ㄴ
② ㄱ, ㄷ
③ ㄴ, ㄷ
④ ㄱ, ㄷ, ㄹ

해설

ㄱ. 원/달러 환율이 상승하면 수출품의 달러 표시 가격 하락으로 수출품의 가격 경쟁력이 높아져 미국에 대한 한국 기업들의 수출이 증가하고, 원/유로 환율이 상승하면 수출품의 유로화 표시 가격이 하락하여 수출품의 가격 경쟁력이 높아져 EU에 대한 한국 기업들의 수출이 증가한다. 따라서 미국과 EU에 대한 한국 기업들의 수출이 증가한다.
ㄷ. 원/달러 환율이 상승하면 미국 수입품의 원화 표시 가격이 높아지고, 원/유로 환율이 하락하면 EU 수입품의 원화 표시 가격이 낮아진다. 따라서 한국 시장에서 미국산 자동차보다 EU산 자동차의 가격 경쟁력이 높아진다.
ㄴ. 원/달러 환율이 하락하면 수입품의 원화 표시 가격 하락으로 수입이 증가하여 미국 부품을 수입하는 한국 기업들은 유리해진다. 또, 원/유로 환율이 상승하면 수출품의 유로화 표시 가격이 하락하여 수출품의 가격 경쟁력이 높아져 EU에 대한 한국 기업들의 수출이 유리해진다. 따라서 미국 부품을 수입하여 완제품을 EU에 수출하는 한국 기업들은 유리해진다.
ㄹ. 원/달러 환율과 원/유로 환율이 하락하면 미국 회사나 EU 회사의 주식에 대한 배당금의 원화 환산 금액은 감소한다.

정답 ②

025 다음 표와 같이 환율 변동이 발생했다면, 이에 따른 효과 중에서 옳은 내용을 〈보기〉에서 있는 대로 고른 것은?

구분	원/달러	엔/달러
과거	1,050	100
현재	1,100	110

〈보 기〉

ㄱ. 달러 표시 외채를 가진 한국 기업의 상환 부담이 감소하였다.
ㄴ. 부품을 한국에서 수입하는 일본 기업의 생산비가 상승하였다.
ㄷ. 한국에 수출하는 미국 제품의 가격 경쟁력이 하락하였다.
ㄹ. 미국에 수출하는 일본 제품의 달러 표시 가격이 상승하였다.

① ㄱ, ㄹ
② ㄴ, ㄷ
③ ㄴ, ㄹ
④ ㄷ, ㄹ

해설

ㄴ. 원/엔 환율을 구해보면, 과거의 원/엔 환율은 '(원/달러)/(엔/달러)=1,050/100'으로 10.5원/엔이다. 현재의 원/엔 환율은 '(원/달러)/(엔/달러)=1,100/110'으로 10원/엔이다. 결국 원/엔 환율은 10.5원/엔에서 10원/엔으로 하락하였다. 이 경우 10.5를 원하던 부품이 있다면 과거에는 1엔에서 현재에는 1엔보다는 조금 더 크기 때문에 일본 기업의 생산비는 상승한다. 즉, 원화 가치 하락보다 엔화 가치 하락이 더 크므로(엔화에 비해 원화의 가치가 상승한 것이므로) 부품을 한국에서 수입하는 일본 기업의 생산비가 상승하게 된다.
ㄷ. 원/달러 환율이 상승했으므로 한국에 수출하는 미국 제품의 가격 경쟁력은 하락한다. 예를 들어 1달러짜리의 미국 제품이 있다면 과거에는 1,050원이면 살 수 있었는데 현재에는 1,100원으로 상승하므로 가격 경쟁력이 하락하기 때문이다. 즉, 달러 가치가 올랐으므로 한국에 수출하는 미국 제품의 원화 표시 가격이 상승하게 되어 미국 제품의 가격 경쟁력이 하락하였다.
ㄱ. 원/달러 환율이 상승하였으므로 달러 표시 외채를 가진 한국 기업의 상환 부담이 증가하였다. 예를 들어 1달러의 외채가 있었다면 1,050원이면 상환할 수 있었는데 1,100원으로 50원의 부담이 증가하기 때문이다.
ㄹ. 엔/달러 환율이 100엔/달러에서 110엔/달러로 상승하였다. 이 경우 미국에 수출하는 일본 제품의 달러 가격은 하락한다. 예를 들면 100엔짜리 일본 제품은 1달러인데 환율이 110엔/달러의 경우 0.9달러로 하락하게 된다. 즉, 엔/달러 환율이 상승하였으므로 미국에 수출하는 일본 제품의 달러 표시 가격이 하락하였다.

정답 ②

03 사회 · 문화

001 **다음 연구에 대한 설명으로 옳지 않은 것은?**

> 연구자 갑은 우리나라 노인들의 '인간관계 밀도'와 '삶의 만족도'의 관련성을 밝히는 연구를 수행하였다. 연구 문제와 관련하여 가설을 설정하고, 이를 검증하기 위하여 서울에 거주하는 70세 이상의 남자와 여자를 임의로 300명씩 선정하여 설문 조사를 실시하였다. 자료의 통계 분석 결과, 노인의 인간관계 밀도가 높을수록 삶의 만족도가 높은 것으로 나타났다.

① 추상적 개념을 측정 가능한 지표로 설정하는 과정이 필요하다.
② 다수를 대상으로 대량의 자료를 수집할 수 있는 방법이 활용되었다.
③ 표본의 대표성이 없어 분석 결과를 모집단 전체에 일반화할 수 없다.
④ 자료의 분석 과정에서 감정 이입과 직관적 통찰을 통한 이해를 중시한다.

해설

④ 제시된 연구는 양적 연구 방법이다. 자료의 분석 과정에서 감정 이입과 직관적 통찰을 통한 이해를 중시하는 것은 질적 연구 방법이다.
① 연구자 갑은 '인간관계 밀도'와 '삶의 만족도'의 관련성을 밝히는 연구를 수행하고자 한다. 이를 위해 '인간관계 밀도'와 '삶의 만족도'라는 추상적인 개념을 측정 가능한 지표로 수치화하는 개념의 조작적 정의의 과정이 필요하다.
② 다수를 대상으로 대량의 자료를 수집할 수 있는 자료 수집 방법은 질문지법이다. "서울에 거주하는 70세 이상의 남자와 여자를 임의로 300명씩 선정하여 설문 조사를 실시"하였다는 부분에서 질문지법이 사용되었음을 알 수 있다.
③ 연구는 우리나라 노인들을 모집단으로 하고 있는데, 자료는 서울에 거주하는 70세 이상의 남자와 여자를 대상으로 하였기 때문에 표본의 대표성이 결여되었다.

정답 ④

002 다음 (가), (나)에 사용된 연구 방법의 일반적인 특징으로 가장 적절한 것은?

(가)
- 연구 주제 : ㅇㅇ지역 사회에서 발생하는 폭력의 종류와 빈도
- 연구 대상 : ㅇㅇ지역 주민을 대표하는 표본 350명
- 연구 시기 : 2015. 2. 14. 10 : 00 ~ 11 : 00
- 자료 수집 : 일정한 시간과 장소에서 연구 대상을 설문 조사함

(나)
- 연구 주제 : ㅇㅇ지역 사회에서 발생하는 폭력의 의미
- 연구 대상 : ㅇㅇ지역의 우범자 5명
- 연구 시기 : 2014. 2. 14. ~ 2015. 2. 14.
- 자료 수집 : 연구자가 연구 대상과 같이 생활하며 행동을 관찰하고 기록함

① (가)는 귀납적 과정을 통해 통찰적으로 자료를 해석한다.
② (가)는 연구자와 연구 대상자 간 정서적 교감을 중시한다.
③ (나)는 사회 · 문화 현상을 심층적으로 이해한다.
④ (나)는 사회 현상은 자연 현상과 본질적으로 동일하다고 가정한다.

해설

(가)는 표본을 추출하여 질문지를 통해 자료를 수집함으로써 폭력의 종류와 빈도를 찾아내고 있으므로 양적 연구 방법에 해당하며, (나)는 참여 관찰을 통해 폭력의 의미를 밝혀내고자 하기 때문에 질적 연구 방법에 해당한다.

③ (나) 질적 연구 방법은 사회 · 문화 현상을 심층적으로 이해하려 한다.
① 귀납적 과정을 통해 통찰적으로 자료를 해석하는 것은 (나) 질적 연구 방법에 해당하다.
② 연구자와 연구 대상자 간 정서적 교감을 중시하는 것은 (나) 질적 연구 방법에 해당한다.
④ 사회 현상과 자연 현상이 본질적으로 동일하다는 방법론적 일원론은 (가) 양적 연구 방법에 해당한다.

정답 ③

003 **다음은 자원봉사 활동과 시민 의식 간의 관련성에 대한 연구 과정을 순서 없이 나열한 것이다. 이에 대한 설명으로 옳지 않은 것은?**

> (가) 시민 의식 함양에 영향을 주는 요인을 알아보고자 하였다.
> (나) 시민 의식 함양을 위해 청소년의 자원봉사 활동 시간을 늘릴 것을 교육청에 건의하였다.
> (다) 조사 자료를 분석한 결과를 토대로 청소년의 자원봉사 활동이 시민 의식 함양에 영향을 준다는 결론을 내렸다.
> (라) 선행 연구 검토 후, 자원봉사 활동이 시민 의식 함양에 영향을 준다는 가설을 설정하였다.
> (마) ○○시의 청소년을 무작위로 추출하여 설문 조사를 실시하였다.

① 위 연구 과정에서는 개념의 조작적 정의가 필요하지 않다.
② (가)와 (나)의 단계에서는 연구자의 가치가 개입될 수 있다.
③ (다)의 분석 결과는 ○○시의 청소년으로 일반화될 수 있다.
④ 일반적으로 연구 과정은 (가), (라), (마), (다), (나) 순으로 진행된다.

해설
(가)는 문제 제기, (나)는 대안 제시, (다)는 결론, (라)는 가설 설정, (마)는 자료 수집에 해당한다.
① 제시문에 나타난 연구 방법은 양적 연구 방법에 해당하며, 자료 수집으로 질문지법을 사용하였다. 따라서 개념의 조작적 정의가 필요하다. 예컨대 '시민 의식'을 측정할 수 있는 지표로 바꾸는 과정이 필요할 것이다.
② (가) 문제 제기, (나) 대안 제시 단계는 연구자의 가치가 개입될 수 있다.
③ 연구의 모집단은 ○○시의 청소년이다. 연구 결과는 청소년의 자원봉사 활동이 시민 의식 함양에 영향을 준다는 것이다. 따라서 ○○시의 청소년에게 연구 결과를 일반화할 수 있다. 다만 전체 청소년에게 일반화하기는 어려울 것이다.
④ 일반적 연구 과정은 (가) 문제 제기, (라) 가설 설정, (마) 자료 수집, (다) 결론, (나) 대안 제시의 순서로 진행된다.

정답 ①

004 **다음의 자료 수집 방법 A~D에 대한 설명으로 가장 옳은 것은?(단, A~D는 질문지법, 실험법, 참여관찰법, 문헌연구법 중 하나이다)**

항목	자료 수집 방법
질적 자료를 수집할 목적으로 사용된다.	A
실험 집단과 통제 집단을 필요로 한다.	B
낮은 수거율과 무성의한 응답이 나타날 수 있다.	C
양적 연구와 질적 연구에서 모두 활용 가능하다.	D

① A는 통제의 정도가 가장 높아 신뢰도가 높은 연구 방법이다.
② B는 방법론적 이원론에 기초한 연구 방법으로 활용도가 높다.
③ C는 문맹자에게도 실시하기 용이한 자료 수집법이다.
④ D는 연구자의 주관적 가치가 자료 해석 과정에서 개입될 우려가 있다.

해설

질적 자료를 수집할 목적으로 사용되는 것은 면접법과 참여관찰법이다. 실험 집단과 통제 집단을 필요로 하는 것은 실험법이며, 낮은 수거율과 무성의한 응답이 나타날 위험성이 있는 것은 질문지법이다. 양적 연구와 질적 연구에서 모두 활용 가능한 것은 문헌 연구법이다. 따라서 A는 참여관찰법, B는 실험법, C는 질문지법, D는 문헌연구법이다.

④ 문헌연구법(D)은 연구자의 주관적 가치가 개입될 우려가 높은 자료 수집 방법이다.

① 통제의 정도가 가장 높아 신뢰도가 높은 연구 방법은 실험법(B)이다. 참여관찰법(A)은 통제의 정도가 가장 낮다.

② 방법론적 이원론에 기초한 연구 방법은 질적 연구 방법이다. 실험법(B)은 양적 연구 방법에 주로 사용된다.

③ 질문지법(C)은 문맹자에게 실시하기 어려운 자료 수집 방법이다.

정답 ④

005 교사 甲은 (가)의 연구를 일반적인 실험 설계 형태인 (나)로 재구성하였다. 이에 대한 설명으로 옳은 것만을 〈보기〉에서 모두 고른 것은?

(가) 교사 甲은 "㉠ 교사의 학생에 대한 기대가 학생들의 학업 성취에 긍정적인 영향을 미친다."라는 가설을 세웠다. 이를 검증하기 위해 甲이 근무하는 ○○고등학교 1학년 학생을 대상으로 1학기 초에 학업 성취도 평가를 시행한 후, 1학년 모든 반에서 무작위로 20%의 학생을 선정하였다. 그 명단을 각 반 담임교사에게 주면서 성적 하위 20% 학생들의 명단이라고 말하였고, 담임교사는 이들을 지속적으로 격려하였다. 한 학기가 지난 후 동일한 학생을 대상으로 동일한 난이도의 학업 성취도 평가를 실시하였다.

(나)

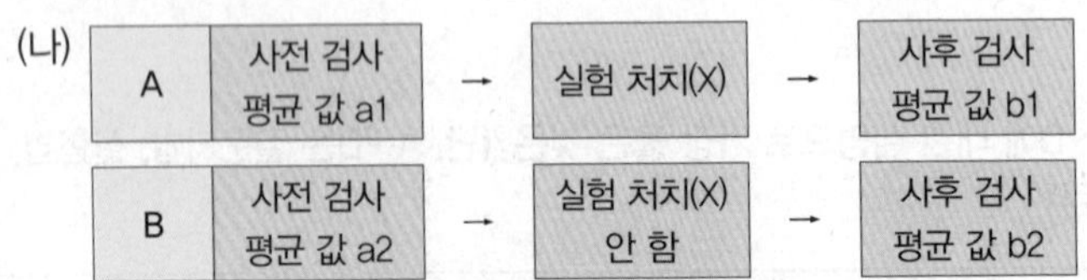

※ X 이외 다른 변수의 효과는 모두 통제된 것으로 간주함

〈보 기〉

ㄱ. ㉠은 독립 변수이며, (나)에서는 X에 해당된다.

ㄴ. A는 통제 집단, B는 실험 집단이다.

ㄷ. (나)에서 만약 a1, a2, b2가 같고, b1이 통계학적으로 의미 있는 수준에서 b2보다 크면 가설은 채택된다.

ㄹ. (가)의 연구 결과는 표본의 대표성을 확보하였으므로 일반화가 가능하다.

① ㄱ, ㄷ　② ㄴ, ㄷ

③ ㄴ, ㄹ　④ ㄷ, ㄹ

해설

갑의 연구는 실험법을 사용한 양적 연구 방법이다.

ㄱ. 교사의 학생에 대한 기대(㉠)는 독립 변수, 학생들의 학업 성취에 긍정적 영향은 종속 변수이다. 실험 처치(X)는 독립 변수를 처치하는 것이다.

ㄷ. 가설의 채택은 'a1≒a2, b2<b1'일 경우 이루어진다. 즉 실험 집단의 사후 검사 값이 실험 집단의 사전 검사 값 및 통제 집단의 사전 검사와 사후 검사 값보다 클 때 독립 변수의 효과가 인정된다.

ㄴ. A는 실험 처치가 이루어졌으므로 실험 집단이며, B는 통제 집단이다.

ㄹ. 해당 연구는 ○○고등학교 1학년만을 대상으로 하였기 때문에 전체 학생을 대표할 수 없고, 대표성이 없는 표본을 사용한 연구이므로 일반화할 수 없다.

정답 ①

006 사회 · 문화 현상을 바라보는 관점 (가), (나)에 대한 설명으로 옳은 것은?

> (가) 학교의 전체 조회는 훈화를 통해 사회적 합의가 반영된 가치관과 행동 양식 등을 학생들에게 내면화시켜 사회 질서 유지에 기여한다.
> (나) 학교의 전체 조회는 훈화를 통해 기득권층의 지배적 논리와 가치를 학생들에게 내면화시켜 불평등한 사회적 계급의 재생산에 기여한다.

① (가)의 관점은 규범을 지키지 않는 행위를 사회 질서를 깨뜨리는 위험한 행위로 여긴다.
② (나)의 관점은 일상생활에서 사람들이 주관적인 의미 해석을 주고받는 과정에 초점을 둔다.
③ (가)의 관점은 (나)의 관점과 달리 개인의 행위를 구속하는 사회 구조의 측면에 주목한다.
④ (나)의 관점은 (가)의 관점과 달리 급격한 사회 변동을 설명하는 데 한계가 있다.

해설

(가)는 기능론, (나)는 갈등론이다.

① (가) 기능론에서 규범은 사회 구성원 전체의 합의에 의해 만들어진 것으로 규범을 지키지 않는 행위는 사회 질서와 안정을 위협하는 위험한 행위로 간주된다.
② 일상생활에서 사람들이 주관적인 의미 해석을 주고받는 과정에 초점을 두는 관점은 상징적 상호작용론이다.
③ (가) 기능론과 (나) 갈등론 모두 거시적 관점으로 개인의 행위를 구속하는 사회 구조를 강조한다.
④ (나) 갈등론은 사회 변동의 원동력이 사회에 내재되어 있다는 관점으로 급격한 사회 변동의 원인을 설명하는 데 적합하다. 급격한 사회 변동과 이를 통한 사회 발전을 설명하지 못한다는 한계를 가지고 있는 것은 (가) 기능론이다.

정답 ①

007 **다음은 교육의 기능에 대해 서로 다른 관점을 갖고 있는 갑과 을의 대화이다. 갑과 을에 대한 설명으로 가장 적절한 것은?**

> 갑 : 학교에서 학생들에게 가르치는 내용은 주로 기득권층의 이익에 부합되는 것입니다. 교육 제도는 지배 계급의 지배를 정당화하기 위한 수단으로서의 기능을 수행하고 있습니다. 또한 교육 제도는 개인들의 사회적 지위를 고착화시키는 데 기여하고 있습니다.
>
> 을 : 그렇지 않습니다. 교육 제도는 개인들에게 사회 계층 이동의 기회를 제공하는 역할을 수행하고 있습니다. 또한, 교육 제도는 구성원들로 하여금 사회적 규범과 가치관을 내면화하도록 하고, 사회적 역할에 필요한 지식과 기술을 습득하도록 합니다.

① 갑은 교육 제도가 기존의 사회적 불평등을 재생산하는 수단으로 작용한다고 본다.
② 을은 개인의 능력보다 가정의 배경을 중시하는 입장을 취한다.
③ 갑은 을에 비해 교육을 통해 사회 구성원이 적재적소에 재배치된다고 본다.
④ 갑과 을은 모두 미시적 관점에서 교육 제도를 바라보고 있다.

해설

(가)는 갈등론, (나)는 기능론의 관점에서 교육을 바라보고 있다.
① 갑은 갈등론의 입장으로 "교육 제도는 지배 계급의 지배를 정당화하기 위한 수단으로서의 기능을 수행"하며, "개인들의 사회적 지위를 고착화시키는 역할"을 한다고 주장한다. 이는 교육 제도가 기존의 사회적 불평등을 재생산하는 수단이라는 것이다.
② 개인의 능력보다 가정의 배경을 중시하는 입장은 갈등론으로 갑의 주장에 해당한다.
③ 사회 구성원이 교육을 통해 적재적소에 재배치된다는 입장은 기능론으로 을의 주장에 해당한다.
④ 갑과 을은 모두 거시적 관점에서 교육 제도를 바라보고 있다.

정답 ①

008 **(가), (나)는 사회 불평등 현상을 설명하는 개념이다. 이에 대한 설명으로 옳은 것은?**

> (가) 경제적 문제를 중심으로 생산 수단의 소유 여부를 둘러싸고 나타나는 불평등 구조에서 공통의 위치를 차지하는 사람들의 집합체이다.
>
> (나) 경제적 요인뿐만 아니라 권력, 위신 등의 다차원적 요인에 따라 구분한 사람들의 집합체이다.

① (가)는 불평등 구조를 일원론적 입장에서 지배와 피지배의 관계로 본다.
② (나)는 경제적 불평등을 사회 · 정치적 불평등의 하위 개념으로 파악한다.
③ (가)는 (나)보다 지위 불일치 현상을 설명하는 데 적합하다.
④ (나)는 (가)보다 내부 구성원 간의 소속감이 더 강하게 나타난다.

해설

(가)는 계급, (나)는 계층이다.

① (가) 계급은 생산 수단의 소유 여부, 즉 경제 일원론으로 지배와 피지배의 관계를 설명한다.

② (나) 계층은 경제적 불평등을 사회 · 경제적 불평등의 하위 개념으로 파악하는 것이 아니다. 경제적, 사회적, 정치적 요인 등 다양한 원인으로 사회 계층화가 이루어짐을 설명한다.

③ 지위 불일치 현상을 설명하는 데 적합한 이론은 (나) 계층이다.

④ 내부 구성원 간의 강한 소속감, 즉 강한 귀속 의식을 설명하는 것은 (가) 계급이다.

정답 ①

009 다음 계급과 계층에 관한 설명 중 적절하지 <u>않은</u> 것은?

① 계급은 생산 수단 소유 여부에 따라 나눠지지만 계층은 경제적 자원, 정치적 권력, 사회적 지위 등 다양한 요인들로 결정된다.

② 계급은 명료하게 둘로 나눠지고 소속감 또한 강하지만 계층은 구분도 명확하지 않고 소속감도 약한 경우가 많다.

③ 두 계급 간의 관계는 대립적이지만 다양한 계층 간의 관계는 반드시 적대적이지는 않다.

④ 계급은 구조화된 불평등을 설명하는 개념이지만 계층은 사회 내 다양한 집단 간의 평등한 관계를 설명하는 개념이다.

해설

④ 계층과 계급 모두 사회 계층화 현상을 설명하는 이론이다. 사회 계층화란 사회 구성원 간 불평등이 일정한 요인에 따라 범주화되고, 범주화된 사람들 간에 구조적 서열이 존재하는 현상으로, 사회 불평등 현상이 일정한 틀이나 체계를 갖추어 나타나는 현상을 의미한다.

① 계급은 생산 수단을 소유하고 있는 자본가 계급과 생산 수단을 소유하고 있지 않은 노동자 계급으로 구분하고, 경제적 요인이 나머지 요인을 결정한다고 보는 일원론이다. 반면, 계층은 경제적 계급, 사회적 위신, 정치적 권력 등 다양한 요인에 따라 계층을 상류층, 중류층, 하류층으로 구분하고, 경제적 요인과 더불어 다양한 요인에 따라 결정된다고 보는 다원론이다.

② 계급은 지배 집단과 피지배 집단으로 명확하게 구분되므로 계급 내의 구성원들은 계급에 대한 소속감(귀속 의식), 즉 계급 의식을 갖게 된다. 이에 비해 계층은 연속적이고 복합적인 개념으로 동일 계층 내의 구성원들의 계층에 대한 소속 의식이 약하고 다른 계층에 대한 적대감도 약하다.

③ 서로 다른 계급 간 관계는 대립과 갈등을 기본으로 하지만, 서로 다른 계층 간 관계는 반드시 적대적이지 않다.

정답 ④

010 다음 표는 갑, 을, 병 세 나라의 자녀와 부모 계층의 일치 여부에 대한 것이다. 이에 대한 해석으로 옳은 것은?

〈자녀와 부모 계층의 일치 및 불일치 비율〉

(단위 : %)

자녀의 계층	갑국		을국		병국	
	부모와 일치	부모와 불일치	부모와 일치	부모와 불일치	부모와 일치	부모와 불일치
상층	7	3	18	2	12	8
중층	24	6	4	6	42	18
하층	54	6	56	14	16	4
합	100		100		100	

① 갑국의 자녀 세대는 다이아몬드형 계층 구조이다.

② 을국에서 세대 간 상승 이동한 자녀의 수는 세대 간 하강 이동한 자녀의 수보다 적다.

③ 병국에서 부모와 계층이 일치하는 자녀의 수는 상층과 하층을 합하면 중층보다 많다.

④ 세 나라 모두 세대 간 계층 대물림은 부모가 상층일 때 가장 많다.

해설

② 을국의 세대 간 하강 이동은 (14+α)%, 세대 간 상승 이동은 (2+α)%이다. 중층에서 부모와의 불일치 비율이 6%인데 이들이 모두 세대 간 상승 이동이라 해도 세대 간 상승 이동의 최대치는 8%이다. 따라서 세대 간 상승 이동한 자녀의 수가 세대 간 하강 이동한 자녀의 수보다 적다.

① 갑국의 자녀 세대는 상층 : 중층 : 하층의 비율이 10%(7%+3%) : 30%(24%+6%) : 60%(54%+6%)이다. 따라서 갑국의 자녀 세대는 '상층<중층<하층'의 구성 비율을 보이는 피라미드형 계층 구조이다.

③ 병국에서 부모와 계층이 일치하는 자녀의 비율은 상층 12%, 중층 42%, 하층 16%이다. 상층과 하층의 일치 비율을 합하면 28%로 중층(42%)이 더 많다.

④ 세대 간 계층 대물림의 비율은 갑국(54%)과 을국(56%)에서는 하층이 가장 많고, 병국(42%)은 중층이 가장 많다.

정답 ②

011 다음은 어떤 사회의 세대 간 이동에 따른 계층 구성 비율을 나타낸 것이다. 이에 대한 분석으로 가장 옳은 것은?(단, 부모와 자녀의 총 인구는 동일하다)

(단위 : %)

구분		부모의 계층		
		상	중	하
자녀의 계층	상	3	5	2
	중	4	11	35
	하	3	24	13

① 부모의 계층이 대물림된 비율은 상층이 가장 높다.
② 부모와 자녀 모두 피라미드형 계층 구조가 나타난다.
③ 부모의 하층 인구수와 자녀의 하층 인구수는 동일하다.
④ 세대 간 상승 이동한 자녀보다 세대 간 하강 이동한 자녀가 더 많다.

해설

① 부모의 계층이 대물림된 비율은 상층 30%(3/10), 중층 27.5%(11/40), 하층 26%(13/50)로 상층이 가장 높다.
② 부모의 계층 구성 비율은 상층 : 중층 : 하층의 비율이 10 : 40 : 50으로 피라미드형이며, 자녀의 계층 구성 비율은 상층 : 중층 : 하층의 비율이 10 : 50 : 40으로 다이아몬드형이다.
③ 부모와 자녀의 총 인구는 동일한 가운데 부모의 하층 비율은 50%이고, 자녀의 하층 비율은 40%이다. 따라서 부모의 하층 인구수가 더 많다.
④ 세대 간 상승 이동은 42%(5%+2%+35%)이고, 세대 간 하강 이동은 31%(4%+3%+24%)이다. 따라서 세대 간 상승 이동한 자녀보다 세대 간 하강 이동한 자녀가 더 적다.

정답 ①

012 (가), (나)에 나타난 일탈 이론에 대한 설명으로 옳은 것은?

(가) 비행 청소년들을 상담한 결과, 주변에 이들의 비행과 일탈을 부추기는 사람들이 존재하였다는 점이 발견되었다. 이런 사람들과의 잦은 접촉으로 인해 비행 청소년들은 자신의 일탈 행위를 쉽게 정당화하며 일탈 행위에 대한 죄의식도 낮아지게 되었다.
(나) 인터넷 공간은 매우 빠른 속도로 진화하고 있기 때문에 이를 규율하는 사회적 규범이 제대로 마련되지 않아 각종 사이버 범죄가 발생하고 있다. 인터넷 공간에는 현실 세계의 규범이 적용되기 어려우며 새로운 규범이 미처 확립되지 않아 이른바 규범의 진공 상태가 발생하게 된다.

① (가)는 목표와 수단 간의 괴리를 일탈 행위의 원인으로 파악한다.
② (가)는 인간의 상호 작용을 통한 문화와 행동의 학습을 강조한다.
③ (나)는 특정 행위를 일탈 행위로 규정하는 사회적 반응에 주목한다.
④ (나)는 일탈 행위의 원인으로 정보 사회의 불평등 구조를 강조한다.

해설
(가)는 차별적 교제 이론, (나)는 뒤르켐의 아노미론에 해당한다.
② 차별적 교제 이론은 일탈자와의 접촉을 통한 일탈의 학습을 강조한다.
① 목표와 수단의 괴리로 일탈을 설명하는 것은 머튼의 아노미론이다.
③ 특정 행위를 사회적으로 일탈행위라 규정함을 주장하는 것은 낙인 이론이다.
④ 사회 불평등 구조를 일탈의 원인으로 강조하는 것은 갈등론에 해당한다.

정답 ②

013 다음은 자신의 일탈행동에 대해 언급하고 있는 진술이다. 이러한 관점과 부합하는 주장으로 옳은 설명만을 〈보기〉에서 고른 것은?

> 제가 구속된 것은 부당하다고 생각합니다. 저는 아무런 힘도 없는 노점상들의 생존권을 위해 싸운 것밖에는 없습니다. 그 사람들은 법의 보호를 받지 못한 채 거리로 쫓겨나고 있었습니다. 법은 그저 돈 있고 힘 있는 사람들만 보호하고 있지 않나요?

〈보 기〉
ㄱ. 일탈은 사람들이 자신들의 규칙으로 특정인을 낙인찍었기 때문에 생겨나는 것이다.
ㄴ. 지배 집단은 피지배 집단을 일탈로 몰아가고 있다.
ㄷ. 특정 집단의 일탈행동을 부추기는 사회 구조적 모순이 일탈의 진정한 원인이다.
ㄹ. 일탈은 접촉과 학습을 통해 이루어지는 것이다.

① ㄱ, ㄴ ② ㄱ, ㄹ
③ ㄴ, ㄷ ④ ㄷ, ㄹ

해설
제시문은 갈등론의 입장에서 일탈행동을 파악하고 있다.
ㄴ. 갈등론은 지배 집단에게 유리한 체계를 형성해 놓고 이에 어긋나는 행동을 일탈행동으로 간주함으로써 발생하며, 해결을 위해서는 사회 불평등 구조를 완화해야 한다고 본다.
ㄷ. 갈등론은 지배 집단에 유리한 사회 구조적 모순이 일탈의 근본 원인임을 주장한다.
ㄱ. 낙인 이론은 일탈을 규정하는 객관적인 기준은 없고, 사람들이 일탈행동을 하는 이유는 사회적으로 특정한 행위를 일탈로 규정하고 이러한 행위를 한 사람을 일탈자로 낙인찍기 때문이라고 본다.
ㄹ. 일탈자와의 접촉과 학습을 강조하는 것은 차별적 교제 이론에 해당한다. 차별적 교제 이론은 일탈행동을 하는 다른 사람과의 학습 작용을 통해 학습되며, 일탈 문화가 지배적으로 나타나는 집단과의 접촉이 일탈행동을 유발한다고 본다.

정답 ③

014 다음 사례를 통해 파악할 수 있는 문화의 속성에 대한 설명으로 옳은 것은?

> 우리나라에서는 흰색 리본 핀을 꼽거나 양복에 흰색 리본을 단 사람을 보면 그 사람의 가족이 상(喪)을 당했다는 것을 알게 되고 그에 대한 위로의 인사를 한다.

① 문화는 계속해서 변동한다.
② 문화는 구성원들 사이의 원활한 사회생활을 가능하게 해준다.
③ 한 부분의 문화 요소가 변동하면 연쇄적인 변동이 나타난다.
④ 문화가 세대로 이어지면서 그 내용이 풍부해진다.

해설
동일 문화권(우리나라)의 구성원은 동일한 문화(흰색 리본을 보고 상을 당했음을 알게 됨)를 사용하고 있다는 내용으로 문화의 공유성에 해당한다.
② 공유성은 구성원들 사이의 원활한 사회생활을 가능하게 해준다.
① 문화가 계속해서 변동하는 것은 변동성에 대한 설명이다.
③ 한 부분의 문화 요소가 변동하면 연쇄적 변동이 나타난다는 것은 전체성에 대한 설명이다.
④ 세대 간 전승을 통해 문화의 내용이 풍부해지는 것은 축적성에 대한 설명이다.

정답 ②

015 A~C에 나타난 문화의 사례에 대한 적절한 설명을 〈보기〉에서 모두 고른 것은?(단, A~C는 각각 자문화 중심주의, 문화 사대주의, 문화 상대주의 중 하나이다)

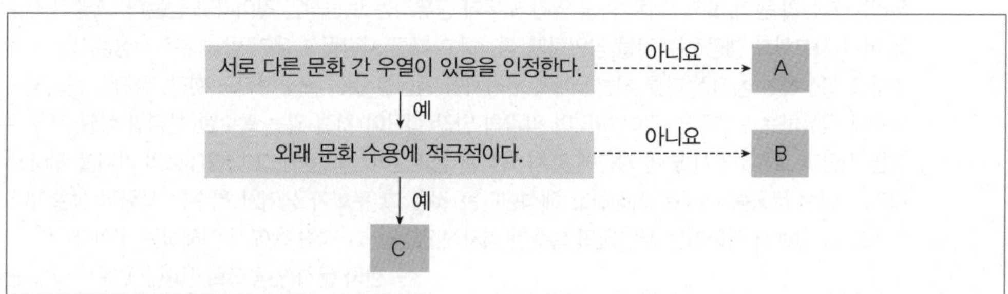

〈보 기〉

ㄱ. A에 비해 B나 C는 문화 다양성 유지에 용이하다.
ㄴ. A에 비해 B나 C는 문화에 대한 비판적 사고가 학습된다.
ㄷ. A나 C에 비해 B는 문화 간 갈등을 초래하기도 한다.
ㄹ. B나 C에 비해 A는 사회적 맥락으로 문화를 이해한다.
ㅁ. A나 C에 비해 B는 고유문화가 소멸할 수 있다.

① ㄱ, ㄴ
② ㄴ, ㄹ
③ ㄷ, ㄹ
④ ㄹ, ㅁ

해설

A는 문화 상대주의, B는 자문화 중심주의, C는 문화 사대주의에 해당한다.

ㄷ. 자문화 중심주의(B)는 자국 문화에 대한 우월성만을 주장하기 때문에 타문화 간 갈등을 초래하기도 한다.

ㄹ. 문화 상대주의(A)는 문화를 향유하고 있는 국가의 환경적, 역사적 맥락으로 문화를 이해하는 관점이다.

ㄱ. 문화 다양성 유지에 용이한 것은 문화 상대주의(A)이다.

ㄴ. 자문화 중심주의(B)와 문화 사대주의(C)는 문화 절대주의로 비판적 사고와는 관련이 없다.

ㅁ. 고유문화가 소멸할 수 있는 것은 문화 사대주의(C)에 해당한다.

정답 ③

016 다음은 문화에 대한 관점이다. 그에 따른 특징으로 〈보기〉에서 선택한 것이 가장 적절한 것은?

> 우리는 자신의 윤리, 도덕, 가치 등을 인간 모두가 공유하는 보편적인 것이라고 믿는다. 그렇기 때문에 그에 따라 사고하고 행동하는 것을 당연하게 생각하고 다른 사람들도 우리 방식대로 세상을 바라보며 살고 있다고 확신하며 심지어 다른 사람들에게 우리처럼 행동할 것을 요구하기도 한다. 하지만 문화의 내용은 누구나 공유하는 보편적인 것이 아니며 각각의 인간 집단이 처해 있는 특수한 환경과 상황, 또는 주변의 다른 집단과 교류하면서 오랜 기간에 걸쳐 축적된 결과물이기 때문에 그 나름대로의 가치를 지니고 있다. 따라서 어떤 문화를 제대로 이해하고 해석한다는 것은 그 문화가 생겨난 특수한 사회적 상황이나 배경, 그리고 그 안에서 살아가는 사람들의 특수한 역사적 경험을 그 맥락 속에서 이해하는 것이다.
>
> – 한국 문화 인류학회, 「낯선 곳에서 나를 만나다」

〈보 기〉

ㄱ. 문화의 장단점을 객관적으로 이해한다.
ㄴ. 인류의 보편적 가치보다 문화의 특수성을 존중한다.
ㄷ. 국가 간 문화적 마찰을 감소시킨다.
ㄹ. 문화적 다양성이 보존되는 기능을 한다.
ㅁ. 문화의 양적 발전보다 질적 발전을 강조한다.

① ㄱ, ㄴ　　② ㄱ, ㄷ
③ ㄴ, ㅁ　　④ ㄷ, ㄹ

해설

제시문은 문화 상대주의에 관한 내용이다. 문화 상대주의는 문화를 우열 평가가 아닌 이해의 대상으로 간주하며, 각 문화가 해당 사회의 맥락에서 갖는 고유한 의미를 존중하려는 태도이다.

ㄷ. 타국 문화에 대한 상대주의적 이해는 국가 간 문화적 마찰을 감소시킨다.

ㄹ. 문화 상대주의는 문화의 이해를 전제로 하기 때문에 문화적 다양성을 보존하는 데 기여한다.

ㄱ. 상대주의는 문화의 장단점을 파악하는 것이 아니라 문화를 역사적, 환경적 맥락 속에서 이해하고자 하는 것이다.

ㄴ. 문화 상대주의는 인류 보편적 가치를 위배한 문화 요소까지 이해하려 하지는 않는다.

ㅁ. 문화 상대주의가 문화의 양적 또는 질적 발전을 강조하는 것은 아니며, 다양한 문화를 이해하는 데 도움을 주는 관점이다.

정답 ④

017 인간의 문화를 연구할 때, 문화를 이해하는 태도에는 여러 가지가 있다. 아래의 표에서 문화의 이해 태도인 A~C에 대한 옳은 진술을 〈보기〉에서 모두 고르면?(단, A, B, C는 각각 문화 사대주의, 문화 상대주의, 자문화 중심주의 중의 하나이다)

질문 \ 태도	A	B	C
문화의 주체성을 상실할 가능성이 있는가?	예	아니요	아니요
자기 문화를 기준으로 다른 문화를 평가하는가?	아니요	예	아니요
문화의 우열을 가리는 기준이 존재한다고 보는가?	예	예	아니요

〈보기〉

ㄱ. A는 선진 문물의 수용에 기여할 수 있고, 자기 문화의 낙후성을 개선할 수 있다.

ㄴ. B는 19세기 서구 열강들의 서구 중심적 가치관으로 문화적 마찰 발생 가능성이 있다.

ㄷ. C는 타문화를 올바로 이해함으로써 문화 다양성을 보존하는 데 기여할 수 있다.

ㄹ. 문화 이해 태도로 A관점은 C관점을 가진 사람에게는 부정적으로 인식되는 문화가 존재한다.

① ㄱ, ㄴ　　② ㄱ, ㄴ, ㄷ

③ ㄱ, ㄴ, ㄷ, ㄹ　　④ ㄴ, ㄷ, ㄹ

해설

A는 문화 사대주의, B는 자문화 중심주의, C는 문화 상대주의이다.

ㄱ. 문화 사대주의(A)는 선진 문물의 수용에 적극적이므로, 자기 문화의 기술적 진보를 가능하게 한다는 장점이 있다.

ㄴ. 자문화 중심주의(B)는 19세기 서구 제국주의 국가에 일반적으로 발견되었으며, 타문화와의 문화적 마찰을 가져오는 단점이 있다.

ㄷ. 문화 상대주의(C)는 타문화에 대한 이해를 전제로 하고 있기 때문에 문화의 다양성을 보존하는 데 기여한다.

ㄹ. 문화 상대주의(C)는 문화를 평가의 대상이 아닌 이해의 대상으로 본다. 따라서 인류 보편적 가치를 위배하는 문화가 아닌 한 문화를 역사적, 환경적 맥락에서 이해하려 한다. 문화 사대주의(A)가 인류 보편적 가치를 위배하는 것을 내용으로 하는 것이 아니므로 문화 상대주의(C) 관점을 가진 사람에게 부정적으로 인식되는 문화가 존재한다고 단정할 수 없다.

정답 ②

018 문화 변동에 대한 설명 중 가장 적절한 것은?

① 문화 변동은 한 사회의 문화가 구성원의 삶에 작은 영향을 미치는 변화까지 다 포함하는 넓은 개념이다.

② 자극 전파는 포르노그래피나 폭력물과 같이 자극적인 내용을 가진 것이 일으키는 문화 변동의 내적 요인이다.

③ 문화 접변은 문화 변동의 한 형태로, 문화 동화, 문화 공존, 문화 융합과 같은 요인에 의해 일어난다.

④ 물질문화의 변동 속도를 비물질 문화가 따라가지 못하는 결과, 문화 지체 현상이 생겨날 수 있다.

해설

④ 문화 지체는 물질문화의 빠른 변동 속도를 비물질 문화의 변동 속도가 따라가지 못하여 나타나는 문화 요소 간의 부조화 현상을 의미한다.

① 문화 변동은 새로운 문화 요소의 등장이나 다른 문화 체계와의 접촉을 통해 한 사회의 문화체계에 변화가 나타나는 현상을 말한다. 한 사회 내에서 발명, 발견이 일어나거나 다른 사회의 문화 요소가 사회 구성원들에게 널리 받아들여지면 사회의 생활양식이 바뀌게 되어 문화 변동이 일어난다.

② 자극 전파는 서로 다른 문화 체계 간에 문화 요소와 관련된 추상적인 개념이나 아이디어가 전파되어 새로운 문화 요소의 등장을 자극하는 현상으로 문화 변동의 외재적 요인에 해당한다.

③ 문화 동화, 문화 공존, 문화 융합 등은 문화 접변의 결과에 해당한다.

정답 ④

019 **다음 사례를 읽고 옳은 설명만을 〈보기〉에서 모두 고른 것은?**

(가) A 사회와 B 사회의 접촉 과정에서 A 사회의 의복 문화가 B 사회의 의복 문화로 대체되었다.
(나) C 사회에서 발생하여 번성했던 ○○ 종교가 선교사들에 의해 D 사회로 전파되었다. 그런데 D 사회에서는 C 사회의 종교에 D 사회의 토속 신앙이 결합하여 ㅁㅁ 종교로 정착되었다.

〈보 기〉

ㄱ. (가)는 문화 동화의 사례에 해당된다.
ㄴ. (나)에서 ㅁㅁ 종교는 문화 융합의 사례에 해당된다.
ㄷ. (가), (나)는 문화의 반동과 복고 현상의 사례에 해당된다.
ㄹ. (가), (나)는 내재적 요인에 의해서 발생한 문화 접변 사례에 해당된다.

① ㄱ
② ㄱ, ㄴ
③ ㄱ, ㄴ, ㄷ
④ ㄴ, ㄷ, ㄹ

해설

ㄱ. (가)의 경우 A 사회의 의복 문화가 B 사회의 의복 문화로 대체되었다는 것을 통해 A 사회에서 문화 동화가 나타났음을 알 수 있다.
ㄴ. ○○ 종교가 토속 신앙과 결합하여 새로운 ㅁㅁ 종교로 정착된 것은 문화 융합의 사례이다.
ㄷ. 문화의 반동과 복고는 강제적 문화 접변의 결과로 나타날 수 있는 것으로 문화 변동이 일어나기 이전으로 돌아감을 주장하는 것이다. 제시문에는 이러한 상황이 나타나 있지 않다.
ㄹ. (가), (나) 사례 모두 문화의 접촉적 변동의 결과이며 외재적 요인에 의한 것이다. 내재적 변동은 발명과 발견에 의해 발생한다.

정답 ②

020 **밑줄 친 ㉠~㉤에 대한 설명으로 옳은 것은?**

갑은 ㉠ 아버지의 권유로 ㉡ 경영대학에 진학하였다. 평소 연극을 좋아하여 ㉢ 연극 동아리에 가입하였고, 동아리 활동을 하면서 연기에 소질이 있다는 평가를 받아 ㉣ 동아리 부장을 하게 되었다. 그래서 대학 연극 축제에 참가하여 심사위원들로부터 최고 점수를 받아 ㉤ 대상을 수상하였다.

① ㉠은 귀속 지위이고, ㉣은 성취 지위이다.
② ㉡은 1차적 사회화 기관이면서 공식적 사회화 기관이다.
③ ㉢은 이익 사회이며, 가입과 탈퇴가 자유로운 집단이다.
④ ㉤은 갑의 역할에 대한 보상이다.

해설

③ 연극 동아리(ⓒ)는 이익 사회이며, 가입과 탈퇴가 자유롭다.
① 아버지(㉠)는 성취 지위에 해당하며, 동아리 부장(ⓔ) 역시 성취 지위에 해당한다.
② 경영대학(ⓛ)은 2차적 사회화 기관이며, 공식적 사회화 기관이다.
④ 역할에 대한 보상은 없다. 대상(ⓜ)은 역할 행동에 대한 보상이다.

정답 ③

021 밑줄 친 ㉠~㉣에 대한 설명으로 옳은 것은?

> 甲은 현재 ㉠ A 회사 해외 지사에 근무하고 있다. 처음에는 해외 생활에 적응하기 위해 회사 내 ㉡ 자원봉사 동아리에도 가입하여 적극 활동하였으나, 오랫동안 ㉢ 승진도 안 되고 ㉣ 가족과 떨어져 외로워하고 있다.

① ㉠은 이익 사회이다.
② ㉡은 공동 사회이다.
③ ㉢은 甲의 역할에 대한 평가 결과이다.
④ ㉣은 현재 외집단이다.

해설

① 회사(㉠)는 공식 조직이며, 이익 사회에 해당한다.
② 자원봉사 동아리(ⓛ)는 자발적 결사체이자 비공식 조직이며, 이익 사회에 해당한다.
③ 승진이 되지 않은 것(ⓒ)은 갑의 역할에 대한 평가 결과가 아니라 역할 행동에 대한 평가 결과이다.
④ 가족(ⓔ)은 갑의 내집단이다.

정답 ①

022 표는 연도별 한부모 가구 수와 한부모 가구가 전체 가구에서 차지하는 비율을 나타낸 것이다. 표에 대한 옳은 분석은?(단, 전체 가구는 매년 증가하고 있으며, 한부모 가구는 표에 나타난 두 가지 유형만 있다)

(단위 : 1,000가구, %)

구분	2000년		2005년		2010년	
	가구 수	비율	가구 수	비율	가구 수	비율
한부모 가구	871	6.09	1,042	6.56	1,181	6.81
부+미혼 자녀	162	1.13	233	1.40	253	1.46
모+미혼 자녀	709	4.96	819	5.16	928	5.35

※ 비율은 전체 가구 수에서 차지하는 %를 의미함

① 한부모 가구에 속한 총인구는 계속 증가하고 있다.
② 2000년과 2010년을 비교했을 때, 전체 가구 수보다 한부모 가구 수가 더 큰 비율로 증가하였다.
③ 표의 모든 연도에서 '모+미혼 자녀' 가구 수는 '부+미혼 자녀' 가구 수의 4배 이상이다.
④ 2000년의 한부모 가구는 모두 2010년의 한부모 가구에 포함된다.

해설

② 전체 가구가 매년 증가하고 있는 상태에서 2000년(6.09%)에 비해 2010년(6.81%) 한부모 가구 비율이 증가하였으므로 한부모 가구 수의 증가 비율이 전체 가구 증가 비율보다 크다.
① 한부모 가구 수는 증가하고 있으나 자녀의 수를 알 수 없으므로 총인구가 증가하는 지를 판단할 수 없다.
③ 2000년의 '모+미혼 자녀' 가구 수는 709,000가구로 '부+미혼 자녀' 가구 수 162,000가구보다 4배 이상이다. 그러나 2005년과 2010년은 4배 이하이므로 모든 연도에서 '모+미혼 자녀' 가구수는 '부+미혼 자녀' 가구 수의 4배 이상인 것이 아니다.
④ 2000년에 한부모 가구였다고 해서 2010년에도 한부모 가구라고 단정 지을 수 없다. 따라서 2000년의 한부모 가구는 모두 2010년의 한부모 가구에 포함되지 않는다.

정답 ②

023 다음 표는 질문 (가), (나)를 활용하여 사회 변동을 바라보는 관점 A, B를 구분한 것이다. 이에 대한 설명으로 옳은 것은?(단, A, B는 각각 진화론과 순환론 중 하나이다)

질문 관점	(가)	(나)
A	아니요	예
B	예	아니요

① A가 순환론이면 (가)에는 "서구 중심적 사고라고 비판을 받는가?"가 적절하다.
② B가 진화론이면 (나)에는 "사회 변동은 특정한 방향성을 가지고 있는가?"가 적절하다.
③ (가)가 "제국주의를 정당화하는 근거로 사용되는가?"이면 A는 진화론이다.
④ (나)가 "사회 변동 과정에서 문명이 퇴보할 수 있는가?"이면 B는 순환론이다.

해설

① A가 순환론이면, B는 진화론이다. 진화론은 서구 사회가 비서구 사회를 지배하고 착취하는 것을 정당화하는 데 이론적 배경을 제공한다. 따라서 "서구 중심적 사고라는 비판을 받는가?"의 질문에 순환론(A)은 "아니요", 진화론(B)은 "예"라고 답해야 한다.

② B가 진화론이면, A는 순환론이다. 진화론은 사회가 일정한 방향으로 진보 또는 발전해 간다는 입장이다. 따라서 "사회 변동은 특정한 방향성을 가지고 있는가?"의 질문에 순환론(A)은 "아니요", 진화론(B)은 "예"라고 답해야 한다.

③ 제국주의를 정당화하는 근거로 사용되는 것은 진화론이다. 따라서 "제국주의를 정당화하는 근거로 사용되는가?"라는 질문에 대해 "아니요"라고 답한 A는 순환론이다.

④ 순환론은 사회나 문명도 생명체처럼 탄생, 성장, 쇠퇴, 해체를 되풀이한다고 보는 입장이다. 즉, 사회 변동 과정에서 문명이 퇴보할 수 있음을 제시하는 것은 순환론이다. 따라서 "사회 변동 과정에서 문명이 퇴보할 수 있는가?"라는 질문에 대해 "아니요"라고 답한 B는 진화론이다.

정답 ①

024 다음 빈칸에 들어갈 이론에 대한 평가로 옳은 것을 〈보기〉에서 모두 고르면?

1960년대 중남미 학자들은, 중남미 국가들이 근대화론에 입각하여 산업화와 근대화를 추진하였음에도 불구하고 서구 선진 사회와의 격차가 좁혀지지 않는 상황을 보고 의문을 제기하였다. 이처럼 근대화론에 대한 비판이 제기되면서 등장한 이론이 (　　　)이다.

〈보 기〉

ㄱ. 사회 발전을 국제적인 힘의 관계 속에서 조명한다.
ㄴ. 신흥 공업 국가들의 경제 발전을 합리적으로 설명할 수 있다.
ㄷ. 후진국의 경제적 문제에 영향을 미치는 국내 요인에 주목한다.
ㄹ. 선진국과의 종속 관계에서 벗어난 주체적인 경제 발전을 강조한다.

① ㄱ, ㄴ　　② ㄱ, ㄹ
③ ㄴ, ㄷ　　④ ㄷ, ㄹ

해설

제시문은 종속 이론에 관한 내용이다.

ㄱ. 종속 이론은 국제적인 힘의 관계, 즉 중심부 국가와 주변부 국가로 형성된 국제 질서 속에서 저개발국의 발전을 설명한다.
ㄹ. 종속 이론은 주변부 국가의 발전을 위해서는 중심부 국가, 즉 선진국과의 종속 관계 탈피를 주장한다.
ㄴ. 종속 이론은 주변부 국가와 중심부 국가의 변경 가능성을 인정하지 않는 이론으로 아시아 신흥 공업 국가의 발전을 설명하는 데 한계가 있다.
ㄷ. 종속 이론은 중심부 국가의 주변부 국가에 대한 착취 구조를 주목한다.

정답 ②

025 다음은 A국의 빈곤율 변화를 나타내고 있다. 이에 대한 설명으로 옳은 것은?(단, A국의 모든 가구의 구성원 수는 동일하다)

〈A국의 빈곤율〉

(단위 : %)

구분＼연도	2000년	2005년	2010년	2015년
절대적 빈곤율	7.2	7.0	6.8	6.5
상대적 빈곤율	6.9	7.0	10.2	11.6

※ 절대적 빈곤율 : 전체 가구 중 가구 소득이 ㉠ 최저 생계비 미만인 가구의 비율
※※ 상대적 빈곤율 : 전체 가구 중 가구 소득이 ㉡ 중위 소득의 50% 미만인 가구의 비율

① ㉡은 전체 가구 소득의 평균값이다.
② 2005년에는 ㉠과 ㉡의 값이 같다.
③ 절대적 빈곤 가구 수가 감소하는 추세를 보인다.
④ 2000년에는 상대적 빈곤 가구가 모두 절대적 빈곤 가구에 포함된다.

해설

④ 2000년에는 절대적 빈곤율이 7.2%로 상대적 빈곤율 6.9%보다 높다. 이는 최저 생계비 미만의 소득을 얻는 가구가 중위 소득의 50% 미만의 소득을 얻는 가구보다 더 많다는 의미이다. 즉, 최저 생계비가 중위 소득 50%보다 더 높다는 것으로, 상대적 빈곤 가구가 모두 절대적 빈곤 가구에 포함된다.
① 중위 소득은 인구를 소득 순으로 나열했을 때 한 가운데 위치한 사람의 소득을 의미한다. 전체 가구 소득의 평균 값은 평균 소득에 해당한다. 평균 소득이 한 나라의 전체 소득을 가구 수로 나눈 것이라면, 중위 소득은 소득 상위 가구부터 하위 가구까지를 한 줄로 세운 다음, 그 줄의 맨 중간에 해당하는 가구의 소득을 의미한다.
② 상대적 빈곤율은 전체 가구 중 가구 소득이 중위 소득의 50% 미만인 가구의 비율이다. 2005년 절대적 빈곤율과 상대적 빈곤율이 같다는 것이 중위 소득과 최저 생계비가 같은 것을 의미하지 않는다.
③ 전체 가구 수가 제시되어 있지 않으므로 절대적 빈곤 가구 수가 감소하는 지의 여부는 알 수 없다.

정답 ④

얼마나 많은 사람들이
책 한 권을 읽음으로써
인생에 새로운 전기를 맞이했던가.
–헨리 데이비드 소로–

제2과목

자동차구조원리 및 도로교통법규

9급 | 자동차구조원리 및 도로교통법규 예상문제

01 자동차구조원리

001 다음 중 4행정 사이클 기관에 대한 설명으로 가장 옳지 않은 것은?

① 저속에서 고속까지 회전범위가 넓다.
② 흡입 행정이 양호하여 각 부분의 열적 부하가 적다.
③ 각 행정이 구분되어 작동이 확실하다.
④ 밸브기구가 간단하다.

해설
④ 4행정 사이클 기관의 밸브기구는 복잡하다.

4행정 사이클 기관의 장점
- 작동이 확실하다.
- 열적 부하가 적다.
- 회전범위가 넓다.
- 연료소비율이 적다.
- 실화가 적다.
- 블로바이가 적어 체적효율이 높고 연료소비율이 적다.

정답 ④

002 다음 중 기관의 연소실의 구조와 기능에 대한 설명으로 가장 옳지 않은 것은?

① 화염전파에 요하는 시간을 짧게 한다.
② 연소실이 차지하는 표면적이 최소가 되게 한다.
③ 압축 행정 시 혼합기 또는 공기에 와류가 있게 한다.
④ 가열된 돌출부가 있어야 한다.

해설

연소실의 구비 조건

- 화염전파에 요하는 시간을 가능한 짧게 한다.
- 연소실이 차지하는 표면적이 최소가 되게 하여 냉각손실이 적어야 한다.
- 압축 행정 시 혼합기 또는 공기에 와류가 형성되어야 한다.
- 조기점화의 원인이 될 수 있는 가열된 돌출부(열점)가 없어야 한다.
- 밸브 통로면적을 크게 하여 흡기 및 배기 작용이 원활히 되도록 한다.

정답 ④

003 크랭크축의 축 방향의 간극이 너무 크면 일어나는 현상은?

① 회전이 무거워진다.
② 크랭크암 및 대단부쪽의 마멸을 촉진시켜 소음을 낸다.
③ 밸브 개폐시기가 달라진다.
④ 엔진이 떤다.

해설

③ 축 방향의 움직임이 커지면 캠축 타이밍 기어를 움직이게 되어 점화시기 및 밸브 개폐시기가 달라진다.

정답 ③

004 연소실의 구비 조건으로 가장 옳지 않은 것은?

① 압축 행정 끝에 와류를 일으키게 한다.
② 화염전파 시간을 짧게 한다.
③ 연소실의 표면적을 최대로 한다.
④ 밸브 면적을 크게 하여 흡 · 배기 작용을 원활히 한다.

해설

③ 연소실의 표면적은 최소가 되게 한다.

정답 ③

005 다음 중 단행정 기관(오버 스퀘어 기관)에 대한 설명으로 옳은 것은?

① 실린더 내경보다 행정이 큰 기관이다.
② 실린더 내경보다 행정이 작은 기관이다.
③ 실린더 내경과 행정이 같은 기관이다.
④ 엔진의 길이를 짧게 하기 위한 기관이다.

해설
② 단행정 기관은 실린더 내경보다 행정이 작은 기관으로 주로 소형차에 쓰인다.

정답 ②

006 피스톤 링의 주요 기능이 아닌 것은?

① 기밀작용
② 감마작용
③ 열전도작용
④ 오일제어작용

해설
② 피스톤 링(Piston Ring)은 고온 · 고압의 연소가스가 연소실에서 크랭크실로 누설되는 것을 방지하는 기밀작용과 실린더 벽에 윤활유막(Oil Film)을 형성하는 작용, 실린더 벽의 윤활유를 긁어내리는 오일제어작용 및 피스톤의 열을 실린더 벽으로 방출시키는 열전도작용(냉각작용)을 한다.

정답 ②

007 밸브 스프링의 장력이 규정보다 크면 어떻게 되는가?

① 밀봉 및 냉각이 불량해진다.
② 밸브 시트의 침하가 촉진된다.
③ 서징현상이 발생한다.
④ 밸브가 캠의 운동속도를 따라가지 못하여 충격이 발생한다.

해설
② 장력이 크면 밸브를 여는 데 큰 힘이 필요하기 때문에 출력 손실이 발생하고 밸브 시트의 침하 등 부품의 마모가 촉진된다. 장력이 작으면 밀착(밀봉)이 불량해져 압축가스의 누설로 인한 출력저하, 냉각불량이 발생하고 밸브가 캠의 운동속도를 따라가지 못하여 서징현상과 충격 및 진동이 발생하여 밸브 스프링이 소손된다.

정답 ②

008 기관오일을 점검하였더니 백색이었다. 이 기관오일은 어떤 상태인가?

① 오염되었다.
② 냉각수가 침투되었다.
③ 휘발유가 침투되었다.
④ 에틸납이 침투되었다.

해설
① 흑색
③ 적색
④ 회색

정답 ②

009 자동차에서 배출되는 배기가스의 색깔이 백색을 띠게 될 경우의 원인으로 가장 옳은 것은?

① 농후한 연료혼합비
② 실린더에 윤활유가 과다하게 유입되어 연소됨
③ 정상연소
④ 희박한 연료 혼합비

해설
배기색과 연소상태
- 무색 또는 담청색 : 완전 연소상태
- 흑색 : 혼합가스의 농후로 불완전 연소되는 상태
- 백색 : 윤활유가 과다하게 유입되어 연소실에 들어가 연소되는 상태

정답 ②

010 **자동차의 냉각장치에 대한 설명으로 가장 옳지 않은 것은?**

① 냉각핀의 표면적이 클수록 공기의 접촉이 많아 냉각작용이 잘된다.

② 부동액으로는 에탄올을 사용한다.

③ 펌프는 원심 펌프를 사용한다.

④ 라디에이터는 엔진에서 가열된 냉각수를 냉각하는 열 교환장치이다.

해설

부동액의 종류

- 반영구부동액(메탄올, 글리세린) – 물과 부동액을 혼합하여 보충
- 영구부동액(에틸렌글리콜) – 물만 보충, 현재 사용하는 부동액

정답 ②

011 **다음 중 AFS의 종류에 대한 설명으로 가장 옳지 않은 것은?**

① 맵 센서식은 흡기다기관의 압력을 계측한다.

② 핫필름 방식은 질량을 직접 계측한다.

③ 베인 방식은 공기의 체적유량을 계측한다.

④ 맵 센서식은 흡입공기의 온도를 간접 검출한다.

해설

AFS(Air Flow Sensor)의 종류

- 베인식(미저링플레이트식) : 공기의 체적유량을 계측
- 칼만와류식 : 칼만와류현상을 초음파를 이용하여 계측
- 열선식(Hot Wire) 또는 열막식(Hot Film Type) : 공기의 질량 · 유량을 직접 계측
- 맵 센서식(Manifold Air Pressure Sensor Type) : 흡기다기관의 압력 변화를 계측하여 흡입공기량을 간접 검출

정답 ④

012 단위 시간당 기관 회전수를 검출하여 1사이클당 흡입공기량을 구할 수 있게 하는 센서는?

① 크랭크 각 센서
② 스로틀위치 센서
③ 공기유량 센서
④ 산소 센서

해설

① 크랭크 각 센서 : 크랭크축의 위치를 측정하는 센서로 연료분사시기(연료분사량)와 점화시기를 결정하는 기준신호로 사용되며 기관 1회전당 흡입공기량 등을 계측할 수 있다.
② 스로틀위치 센서 : 가속페달 밟는 양에 따른 스로틀밸브의 움직임량을 계측하여 가 · 감속 등을 판단한다.
③ 공기유량 센서 : 기관 내부로 흡입되는 공기량을 측정하며, 연료분사량을 결정한다.
④ 산소 센서 : 배기가스 내의 산소농도에 따라 기전력이 발생하며, 피드백(Feed-Back)의 기준신호이다.

정답 ①

013 다음 중 노킹과 옥탄가의 관계를 바르게 설명한 것은?

① 일정 범위 내에서는 옥탄가와 노킹은 반비례한다.
② 일정 범위 내에서는 옥탄가와 노킹은 비례한다.
③ 일정 범위 내에서는 옥탄가와 노킹은 기관온도에 비례한다.
④ 일정 범위 내에서는 옥탄가와 노킹은 대기압에 비례하며, 주변 운전조건과 관계가 깊다.

해설

① 옥탄가는 연료의 내폭성을 수치로 나타낸 것으로 옥탄가가 높을수록 노킹은 감소한다. 운전조건은 노킹에 영향을 주지만 옥탄가에는 영향을 주지 않는다.

정답 ①

014 전자제어 엔진에서 MAP 센서가 하는 역할로 옳은 것은?

① 매니폴드 절대압력을 측정하는 센서
② 배기가스 중의 산소의 농도를 측정하는 센서
③ 냉각수 통로에서 기관의 냉각수 온도를 측정하는 센서
④ 크랭크축의 각도 및 피스톤의 위치, 엔진의 회전속도 등을 감지하는 센서

해설
② 산소 센서
③ 냉각수 온도 센서
④ 크랭크 각 센서

정답 ①

015 기관에서 NOx 발생을 저감시키기 위한 장치는?

① 캐니스터
② PCV 밸브
③ 산소 센서
④ EGR

해설
④ 배기가스 재순환장치(EGR) : 배기가스를 재순환시켜 엔진의 온도를 낮춤으로써 NOx(질소산화물)을 저감한다.
① 캐니스터 : 연료증발가스를 포집하는 장치로 포집된 연료증발가스는 PCSV를 통해 재연소시켜 탄화수소를 저감한다.
② PCV(Positive Crank Case Ventilation) 밸브 : 블로우 바이가스를 재순환시켜 탄화수소를 저감한다.
③ 산소 센서 : 배기가스 내의 산소 농도를 검출하여 이론공연비에 가깝도록 연료분사량을 보정하는 피드백 제어를 한다.

정답 ④

016 흡입공기 유량을 계측하는 공기유량 센서 중에서 흡기관 내의 부압을 측정하여 공기량을 환산하는 방법으로 자연급기식 엔진에 많이 사용되는 것은?

① L 제트로닉식(L Jetronic Type)
② 칼만와류식(Karman Vortex Type)
③ D 제트로닉식(D Jetronic Type)
④ 열선식(Hot Wire Type)

해설

③ D 제트로닉식(D Jetronic Type) : 스피드 덴시티(Speed Density) 방식으로 흡입공기량을 간접 계측하며 MAP (Manifold Air Pressure) 센서를 이용하여 흡기다기관의 절대 압력(부압, 진공)을 검출한다.

① L 제트로닉식(L Jetronic Type) : 매스플로우(Massflow) 방식으로 흡입공기량을 직접 계측하며 AFS(Air Flow Sensor)를 이용한다. AFS의 종류에는 칼만와류식, 베인(미저링플레이트)식, 열선식, 열막식이 있다.

정답 ③

017 **디젤 엔진의 독립식 분사펌프에서 연료가 공급되는 순서가 바르게 나열된 것은?**

① 연료탱크 → 공급펌프 → 연료여과기 → 분사노즐 → 분사펌프
② 연료탱크 → 연료여과기 → 분사펌프 → 공급펌프 → 분사노즐
③ 연료탱크 → 분사펌프 → 공급펌프 → 연료여과기 → 분사노즐
④ 연료탱크 → 공급펌프 → 연료여과기 → 분사펌프 → 분사노즐

해설

④ 디젤 엔진의 독립식 분사펌프는 각 실린더마다 개별적으로 분사펌프가 장치된 형식으로 연료는 연료탱크 → 공급펌프 → 연료여과기 → 분사펌프 → 분사노즐로 공급된다.

정답 ④

018 **다음 중 디젤 엔진의 특징이 아닌 것은?**

① 전기불꽃 점화방식이다.
② 최고회전속도가 낮기 때문에 실린더 부피에 대한 출력은 작으나, 회전속도에 대한 토크변화가 적어 비교적 큰 토크를 얻을 수 있다.
③ 기화기와 점화장치가 필요 없어 고장이 적다.
④ 연료 분사펌프와 연료 분사노즐이 필요하다.

해설

• 가솔린 · 가스 엔진 : 전기 점화방식(인화), 점화장치가 필요하다.
• 디젤 엔진 : 압축착화방식(발화), 점화장치가 필요하지 않다.

정답 ①

019 다음 중 배출가스 제어장치에 대한 설명으로 옳은 것은?

① 증발가스 제어장치는 연료탱크와 기화기 플로트실에서의 연료증발가스가 대기로 방출되는 것을 막는다.
② 배기가스 재순환장치는 배기가스 중 탄화수소의 생성을 억제하기 위한 장치이다.
③ 엔진이 천천히 워밍업되고 초크가 천천히 열릴수록 엔진이 워밍업되는 동안 배출되는 배기가스의 양은 최소가 된다.
④ 촉매변환기는 HC, CO를 정화시키고 질소산화물은 정화시키지 않는다.

해설

① 증발가스 제어장치는 연료탱크와 기화기 플로트실의 연료증발가스를 연소실로 재순환시켜 대기로 방출되는 것을 방지한다.
② 배기가스 재순환장치(EGR)는 배기가스 중 질소산화물(NOx)의 생성을 억제한다.
④ 촉매변환기(촉매컨버터)는 배기가스 중의 HC, CO, NOx를 H_2O, CO_2, N_2로 산화 · 환원시킨다.

정답 ①

020 12V 배터리에 저항 R_1 = 5Ω과 R_2 = 3Ω이 직렬로 연결되어 있다. 이 회로의 전류값은 얼마인가?

① 1A
② 1.5A
③ 2A
④ 2.5A

해설

전류 = 전압 ÷ 저항 = 12V ÷ 8Ω = 1.5A

정답 ②

021 유도기전력은 자속의 변화를 방해하는 방향으로 발생한다는 법칙은?

① 줄의 법칙
② 앙페르의 법칙
③ 렌츠의 법칙
④ 플레밍의 왼손 법칙

해설

① 전기도체에 전류가 흐를 때 발생되는 열량은 전류의 제곱과 도체의 저항의 곱에 비례한다.
② 전류의 방향을 오른 나사가 진행하는 방향으로 하면 발생되는 자기장의 방향은 오른 나사의 회전방향이 된다.
④ 전동기의 원리이다.

정답 ③

022 자동차 배터리에서 황산과 납의 화학작용이 심화되어 영구적인 황산납으로 변하는 현상을 무엇이라 하는가?

① 디아이싱 현상(Deicing)
② 베이퍼 록 현상(Vapor Lock)
③ 설페이션 현상(Sulfation)
④ 퍼콜레이션 현상(Percolation)

해설

③ 설페이션(Sulfation) : 축전지(배터리)를 방전 상태로 장기간 방치하거나 지나치게 과방전할 때 극판이 영구 황산납이 되어 충전이 되지 않는 현상
① 디아이싱(Deicing) : 비행기 등의 기체에 쌓인 눈 또는 얼음을 제거하는 것
② 베이퍼 록(Vapor Lock) : 파이프나 호스 속을 흐르는 액체가 파이프 속에서 가열, 기화되어 압력이 변화하여 액체의 흐름이나 운동력 전달을 저해하는 현상
④ 퍼콜레이션(Percolation) : 기화기 차량에서 플로트실 안의 연료가 과열하여 비등하면 엔진 정지 중에 연소실로 흡입되어 과농한 혼합기가 형성되어 시동이 어렵게 되는 현상

정답 ③

023 다음 중 오버 러닝 클러치형 기동전동기의 피니언이 링 기어와 물리는 원인으로 옳은 것은?

① 피니언의 관성 때문이다.
② 피니언 속의 슬리브가 회전하기 때문이다.
③ 시프트 레버가 밀기 때문이다.
④ 오버 러닝 클러치가 회전하기 때문이다.

해설

③ 오버 러닝 클러치형 기동전동기의 피니언은 시프트 레버가 미는 동작에 의하여 링 기어와 물리고 오버 러닝 클러치에 의하여 기동전동기의 고속회전을 방지한다.

정답 ③

024 다음 중 트랜지스터 점화장치에 대한 장점으로 가장 옳지 않은 것은?

① 점화장치의 성능이 향상된다.
② 점화코일이 없어 구조가 비교적 간단하다.
③ 점화 시기를 정확하게 조정할 수 있다.
④ 점화 신뢰성이 향상된다.

해설

트랜지스터 점화방식의 장점

- 점화 신뢰성이 향상된다.
- 점화 시기를 정확하게 조정할 수 있다.
- 저속성능이 안정되고 고속성능이 향상된다.
- 권수비가 큰 점화코일을 사용할 수 있다.
- 점화장치의 성능이 향상된다.

정답 ②

025 다음 중 점화 플러그의 구비 조건으로 옳지 않은 것은?

① 내열성이 크고 기계적 강도가 클 것
② 내부식 성능이 크고 기밀 유지 성능이 양호할 것
③ 자기 청정 온도를 900℃ 이상 유지하고 전기적 절연 성능이 양호할 것
④ 강력한 불꽃이 발생하고 점화 성능이 좋을 것

해설

③ 점화 플러그의 자기 청정 온도는 400~600℃이다. 전극 부분의 온도가 800~950℃ 이상이 되면 조기 점화를 일으켜 노킹이 발생하고 엔진의 출력이 저하된다.

정답 ③

026 다음 중 점화 플러그의 간극 조정 방법으로 적합한 것은?

① 접지 전극을 구부려 조정해야 한다.
② 중심 전극을 구부려 조정해야 한다.
③ 두 전극을 모두 구부려 조정해야 한다.
④ 규정값보다 적게 조정해야 한다.

해설

① 점화 플러그의 간극은 접지 전극을 구부려 조정하며 중심 전극과 접지 전극의 간격은 0.5~0.8mm가 적합하다.

정답 ①

027 P형 반도체와 N형 반도체를 3층 구조로 접합하여 제작한 반도체소자는 무엇인가?

① 다이오드(Diode)
② 트랜지스터(Transistor)
③ 사이리스터(Thyristor)
④ 트라이악(Triac)

해설

트랜지스터의 종류

- PNP형 : N형 반도체를 중심으로 하여 양쪽에 P형 반도체를 접합한 트랜지스터
- NPN형 : P형 반도체를 중심으로 하여 양쪽에 N형 반도체를 접합한 트랜지스터

정답 ②

028 다음 중 교류(AC) 발전기 실리콘 다이오드의 기능으로 옳은 것은?

① 제너 전압에 이르면 역방향으로 전류를 흐르게 한다.
② 여자 전류를 조정하고 역류를 방지한다.
③ 직류를 교류로 변환하는 작용을 한다.
④ 교류를 정류하고 전류의 역류를 방지한다.

해설

교류 발전기 실리콘 다이오드의 기능

- 스테이터 코일에서 발생한 교류를 직류로 정류한다.
- 축전지에서 발전기로 전류가 역류하는 것을 방지한다.

정답 ④

029 다음 중 IC 전압 조정기의 장점으로 가장 옳지 않은 것은?

① 조정 전압의 정밀도가 향상된다.
② 내열성이 작다.
③ 차체배선을 간소화할 수 있다.
④ 내구성이 우수하다.

해설

IC 전압 조정기의 특징

- 조정 전압의 정밀도가 향상된다.
- 내열성이 크고 출력을 증대시킬 수 있다.
- 소형화하여 발전기 내에 설치할 수 있다.
- 배선을 간소화할 수 있다.
- 진동에 의한 전압 변동이 없고 내구성이 우수하다.
- 축전지의 충전성능이 향상된다.

정답 ②

030 자동차의 교류발전기에서 발생된 교류전기를 직류로 정류하는 부품은 무엇인가?

① 전기자
② 조정기
③ 실리콘 다이오드
④ 제너 다이오드

해설

③ 자동차용 교류발전기에서 교류를 직류로 정류시키는 핵심 부품은 실리콘 다이오드이다.

정답 ③

031 직류발전기의 컷아웃 릴레이의 접점을 손으로 눌러 닫으면 어떻게 되는가?

① 충전 전압이 높아진다.
② 접점이 녹아 못쓰게 된다.
③ 발전기 극성이 바뀐다.
④ 에어 캡이 크게 된다.

해설

② 컷아웃 릴레이는 전류의 역류를 방지하며 인위적으로 접점을 눌러 닫으면 접점이 녹아 붙는다.

정답 ②

032 **다음 중 발전기 고장의 직접적인 원인과 관계가 가장 먼 것은?**

① 정류자의 오손에 의한 고장
② 릴레이의 오손과 소손에 의한 고장
③ 발전기 단자의 접촉불량에 의한 고장
④ 브러시의 마멸과 브러시 스프링의 약화에 의한 고장

해설

② 릴레이는 통과 전압 또는 전류에 의하여 자동적으로 단속되는 접점으로서 연속적이고 전기적인 구동으로 소손(불에 타서 부서짐)되는 고장이 많으며, 이는 발전기 고장의 직접적인 원인과는 거리가 멀다.

정답 ②

033 **다음 중 단속기의 접점에 대한 설명으로 가장 옳지 않은 것은?**

① 접점 틈새가 작으면 점화플러그의 불꽃이 약해지며 점화시기가 늦어진다.
② 단속기 접점이 닫혀 있는 기간이 짧으면 1차 전류의 흐름이 적어지고 2차 전압이 올라간다.
③ 접점의 틈새가 좁으면 드웰각이 커진다.
④ 힐이 캠의 돌출 꼭지부에 있어 접점의 틈새가 최대인 것을 규정틈새라 한다.

해설

단속기의 접점

- 단속기 접점이 닫혀 있는 기간(캠각 또는 드웰각)이 짧으면 2차 전압이 낮아져 실화가 발생한다.
- 접점 간극이 적으면 캠각이 커지고 점화시기가 느려진다.
- 접점 간극이 크면 캠각이 적어지고 점화시기가 빨라진다.

정답 ②

034 **이상 연소의 한 종류로 혼합기의 급격한 연소가 원인으로 비교적 빠른 회전속도에서 발생하는 저주파 굉음으로 옳은 것은?**

① 와일드 핑(Wild Ping)
② 런온(Run-On)
③ 표면착화
④ 서드(Thud)

해설
① 와일드 핑(Wild Ping) : 탄소퇴적물이 주 원인으로 기관이 과열되어 불규칙적 고주파 굉음이 발생하는 현상
② 런온(Run-On) : 조기 점화 등으로 인해 시동을 꺼도 엔진의 회전이 계속되는 현상
③ 표면착화 : 연소실 내의 정상적인 점화 이외의 표면에 생긴 열점(Heating Point) 등으로 인해 착화되는 현상

정답 ④

035 **다음 중 기계식 마찰클러치에 관한 설명으로 가장 옳지 않은 것은?**

① 스러스트 베어링과 릴리스 레버가 분리되어 있는 동안 클러치는 완벽하게 연결된다.
② 클러치 페달에 유격을 두는 이유는 클러치의 미끄럼을 방지하기 위함이다.
③ 클러치 압력판의 마모가 심하면 페달 유격이 커진다.
④ 클러치 스프링의 장력이 약하면 클러치가 미끄러진다.

해설
③ 클러치 압력판의 마모가 심하면 페달 유격이 작아진다.

정답 ③

036 **클러치의 페달 유격이 크면 어떻게 되는가?**

① 클러치가 미끄러진다.
② 클러치의 차단이 불량해진다.
③ 베어링의 마모가 촉진된다.
④ 클러치가 과열된다.

해설

② 클러치의 페달 유격은 릴리스 베어링이 릴리스 레버에 닿을 때까지 페달이 움직인 거리로 링키지에 설치된 조정 스크루로 조정한다. 클러치의 유격이 크면 동력전달은 되나 클러치의 차단이 불량해진다.

①·③·④ 클러치의 페달 유격이 작을 때 발생된다.

정답 ②

037 **자동변속기 차량에서 토크 컨버터 내에 있는 스테이터의 기능은?**

① 터빈의 회전력을 감소시킨다.

② 터빈의 회전력을 증대시킨다.

③ 바퀴의 회전력을 감소시킨다.

④ 펌프의 회전력을 증대시킨다.

해설

② 스테이터는 토크 컨버터 내에 장착되어 저속 및 중속 회전 시 고정되어 토크 컨버터 내의 오일 유동 방향을 바꾸고, 고속 시에는 프리휠링하여 동력손실을 방지한다. 따라서, 터빈의 회전력을 증대시키는 역할을 한다.

정답 ②

038 **다음 중 변속비에 대한 설명으로 옳은 것은?**

① 변속비란 변속기 출력축 회전속도를 엔진 회전속도로 나눈 값이다.

② 변속비가 1이면 감속이다.

③ 변속비가 1보다 크면 직결이다.

④ 변속비가 1보다 작으면 증속이다.

해설

④ 변속비는 주행상태에 따른 엔진과 구동바퀴의 회전속도비를 말한다. 변속비가 1보다 크면 감속이고, 1보다 작으면 증속이며, 1일 때는 직결이 된다.

정답 ④

039 일체 차축식에서 뒤 차축과 차축 하우징과의 하중 지지 방식으로 가장 옳지 않은 것은?

① 부동식　② 전부동식
③ 반부동식　④ 3/4부동식

해설
일체 차축의 뒤 차축 지지 방식
• 반부동식 : 하중을 차축 하우징이 1/2, 차축이 1/2을 지지한다.
• 3/4부동식 : 하중을 차축 하우징이 3/4, 차축이 1/4을 지지한다.
• 전부동식 : 하중을 차축 하우징이 전부 지지하는 방식으로 바퀴를 분해하지 않고 차축을 분리할 수 있다.

정답 ①

040 다음 중 유성기어 장치의 설치 목적으로 옳은 것은?

① 공회전　② 동력 전달
③ 변속　④ 공률을 높임

해설
③ 유성기어 장치는 자동변속기에서든 오버드라이브 장치에서든 변속을 목적으로 설치한다.

정답 ③

041 일체식 현가장치와 비교하여 독립식 현가장치의 장점이 아닌 것은?

① 스프링 정수가 적은 스프링도 사용 가능하다.
② 선회 시 감쇠력을 조절하여 롤링을 방지하기 때문에 주행안정성이 우수하다.
③ 앞바퀴의 시미(Shimmy) 현상이 작게 발생한다.
④ 스프링 밑 질량이 작기 때문에 승차감이 향상된다.

해설
② 선회 시 감쇠력을 조절하여 롤링을 방지하는 것은 전자제어 현가장치의 장점이다.

정답 ②

042 **다음 중 쇽 업쇼버(Shock Absorber)의 기능으로 옳은 것은?**

① 차량 선회 시 롤링(Rolling)을 감소시켜 차체의 평형을 유지시켜준다.
② 스프링의 잔 진동을 흡수하여 승차감을 향상시킨다.
③ 폭발행정에서 얻은 에너지를 흡수하여 일시 저장하는 역할을 한다.
④ 기관 작동에 알맞게 흡배기 밸브를 열고 닫아준다.

해설
① 스태빌라이저 : 차량 선회 시 롤링(Rolling)을 감소시켜 차체의 평형을 유지한다.
③ 플라이휠 : 폭발행정에서 얻은 에너지를 흡수하여 일시 저장하는 역할을 한다.
④ 밸브기구(타이밍 기어 및 캠축) : 기관 작동에 알맞게 흡 · 배기 밸브를 열고 닫는다.

정답 ②

043 **다음 중 능동형 현가장치에 대한 설명으로 가장 옳지 않은 것은?**

① 유압 엑추에이터는 압축된 유체의 에너지를 기계적인 운동으로 전환시킨다.
② 일정한 힘으로 각 타이어가 도로를 누르기 위해 유압을 사용한다.
③ 유압 엑추에이터는 유압을 한 방향으로만 움직이도록 한다.
④ 엑추에이터 센서는 타이어 힘의 변화를 감지한다.

해설
- 능동형 현가장치(Active Suspension System) : 각종 센서로 노면의 상태를 감지하면 컴퓨터(ECS-ECU)가 공압 또는 유압식 엑추에이터를 가장 적합한 상태로 조절하여 차량의 승차감과 주행(조종)안정성을 향상시킨다.
- 유압 엑추에이터 : 주행조건에 따라 ECU가 스텝모터를 작동시켜 쇽 업쇼버의 오일 통로(오리피스)의 직경을 조절하여 감쇠력을 제어하며 유압은 양방향으로 이동한다.

정답 ③

044 차고 센서의 설명 중 가장 옳지 않은 것은?

① 전자제어 현가장치를 위해서 요구되는 센서 중 하나이다.
② 자동차 앞쪽 바운싱의 높이 수준을 검출한다.
③ 뒤 차고 센서는 차계과 뒤차축의 상대위치를 검출한다.
④ 차고 센서는 최소 4개 이상 설치되어야 한다.

해설
- 차고 센서(Height Sensor) : 능동형 현가장치(Active Suspension)나 전자제어 현가장치(ECS; Electronic Control Suspension System)에서 일반적으로 전후에 각 1개씩 설치되어 자동차의 높이 변화에 따른 위치를 감지한다.
- 바운싱(Bouncing) : 차체의 상하 진동

정답 ④

045 다음 중 조향장치의 구비 조건으로 가장 옳지 않은 것은?

① 조향 조작이 주행 중의 충격에 영향을 받지 않을 것
② 조향 핸들의 회전과 바퀴 선회의 차가 클 것
③ 회전반경이 작을 것
④ 조작하기 쉽고 방향 변환이 원활하게 행하여 질 것

해설
② 조향 핸들의 회전과 바퀴 선회의 차가 크면 조향 감각을 익히기 어렵고 조향 조작이 늦어진다.

정답 ②

046 다음 중 토인(Toe-In) 조정과 관계가 있는 부품은?

① 피트먼 암(Pitman-Arm)
② 스태빌라이저(Stabilizer)
③ 타이로드(Tie-Rod)
④ 조향기어(Steering Gear)

해설
③ 토인 조정을 하며 타이로드가 휘게 되면 로드 중심길이가 변화되어 토인이 틀어지게 된다.

정답 ③

047 타이어에 표시된 기호와 숫자의 의미가 잘못 연결된 것은?

P195/60R14 85H

① 195 – 타이어 폭(mm)
② 60 – 타이어의 편평비율, 타이어 단면폭에 대한 높이의 비율
③ 14 – 림 사이즈(타이어 내경)(inch)
④ H – 타이어의 높이

해설

195 – 타이어 단면 폭(mm)
60 – 타이어 편평비(%), 편평비 = 높이/너비(폭)×100
R – 타이어 구조, 레이디얼 타이어
14 – 림 직경, 타이어 내경(inch)
H – 속도기호(H : 최고속도 210km/h)

속도기호	최고속도(km/h)	속도기호	최고속도(km/h)
S	180	V	240
T	190	W	270
U	200	Y	300
H	210		

정답 ④

048 자동차가 주행하면서 선회할 때 조향각도를 일정하게 유지하여도 선회 반지름이 커지는 현상은?

① 오버 스티어링
② 언더 스티어링
③ 리버스 스티어링
④ 토크 스티어링

해설

① 오버 스티어링(Over Steering) : 선회 조향 시 앞바퀴에 발생하는 코너링 포스가 커지면 조향각이 작아져서 회전반경이 작아지는 현상
③ 리버스 스티어링(Reverse Steering) : 최초 동안은 언더 스티어로 주행되다가 급선회로 인하여 갑자기 오버 스티어의 형태로 변하는 형상
④ 토크 스티어링(Torque Steering) : 출발 또는 가속을 하려고 액셀러레이터를 밟을 때 차가 한쪽으로 쏠리는 현상

정답 ②

049 다음 중 유압식 브레이크의 장점이 아닌 것은?

① 마찰손실이 적다.
② 베이퍼 록의 우려가 없다.
③ 조작력이 작아도 된다.
④ 제동력이 모든 바퀴에 균일하게 전달된다.

해설
② 유압식 브레이크는 공기가 침입하거나 베이퍼 록이 발생하게 되면 제동이 되지 않는다.

정답 ②

050 미끄러운 도로에서 바퀴의 로크업을 방지하여 제동효과를 높이고 직진 안전성과 조향 안전성을 향상시키는 제동장치는?

① ABS
② 배력식 브레이크
③ 공기식 브레이크
④ 유압식 브레이크

해설
① ABS(Antilock Brake System)는 브레이크 유압회로 내 유압을 제거하여 바퀴가 로크업되어 발생하는 미끄러짐을 방지함으로써 직진 안정성과 조향 안정성을 유지하고 미끄러운 길에서도 제동거리를 단축시키는 장치이다.

정답 ①

051 다음 장치 중 선행 차량과 적절한 거리를 자동으로 유지시키는 장치는?

① ECS 장치
② 4WD 장치
③ ABS 장치
④ SCC 장치

해설
④ 스마트 크루즈 컨트롤(SCC) 장치
① 전자제어 현가장치
② 4륜 구동장치
③ 제동력 자동 조절장치

정답 ④

052 다음 중 브레이크를 밟았을 때 나타나는 현상으로 가장 옳지 않은 것은?

① 페이드 현상
② 스탠딩 웨이브 현상
③ 베이퍼 록 현상
④ 록킹 현상

해설

② 스탠딩 웨이브 현상 : 고속 주행 시 타이어의 접지되는 부분의 바로 뒷부분이 물결처럼 되는 현상
① 페이드 현상 : 잦은 브레이크 사용으로 인한 과열로 라이닝의 마찰계수가 작아져서 브레이크가 미끄러지는 현상
③ 베이퍼 록 현상 : 과열 등으로 인하여 브레이크 오일에 기포가 발생하여 브레이크 페달을 밟아도 브레이크가 듣지 않는 현상
④ 록킹 현상 : 브레이크가 잠겨 풀리지 않는 현상

정답 ②

053 다음 중 브레이크에 페이드 현상이 발생했을 경우 응급조치 방법으로 옳은 것은?

① 자동차를 세우고 열이 식도록 한다.
② 주차 브레이크를 대신 쓴다.
③ 브레이크를 자주 밟아 열을 발생시킨다.
④ 자동차의 속도를 조금 올려준다.

해설

① 페이드 현상이 나타나면 운행을 중지하고 발열부의 열을 식혀야 한다.

정답 ①

054 고속도로 주행 시 타이어 공기압을 10 ~ 15% 높여주는 이유는?

① 미끄럼 방지
② 승차감 향상
③ 스탠딩 웨이브 현상 방지
④ 페이드 현상 방지

해설

③ 고속도로 주행 시에는 스탠딩 웨이브 현상을 방지하기 위해서 타이어 공기압을 10~15% 높여준다.

정답 ③

055 타이어의 폭이 205mm, 편평비가 60일 때 타이어의 높이로 올바른 것은?

① 29mm
② 102.5mm
③ 123mm
④ 342mm

해설

- 편평비 $= \frac{높이}{너비} \times 100$
- 높이 $= \frac{너비 \times 편평비}{100} = \frac{205 \times 60}{100} = 123$

정답 ③

056 승용자동차에 주로 사용되는 모노코크 보디(Monocoque Body)의 특징이 아닌 것은?

① 충돌 시 손상형태가 복잡하여 복원수리가 비교적 어렵다.
② 별도의 프레임을 사용하기 때문에 무게중심이 약간 높아진다.
③ 충돌 시 충격 에너지 흡수율이 우수하다.
④ 경량구조이면서도 강성이 크다.

해설

모노코크 보디와 프레임 보디의 비교

구분	모노코크 보디	프레임 보디
의의	별도의 프레임 없이 보디 자체가 프레임 역할을 하는 일체형 차체구조	독립된 프레임(차체뼈대)에 엔진, 변속기, 서스펜션을 조립해 넣어 섀시를 만들고 그 위에 별도로 만든 차체를 얹는 구조
장점	• 높은 강성을 얻을 수 있고 차체높이를 낮게 할 수 있어 실내가 넓다. • 차량의 경량화로 생산성이 높아 소형차에 적합하다. • 충돌 시 충격흡수율이 넓다.	• 험로주행 중 노면에서 전달되는 진동과 소음을 프레임에서 1차적으로 저감시켜 뛰어난 주행승차감을 구현할 수 있다. • 모노코크 보디 구조 대비 뛰어난 차체 강성확보로 주행 시 차량변형을 방지하여 안정적인 주행이 가능하다. • 고장력 강판, 충격흡수 보디구조, 도어임팩트바 등을 강조한 차체설계방식을 채택하고 있다.
단점	• 충돌 시 손상형태가 복잡하여 복원수리가 비교적 어렵다. • 서스펜션과 파워트레인이 직접 보디에 부착되어 있기 때문에 방진, 방음이 어렵다.	• 무게가 많이 나가 동력성능 및 연비효율이 낮다. • 별도의 프레임을 사용하기 때문에 무게중심이 약간 높아진다.

정답 ②

057 전륜 구동 방식(Front Wheel Drive) 자동차의 장점에 대한 설명으로 가장 옳지 않은 것은?

① 전후 차축 간의 하중 분포가 균일하다.

② 동력 전달 경로가 짧아 동력 전달 손실이 적다.

③ 추진축 터널이 없어 차 실내 주거성이 좋다.

④ 커브길과 미끄러운 길에서 조향 안정성이 양호하다.

해설

① 전후 차축 간의 하중 분포가 균일한 것은 후륜 구동 방식의 장점이다. 전륜 구동 방식은 가속성이나 고속주행에 적합하다. 하지만 앞쪽으로 무게중심이 쏠려 앞 타이어의 마모가 심해지고, 차체의 안전성이 낮아진다는 단점이 있다.

정답 ①

058 자동차의 제원 중 하나인 윤거(Wheel Tread)에 대한 설명으로 가장 옳은 것은?

① 접지면에서 자동차의 가장 높은 부분까지의 거리

② 좌우 타이어의 접촉면의 중심에서 중심까지의 거리

③ 부속품을 포함한 자동차의 좌우 최대 너비

④ 앞뒤 차축 중심에서의 수평 거리

해설

② 윤거(윤간거리)는 좌우의 바퀴가 접하는 수평면에서 바퀴의 중심선과 직각인 바퀴 중심 간의 거리이다.

① 높이에 대한 설명이다. 높이는 자동차의 전면, 후면 또는 측면을 투영시켜 차량중심선에 수직인 방향의 최대 거리이다.

③ 너비에 대한 설명이다. 너비는 자동차의 전면 또는 후면을 투영시켜 차량중심선에 직각인 방향의 최대 거리이다.

④ 축거(축간거리)에 대한 설명이다. 축거는 전후 차축 중심 간의 수평 거리이다.

정답 ②

059 **다음 중 연소 온도가 높을수록 많이 배출되는 것으로 가장 옳은 것은?**

① 황산화물(SOx) ② 일산화탄소(CO)
③ 질소산화물(NOx) ④ 납화합물(Pb^{2+})

해설
③ 질소산화물(NOx)은 연소 온도가 높을수록 배출이 많아지며 연소 온도를 낮추는 방법을 활용하여 저감시킬 수 있다. 물의 기화열을 이용하는 수분사 방식과 일부의 배기가스를 재도입 연소시키는 배기가스 재순환(EGR) 방식이 활용된다.

정답 ③

060 **다음 중 차륜하중에 대한 설명으로 가장 옳은 것은?**

① 차륜을 통하여 접지면에 가해지는 각 차축당의 하중이다.
② 공차상태의 자동차의 중량을 말한다.
③ 자동차의 1개의 차륜을 통하여 접지면에 가해지는 연직하중이다.
④ 자동차 총중량에서 공차중량을 뺀 것이다.

해설
① 축하중
② 공차중량
④ 최대적재량

정답 ③

02 도로교통법

001 「도로교통법」상의 용어 정의 중 정차에 대한 설명으로 옳은 것은?

① 고장난 차를 계속 정지 상태에 두는 것
② 5분을 초과하지 아니하고 정지하는 것
③ 운전자가 그 차로부터 떠나서 즉시 운전할 수 없는 상태를 말한다.
④ 차가 일시적으로 그 바퀴를 완전 정지시키는 것을 말한다.

해설
② '정차'란 운전자가 5분을 초과하지 아니하고 차를 정지시키는 것으로서 주차 외의 정지 상태를 말한다(법 제2조 제25호).
①·③ 주차에 대한 설명이다(법 제2조 제24호).
④ 일시정지에 대한 설명이다(법 제2조 제30호).

정답 ②

002 「도로교통법」상의 도로의 정의와 다른 것은?

① 「도로법」에 의한 도로
② 「유료도로법」에 의한 유료도로
③ 안전하고 원활한 교통을 확보할 필요가 있는 장소
④ 일반교통에 사용되는 모든 시설

해설
도로의 정의(법 제2조 제1호)
- 「도로법」에 의한 도로
- 「유료도로법」에 따른 유료도로
- 「농어촌도로 정비법」에 따른 농어촌도로
- 그 밖에 현실적으로 불특정 다수의 사람 또는 차마가 통행할 수 있도록 공개된 장소로서 안전하고 원활한 교통을 확보할 필요가 있는 장소

정답 ④

003 다음 중 「도로교통법」상 중앙선에 대한 설명으로 옳지 않은 것은?

① 차마의 통행을 방향별로 구분하기 위하여 설치한 시설물이나 선을 말한다.
② 황색 실선이나 점선 등으로 표시한다.
③ 중앙분리대, 울타리 등으로 표시할 수 있다.
④ 교차로에는 중앙선의 개념이 없다.

해설

중앙선의 기본설명

- 차마의 통행 방향을 명확하게 구분하기 위하여 도로에 황색 실선이나 황색 점선 등의 안전표지로 표시한 선 또는 중앙분리대나 울타리 등으로 설치한 시설물
- 가변차로가 설치된 경우에는 신호기가 지시하는 진행방향의 가장 왼쪽에 있는 황색 점선을 말한다.

※ 중앙선은 반드시 도로의 중앙에 설치하여야만 되는 것은 아니다.

정답 ④

004 보도와 차도의 구분이 없는 도로에 차로를 설치할 때에 그 도로의 양 측면에 설치하여야 하는 것은?

① 서행표시
② 주차금지선
③ 정차 · 주차금지선
④ 안전표지

해설

④ 길가장자리구역이란 보도와 차도가 구분되지 아니한 도로에서 보행자의 안전을 확보하기 위하여 안전표지 등으로 경계를 표시한 도로의 가장자리 부분을 말한다(법 제2조 제11호).

정답 ④

005 다음 중 「도로교통법」상 자동차전용도로에 대한 설명으로 옳은 것은?

① 자동차와 우마차의 교통에 사용하기 위하여 설치된 도로
② 자동차와 원동기장치자전거만 사용하기 위하여 설치된 도로
③ 자동차와 농기계가 다닐 수 있게 설치된 도로
④ 자동차만 다닐 수 있게 설치된 도로

해설
④ 자동차전용도로란 자동차만 다닐 수 있도록 설치된 도로를 말한다(법 제2조 제2호).

정답 ④

006 다음 중 용어의 설명으로 옳은 것은?

① 자동차전용도로 – 자동차의 고속 운행에만 사용하기 위하여 지정된 도로를 말한다.
② 보도 – 보행자가 도로를 횡단할 수 있도록 안전표지로 표시한 도로의 부분을 말한다.
③ 횡단보도 – 도로를 횡단하는 보행자나 통행하는 차마의 안전을 위하여 안전표지나 이와 비슷한 인공구조물로 표시한 도로의 부분을 말한다.
④ 일시정지 – 차 또는 노면전차의 운전자가 그 차 또는 노면전차의 바퀴를 일시적으로 완전히 정지시키는 것을 말한다.

해설
① 고속도로(법 제2조 제3호)
② 횡단보도(법 제2조 제12호)
③ 안전지대(법 제2조 제14호)

정답 ④

007 「도로교통법」상 (　　　)란 차마가 한 줄로 도로의 정하여진 부분을 통행하도록 차선으로 구분한 차도의 부분을 말한다. 빈칸 안에 들어갈 말로 적절한 것은?

① 차도　② 차선
③ 차로　④ 보도

해설
① 차도 : 연석선, 안전표지 또는 그와 비슷한 인공구조물을 이용하여 경계를 표시하여 모든 차가 통행할 수 있도록 설치된 도로의 부분을 말한다(법 제2조 제4호).
② 차선 : 차로와 차로를 구분하기 위하여 그 경계지점을 안전표지로 표시한 선을 말한다(법 제2조 제7호).
④ 보도 : 연석선, 안전표지 또는 그와 비슷한 인공구조물로 경계를 표시하여 보행자가 통행할 수 있도록 한 도로의 부분을 말한다(법 제2조 제10호).

정답 ③

008 다음 중 정차가 금지되는 곳이 아닌 것은?

① 교차로 · 횡단보도 또는 건널목
② 소방용 방화물통으로부터 5m 이내의 곳
③ 교차로의 가장자리로부터 5m 이내의 곳
④ 안전지대의 사방으로부터 각각 10m 이내의 곳

해설

정차 및 주차의 금지(법 제32조)

- 교차로 · 횡단보도 · 건널목이나 보도와 차도가 구분된 도로의 보도(「주차장법」에 따라 차도와 보도에 걸쳐서 설치된 노상주차장은 제외한다)
- 교차로의 가장자리나 도로의 모퉁이로부터 5m 이내인 곳
- 안전지대가 설치된 도로에서는 그 안전지대의 사방으로부터 각각 10m 이내인 곳
- 버스여객자동차의 정류지임을 표시하는 기둥이나 표지판 또는 선이 설치된 곳으로부터 10m 이내인 곳. 다만, 버스여객자동차의 운전자가 그 버스여객자동차의 운행시간 중에 운행노선에 따르는 정류장에서 승객을 태우거나 내리기 위하여 차를 정차하거나 주차하는 경우에는 그러하지 아니하다.
- 건널목의 가장자리 또는 횡단보도로부터 10m 이내인 곳
- 「소방기본법」 제10조에 따른 소방용수시설 또는 비상소화장치가 설치된 곳」 또는 「소방시설 설치 및 관리에 관한 법률」 제2조 제1항 제1호에 따른 소방시설로서 대통령령으로 정하는 시설이 설치된 곳으로부터 5m 이내인 곳
- 시 · 도경찰청장이 도로에서의 위험을 방지하고 교통의 안전과 원활한 소통을 확보하기 위하여 필요하다고 인정하여 지정한 곳
- 시장 등이 지정한 어린이 보호구역

정답 ②

009 다음 중 「도로교통법」상 보행자의 통행 방법에 대한 설명으로 가장 옳지 않은 것은?

① 보행자는 보도와 차도가 구분되지 않은 도로 중 중앙선이 있는 도로에서는 길가장자리로 통행하여야 한다.
② 행렬 등은 사회적으로 중요한 행사에 따라 시가를 행진하는 경우에는 도로의 중앙을 통행할 수 있다.
③ 보행자는 횡단보도가 설치되어 있지 않은 도로에서는 가장 짧은 거리로 횡단하여야 한다.
④ 12세 미만 어린이의 보호자는 교통이 빈번한 도로에서 어린이가 혼자 보행하게 하여서는 안 된다.

해설

④ 어린이의 보호자는 교통이 빈번한 도로에서 어린이를 놀게 하여서는 아니 되며, 영유아(6세 미만인 사람을 말한다)의 보호자는 교통이 빈번한 도로에서 영유아가 혼자 보행하게 하여서는 아니 된다(법 제11조 제1항).

정답 ④

010 다음 중 「도로교통법」상 앞지르기에 대한 설명으로 옳지 않은 것은?

① 모든 차의 운전자는 다른 차를 앞지르려면 앞차의 우측으로 통행하여야 한다.
② 앞차의 속도 · 진로와 그 밖의 도로상황에 따라 방향지시기 · 등화 또는 경음기를 사용하는 등 안전한 속도와 방법으로 앞지르기를 하여야 한다.
③ 교차로, 터널 안, 다리 위 등에서는 다른 차를 앞지르지 못한다.
④ 경찰공무원의 지시에 따라 정지하거나 서행하고 있는 차를 앞지르지 못한다.

해설

① 모든 차의 운전자는 다른 차를 앞지르려면 앞차의 좌측으로 통행하여야 한다(법 제21조 제1항).

정답 ①

011 다음 중 「도로교통법」상 긴급자동차에 해당하지 않는 것은?

① 생명이 위급한 환자를 이송 중인 구급차
② 긴급한 우편물의 운송에 사용되는 자동차
③ 국내외 요인에 대한 경호업무 수행에 공무로 사용되는 자동차
④ 영 · 유아가 탑승 중인 어린이통학버스

해설

④ 어린이통학버스는 긴급자동차에 해당하지 않는다. 긴급자동차는 「도로교통법」 제2조 제22호에 규정되어 있으며, 그 종류로는 소방차, 구급차, 혈액공급차량, 그 밖에 대통령령으로 정하는 자동차이다. 그러나 이러한 차량이라도 본래의 긴급한 용도로 사용되지 않는다면 긴급자동차의 특례를 적용받지 못한다.

정답 ④

012 다음은 「도로교통법」상 주차위반 조치명령을 할 수 있는 사람에 관한 내용이다. 괄호 안 ㉠, ㉡에 들어갈 알맞은 말은?

> **제35조(주차위반에 대한 조치)**
> ① 다음 각 호의 어느 하나에 해당하는 사람은 제32조 · 제33조 또는 제34조를 위반하여 주차하고 있는 차가 교통에 위험을 일으키게 하거나 방해될 우려가 있을 때에는 차의 운전자 또는 관리 책임이 있는 사람에게 주차 방법을 변경하거나 그 곳으로부터 이동할 것을 명할 수 있다.
> 1. (㉠)
> 2. (㉡)

	㉠	㉡
①	경찰공무원	모범운전자
②	경찰공무원	시 · 군공무원
③	경찰공무원	헌병
④	소방공무원	모범운전자

해설

주차위반에 대한 조치(법 제35조)

① 다음의 어느 하나에 해당하는 사람은 제32조 · 제33조 또는 제34조를 위반하여 주차하고 있는 차가 교통에 위험을 일으키게 하거나 방해될 우려가 있을 때에는 차의 운전자 또는 관리 책임이 있는 사람에게 주차 방법을 변경하거나 그 곳으로부터 이동할 것을 명할 수 있다.

1. 경찰공무원
2. 시장 등(도지사를 포함한다. 이하 이 조에서 같다)이 대통령령으로 정하는 바에 따라 임명하는 공무원(이하 "시 · 군공무원"이라 한다) → "단속담당공무원"

정답 ②

013 다음 중 「도로교통법」상 주차위반에 대한 설명으로 옳지 않은 것은?

① 도지사 또는 시장 등은 차를 견인하려는 경우에는 과태료부과대상차표지를 그 차의 보기 쉬운 곳에 부착하여야 한다.

② 차를 견인하였을 때부터 24시간이 경과되어도 이를 인수하지 아니하는 때에는 해당 차의 사용자 또는 운전자에게 전화로 통지하여야 한다.

③ 차의 반환에 필요한 조치 또는 공고를 하였음에도 불구하고 1개월 이내에 그 반환을 요구하지 아니할 때에는 그 차를 매각하거나 폐차할 수 있다.

④ 차를 매각하거나 폐차한 경우 그 차의 이동 · 보관 · 공고 · 매각 또는 폐차 등에 들어간 비용을 충당하고 남은 금액이 있는 경우에는 그 금액을 그 차의 사용자에게 지급하여야 한다.

해설

② 차를 견인하였을 때부터 24시간이 경과되어도 이를 인수하지 아니하는 때에는 해당 차의 보관장소 등 행정안전부령이 정하는 사항을 해당 차의 사용자 또는 운전자에게 등기우편으로 통지하여야 한다(시행령 제13조 제3항).

정답 ②

014 다음은 「도로교통법」상 운행상의 안전기준에 대한 내용이다. 괄호 안에 들어갈 알맞은 말은?

화물자동차의 적재중량은 구조 및 성능에 따르는 적재중량의 ( ) 이내일 것

① 90%

② 100%

③ 110%

④ 120%

해설

화물자동차의 적재중량은 구조 및 성능에 따르는 적재중량의 110퍼센트 이내일 것(시행령 제22조 제3호)

정답 ③

015 교통안전에 필요한 주의, 규제, 지시 등을 표시하는 표지판 또는 도로의 바닥에 표시하는 기호나 문자 또는 선 등을 무엇이라 하는가?

① 안전표지
② 교통신호
③ 교통안내
④ 교통지시

해설

① 안전표지란 교통안전에 필요한 주의 · 규제 · 지시 등을 표시하는 표지판이나 도로의 바닥에 표시하는 기호 · 문자 또는 선 등을 말한다(법 제2조 제16호).

정답 ①

016 「도로교통법」상 노면표시에 대한 설명으로 옳지 않은 것은?

① 노면표시는 도로표시용 도료, 반사테이프 또는 발광형 소재를 사용하여 설치하되, 노면표시의 기능을 보완하기 위해 표지병(標識甁)으로 할 수 있다.
② 자전거횡단표시를 횡단보도표시와 접하여 설치할 경우에는 접하는 측의 측선을 생략할 수 있다.
③ 중앙선표시, 주차금지표시, 정차 · 주차금지표시 및 안전지대 중 양방향 교통을 분리하는 표시는 노란색으로 한다.
④ 전용차로표시 및 노면전차전용로 표시는 빨간색으로 한다.

해설

노면표시(시행규칙 별표6)

- 중앙선표시, 주차금지표시, 정차 · 주차금지표시, 정차금지지대표시, 보호구역 기점 · 종점 표시의 테두리와 어린이보호구역 횡단보도 및 안전지대 중 양방향 교통을 분리하는 표시 : 노란색
- 전용차로표시 및 노면전차전용로표시 : 파란색
- 소방시설 주변 정차 · 주차금지표시 및 보호구역(어린이 · 노인 · 장애인) 또는 주거지역 안에 설치하는 속도제한표시의 테두리선 : 빨간색
- 노면색깔유도선표시 : 분홍색, 연한녹색 또는 녹색
- 그 밖의 표시 : 흰색

정답 ④

017 다음 설명 중 옳지 않은 것은?

① 적색등화 시 차마는 우회전할 수 없다.
② 적색등화 시 보행자는 횡단보도를 횡단하여서는 아니 된다.
③ 적색등화의 점멸 시 차마는 다른 교통에 주의하면서 진행할 수 있다.
④ 녹색등화 시 비보호좌회전표시가 있는 곳에서 좌회전할 수 있다.

해설

① 적색등화 시 차마는 신호에 따라 진행하는 다른 차마의 교통을 방해하지 아니하고 우회전할 수 있다(시행규칙 별표 2).

정답 ①

018 신호기가 표시하는 적색등화의 신호 시 차마의 통행에 대한 설명으로 옳은 것은?

① 차마는 신호에 따라 진행하는 다른 차마의 교통을 방해하지 아니하는 한 우회전할 수 있다.
② 차마는 직진할 수 없으나 언제나 우회전할 수 있다.
③ 차마는 직진할 수 없으나 필요에 따라 좌회전할 수 있다.
④ 차마는 직진할 수도 없고 우회전할 수도 없다.

해설

적색의 등화

차마는 정지선, 횡단보도 및 교차로의 직전에서 정지하여야 한다. 다만, 신호에 따라 진행하는 다른 차마의 교통을 방해하지 아니하고 우회전할 수 있다(시행규칙 별표 2).

정답 ①

019 다음 중 보행등의 설치기준으로 잘못된 것은?

① 차량신호만으로는 보행자에게 언제 통행권이 있는지 분별하기 어려울 경우에 설치한다.
② 차도의 폭이 12m 이상인 교차로 또는 횡단보도에서 차량신호가 변하더라도 보행자가 차도 내에 남을 때가 많을 경우에 설치한다.
③ 번화가의 교차로, 역 앞 등의 횡단보도로서 보행자의 통행이 빈번한 곳에 설치한다.
④ 차량신호기가 설치된 교차로의 횡단보도로서 1일 중 횡단보도의 통행량이 가장 많은 1시간 동안의 횡단보행자가 150명을 넘는 곳에 설치한다.

해설

② 차도의 폭이 16m 이상인 교차로 또는 횡단보도에서 차량신호가 변하더라도 보행자가 차도 내에 남을 때가 많을 경우에 설치한다(시행규칙 별표 3).

정답 ②

020 다음 중 「도로교통법」상 예외적으로 차도를 통행할 수 있는 경우가 아닌 경우는?

① 사다리 · 목재나 그 밖에 보행자의 통행에 지장을 줄 염려가 있는 물건을 운반 중인 사람
② 도로의 청소 또는 보수 등 도로에서 작업 중인 사람
③ 듣지 못하는 사람
④ 기 또는 현수막 등을 휴대한 행렬 및 장의 행렬

해설
①·②·④ 외에 말, 소 등의 큰 동물을 몰고 가는 사람이나, 군부대 그 밖에 이에 준하는 단체의 행렬이 차도를 통행할 수 있다(시행령 제7조).

정답 ③

021 차마의 통행방법으로 가장 옳은 것은?

① 비보호 좌회전구역을 제외하고는 좌회전을 할 수 없다.
② 차마는 도로의 중앙 우측 부분을 통행하여야 한다.
③ 편도 2차선 도로에서는 언제나 한산한 차선으로 통행하여야 한다.
④ 차마는 안전지대에서 주차하여야 한다.

해설
② 차마의 운전자는 도로(보도와 차도가 구분된 도로에서는 차도를 말한다)의 중앙(중앙선이 설치되어 있는 경우에는 그 중앙선을 말한다) 우측 부분을 통행하여야 한다(법 제13조 제3항).

정답 ②

022 다음 중 도로에서 일어나는 교통상의 모든 위험과 장해를 방지하고 제거하여 안전하고 원활한 교통을 확보하는 것을 목적으로 하는 법은?

① 도로교통법
② 여객자동차 운수사업법
③ 교통사고처리특례법
④ 특정범죄가중처벌 등에 관한 법률

해설
① 이 법은 도로에서 일어나는 교통상의 모든 위험과 장해를 방지하고 제거하여 안전하고 원활한 교통을 확보함을 목적으로 한다(법 제1조).

정답 ①

023 다음 설명 중 옳지 않은 것은?

① 차도를 통행하는 학생의 대열은 그 차도의 우측을 통행하여야 한다.
② 사회적으로 중요한 행사에 따른 시가행진인 경우에는 도로의 중앙을 통행할 수 있다.
③ 보행자는 횡단보도에서 신호 또는 지시에 따라 차의 바로 앞이나 뒤로 횡단하여서는 아니 된다.
④ 횡단보도가 설치되어 있지 아니한 도로에서는 가장 짧은 거리로 횡단하여야 한다.

해설

③ 보행자는 차와 노면전차의 바로 앞이나 뒤로 횡단하여서는 아니 된다. 다만, 횡단보도를 횡단하거나 신호기 또는 경찰공무원 등의 신호나 지시에 따라 도로를 횡단하는 경우에는 그러하지 아니하다(법 제10조 제4항).

정답 ③

024 횡단보도 설치에 관한 원칙으로 옳은 것은?

① 도로법에 따른 도로 외의 도로에서 지하도로부터 300m 이내에는 설치할 수 없다.
② 도로법에 따른 도로로서 집산도로 및 국지도로 외의 도로에서는 육교로부터 200m 이내에 설치할 수 없다.
③ 육교로부터 400m 이내에는 설치할 수 없다.
④ 도로법에 따른 도로 외의 도로에서 다른 횡단보도로부터 500m 이내에는 설치할 수 없다.

해설

② 횡단보도는 육교 · 지하도 및 다른 횡단보도로부터 다음에 따른 거리 이내에는 설치하지 아니할 것. 다만, 어린이 보호구역이나 노인보호구역 또는 장애인 보호구역으로 지정된 구간인 경우 또는 보행자의 안전이나 통행을 위하여 특히 필요하다고 인정되는 경우에는 그러하지 아니하다(시행규칙 제11조 제4호).

㉠ 법 제2조 제1호에 따른 도로로서 「도로의 구조 · 시설기준에 관한 규칙」 제3조 제1항에 따른 도로 중 집산도로 및 국지도로 : 100m
㉡ 법 제2조 제1호에 따른 도로로서 ㉠에 따른 도로 외의 도로 : 200m

정답 ②

025 횡단보도의 설치기준으로 가장 옳지 않은 것은?

① 횡단보도에는 횡단보도표시와 횡단보도표지판을 설치한다.

② 횡단보도를 설치하고자 하는 장소에 횡단보행자용 신호기가 설치되어 있는 경우에는 횡단보도표시를 설치한다.

③ 횡단보도를 설치하고자 하는 도로의 표면이 포장이 되지 아니한 경우에는 횡단보도표지판을 설치하지 아니할 수 있다.

④ 도로법에 따른 도로로서 집산도로 및 국지도로 외의 도로에서 횡단보도는 육교 · 지하도 및 다른 횡단보도로부터 200m 이내에 설치하여서는 아니 된다.

해설

③ 횡단보도를 설치하고자 하는 도로의 표면이 포장이 되지 아니하여 횡단보도표시를 할 수 없는 때에는 횡단보도표지판을 설치한다. 이 경우 그 횡단보도표지판에 횡단보도의 너비를 표시하는 보조표지를 설치하여야 한다(시행규칙 제11조 제3호).

정답 ③

026 차로의 너비보다 넓은 차가 그 차로를 통행하기 위해서는 누구의 허가를 받아야 하는가?

① 출발지를 관할하는 지방경찰청장

② 도착지를 관할하는 지방경찰청장

③ 출발지를 관할하는 경찰서장

④ 도착지를 관할하는 경찰서장

해설

③ 차로가 설치된 도로를 통행하려는 경우로서 차의 너비가 행정안전부령으로 정하는 차로의 너비보다 넓어 교통의 안전이나 원활한 소통에 지장을 줄 우려가 있는 경우 그 차의 운전자는 도로를 통행하여서는 아니 된다. 다만, 행정안전부령으로 정하는 바에 따라 그 차의 출발지를 관할하는 경찰서장의 허가를 받은 경우에는 그러하지 아니하다(법 제14조 제3항).

정답 ③

027 신호기가 설치되어 있는 교차로에서 차의 우회전 방법으로 잘못된 것은?

① 우회전이나 좌회전을 하기 위하여 손이나 방향지시기 또는 등화로써 신호를 하는 차가 있는 경우에 그 뒤차의 운전자는 신호를 한 앞차의 진행을 방해하여서는 아니 된다.

② 신호에 따라 정지하거나 진행하는 보행자 또는 자전거 등에 주의하여야 한다.

③ 미리 도로의 우측 가장자리로 서행한다.

④ 도로의 중앙선을 따라 교차로 중심 안쪽을 서행한다.

해설

④ 교차로에서 좌회전 방법이다(법 제25조 제2항).

정답 ④

028 편도 3차로의 일반도로에서 자동차의 운행속도는?

① 60km/h 이내
② 70km/h 이내
③ 80km/h 이내
④ 100km/h 이내

해설

③ 일반도로(고속도로 및 자동차전용도로 외의 모든 도로)에서는 주거지역 · 상업지역 및 공업지역의 경우 50km/h(시 · 도경찰청장이 원활한 소통을 위하여 특히 필요하다고 인정하여 지정한 노선 또는 구간에서는 60km/h) 이내, 그 외의 경우에는 60km/h 이내이다. 다만, 편도 2차로 이상의 도로에서는 매시 80km/h 이내이다(시행규칙 제19조 제1항 제1호).

정답 ③

029 「도로교통법」상 난폭운전이란 운전자가 둘 이상의 행위를 연달아 하거나, 하나의 행위를 지속 또는 반복하여 다른 사람에게 위협 또는 위해를 가하거나 교통상의 위험을 발생하게 하는 것을 말한다. 다음 중 난폭운전에 해당하는 행위가 아닌 것은?

① 속도 위반
② 급제동 금지 위반
③ 등화의 반복적인 점등
④ 앞지르기의 방해금지 위반

해설

난폭운전 금지(법 제46조의3)

자동차 등의 운전자는 다음 중 둘 이상의 행위를 연달아 하거나, 하나의 행위를 지속 또는 반복하여 다른 사람에게 위협 또는 위해를 가하거나 교통상의 위험을 발생하게 하여서는 아니 된다.

1. 제5조에 따른 신호 또는 지시 위반
2. 제13조 제3항에 따른 중앙선 침범
3. 제17조 제3항에 따른 속도의 위반
4. 제18조 제1항에 따른 횡단 · 유턴 · 후진 금지 위반
5. 제19조에 따른 안전거리 미확보, 진로변경 금지 위반, 급제동 금지 위반
6. 제21조 제1항 · 제3항 및 제4항에 따른 앞지르기 방법 또는 앞지르기의 방해금지 위반
7. 제49조 제1항 제8호에 따른 정당한 사유 없는 소음 발생
8. 제60조 제2항에 따른 고속도로에서의 앞지르기 방법 위반
9. 제62조에 따른 고속도로 등에서의 횡단 · 유턴 · 후진 금지 위반

정답 ③

030 **자동차의 운행속도에 대한 규정 중 옳은 것은?**

① 자동차전용도로의 최저속도는 매시 30km, 최고속도는 매시 90km
② 일반도로에서는 매시 90km 이내
③ 편도 1차로 고속도로의 최저속도는 매시 30km, 최고속도는 매시 80km
④ 편도 2차로 이상 고속도로의 최저속도는 매시 40km, 최고속도는 매시 90km

해설

① 자동차전용도로에서의 최고속도는 매시 90km, 최저속도는 매시 30km이다(시행규칙 제19조 제1항 제2호).
② 주거지역 · 상업지역 및 공업지역의 일반도로에서는 50km/h(시 · 도경찰청장이 원활한 소통을 위하여 특히 필요하다고 인정하여 지정한 노선 또는 구간에서는 60km/h) 이내이며, 그 외의 일반도로에서는 60km/h(편도 2차로 이상의 도로에서는 80km/h) 이내이다(시행규칙 제19조 제1항 제1호).
③ 편도 1차로 고속도로의 최저속도는 매시 50km, 최고속도는 매시 80km이다(시행규칙 제19조 제1항 제3호).
④ 편도 2차로 이상 고속도로의 최저속도는 매시 50km, 최고속도는 매시 100km 이내이다(시행규칙 제19조 제1항 제3호).

정답 ①

031 **다음 중 최고속도의 100분의 20을 줄인 속도로 운행하여야 하는 경우는?**

① 노면이 얼어 붙는 때
② 눈이 20mm 이상 쌓인 때
③ 비가 내려 노면이 젖어있는 경우
④ 폭우 · 폭설 · 안개 등으로 가시거리가 100m 이내인 때

해설

① · ② · ④ 최고속도의 100분의 50으로 감속하여야 한다(시행규칙 제19조 제2항 제2호).

정답 ③

032 **이상기후 시 최고속도의 100분의 50으로 감속하여 운전하여야 할 경우가 아닌 것은?**

① 눈이 20mm 이상 쌓인 때
② 폭우, 폭설, 안개 등으로 가시거리가 100m 이내인 때
③ 노면이 얼어 붙은 때
④ 비가 내려 노면에 습기가 있는 때

해설

이상기후 시의 운행속도(시행규칙 제19조 제2항)

비, 안개, 눈 등으로 인한 이상기후 시에는 지정속도에도 불구하고 다음의 기준에 의하여 감속 운행하여야 한다.

이상기후상태	운행속도
• 비가 내려 노면이 젖어있는 경우 • 눈이 20mm 미만 쌓인 때	최고 속도의 20/100을 줄인 속도
• 폭우, 폭설, 안개 등으로 가시거리가 100m 이내인 때 • 노면이 얼어 붙은 때 • 눈이 20mm 이상 쌓인 때	최고 속도의 50/100을 줄인 속도

정답 ④

033 다음 중 자동차가 앞지르기를 할 수 없는 장소로 옳지 않은 것은?

① 편도 2차로 도로
② 도로의 구부러진 곳
③ 비탈길의 고갯마루 부근 또는 가파른 비탈길의 내리막
④ 교차로, 터널 안 또는 다리 위

해설

앞지르기를 할 수 없는 장소(법 제22조 제3항)

- 교차로
- 터널 안
- 다리 위
- 도로의 구부러진 곳, 비탈길의 고갯마루 부근 또는 가파른 비탈길의 내리막 등 시 · 도경찰청장이 도로에서의 위험을 방지하고 교통의 안전과 원활한 소통을 확보하기 위하여 필요하다고 인정하는 곳으로서 안전표지로 지정한 곳

정답 ①

034 다음 중 서행할 장소로 바르지 않은 것은?

① 교통정리를 하고 있지 아니하는 교차로
② 도로가 구부러진 부근
③ 비탈길의 고갯마루 부근
④ 가파른 비탈길의 오르막

해설

운전자가 서행하여야 할 장소(법 제31조 제1항)

- 교통정리를 하고 있지 아니하는 교차로
- 도로가 구부러진 부근
- 비탈길의 고갯마루 부근
- 가파른 비탈길의 내리막
- 시 · 도경찰청장이 도로에서의 위험을 방지하고 교통의 안전과 원활한 소통을 확보하기 위하여 필요하다고 인정하여 안전표지로 지정한 곳

정답 ④

035 정차 및 주차금지에 관한 내용 중 틀린 것은?

① 교차로의 가장자리 또는 도로의 모퉁이로부터 5m 이내의 장소에는 정차 · 주차할 수 없다.
② 안전지대가 설치된 도로에서는 그 안전지대의 사방으로부터 각각 10m 이내의 장소에는 정차 · 주차할 수 없다.
③ 주차장법에 따라 차도와 보도에 걸쳐 설치된 노상주차장에 정차할 수 없다.
④ 건널목의 가장자리 또는 횡단보도로부터 10m 이내의 장소에는 정차 · 주차할 수 없다.

해설

③ 교차로 · 횡단보도 · 건널목이나 보도와 차도가 구분된 도로의 보도(「주차장법」에 따라 차도와 보도에 걸쳐서 설치된 노상주차장은 제외한다)에서는 차를 정차하거나 주차하여서는 아니 된다(법 제32조 제1호).

정답 ③

036 주차금지 장소를 설명한 것으로 가장 옳지 않은 것은?

① 시 · 도경찰청장이 도로에서의 위험을 방지하고 교통의 안전과 원활한 소통을 확보하기 위하여 필요하다고 인정하여 지정한 곳
② 화재경보기로부터 8m 이내인 곳
③ 터널 안 및 다리 위
④ 도로공사를 하고 있는 경우에는 그 공사 구역의 양쪽 가장자리로부터 5m 이내인 곳

해설

주차금지의 장소(법 제33조)

- 터널 안 및 다리 위
- 다음의 곳으로부터 5m 이내인 곳
  - 도로공사를 하고 있는 경우에는 그 공사 구역의 양쪽 가장자리
  - 「다중이용업소의 안전관리에 관한 특별법」에 따른 다중이용업소의 영업장이 속한 건축물로 소방본부장의 요청에 의하여 시 · 도경찰청장이 지정한 곳
- 시 · 도경찰청장이 도로에서의 위험을 방지하고 교통의 안전과 원활한 소통을 확보하기 위하여 필요하다고 인정하여 지정한 곳

정답 ②

037 다음 중 「도로교통법」상 운전 금지에 대한 설명으로 옳지 않은 것은?

① 누구든지 술에 취한 상태에서 자동차 등을 운전하여서는 아니 된다.
② 경찰공무원의 음주운전에 대한 호흡측정 결과에 불복하는 경우 운전자의 동의를 받아 혈액 채취 등의 방법으로 다시 측정할 수 있다.
③ 운전이 금지되는 술에 취한 상태의 기준은 운전자의 혈중알코올농도가 0.05% 이상인 경우로 한다.
④ 과로, 질병 또는 약물의 영향으로 정상적으로 운전하지 못할 우려가 있는 상태에서 자동차 등을 운전하여서는 아니 된다.

해설

③ 「도로교통법」 제44조 제4항에 따라 운전이 금지되는 술에 취한 상태의 기준은 운전자의 혈중알코올농도가 0.03% 이상인 경우로 한다.

정답 ③

038 「도로교통법」상 운전자는 도로에서 (　)명 이상이 공동으로 (　)대 이상의 자동차 등을 정당한 사유 없이 앞뒤로 또는 좌우로 줄지어 통행하면서 다른 사람에게 위해를 끼치거나 교통상의 위험을 발생하게 하여서는 아니 된다. 괄호 안에 공통으로 들어갈 숫자는?

① 2　　② 3
③ 4　　④ 5

해설
공동 위험행위의 금지(도로교통법 제46조 제1항)
자동차 등의 운전자는 도로에서 2명 이상이 공동으로 2대 이상의 자동차 등을 정당한 사유 없이 앞뒤로 또는 좌우로 줄지어 통행하면서 다른 사람에게 위해를 끼치거나 교통상의 위험을 발생하게 하여서는 아니 된다.

정답 ①

039 차도와 보도의 구별이 없는 도로에서 정차 및 주차 시 우측 가장자리로부터 얼마 이상의 거리를 두어야 하는가?

① 30cm 이상　　② 50cm 이상
③ 60cm 이상　　④ 90cm 이상

해설
② 모든 차의 운전자는 도로에서 정차할 때에는 차도의 오른쪽 가장자리에 정차하여야 한다. 다만, 차도와 보도의 구별이 없는 도로의 경우에는 도로의 오른쪽 가장자리로부터 중앙으로 50cm 이상의 거리를 두어야 한다(시행령 제11조 제1항 제1호).

정답 ②

040 주차위반차의 이동 · 보관 · 공고 · 매각 또는 폐차 등에 들어간 비용은 누가 부담하는가?

① 시장 등　　② 경찰서장
③ 차의 사용자　　④ 차의 운전자

해설
③ 주차위반차의 이동 · 보관 · 공고 · 매각 또는 폐차 등에 들어간 비용은 그 차의 사용자가 부담한다(법 제35조 제6항).

정답 ③

041 다음 중 견인대상차의 사용자에게 통지할 사항이 아닌 것은?

① 과태료 금액
② 보관장소
③ 위반장소
④ 차의 등록번호 · 차종 및 형식

해설

① 차의 사용자 또는 운전자에게 통지하여야 할 사항은 차의 등록번호 · 차종 및 형식, 위반장소, 보관한 일시 및 장소, 통지한 날부터 1월이 지나도 반환을 요구하지 아니하지 아니한 때에는 그 차를 매각 또는 폐차할 수 있다는 내용이다(시행규칙 제22조 제3항).

정답 ①

042 밤에 도로를 통행하는 때에 켜야 하는 등화가 아닌 것은?

① 자동차의 전조등
② 자동차의 차폭등
③ 원동기장치자전거의 미등
④ 견인되는 차의 실내등

해설

④ 모든 차 또는 노면전차의 운전자는 다음의 어느 하나에 해당하는 경우에는 대통령령으로 정하는 바에 따라 전조등 · 차폭등 · 미등과 그 밖의 등화를 켜야 한다(법 제37조 제1항).

- 밤(해가 진 후부터 해가 뜨기 전까지를 말한다)에 도로에서 차 또는 노면전차를 운행하거나 고장이나 그 밖의 부득이한 사유로 도로에서 차 또는 노면전차를 정차 또는 주차하는 경우
- 안개가 끼거나 비 또는 눈이 올 때에 도로에서 차 또는 노면전차를 운행하거나 고장이나 그 밖의 부득이한 사유로 도로에서 차 또는 노면전차를 정차 또는 주차하는 경우
- 터널 안을 운행하거나 고장 또는 그 밖의 부득이한 사유로 터널 안 도로에서 차 또는 노면전차를 정차 또는 주차하는 경우

정답 ④

043 차의 등화에 대한 다음 설명 중 가장 옳지 않은 것은?

① 모든 차 또는 노면전차의 운전자는 밤에 차 또는 노면전차가 서로 마주보고 진행하는 때에는 등화의 밝기를 높여야 한다.
② 모든 차 또는 노면전차의 운전자가 교통이 빈번한 곳에서 운행하는 때에는 전조등의 불빛을 계속 아래로 유지하여야 한다.
③ 터널 안을 운행할 경우 전조등, 차폭등, 미등과 그 밖의 등화를 켜야 한다.
④ 모든 차의 운전자는 밤에 앞차의 바로 뒤를 따라갈 때에는 등화의 밝기를 줄여야 한다.

해설

① 모든 차 또는 노면전차의 운전자는 밤에 차 또는 노면전차가 서로 마주보고 진행하거나 앞차의 바로 뒤를 따라가는 경우에는 대통령령으로 정하는 바에 따라 등화의 밝기를 줄이거나 잠시 등화를 끄는 등의 필요한 조작을 하여야 한다(법 제37조 제2항).

정답 ①

044 삼색등화로 표시되는 신호등에서 등화를 종으로 배열할 경우 순서로 맞는 것은?

① 위로부터 적색, 황색, 녹색의 순서로 한다.
② 위로부터 녹색, 황색, 적색의 순서로 한다.
③ 위로부터 녹색화살표, 황색, 녹색의 순서로 한다.
④ 위로부터 녹색, 적색, 녹색화살표의 순서로 한다.

해설

신호등 등화의 순서(시행규칙 별표 4)

신호등 \ 배열	가로형 신호등	세로형 신호등
적색 · 황색 · 녹색화살표 · 녹색의 사색등화로 표시되는 신호등	• 좌로부터 적색 → 황색 → 녹색화살표 → 녹색의 순서로 한다. • 좌로부터 적색 → 황색 → 녹색의 순서로 하고, 적색등화 아래에 녹색화살표 등화를 배열한다.	위로부터 적색 → 황색 → 녹색화살표 → 녹색의 순서로 한다.
적색 · 황색 및 녹색(녹색화살표)의 삼색등화로 표시되는 신호등	좌로부터 적색 → 황색 → 녹색(녹색화살표)의 순서로 한다.	위로부터 적색 → 황색 → 녹색(녹색화살표)의 순서로 한다.
적색화살표 · 황색화살표 및 녹색화살표의 삼색등화로 표시되는 신호등	좌로부터 적색화살표 → 황색화살표 → 녹색화살표의 순서로 한다.	위로부터 적색화살표 → 황색화살표 → 녹색화살표의 순서로 한다.
적색X표 및 녹색하향화살표의 이색등화로 표시되는 신호등	좌로부터 적색X표 → 녹색하향화살표의 순서로 한다.	–
적색 및 녹색의 이색등화로 표시되는 신호등	–	위로부터 적색 → 녹색의 순서로 한다.
황색T자형 · 백색가로막대형 · 백색점형 · 백색세로막대형 · 백색사선막대형의 등화로 표시되는 신호등	–	위로부터 황색T자형 → 백색가로막대형 → 백색점형 → 백색세로막대형의 순서로 배열하며, 필요 시 백색세로막대형의 좌우측에 백색사선막대형을 배열한다.

정답 ①

045 신호등의 성능에 관한 다음의 설명에서 괄호 안에 들어갈 말이 순서대로 된 것은?

> 등화의 밝기는 낮에 (㉠)m 앞쪽에서 식별할 수 있도록 하여야 하며 등화의 빛의 발산각도는 사방으로 각각 (㉡)(으)로 하여야 한다.

	㉠	㉡
①	120	45° 이내
②	130	45° 이내
③	140	45° 이상
④	150	45° 이상

해설

신호등의 성능(시행규칙 제7조 제3항)

- 등화의 밝기는 낮에 150m 앞쪽에서 식별할 수 있도록 할 것
- 등화의 빛의 발산각도는 사방으로 각각 45° 이상으로 할 것
- 태양광선이나 주위의 다른 빛에 의하여 그 표시가 방해받지 아니하도록 할 것

정답 ④

046 고속도로에서 동일방향으로 진행하면서 진로를 왼쪽으로 바꾸고자 할 때 신호의 시기는?

① 진로를 바꾸고자 하는 지점에 이르기 전 30m 이상의 지점에 이르렀을 때
② 진로를 바꾸고자 하는 지점에 이르기 전 60m 이상의 지점에 이르렀을 때
③ 진로를 바꾸고자 하는 지점에 이르기 전 100m 이상의 지점에 이르렀을 때
④ 진로를 바꾸고자 하는 지점에 이르기 전 150m 이상의 지점에 이르렀을 때

해설

③ 동일방향으로 진행하면서 진로를 왼쪽으로 바꾸고자 할 때에는 그 행위를 하려는 지점에 이르기 전 30m(고속도로에서는 100m) 이상의 지점에 이르렀을 때 바꾼다(시행령 별표 2).

정답 ③

047 다음 중 「도로교통법」상 자전거 등의 운전자가 준수하여야 할 사항으로 적절하지 않은 것은?

① 자전거 등의 운전자는 자전거에 어린이를 태우고 운전할 때에 한하여 그 어린이에게 국토교통부령으로 정하는 인명보호 장구를 착용하도록 하여야 한다.
② 자전거 등의 운전자는 행정안전부령으로 정하는 크기와 구조를 갖추지 아니하여 위험을 초래할 수 있는 자전거를 운전하여서는 아니 된다.
③ 자전거 등의 운전자는 약물의 영향과 그 밖의 사유로 정상적으로 운전하지 못할 우려가 있는 상태에서 자전거를 운전하여서는 아니 된다.
④ 자전거 등의 운전자는 밤에 도로를 통행할 때에는 전조등과 미등을 켜거나 야광띠 등 발광장치를 착용하여야 한다.

해설
① 「도로교통법」 제50조 제4항에서 자전거 등의 운전자는 자전거도로 및 「도로법」에 따른 도로를 운전할 때에는 행정안전부령으로 정하는 인명보호 장구를 착용하여야 하며, 어린이에 한정하지 않고 모든 동승자에게도 이를 착용하도록 규정하고 있다.

정답 ①

048 「도로교통법」상 화물자동차의 적재높이의 기준은 지상으로부터 몇 m를 넘지 못하는가?

① 3m ② 3.5m
③ 4m ④ 4.5m

해설
③ 운행상의 안전기준상 높이는 화물자동차는 지상으로부터 4m(도로구조의 보전과 통행의 안전에 지장이 없다고 인정하여 고시한 도로노선의 경우에는 4m 20cm), 소형 3륜자동차는 지상으로부터 2m 50cm, 이륜자동차는 지상으로부터 2m)이다(시행령 제22조 제4호 다목).

정답 ③

049 시 · 도경찰청장이 정비불량차에 대하여 필요한 정비기간을 정하여 사용을 정지시킬 수 있는 기간은?

① 5일 ② 10일
③ 20일 ④ 30일

해설

② 시 · 도경찰청장은 정비 상태가 매우 불량하여 위험발생의 우려가 있는 경우에는 그 차의 자동차등록증을 보관하고 운전의 일시정지를 명할 수 있다. 이 경우 필요하면 10일의 범위에서 정비기간을 정하여 그 차의 사용을 정지시킬 수 있다(법 제41조 제3항).

정답 ②

050 「도로교통법」상 지하도나 육교 등 도로 횡단시설을 이용할 수 없는 지체장애인이나 노인 등이 도로를 횡단하고 있는 경우 운전자가 해야 할 대처로 적절한 것은?

① 속도를 유지하며 옆으로 피해간다.
② 서행하면서 옆으로 피해간다.
③ 일시정지한다.
④ 유턴하여 피해간다.

해설

모든 운전자의 준수사항 중 일시정지해야 할 상황(「도로교통법」 제49조 제1항 제2호)

- 어린이가 보호자 없이 도로를 횡단할 때, 어린이가 도로에서 앉아 있거나 서 있을 때 또는 어린이가 도로에서 놀이를 할 때 등 어린이에 대한 교통사고의 위험이 있는 것을 발견한 경우
- 앞을 보지 못하는 사람이 흰색 지팡이를 가지거나 장애인보조견을 동반하는 등의 조치를 하고 도로를 횡단하고 있는 경우
- 지하도나 육교 등 도로 횡단시설을 이용할 수 없는 지체장애인이나 노인 등이 도로를 횡단하고 있는 경우

정답 ③

051 다음 중 제2종 운전면허에 속하지 않는 것은?

① 특수면허
② 보통면허
③ 소형면허
④ 원동기장치자전거면허

해설

① 특수면허는 제1종 운전면허에 속한다(법 제80조 제2항 제1호).

정답 ①

052 연습운전면허가 효력을 갖는 기간은?

① 1년　　② 2년
③ 3개월　　④ 6개월

해설
① 연습운전면허는 그 면허를 받은 날부터 1년 동안 효력을 가진다. 다만, 연습운전면허를 받은 날부터 1년 이전이라도 연습운전면허를 받은 사람이 제1종 보통면허 또는 제2종 보통면허를 받은 경우 연습운전면허는 그 효력을 잃는다(법 제81조).

정답 ①

053 「도로교통법」상 자동차의 운전자가 고장이나 그 밖의 사유로 고속도로 또는 자동차전용도로에서 자동차를 운행할 수 없게 되었을 때 안전삼각대를 설치하여야 하고, 야간에 한하여 사방 (　　) 지점에서 식별할 수 있는 적색의 섬광신호 · 전기제등 또는 불꽃신호를 추가로 설치하여야 한다. 괄호 안에 들어갈 말로 가장 옳은 것은?

① 100m　　② 200m
③ 300m　　④ 500m

해설
④ 「도로교통법 시행규칙」 제40조 제1항 제2호에 따라 고장자동차의 표지(안전삼각대)를 설치하고 추가적으로 밤에는 표지와 함께 사방 500m 지점에서 식별할 수 있는 적색의 섬광신호 · 전기제등 또는 불꽃신호를 설치하여야 한다.

정답 ④

054 다음 중 「도로교통법」상 제1종 운전면허에 해당하지 않는 것은?

① 대형면허　　② 대형견인차면허
③ 구난차면허　　④ 원동기장치자전거면허

해설
④ 운전면허는 「도로교통법」 제80조에 명시되어 있다. 원동기장치자전거면허는 제2종 운전면허에 속한다. 제1종 운전면허에는 대형 · 보통 · 소형 · 특수면허가 있으며, 특수면허에는 대형견인차면허, 소형견인차면허, 구난차면허가 있다. 제2종 운전면허에는 보통 · 소형 · 원동기장치자전거면허가 있다.

정답 ④

055 **다음 중 운전면허를 받을 수 있는 경우는?**

① 16세 미만인 사람이 면허를 받고자 하는 경우
② 듣지 못하는 사람이 제2종 면허를 받고자 하는 경우
③ 운전경험이 1년 미만인 사람이 제1종 특수면허를 받고자 하는 경우
④ 19세 미만인 사람이 제1종 대형면허를 받고자 하는 경우

해설

운전면허의 결격사유(법 제82조 제1항)

- 18세 미만인 사람. 다만, 원동기장치자전거의 경우에는 16세 미만인 사람
- 교통상의 위험과 장해를 일으킬 수 있는 정신질환자 또는 뇌전증 환자로서 대통령령으로 정하는 사람
- 듣지 못하는 사람(제1종 운전면허 중 대형면허 · 특수면허만 해당한다), 앞을 보지 못하는 사람이나 그 밖에 대통령령으로 정하는 신체장애인
- 양쪽 팔의 팔꿈치관절 이상을 잃은 사람이나 양쪽 팔을 전혀 쓸 수 없는 사람. 다만, 본인의 신체장애 정도에 적합하게 제작된 자동차를 이용하여 정상적인 운전을 할 수 있는 경우에는 그러하지 아니하다.
- 교통상의 위험과 장해를 일으킬 수 있는 마약 · 대마 · 향정신성의약품 또는 알코올 중독자로서 대통령령으로 정하는 사람
- 제1종 대형면허 또는 제1종 특수면허를 받으려는 경우로서 19세 미만이거나 자동차(이륜자동차는 제외한다)의 운전경험이 1년 미만인 사람
- 대한민국의 국적을 가지지 아니한 사람 중 「출입국관리법」 제31조에 따라 외국인등록을 하지 아니한 사람(외국인등록이 면제된 사람은 제외한다)이나 「재외동포의 출입국과 법적 지위에 관한 법률」 제6조 제1항에 따라 국내거소신고를 하지 아니한 사람

정답 ②

056 **운전면허 결격사유에 대한 다음 설명 중 틀린 것은?**

① 음주운전으로 2회 이상 교통사고를 일으킨 경우에는 운전면허가 취소된 날부터 3년간 운전면허를 받을 수 없다.
② 운전면허의 효력이 정지된 기간 중 운전으로 인하여 취소된 경우에는 그 취소된 날부터 1년간 운전면허를 받을 수 없다.
③ 운전면허의 효력의 정지처분을 받고 있는 경우에는 4년간 운전면허를 받을 수 없다.
④ 무면허운전으로 사람을 사상한 후 사고발생 후의 조치규정에 위반한 경우에는 5년간 운전면허를 받을 수 없다.

해설

③ 운전면허효력 정지처분을 받고 있는 경우에는 그 정지기간 동안에만 운전면허를 받을 수 없다(법 제82조 제2항 제8호).

정답 ③

057 1년간 누산점수가 몇 점 이상이면 그 면허를 취소하여야 하는가?

① 40점 이상
② 121점 이상
③ 201점 이상
④ 271점 이상

해설

② 1회의 위반 · 사고로 인한 벌점 또는 1년간 누산점수가 121점 이상에 도달한 때에는 그 운전면허를 취소한다(시행규칙 별표 28).

정답 ②

058 운전면허의 행정처분기준에 관한 다음 설명 중 옳지 않은 것은?

① 처분벌점이 40점 미만인 경우에, 최종의 위반일 또는 사고일로부터 위반 및 사고 없이 1년이 경과한 때에는 그 처분벌점은 소멸한다.
② 법규위반 또는 교통사고로 인한 벌점은 행정처분기준을 적용하고자 하는 당해 위반 또는 사고가 있었던 날을 기준으로 하여 과거 3년간의 모든 벌점을 누산하여 관리한다.
③ 운전면허정지처분은 1회의 위반 · 사고로 인한 벌점 또는 처분벌점이 30점 이상이 된 때부터 결정하여 집행하되, 원칙적으로 1점을 1일로 계산하여 집행한다.
④ 교통사고(인적 피해사고)를 야기하고 도주한 차량을 검거하거나 신고하여 검거하게 한 운전자에 대하여는 40점의 특혜점수를 부여하여 기간에 관계없이 그 운전자가 정지 또는 취소처분을 받게 될 경우, 누산점수에서 이를 공제한다.

해설

③ 운전면허정지처분은 1회의 위반 · 사고로 인한 벌점 또는 처분벌점이 40점 이상이 된 때부터 결정하여 집행하되, 원칙적으로 1점을 1일로 계산하여 집행한다(시행규칙 별표 28).

정답 ③

059 **다음 위반사항 중 그 벌점이 30점에 해당되는 것은?**

① 단속경찰공무원 등에 대한 폭행으로 형사입건된 때
② 운전면허증 제시의무위반
③ 제한속도위반(20km/h 초과 40km/h 이하)
④ 일반도로 버스전용차로 통행위반

해설
① 취소처분(시행규칙 별표 28), ③ 15점, ④ 10점

정답 ②

060 **다음 중 범칙금 납부통고서로 범칙금을 낼 것을 통고할 수 있는 사람은?**

① 경찰서장
② 관할구청장
③ 시 · 도지사
④ 국토교통부장관

해설
① 경찰서장이나 제주특별자치도지사는 범칙자로 인정하는 사람에 대하여는 이유를 분명하게 밝힌 범칙금 납부통고서로 범칙금을 낼 것을 통고할 수 있다(법 제163조 제1항).

정답 ①

061 **정차는 몇 분을 초과하지 않아야 하는가?**

① 3분
② 5분
③ 10분
④ 20분

해설
② 정차란 운전자가 5분을 초과하지 아니하고 차를 정지시키는 것으로서 주차 외의 정지 상태를 말한다(법 제2조 제25호).

정답 ②

062 신청에 의한 긴급자동차의 지정권자는?

① 시 · 도경찰청장
② 국토교통부장관
③ 행정안전부장관
④ 대통령

해설

① 긴급자동차의 지정을 받으려는 사람 또는 기관 등은 긴급자동차 지정신청서에 서류를 첨부하여 시 · 도경찰청장에게 제출하여야 한다(시행규칙 제3조 제1항).

정답 ①

063 다음 중 긴급자동차의 지정취소사유가 아닌 것은?

① 고장으로 인하여 긴급자동차로 사용할 수 없게 된 경우
② 자동차의 색칠이 긴급자동차의 구조에 적합하지 아니한 경우
③ 그 차를 긴급한 본래의 목적에 벗어나 사용한 경우
④ 규정속도위반 등 교통법규를 위반한 경우

해설

긴급자동차의 지정취소사유(시행규칙 제4조 제1항)

- 자동차의 색칠 · 사이렌 또는 경광등이 자동차안전기준에 규정된 긴급자동차에 관한 구조에 적합하지 아니한 경우
- 그 차를 목적에 벗어나 사용하거나, 고장이나 그 밖의 사유로 인하여 긴급자동차로 사용할 수 없게 된 경우

정답 ④

064 「유료도로법」에 따른 유료도로에서 신호기 등을 설치하고 관리하는 사람은?

① 특별시장
② 시 · 도경찰청장
③ 시장 · 군수
④ 도로관리자

해설

④ 「유료도로법」에 따른 유료도로에서는 시장 등의 지시에 따라 그 도로관리자가 교통안전시설을 설치 · 관리하여야 한다(법 제3조 제1항).

정답 ④

065 「도로교통법」상 일반적으로 어린이통학버스로 사용할 수 있는 자동차는 승차정원 (　　) 이상의 자동차로 한다. 괄호에 들어갈 말로 옳은 것은?

① 6인승
② 9인승
③ 12인승
④ 20인승

해설

어린이통학버스로 사용할 수 있는 자동차(시행규칙 제34조)

법 제52조 제3항에 따라 어린이통학버스로 사용할 수 있는 자동차는 승차정원 9인승(어린이 1명을 승차정원 1명으로 본다) 이상의 자동차로 한다. 이 경우, 자동차관리법 제34조에 따라 튜닝 승인을 받은 자가 9인승 이상의 승용자동차 또는 승합자동차를 장애아동의 승 · 하차 편의를 위하여 9인승 미만으로 튜닝한 경우 그 승용자동차 또는 승합자동차를 포함한다.

정답 ②

066 노면표지 중 중앙선표시는 노폭이 최소 몇 m 이상인 도로에 설치하는가?

① 10m
② 8m
③ 7m
④ 6m

해설

중앙선 설치기준 및 장소(시행규칙 별표 6)

- 차도 폭 6m 이상인 도로에 설치하며, 편도 1차로 도로의 경우에는 황색실선 또는 점선으로 표시하거나 황색복선 또는 황색실선과 점선을 복선으로 설치
- 중앙분리대가 없는 편도 2차로 이상인 도로의 중앙에 실선의 황색복선을 설치
- 중앙분리대가 없는 고속도로의 중앙에 실선만을 표시할 때에는 황색복선으로 설치

정답 ④

067 다음 괄호 안에 들어갈 내용은?

공사시행자는 공사로 인하여 신호기 또는 안전표지를 훼손한 때에는 부득이한 사유가 없는 한 해당공사가 끝난 날부터 (　　　)일 이내에 이를 원상회복하고 그 결과를 관할경찰서장에게 신고하여야 한다.

① 3　　② 5
③ 7　　④ 10

해설
① 공사시행자는 공사로 인하여 교통안전시설을 훼손한 때에는 부득이한 사유가 없는 한 해당공사가 끝난 날부터 3일 이내에 이를 원상회복하고 그 결과를 관할경찰서장에게 신고하여야 한다(시행규칙 제43조).

정답 ①

068 신호등에 대한 다음 설명 중 틀린 것은?

① 등화의 밝기는 낮에 100m 앞쪽에서 식별할 수 있도록 할 것
② 등화의 빛의 발산각도는 사방으로 각각 45° 이상으로 할 것
③ 태양광선이나 주위의 다른 빛에 의하여 그 표시가 방해받지 아니하도록 할 것
④ 신호등의 외함은 절연성이 있는 재료로 할 것

해설
① 등화의 밝기는 낮에 150m 앞에서 식별할 수 있어야 한다(시행규칙 제7조 제3항).

정답 ①

069 일자 또는 시간에 따라 교통량의 변동이 많은 간선도로 중 가변차로로 지정된 도로구간의 입구, 중간 및 출구에 설치하는 차량신호등의 종류는?

① 가로형 삼색등　　② 경보형 경보등
③ 가로형 이색등　　④ 세로형 사색등

해설

가로형 이색등(시행규칙 별표 3)

일자 또는 시간에 따라 교통량의 변동이 많은 간선도로 중 가변차로로 지정된 도로구간의 입구, 중간 및 출구에 설치한다.

정답 ③

070 운전 중 휴대용 전화를 사용할 수 있는 경우가 <u>아닌</u> 것은?

① 긴급자동차를 운전하는 경우

② 휴대용 전화를 손으로 잡고 스피커폰으로 사용하는 경우

③ 각종 범죄 및 재해 신고 등 긴급한 필요가 있는 경우

④ 생명이 위급한 환자 또는 부상자나 수혈을 위한 혈액을 운송 중인 자동차를 운전하는 경우

해설

② 「도로교통법」 제49조 제1항 제10호에서는 자동차 등 또는 노면전차가 정지하고 있는 경우, 긴급자동차를 운전하는 경우, 각종 범죄 및 재해신고 등 긴급한 필요가 있는 경우, 안전운전에 장애를 주지 아니하는 장치로서 대통령령으로 정하는 장치를 이용하는 경우 운전 중에 휴대용 전화를 사용할 수 있다고 명시하고 있다. 「도로교통법 시행령」 제2조 제2항에 따라 생명이 위급한 환자 또는 부상자나 수혈을 위한 혈액을 운송 중인 자동차도 긴급자동차로 본다.

운전 중 휴대용 전화 사용금지(법 제49조 제1항 제10호)

운전자는 자동차 등 또는 노면전차의 운전 중에는 휴대용 전화(자동차용 전화를 포함한다)를 사용하지 아니할 것. 다만, 다음의 어느 하나에 해당하는 경우에는 그러하지 아니하다.

- 자동차 등 또는 노면전차가 정지하고 있는 경우
- 긴급자동차를 운전하는 경우
- 각종 범죄 및 재해 신고 등 긴급한 필요가 있는 경우
- 안전운전에 장애를 주지 아니하는 장치로서 대통령령으로 정하는 장치를 이용하는 경우

정답 ②

071 어린이 보호구역을 지정하여 차의 통행을 제한할 수 있는 사람은?

① 경찰서장
② 시장 등
③ 시 · 도경찰청장
④ 교육부장관

해설

② 시장 등은 교통사고의 위험으로부터 어린이를 보호하기 위하여 필요하다고 인정하는 때에는 유치원 및 초등학교, 특수학교, 행정안전부령으로 정하는 어린이집, 학원 등의 주변도로 가운데 일정 구간을 어린이 보호구역으로 지정하여 자동차 등과 노면전차의 통행속도를 30km/h 이내로 제한할 수 있다(법 제12조 제1항).

정답 ②

072 다음 중 「도로교통법」상 사고발생 시 운전자가 경찰에 신고하여야 할 사항으로 옳지 않은 것은?

① 사고가 일어난 곳
② 사상자 수 및 부상 정도
③ 손괴한 물건 및 손괴 정도
④ 차량용 블랙박스 설치 유무

해설

④ 차량용 블랙박스의 설치 유무는 사고발생 시 운전자가 경찰에 신고하여야 할 사항에는 해당하지 않는다. 「도로교통법」 제54조 제2항에 따라 사고가 일어난 곳, 사상자 수 및 부상 정도, 손괴한 물건 및 손괴 정도, 그 밖의 조치사항 등을 경찰에 신고하면 된다.

정답 ④

073 차마는 도로의 중앙으로부터 우측 부분을 통행하여야 하는 것이 원칙이다. 하지만 도로의 중앙이나 좌측 부분을 통행할 수 있는 경우가 아닌 것은?

① 도로가 일방통행일 때
② 도로의 파손으로 우측 부분을 통행할 수 없는 때
③ 도로의 좌측 부분의 폭이 통행에 충분하지 아니한 때
④ 도로 우측 부분의 폭이 6m가 되지 아니한 도로에서 다른 차를 앞지르기하고자 하는 때. 다만, 반대 방향의 교통을 방해할 염려가 없고, 앞지르기가 제한되지 아니한 경우

해설

차마의 운전자가 도로의 중앙이나 좌측 부분을 통행할 수 있는 경우(법 제13조 제4항)

- 도로가 일방통행인 경우
- 도로의 파손, 도로공사나 그 밖의 장애 등으로 도로의 우측 부분을 통행할 수 없는 경우
- 도로 우측 부분의 폭이 6m가 되지 아니하는 도로에서 다른 차를 앞지르려는 경우. 다만, 다음의 어느 하나에 해당하는 경우에는 그러하지 아니하다.
  - 도로의 좌측 부분을 확인할 수 없는 경우
  - 반대 방향의 교통을 방해할 우려가 있는 경우
  - 안전표지 등으로 앞지르기를 금지하거나 제한하고 있는 경우
- 도로 우측 부분의 폭이 차마의 통행에 충분하지 아니한 경우
- 가파른 비탈길의 구부러진 곳에서 교통의 위험을 방지하기 위하여 시 · 도경찰청장이 필요하다고 인정하여 구간 및 통행방법을 지정하고 있는 경우에 그 지정에 따라 통행하는 경우

정답 ③

074 차로의 설치에 관한 설명으로 틀린 것은?

① 시 · 도경찰청장은 차마의 교통을 원활하게 하기 위하여 필요한 경우에는 도로에 행정안전부령으로 정하는 차로를 설치할 수 있다.

② 차마의 운전자는 차로가 설치되어 있는 도로에서는 이 법이나 이 법에 따른 명령에 특별한 규정이 있는 경우를 제외하고는 그 차로를 따라 통행하여야 한다. 다만, 도로교통공단의 장이 통행방법을 따로 지정한 경우에는 그 방법으로 통행하여야 한다.

③ 차로가 설치된 도로를 통행하려는 경우로서 차의 너비가 행정안전부령으로 정하는 차로의 너비보다 넓어 교통의 안전이나 원활한 소통에 지장을 줄 우려가 있는 경우 그 차의 운전자는 도로를 통행하여서는 아니 된다. 다만, 행정안전부령으로 정하는 바에 따라 그 차의 출발지를 관할하는 경찰서장의 허가를 받은 경우에는 그러하지 아니하다.

④ 차마의 운전자는 안전표지가 설치되어 특별히 진로 변경이 금지된 곳에서는 차마의 진로를 변경하여서는 아니 된다. 다만, 도로의 파손이나 도로공사 등으로 인하여 장애물이 있는 경우에는 그러하지 아니하다.

해설

② 차마의 운전자는 차로가 설치되어 있는 도로에서는 이 법이나 이 법에 따른 명령에 특별한 규정이 있는 경우를 제외하고는 그 차로를 따라 통행하여야 한다. 다만, 시 · 도경찰청장이 통행방법을 따로 지정한 경우에는 그 방법으로 통행하여야 한다(법 제14조 제2항).

정답 ②

075 편도 4차로인 일반도로에서 자전거의 주행차로는?

① 1차로 ② 2차로
③ 3차로 ④ 4차로

> **해설**
> ④ 편도 4차로인 일반도로에서 자전거는 도로의 가장 오른쪽에 있는 차로로 주행하여야 한다(시행규칙 별표 9).
>
> 정답 ④

076 다음 중 도로교통법상 고속도로를 통행할 수 없는 것은?

① 적재중량이 1.5ton을 초과하는 화물자동차
② 긴급자동차가 아닌 이륜자동차
③ 건설기계
④ 소형 승합자동차

> **해설**
> **통행 등의 금지(법 제63조)**
> 자동차(이륜자동차는 긴급자동차만 해당한다) 외의 차마의 운전자 또는 보행자는 고속도로 등을 통행하거나 횡단하여서는 아니 된다.
>
> 정답 ②

077 다음 중 전용차로를 통행할 수 없는 경우는?

① 긴급자동차가 그 본래의 긴급한 용도로 운행되고 있는 경우
② 전용차로 통행차의 통행에 장해를 주지 아니하는 범위 안에서 택시가 승객의 승·하차를 위하여 일시 통행하는 경우
③ 도로의 파손·공사 그 밖의 부득이한 장애로 인하여 전용차로가 아니면 통행할 수 없는 경우
④ 고속도로에서 9인승 승합차로서 6명 미만이 승차한 경우

> **해설**
> ④ 9인승 이상 승용자동차 및 승합자동차(승용자동차 또는 12인승 이하의 승합자동차는 6명 이상이 승차한 경우로 한한다)(시행령 별표 1).
>
> 정답 ④

078 **다음 중 버스전용차로의 설치권자로 가장 옳은 것은?**

① 시 · 도경찰청장
② 경찰서장
③ 국토교통부장관
④ 시장 등

해설

④ 시장 등은 원활한 교통을 확보하기 위하여 특히 필요한 경우에는 시 · 도경찰청장이나 경찰서장과 협의하여 도로에 전용차로(차의 종류나 승차 인원에 따라 지정된 차만 통행할 수 있는 차로를 말한다)를 설치할 수 있다(법 제15조 제1항).

정답 ④

079 **편도 2차로 이상의 고속도로에서의 최저속도는?**

① 30km/h
② 40km/h
③ 50km/h
④ 60km/h

해설

③ 편도 2차로 이상 고속도로에서의 최고속도는 100km/h[화물자동차(적재중량1.5ton을 초과하는 경우에 한한다) · 특수자동차 · 위험물운반자동차 및 건설기계의 최고속도는 80km/h], 최저속도는 50km/h(시행규칙 제19조 제1항 제3호 나목)

정답 ③

080 **교차로 통행방법으로 잘못된 것은?**

① 모든 차는 교차로에서 좌회전하려는 때에는 미리 도로의 중앙선을 따라 교차로의 중심안쪽을 서행하여야 한다.
② 좌회전 또는 우회전하기 위하여 손이나 방향지시기 또는 등화로써 신호를 하는 차가 있는 때에는 그 뒤차는 신호를 한 앞차의 진행을 방해하여서는 아니 된다.
③ 교통정리가 행하여지고 있지 않는 교차로에 동시에 들어가고자 하는 차의 운전자는 좌측도로의 차에 진로를 양보하여야 한다.
④ 교통정리가 행하여지고 있지 아니하는 교차로에 들어가려는 모든 차는 그 차가 통행하고 있는 도로의 폭보다 교차하는 도로의 폭이 넓은 경우에는 서행하여야 한다.

해설

③ 우측도로의 차에 진로를 양보하여야 한다(법 제26조 제3항).

정답 ③

081 주차위반으로 보관 중인 차를 매각 또는 폐차할 수 있는 때는?

① 사용자 또는 운전자의 성명 · 주소를 알 수 없는 때
② 지정장소로 이동 중 부주의로 파손된 때
③ 견인한 때부터 24시간이 경과하여도 이를 인수하지 아니하는 때
④ 경찰서장 또는 시장 등이 반환에 필요한 조치 또는 공고를 하였음에도 불구하고 1월이 지나도 반환을 요구하지 아니한 때

해설

④ 경찰서장이나 시장 등은 차의 반환에 필요한 조치 또는 공고를 하였음에도 불구하고 그 차의 사용자나 운전자가 조치 또는 공고를 한 날부터 1개월 이내에 그 반환을 요구하지 아니할 때에는 대통령령으로 정하는 바에 따라 그 차를 매각 또는 폐차할 수 있다(법 제35조 제5항).

정답 ④

082 주차위반차의 견인 및 보관 등의 업무를 대행할 수 있는 대행법인 등의 요건으로 옳지 않은 것은?

① 견인차 1대 이상
② 주차대수 10대 이상의 주차시설 및 부대시설
③ 대행 업무 수행에 필요하다고 인정되는 인력
④ 사무소, 차의 보관장소와 견인차 간의 통신장비

해설

견인 등 대행법인 등의 요건(시행령 제16조)

- 특별시 또는 광역시 지역의 경우에는 주차대수 30대 이상, 그 밖의 시 또는 군(광역시의 군을 포함한다) 지역의 경우에는 주차대수 15대 이상을 주차할 수 있는 주차시설 및 부대시설
- 1대 이상의 견인차
- 사무소, 차의 보관장소와 견인차 간에 서로 연락할 수 있는 통신장비
- 대행업무의 수행에 필요하다고 인정되는 인력
- 그 밖에 행정안전부령으로 정하는 차의 보관 및 관리에 필요한 장비

정답 ②

083 **다음 중 운행상의 안전기준이 잘못된 것은?**

① 자동차는 고속도로에서는 승차정원을 넘어서 운행하지 아니할 것
② 화물자동차의 적재길이는 자동차 길이의 10분의 1의 길이를 더한 길이를 넘지 아니할 것
③ 화물자동차의 적재중량은 구조 및 성능에 따르는 적재중량의 110% 이내
④ 화물자동차의 적재높이는 적재장치로부터 3.5m를 넘지 아니할 것

해설

④ 적재높이는 화물자동차는 지상으로부터 4m(도로구조의 보전과 통행의 안전에 지장이 없다고 인정하여 고시한 도로노선의 경우에는 4m 20cm), 소형 삼륜자동차는 지상으로부터 2m 50cm, 이륜자동차는 지상으로부터 2m의 높이(시행령 제22조 제4호 다목)

정답 ④

084 **다음 중 어린이통학버스에 관한 설명으로 틀린 것은?**

① 어린이나 영유아를 태우고 있다는 표시를 하고 도로를 통행하는 때에는 모든 차는 어린이통학버스를 앞지르지 못한다.
② 어린이통학버스가 도로에 정차하여 어린이나 영유아가 타고 내리는 중임을 표시하는 점멸등 등의 장치를 가동 중일 때에는 그 옆차로를 통행하는 차는 재빨리 차로를 비워줘야 한다.
③ 편도 1차로인 도로에서는 반대방향에서 진행하는 차의 운전자도 어린이통학버스에 이르기 전에 일시정지하여 안전을 확인한 후 서행하여야 한다.
④ 어린이통학버스를 운행하고자 하는 자는 미리 관할 경찰서장에게 신고하고 증명서를 교부받아 이를 어린이통학버스 안에 갖추어 두어야 한다.

해설

② 어린이통학버스가 도로에 정차하여 어린이나 영유아가 타고 내리는 중임을 표시하는 점멸등 등의 장치를 작동 중일 때에는 어린이통학버스가 정차한 차로와 그 차로의 바로 옆 차로로 통행하는 차의 운전자는 어린이통학버스에 이르기 전에 일시정지하여 안전을 확인한 후 서행하여야 한다(법 제51조 제1항).

정답 ②

085 고속도로의 원활한 소통을 위해 고속도로에 전용차로를 설치할 수 있는 권한이 있는 사람은?

① 시장 ② 국토교통부장관
③ 대통령 ④ 경찰청장

해설
④ 경찰청장은 고속도로의 원활한 소통을 위하여 특히 필요한 경우에는 고속도로에 전용차로를 설치할 수 있다(법 제61조 제1항).

정답 ④

086 다음 중 좌석안전띠를 매어야 하는 경우는?

① 부상, 질병, 장애 또는 임신 등으로 인하여 좌석안전띠의 착용이 적당하지 아니하다고 인정되는 자가 자동차를 운전하거나 승차하는 때
② 국민투표운동 · 선거운동 및 국민투표 · 선거관리업무에 사용되는 자동차를 운전하거나 승차하는 때
③ 자동차를 후진시키기 위하여 운전하는 때
④ 긴급자동차를 그 본래의 용도에 의하지 않고 운전하는 때

해설
④ 긴급자동차가 그 본래의 용도로 운행되고 있는 때를 제외하고는 좌석안전띠를 매어야 한다.
① · ② · ③ 좌석안전띠를 매지 않을 수 있다(시행규칙 제31조).

정답 ④

087 다음 「도로교통법」에 대한 설명 중 틀린 것은?

① 고속도로 관리자는 교통안전시설을 설치하고자 하는 때에는 경찰청장과 협의하여야 한다.
② 모든 자동차는 고속도로에서 갓길을 통행하여서는 아니 된다.
③ 자동차는 고속도로 등을 횡단하거나 유턴 또는 후진하여서는 아니 된다.
④ 경찰청장은 고속도로의 원활한 소통을 위하여 특히 필요한 때에는 고속도로에 전용차로를 설치할 수 있다.

해설

② 긴급자동차와 고속도로 등의 보수 · 유지 등의 작업을 하는 자동차를 운전하는 경우에는 갓길로 통행할 수 있다(법 제60조 제1항).

정답 ②

088 **도로공사를 하고자 하는 자는 공사시작 며칠 전까지 누구에게 신고하여야 하는가?**

① 3일 전까지 시장 등에게
② 3일 전까지 관할 경찰서장에게
③ 15일 전까지 지방경찰청장에게
④ 20일 전까지 국토교통부장관에게

해설

② 도로관리청 또는 공사시행청의 명령에 따라 도로를 파거나 뚫는 등 공사를 하려는 사람은 공사시행 3일 전에 그 일시 · 공사구간 · 공사기간 및 시행방법, 그 밖에 필요한 사항을 관할 경찰서장에게 신고하여야 한다. 다만, 산사태나 수도관 파열 등으로 긴급히 시공할 필요가 있는 경우에는 그에 알맞은 안전조치를 하고 공사를 시작한 후에 지체 없이 신고하여야 한다(법 제69조 제1항).

정답 ②

089 **도로관리청이 도로의 점용허가를 하고자 하는 때 고속도로의 경우에는 누구에게 통보하여야 하는가?**

① 시 · 도지사
② 관할경찰서장
③ 경찰청장
④ 행정안전부장관

해설

③ 도로관리청이 도로에서 도로점용허가 행위를 한 때에는 고속도로의 경우에는 경찰청장에게 그 내용을 즉시 통보하고 고속도로 외의 도로의 경우에는 관할 경찰서장에게 그 내용을 즉시 통보하여야 한다(법 제70조 제1항).

정답 ③

090 위법 인공구조물의 소유자나 점유자 또는 관리자의 성명을 알지 못하여 경찰서장이 스스로 위험방지조치를 한 경우에 제거한 공작물은 누가 보관하는가?

① 경찰서장 ② 경찰청장
③ 시 · 도지사 ④ 시장 · 군수

해설
① 경찰서장은 인공구조물 등의 소유자 · 점유자 또는 관리자의 성명 · 주소를 알지 못하여 조치를 명할 수 없을 때에는 스스로 그 인공구조물 등을 제거하는 등 조치를 한 후 보관하여야 한다. 이 경우 닳아 없어지거나 파괴될 우려가 있거나 보관하는 것이 매우 곤란한 인공구조물 등은 매각하여 그 대금을 보관할 수 있다(법 제72조 제2항).

정답 ①

091 임시운전증명서의 유효기간은?

① 20일 ② 1월
③ 6월 ④ 1년

해설
① 임시운전증명서의 유효기간은 20일 이내로 하되, 운전면허의 취소 또는 정지처분 대상자의 경우에는 40일 이내로 할 수 있다. 다만, 경찰서장이 필요하다고 인정하는 경우에는 그 유효기간을 1회에 한하여 20일의 범위에서 연장할 수 있다(시행규칙 제88조 제2항).

정답 ①

092 다음 중 「도로교통법」상 도로에서의 금지행위에 해당하지 않는 것은?

① 술에 취하여 도로에서 갈팡질팡하는 행위
② 함부로 신호기를 조작하는 행위
③ 도로를 통행하고 있는 차마에서 밖으로 물건을 던지는 행위
④ 주차되어 있는 차마에 매달리는 행위

해설

도로에서의 금지행위 등(법 제68조)

- 누구든지 함부로 신호기를 조작하거나 교통안전시설을 철거 · 이전하거나 손괴하여서는 아니 되며, 교통안전시설이나 그와 비슷한 인공구조물을 도로에 설치하여서는 아니 된다.
- 누구든지 교통에 방해가 될 만한 물건을 도로에 함부로 내버려두어서는 아니 된다.
- 누구든지 다음의 어느 하나에 해당하는 행위를 하여서는 아니 된다.
  - 술에 취하여 도로에서 갈팡질팡하는 행위
  - 도로에서 교통에 방해되는 방법으로 눕거나 앉거나 서있는 행위
  - 교통이 빈번한 도로에서 공놀이 또는 썰매타기 등의 놀이를 하는 행위
  - 돌 · 유리병 · 쇳조각이나 그 밖에 도로에 있는 사람이나 차마를 손상시킬 우려가 있는 물건을 던지거나 발사하는 행위
  - 도로를 통행하고 있는 차마에서 밖으로 물건을 던지는 행위
  - 도로를 통행하고 있는 차마에 뛰어오르거나 매달리거나 차마에서 뛰어내리는 행위
  - 그 밖에 시 · 도경찰청장이 교통상의 위험을 방지하기 위하여 필요하다고 인정하여 지정 · 공고한 행위

정답 ④

093 「도로교통법」상 특별교통안전 의무교육은 강의 · 시청각교육 또는 현장체험교육 등의 방법으로 (㉠) 이상 (㉡) 이하 실시한다. ㉠, ㉡에 들어갈 말로 옳은 것은?

	㉠	㉡
①	1시간	12시간
②	3시간	20시간
③	3시간	48시간
④	8시간	24시간

해설

특별교통안전교육(시행령 제38조 제2항)

법 제73조 제2항에 따른 특별교통안전 의무교육 및 특별교통안전 권장교육은 다음의 사항에 대하여 강의 · 시청각교육 또는 현장체험교육 등의 방법으로 3시간 이상 48시간 이하로 각각 실시한다.

- 교통질서
- 교통사고와 그 예방
- 안전운전의 기초
- 교통법규와 안전
- 운전면허 및 자동차관리
- 그 밖에 교통안전의 확보를 위하여 필요한 사항

정답 ③

094 「도로교통법」상 연습운전면허를 받은 사람은 도로에서 주행연습을 할 경우 운전면허를 받은 날부터 (　　)이 경과된 사람과 함께 승차하여 그 사람의 지도를 받아야 한다. 괄호 안에 들어갈 말로 옳은 것은?

① 1년
② 2년
③ 3년
④ 5년

해설

② 「도로교통법 시행규칙」 제55조에 따라 연습운전면허를 받은 사람이 도로에서 주행연습을 하는 때에는 운전면허를 받은 날부터 2년이 경과된 사람과 함께 승차하여 그 사람의 지도를 받아야 한다.

정답 ②

095 다음 중 「도로교통법」상 운전면허증과 관련한 설명으로 옳지 않은 것은?

① 시 · 도경찰청장은 운전면허를 받은 사람이 다른 범위의 운전면허를 추가로 취득하는 경우에는 운전면허의 범위를 확대하여 운전면허증을 발급하여야 한다.
② 운전면허증을 잃어버렸거나 헐어 못 쓰게 되었을 때에는 시 · 도경찰청장에게 신청하여 다시 발급받을 수 있다.
③ 최초의 운전면허증 갱신기간은 운전면허시험에 합격한 날부터 기산하여 8년이 되는 날이 속하는 해의 1월 1일부터 12월 31일까지이다.
④ 해외여행 또는 군 복무 등으로 그 기간 이내에 운전면허증의 갱신 또는 정기 적성검사를 받을 수 없을 경우 이를 미리 받거나 연기를 받을 수 있다.

해설

③ 「도로교통법」 제87조 제1항 제1호에 따라 최초의 운전면허증 갱신기간은 운전면허시험에 합격한 날부터 기산하여 10년(운전면허시험 합격일에 65세 이상 75세 미만인 사람은 5년, 75세 이상인 사람은 3년, 한쪽 눈만 보지 못하는 사람으로서 제1종 운전면허 중 보통면허를 취득한 사람은 3년)이 되는 날이 속하는 해의 1월 1일부터 12월 31일까지이다.

정답 ③

096 「도로교통법」상 교통단속용 장비의 기능을 방해하는 장치를 한 차를 운전한 사람은 (㉠) 이하의 징역이나 (㉡) 이하의 벌금 또는 구류에 처한다. ㉠, ㉡에 들어갈 말로 옳은 것은?

	㉠	㉡
①	6개월	100만 원
②	6개월	200만 원
③	1년	300만 원
④	1년	500만 원

해설

② 「도로교통법」 제153조 제1항에 따라 교통단속용 장비의 기능을 방해하는 장치를 한 차를 운전한 사람은 6개월 이하의 징역이나 200만 원 이하의 벌금 또는 구류에 처한다.

정답 ②

097 교통사고 발생 시의 조치를 하지 아니한 사람에 대한 벌칙은?

① 5년 이하의 징역이나 3천만 원 이하의 벌금
② 5년 이하의 징역이나 1천 500만 원 이하의 벌금
③ 3년 이하의 징역이나 1천만 원 이하의 벌금
④ 1년 이하의 징역이나 1천만 원 이하의 벌금

해설

② 교통사고 발생 시의 조치를 하지 아니한 사람(주 · 정차된 차만 손괴한 것이 분명한 경우에 제54조 제1항 제2호에 따라 피해자에게 인적 사항을 제공하지 아니한 사람은 제외)은 5년 이하의 징역이나 1천 500만 원 이하의 벌금에 처한다(법 제148조).

정답 ②

098 함부로 신호기를 조작하거나 신호기 또는 안전표지를 철거 · 이전 · 손괴한 사람에 대한 벌칙은?

① 5년 이하의 징역이나 1,000만 원 이하의 벌금에 처한다.
② 3년 이하의 징역이나 700만 원 이하의 벌금에 처한다.
③ 2년 이하의 징역이나 300만 원 이하의 벌금에 처한다.
④ 1년 이하의 징역이나 100만 원 이하의 벌금에 처한다.

해설

② 함부로 신호기를 조작하거나 교통안전시설을 철거 · 이전하거나 손괴한 사람은 3년 이하의 징역이나 700만 원 이하의 벌금에 처한다(법 제149조 제1항).

정답 ②

099 차의 운전자가 업무상 필요한 주의를 게을리하거나 중대한 과실로 다른 사람의 건조물이나 그 밖의 재물을 손괴한 경우의 벌칙은?

① 3년 이하의 징역이나 700만 원 이하의 벌금에 처한다.

② 2년 이하의 징역이나 500만 원 이하의 벌금에 처한다.

③ 2년 이하의 금고나 500만 원 이하의 벌금에 처한다.

④ 1년 이하의 금고나 300만 원 이하의 벌금에 처한다.

해설

③ 차 또는 노면전차의 운전자가 업무상 필요한 주의를 게을리하거나 중대한 과실로 다른 사람의 건조물이나 그 밖의 재물을 손괴한 경우에는 2년 이하의 금고나 500만 원 이하의 벌금에 처한다(법 제151조).

정답 ③

100 다음 중 「도로교통법」상 이륜자동차가 일반도로에서 전용차로로 통행하였을 경우 차의 고용주 등에게 부과할 수 있는 과태료로 옳은 것은?

① 10만 원

② 6만 원

③ 5만 원

④ 4만 원

해설

④ 「도로교통법」 제15조 제3항을 위반하여 일반도로에서 전용차로로 통행한 차의 고용주 등에게 부과하는 과태료는 승합자동차 등은 6만 원, 승용자동차 등은 5만 원, 이륜자동차 등은 4만 원이다(시행령 별표 6).

정답 ④

03 교통사고처리특례법 및 특정범죄가중처벌 등에 관한 법률

001 다음 중 「교통사고처리특례법」상 옳지 않은 것은?

① 차란 「도로교통법」에 따른 차(車)와 「건설기계관리법」에 따른 건설기계를 말한다.
② 차의 운전자가 교통사고로 인하여 사람을 사상에 이르게 한 때에는 3년 이하의 금고 또는 2천만 원 이하의 벌금에 처한다.
③ 교통사고란 차의 교통으로 인하여 사람을 사상하거나 물건을 손괴하는 것을 말한다.
④ 차의 교통으로 업무상과실치상죄를 범한 운전자에 대하여는 원칙적으로 피해자의 명시적인 의사에 반하여 공소(公訴)를 제기할 수 없다.

해설
② 차의 운전자가 교통사고로 인하여 「형법」 제268조의 죄(사람을 사상에 이르게 한 죄)를 범한 경우에는 5년 이하의 금고 또는 2천만 원 이하의 벌금에 처한다(「교통사고처리특례법」 제3조 제1항).

정답 ②

002 「교통사고처리특례법」의 목적은?

① 종합 보험에 가입된 가해자의 법적 특례를 하는 데 목적이 있다.
② 교통사고 피해자에 대한 신속한 보상을 하는 데 목적이 있다.
③ 피해의 신속한 회복을 촉진하고 국민생활의 편익을 증진한다.
④ 가해 운전자의 형사처벌을 면제하는 데 있다.

해설
③ 업무상과실 또는 중대한 과실로 교통사고를 일으킨 운전자에 관한 형사처벌 등의 특례를 정함으로써 교통사고로 인한 피해의 신속한 회복을 촉진하고 국민생활의 편익을 증진함을 목적으로 한다(「교통사고처리특례법」 제1조).

정답 ③

003 **차의 운전자가 교통사고로 인하여 「형법」 제268조의 죄를 범한 경우의 처벌은?**

① 3년 이하의 징역 또는 1천만 원 이하의 벌금
② 3년 이하의 금고 또는 1천만 원 이하의 벌금
③ 5년 이하의 징역 또는 2천만 원 이하의 벌금
④ 5년 이하의 금고 또는 2천만 원 이하의 벌금

해설

④ 차의 운전자가 교통사고로 인하여 업무상 과실 · 중과실 치사상의 죄를 범한 경우에는 5년 이하의 금고 또는 2천만 원 이하의 벌금에 처한다(「교통사고처리특례법」 제3조 제1항).

정답 ④

004 **「교통사고처리특례법」상 우선지급하여야 할 치료비의 통상비용이 아닌 것은?**

① 진찰료
② 손해배상금
③ 일반병실의 입원료
④ 처치 · 투약 · 수술 등 치료비용

해설

「교통사고처리특례법」상 우선지급하여야 할 치료비의 통상비용(시행령 제2조 제1항)

- 진찰료
- 일반병실의 입원료. 다만, 진료상 필요로 일반병실보다 입원료가 비싼 병실에 입원한 경우에는 그 병실의 입원료
- 처치 · 투약 · 수술 등 치료에 필요한 모든 비용
- 인공팔다리 · 의치 · 안경 · 보청기 · 보철구 기타 치료에 부수하여 필요한 기구 등의 비용
- 호송 · 다른 보호시설로의 이동 · 퇴원 및 통원에 필요한 비용
- 보험약관 또는 공제약관에서 정하는 환자식대 · 간병료 및 기타 비용

정답 ②

005 **제한속도를 매시 20km를 초과하여 운전 중 5명에게 중상을 입힌 사고를 야기할 경우에는 어떻게 처리되는가?**

① 보험에 가입되어 있으면 처벌이 면제된다.
② 피해자의 처벌의사에 관계없이 형사입건된다.
③ 피해자의 의사에 따라 처리된다.
④ 피해자와 합의되면 처벌이 면제된다.

해설

② 제한속도보다 20km/h 이상 초과해서 운전한 경우는 특례대상의 예외사항으로 피해자의 처벌의사에 관계없이 형사 입건된다(「교통사고처리특례법」 제3조 제2항 제3호).

정답 ②

006 **공소권이 있는 12가지 법규위반 항목이 아닌 것은?**

① 신호위반

② 어린이 보호구역 안전운전 의무위반

③ 승객의 추락 방지의무 위반

④ 제한속도를 시속 10km 초과한 경우

해설

공소권이 있는 12가지 법규위반 항목(「교통사고처리특례법」 제3조)

- 신호기가 표시하는 신호 또는 교통정리를 하는 경찰공무원 등의 신호를 위반하거나 통행금지 또는 일시정지를 내용으로 하는 안전표지가 표시하는 지시를 위반하여 운전한 경우
- 중앙선을 침범하거나 같은 법 제62조를 위반하여 횡단, 유턴 또는 후진한 경우
- 제한속도를 20km/h 초과하여 운전한 경우
- 앞지르기의 방법 · 금지시기 · 금지장소 또는 끼어들기의 금지를 위반하거나 고속도로에서의 앞지르기 방법을 위반하여 운전한 경우
- 철길건널목 통과방법을 위반하여 운전한 경우
- 횡단보도에서의 보행자 보호의무를 위반하여 운전한 경우
- 무면허로 운전한 경우
- 술에 취한 상태에서 운전을 하거나 약물의 영향으로 정상적으로 운전하지 못할 우려가 있는 상태에서 운전한 경우
- 보도가 설치된 도로의 보도를 침범하거나 보도 횡단방법을 위반하여 운전한 경우
- 승객의 추락 방지의무를 위반하여 운전한 경우
- 어린이 보호구역에서 어린이의 안전에 유의하면서 운전하여야 할 의무를 위반하여 어린이의 신체를 상해에 이르게 한 경우
- 자동차의 화물이 떨어지지 아니하도록 필요한 조치를 하지 아니하고 운전한 경우

정답 ④

007 「교통사고처리특례법」에서 피해자의 명시적인 의사에 반하여 공소를 제기할 수 없도록 규정한 경우는?

① 안전운전의무 불이행으로 사람을 다치게 한 경우
② 약물복용 운전으로 사람을 다치게 한 경우
③ 교통사고로 사람을 죽게 한 경우
④ 교통사고 야기 후 도주한 경우

해설
②·③·④는 공소를 제기할 수 있는 중요 위반행위에 해당한다(「교통사고처리특례법」 제3조).

정답 ①

008 「교통사고처리특례법」상 반의사불벌죄가 적용되는 경우는?

① 보도침범으로 일어난 치상사고
② 일반도로에서 횡단, 회전, 후진 중 일어난 치상사고
③ 앞지르기방법 위반으로 일어난 치상사고
④ 무면허 운전으로 일어난 치상사고

해설
② 고속도로 또는 자동차전용도로에서의 횡단, 회전, 후진 중 일어난 사고는 반의사불벌죄가 적용되지 않지만 일반도로에서는 적용된다.

정답 ②

009 「교통사고처리특례법」상 "업무상과실치상죄 또는 중과실치상죄를 범한 운전자"에 대한 처리 규정으로 옳은 것은?

① 업무상과실치상죄 또는 중과실치상죄를 범한 운전자에 대하여는 피해자의 의사와 관계없이 공소(公訴)를 제기할 수 있음이 원칙이다.
② 업무상과실 또는 중대한 과실로 인하여 사람을 사상에 이르게 한 자는 5년 이하의 금고 또는 2천만원 이하의 벌금에 처한다.
③ 단순히 신호 및 지시를 위반하여 교통사고가 난 경우에는 피해자의 명시적인 의사에 반하여 공소(公訴)를 제기할 수 없다.
④ 제한속도를 시속 20km 초과 시속 40km 이하로 과속하여 운전한 경우에는 피해자의 명시적인 의사에 반하여 공소(公訴)를 제기할 수 없다.

해설

② 「교통사고처리특례법」 제3조 제1항 및 「형법」 제268조에 규정되어 있다.

① 업무상과실치상죄 또는 중과실치상죄와 「도로교통법」 제151조의 죄를 범한 운전자에 대하여는 피해자의 명시적인 의사에 반하여 공소(公訴)를 제기할 수 없다.

③ · ④ 신호기가 표시하는 신호를 위반하여 운전한 경우, 제한속도를 20km/h 초과하여 운전한 경우에는 교통사고 발생 시 피해자의 의사와 관계없이 반드시 공소를 제기해야 한다(「교통사고처리특례법」 제3조 제2항 제1호, 제3호).

정답 ②

010 종합보험에 가입하고 피해자와 합의했다고 하더라도 형사처벌을 받는 경우는?

① 난폭운전으로 인한 사고
② 고속도로에서 유턴하다 발생한 사고
③ 교차로 통행방법 위반으로 인한 사고
④ 제한속도보다 시속 10km 초과하여 발생한 사고

해설

② 고속도로에서 횡단, 유턴, 회전 중 발생한 사고에 대해서는 형사처벌을 받는다.

정답 ②

011 다음 중 「교통사고처리특례법」상 중요 법규위반 12개 항목에 해당되는 것은?

① 정류장 질서문란으로 인한 사고
② 통행 우선순위 위반사고
③ 철길 건널목 통과방법 위반사고
④ 난폭운전사고

해설

③ 철길 건널목 통과방법 위반사고는 중요 법규위반 12개 항목 중 건널목 통과방법을 위반한 경우에 해당된다.

정답 ③

012 「교통사고처리특례법」상 형사입건되는 중앙선 침범사례가 아닌 것은?

① 의도적 U턴, 회전 중 중앙선 침범사고
② 현저한 부주의로 인한 중앙선 침범사고
③ 교차로 좌회전 중 일부 중앙선 침범
④ 커브길 과속으로 중앙선 침범

해설

공소권 없는 사고로 처리하는 중앙선 침범의 경우

- 불가항력적 중앙선 침범
- 만부득이한 중앙선 침범
- 사고피양 급제동으로 인한 중앙선 침범
- 위험회피로 인한 중앙선 침범
- 충격에 의한 중앙선 침범
- 빙판 등 부득이한 중앙선 침범
- 교차로 좌회전 중 일부 중앙선 침범

정답 ③

013 「교통사고처리특례법」상 과속사고의 성립요건이 아닌 것은?

① 일반교통이 사용되는 곳이 아닌 곳에서의 사고
② 과속차량(제한속도 20km/h 초과)에 충돌되어 인적 피해를 입는 경우
③ 제한속도 20km/h를 초과하여 과속운행 중 사고를 야기한 경우
④ 고속도로나 자동차전용도로에서 제한속도 20km/h를 초과한 경우

해설

① 도로나 기타 일반교통에 사용되는 곳에서의 사고는 과속사고가 성립된다.

정답 ①

014 **운전자의 앞지르기 금지위반 행위가 아닌 것은?**

① 병진 시 앞지르기
② 앞차의 좌회전 시 앞지르기
③ 좌측 앞지르기
④ 앞지르기 금지장소에서 앞지르기 · 앞지르기 방법 위반행위

해설

앞지르기 금지위반 행위

- 병진 시 앞지르기
- 앞차의 좌회전 시 앞지르기
- 이중 앞지르기
- 앞지르기 금지장소에서 앞지르기 · 앞지르기 방법 위반행위
- 우측 앞지르기
- 우측 2개 차로 사이로 앞지르기
- 앞지르기 허용지점에서 반대쪽 전방교통 주시 태만

정답 ③

015 **철도건널목 통과방법을 위반한 운전자의 과실이 아닌 사항은?**

① 건널목 직전 일시정지 불이행
② 안전 미확인 통행 중 사고
③ 고장 시 승객대피, 차량이동 조치 불이행
④ 철도건널목 신호기, 경보기 등의 고장으로 일어난 사고

해설

④ 철도건널목 신호기, 경보기 등의 고장으로 일어난 사고는 철도건널목 통과방법 위반사고의 예외사항이다.

정답 ④

016 횡단보도 보행자 보호의무 위반사고의 성립요건 중 운전자의 과실이 아닌 것은?

① 보행자가 횡단보도를 건너던 중 신호가 변경되어 중앙선에 서 있던 중 사고
② 횡단보도를 건너는 보행자를 충돌한 경우
③ 횡단보도 전에 정지한 차량을 추돌, 밀려나가 보행자를 충돌한 경우
④ 보행신호에 횡단보도 진입, 건너던 중 주의신호 또는 정지신호가 되어 마저 건너고 있는 보행자를 충돌한 경우

> **해설**
> **횡단보도 보행자 보호의무 위반사고의 예외 사항**
> - 보행자가 횡단보도를 정지신호에 건너던 중 사고
> - 보행자가 횡단보도를 건너던 중 신호가 변경되어 중앙선에 서 있던 중 사고
> - 보행자가 보행신호에 늦게 진입하여 정지신호로 바뀌면서 건너고 있는 보행자를 충격한 경우
>
> 정답 ①

017 신호 · 지시위반사고의 성립요건이 아닌 것은?

① 신호 · 지시위반 차량에 충돌되어 인적 피해를 입은 경우
② 신호기가 설치되어 있는 교차로나 횡단보도
③ 운전자의 불가항력적 과실
④ 시 · 도지사가 설치한 신호기나 안전표지

> **해설**
> 신호 · 지시 위반사고의 성립요건에는 피해자적 요건, 장소적 요건, 운전자의 과실, 시설물의 설치요건 등이 있다. 이 중 운전자의 과실에는 고의적인 과실과 부주의한 과실이 있으며, 불가항력적 과실, 만부득이한 과실, 교통상의 적절한 행위 등은 포함되지 않는다.
> ①은 피해자적 요건, ②는 장소적 요건, ④는 시설물 설치요건에 해당한다.
>
> 정답 ③

018 피해자와 합의할 경우 공소를 제기할 수 없는 철길 건널목 사고는?

① 경보기가 울리고 차단기가 내려지려 할 때 통과하다 발생된 사고
② 일시정지를 하지 아니하고 통과하다 발생된 사고
③ 사고차량인 상태에서 승객을 즉시 대피시키지 않아 발생된 사고
④ 신호기의 통과신호에 따라 통과 중 발생된 사고

해설

처벌의 특례(「교통사고처리특례법」 제3조 제5호)

「도로교통법」 제24조에 따른 철길 건널목 통과방법을 위반하여 운전한 경우

철길 건널목의 통과(「도로교통법」 제24조)

- 모든 차 또는 노면전차의 운전자는 철길 건널목(이하 "건널목"이라 한다)을 통과하려는 경우에는 건널목 앞에서 일시정지하여 안전한지 확인한 후에 통과하여야 한다. 다만, 신호기 등이 표시하는 신호에 따르는 경우에는 정지하지 아니하고 통과할 수 있다.
- 모든 차 또는 노면전차의 운전자는 건널목의 차단기가 내려져 있거나 내려지려고 하는 경우 또는 건널목의 경보기가 울리고 있는 동안에는 그 건널목으로 들어가서는 아니 된다.
- 모든 차 또는 노면전차의 운전자는 건널목을 통과하다가 고장 등의 사유로 건널목 안에서 차 또는 노면전차를 운행할 수 없게 된 경우에는 즉시 승객을 대피시키고 비상신호기 등을 사용하거나 그 밖의 방법으로 철도공무원이나 경찰공무원에게 그 사실을 알려야 한다.

정답 ④

019 경찰공무원의 신호 또는 지시를 위반하여 사람을 다치게 한 경우의 처벌은?

① 즉결심판 회부
② 통고처분
③ 형사처벌
④ 운전면허 행정처분

해설

③ 경찰공무원의 지시에 위반하여 사람을 다치게 한 경우는 특례적용에 해당되지 않아 형사처벌을 받는다.

정답 ③

020 무단횡단하는 보행자를 발견하지 못하여 중상해를 입힌 경우에 대한 설명으로 옳은 것은?

① 피해자와 합의하면 공소를 제기할 수 없다.
② 종합보험에 가입되어 있으면 공소를 제기할 수 없다.
③ 공제에 가입되어 있으면 공소를 제기할 수 없다.
④ 어떠한 경우에도 공소를 제기할 수 없다.

해설

① 종합보험이나 공제에 가입된 경우라도 중상해를 입힌 경우에는 피해자와 합의하면 공소를 제기할 수 없지만, 피해자와 합의하지 못하면 공소를 제기할 수 있다.

정답 ①

021 무면허 상태에서 자동차를 운전하는 경우가 아닌 것은?

① 유효기간이 지난 운전면허증으로 운전하는 경우
② 면허 취소처분을 받은 자가 운전하는 경우
③ 취소사유 상태이나 취소처분(통지) 전 운전하는 경우
④ 면허정지기간 중에 운전하는 경우

해설

무면허 상태에서 자동차를 운전하는 경우

- 면허를 취득치 않고 운전하는 경우
- 유효기간이 지난 운전면허증으로 운전하는 경우
- 면허 취소처분을 받은 자가 운전하는 경우
- 면허정지기간 중에 운전하는 경우
- 시험합격 후 면허증 교부 전에 운전하는 경우
- 면허종별 외의 차량을 운전하는 경우(오토면허로 스틱차를 운전하는 경우 포함)
- 외국인으로 국제운전면허를 받지 않고 운전하는 경우
- 외국인으로 입국한지 1년이 지난 국제운전면허증을 소지하고 운전하는 경우

정답 ③

022 다음 중 위험운전 등 치사상사고 발생 시 처벌기준으로 옳은 것은?

① 상해사고 – 10년 이하의 징역 또는 500만 원 이상 3천만 원 이하의 벌금
② 사망사고 – 1년 이상의 유기징역
③ 상해사고 – 3년 이상 10년 이하의 징역 또는 1천만 원 이상 3천만 원 이하의 벌금
④ 사망사고 – 무기 또는 3년 이상의 징역

해설

④ 음주 또는 약물의 영향으로 정상적인 운전이 곤란한 상태에서 자동차 등을 운전하여 사람을 상해에 이르게 한 사람은 1년 이상 15년 이하의 징역 또는 1천만 원 이상 3천만 원 이하의 벌금에 처하고, 사망에 이르게 한 사람은 무기 또는 3년 이상의 징역에 처한다(「특정범죄가중처벌 등에 관한 법률」 제5조의11).

정답 ④

023 「교통사고처리특례법」상 자동차 보험 또는 공제가입 사실을 어떻게 증명하는가?

① 경찰공무원이 보험회사나 공제조합에 조회하여 증명한다.
② 피해자가 보험회사나 공제조합의 전화로 확인한다.
③ 보험회사나 공제조합 · 공제사업자가 서면으로 요청하여 증명한다.
④ 운전자가 소지한 보험가입증서로 증명한다.

해설

③ 보험 또는 공제에 가입된 사실은 보험회사, 공제조합 또는 공제사업자가 취지를 적은 서면에 의하여 증명되어야 한다(「교통사고처리특례법」 제4조 제3항).

정답 ③

024 「교통사고처리특례법 시행령」에 명시하고 있는 우선지급할 치료비 외의 손해배상금 범위에 대한 설명 중 맞는 것은?

① 대물손해 – 대물손해배상액의 100분의 50
② 부상 – 휴업손해액의 2배
③ 후유장애 – 상실수익액의 3배
④ 후유장애 – 위자료의 100분의 70

해설

우선지급할 치료비 외의 손해배상금의 범위(「교통사고처리특례법」 시행령 제3조)

- 부상의 경우 : 보험약관 또는 공제약관에서 정한 지급기준에 의하여 산출한 위자료의 전액과 휴업손해액의 100분의 50에 해당하는 금액
- 후유장애의 경우 : 보험약관 또는 공제약관에서 정한 지급기준에 의하여 산출한 위자료 전액과 상실수익액의 100분의 50에 해당하는 금액
- 대물손해의 경우 : 보험약관 또는 공제약관에서 정한 지급기준에 의하여 산출한 대물배상액의 100분의 50에 해당하는 금액

정답 ①

025 **교통사고처리특례법에서의 특례적용 예외에 해당되지 않는 경우는?**

① 피해자를 구호하는 등 조치를 하지 아니하고 도주한 경우
② 피해자를 사고장소로부터 옮겨 유기하고 도주한 경우
③ 제한속도를 시속 10km 초과한 경우
④ 승객의 추락방지의무를 위반하여 운전한 경우

해설
③ 제한속도를 20km/h 초과한 경우(「교통사고처리특례법」 제3조 제2항 제3호)

정답 ③

026 **대검찰청에서 밝힌 "중상해"의 기준에 어긋나는 내용은?**

① 인간의 생명 유지에 불가결한 뇌 또는 주요 장기에 대한 중대한 손상
② 시각 · 청각 · 언어 · 생식 기능 등 중요한 신체 기능의 일시적 상실
③ 사지 절단 등 신체 중요부분의 상실 · 중대변형
④ 사고 후유증으로 인한 중증의 정신장애

해설
② 시각 · 청각 · 언어 · 생식 기능 등 중요한 신체 기능의 영구적 상실 여부를 중상해의 기준으로 하고 있다.

정답 ②

027 **「교통사고처리특례법」에서 특례를 인정하는 보험이나 공제가 아닌 것은?**

① 자가용공제조합
② 시내버스공제조합
③ 자동차종합보험
④ 택시공제조합

해설
① 특례를 인정하는 보험 · 공제로는 자동차종합보험, 영업용차량 등의 공제조합이 있다. 자가용공제조합은 포함되지 않는다.

정답 ①

028 다음 중 도주사고 적용사례로 틀린 내용은?

① 차량과의 충돌사고를 알면서도 그대로 가버린 경우
② 가해자 및 피해자 일행 또는 경찰관이 환자를 후송조치하는 것을 보고 연락처를 주고 가버린 경우
③ 피해자가 사고 즉시 일어나 걸어가는 것을 보고 구호조치 없이 그대로 가버린 경우
④ 사고 후 의식이 회복된 운전자가 피해자에 대한 구호조치를 하지 않았을 경우

해설

도주가 적용되지 않는 경우

- 피해자가 부상 사실이 없거나 극히 경미하여 구호조치가 필요치 않는 경우
- 가해자 및 피해자 일행 또는 경찰관이 환자를 후송조치하는 것을 보고 연락처를 주고 가버린 경우
- 교통사고 가해운전자가 심한 부상을 입어 타인에게 의뢰하여 피해자를 후송조치한 경우
- 교통사고 장소가 혼잡하여 도저히 정지할 수 없어 일부 진행한 후 정지하고 되돌아와 조치한 경우

정답 ②

029 다음 중 「교통사고처리특례법」상 용어 중 하나인 '차'에 해당하지 않는 것은?

① 보행보조용 의자차
② 원동기장치자전거
③ 건설기계
④ 자전거

해설

「교통사고처리특례법」 제2조 제1호

"차"란 「도로교통법」 제2조 제17호 가목에 따른 차(車)와 「건설기계관리법」 제2조 제1항 제1호에 따른 건설기계를 말한다.

「도로교통법」 제2조 제17호 가목

"차"란 다음의 어느 하나에 해당하는 것을 말한다.

- 자동차
- 건설기계
- 원동기장치자전거
- 자전거
- 사람 또는 가축의 힘이나 그 밖의 동력(動力)으로 도로에서 운전되는 것. 다만, 철길이나 가설(架設)된 선을 이용하여 운전되는 것, 유모차, 보행보조용 의자차, 노약자용 보행기, 실외이동로봇 등 행정안전부령으로 정하는 기구 · 장치는 제외한다.

정답 ①

030 **보험회사 또는 공제조합 또는 공제사업자의 사무를 처리하는 자가 서면을 허위로 작성한 때의 벌칙은?**

① 3년 이하의 징역 또는 3천만 원 이하의 벌금
② 3년 이하의 징역 또는 1천만 원 이하의 벌금
③ 2년 이하의 징역 또는 2천만 원 이하의 벌금
④ 2년 이하의 징역 또는 1천만 원 이하의 벌금

해설
② 보험회사, 공제조합 또는 공제사업자의 사무를 처리하는 자가 서면을 허위로 작성한 때에는 3년 이하의 징역 또는 1천만 원 이하의 벌금에 처한다(「교통사고처리특례법」 제5조 제1항).

정답 ②

031 **「특정범죄가중처벌 등에 관한 법률」상 피해자를 사망에 이르게 하고 도주하거나, 도주 후에 피해자가 사망한 경우의 처벌기준은?**

① 5년 이하의 징역 또는 3천만 원 이하의 벌금
② 3년 이하의 징역 또는 1천만 원 이하의 벌금
③ 무기 또는 5년 이상의 징역
④ 5년 이상의 징역 또는 5천만 원 이하의 벌금

해설
③ 피해자를 사망에 이르게 하고 도주하거나, 도주 후에 피해자가 사망한 경우에는 무기 또는 5년 이상의 징역에 처한다(「특정범죄가중처벌 등에 관한 법률」 제5조의3 제1항 제1호).

정답 ③

032 **「특정범죄가중처벌 등에 관한 법률」상 피해자를 상해에 이르게 하고, 피해자를 구호하는 등의 조치를 하지 아니하고 도주한 때의 처벌기준은?**

① 3년 이상의 유기징역 또는 3천만 원 이하의 벌금
② 2년 이상의 유기징역 또는 2천만 원 이하의 벌금
③ 1년 이상의 유기징역 또는 3천만 원 이상의 벌금
④ 1년 이상의 유기징역 또는 500만 원 이상 3천만 원 이하의 벌금

해설

④ 피해자를 상해에 이르게 한 경우에는 1년 이상의 유기징역 또는 500만 원 이상 3천만 원 이하의 벌금에 처한다(「특정범죄가중처벌 등에 관한 법률」 제5조의3 제1항 제2호).

정답 ④

033 음주 또는 약물의 영향으로 정상적인 운전이 곤란한 상태에서 자동차를 운전하고 사람을 상해에 이르게 한 자의 처벌기준은?

① 3년 이하의 징역 또는 300만 원 이상 3천만 원 이하의 벌금
② 5년 이하의 징역 또는 300만 원 이상 3천만 원 이하의 벌금
③ 7년 이하의 징역 또는 500만 원 이상 3천만 원 이하의 벌금
④ 1년 이상 15년 이하의 징역 또는 1천만 원 이상 3천만 원 이하의 벌금

해설

④ 음주 또는 약물의 영향으로 정상적인 운전이 곤란한 상태에서 자동차 등을 운전하여 사람을 상해에 이르게 한 사람은 1년 이상 15년 이하의 징역 또는 1천만 원 이상 3천만 원 이하의 벌금에 처하고, 사망에 이르게 한 사람은 무기 또는 3년 이상의 징역에 처한다(「특정범죄가중처벌 등에 관한 법률」 제5조의11).

정답 ④

034 「특정범죄가중처벌 등에 관한 법률」상 운행 중인 자동차의 운전자를 폭행 또는 협박한 사람의 처벌기준은?

① 5년 이하의 징역 또는 3천만 원 이하의 벌금
② 5년 이하의 징역 또는 2천만 원 이하의 벌금
③ 3년 이하의 징역 또는 2천만 원 이하의 벌금
④ 3년 이하의 징역 또는 1천만 원 이하의 벌금

해설

② 운행 중인 자동차의 운전자를 폭행 또는 협박한 사람은 5년 이하의 징역 또는 2천만 원 이하의 벌금에 처한다(「특정범죄가중처벌 등에 관한 법률」 제5조의10).

정답 ②

035 공무원이 그 지위를 이용하여 다른 공무원의 직무에 속한 사항의 알선에 관하여 뇌물을 수수, 요구 또는 약속한 때(「형법」 제132조)의 처벌기준은?

① 5년 이하의 징역 또는 7년 이하의 자격정지
② 5년 이하의 징역 또는 5년 이하의 자격정지
③ 3년 이하의 징역 또는 5년 이하의 자격정지
④ 3년 이하의 징역 또는 7년 이하의 자격정지

해설

④ 공무원이 그 지위를 이용하여 다른 공무원의 직무에 속한 사항의 알선에 관하여 뇌물을 수수, 요구 또는 약속한 때에는 3년 이하의 징역 또는 7년 이하의 자격정지에 처한다(「형법」 제132조).

정답 ④

036 공무원 또는 중재인이 그 직무에 관하여 부정한 청탁을 받고 제3자에게 뇌물을 공여하게 하거나 공여를 요구 또는 약속한 때(「형법」 제130조)의 처벌기준은?

① 5년 이하의 징역 또는 10년 이하의 자격정지
② 5년 이하의 징역 또는 7년 이하의 자격정지
③ 3년 이하의 징역 또는 5년 이하의 자격정지
④ 3년 이하의 징역 또는 3년 이하의 자격정지

해설

① 공무원 또는 중재인이 그 직무에 관하여 부정한 청탁을 받고 제3자에게 뇌물을 공여하게 하거나 공여를 요구 또는 약속한 때에는 5년 이하의 징역 또는 10년 이하의 자격정지에 처한다(「형법」 제130조).

정답 ①

037 「특정범죄가중처벌 등에 관한 법률」상 공무원의 직무에 속한 사항의 알선에 관하여 금품이나 이익을 수수 · 요구 또는 약속한 사람의 처벌기준은?

① 5년 이하의 징역 또는 3천만 원 이하의 벌금
② 5년 이하의 징역 또는 1천만 원 이하의 벌금
③ 5년 이하의 징역 또는 5년 이하의 자격정지
④ 3년 이하의 징역 또는 3년 이하의 자격정지

해설

② 공무원의 직무에 속한 사항의 알선에 관하여 금품이나 이익을 수수 · 요구 또는 약속한 자는 5년 이하의 징역 또는 1천만 원 이하의 벌금에 처한다(「특정범죄가중처벌 등에 관한 법률」 제3조).

정답 ②

038 「특정범죄가중처벌 등에 관한 법률」상 가중처벌에 대한 설명 중 틀린 것은?

① 수뢰액이 1억 원 이상인 경우에는 무기 또는 10년 이상의 징역
② 수뢰액이 5천만 원 이상 1억 원 미만인 경우에는 7년 이상의 유기징역
③ 수뢰액이 3천만 원 이상 5천만 원 미만인 경우에는 5년 이상의 유기징역
④ 수뢰액이 1천만 원 이상 3천만 원 미만인 경우에는 3년 이상의 유기징역

해설

가중처벌(「특정범죄가중처벌 등에 관한 법률」 제2조)

「형법」 제129조, 제130조 또는 제132조에 규정된 죄를 범한 자는 그 수수 · 요구 또는 약속한 뇌물의 가액에 따라 다음과 같이 가중처벌한다.

- 수뢰액이 1억 원 이상인 경우에는 무기 또는 10년 이상의 징역에 처한다.
- 수뢰액이 5천만 원 이상 1억 원 미만인 경우에는 7년 이상의 유기징역에 처한다.
- 수뢰액이 3천만 원 이상 5천만 원 미만인 경우에는 5년 이상의 유기징역에 처한다.

정답 ④

039 다음 중 「특정범죄가중처벌 등에 관한 법률」 위반에 해당되지 않는 경우는?

① 사고 후 다른 사람의 명함을 주고 운행한 경우
② 아파트 내에 주차된 차량을 충격하였으나 피해가 없어 그냥 운행한 경우
③ 사고 직후 약 100m를 진행한 후에 되돌아 온 경우
④ 피해자인 어린이가 괜찮다고 해서 운행한 경우

해설

① · ③ · ④는 운행 중 「형법」 제268조의 죄(업무상과실치사상죄, 중과실치사상죄)를 범한 차량의 운전자가 피해자를 구호하는 등의 조치를 하지 아니하고 도주한 경우에 해당하므로 「특정범죄가중처벌 등에 관한 법률」이 적용되지만, ②는 물적 피해 발생 후 도주한 경우이므로 「도로교통법」 위반에 해당한다.

정답 ②

040 오후 1시에 승용차가 어린이보호구역을 95km/h로 주행 중 단속에 적발될 경우 처벌내용은?

① 범칙금 6만 원 – 벌점 10점
② 범칙금 7만 원 – 벌점 20점
③ 범칙금 10만 원 – 벌점 30점
④ 범칙금 15만 원 – 벌점 120점

해설

④ 어린이보호구역 제한속도는 30km/h인데 95km/h로 주행했으므로 60km/h 이상 초과되어 범칙금 15만 원에 벌점 120점이 부과된다. 어린이보호구역 안에서 오전 8시부터 오후 8시까지 사이에 속도위반(60km/h 초과 80km/h 이하)에 해당하는 위반행위를 한 운전자에 대해서는 해당 벌점(60점)의 2배에 해당하는 벌점(120점)을 부과한다(「도로교통법 시행령」 별표 10, 시행규칙 별표 28).

정답 ④

합격공식
SD에듀

합격공식
SD에듀

운전직 공무원 한권합격(사회, 자동차구조원리 및 도로교통법규)

개정11판1쇄 발행	2024년 02월 05일 (인쇄 2024년 01월 02일)
초 판 발 행	2014년 05월 15일 (인쇄 2014년 03월 10일)
발 행 인	박영일
책 임 편 집	이해욱
편 저	함성훈 · 한승민 · SD 공무원시험연구소
편 집 진 행	윤진영 · 류용수
표지디자인	권은경 · 길전홍선
편집디자인	권은경 · 길전홍선
발 행 처	(주)시대고시기획
출 판 등 록	제10-1521호
주 소	서울시 마포구 큰우물로 75 [도화동 538 성지 B/D] 9F
전 화	1600-3600
팩 스	02-701-8823
홈 페 이 지	www.sdedu.co.kr

I S B N	979-11-383-4850-8 (13350)
정 가	30,000원